U0771790

中国大学生思想政治教育

发展报告 2022

● 主编　沈壮海　刘晓亮　司文超

中国教育出版传媒集团

高等教育出版社·北京

图书在版编目（CIP）数据

中国大学生思想政治教育发展报告.2022／沈壮海，
刘晓亮，司文超主编.--北京:高等教育出版社，
2023.11

ISBN 978-7-04-060994-3

Ⅰ.①中…　Ⅱ.①沈…②刘…③司…　Ⅲ.①大学生
-思想政治教育-研究报告-中国-2022　Ⅳ.①G641

中国国家版本馆 CIP 数据核字（2023）第 152095 号

Zhongguo Daxuesheng Sixiang Zhengzhi Jiaoyu
Fazhan Baogao 2022

策划编辑　康　睿　　　责任编辑　王建强　　　封面设计　王　洋　王　琰　　　版式设计　徐艳妮
责任绘图　易斯翔　　　责任校对　王　雨　　　责任印制　赵义民

出版发行	高等教育出版社	网　址	http://www.hep.edu.cn
社　址	北京市西城区德外大街 4 号		http://www.hep.com.cn
邮政编码	100120	网上订购	http://www.hepmall.com.cn
印　刷	北京中科印刷有限公司		http://www.hepmall.com
开　本	787mm×1092mm　1/16		http://www.hepmall.cn
印　张	27.25		
字　数	650 千字	版　次	2023 年 11 月第 1 版
购书热线	010-58581118	印　次	2023 年 11 月第 1 次印刷
咨询电话	400-810-0598	定　价	198.00 元

编委会名单

> 主任: 沈壮海

> 委员 (以姓氏笔画为序):

目 录

一 研 究 报 告 一

— 研 究 述 评 —

— 事记与文献 —

研究报告

本辑研究报告是《中国大学生思想政治教育发展报告》系列报告之一,是基于 2021 年度全国七十余所高校大规模的实证调查形成的研究成果。报告通过对调查数据的全面深入分析,并梳理对比连续多年的数据变化情况,着力对大学生思想政治状况及高校思想政治教育状况进行全景式呈现。报告还注重从调查数据来剖析大学生思想政治教育中值得关注的现象和问题,有针对性地提出对策和建议,以期待为高校思想政治工作守正创新提供数据支撑和建议参考。

一、问卷设计与施测

本年度的调查问卷以往年的问卷为基础,进行了较大幅度的修订和完善。问卷修订过程中,我们邀请了多个学科专业的专家和在校大学生进行座谈,广泛吸收了多方的宝贵意见。本次问卷修订,设置了若干"情景再现"题目,同时注重"发问更巧",力求受访者"沉浸式"答题,从而使调查数据更真切。

问卷的框架结构包括"观念与行为"和"教育与成效"两个大的维度。"观念与行为"是从受教者角度出发,主要是指大学生思想政治观念及其行为表现,包括了人生观与人生追求、价值观与价值选择、道德观与道德行为、文化观与文化素养、网络运用、学习与就业、身心健康等。"教育与成效"是从施教者角度出发,主要是指高校思想政治教育开展状况及成效,包括思想政治理论课教学状况、日常思想政治教育状况、大学生对思想政治教育成效的评价等。问卷的主要维度及具体指标设置参见表 0-1。

表 0-1 问卷设计结构表

调研主题	主要维度	一级指标	二级指标
大学生思想政治及其教育状况	观念与行为	人生观与人生追求	人生目标;人生态度;人生价值;对消极人生观的看法
		价值观与价值选择	对社会主义核心价值观的认知;对社会主义核心价值观的认同;对社会主义核心价值观的践行
		道德观与道德行为	道德认知;道德意愿;道德行为
		文化观与文化素养	文化自信心;对中外经典著作的阅读情况;中华优秀传统文化传承活动;对革命精神的了解情况;对域外文化的态度
		网络运用	上网目的;网络行为;网络消极影响;新媒体运用
		学习与就业	学习积极性;学习状态;就业意向
		身心健康	身体状况;参与体育锻炼的情况;心理健康状况

调研主题	主要维度	一级指标	二级指标
大学生思想政治及其教育状况	教育与成效	思想政治理论课教学	对思想政治理论课的总体认知;对思想政治理论课建设状况的评价;对不同思想政治理论课课程的评价;在思想政治理论课上的学习状态;对改进思想政治理论课教学的看法;学习思想政治理论课的收获
		日常思想政治教育	校风和学风建设、党团活动、校园文化、网络思想政治教育、心理健康教育、社会实践、学生资助、日常事务管理、就业指导的开展状况及其成效
		对思想政治教育成效的评价	整体成效评价;对"三全育人"工作的评价;对成长发展影响因素的看法

本次调查是在大学生调查研究协作体范围内完成的。早在 2014 年,由武汉大学等单位牵头,全国三十所高校参与组建了大学生调查研究协作体。该研究协作体至今已扩展至七十余所高校。2021 年 12 月,我们在中国人民大学、北京交通大学、北京航空航天大学、北京化工大学、中国传媒大学、对外经济贸易大学、中国石油大学(北京)、天津大学、河北师范大学、山西大学、山西师范大学、运城学院、内蒙古大学、内蒙古师范大学、大连理工大学、东北大学、吉林大学、东北师范大学、哈尔滨工业大学、哈尔滨师范大学、同济大学、上海交通大学、华东理工大学、东华大学、中国矿业大学、河海大学、南京农业大学、江苏师范大学、浙江大学、浙江传媒学院、合肥工业大学、安徽农业大学、安徽师范大学、福建师范大学、南昌大学、江西师范大学、山东大学、中国石油大学(华东)、华北水利水电大学、郑州大学、武汉大学、华中科技大学、武汉理工大学、华中农业大学、华中师范大学、湖北大学、中南民族大学、湘潭大学、湖南大学、湖南中医药大学、暨南大学、华南师范大学、桂林电子科技大学、桂林理工大学、广西师范大学、百色学院、海南大学、海南师范大学、重庆大学、西南大学、西南交通大学、四川师范大学、西南财经大学、贵州大学、贵州师范大学、云南师范大学、西北大学、西安电子科技大学、陕西师范大学、兰州大学、西北师范大学、新疆大学、新疆师范大学等 73 所高校①完成了网络调查工作。

本次调查涉及的 73 所高校均为协作体单位,包括文、法、理、工、农、医等各大学科门类,覆盖华东、华北、华南、华中、东北、西北、西南等各个区域,具有较为全面的代表性。本次调查根据每所高校设置学院(系、所)数量的 20% 比例随机选取学院样本。在学院层面,分别以 10% 的比例从本科生、硕士研究生、博士研究生的每一年级随机选取受访学生,从而形成最终的学生样本量。最终,本次调查共收集 90754 份有效问卷。为了保证调查数据的科学性,我们根据调查方案从 90754 份数据中抽取 45799 份有效数据,以此作为本次调查分析的最终样本(表 0-2)。

---

① 73 所高校排名顺序参照教育部公布的《全国高等学校名单》(截至 2022 年 5 月 31 日)。

表 0-2　调查样本基本情况分布表

项目	类别	人数	百分比(%)
性别	男生	17264	37.7
	女生	28535	62.3
民族	汉族	39735	86.8
	少数民族	6064	13.2
年龄	20 岁及以下	22422	49.0
	21—25 岁	20802	45.4
	25 岁以上	2575	5.6
学历层次(年级)	大一	10620	23.2
	大二	9721	21.2
	大三	7482	16.3
	大四(大五)	6879	15.0
	硕士生	9157	20.0
	博士生	1940	4.2
学科门类	哲学	509	1.1
	经济学	2429	5.3
	法学	3895	8.4
	工学	9669	21.1
	文学	4962	10.7
	历史学	1174	2.5
	理学	7000	15.3
	教育学	2991	6.5
	农学	1008	2.2
	医学	1521	3.3
	管理学	4465	9.6
	艺术学	5241	11.4
政治面貌	中共党员(含预备党员)	10614	23.2
	共青团员	31265	68.2
	民主党派成员	30	0.1
	群众	3890	8.5
生源所在地	农村	22230	48.5
	城镇	23569	51.5

续表

项目	类别	人数	百分比（%）
家庭类型	双亲	41172	89.9
	单亲(父亲)	1200	2.6
	单亲(母亲)	2398	5.2
	重组家庭	906	2.0
	孤儿	123	0.3
担任过学生干部	是	36000	78.6
	否	9799	21.4
独生子女	是	18453	40.3
	否	27346	59.7
学校所属区域	华东	10327	22.5
	华南	4337	9.5
	华中	7976	17.4
	华北	9958	21.7
	西北	3565	7.8
	西南	6762	14.8
	东北	2874	6.3

注：数据统计中，存在个别问卷有关题目未作答现象。

二、问卷质量分析

调查施测之后，我们对调查问卷进行了信度和效度分析。结果显示，本次调查问卷的信度与效度水平较高，问卷的整体质量较高，可靠性较强。具体情况如下：

"大学生积极人生观"量表共设计 3 个项目，采用李克特 5 点评分量表进行分析。评分选项为"非常赞同""比较赞同""说不清楚""不大赞同""很不赞同"，得分依次为 5 分、4 分、3 分、2 分、1 分。经可靠性分析，该量表信度系数 Cronbach's Alpha＝0.732，该量表 3 个项目之间的一致性较高，数据具有可靠性。经检验，KMO 样本核实性测定值为 0.618，Bartlett 球形度检验近似卡方值为 47206.478，显著性水平 $P<0.001$，表明数据适合做探索性因子分析。采用主成分分析和最大方差旋转，从 3 项中抽取"大学生积极人生观"1 个因子(见表 0-3)。结果表明，该因子的累计方差贡献率为 68.868%，说明这个因子能较好地解释大学生积极人生观状况的调查内容。

表 0-3　对大学生积极人生观的探索性因子分析

	Y
a1 人生梦想是国家梦、民族梦、个人梦的有机统一	0.903
a2 奋斗的青春最美丽	0.876
a3 人生价值只有在集体中才能得到更好的实现	0.695

　　"大学生消极人生观"量表共设计 5 个项目,采用李克特 5 点评分量表进行分析。评分选项为"非常符合""比较符合""一般""不大符合""很不符合",得分依次为 5 分、4 分、3 分、2 分、1 分。经可靠性分析,该量表信度系数 Cronbach's Alpha＝0.719,该量表 5 个项目之间的一致性较高,数据具有可靠性。经检验,KMO 样本核实性测定值为 0.766,Bartlett 球形度检验近似卡方值为 41860.834,显著性水平 $P<0.001$,表明数据适合做探索性因子分析。采用主成分分析和最大方差旋转,从 5 项中抽取"大学生消极人生观"1 个因子(见表 0-4)。结果表明,该因子的累计方差贡献率为 47.665%,说明该因子能较好地解释大学生消极人生观状况的调查内容。

表 0-4　对大学生消极人生观的探索性因子分析

	Y
a1 只关心和自己切身利益有关的事情	0.770
a2 经常"宅"在寝室,不愿参加各种学术、实践活动	0.720
a3 时常意志消沉,陷入"网抑云""emo"等消极状态	0.695
a4 为了争取重大荣誉奖励,用不合规的方式也在所不惜	0.651
a5 经常转发锦鲤为考试祈福	0.604

　　"大学生对社会主义核心价值观的认知"量表共设计了 4 个项目,采用李克特 5 点评分量表进行分析。评分选项为"非常符合""比较符合""一般""不大符合""很不符合",得分依次为 5 分、4 分、3 分、2 分、1 分。经可靠性分析,该量表信度系数 Cronbach's Alpha＝0.900,该量表 4 个项目之间的一致性较高。经检验,KMO 样本核实性测定值为 0.823,Bartlett 球形度检验近似卡方值为 127612.186,显著性水平 $P<0.001$,表明数据适合做探索性因子分析。采用主成分分析和最大方差旋转,从 4 项中抽取"大学生对社会主义核心价值观的认知状况"1 个因子(见表 0-5)。结果表明,该因子的累计方差贡献率为 78.127%,表明该因子能较好地解释关于大学生对社会主义核心价值观的认知状况的调查内容。

表 0-5　对大学生社会主义核心价值观认知状况的探索性因子分析

	Y
a1 我将社会主义核心价值观作为自己的基本遵循	0.923
a2 我认同社会主义核心价值观对于国家、社会和个人的意义	0.898
a3 我理解社会主义核心价值观的具体内涵	0.895
a4 我能够辨识西方"普世价值"的虚伪性	0.817

　　"大学生对社会主义核心价值观认同状况"量表共设计了 12 个项目,采用李克特 5 点评分量表进行分析。评分选项为"非常赞同""比较赞同""说不清楚""不大赞同""很不赞同",得分依次为 5 分、4 分、3 分、2 分、1 分。经可靠性分析,该量表信度系数 Cronbach's Alpha＝0.975,该量表 12 个项目之间的一致性较高。经检验,KMO 样本核实性测定值为 0.974,Bartlett 球形度检验近似卡方值为 710059.569,显著性水平 $P<0.001$,表明数据适合做探索性因子分析。采用主成分分析和最大方差旋转,从 12 项中抽取"大学生对社会主义核

心价值观认同状况"1个因子(见表0-6)。结果表明,该因子的累计方差贡献率为79.303%,表明该因子能较好地解释关于大学生对社会主义核心价值观认同状况的调查内容。

表0-6　对大学生社会主义核心价值观认同状况的探索性因子分析

	Y
a1 构建和谐社会是人们的共同理想和愿望	0.932
a2 公平正义应是社会与每个人的追求	0.928
a3 每位公民都应依法行事	0.925
a4 一个民族的进步,有赖于文明的进步	0.921
a5 每一个人都应享有人生出彩的机会	0.916
a6 人人都应为祖国建设添砖加瓦	0.915
a7 在市场经济条件下,"无信不立"并没有过时	0.897
a8 中华民族正迎来从"站起来""富起来"到"强起来"的伟大飞跃	0.894
a9 帮助别人是一种快乐	0.885
a10 职业无贵贱之分,要干一行爱一行	0.829
a11 我们是国家和社会的主人	0.824
a12 在法律允许的范围内,自己的事情应自己做主	0.810

"大学生对社会主义核心价值观践行状况"量表共选取了4个项目,采用李克特5点评分量表进行分析。评分选项为"非常符合""比较符合""一般""不大符合""很不符合",得分依次为5分、4分、3分、2分、1分。经可靠性分析,该量表信度系数Cronbach's Alpha=0.903,该量表4个项目之间的一致性较高。经检验,KMO样本核实性测定值为0.839,Bartlett球形度检验近似卡方值为121378.326,显著性水平$P<0.001$,表明数据适合做探索性因子分析。采用主成分分析和最大方差旋转,从4项中抽取"大学生对社会主义核心价值观践行状况"1个因子(见表0-7)。结果显示,该因子的累计方差贡献率为77.851%,表明该因子能较好地解释关于大学生对社会主义核心价值观践行状况的调查内容。

表0-7　对大学生对社会主义核心价值观践行状况的探索性因子分析

	Y
a1 我能够保持积极勤勉的学习状态	0.909
a2 我积极参加道德实践活动	0.901
a3 我努力做好学习生活中每一件小事	0.893
a4 我能够准确辨别"高级黑""低级红"	0.824

"大学生志愿服务精神认同状况"量表共选取了4个项目,采用李克特5点评分量表进行分析。评分选项为"非常赞同""比较赞同""说不清楚""不大赞同""很不赞同",得分依次为5分、4分、3分、2分、1分。经可靠性分析,该量表信度系数Cronbach's Alpha=0.974,该量表4个项目之间的一致性较高。经检验,KMO样本核实性测定值为0.881,Bartlett球形

度检验近似卡方值为 268210.034,显著性水平 $P<0.001$,表明数据适合做探索性因子分析。采用主成分分析和最大方差旋转,从 4 项中抽取"大学生志愿服务精神认同状况"1 个因子(见表 0-8)。结果显示,该因子的累计方差贡献率为 92.738%,表明该因子能较好地解释关于大学生志愿服务精神认同状况的调查内容。

表 0-8　对大学生志愿服务精神认同状况的探索性因子分析

	Y
a1 友爱	0.973
a2 互助	0.972
a3 进步	0.960
a4 奉献	0.947

"文化观与文化素养状况"量表共选取了 5 个项目,采用李克特 5 点评分量表进行分析。评分选项为"非常赞同""比较赞同""说不清楚""不大赞同""很不赞同",得分依次为 5 分、4 分、3 分、2 分、1 分。经可靠性分析,该量表信度系数 Cronbach's Alpha=0.932,该量表 5 个项目之间的一致性较高。经检验,KMO 样本核实性测定值为 0.897,Bartlett 球形度检验近似卡方值为 258182.479,显著性水平 $P<0.001$,表明数据适合做探索性因子分析。从 5 项中抽取"文化观与文化素养状况"1 个因子(见表 0-9)。结果显示,该因子的累计方差贡献率为 82.399%,表明该因子能较好地解释关于大学生文化观与文化素养状况的调查内容。

表 0-9　对大学生文化观与文化素养状况的探索性因子分析

	Y
a1 文化自信是一个国家、一个民族发展中更基本、更深沉、更持久的力量	0.954
a2 我为中华文化感到自豪	0.946
a3 中华民族一定能创造文化新辉煌	0.946
a4 我们应以开放包容的态度吸收其他文化的优长	0.924
a5 我们应当警惕西方文化的价值渗透	0.753

"大学生对革命精神的了解情况"量表共选取了 6 个项目,量表中的评分选项分为"听说过,了解内容""听说过,不了解内容""没听过",得分依次为 3 分、2 分、1 分。经可靠性分析,该量表信度系数 Cronbach's Alpha=0.915,该量表 6 个项目之间的一致性较高。经检验,KMO 样本核实性测定值为 0.864,Bartlett 球形度检验近似卡方值为 199619.038,显著性水平 $P<0.001$,表明数据适合做探索性因子分析。采用主成分分析和最大方差旋转,从 6 项中抽取"大学生对革命精神的了解情况"1 个因子(见表 0-10)。结果显示,该因子的累计方差贡献率为 70.395%,表明该因子能较好地解释关于大学生对革命精神的了解情况的调查内容。

表 0-10　大学生对革命精神的了解情况的探索性因子分析

	Y
a1 红岩精神	0.862
a2 西柏坡精神	0.859

续表

	Y
a3 太行精神	0.832
a4 伟大建党精神	0.829
a5 苏区精神	0.827
a6 伟大抗战精神	0.824

"经典著作阅读情况"量表共设计了 8 个项目,采用李克特 5 点评分量表进行分析。评分选项为"精读过全书""通读过全书""读过部分章节""浏览翻阅过""完全没读过",得分依次为 5 分、4 分、3 分、2 分、1 分。经可靠性分析,该量表信度系数 Cronbach's Alpha = 0.923,该量表 8 个项目之间的一致性较高。经检验,KMO 样本核实性测定值为 0.885,Bartlett 球形度检验近似卡方值为 311624.992,显著性水平 $P<0.001$,表明数据适合做探索性因子分析。采用主成分分析和最大方差旋转,从 8 项中抽取"中国传统文化名著阅读情况""马克思主义经典著作和中国共产党经典著作阅读情况"2 个因子,分别用 Y_1、Y_2 表示(见表 0-11)。结果显示,2 个因子的累计方差贡献率为 79.473%,表明这 2 个因子能较好地解释关于大学生对经典著作阅读情况的调查内容。

表 0-11　对大学生经典著作阅读情况的探索性因子分析

	Y_1	Y_2
a1《大学》	0.886	0.290
a2《中庸》	0.881	0.300
a3《孟子》	0.844	0.333
a4《论语》	0.699	0.278
b1《毛泽东选集》	0.319	0.865
b2《习近平谈治国理政》	0.286	0.861
b3《邓小平文选》	0.346	0.845
b4《共产党宣言》	0.281	0.807

"大学生网络素养"量表共设计了 4 个项目,采用李克特 5 点评分量表进行分析。评分选项为"非常符合""比较符合""一般""不太符合""很不符合",得分依次为 5 分、4 分、3 分、2 分、1 分。经可靠性分析,该量表信度系数 Cronbach's Alpha = 0.943,该量表 4 个项目之间的一致性较高。经检验,KMO 样本核实性测定值为 0.858,Bartlett 球形度检验近似卡方值为 198750.071,显著性水平 $P<0.001$,表明数据适合做探索性因子分析。采用主成分分析和最大方差旋转,从 4 项中抽取"大学生网络素养"1 个因子(见表 0-12)。结果表明,该因子的累计方差贡献率为 85.856%,表明该因子能较好地解释大学生网络素养的调查内容。

表 0-12　对大学生网络素养的探索性因子分析

	Y
a1 我会对网上的热点事件冷静分析,不被"带节奏"	0.955
a2 我在网上发表的言论都会经过深思熟虑	0.952
a3 我在上网时严格要求自己,决不成为"键盘侠"	0.949
a4 在网上看到有抹黑党和政府的言论时,我会予以反驳	0.846

"大学生对思想政治理论课建设的评价"量表共设计了 4 个项目,采用李克特 5 点评分量表进行分析。评分选项为"非常满意""比较满意""一般""不太满意""很不满意",得分依次为 5 分、4 分、3 分、2 分、1 分。经可靠性分析,该量表信度系数 Cronbach's Alpha = 0.978,该量表 4 个项目之间的一致性较高。经检验,KMO 样本核实性测定值为 0.875,Bartlett 球形度检验近似卡方值为 288415.253,显著性水平 $P<0.001$,表明数据适合做探索性因子分析。采用主成分分析和最大方差旋转,从 4 项中抽取"大学生对思想政治理论课建设的评价"1 个因子(见表 0-13)。结果表明,该因子的累计方差贡献率为 93.859%,表明该因子能较好地解释关于当前大学生对思想政治理论课建设评价的调查内容。

表 0-13　大学生对思想政治理论课建设评价的探索性因子分析

	Y
a1 教学方法	0.974
a2 教学设计	0.973
a3 教学内容	0.968
a4 师资水平	0.960

"大学生对日常思想政治教育的评价"量表共设计了 14 个项目,采用李克特 5 点评分量表进行分析。评分选项为"非常满意""比较满意""一般""不大满意""很不满意",得分依次为 5 分、4 分、3 分、2 分、1 分。经可靠性分析,该量表信度系数 Cronbach's Alpha = 0.984,该量表 14 个项目之间的一致性较高。经检验,KMO 样本核实性测定值为 0.978,Bartlett 球形度检验近似卡方值为 985011.158,显著性水平 $P<0.001$,表明数据适合做探索性因子分析。采用主成分分析和最大方差旋转,从 14 项中抽取"大学生对日常思想政治教育的评价"1 个因子(见表 0-14)。结果表明,该因子的累计方差贡献率为 83.444%,表明该因子能较好地解释关于大学生对日常思想政治教育评价的调查内容。

表 0-14　大学生对日常思想政治教育评价的探索性因子分析

	Y
a1 网络思想政治教育	0.937
a2 社会实践活动	0.930
a3 基层党组织建设	0.928
a4 职业规划与就业指导教育	0.926

续表

	Y
a5 团组织建设	0.925
a6 创新创业教育	0.923
a7 心理健康教育与咨询工作	0.921
a8 校园文化活动	0.920
a9 班级建设	0.915
a10 校风和学风建设	0.912
a11 日常事务管理	0.907
a12 社团活动	0.907
a13 学生资助工作	0.896
a14 学校后勤服务	0.839

“思想政治教育成效”量表共设计了 3 个项目,采用李克特 5 点评分量表进行分析。评分选项为“非常好”“比较好”“一般”“比较差”“非常差”,得分依次为 5 分、4 分、3 分、2 分、1分。经可靠性分析,该量表信度系数 Cronbach's Alpha = 0.953,该量表 3 个项目之间的一致性较高。经检验,KMO 样本核实性测定值为 0.741,Bartlett 球形度检验近似卡方值为158175.03,显著性水平 $P<0.001$,表明数据适合做探索性因子分析。采用主成分分析和最大方差旋转,从 3 项中抽取“思想政治教育成效”1 个因子(见表 0-15)。结果表明,该因子的累计方差贡献率为 91.380%,表明该因子能很好地解释思想政治教育成效的调查内容。

表 0-15　对思想政治教育成效的探索性因子分析

	Y
a1 大学生日常思想政治教育	0.970
a2 思想政治理论课教学	0.968
a3 专业课程教学	0.928

“大学生对‘三全育人’工作的评价”量表共设计了 3 个项目,采用李克特 5 点评分量表进行分析。评分选项为“非常满意”“比较满意”“一般”“不太满意”“很不满意”,得分依次为 5 分、4 分、3 分、2 分、1 分。经可靠性分析,该量表信度系数 Cronbach's Alpha = 0.979,该量表 3 个项目之间的一致性较高。经检验,KMO 样本核实性测定值为 0.784,Bartlett 球形度检验近似卡方值为 210484.104,显著性水平 $P<0.001$,表明数据适合做探索性因子分析。采用主成分分析和最大方差旋转,从 3 项中抽取“大学生对‘三全育人’工作评价”1 个因子(见表 0-16)。结果表明,该因子的累计方差贡献率为 95.976%,表明该因子能很好地解释关于大学生对“三全育人”工作评价的调查内容。

表 0-16　大学生对"三全育人"工作的评价的探索性因子分析

	Y
a1 全过程育人	0.983
a2 全方位育人	0.979
a3 全员育人	0.976

　　我们对问卷量表的信度进行总体分析。结果表明,标准化 Cronbach's Alpha = 0.735,表明问卷整体质量较高,问卷可靠性较强。

　　我们通过结构方程模型对问卷量表的效度进行分析,并探讨"高校教育引导"和"大学生思想与行为"之间的关系。为便于分析,我们结合问卷实际,将"高校教育引导"设置为"思想政治理论课教学"和"日常思想政治教育"两个潜变量,将"大学生思想与行为"设置为"人生观""价值观""道德观""文化观""学习状况"五个潜变量。结果显示,所有观测变量与潜变量之间的载荷系数几乎都在 0.01 的水平上显著,数据—模型配合优度指标分别为:TLI = 0.929,CFI = 0.937,NFI = 0.936,RMSEA = 0.076。整体模型适配度指标基本达到适配标准,说明研究提出的假设模型与实际观察数据的拟合情况良好。具体情况如图 0-1。

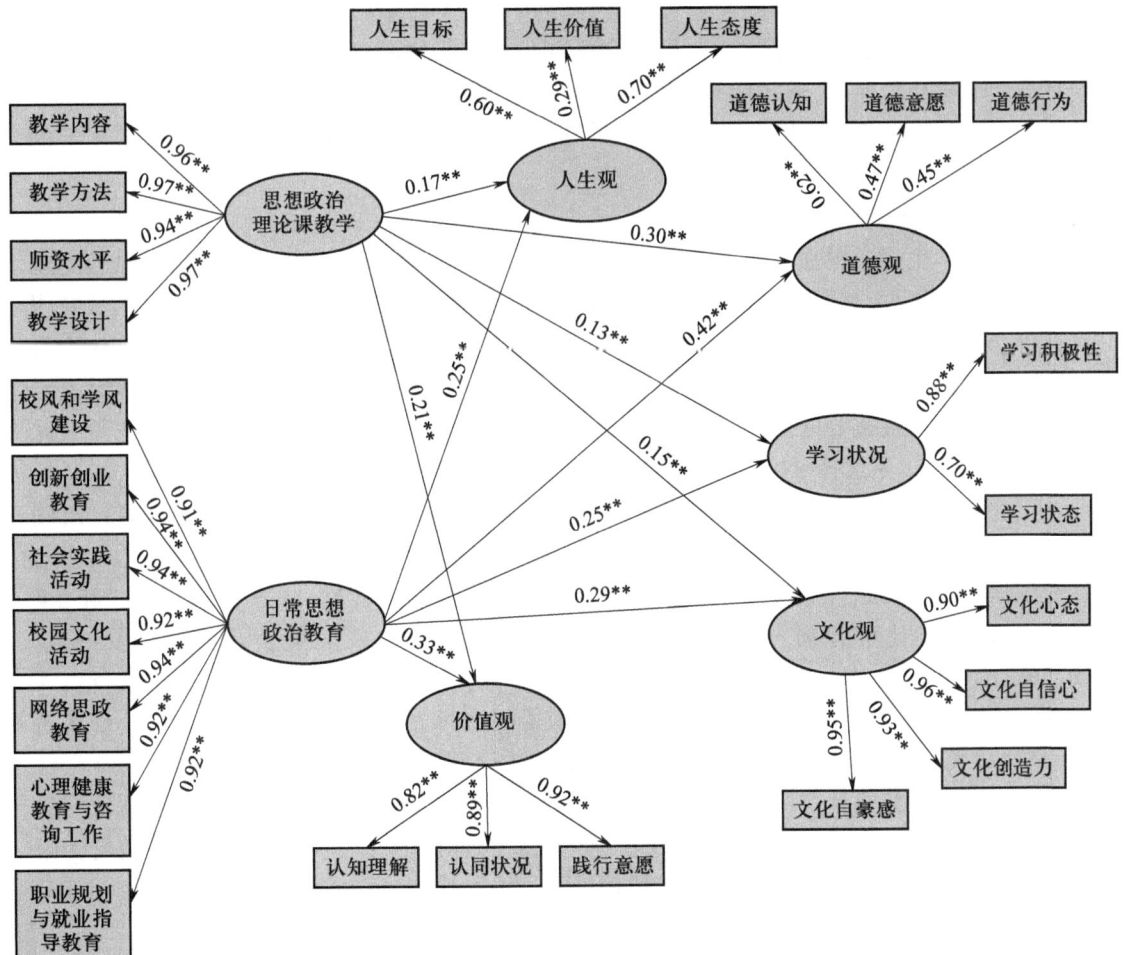

图 0-1　"教育引导—思想行为"结构方程模型

就"高校教育引导"而言,思想政治理论课教学和日常思想政治教育对大学生的思想与行为产生显著的正向影响,即思想政治理论课教学和日常思想政治教育开展效果越好,大学生群体在人生观、道德观、价值观、文化观和学习状况方面的整体状况就越好。思想政治理论课教学对大学生道德观(0.30**)的影响最大,对大学生人生观(0.17**)、价值观(0.21**)、文化观(0.15**)、学习状况(0.13**)也存在显著影响①。同时,日常思想政治教育对大学生道德观(0.42**)的影响也最大,对大学生人生观(0.25**)、价值观(0.33**)、文化观(0.29**)、学习状况(0.25**)也存在显著影响。综上而言,我们的研究假设通过结构方程模型得到证实,说明"高校教育引导"影响"大学生思想与行为"的研究假设是正确和有意义的。

三、主要结论与建议

当前,高校坚持以习近平新时代中国特色社会主义思想铸魂育人,多措并举构建思想政治工作体系,着力推进全员育人、全过程育人、全方位育人,取得了较为显著的成效。

(一) 观念与行为

整体而言,大学生奋发进取,表现出积极的人生追求和乐观的人生态度;大学生高度认同社会主义核心价值观,通过躬身实践表现出崇高的价值选择;大学生普遍具有较强的道德意愿,积极投身道德实践活动;大学生对中华优秀文化表现出高度的自豪感,树立了坚定的文化自信心。

1. 人生观与人生追求

当前大学生普遍树立了较为清晰的人生目标方向,且大多数大学生具有积极强烈的规划意识。调查显示,有87.8%的大学生表示拥有人生目标,其中23.5%的大学生表示具有明确目标,64.3%的大学生表示拥有大体方向,只有1.8%的大学生表示"基本没有"或"完全没有"人生目标。自我价值的实现是大学生确立人生目标的重要依据。20.7%的大学生表示制定人生规划的最重要依据是"社会发展需要",52.7%的大学生选择了"个人兴趣志向",此外,25.3%的大学生选择了"物质生活待遇",1.4%的大学生选择了"父母家人想法"。

当前大学生人生态度积极乐观、奋发有为,充分彰显出自信、奋斗、务实的鲜明特征,同时不容忽视的是,少数大学生容易受消极人生观的影响。当被问到"您是否对自己的人生前途充满信心"时,将近九成(87.6%)的受访学生给出了肯定性答复,回答"信心不足"和"毫无信心"的学生比例分别为10.1%和2.3%。当前大学生高度认同奋斗的意义及价值。90.5%的受访者对"奋斗的青春最美丽"表示赞同。同时,大多数大学生能够自觉践行奋斗精神。当被问到"在工作、学习和生活中遇到棘手问题时,您会怎么办"时,62.5%的受访者表示要"尽其所能,尝试解决",26.2%的受访者表示会"积极解决,沉着应对"。

当前大学生普遍具有积极的人生价值追求,绝大多数学生认同个体价值和社会价值的统一性,对于"人生梦想是国家梦、民族梦和个人梦的有机统一"这一观点,89.1%的受访学生表示赞同,回答"非常赞同"和"比较赞同"的比例分别为56.8%和32.3%。同时,大部分

---

① 注:* 表示 $P < 0.05$,** 表示 $P < 0.01$,*** 表示 $P < 0.001$,下同。

学生能正确看待集体对于人生价值实现的重要作用,超过六成(60.9%)的大学生对"人生价值只有在集体中才能得到更好的实现"表示赞同。

2. 价值观与价值选择

当前,大学生价值观与价值选择的整体状况积极向上。在价值观认知方面,大多数大学生能够理解社会主义核心价值观的科学内涵,83.7%的大学生表示"理解核心价值观的具体内涵";大多数大学生能够深刻认识到社会主义核心价值观建设的重大意义,91.5%的大学生表示"认同核心价值观对于国家、社会和个人的意义";大多数大学生能够将社会主义核心价值观作为日常遵循,并且能够以社会主义核心价值观为指导,辨识西方"普世价值"。87.3%的大学生表示能够自觉"将核心价值观作为自己的基本遵循",有75.8%的大学生表示能够理性辨识"普世价值"的虚伪性。同时,我们也应看到,仍有两成多的大学生不能很好地辨识西方"普世价值",这对高校加强核心价值观培育提出了更高的要求。

在价值观认同方面,大学生普遍对社会主义核心价值观表示高度认同,对12项核心价值观的认同度均在九成以上。调查显示,按照由高到低的顺序,大学生对12项核心价值观的认同度依次是:法治(95.8%)、公正(95.5%)、和谐(95.4%)、平等(95.3%)、文明(95.3%)、富强(95.0%)、爱国(94.7%)、友善(94.7%)、诚信(94.5%)、自由(93.4%)、敬业(92.6%)、民主(91.5%)。

在价值观践行方面,大多数大学生能够做到"勤学""修德""明辨""笃实",积极将内心对社会主义核心价值观的认知认同转化为外在的实践行动。调查显示,81.9%的大学生表示"能够保持积极勤勉的学习状态",85.6%的大学生表示能够"积极参加道德实践活动",80.3%的大学生表示"能够准确辨别'高级黑''低级红'",84.8%的大学生表示能够"努力做好学习生活中每一件小事"。调查另显示,当自己的偶像损害了国家利益或形象时,有91.9%的学生坚定选择维护国家利益。

3. 道德观与道德行为

首先,大学生的道德认知状况良好,大学生群体对志愿服务精神普遍表示认同。调查显示,对"奉献""友爱""互助""进步"的志愿服务精神持赞同态度的大学生占比分别为95.4%、95.7%、95.7%、95.4%。其次,大学生具有比较强烈的道德意愿。在社会公德方面,大多数大学生能够自觉遵守社会公德。调查显示,当被问及"公交车上您愿意为老人让座吗",62.7%的大学生表示"非常愿意让座",还有15.5%和20.0%的大学生选择了有条件让座和具体情况具体分析,仅有1.8%的大学生表示不愿意让座。在职业道德方面,大多数大学生能够自觉遵循学术规范。调查显示,90.5%的大学生表示"我能做到遵守学术规范,不抄袭剽窃、数据造假"。在家庭美德方面,大多数大学生能够做到孝敬父母,积极弘扬传统美德。在与父母的关系处理方面,97.6%的大学生与父母能够保持健康的互动关系,仅少部分大学生存在"态度冷漠,与父母关系较差"(1.4%)和"经常顶撞,动辄发生冲突"(1.0%)的情况。在个人品德方面,大学生表现出积极投身道德实践的强烈意愿。调查显示,77.8%的大学生表示愿意参加支教活动,其中12.5%的大学生表示"十分愿意,并且亲身参与过"。再次,大部分大学生切身投入道德实践,在形式多样的志愿服务中展现崇德向善的精神风貌和青春风采。2021年,68.6%的大学生表示参加过不同形式的志愿服务活动,其中参与过环境保护志愿服务活动的比例最高,为32.1%。参与社区建设、大型赛会、应急救助、义务支教、扶贫开发等志愿服务活动的比例次之,分别为30.4%、21.4%、12.2%、11%、7.6%。同时,还有9%的大学生表示参与过其他志愿服务活动。

4. 文化观与文化素养

当前大学生对文化自信充满了强烈的认同感。调查显示,高达97.2%的大学生表示赞同"文化自信是一个国家、一个民族发展中更基本、更深沉、更持久的力量",97.1%的大学生表示"为中华文化感到自豪"。另外,调查显示,97.0%的大学生表示赞同"我们应以开放包容的态度吸收其他文化的优长",92.5%的大学生表示赞同"我们应当警惕西方文化的价值渗透"。大学生对中华民族未来文化创造力充满了强烈自信。调查显示,96.6%的大学生表示赞同"中华民族一定能创造文化新辉煌"。

当前大学生文化素养涵育取得了较为明显的成效。一是大学生通过多种渠道积极参加传统文化传承活动。调查显示,86.7%的大学生表示参加过传统文化传承活动,包括传统文化课程(60.6%)、经典诵读(38.5%)、书法(34.5%)、绘画(26.9%)、民族乐器(23.6%)、武术(14.0%)、棋艺(13.6%)、茶艺(10.0%)等。二是大学生对传统文化经典阅读情况较好,分别有90.1%、74.8%、71.1%和76.8%的大学生表示阅读过《论语》《大学》《中庸》《孟子》,其中表示"通读过全书"的比例分别为12.3%、6.0%、5.2%、6.2%,表示"精读过全书"的比例分别为5.3%、3.0%、2.7%、2.9%。三是大学生对革命精神的了解情况总体较好。调查显示,分别有92.8%、86.5%、91.0%、92.9%、88.1%和86.2%的大学生表示听说过伟大建党精神、苏区精神、红岩精神、伟大抗战精神、西柏坡精神和太行精神,其中分别有67.3%、40.0%、52.9%、71.0%、50.3%、41.8%的大学生表示了解上述革命精神的内容。

5. 网络运用

大学生使用网络的用途呈现多样化的特点,按调查数据由高到低依次为"获取资讯"(85.1%)、"娱乐消遣"(83.3%)、"社交"(81.6%)、"在线学习"(81.4%)、"网络购物"(74.2%)。获取资讯、在线学习等成为大多数大学生的主要上网目的,体现出大学生在网络运用上较为积极的一面。大多数大学生具有良好的网络素养。72.9%的大学生表示"网上看到有抹黑党和政府的言论时,我会予以反驳",82.6%的大学生表示"我会对网上的热点事件冷静分析,不被'带节奏'",83.5%的大学生表示"在网上发表的言论都会经过深思熟虑",85.7%的大学生表示"我在上网时会严格要求自己,决不成为'键盘侠'"。

网络是一把双刃剑,对大学生的学习成长既能发挥积极促进作用,又不可避免地存在消极影响。调查显示,高校新媒体平台对大学生成长发展具有积极作用。大学生中表示高校新媒体对自身成长发展影响"非常大"的人数占比12.1%,表示影响"比较大"的人数占比26.6%,表示影响"一般"的人数占比41.5%,表示影响"不太大"的人数占比11.4%,表示"没影响"的人数占比8.4%。调查另发现,少数大学生明显受到网络消极因素的影响。4.5%的大学生表示"直播带货轻松赚钱,我以后也想做网红",6.1%的大学生表示"我经常熬夜在游戏中开黑上分",7.1%的大学生表示"我很享受网络上个人圈子,不愿在线下与人交往",15.7%的大学生表示"浏览一些另类搞怪直播,影响了我的审美取向",22.7%的大学生表示"短视频一刷就停不下来,经常占用我的学习时间"。

6. 学习与就业

当前大学生学习积极性和学习状态整体情况良好,能积极参加多种技能知识的学习。调查显示,超过七成的大学生认为自身学习积极性较好,其中17.8%和52.7%的大学生认为自己学习"非常积极"和"比较积极",另外,评价自己学习积极性"一般"的大学生占比为

26.0%,评价为"不太积极"的大学生占比为3.0%,评价为"很不积极"的大学生占比为0.5%。关于自身的学习状态,18.9%的大学生认为"刻苦勤奋,坚持不懈",66.4%的大学生认为"适度努力,偶尔放松",13.2%的大学生认为"平时松懈,考前突击",1.5%的大学生认为"'佛系'学习,不惧挂科"。由此可见,大学生整体上表现出较为积极进取的学习状态,但也有少数大学生的学习状态令人堪忧。调查发现,大部分的大学生积极学习课外知识,勤于学习各项技能。注重"学习外语"的受访者占比为62.3%,注重"辅修双学位"的受访者占比为12.1%,注重学习"计算机软件操作"的受访者占比为43.0%,注重"时政理论学习"的受访者占比为30.8%,注重学习"新媒体运营编辑"的受访者占比为25.0%,注重"考取职业资格"的受访者占比为44.8%。

当前,大学生对毕业去向的规划呈现出多元性,但以"升学"和"入编"为主。调查显示,大学生对于毕业后的打算,选择"国内升学"的占比为42.4%,选择"公务员、企事业等体制内就业"的占比为32.2%,选择"个体、私营、外资企业就业"的占比为11.6%,选择"出国深造"的占比为4.4%,选择"自主创业"的占比为3.2%。同时,大学生对就业区域选择的意向相对集中,其中选择"一二线大城市"的受访者占比为55.4%,选择"中小城市"的受访者占比为37.5%,选择"县城"的受访者占比为3.6%,选择"农村地区"的受访者占比为0.8%,选择"国家急需人才的边远地区"的受访者占比仅为2.7%。

7. 身心健康

当前大学生身体素质状况整体较好,但参与体育锻炼的情况差异较大。81.0%的大学生表示身体处于健康状态,其中,28.6%的大学生表示"非常健康",52.4%的大学生表示"比较健康",另外,15.2%的大学生表示自身健康状态"一般",3.8%的大学生表示自己处于非健康状态。调查另显示,仅有7.5%的大学生表示"每天坚持锻炼",19.1%的大学生表示"每周锻炼3—5次",28.1%的大学生表示"每周锻炼1—2次",有近一半的大学生参与体育锻炼情况并不乐观,如41.2%的大学生表示"偶尔锻炼一下",4.1%的大学生则表示"从不锻炼"。大学生的心理健康状况需要引起更多的关注。调查显示,分别有8.0%和17.7%的大学生表示"经常有"和"时常有"焦虑、烦躁、压抑等负面情绪,超过一半的大学生(50.8%)表示"偶尔有",而表示"很少有"和"几乎没有"的大学生分别占17.5%和6.0%。调查另显示,当遇到心理问题时,仅有62.1%的大学生"一定会"(21.1%)或"可能会"(41.0%)寻求心理咨询,仍有相当一部分的大学生不愿意通过心理咨询的方式排解心理困扰。

(二) 教育与成效

1. 思想政治理论课教学

高校思想政治理论课教学总体效果良好,赢得大学生的广泛好评。调查显示,逾八成(81.2%)的大学生对思想政治理论课教学的开展效果给予好评。大学生高度认可思政课教学的德育成效,充分肯定思政课作为立德树人"关键课程"的重要意义,近九成(87.0%)的大学生赞同"思政课是立德树人的关键课程"。2014年至2021年,大学生对思政课育德效果的满意度分别为45.5%、52.9%、55.8%、60.9%、72.7%、73.4%、77.4%、87.0%。越来越多的大学生对思政课育德成效给予好评,凸显出思政课作为关键课程的建设成效。

大学生对思想政治理论课各门课程的整体评价较高,六门思想政治理论课程的平均得分为4.29分(满分为5分)。大学生对思政课建设各个要素的评价较高,其中对师资水平的满意度最高。具体而言,大学生对思政课教学内容、教学方法、师资水平、教学设计的满意度分别为72.6%、70.0%、75.4%、70.3%。

大学生学习思想政治理论课的积极性较高。数据显示,23.1%的大学生表示在思政课课堂上"认真听讲,勤做笔记",48.9%的大学生表示在思政课课堂上"努力跟随老师讲课思路"。大学生对学习思政课收获的评价较高,思政课学习收获普遍向好。调查显示,通过学习思政课,79.5%的大学生认为提高了思想认识,72.0%的大学生认为树立了正确价值,71.7%的大学生认为坚定了理想信念,71.3%的大学生认为提高了道德修养,70.5%的大学生认为夯实了理论基础,64.7%的大学生认为塑造了健康心态。

2. 日常思想政治教育

其一,党团组织是开展大学生日常思想政治教育的重要载体,始终承担着引领青年、关心青年、团结青年的重要使命。调查显示,79.3%的大学生对高校基层党组织建设表示满意,其中,表示"非常满意"的比例为45.7%;78.9%的大学生对高校团组织建设表示满意,其中,表示"非常满意"的比例为45.5%。其二,就大学生而言,校园文化活动既是内容丰富且形式多样的第二课堂,又是彰显个性、表达自我、体现价值、丰富阅历的重要途径。78.1%的大学生对学校校园文化活动表示满意,其中表示"非常满意"的比例为44.1%,"比较满意"的比例为34.0%。其三,思政慕课、云端思政、网络微党课微团课等新兴教育形式延展了思想政治教育的广度和深度,新媒体文化节、网络优秀作品展播、微电影创作等精品网络活动丰富了思想政治教育的内容和途径。42.6%的大学生对学校网络思想政治教育给予"非常满意"评价,33.6%的人评价"比较满意",认为"一般"的人数比例为19.6%,仅4.2%的受访者选择了"不大满意"或"很不满意"。其四,目前诸多高校已形成较为系统的心理健康教育与咨询支持的工作体系。调研显示,77.1%的大学生积极评价心理健康教育与咨询工作,对学校在大学生心理健康方面采取的系列举措表示满意,其中给予"非常满意"评价的人数占43.7%,评价"比较满意"的比例为33.4%。其五,学生资助工作是落实立德树人根本任务,维持教育公平的重要支撑。调查显示,大学生对学校资助工作的评价得分为4.17分(满分为5分)。其六,各高校针对职业规划与就业指导教育以及创新创业教育开展了卓有成效的工作,收获广大学生好评。在职业规划与就业指导教育方面,75.5%的受访者评价学校工作令人满意,在创新创业教育方面,分别有42.2%和33.7%的大学生给出"非常满意"或"比较满意"评价,整体满意率达75.9%。

(三) 问题与对策

调查中发现的一些值得关注的问题,为进一步加强和改进高校思想政治工作提供了参考项与着力点。基于此,我们提出以下对策与建议。

1. 加强思政课教师队伍建设,聚焦守正创新能力培养

当前高校思想政治理论课建设取得了较为明显的成效,呈现整体向好的发展态势,但同时,调查也发现教学内容、教学方法、教师队伍建设等方面存在一些问题和不足,比如创新能力就是需要重点关注的问题。目前,高校思想政治理论课教师已超十万之众。在教师队伍数量显著增长、教师规模日益壮大的发展形势下,教师队伍素质问题日益成为教师队伍建设的决定性因素,对提升思想政治理论课教学质量至关重要。一方面,要抓住教师队伍素质提升这个核心问题。办好思想政治理论课,关键在教师。教学内容的优化、教学方法的创新、

教学设计的改进,归根到底取决于教师,因此,教师队伍素质提升是思想政治理论课建设的核心问题。调查发现,大学生对师资水平的满意度评价在思想政治理论课建设诸要素中最高,为我们办好思想政治理论课提供了充足的信心和底气。然而调查中发现的教师队伍素质中存在的问题与不足,也不容忽视。如"缺乏创新能力""对学生关爱不够""缺乏国际视野""知识储备不足""个别教师师德失范""个别教师立场不坚定"等。习近平总书记在学校思想政治理论课教师座谈会上对思政课教师提出"政治要强、情怀要深、思维要新、视野要广、自律要严、人格要正"的要求,为教师队伍素质提升指明了方向、提供了根本遵循。"六个要"的要求涵盖了知、情、意、信、行各方面,是教师队伍素质提升这一核心问题的关键指标。教育主管部门及高校要引导广大教师以此为标准,不断调动积极性、发挥主动性、激发创造性,努力提升自身能力、强化本领素质,切实在思想政治理论课教学中发挥关键作用。另一方面,聚焦守正创新能力培养这个关键维度。提升思想政治理论课教学质量,需要不断改革创新。教师在这一过程中发挥着关键作用。调查中发现,缺乏创新能力是大学生对教师队伍反映最为强烈、最为集中的问题。创新,要以守正为前提和基础。守正与创新,辩证统一于思想政治理论课改革创新之中。教育主管部门及高校要引导教师站稳立场,明确方向,坚持马克思主义指导,坚持党的领导,牢记立德树人的根本使命,坚守思想政治理论课政治性、意识形态性的根本要求,全面贯彻党的教育方针,坚持用习近平新时代中国特色社会主义思想铸魂育人。与此同时,教育主管部门及高校要引导教师树立创新思维,开拓视野,置身"两个大局",着眼于中国特色社会主义伟大实践,将社会主义现代化建设的巨大成就融入课堂教学内容,深刻剖析社会热点问题,及时回应学生的现实困惑。此外,还要鼓励和引导教师把握新形势,学习新技术,关注和掌握学生思想新动态,不断改革和优化教学方法、教学设计等,创新思想政治理论课教学形态,切实提高课程教学的吸引力、亲和力、针对性、时效性。

2. 深化实践育人,引导大学生实现从知到行的顺利转化

从思想认知到行为实践方面的落差错位,是当前少数大学生在学习生活中表现出的突出问题。从思想认知层面来观察,当前大学生高度认同社会主义核心价值观,广泛认同志愿服务精神,展现出积极的道德践行意愿,彰显出坚定的文化自信心。从实际行动层面来审视,部分大学生在实践中的具体表现却与其思想认知状况存在明显落差。例如,87.3%的大学生表示自己"将核心价值观作为基本遵循",94.7%的大学生对"人人都应为祖国建设添砖加瓦"表示赞同,然而仅有14.6%的大学生表示"愿意长期在乡村服务";平均有95.6%的大学生表示认同"奉献、友爱、互助、进步"的志愿服务精神,而有31.4%的大学生表示在2021年未参加过任何志愿活动;97.1%的大学生表示"为中华文化感到自豪",但有13.3%的大学生表示没有参加过任何形式的传统文化传承活动。简言之,许多大学生思想认识与实际行动之间的落差有待弥合。基于这一现状,我们需要突出并发挥好社会实践的育人功能,推动大学生思想政治素质在实践教育中实现知行转化。一方面,要引导大学生在社会实践中深化向上向善的思想认知。我们党的百年奋斗重大成就和历史经验是推动大学生明理增信、崇德力行的重要资源,我们要以推动党史学习教育常态化长效化为抓手,整合各地各类实践资源,充分挖掘党史中的育人元素,组织引导大学生前往革命遗址、纪念馆、博物馆等红色实践基地接受革命精神教育,进一步领悟中国共产党人精神谱系的丰富内涵和时代意义。党的十八大以来,党和国家事业取得历史性成就、发生历史性变革,这些成就与变革,为增进大学生"四个自信"提供了鲜活素材。要组织引导大学生围绕国家重大发展成就开展实习实

践,进一步增强大学生对中国特色社会主义的认知和认同。另一方面,要强化实践养成,引导大学生将正确思想认识转化为强国报国的实际行动。要以北京冬奥会、学习二十大精神等为契机开展主题实践活动,如开展冬奥冠军进校园活动,用冬奥故事激励大学生奋斗担当,用奉献精神推动大学生投身志愿服务活动,将北京冬奥会所形成的宝贵精神财富转化为大学生强国报国的实际行动;围绕党的二十大开展主题社会实践活动,引导大学生在国家发展战略前沿和基层生产一线感悟国家需要、厚植人民情怀,增进投身强国伟业的行动自觉;开展中华优秀传统文化传承活动,通过传统文化进校园、诵读中华经典、学习传统技艺等活动形式,推动大学生深刻感悟中华文化魅力,积极参与社会主义文化强国建设。

3. 加强就业指导,引导大学生树立正确的就业观

2022 年,首批"00 后"毕业步入社会,同时高校毕业生人数首次超过千万。加之疫情对于经济形势的冲击,高校毕业生的就业形势较为严峻。加强对大学生的就业指导与服务,引导大学生树立正确的就业观,是稳定和保障高校毕业生就业的必然要求。调查发现,当前大学生在就业观方面存在以下问题:一是大学生就业意向集中于升学深造和体制内就业,而选择非公有制企业就业、自主创业等其他就业方式的意愿明显不足,如 46.8% 的大学生毕业后打算升学深造,32.2% 的大学生打算在体制内就业,而选择"个体、私营、外资企业就业"(11.6%)、"自主创业"(3.2%)以及"其他"(6.2%)等就业方式的比例合计为 21%;二是大学生的基层就业意愿明显不足,调查显示,一二线大城市(55.4%)和中小城市(37.5%)是大学生心中的理想就业地区,而仅有 7.1% 的大学生有意愿在县城(3.6%)、农村地区(0.8%)、边远地区(2.7%)等基层就业。基于此,一方面需要引导大学生树立多渠道就业的观念,在思政课、专业课、就业指导课等教学中融入职业平等的思想观念,使大学生充分了解公共部门就业、企业就业、自主创业和灵活就业等多种就业渠道的特点,认识到各行各业都有实现人生出彩的机会,同时,针对大学生自主创业意愿不足的现状,应向大学生宣传阐释好创新创业相关政策,整合校内外创新创业资源,邀请联系学校创新创业指导教师、知名企业家、杰出校友等人员为自主创业大学生提供创新创业指导和相关培训。另一方面需要引导大学生增强基层就业的意愿。当前,国家正在实施区域协调发展、乡村振兴等战略,拓宽了高校毕业生在基层就业的空间,搭建了青年大学生成长成才的广阔舞台。我们应通过生涯规划、实习实践、就业指导等举措引导大学生树立赤诚奉献的观念,提升他们在基层就业的意愿。在生涯规划中,应引导大学生正确认识当今就业形势和个人就业需求,在择业就业时将"小我"与"大我"统一起来,平衡社会需要、个人兴趣、生活保障等就业考量;在实习实践中,应重点引导大学生增进对基层的了解,厚植对人民群众的情感,激发他们到基层、到祖国需要的地方就业的内在动力;在就业指导中,应精准把握大学生就业需求,找准重点对象,讲解好各类基层服务项目以及国家出台的高校毕业生基层就业支持政策,解决好大学生在基层就业的后顾之忧。

第一章
人生观与人生追求

人生观决定人生追求,影响人生发展。大学生要实现人生理想,成就出彩人生,必须树立正确的人生观,明确人生目的、端正人生态度、认识人生价值。调研聚焦人生观的主要内容,考察当下大学生对人生目的、人生态度和人生价值等基本问题的观点和态度,以为对大学生进行思想引领和价值引导提供数据支持和理论支撑。

一、人生目的

把舵定向,方能行稳致远。人生目的是人生观的核心要素,决定着人生道路、人生态度和人生价值选择。调研显示:当下大学生普遍对人生具有较强的规划意识,看重自我价值实现;不同群体大学生对于人生目的的看法存在较为显著的差异;大学生的人生目的与价值观相互影响、相互作用。

(一)大学生对人生目的看法的总体状况

调研主要围绕两个方面考察大学生对人生目的的看法:一是大学生是否拥有人生目标,以此来考察大学生是否具有人生规划意识;二是制定人生规划的最重要依据是什么,以此来考察大学生对人生的追求和向往。调研结果如下:

第一,大学生普遍对人生具有积极强烈的规划意识。目标决定方向,漫无目的地虚度人生,只会使生活变得浑浑噩噩、毫无意义。调研显示,绝大多数大学生对人生具有规划意识,共计有 87.8% 的受访者拥有人生目标,其中 23.5% 的大学生具有明确目标,64.3% 的大学生拥有大体方向,只有 1.8% 的大学生表示"基本没有"或"完全没有"人生目标。但需要注意的是,在表示自己拥有人生目标的受访者中,拥有明确目标的比例只有 23.5%,更多大学生只拥有大体方向。

第二,自我价值的实现是大学生确立人生目标的重要依据。当被问到"您认为制定人生规划最重要依据是什么"时,受访大学生中有 20.7% 选择了"社会发展需要",52.7% 选择了"个人兴趣志向",25.3% 选择了"物质生活待遇",1.3% 选择了"父母家人想法"(见图 1-1)。从中可以窥见当代大学生对于人生目标和人生规划的鲜明态度:一是在处理"自我"与"他人"的关系时,大学生普遍体现出较强的独立自主意识,坚持"我的人生我做主",父母家人等外部因素对其影响较小;二是在权衡"个体"与"社会"的优先级时,多数大学生更加注重自我发展,选择了优先满足个体需要;三是在面对"物质"与"精神"的博弈时,大部分受访者更加注重精神需求,选择了将个人兴趣、爱好、志向等置于更为重要的位置。这在一定程度上表明,随着社会生产力的发展和人民物质生活水平的提升,大学生拥有何种人生选择已经越来越少受到物质与金钱的钳制。

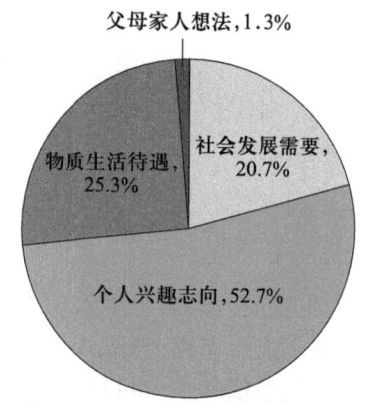

图1-1 大学生制定人生规划时的不同依据

(二) 大学生对人生目的看法的群体差异

为了考察不同人口学变量对大学生人生目的的影响,课题组将自然因素、成长背景、教育因素等多项人口学变量与大学生对人生目的的看法进行交互分析。分析结果显示,性别、年龄、学历层次、政治面貌、学生干部经历、生源所在地、家庭类型等多项变量均对大学生如何看待人生目的问题具有显著影响,结果具有统计学意义。

第一,不同性别的大学生对于人生目标和人生规划的倾向有所不同。分析发现,在是否拥有人生目标方面,男生更倾向于制定清晰的人生目标,28.9%的男生表示拥有明确人生目标,高于女生20.7%的选择比例。相对而言,女生更倾向于为人生规划大体目标,66.9%的女生表示自己拥有大体人生方向,高于男生60.0%的选择比例($X^2=422.959$,$P<0.001$)。在制定人生规划的最重要依据方面,男生更倾向于选择社会发展需要,选择比例为23.6%,高于女生4.7个百分点,女生更倾向于选择个人兴趣志向,选择比例为54.0%,高于男生3.6个百分点($X^2=148.724$,$P<0.001$)。上述数据在一定程度上表明,男生相较女生而言,具有更强的规划意识和大局意识。值得注意的是,将物质生活待遇作为制定人生规划最重要依据的比例并没有因为性别产生显著差异。

第二,大学生对人生目标的规划意识随着年龄增长和学历层次提升显著增强。从年龄来看,20岁以下的受访者中仅有20.5%有明确的人生目标,21—25岁的受访者提升至24.5%,在25岁以上的受访者中,这一比例则骤升至40.7%($X^2=662.858$,$P<0.001$)。从学历层次来看,本科生、硕士生和博士生的受访者表示具有明确人生目标的比例分别为21.5%、27.1%和41.3%($X^2=672.570$,$P<0.001$)。这充分说明,人生阅历、受教育程度等因素对于大学生人生目标的确立具有较为明显的影响。

第三,中共党员和有过学生干部经历的大学生对人生目的的看法更为积极。分析发现,政治面貌和学生干部经历对于大学生树立积极明确的人生目的具有显著影响。其一,人生目标更明确。从政治面貌来看,对于"您是否拥有人生目标"这一问题,共有29.6%的受访党员大学生表示拥有明确目标,而非党员受访者中只有21.7%给出了同样答案($X^2=$

484. 422,$P<0.001$）。从学生干部经历来看,共计 89.6%有过学生干部经历的受访者表示拥有人生目标,其中拥有明确目标和大体方向的比例分别为 24.7%和 64.9%。相对而言,没有学生干部经历的受访者中表示有人生目标的比例为 81.0%,拥有明确目标和大体方向的比例分别为 19.2%和 61.8%($X^2=639. 111,P<0.001$）。其二,目标取向更积极。从政治面貌来看,受访党员大学生中将社会发展和个人成长作为制定人生规划最重要依据的比例分别为 23.8%和 74.7%,而这一比例在非党员大学生中分别为 19.7%和 79.0%($X^2=96. 424,P<0.001$）。从学生干部经历来看,担任过学生干部的大学生中有 21.2%选择将社会发展需要作为制定人生规划的最重要依据,而没有学生干部经历的大学生中只有 18.7%作出了同样回答。同时,没有学生干部经历的大学生中有 29.7%表示物质生活待遇在人生规划中最为重要,而担任过学生干部的大学生选择同样答案的比例为 24.1%($X^2=149. 493,P<0.001$）。

第四,成长环境欠优越的大学生更倾向将物质生活待遇作为制定人生规划的重要依据。分析发现,成长环境、经济状况等因素影响着大学生对社会与个体、物质与精神等关系问题的看法,进而作用于其人生目的和人生规划。从生源所在地来看,来自农村的大学生中选择将个人兴趣志向和物质生活待遇作为制定人生规划的最重要依据的比例分别为 49.6%和 26.8%,而来自城镇的大学生选择兴趣志向和物质待遇的比例则分别为 55.5%和 23.9%($X^2=168. 979,P<0.001$）。从家庭类型来看,来自非双亲家庭的大学生将物质生活待遇作为制定人生规划最重要依据的比例为 26.8%,高于来自双亲家庭大学生的 23.9%($X^2=168. 979,P<0.001$）。尤其需要注意的是,受访孤儿大学生将物质生活待遇选择作为制定人生规划最重要依据的比例达到 34.1%,远高于 25.3%的平均值,与此同时,他们选择个人兴趣志向的比例则被压缩至 39.8%,远低于 52.7%的平均值($X^2=70. 478,P<0.001$）。根据马斯洛需要层次理论,个体只有在基本的生存需要得到满足之后,才会有动力去追求更高层次的精神需求。因此,对于成长环境不够优越,尤其是经济状况较差的大学生而言,他们更倾向于将提升物质生活状况作为自我价值实现的重要内容。

（三）大学生人生目的与价值观的相互关系

人生观与价值观相互影响、不可分割,作为人生观重要构成的人生目的与价值观之间也具有紧密联系。一个人有什么样的人生目标,左右着他的价值判断和价值选择。反之,一个人秉持什么样的价值观,也直接影响着他对人生目的、人生选择等问题的思考。为了考察大学生的人生目的与价值观是否存在相互影响、相互作用的关系,我们将大学生人生目标的明确程度从"完全没有"到"有明确目标"分别赋值 1—5 分,分值越高,代表大学生的人生目标越为明确。然后将其与大学生价值观与价值选择的若干问题进行相关分析,结果发现大学生人生目标的明确程度与其价值观认知和价值观践行状况呈显著相关。

第一,大学生人生目标的明确程度与其价值观认知状况呈显著相关。我们将大学生对与社会主义核心价值观认同状况相关的四道题目"我理解核心价值观的具体内涵""我认同核心价值观对于国家、社会和个人的意义""我将核心价值观作为自己的基本遵循""我能够辨识西方'普世价值'的虚伪性"从"很不符合"到"非常符合"分别赋值 1—5 分,分值越高,代表大学生对社会主义核心价值观的认知状况越好。然后将其与大学生人生目标的明确程度进行相关分析。分析显示,大学生人生目标的明确程度与其对核心价值观具体内涵的理解程度、对核心价值观意义的认同程度、对核心价值观的遵循程度、对西方"普世价值"的辨识程度均呈显著正相关(表1-1)。

表1-1　大学生人生目标的明确程度与其对社会主义核心价值观认同状况的相关情况

相关因素	相关分析	
	r	*P*
我理解核心价值观的具体内涵	0.220	<0.001
我认同核心价值观对于国家、社会和个人的意义	0.160	<0.001
我将核心价值观作为自己的基本遵循	0.196	<0.001
我能够辨识西方"普世价值"的虚伪性	0.238	<0.001

第二,大学生人生目标的明确程度与其价值观践行状况呈显著相关。为了检验大学生人生目标的明确程度与其价值观践行状况的整体性关系,我们将与大学生社会主义核心价值观践行状况相关的四道题目"我努力做好学习生活中每一件小事""我能够准确辨别'高级黑''低级红'""我积极参加道德实践活动""我能够保持积极勤勉的学习状态"从"很不符合"到"非常符合"分别赋值1—5分,并对其提取公因子。经检验,数据量表适合进行探索性因子分析,组合量表KMO=0.839,Bartlett球形度检验近似卡方值为121378.326,显著性水平$P<0.001$。采用主成分分析和最大方差法旋转,从上述4个项目中抽取出1个主成分,累计方差贡献率为77.851%。将提取出的一个公因子命名为"大学生对社会主义核心价值观的践行状况",并将其与大学生人生目标的明确程度进行相关分析,结果发现,大学生人生目标的明确程度与其对社会主义核心价值观的践行状况呈显著相关(Pearson相关系数为0.308,$P<0.001$)。

综上所述,大学生的人生目的与其对社会主义核心价值观的认知和践行状况之间存在相互影响和相互作用。因此,大学生思想政治教育应注重将人生观教育和价值观教育相结合,以促进二者的协同并进。

二、人生态度

人生态度是人们面对人生系列问题时秉持的心理倾向和精神状态。人生态度是积极向上,还是无欲无求,抑或是消极悲观,直接影响着人生理想的达成和人生价值的实现。总体来看,当代大学生人生态度积极乐观、奋发有为、严谨认真,自信、奋斗、务实是几大主要关键词,但是也有部分大学生较易受到消极人生观的影响与裹挟。

(一)大学生人生态度的积极态势

第一,充满人生自信,拒绝消极情绪,人生态度积极乐观。当被问到"您是否对自己的人生前途充满信心"时,将近六成(56.9%)的受访大学生给出了肯定答案,回答"信心不足"和"毫无信心"的学生比例分别为10.1%和2.3%,另有30.7%的学生给出了模棱两可的答案。这种积极乐观的人生态度也充分体现在大学生的学习中。课题组对大学生的学习积极性进行考察后发现,70.5%的受访者在被问及"您认为自己的学习积极性如何"时给出了肯定答案,其中表示"非常积极"和"比较积极"的比例分别为17.8%和52.7%,给出明确否定答案的比例仅为 3.5%。

第二,认同奋斗价值,践行进取精神,人生态度奋发有为。调研显示,当下大学生高度认同奋斗的意义及价值。对于"奋斗的青春最美丽"这一观点,总计有 90.5% 的受访者持赞成态度,表示"非常赞同"和"比较赞同"的比例分别为 62.9% 和 27.6%。同时,大多数大学生能够自觉践行奋斗精神。当被问及"在工作、学习和生活中遇到棘手问题时,您会怎么办"时,62.5% 的受访者表示要"尽其所能,尝试解决",26.2% 的受访者表示会"积极解决,沉着应对",这充分表明当下大学生具有向上进取的奋斗意识和进取精神。大学生奋发有为的人生态度鲜明体现在生活和学习中,84.8% 的受访大学生表示自己努力做好学习生活中的每一件小事,81.9% 的受访者表示自己能够保持积极勤勉的学习状态。同时,当代大学生更加崇尚张弛有度、劳逸结合的奋斗观,在被要求描述自己的学习状态时,大部分受访者(66.4%)选择了"适度努力,偶尔放松",选择"刻苦勤奋,坚持不懈"的受访者仅占 18.9%,另有 13.2% 的受访者选择了"平时松懈,考前突击",选择"'佛系'学习,不惧挂科"的比例可以忽略不计。

第三,严守规则底线,拒绝投机取巧,人生态度严谨务实。调研显示,91.2% 的受访大学生表示自己不会为了争取重大荣誉奖励而采取不合规的方式,只有 2.3% 的受访者给出了肯定答案。在对人生观进行考察的诸多问题中,受访者对这一问题的回答一致性程度是最高的。大学生严谨务实的人生态度也促进了其良好学术规范和学术道德的养成。当被问及是否"能做到遵守学术规范,不抄袭剽窃、数据造假"时,90.5% 的受访大学生给出了明确的肯定答案,只有 3.9% 的受访大学生认为上述行为不符合自己的实际状况,即没有较好地遵守学术道德和践行学术规范。这说明,面对社会运行加剧、优质资源有限等导致的焦虑、"内卷"等社会心态复杂交织,绝大多数大学生都能够坚守底线意识,以严谨务实的人生态度走好人生道路的每一步。

(二) 大学生人生态度的群体差异

为了考察大学生人生态度的群体差异,我们将上述三种人生态度与不同的变量进行交互分析,结果发现,大学生的身心健康、学习生活、成长背景、教育环境等因素对其人生态度具有显著影响。同时,变量类型不同,作用对象和影响程度也各有不同。

1. 积极乐观人生态度的群体差异

通过将大学生对人生前途的自信程度与人口学变量进行回归分析后发现,自然因素、家庭环境、教育因素等对大学生是否具有积极乐观的人生态度并未产生显著影响,绝大多数结果并不具有统计学意义。为了进一步探究大学生人生态度的影响因素,我们将"您是否对自己的人生前途充满信心"一题的选项从"毫无信心"到"很有信心"分别赋值 1—5 分,并进行标准化处理,再将标准化得分与大学生的价值选择、身心健康、学习生活等变量进行相关分析,结果发现,大学生是否具有积极乐观的人生态度,与其是否拥有人生目标,以及当下的身心健康、学习生活状态等有着密切关系。

第一,大学生是否拥有积极乐观的人生态度与其人生目标的明确程度呈显著正相关。我们将"您是否拥有人生目标"这一题目的选项从"完全没有"到"有明确目标"分别赋值 1—5 分,并将其与大学生对自己人生前途自信程度的评价得分进行相关分析。结果显示,大学生人生态度的积极乐观程度与其人生目标的明确程度呈正相关(Pearson 相关系数为

0.453,$P<0.001$),即人生目标越为明确,大学生的人生态度愈积极乐观。

第二,大学生是否具有积极乐观的人生态度与其身心健康状态之间呈显著相关。我们将大学生对自己身体状况的评价从"很不健康"到"非常健康"分别赋值1—5分,将大学生焦虑、烦躁、压抑等负面情绪出现的频率从"几乎没有"到"经常有"分别赋值1—5分,然后将其与大学生对自己人生前途自信程度的评价得分进行相关分析。结果显示,大学生人生态度是否积极乐观与其身体健康状况呈正相关(Pearson相关系数为0.325,$P<0.001$),与其负面情绪出现的频率呈负相关(Pearson相关系数为0.322,$P<0.001$)。也就是说,大学生的身体状况越好,负面情绪越少,其人生态度愈加积极乐观。

第三,大学生是否具有积极乐观的人生态度与其学习生活状态之间呈显著正相关。我们将大学生是否能够"努力做好学习生活中每一件小事""保持积极勤勉的学习状态"两道题目的选项从"很不符合"到"非常符合"分别赋值1—5分,将大学生对自己学习积极性的评价从"很不积极"到"非常积极"分别赋值1—5分,然后将其与大学生对自己人生前途自信程度的评价得分进行相关分析。结果显示,大学生人生态度的积极乐观程度与其对上述三道题目的评价得分均呈正相关(见表1-2)。可见,大学生的学习生活状态愈佳,其人生态度越为积极乐观。

表1-2　大学生人生态度的积极乐观程度与其学习生活状态的相关关系

相关因素	相关分析	
	r	*P*
是否能够努力做好学习生活中每一件小事	0.312	<0.001
是否能够保持积极勤勉的学习状态	0.340	<0.001
学习积极性	0.375	<0.001

2. 奋发有为人生态度的群体差异

为了考察不同人口学变量对大学生奋发有为人生态度的影响,课题组将自然因素、成长背景、教育因素等多项人口学变量与大学生对人生目的的看法进行交互分析。分析结果显示,性别、年龄、学历层次、政治面貌、学生干部经历、学校所属区域等多项变量均对大学生是否具有奋发有为的人生态度具有显著影响,结果具有统计学意义。

第一,不同群体大学生对奋斗价值的看法有所不同。从性别来看,女生更认同奋斗价值。对于"奋斗的青春最美丽"这一观点,共计有92.7%的女生表示赞同,其中"非常赞同"和"比较赞同"的比例分别为65.0%和27.7%,而男生对同一观点持赞同态度的比例则为86.8%,相较女生低5.6个百分点($X^2=468.788$,$P<0.001$)。从政治面貌来看,党员大学生更认同奋斗的意义,共有67.8%的党员大学生对"奋斗的青春最美丽"这一观点持"非常赞同"态度,而非党员大学生选择"非常赞同"的比例则为61.4%($X^2=204.159$,$P<0.001$)。从学生干部经历来看,有过学生干部经历的大学生更为认同奋斗的价值。64.7%曾经担任过学生干部的大学生对上述观点持"非常赞同"态度,而没有担任过学生干部的大学生选择"非常赞同"的比例为56.4%($X^2=429.431$,$P<0.001$)。从生源所在地来看,来自农村的大学生更为认同奋斗价值,共有64.7%来自农村的大学生对"奋斗的青春最美丽"这一观点持"非常赞同"态度,而来自城镇的大学生对同一观点表示"非常赞同"的比例为61.2%($X^2=$

90.061,$P<0.001$）。从学校所属区域来看,对"奋斗的青春最美丽"这一观点持"非常赞同"态度的比例按照由高到低排序,依次为东北地区、西北地区、华北地区、华中地区、华南地区、华东地区、西南地区,其所对应的百分比分别为 67.7%、66.7%、66.6%、62.8%、60.8%、60.2%、59.1%,认同度最高的东北地区与认同度最低的西南地区相差 8.6 个百分点(X^2 = 240.894,$P<0.001$）。

第二,不同群体大学生践行奋斗价值观的具体情况有所不同。从年龄和学历层次来看,年龄越大、学历层次越高,越能够积极践行奋斗价值观。以学历层次为例,当遇到棘手问题时,只有 8.5% 的博士研究生会采取消极应对方式,相较之下,分别有 10.1% 的硕士研究生和 11.8% 的本科生会在面临同样境遇时选择消极应对(X^2 = 141.926,$P<0.001$）。从政治面貌来看,党员大学生更能积极践行奋斗价值观。分析显示,党员大学生面临上述问题时,采取积极方式应对的比例为 91.5%,而非党员大学生面对同一问题,选择积极应对方式的比例为 87.8%(X^2 = 221.772,$P<0.001$）。从学生干部经历来看,有过学生干部经历的大学生更能积极践行奋斗价值观。分析显示,担任过学生干部的大学生采取积极方式应对工作、学习和生活中棘手问题的比例为 90.2%,而没有担任过学生干部的大学生面对同样问题,采取积极应对方式的比例为 82.9%(X^2 = 551.266,$P<0.001$）。

3. 严谨务实人生态度的群体差异

为了考察不同人口学变量对大学生严谨务实人生态度的影响,课题组将自然因素、成长背景、教育因素等多项人口学变量与大学生对人生目的的看法进行交互分析。分析结果显示,性别、年龄、学历层次、政治面貌、学生干部经历等多项变量均对大学生是否具有严谨务实的人生态度具有显著影响,结果具有统计学意义。

第一,从性别来看,女生严谨务实的人生态度比男生更为坚定。分析显示,77.6% 的女生坚定地表示,"为了争取重大荣誉奖励,用不合规的方式也在所不惜"这一情境很不符合自己的实际,面对同一问题,只有 69.4% 的男生作出了同样选择,比女生的选择比例低 8.2 个百分点(X^2 = 558.293,$P<0.001$）。

第二,从年龄来看,随着年龄的增长,大学生严谨务实的人生态度愈加坚定。面对"为了争取重大荣誉奖励,用不合规的方式也在所不惜"这一情境,低年龄段、中间年龄段和高年龄段表示很不符合自己实际的比例分别为 73.6%、74.8%、79.6%(X^2 = 64.776,$P<0.001$）。可见,年龄越大,大学生越是能够用认真负责、求真务实的态度去看待和处理人生问题。

第三,从学历层次来看,学历层次越高,大学生严谨务实的人生态度愈为坚定。分析显示,面对"为了争取重大荣誉奖励,用不合规的方式也在所不惜"这一情境,本科生、硕士研究生和博士研究生认为其很不符合自己实际状况的比例分别为 73.5%、76.6% 和 80.9%(X^2 = 104.622,$P<0.001$）。可见,随着学历层次的提升,大学生愈加能够拒绝投机取巧,愈能够脚踏实地、一步一个脚印地实现人生目标。

第四,从政治面貌来看,党员大学生严谨务实的人生态度相较非党员大学生更为坚定。分析显示,77.9% 的党员大学生表示,"为了争取重大荣誉奖励,用不合规的方式也在所不惜"这一情境很不符合自己的实际,面对同一问题,73.4% 的非党员大学生给出了同样答案(X^2 = 111.505,$P<0.001$）。

第五,从学生干部经历来看,担任过学生干部的大学生严谨务实的人生态度相较没有担任过学生干部的大学生更为坚定。分析显示,面对"为了争取重大荣誉奖励,用不合规的方式也在所不惜"这一情境,共计有91.6%有过学生干部经历的大学生认为其不符合自己的实际,选择"很不符合"和"不大符合"的比例分别为74.9%和16.7%,而没有学生干部经历的学生认为上述情境不符合自己实际情况的比例为89.3%($x^2=57.030,P<0.001$)。

三、人生价值选择

什么样的人生才是有意义的?这是考问人生时永远无法回避的重要问题。而在关于人生价值的诸多问题中,个体价值和社会价值的关系更是一个永恒的话题。这一对关系处理不好,便容易使人生价值陷入极端个人主义的泥淖。调研显示,当下大学生能充分认知个体价值和社会价值之间的关系,但是也有部分学生容易走入知行难以统一的困境。

(一) 大学生对人生价值看法的总体状况

针对人生价值选择,调研主要从知与行两个维度进行考察:一是考察大学生能否正确认知个人价值与社会价值的关系;二是考察大学生能否将对人生价值的正确认知落实到人生选择之中。

第一,对个体价值和社会价值的关系具有清晰认知。从价值主体来看,人生价值包含自我价值和社会价值两个方面,正确认识二者之间的关系是人生价值实现的基础和前提。调研发现,绝大多数学生认同个体价值和社会价值的统一性,对于"人生梦想是国家梦、民族梦和个人梦的有机统一"这一观点,89.1%的受访大学生表示赞同,回答"非常赞同"和"比较赞同"的比例分别为62.9%和27.6%,只有2.2%的学生明确表示不赞同。同时,大部分学生能正确看待集体对于人生价值实现的重要作用,对于"人生价值只有在集体中才能得到更好的实现"这一观点,超过六成(60.9%)的受访大学生表示认同,"非常赞同"和"比较赞同"的比例分别为26.0%和34.9%。但需要注意的是,有17.1%的受访者对上述观点持明确反对态度,否定集体对于人生价值的支撑作用。

第二,在人生价值的践行方面存在知行矛盾。调研发现,不少大学生虽然能够在思想认识上较好地理解个体价值与社会价值之间的关系,却很难将其体现和落实在自己的人生选择和人生规划之中。如前所述,在进行人生规划时,绝大多数大学生将自我价值置于更为重要的优先级,78.0%的受访者认为个人兴趣爱好和物质生活待遇是制定人生规划的重要依据,甚至有11.7%的受访者明确表示只关心和自己切身利益有关的事情。在人生道路的选择方面也是如此。例如,当被问及"您是否愿意到农村工作,投入乡村振兴事业"这一问题时,只有14.7%的受访者表示愿意长期在乡村服务,28.4%的受访者给出了明确的否定答案,另有56.9%的受访者表示愿意短期在乡村实习实践。

(二) 大学生对人生价值看法的群体差异

通过将不同的人口学变量与大学生对人生价值的看法进行交互分析,结果发现自然因素、成长背景、教育因素等多项变量均显著影响大学生对人生价值的看法,结果具有统计学意义。

1. 基于自然因素的分析

第一,从性别来看,女生更加认同个人价值和社会价值的一致性,而男生更为认同集体对人生价值实现的支持作用。调研显示,对于"人生梦想是国家梦、民族梦和个人梦的有机统一"这一观点,有91.1%的女生表示赞同,非常赞同和比较赞同的比例分别为58.1%和33.0%,而男生对此观点表示赞同的比例为85.6%,比女生低5.5个百分点($X^2=351.250,P<0.001$)。对于"人生价值只有在集体中才能得到更好的实现"这一观点,30.3%的男生表示非常赞同,而对于同一观点,表示赞同的女生比例仅为23.3%,相较男生低7个百分点($X^2=431.896,P<0.001$)。

第二,从年龄来看,大学生对人生价值的看法随着年龄增长更加趋于理性。调研显示,对于"人生梦想是国家梦、民族梦和个人梦的有机统一"这一观点,低、中、高年龄段表示"非常赞同"的比例分别为55.9%、57.3%和60.1%($X^2=22.906,P<0.01$),呈现出较为明显的随年龄递增态势。这种趋势在考察大学生对"人生价值只有在集体中才能得到更好的实现"观点的看法时体现更为充分,数据显示,低、中、高年龄段对上述观点表示赞同的比例分别为57.8%、63.2%、69.1%,高、低年龄段比例相差达11.3个百分点($X^2=281.032,P<0.001$)。

2. 基于成长背景的分析

第一,从家庭类型来看,来自双亲家庭的大学生更能认同集体对个人价值实现的促进作用。调研显示,对于"人生价值只有在集体中才能得到更好的实现"这一观点,共计有61.2%来自双亲家庭的大学生表示赞同,持"非常赞同"和"比较赞同"态度的比例分别为26.2%和35.0%,而来自非双亲家庭的大学生对这一观点的赞同比例为57.5%($X^2=25.809,P<0.001$)。

第二,从家庭构成来看,独生子女大学生更能清晰认识集体对于个人价值实现的促进作用。调研显示,对于"人生价值只有在集体中才能得到更好的实现"这一观点,独生子女和非独生子女大学生表示"非常赞同"的比例分别为28.4%和24.3%($X^2=136.627,P<0.001$)。这在一定程度上表明,当代独生子女大学生正在逐渐摆脱"过分自我""极端个人主义"的刻板印象,体现出对集体主义价值观的高度认同。

3. 基于教育因素的分析

第一,从学历层次来看,研究生相较本科生对于人生价值的看法更加理性。调研显示,对于"人生梦想是国家梦、民族梦和个人梦的有机统一"这一观点,本科生、硕士研究生和博士研究生表示赞同的比例分别为55.9%、60.2%、57.2%($X^2=85.131,P<0.001$)。对于"人生价值只有在集体中才能得到更好的实现"这一观点,本科生、硕士研究生和博士研究生表示赞同的比例分别为58.2%、69.1%、68.4%($X^2=466.718,P<0.001$)。由上可见,不同学历层次的学生对上述两个观点的看法呈现出大致相似的态势,硕士研究生对人生价值的看法最为理性,博士研究生其次,本科生再次。

第二,从政治面貌来看,党员相较非党员大学生对人生价值的看法更加理性。调研显示,对于"人生梦想是国家梦、民族梦和个人梦的有机统一"这一观点,表示"非常赞同"的党员大学生比例为63.2%,而非党员大学生作出同样选择的比例仅为54.9%,二者相差8.3个百分点($X^2=343.406,P<0.001$)。对于"人生价值只有在集体中才能得到更好的实现"这一观点,共有71.8%的党员大学生表示赞同,其中"非常赞同"和"比较赞同"的比例分别为32.9%和38.9%,而非党员大学生对这一观点表示赞同的比例仅为57.5%,与党员大学生相差14.3个百分点($X^2=749.482,P<0.001$)。

第三,从学生干部经历来看,担任过学生干部的大学生对于人生价值的看法更为理性。调研显示,对于"人生梦想是国家梦、民族梦和个人梦的有机统一"这一观点,担任过学生干部的受访者表示赞同的比例为 90.3%,没有担任过学生干部的受访者表示赞同的比例则为 84.4%($X^2=320.518$,$P<0.001$)。对于"人生价值只有在集体中才能得到更好的实现"这一观点,担任过学生干部的受访者表示赞同的比例为 62.9%,而没有担任过学生干部表示赞同的比例为 53.5%,二者相差 9.6 个百分点($X^2=319.681$,$P<0.001$)。

第四,从学校所属区域来看,来自不同区域高校的大学生对于人生价值的看法呈现较大差异(见图 1-2)。对于"人生梦想是国家梦、民族梦和个人梦的有机统一"这一观点,来自不同区域高校的大学生表示"非常赞同"的比例各有不同,由高到低排序依次是东北、华北、西北、华中、华东、西南、华南地区,对应比例分别为 62.7%、60.9%、59.6%、57.4%、54.6%、52.5%、52.1%,最高和最低相差 10.6 个百分点($X^2=258.609$,$P<0.001$)。对于"人生价值只有在集体中才能得到更好的实现"这一观点,来自不同区域高校的大学生表示"非常赞同"的比例由高到低排序依次是东北、华北、西北、华东、华中、华南、西南地区,对应比例分别为 36.2%、30.6%、25.5%、25.4%、25.3%、21.9%、19.3%,最高和最低相差 16.9 个百分点($X^2=626.328$,$P<0.001$)。综上可见,大学生对于人生价值的看法呈现出较为明显的区域差异,北方地区高校的大学生往往对人生价值相关问题持有更为积极、理性的观点。

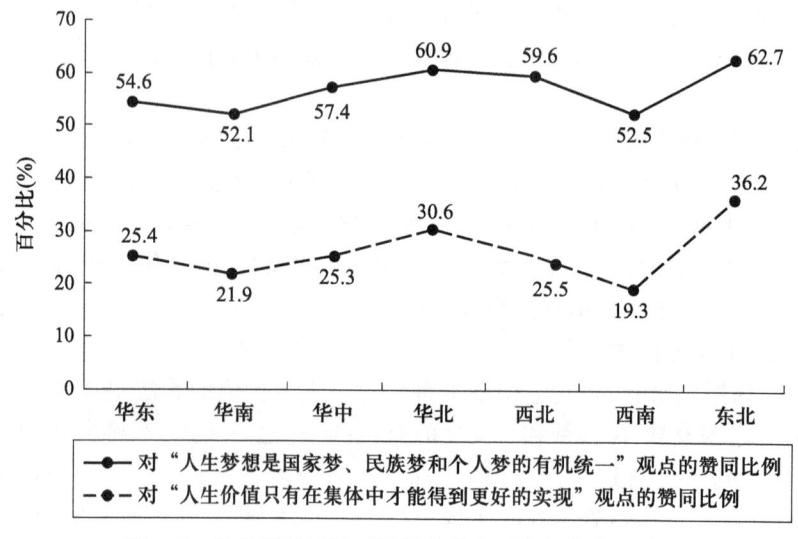

图 1-2　学校所属区域不同的大学生对人生价值的看法

四、消极人生观对大学生的影响状况

当下,尽管大学生主流人生观呈现出积极健康的态势,但是现实中也存在着不少消极的观念和看法。调研选取了悲观心态、唯心思想、极端个人主义、隐退倾向、功利思想等五种较为典型的消极人生观,考察其对大学生的影响状况。结果发现,大多数大学生表现出了较为积极的人生观,但是也有部分大学生受到消极人生观的影响,他们或自怨自艾、消极悲观,或"佛系""躺平"、逃避现实,这部分学生虽然为数不多,但如果不予以充分重视和积极引导,易导致严重的心理问题,对学生的健康成长极为不利。

(一) 消极人生观对大学生影响的总体态势

调研发现,大部分学生能够抵制消极人生观的影响,上文所述的五种消极人生观并未成为当前大学生群体人生观的主流,但是其消极作用也不容忽视(图1-3)。

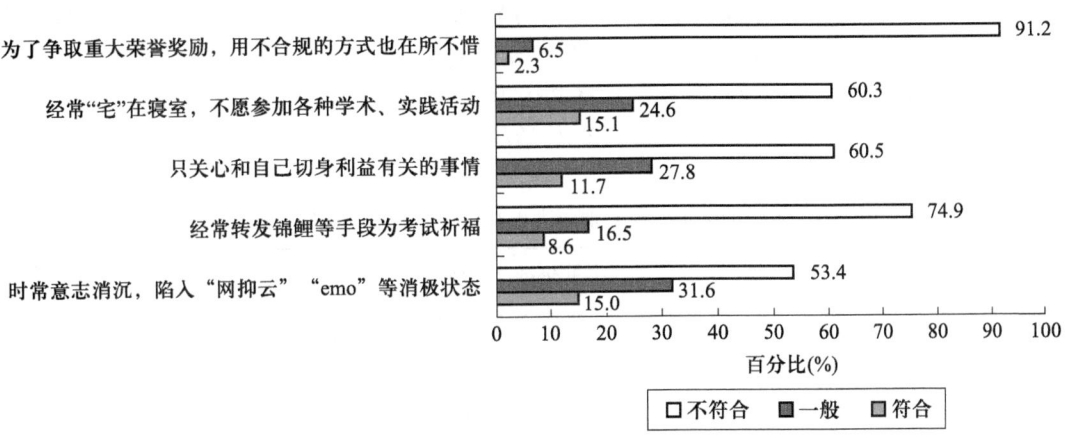

图1-3　消极人生观在大学生群体中的存在状况

第一,大学生总体上受消极人生观影响不大。问卷通过五个问题设置了不同的具体情境,通过受访者给出的回答考察消极人生观对其是否构成影响。其一,是否"时常意志消沉,陷入'网抑云''emo'等消极状态"。对于这一情境,53.4%的受访者表示不符合自己的实际,选择"很不符合"和"不大符合"的比例分别为21.2%和32.2%,另有31.6%的受访者表示"一般",给出了模棱两可的答案。其二,是否"经常转发锦鲤等手段为考试祈福"。对于这一情境,74.9%的受访者表示不符合自己的实际,选择"很不符合"和"不大符合"的比例分别为50.1%和24.8%,另有16.5%的受访者选择"一般"。其三,是否"只关心和自己切身利益有关的事情"。对于这一情境,60.5%的受访者明确表示否定,选择"很不符合"和"不大符合"的比例分别为26.5%和34.0%,另有27.8%持中立态度。其四,是否"经常'宅'在寝室,不愿参加各种学术、实践活动"。对于这一情境,60.3%的受访者表示不符合自己的实际,选择"很不符合"和"不大符合"的比例分别为29.1%和31.2%,另有24.6%选择"一般"。其五,是否"为了争取重大荣誉奖励,用不合规的方式也在所不惜"。对于这一情境,91.2%的受访大学生明确不符合自身实际,选择"很不符合"和"不大符合"的比例分别为74.5%和16.7%,另有6.6%的受访者持中立态度。从上述数据可见,当前大学生对与人生选择、人生态度等有关的问题具有清晰理性的认知,受消极人生观的影响较小。

第二,消极人生观在大学生中有一定市场,不容忽视。课题组调研考察了各种消极人生态度对大学生的影响,结果发现消极人生观对部分大学生造成了一定影响。分析发现,不同的人生观对大学生的影响程度有所不同。按照受影响程度由高到低排序,依次为隐退倾向、悲观心态、极端个人主义、唯心思想和功利思想,分别有15.1%、15.0%、11.7%、8.6%和2.3%的受访者表示自己"非常符合"或"比较符合"上述消极人生观对应的具体情境。同时需要注意的是,还有为数不少的受访者面对上述情景,并没有给出明确的肯定或否定的回答,而是选择了"一般"这一模棱两可的答案。这表明,部分大学生面对消极人生观时可能摇摆不定,也可能浸淫其中而不自知,无论哪种情况,都应引起充分重视。

(二) 消极人生观对大学生影响的群体差异

为进一步探索不同群体大学生受消极人生观影响程度,课题组将反映消极人生观的5道题的每个选项从"很不符合"到"非常符合"分别赋值1—5分(得分越高,代表受消极人生观的影响越大),然后将5道题的得分相加,计算出消极人生观的总分,再将各种人口学变量分布进行哑变量转化,纳入回归模型中,将P<0.05作为统计具有意义的标准,发现回归分析具有统计学意义的自变量有年龄、学历层次、学科门类、政治面貌、学生干部经历、学校所属区域等(见表1-3)。

表1-3 不同群体大学生受消极人生观影响程度的一般线性回归分析

自变量		非标准化系数		标准系数	统计量	显著性水平
		B	S. E	Beta	t	P
常数项		17.834	0.826		21.592	<0.05
性别男性(参照项:女性)		0.190	0.035	0.026	5.447	<0.05
民族汉族(参照项:少数民族)		0.180	0.049	0.017	3.670	<0.05
年龄平方/100		3.253	1.088	0.020	2.988	<0.05
学历层次 (参照项:博士生)	本科生	-1.330	0.101	-0.165	-13.221	<0.05
	硕士生	-0.888	0.092	-0.103	-9.659	<0.05
学科门类 (参照项:理工农医类)	人文科学类	-0.434	0.042	-0.055	-10.326	<0.05
	社会科学类	-0.294	0.040	-0.039	-7.303	<0.05
政治面貌党员(参照项:非党员)		0.568	0.042	-0.055	-10.326	<0.05
生源地农村(参照项:城镇)		0.015	0.036	0.002	-0.422	0.673
学校所属区域 (参照项:东北)	华东	-0.380	0.073	-0.046	-8.635	<0.05
	华南	-0.663	0.085	-0.056	-7.765	<0.05
	华中	-0.619	0.077	-0.068	-8.062	<0.05
	华北	-0.199	0.074	-0.024	-2.695	<0.05
	西北	-0.322	0.088	-0.025	-3.671	<0.05
	西南	-0.641	0.079	-0.065	-8.148	<0.05
双亲家庭(参照项:非双亲家庭)		0.228	0.054	0.020	4.247	<0.05
有学生干部经历(参照项:没有)		0.641	0.040	0.076	15.888	<0.05
独生子女(参照项:不是)		-0.322	0.037	-0.046	-8.635	<0.05

从年龄来看,随着年龄的增长,大学生受消极人生观的影响逐渐降低。回归分析显示,大学生年龄每增加一岁,受消极人生观的影响程度得分就低3.253个单位。

从学历层次来看,学历层次越高,受消极人生观的影响越小。回归分析显示,本科生受消极人生观的影响程度得分比博士生高1.330个单位,硕士生受消极人生观的影响程度得分比博士生高 0.888 个单位。这表明,不同学历层次大学生受消极人生观的影响程度从小到大排序,依次为博士生、硕士生、本科生。

从学科门类来看,理工农医类大学生相较于人文科学和社会科学类大学生,受消极人生观影响更小。回归分析显示,人文科学类大学生受消极人生观的影响程度得分比理工农医类大学生高 0.434 个单位,社会科学类大学生受消极人生观的影响程度得分比理工农医类大学生高 0.294 个单位。可见,不同学科门类大学生受消极人生观的影响程度从小到大排序,依次为理工农医类、社会科学类、人文科学类。

从政治面貌来看,党员大学生相较非党员大学生受消极人生观影响更小,回归分析显示,党员大学生受消极人生观影响程度的得分比非党员大学生低 0.568 个单位。

从学生干部经历来看,担任过学生干部的大学生相较没有担任过学生干部的大学生受消极人生观影响较小。回归分析显示,有过学生干部经历的大学生受消极人生观的影响程度得分比没有学生干部经历的大学生低 0.641 个单位。

从学校所属区域来看,来自不同地区高校的大学生受消极人生观的影响不尽相同,东北地区高校的大学生受消极人生观影响最小。回归分析显示,来自华东地区的大学生受消极人生观影响程度得分比来自东北地区高校的大学生高 0.380 个单位,来自华南地区高校的大学生受消极人生观影响程度得分比来自东北地区高校的大学生高 0.663 个单位,来自华中地区高校的大学生受消极人生观的影响程度得分比来自东北地区高校的大学生高 0.619 个单位,来自华北地区高校的大学生受消极人生观的影响程度得分比来自东北地区高校的大学生高 0.199 个单位,来自西北地区高校的大学生受消极人生观影响程度得分比来自东北地区高校的大学生高 0.322 个单位,来自西南地区高校的大学生受消极人生观的影响程度得分比来自东北地区高校的大学生高 0.641 个单位。可见,来自不同地区高校的大学生受消极人生观的影响程度按照由低到高排序,依次为东北地区、华北地区、西北地区、华东地区、西南地区、华南地区。总体来看,来自北方高校的大学生受消极人生观的影响相较来自南方高校的大学生要小。

除此以外,性别、民族、家庭构成、是否独生子女等自变量与大学生受消极人生观影响程度进行的回归分析也具有统计学意义,但是因其影响较小,在此不做过多分析。

综上所述,教育因素对大学生受消极人生观的影响程度具有显著影响。这表明,教育在引导大学生塑造正确人生观、抵制消极人生观方面具有义不容辞的责任和使命。

(三) 不同类型消极人生观之间的相互关系

为了探究不同类型的消极人生观之间是否存在相互裹挟、相互影响的关系,我们将涉及五种不同消极人生观的题目选项从“很不符合”到“非常符合”分别赋值 1—5 分,得分越高,代表大学生受消极人生观的影响越大。然后将其两两进行相关分析,发现不同消极人生观对大学生的影响之间存在显著相关(见图 1-4)。

分析发现,在诸多相关性关系中,以极端个人主义、悲观心态、隐退倾向三种消极人生观相互作用、相互关联的关系最为明显。其一,极端个人主义和隐退倾向之间呈显著正相关。相关分析显示,“只关心和自己切身利益有关的事情”与“经常‘宅’在寝室,不愿参加各种学术、实践活动”这两种消极人生观对大学生的影响程度得分之间呈正相关(Pearson 相关系数为 0.494,$P<0.001$)。其二,极端个人主义与悲观心态之间呈显著正相关。相关分析显示,

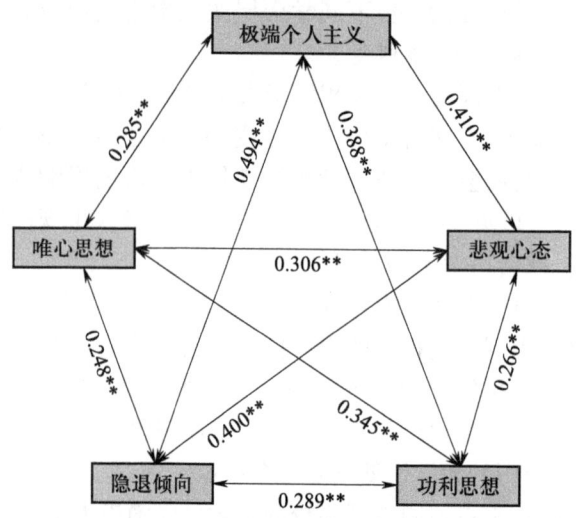

图1-4　不同消极人生观之间的相关情况

"只关心和自己切身利益有关的事情"与"时常意志消沉,陷入'网抑云''emo'等消极状态"这两种消极人生观对大学生的影响程度得分之间呈正相关(Pearson 相关系数为 0.410,$P <$ 0.001)。其三,悲观心态和隐退倾向之间呈显著正相关。相关分析显示,"时常意志消沉,陷入'网抑云''emo'等消极状态"与"经常'宅'在寝室,不愿参加各种学术、实践活动"这两种消极人生观对大学生的影响程度得分之间呈正相关(Pearson 相关系数为 0.400,$P < 0.001$)。

此外,其他的消极人生观两两之间也存在着或多或少的相互关联,其相关分析结果均具有统计学意义,同样应给予充分重视。例如:极端个人主义与功利思想对大学生的影响程度之间呈正相关(Pearson 相关系数为 0.388,$P < 0.001$),唯心思想与功利思想对大学生的影响程度之间呈正相关(Pearson 相关系数为 0.345,$P < 0.001$),唯心思想与悲观心态对大学生的影响程度之间也呈正相关(Pearson 相关系数为 0.306,$P < 0.001$),等。

综上所述,不同的消极人生观之间并不是各自独立、相互割裂的,而是有着千丝万缕的联系。同时,消极人生观在大学生群体中分布范围越广,影响程度越深,其相互裹挟的可能性越大。因此,对大学生进行人生观引导,绝不能孤立地进行,而应着眼整体和全局进行系统性教育,以防止不同教育内容、教育方式的作用相互抵消。

五、本章小结

人生目的、人生态度、人生价值构成了人生观的主要内容,三者相互交织、互相作用,共同推动着个体的成长与发展。调研对大学生的人生观状况进行了全景式考察,并在此基础上总结积极态势、剖析存在问题,提出有针对性的教育引导策略。

(一) 大学生人生观与人生追求的积极态势

调研显示,当下大学生人生观与人生追求总体向好,人生目标明确、人生态度向上,价值选择理性,能够正确辨识与抵制错误的人生观。

1. 人生目标明确,具有清晰的人生规划意识

人生目的决定人生态度、人生道路和人生价值选择,是否具有明确的人生目标对于大学生至为重要。调研显示,绝大多数大学生对人生具有积极强烈的规划意识,共计有 87.8%的受访者拥有人生目标,其中 23.5%的大学生具有明确目标,64.3%的大学生拥有大体方向,只有 1.8%的大学生表示"基本没有"或"完全没有"人生目标,另有 10.4%的大学生选择了"很不确定",对人生目的持较为模糊的看法。同时,交互分析显示,大学生对人生目标的规划意识随着年龄增长和学历提升显著增强,中共党员和具有学生干部经历的大学生也表现出对人生目的更为积极的看法。

2. 人生态度向上,自信、奋斗、务实是主要关键词

调研显示,当代大学生人生态度积极乐观、奋发有为、严谨认真,自信、奋斗、务实是几大主要关键词。一是人生态度积极乐观,充满自信。56.9%的大学生对自己的人生前途充满信心,选择"很有自信"和"较有自信"的比例分别为 14.6%和 42.5%,给出明确否定答案的比例仅为 12.4%。二是人生态度奋发有为,乐于进取。当代大学生高度认同奋斗价值,共有90.5%的大学生赞同"奋斗的青春最美丽"这一观点。在实践中,多数大学生能够积极践行奋斗精神,在工作、学习和生活中面临棘手问题时,62.5%的大学生会尽其所能、尝试解决,26.2%的大学生会积极解决、沉着应对。三是人生态度严谨务实,拒绝投机。共有 91.2%的受访大学生表示自己不会为了争取重大荣誉奖励而采取不合规的方式。在对人生观进行考察的诸多问题中,受访者对这一问题的回答一致性程度是最高的。

3. 价值选择理性,看重自我价值实现

调研显示,当代大学生对个体价值和社会价值的关系具有清晰认知,能够正确看待个体价值和社会价值的统一,以及集体对于人生价值实现的重要作用。共有 89.1%的大学生赞同"人生梦想是国家梦、民族梦和个人梦的有机统一"这一观点,60.9%的大学生赞同"人生价值只有在集体中才能得到更好的实现"这一观点。在对人生进行具体规划时,大多数受访者更为看重自我价值的实现,分别有 52.7%和 25.3%的大学生选择将个人兴趣志向和物质生活待遇作为制定人生规划的最重要依据。可见,在大部分学生看来,个人兴趣志向等精神需求的满足比物质生活待遇的提升更为重要。

4. 受消极人生观影响较小

本次调研选取了悲观心态、唯心思想、极端个人主义、隐退倾向、功利思想五种较有代表性的消极人生观,考察其对大学生的影响状况。结果发现,大学生总体受消极人生观影响不大,大部分学生能够进行正确辨识与自觉抵制。具体来看,共有 53.4%的大学生表示"时常意志消沉,陷入'网抑云''emo'等消极状态"不符合自己的实际,74.9%的大学生表示不会通过经常转发锦鲤等手段为考试祈福,60.5%的大学生否定自己只关心和自己切身利益有关的事情,60.3%的大学生认为"经常'宅'在寝室,不愿参加各种学术、实践活动"这一情境不符合自己的实际,91.2%的大学生表示自己不会为了争取重大荣誉奖励采取不合规的方式。

(二) 大学生人生观与人生追求值得注意的问题

尽管当前大学生的人生观与人生追求呈现出向上向好的积极态势,但是也存在一些问题需要给予充分重视,否则可能会成为大学生成长路上的风险隐患,具体表现为:部分大学

生的集体主义意识有待提升、认知与践行存在明显脱节、存在被消极人生观裹挟的风险。此外,大学生的人生观与人生追求受教育因素影响较大,这一方面凸显了教育对人生观培育的重要意义,另一方面也为开展有针对性的思想政治教育指明了方向。

1. 集体主义意识有待提升

集体主义是社会主义道德的原则,也是处理好国家利益、社会整体利益和个人利益的根本依据。大学生要最大限度实现人生价值,创造出彩人生,就应主动将个人的人生追求与社会的发展进步紧密结合,与历史同向、与祖国同行、与人民同在。调研发现,大学生虽然能够从思想和理论上正确认识个人与社会、自我价值与社会价值的辩证关系,然而一旦需要在两者之间作出抉择,大部分学生人生选择的天平就会明显偏向自我价值的实现。例如,当被问道"您认为制定人生规划的最重要依据是什么"时,20.7%的大学生选择了社会发展需要,78.0%的大学生选择了个人价值实现。此外,不少学生并不认同集体对个人价值实现的推动作用,17.1%的大学生明确表示不赞同"人生价值只有在集体中才能得到更好的实现"这一观点,另有22.1%的大学生选择了"一般"。这表明,集体主义仍然有必要作为大学生思想政治教育的重要内容。

2. 认知与践行存在明显脱节

"致知之必在于行,而不行之不可以为致知也明矣。"[①]当代大学生应努力做知行合一的实干者,而不是只知不行的空想家。调研发现,一些大学生的行动力较为明显地滞后于其认知力。例如,绝大多数大学生能够正确认识个人价值和社会价值的辩证关系,以及个人梦与国家梦、民族梦的统一性,但是,当真正落实到进行具体人生选择时,国家、民族、社会却被置于尴尬境地,大多数学生选择将个人价值作为制定人生规划的最重要依据。例如,当被问及"您是否愿意到农村工作,投入乡村振兴事业"这一问题时,只有14.7%的大学生表示愿意长期在乡村服务,28.4%的大学生则直接给出了否定答案。因此,有效的人生观教育不仅应着眼于理论武装,更应从实践发力,引导大学生真正将积极正确的人生观落实到具体的人生选择之中。

3. 部分学生有被消极人生观裹挟风险

调研发现,消极人生观并未成为大学生人生观的主流,大部分学生都能够进行理性甄别和自觉抵制。但是,也有部分学生已经陷入不同类型消极人生观的漩涡,表示自己的行为符合调研中提到的消极人生观所对应的具体情境。具体来看,将几种具有代表性的消极人生观按照其对大学生的影响程度由高到低排序,依次为隐退倾向、悲观心态、极端个人主义、唯心思想和功利思想,分别有15.1%、15.0%、11.7%、8.6%和2.3%的受访者不同程度受到其影响。同时,需要注意的是,为数不少的大学生面对消极人生观摇摆不定、踌躇徘徊,其中以面对悲观心态、极端个人主义、隐退倾向三种消极人生观时的表现最为典型。调查显示,当被问及是否存在"时常意志消沉,陷入'网抑云''emo'等消极状态"时,将近三分之一(31.6%)的大学生态度模棱两可,当被问及是否"只关心和自己切身利益有关的事情"时,27.8%的大学生给出了较为模糊的答案,当被问及是否"经常'宅'在寝室,不愿参加各种学术、实践活动",24.6%的大学生选择了"一般"。这表明,部分大学生对上述消极人生观尚未形成旗帜鲜明的抵制和反对态度,这一群体更应成为重点教育对象,教育者应加强关注和引

---

① 王守仁:《答顾东桥书》。

导,以免其误入歧途。

4. 教育因素显著影响大学生的人生观与人生追求

分析发现,在诸多人口学变量中,教育因素对大学生人生观与人生追求的影响最为显著,超过自然因素、成长环境等变量。尤其是学历层次、政治面貌、学生干部经历等不同的大学生,在人生观的诸多问题上呈现出明显区别,且三者对大学生人生观的影响具有一致性。例如:从学历层次来看,随着学历层次的提升,大学生的人生规划意识显著增强,采取积极方式应对工作、学习、生活中棘手问题的比例显著提升,严谨务实的人生态度趋于坚定,对人生价值的看法愈加理性;从政治面貌和学生干部经历来看,党员大学生和担任过学生干部的大学生对人生目的的看法更为积极,对奋斗价值的认同程度显著增强,严谨务实的人生态度更为坚定,对人生价值的看法更加理性。

(三) 引导大学生树立正确人生观的对策建议

大学阶段是个体成长的关键时期,也是人生观、价值观等逐步塑造成型的重要阶段。思想政治教育应抓住这一"窗口期",实现对大学生人生观的有效引导。针对在调研中发现的问题,帮助大学生树立正确人生观,应从进行发展指导、注重价值引导、加强身心督导、着眼分类教导等方面入手。

1. 进行发展指导:培育正确的职业理想与人生目标

清晰明确的人生目的是正确人生观培育和养成的基础和前提,坚守正确的人生目的,可以促使大学生自觉将人生追求与社会发展结合起来,并在追求人生价值的路上积极进取、无所畏惧。相关分析发现,人生目的与人生态度、人生价值之间呈现显著的正相关,例如:大学生人生目标的明确程度与其对自己人生前途的自信程度呈正相关($Pearson$ 相关系数为0.439,$P<0.001$),与其对"人生梦想是国家梦、民族梦和个人梦的有机统一"观点的赞同程度呈正相关($Pearson$ 相关系数为0.161,$P<0.001$)。对于大学生而言,寻找一份可以帮助自己在社会中安身立命的职业是进入大学的重要目的,因此,加强人生观教育,应侧重对大学生进行职业生涯规划指导,帮助学生找到志向所在、兴趣所在,树立正确的职业理想和人生目标。具体而言,应以职业生涯规划与就业指导课为主要渠道,辅之以必要的日常思想政治教育手段。其一,职业规划与就业指导课应坚持问题导向,以学生在生涯发展中的实际需要和困惑为出发点,帮助学生了解未来就业与职业的偏好与前景,了解社会对人才的需求,帮助学生明确在自己在知识、能力等方面与社会需要的差距,确立明确的发展方向和人生目标。其二,高校相关部门应推动创新创业教育和社会实践活动开展,使大学生通过创新创业训练、实践实习实训等方式,提高对正确人生观的践行能力,找到人生发展的正确方向。

2. 注重价值引导:养成积极的奋斗观和幸福观

当代大学生的人生观、价值观较为多元,尽管大部分大学生选择将奋斗作为实现人生价值的重要路径,但也有不少大学生对于奋斗的价值和意义存在误区,以致出现了一些消极的思想倾向。例如:有些大学生否定艰苦奋斗的当代价值,认为学习不必刻苦勤奋、坚持不懈,适度努力、偶尔放松才是最好的状态;有些大学生面对竞争压力无所适从,甚至因为陷入被动"内卷"而焦虑迷茫;有些大学生将"躺平""划水""摸鱼"奉为人生圭臬,尤其在面对困难和挫折时,呈现出逃避现实、消极面对的"鸵鸟心态"。上述问题的出现,归根结底都是没有树立正确的奋斗观和幸福观。习近平总书记曾经在多个场合强调:"奋斗是青春最亮丽的底色"①,"幸福都是奋斗出来的"②,"奋斗本身就是一种幸福"③。2022 年 5 月 10 日,习近平总书记在庆祝中国共产主义青年团成立 100 周年大会上的讲话中强调指出:"党和人民事业发展离不开一代又一代有志青年的拼搏奉献。只有当青春同党和人民事业高度契合时,青春的光谱才会更广阔,青春的能量才能充分迸发。"④因此,要注重对大学生进行价值引导,通过思想政治理论课和日常思想政治教育引导大学生树立正确的奋斗观和劳动幸福观。其一,要使学生认识奋斗对于创造幸福人生、实现人生价值的重要意义,促进学生将勤于奋斗、热爱劳动的精神落实到日常的生活、学习和工作之中。其二,要使学生认识到国家、社会和集体为个体奋斗提供的支持和保障作用,认识到社会价值是个人价值存在的前提,引导学生将自己的奋斗目标与国家、民族的奋斗目标相结合,将自己的幸福同整个国家、民族的幸福相联系。

3. 加强身心督导:锻造健康的体魄和乐观的心态

强健的体魄、旺盛的精力、乐观的心态有助于帮助人们享有更幸福的生活和更有尊严的人生。相反,糟糕的身体和心理状况则容易导致人们丧失对人生的信心和希望。调研发现,大学生对于人生观诸多问题的看法,均与其身心状况有着密切关系。因此,应加强对大学生进行身心督导,帮助其保持身心健康状态,为大学生养成正确人生观奠定基础。一是督促学生加强体育锻炼。健全的心灵寄存于健康的身体之中。社会心理学认为,有氧运动不仅能促进健康和精力,也是消除轻度抑郁和焦虑的一剂良药。⑤ 高校应通过完善体育设施、开展体育活动、制定运动计划等方式鼓励学生加强体育锻炼,以提高身体素质、磨炼意志品质。二是进行有效心理疏导。高校应建立健全心理疏导服务队伍和心理健康监测体系,利用大数据测评等手段掌握学生心理动态,通过团体辅导、个别疏导等方式,帮助学生摆脱焦虑、抑郁、逃避等消极情绪的干扰,保持良好的心理状态。

4. 着眼分类教导:弥合不同类型学生的群体差异

调查发现,不同群体大学生的人生观具有明显差异,年龄、学历层次、成长环境、政治面貌、学生干部经历等显著影响大学生对诸多人生问题的看法和态度。因此,应着眼对学生进行分类教导,以弥合不同群体大学生之间的人生观差异。一是要加强对低年龄段,尤其是低年级本科生的人生观教育,回应大学生在人生目的、人生选择等方面存在的问题和困惑,为他们在人生成长的关键时期领航筑基。二是要加强对成长环境欠优越大学生的物质资助和精神帮扶,帮助他们卸下人生包袱,轻装上阵,与其他同学同享出彩人生。三是为大学生创造更多发展机会,提供多元成长平台,例如适当提升党员发展比例、实行班干部或社团干部轮值制度等,激发大学生的荣誉感和责任感,引导他们朝着更优秀的自己迈进。四是树立模范典型,发挥先进学生的典型示范作用,引导大学生向优秀朋辈看齐,从而逐步缩小不同群体大学生之间的认知与行为差异。

---

① 习近平:《在纪念五四运动 100 周年大会上的讲话》,人民出版社 2019 年版,第 9 页。

② 《国家主席习近平发表二〇一八年新年贺词》,《人民日报》2018 年 1 月 1 日 第 1 版。

③ 习近平:《在 2018 年春节团拜会上的讲话》,《人民日报》2018 年 2 月 15 日 第 2 版。

④ 习近平:《在庆祝中国共产主义青年团成立 100 周年大会上的讲话》,《人民日报》2022 年 5 月 11 日 第 2 版。

⑤ [美]戴维·迈尔斯著:《社会心理学》,侯玉波、乐国安、张智勇等译,人民邮电出版社 2016 年版,第 548 页。

第二章
价值观与价值选择

"青年的价值取向决定了未来整个社会的价值取向,而青年又处在价值观形成和确立的时期,抓好这一时期的价值观养成十分重要。"①身处"两个大局"的时代背景和多元文化的激荡潮流,面对复杂多变的社会环境,青年学生需要通过大力弘扬和践行社会主义核心价值观,不断提高思想免疫力,增强精神力量,为成长为能够堪当民族复兴大任的时代新人努力学习。在这一部分,我们围绕大学生对社会主义核心价值观的认知、认同和践行状况展开调研,分析不同群体大学生在价值观和价值选择上的基本状况、差异特征、影响因素和规律性表现,并提出教育建议。

一、社会主义核心价值观的认知状况

准确、全面、深刻地理解社会主义核心价值观的重大意义和科学内涵,是培育和践行社会主义核心价值观的首要环节,也是大学生思想上主动接受、情感上积极认同、行为上自觉践行的前提和基础。这部分的调研主要从以下维度展开:对核心价值观内涵的理解度,对核心价值观意义的认同度,对西方"普世价值"观念的理性辨识度,以及将核心价值观作为自己基本遵循的情感意愿状况。

(一)总体情况

结果显示,对于"理解核心价值观的具体内涵",表示"非常符合"和"比较符合"的大学生占83.7%,表示"一般"的大学生占14.7%,表示"不大符合"和"很不符合"的大学生仅占1.6%。有75.8%的受访学生表示"能够清晰辨识西方'普世价值'的虚伪性"。对于"认同核心价值观对于国家、社会和个人的意义",表示"非常符合"和"比较符合"的占91.5%,表示"一般"的占7.5%,表示"不大符合"和"很不符合"的仅占1%。调查还发现,有87.3%的受访学生能够主动将"核心价值观作为自己的基本遵循"。这表明,社会主义核心价值观获得了绝大多数大学生的肯定和认同。

(二)不同群体大学生对社会主义核心价值观的认知状况

为探讨不同群体大学生在社会主义核心价值观认知上的差异表现,我们将人口学变量分别与涉及社会主义核心价值观的内涵、意义和遵循的三个指标进行交互分析。结果显示,

---

① 《习近平谈治国理政》(第一卷),外文出版社2014年版,第172页。

女生、大年龄段学生、研究生、社会科学类学生、中共党员学生、来自城镇的学生、双亲家庭学生、有学生干部经历的学生对社会主义核心价值观的认知状况相对更好。不同群体大学生在上述三项指标上的具体差异表现如下。

1. 在社会主义核心价值观内涵理解上的差异

从性别上看,分别有84.8%的女生和81.8%的男生表示理解社会主义核心价值观的具体内涵($x^2 = 148.611$,$P<0.001$)。从年龄上看,大学生对社会主义核心价值观内涵的理解随年龄增长呈现整体向好趋势。25岁及以上年龄段学生表示理解社会主义核心价值观内涵的比例(85.8%)最高,其次是21至25岁学生(85.0%),20岁及以下学生比例(82.3%)最低($x^2 = 85.561$,$P<0.001$)。从学历层次上看,本科生、硕士生和博士生中表示理解社会主义核心价值观内涵的比例分别为82.5%、87.6%和86.0%($x^2 = 155.281$,$P<0.001$)。从学科门类上看,分别有84.2%的人文科学类学生、85.7%的社会科学类学生、82.1%的理工农医类学生和82.1%的交叉学科学生表示理解社会主义核心价值观的具体内涵($x^2 = 172.331$,$P<0.001$)。从政治面貌上看,党员学生和团员学生中表示理解社会主义核心价值观内涵的比例分别是89.5%和82.7%,而政治面貌为群众的学生中,这一比例为75.2%($x^2 = 553.407$,$P<0.001$)。从生源所在地来看,分别有85.8%的来自城镇的学生和81.5%的来自农村的学生表示理解社会主义核心价值观的具体内涵($x^2 = 304.717$,$P<0.001$)。从家庭类型来看,双亲家庭、单亲家庭和重组家庭中的学生表示不太理解社会主义核心价值观具体内涵的比例分别为1.6%、2.0%和2.0%($x^2 = 28.101$,$P<0.001$)。从学生干部经历来看,分别有85.5%的担任过学生干部的学生和77.4%的没有担任过学生干部的学生表示理解社会主义核心价值观的具体内涵($x^2 = 407.041$,$P<0.001$)。

"普世价值"是西方国家基于自身意识形态和利益考量提出并向世界强行推销的一个抽象概念,是一种极具迷惑性和欺骗性的价值观。如果不深入理解其背后实质,很容易造成大学生思想上的困惑。调查发现,相对女生而言,男生对"普世价值"的理解更加多元,认为自己能或不能辨识其虚伪性的人数均多于女生,对"普世价值"的虚伪性持中间模糊态度的男生少于女生($x^2 = 216.656$,$P<0.001$)。从年龄上看,总体上年龄越大的学生对普世价值的理解状况越好。20岁及以下、21岁—25岁、25岁及以上三个年龄组的学生中表示能够辨识西方"普世价值"虚伪性的人数比例分别是73.4%、77.7%和81.0%($x^2 = 168.340$,$P<0.001$)。如图2-1所示,随年级递进,学生对西方"普世价值"虚伪性的辨识度也呈整体上升趋势($x^2 = 454.439$,$P<0.001$)。

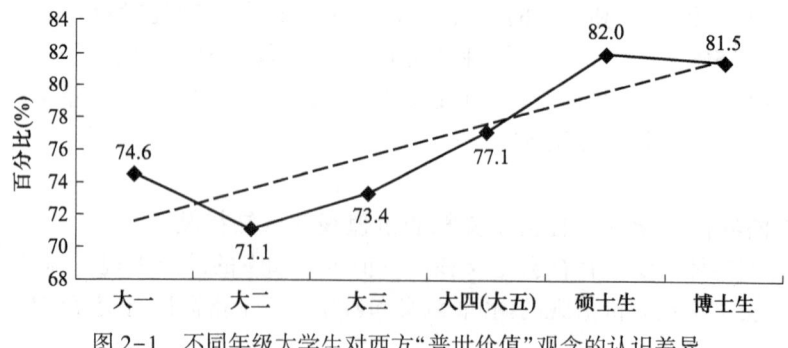

图2-1 不同年级大学生对西方"普世价值"观念的认识差异

从学科门类上看,人文科学类学生和社会科学类学生对西方"普世价值"的认识较为接近,可归为一组;理工农医类学生和交叉学科学生对西方"普世价值"的认识较为接近,可归为另一组;两组组内不存在显著差异,但组间差异明显,表现出不同的学科门类特征。人文和社会科学学生对西方"普世价值"虚伪性的辨识度整体高于理工农医和交叉学科学生($\chi^2=49.983,P<0.001$)。从政治面貌上看,分别有82.3%、74.4%和69.7%的党员学生、团员学生和群众学生表示能够辨识西方"普世价值"的虚伪性($\chi^2=396.661,P<0.001$)。从生源所在地来看,来自城镇的学生表现较好,分别有73.0%来自农村的学生和78.4%来自城镇的学生表示能够辨识西方"普世价值"的虚伪性($\chi^2=297.025,P<0.001$)。不同成长经历的学生对西方"普世价值"的认识也存在显著差异($\chi^2=202.658,P<0.001$),分别有77.2%的担任过学生干部的学生和70.7%的没有担任过学生干部的学生表示能够辨识西方"普世价值"的虚伪性。

2. 在社会主义核心价值观意义认同上的差异

从性别上看,分别有93.0%的女生和88.7%的男生认同社会主义核心价值观对于国家、社会和个人的意义($\chi^2=283.724,P<0.001$)。不同年龄段的学生在对社会主义核心价值观意义的认同上表现较为一致,不存在显著差异。从学历层次上看,分别有90.9%的本科生、93.1%的硕士生和92.1%的博士生表示认同社会主义核心价值观对于国家、社会和个人的意义($\chi^2=55.043,P<0.001$)。从学科门类上看,分别有90.9%的人文科学类学生、92.4%的社会科学类学生、91.1%的理工农医类学生和89.0%的交叉学科学生对社会主义核心价值观的意义表示认同($\chi^2=61.535,P<0.001$)。从政治面貌上看,党员学生和团员学生中表示认同社会主义核心价值观意义的比例分别是94.8%和91.0%,在政治面貌为群众的学生中,这一比例为85.5%($\chi^2=424.229,P<0.001$)。从生源所在地来看,分别有91.8%的来自城镇的学生和91.1%的来自农村的学生表示认同社会主义核心价值观的意义($\chi^2=34.075,P<0.001$)。从家庭类型来看,不同类型家庭的学生对社会主义核心价值观意义的认同度不同。双亲家庭中的学生对社会主义核心价值观意义的认同度高于单亲家庭和重组家庭中的学生对社会主义核心价值观意义的认同度($\chi^2=30.265,P<0.001$)。从学生干部经历来看,分别有92.7%的担任过学生干部的学生和86.7%的没有担任过学生干部的学生表示认同社会主义核心价值观对于国家、社会和个人的意义($\chi^2=404.193,P<0.001$)。

3. 将社会主义核心价值观作为基本遵循的意愿上的差异

从性别上看,分别有89.1%的女生和84.1%的男生愿意将社会主义核心价值观作为自己的基本遵循($\chi^2=294.403,P<0.001$)。从年龄上看,25岁及以上、21至25岁和20岁及以下学生愿意将社会主义核心价值观作为自己的基本遵循的比例分别为88.7%、87.7%和86.6%($\chi^2=29.668,P<0.001$)。从学历层次上看,分别有86.4%的本科生、90.0%的硕士生和89.1%的博士生表示愿意将社会主义核心价值观作为自己的基本遵循($\chi^2=101.062,P<0.001$)。从学科门类上看,分别有86.9%的人文科学类学生、87.5%的社会科学类学生、86.7%的理工农医类学生和84.2%的交叉学科学生将社会主义核心价值观作为自己的基本遵循($\chi^2=69.558,P<0.001$)。从政治面貌上看,党员学生和团员学生中表示愿意将社会主义核心价值观作为自己的基本遵循的比例分别是92.2%和86.5%,在政治面貌为群众的学生中,这一比例为79.9%($\chi^2=526.216,P<0.001$)。从生源所在地来看,分别有87.7%的来

自城镇的学生和86.7%的来自农村的学生表示愿意将社会主义核心价值观作为自己的基本遵循($X^2 = 66.072, P<0.001$)。从家庭类型来看,双亲家庭、单亲家庭和重组家庭中的学生表示不太愿将社会主义核心价值观作为自己的基本遵循的比例分别为1.5%,1.8%和2.1%($X^2 = 25.246, P<0.001$)。从学生干部经历来看,分别有88.8%的担任过学生干部的学生和81.5%的没有担任过学生干部的学生表示愿意将社会主义核心价值观作为自己的基本遵循($X^2 = 434.313, P<0.001$)。

(三)思想政治理论课教学和课程建设对社会主义核心价值观内涵理解的积极作用

研究发现,社会主义核心价值观的理解度与其认同度、西方"普世价值"的辨识度、遵循核心价值观的意愿均呈较强的正相关。学生对社会主义核心价值观内涵理解越好,对社会主义核心价值观意义的认同度也越高($r = 0.723, P<0.01$),同时,能够更好地辨别西方"普世价值"的虚伪性($r = 0.690, P<0.01$),也更加自觉地将社会主义核心价值观作为自己的基本遵循($r = 0.761, P<0.01$)。回归分析结果显示,在控制人口学变量差异的情况下,学生对社会主义核心价值观的理解度每升高一个等级,对社会主义核心价值观意义的认同度提升0.658个单位(见表2-1),对西方"普世价值"虚伪性的辨识度提升0.764个单位(见表2-2),其践行社会主义核心价值观的意愿提升0.740个单位(见表2-3)。进一步分析发现,在表示非常理解社会主义核心价值观具体内涵的学生中,没有学生不认同社会主义核心价值观的意义、仅1.1%的学生表示不能辨识西方"普世价值"的虚伪性、仅0.2%的学生不愿将社会主义核心价值观作为自己的基本遵循。相比之下,在表示非常不理解社会主义核心价值观具体内涵的学生中,有87.3%的学生表示不认同社会主义核心价值观的意义、有83.3%的学生不能辨识西方"普世价值"的虚伪性、有88.3%的学生表示不愿意将社会主义核心价值观作为自己的基本遵循。分析结果表明,倡导社会主义社会主义核心价值观,必须深刻阐释其深刻内涵,这是提高社会主义核心价值观认同和自信,增强学生明辨是非能力和践行核心价值观意愿的重要基础和抓手。

表2-1 社会主义核心价值观的内涵理解对大学生意义认同的影响

自变量		非标准化系数		标准化系数	统计量	显著性水平
		B	S.E	Beta	t	P
常数项		1.670	0.029		58.300	0.000
性别(参照项:女)		-0.069	0.005	-0.048	-14.382	0.000
年龄 (参照项:25岁及以上)	20岁及以下	0.001	0.014	0.000	0.048	0.961
	21岁—25岁	-0.035	0.013	-0.025	-2.730	0.006
学历层次 (参照项:博士生)	本科生	-0.010	0.014	-0.006	-0.753	0.452
	硕士生	0.020	0.013	0.012	1.598	0.110
学科门类 (参照项:交叉学科)	人文科学类	-0.024	0.016	-0.015	-1.509	0.131
	社会科学类	-0.008	0.016	-0.005	-0.496	0.620
	理工农医	0.026	0.016	0.018	1.611	0.107

续表

自变量		非标准化系数		标准化系数	统计量	显著性水平
		B	S.E	Beta	*t*	*P*
政治面貌 (参照项:群众)	党员	0.049	0.010	0.030	5.148	0.000
	团员	0.031	0.008	0.021	3.781	0.000
生源所在地农村(参照项:城镇)		0.036	0.005	0.026	7.259	0.000
家庭类型 (参照项:重组家庭)	双亲家庭	−0.022	0.016	−0.010	−1.402	0.161
	单亲家庭	−0.027	0.018	−0.010	−1.532	0.126
学生干部经历(参照项:无)		0.035	0.006	0.021	6.289	0.000
独生子女(参照项:否)		−0.027	0.005	−0.019	−5.375	0.000
核心价值观的理解度		0.658	0.003	0.735	229.447	0.000

$N = 45647$ $R^2 = 54.4\%$ $F = 3399.210$

表 2-2 社会主义核心价值观的内涵理解对西方"普世价值"辨识度的影响

自变量		非标准化系数		标准化系数	统计量	显著性水平
		B	S.E	Beta	*t*	*P*
常数项		0.916	0.041		22.227	0.000
性别(参照项:女)		0.107	0.007	0.057	15.540	0.000
年龄 (参照项:25岁及以上)	20岁及以下	−0.006	0.020	−0.004	−0.322	0.747
	21岁—25岁	−0.005	0.018	−0.003	−0.255	0.799
学历层次 (参照项:博士生)	本科生	−0.077	0.022	−0.037	−3.587	0.000
	硕士生	0.011	0.021	0.005	0.525	0.599
学科门类 (参照项:交叉学科)	人文科学类	0.053	0.023	0.025	2.272	0.023
	社会科学类	0.009	0.023	0.004	0.383	0.702
	理工农医	−0.001	0.023	−0.001	−0.044	0.965
政治面貌 (参照项:群众)	党员	0.025	0.014	0.012	1.841	0.066
	团员	−0.005	0.012	−0.002	−0.389	0.697
生源所在地农村(参照项:城镇)		−0.033	0.007	−0.018	−4.608	0.000
家庭类型 (参照项:重组家庭)	双亲家庭	−0.023	0.023	−0.007	−0.992	0.321
	单亲家庭	−0.031	0.025	−0.009	−1.219	0.223
学生干部经历(参照项:无)		0.013	0.008	0.006	1.604	0.109
独生子女(参照项:否)		0.017	0.007	0.009	2.284	0.022
核心价值观的理解度		0.764	0.004	0.655	185.065	0.000

$N = 45647$ $R^2 = 44.3\%$ $F = 2265.097$

表 2-3　社会主义核心价值观的内涵理解对其践行意愿的影响

自变量		非标准化系数		标准化系数	统计量	显著性水平
		B	S.E	Beta	t	P
常数项		1.178	0.030		39.417	0.000
性别(参照项:女)		−0.067	0.005	−0.043	−13.475	0.000
年龄 (参照项:25 岁及以上)	20 岁及以下	0.001	0.014	0.000	0.035	0.972
	21 岁—25 岁	−0.036	0.013	−0.023	−2.670	0.008
学历层次 (参照项:博士生)	本科生	0.001	0.016	0.001	0.057	0.955
	硕士生	0.013	0.015	0.007	0.867	0.386
学科门类 (参照项:交叉学科)	人文科学类	−0.001	0.017	−0.001	−0.082	0.934
	社会科学类	0.003	0.017	0.002	0.170	0.865
	理工农医	0.039	0.017	0.025	2.327	0.020
政治面貌 (参照项:群众)	党员	0.065	0.010	0.036	6.537	0.000
	团员	0.031	0.009	0.019	3.586	0.000
生源所在地农村(参照项:城镇)		0.034	0.005	0.022	6.531	0.000
家庭类型 (参照项:重组家庭)	双亲家庭	0.001	0.017	0.000	0.041	0.968
	单亲家庭	−0.012	0.018	−0.004	−0.670	0.503
学生干部经历(参照项:无)		0.040	0.006	0.021	6.843	0.000
独生子女(参照项:否)		−0.028	0.005	−0.018	−5.319	0.000
核心价值观的理解度		0.740	0.003	0.759	247.442	0.000
$N=45647$　　　$R^2=58.2\%$　　　$F=3965.252$						

调查发现,对思想政治理论课整体评价[①]越高的学生,社会主义核心价值观的理解状况也越好($r=0.227,P<0.01$);越认为思想政治理论课重要的学生,社会主义核心价值观的理解状况越好($r=0.362,P<0.01$)。作为大学生思想政治教育的主渠道,思想政治理论课在增进大学生对社会主义核心价值观的系统理解上具有不可替代的作用。具体来看,学生对思想政治理论课重要性的认同度每提升一个等级,学生对社会主义核心价值观的理解度上升0.282 个单位。学生对思想政治理论课整体评分每提高 1 分,学生对社会主义核心价值观的理解度上升 0.023 分。

在思想政治理论课建设方面,学生对教学内容的满意度每提升一个等级,学生对社会主义核心价值观的理解度相应提升 0.083 个单位。教学方法、师资水平和教学设计对优化大

---

① 课程包括思想道德与法治、中国近现代史纲要、毛泽东思想和中国特色社会主义理论体系概论、马克思主义基本原理、习近平新时代中国特色社会主义思想概论、形势与政策。为了探讨这些课程对大学生核心价值观理解度的整体影响,我们尝试对涉及上述六门课程的学生评价题项进行探索性因子分析。经检验,KMO 样本合适性测定值为 0.862,Bartlett 球形度检验显著。通过主成分分析和最大方差旋转方法,相关题项可提取一个因子,命名为"大学生对思政课的总体评价",累计方差贡献率为 59.619%。

学生社会主义核心价值观理解状况的作用并不显著(按照0.05的检验标准)。综上所述,在增进社会主义核心价值观的认知和理解方面,思想政治理论课教学应不断优化教学内容,突出"内容为王",通过透彻的阐释帮助学生深化对社会主义核心价值观具体内涵的理解(见表2-4)。

表2-4　思想政治理论课对社会主义核心价值观内涵理解的影响

自变量	非标准化系数		标准化系数	统计量	显著性水平
	B	S.E	Beta	t	P
常数项	4.956	0.009		553.056	0.000
大学生对思政课重要性的认识	0.282	0.005	0.288	61.660	0.000
大学生对思政课的整体评价	0.023	0.003	0.029	6.777	0.000
思政课教学内容	0.083	0.010	0.111	8.411	0.000
思政课教学方法	0.021	0.011	0.028	1.848	0.065
思政课师资水平	-0.014	0.009	-0.019	-1.574	0.115
思政课教学设计	0.001	0.011	0.002	0.127	0.899

$N=45798$　　　$R^2=13.9\%$　　　$F=1232.025$

(四)日常思想政治教育对社会主义核心价值观认知状况的积极影响

研究结果显示,日常思想政治教育在增进学生对社会主义核心价值观的内涵理解、意义认同和践行意愿等方面也具有显著的积极作用。从具体的日常思想政治教育活动上看,校风学风建设、网络思想政治教育、学生资助工作、基层党组织建设、团组织建设在增强社会主义核心价值观认知方面均发挥了积极作用。其中,校风和学风建设、基层党组织建设的作用最为突出。校风学风建设的满意度和基层党组织建设的满意度每提升一个等级,学生对社会主义核心价值观的认知度分别上升0.121个和0.102个单位(见表2-5)。进一步加强和改进日常思想政治教育也是培育和践行社会主义核心价值观的有效途径。

表2-5　日常思想政治教育对社会主义核心价值观认知的影响

自变量	非标准化系数		标准化系数	统计量	显著性水平
	B	S.E	Beta	t	P
常数项	-1.775	0.022		-81.855	0.000
校风和学风建设	0.121	0.011	0.110	11.399	0.000
校园文化活动	0.009	0.011	0.009	0.828	0.408
网络思想政治教育	0.026	0.012	0.025	2.117	0.034
心理健康教育与咨询工作	0.014	0.011	0.013	1.257	0.209
学生资助工作	0.045	0.010	0.042	4.593	0.000
基层党组织建设	0.102	0.013	0.093	8.105	0.000

续表

自变量	非标准化系数		标准化系数	统计量	显著性水平
	B	S. E	Beta	t	P
社团活动	0.008	0.011	0.008	0.766	0.444
班级建设	0.008	0.013	0.007	0.625	0.532
团组织建设	0.091	0.014	0.085	6.587	0.000

$N = 45789$　　　$R^2 = 13.3\%$　　　$F = 781.560$

（五）社会主义核心价值观践行对社会主义核心价值观认知的具体影响

一般线性回归分析结果表明,社会主义核心价值观的践行有助于深化学生对社会主义核心价值观的理解和认知,有助于进一步增强学生践行社会主义核心价值观的情感意愿。数据显示,学生在"修德""明辨""笃实"方面的表现每上升一个等级,其对社会主义核心价值观具体内涵的理解度分别提升0.254个、0.176个和0.131个单位(见表2-6),对社会主义核心价值观意义的认同度分别提升0.290个、0.082个和0.125个单位(见表2-7)。另外,积极参加道德实践活动在增强学生对社会主义核心价值观的积极情感和理性辨识西方"普世价值"的虚伪性等方面都具有显著积极作用。学生在"修德""笃实"方面的表现每提升一个等级,其践行社会主义核心价值观的意愿分别上升0.333个和0.126个单位(见表2-8)。学生在"修德""明辨"方面的表现每上升一个等级,其理性辨识西方"普世价值"的程度分别提升0.223个和0.342个单位(见表2-9)。

表2-6　社会主义核心价值观践行状况对社会主义核心价值观内涵理解的影响

自变量	非标准化系数		标准化系数	统计量	显著性水平
	B	S. E	Beta	t	P
常数项	1.558	0.019		83.930	0.000
笃实	0.131	0.007	0.129	19.744	0.000
明辨	0.176	0.005	0.189	34.970	0.000
修德	0.254	0.007	0.253	37.566	0.000
勤学	0.070	0.007	0.073	10.373	0.000

$N = 45798$　　　$R^2 = 32.5\%$　　　$F = 5510.543$

表2-7　社会主义核心价值观践行状况对社会主义核心价值观意义认同的影响

自变量	非标准化系数		标准化系数	统计量	显著性水平
	B	S. E	Beta	t	P
常数项	2.243	0.017		130.776	0.000
笃实	0.125	0.006	0.137	20.359	0.000
明辨	0.082	0.005	0.098	17.619	0.000

续表

自变量	非标准化系数		标准化系数	统计量	显著性水平
	B	S. E	**Beta**	*t*	*P*
修德	0.290	0.006	0.322	46.501	0.000
勤学	0.027	0.006	0.032	4.336	0.000

$N=45798$ $R^2=28.3\%$ $F=4528.080$

表 2-8 社会主义核心价值观践行状况对社会主义核心价值观践行意愿的影响

自变量	非标准化系数		标准化系数	统计量	显著性水平
	B	S. E	**Beta**	*t*	*P*
常数项	1.670	0.018		93.710	0.000
笃实	0.126	0.006	0.128	19.796	0.000
明辨	0.096	0.005	0.106	19.888	0.000
修德	0.333	0.006	0.340	51.351	0.000
勤学	0.076	0.007	0.081	11.606	0.000

$N=45798$ $R^2=34.7\%$ $F=6080.172$

表 2-9 社会主义核心价值观践行状况对西方"普世价值"观念辨识度的影响

自变量	非标准化系数		标准化系数	统计量	显著性水平
	B	S. E	**Beta**	*t*	*P*
常数项	1.214	0.022		55.149	0.000
笃实	0.044	0.008	0.037	5.559	0.000
明辨	0.342	0.006	0.316	57.386	0.000
修德	0.223	0.008	0.190	27.826	0.000
勤学	0.078	0.008	0.070	9.725	0.000

$N=45798$ $R^2=30.0\%$ $F=4910.835$

二、社会主义核心价值观的认同状况

调查发现,对"富强、民主、文明、和谐","自由、平等、公正、法治","爱国、敬业、诚信、友善"十二项价值观,均有九成以上的大学生表示认同(如图 2-2 所示),认同度(持"非常认同"和"比较认同"态度的学生比例之和)处于较高水平。比较而言,"民主""自由""敬业"价值观的认同度相对偏低。我们重点围绕这三项价值观探讨大学生的具体认同状况和差异表现,并尝试探讨影响其认同的因素(图 2-2)。

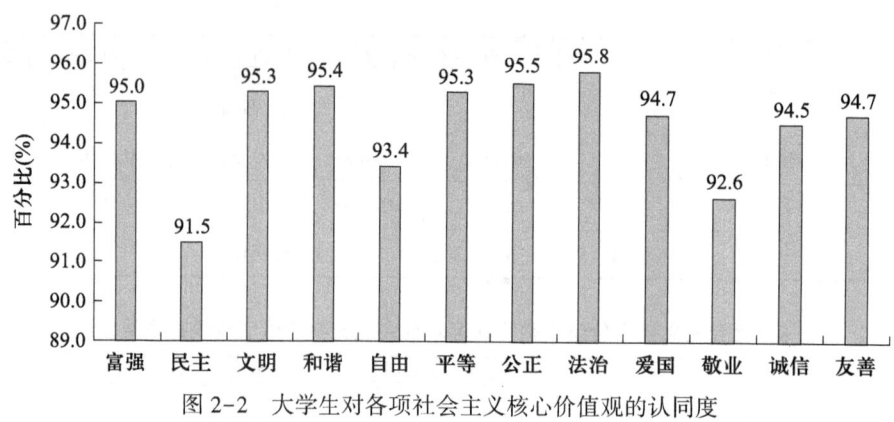

图 2-2　大学生对各项社会主义核心价值观的认同度

（一）总体情况

调查结果显示,对于观点"我们是国家和社会的主人",70.5%的大学生表示"非常赞同",21.0%的大学生表示"比较赞同",6.8%的大学生表示"说不清楚",1.1%的大学生表示"不大赞同",0.6%的大学生表示"很不赞同"。持肯定态度的大学生占91.5%,持模糊和否定态度的大学生占8.5%。

对于观点"在法律允许的范围内,自己的事情应自己做主",69.0%的大学生"非常赞同",24.4%的大学生对此表示"比较赞同",有5.5%的大学生表示"说不清楚",0.8%的大学生表示"不大赞同",0.3%的大学生表示"很不赞同"。持肯定态度的大学生占93.4%,持模糊和否定态度的大学生占6.6%。

对于"敬业"价值观,73.9%的大学生表示"非常赞同""职业无贵贱之分,要干一行爱一行"的观点,18.7%的大学生对此表示"比较赞同",还有5.7%的大学生表示"说不清楚",1.0%的大学生表示"不大赞同",0.7%的大学生表示"很不赞同"。持肯定态度的大学生占92.6%,持模糊和否定态度的大学生占7.4%。此次针对大学生就业观的调查结果也显示,有92.9%的大学生希望到一二线大城市和中小城市就业,仅7.1%的大学生愿意到县城、农村地区和国家急需人才的边远地区工作;有79.0%的大学生毕业后打算国内升学、出国深造或到机关、企事业等体制内就业,仅3.2%的大学生选择自主创业,11.6%的大学生愿意到个体、私营、外资企业就业。上述调查数据表明,相较于中小城市、西部地区和个体、私营企业,一二线城市、机关、企事业单位或国内升学、出国深造得到了更多大学生的青睐。

（二）不同群体大学生对"民主"、"自由"、"敬业"价值观的认同状况

为更加直观地了解不同群体大学生在"民主""自由""敬业"价值观上的认同差异,我们对不同群体大学生的认同度进行均值分析①。结果发现,性别、年龄、年级、学科门类、政治面貌、生源地类别、家庭类型、成长经历不同的大学生在上述三项价值观的认同度上存在显著差异。

如图 2-3 所示,对"民主"($t=-22.808, P<0.001$)、"自由"($t=-7.642, P<0.001$)、"敬

---

① 均值分析时,我们将"非常赞同""比较赞同""说不清楚""不大赞同""很不赞同"分别赋值5分、4分、3分、2分、1分,均值得分越高说明认同度越高。下同。

业"($t=-25.683,P<0.001$)价值观的认同度女生相对高于男生。

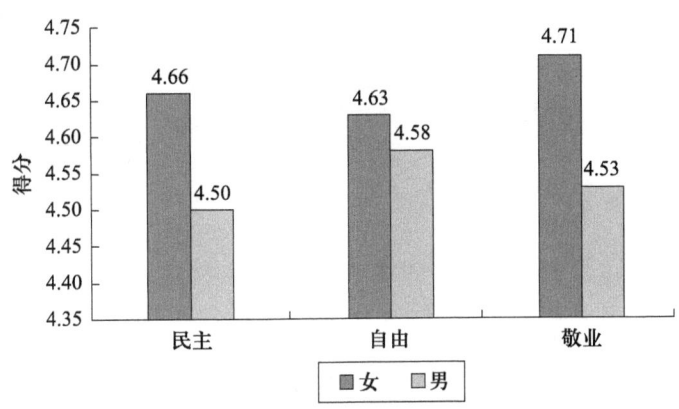

图 2-3 不同性别大学生在"民主""自由""敬业"价值观上的认同差异

从年龄上看,不同年龄大学生对"民主"和"敬业"价值观的认同度不同。20 岁及以下学生在反映"民主"($F=6.566,P<0.01$)和"敬业"($F=12.041,P<0.001$)的价值观点上的均值得分均高于 21 岁及以上的学生。21 岁以上的在校学生中,"民主"和"敬业"价值观的认同度没有显著的统计学差异。

如图 2-4 所示,不同年级大学生在"民主"($F=23.965,P<0.001$)、"自由"($F=13.248,P<0.001$)、"敬业"($F=19.638,P<0.001$)价值观的认同上存在显著差异。依分析结果大体形成三组,第一组是大一学生,他们的均值得分最高。第二组是大二、大三学生,他们对"民主""自由""敬业"价值观的认同度相对较低。第三组是大四(大五)学生、硕士生和博士生,均值得分较第二组有所提升,且趋于稳定。组内比较的结果也显示,在"民主""自由""敬业"价值观的认同上,第二组和第三组组内均不存在显著差异。

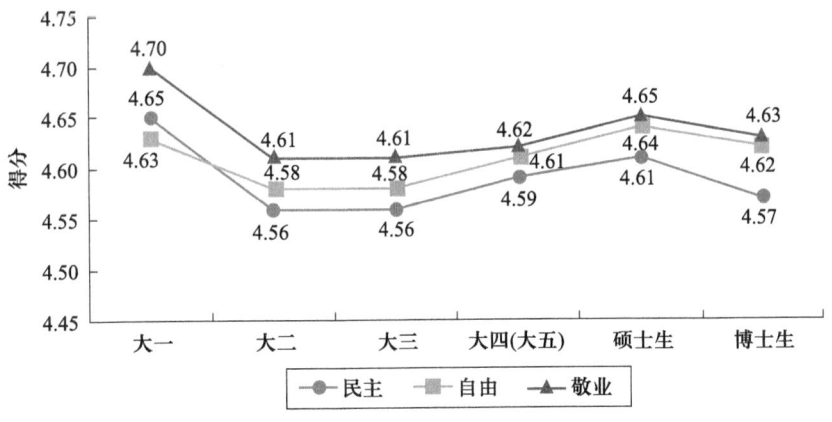

图 2-4 不同年级大学生在"民主""自由""敬业"价值观上的认同差异

从学科门类上看,人文科学类学生和社会科学类学生对"民主"($F=11.404,P<0.001$)和"敬业"($F=11.039,P<0.001$)价值观的认同度均高于理工农医类学生。

如图 2-5 所示,党员学生、团员学生在"民主"($F=144.571,P<0.001$)、"自由"($F=58.484,P<0.001$)和"敬业"($F=79.010,P<0.001$)价值观认同度上的得分显著高于政治面

貌为群众的学生。

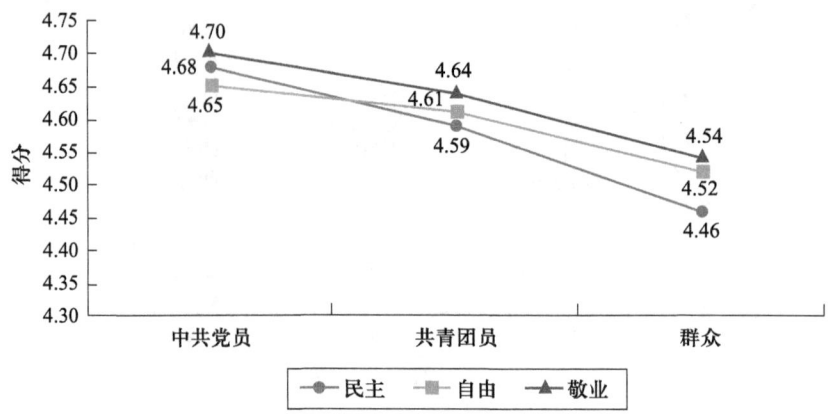

图 2-5　政治面貌不同的大学生在"民主""自由""敬业"价值观上的认同差异

从生源地类别来看,来自农村的学生对"自由"价值观的认同度相对低于来自城镇的学生($t=-8.781,P<0.001$)。在"民主""敬业"价值观的认同方面,两者没有显著差异。

从家庭类型来看,双亲家庭里的学生对"民主"($F=5.180,P<0.01$)和"敬业"($F=3.742,P<0.05$)价值观的认同度均明显高于单亲家庭里的学生。

从成长经历来看,有学生干部经历的大学生在"民主"($t=15.898,P<0.001$)、"自由"($t=12.125,P<0.001$)、"敬业"($t=14.363,P<0.001$)价值观认同上的得分均明显高于没有学生干部经历的大学生,如图 2-6 所示。

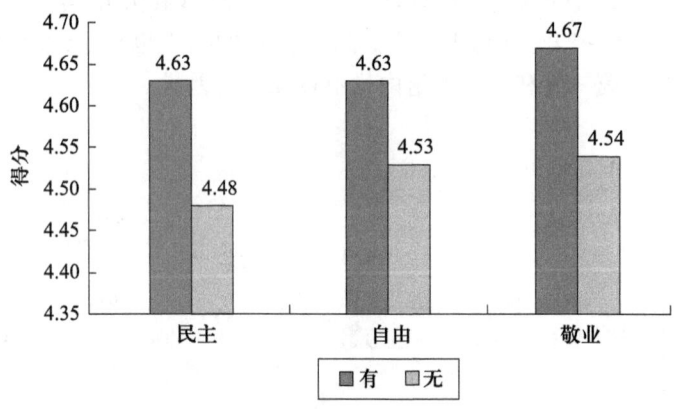

图 2-6　学生干部经历不同的大学生在"民主""自由""敬业"价值观上的认同差异

（三）文化认同对社会主义核心价值观认同的积极影响

调查发现,大学生的文化认同与社会主义核心价值观认同①之间存在显著正相关。文

---

① 经检验,KMO 样本合适性测定值为 0.974,Bartlett 球形度检验显著,十二项涉及社会主义核心价值观认同的题项适合进行探索性因子分析。通过主成分分析和最大方差旋转方法,可提取一个因子,命名为"核心价值观认同",累计方差贡献率为 79.303%。

化自豪感($r=0.558, P<0.01$)、文化自信心($r=0.572, P<0.01$)越强的学生对社会主义核心价值观的认同度也越高。回归分析结果显示,学生文化自豪感和文化自信心每提升一个等级,学生对社会主义核心价值观的认同度分别上升 0.440 个和 0.373 个单位。在对待他文化优长的态度上,学生开放包容的态度也彰显其对社会主义核心价值观的自信。对待他文化优长的态度越开放包容、对西方文化的价值渗透警惕性越高的学生,对社会主义核心价值观的认同度也越高。数据分析结果显示,对他文化优长的开放包容态度和对西方文化的价值渗透的警惕性每提升一个等级,学生对社会主义核心价值观的认同度分别上升 0.509 个和 0.158 个单位。根据标准化系数,在文化自豪感、文化自信心、对其他文化优长的态度、对西方文化价值渗透的警惕性等四项因素中,学生对他文化优长的积极态度对社会主义核心价值观认同度的影响最大,其次是文化自豪感和文化自信心,学生对西方文化价值渗透的警惕性对社会主义核心价值观认同度的影响最小(见表 2-10)。

表 2-10 文化认同对社会主义核心价值观认同的影响

自变量	非标准化系数		标准化系数	统计量	显著性水平
	B	S. E.	Beta	*t*	*P*
常数项	−7.105	0.034		−209.288	0.000
文化自豪感	0.440	0.017	0.216	26.519	0.000
文化自信心	0.373	0.016	0.192	23.625	0.000
对其他文化优长的态度	0.509	0.013	0.253	38.423	0.000
对西方文化的价值渗透的警惕性	0.158	0.006	0.109	24.629	0.000

$N=45798$ $R^2=49.6\%$ $F=11245.924$

学生的文化自信状况对其"民主"价值观认同度的影响最大。文化自信程度每提升一个等级,学生对"民主"价值观的认同度提升 0.356 个单位。从标准化系数来看,学生对西方文化的价值渗透的警惕性越高,就越认同"民主"价值观,其影响力在四项因素中仅次于文化自信心(见表 2-11)。对他文化优长的开放包容态度每提升一个等级,学生对"自由"价值观的认同度提升 0.360 个单位(见表 2-12)。学生文化自信心、文化自豪感和对他文化优长的开放包容态度每提升一个等级,学生对"敬业"价值观的认同度分别上升 0.299 个、0.198 个和 0.235 个单位(见表 2-13)。

表 2-11 文化认同对"民主"价值观认同度的影响

自变量	非标准化系数		标准化系数	统计量	显著性水平
	B	S. E.	Beta	*t*	*P*
常数项	0.406	0.028		14.736	0.000
文化自豪感	0.177	0.013	0.121	13.124	0.000
文化自信心	0.356	0.013	0.255	27.745	0.000
对其他文化优长的态度	0.172	0.011	0.119	16.007	0.000
对西方文化价值渗透的警惕性	0.172	0.005	0.164	32.944	0.000

$N=45798$ $R^2=35.3\%$ $F=6258.790$

表 2-12　文化认同对"自由"价值观认同度的影响

自变量	非标准化系数		标准化系数	统计量	显著性水平
	B	S. E.	Beta	t	P
常数项	0.998	0.026		37.812	0.000
文化自豪感	0.142	0.013	0.106	11.029	0.000
文化自信心	0.129	0.012	0.100	10.491	0.000
对其他文化优长的态度	0.360	0.010	0.272	34.954	0.000
对西方文化的价值渗透的警惕性	0.122	0.005	0.127	24.528	0.000

$N = 45798$　　$R^2 = 29.9\%$　　$F = 4885.662$

表 2-13　文化认同对"敬业"价值观认同度的影响

自变量	非标准化系数		标准化系数	统计量	显著性水平
	B	S. E.	Beta	t	P
常数项	0.587	0.027		21.713	0.000
文化自豪感	0.198	0.013	0.140	15.000	0.000
文化自信心	0.299	0.013	0.221	23.796	0.000
对其他文化优长的态度	0.235	0.011	0.168	22.241	0.000
对西方文化的价值渗透的警惕性	0.114	0.005	0.112	22.314	0.000

$N = 45798$　　$R^2 = 34.0\%$　　$F = 5893.558$

　　阅读经典著作是涵养文化、升华思想、增强文化自信的重要途径。调查发现,阅读马克思主义与中国共产党经典著作、中国古代文化典籍[①]对提升学生的社会主义核心价值观认同具有积极意义。精读过《共产党宣言》《毛泽东选集》《邓小平文选》《习近平谈治国理政》的学生中,认同"民主""自由"价值观的比例明显高于没有读过的学生比例(如图 2-7、图 2-8 所示,统计结果均在 0.001 水平上显著)。

　　精读过《论语》《大学》《中庸》《孟子》的学生对"敬业"价值观表示认同的比例也明显高于没有读过的学生比例(如图 2-9 所示,统计结果均在 0.001 水平上显著)。在"富强""文明""和谐""平等""公正""法治""爱国"等价值观上,也表现出马克思主义与中国共产党经典著作、中国古代文化典籍阅读状况越好的学生,对社会主义核心价值观认同度越高的特征(统计结果均在 0.001 水平上显著)。

---

　　① 经检验,KMO 样本合适性测定值为 0.885,Bartlett 球形度检验显著,涉及经典著作的八个题项适合进行探索性因子分析。通过主成分分析和最大方差旋转方法,可提取二个因子,累计方差贡献率为 79.473%。一个因子由《论语》《大学》《中庸》《孟子》构成,命名为"中国古代文化典籍",另一个因子由《共产党宣言》《毛泽东选集》《邓小平文选》《习近平谈治国理政》构成,命名为"马克思主义与中国共产党经典著作"。

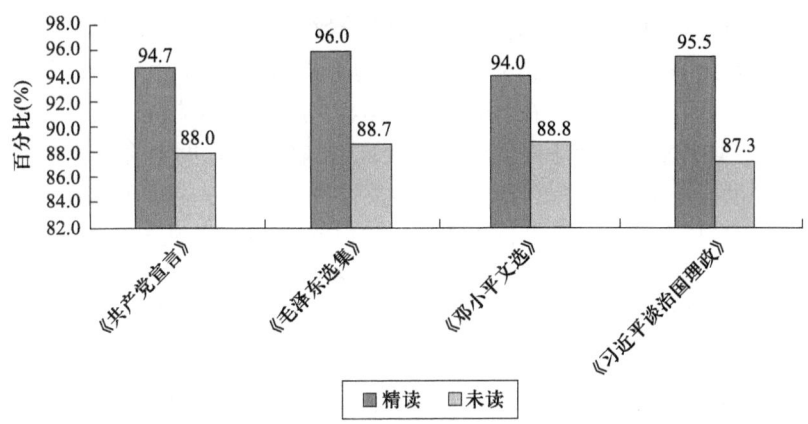

图 2-7 马克思主义与中国共产党经典著作阅读状况对"民主"价值观认同度的影响

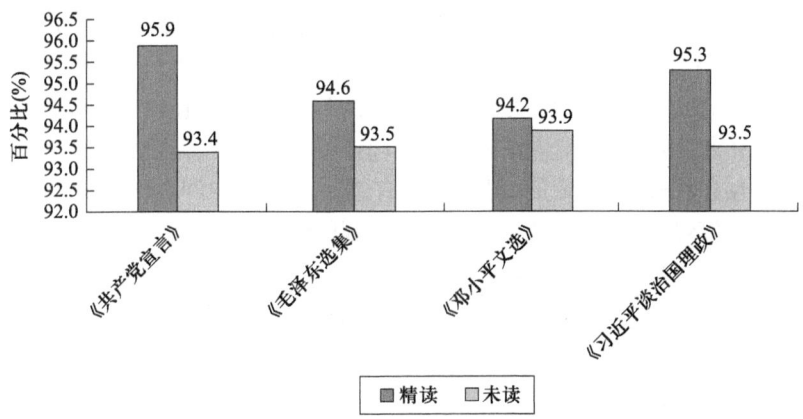

图 2-8 马克思主义与中国共产党经典著作阅读状况对"自由"价值观认同度的影响

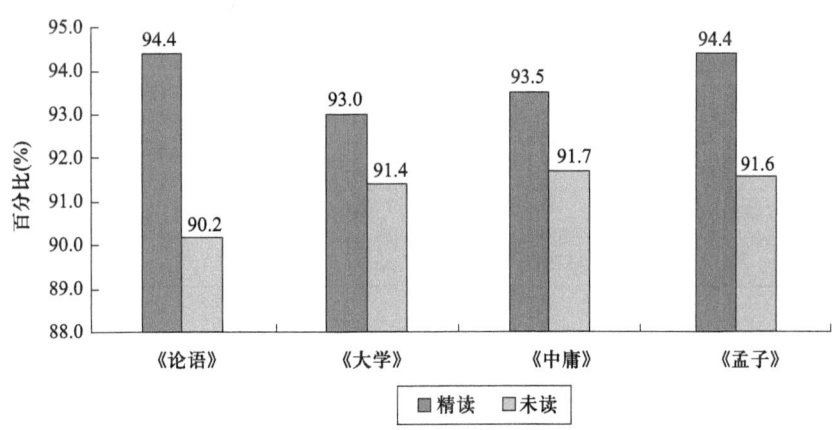

图 2-9 中国古代文化典籍阅读状况对"敬业"价值观认同的影响

(四) 网络对社会主义核心价值观认同的复杂影响

网络既是当代大学生学习、社交、娱乐、生活的工具,也是主流思想与非主流思想、社会主义核心价值与西方价值碰撞交锋的角力场。随着数字媒介与大学生学习生活持续深度融合,网络已经成为影响学生价值观念和价值选择的重要场域,在学生成长过程中发挥着日益凸显的作用,网络运用的内容也正在显著影响着学生对社会主义核心价值观的认同度。

其一,网络另类搞怪直播会影响学生的审美取向,在一定程度上降低学生对社会主义核心价值观的认同度($r = -0.147$, $P < 0.01$)。另类搞怪视频影响学生审美的程度每提升一个等级,学生对社会主义核心价值观的认同度下降 0.013 个单位。虽从分析数据上看,其负面影响目前并不大,但应引起重视,防微杜渐,不能任其发展,更不能冲击主流价值。

其二,认为直播带货赚钱轻松、希望以后也做网红的学生,对社会主义核心价值观的认同度偏低。调查结果显示,想做网红、想通过直播带货轻松赚钱的意愿每提升一个等级,学生对社会主义核心价值观的认同度下降 0.160 个单位。这折射出全媒体、大数据时代青年学生择业观、价值观的新动向,值得关注。

其三,经常熬夜在游戏中开黑上分的程度和很享受网络上的个人圈子,不愿在线下与人交往的生活状态每提升一个等级,社会主义核心价值观的认同度分别下降 0.136 个和 0.122 个单位。这表明,不仅沉溺网络游戏,而且过度依赖网络交往的消极影响也十分明显。

其四,学校微信、微博等新媒体的运用与学生的社会主义核心价值观认同状况呈正相关($r = 0.152$, $P < 0.01$)。回归分析结果显示,学校微信、微博等新媒体在促进学生成长、增进价值观认同方面的作用是积极的、一致的,但效果还有进一步提升空间。学校微信、微博等新媒体的运用每提升一个等级,学生对社会主义核心价值观的认同度上升 0.092 个单位(见表 2-14)。

表 2-14　网络运用对社会主义核心价值观认同的影响

自变量	非标准化系数		标准化系数	统计量	显著性水平
	B	S. E.	Beta	t	P
常数项	0.558	0.016		33.855	0.000
学校微信、微博等新媒体	0.092	0.004	0.098	22.155	0.000
直播带货网红	-0.160	0.006	-0.152	-26.667	0.000
另类搞怪直播	-0.013	0.004	-0.016	-2.963	0.000
短视频	0.075	0.005	0.088	16.309	0.000
网络上的个人圈子	-0.122	0.006	-0.122	-20.619	0.000
网络游戏	-0.136	0.006	-0.137	-24.522	0.000

$N = 45798$　　$R^2 = 10.7\%$　　$F = 915.765$

(五) 价值观认知对价值观认同的重要性

认知是认同的基础。调查结果显示,对社会主义核心价值观具体内涵的理解、对社会主义核心价值观意义的认知、将社会主义核心价值观作为自己的基本遵循的情感意愿、对西方价值观念的准确辨识都是有利于增强社会主义核心价值观认同的积极因素。当前,大学生对社会主义核心价值观认同主要表现为意义认同。数据显示,学生对社会主义核心价值观意义的认知每上升一个等级,社会主义核心价值观的认同度上升 0.661 个单位。另外,对社会主义核心价值观的积极情感也对增强社会主义核心价值观认同有较大促进作用。学生将社会主义核心价值观作为自己的基本遵循的情感意愿每提升一个等级,其社会主义核心价值观的认同度上升 0.250 个单位。在青年学生群体中培育和践行社会主义核心价值观,需要着力强化其对社会主义核心价值观的意义认同和情感认同(见表 2-15)。

表 2-15　社会主义核心价值观认知对社会主义核心价值观认同的影响

自变量	非标准化系数		标准化系数	统计量	显著性水平
	B	S. E.	Beta	t	P
常数项	-4.479	0.022		-200.040	0.000
理解核心价值观的具体内涵	0.042	0.007	0.033	5.715	0.000
认同核心价值观的意义	0.661	0.009	0.463	73.559	0.000
将核心价值观作为自己的基本遵循	0.250	0.009	0.191	28.178	0.000
能够辨识西方"普世价值"的虚伪性	0.056	0.005	0.051	10.662	0.000

$N = 45798$　　　$R^2 = 47.5\%$　　　$F = 10363.284$

三、社会主义核心价值观的践行状况

正处在"拔节孕穗期"的青年学子,既离不开社会主义核心价值观的丰厚滋养,也离不开社会主义核心价值观的主动践行。践行社会主义核心价值观是大学生成长成才的重要途径。习近平总书记曾勉励广大青年学子要在"勤学""修德""明辨""笃实"上下功夫,自觉地将内化于心的社会主义核心价值观外化为自己的行动,争做社会主义核心价值观的大力弘扬者和积极践行者。

(一) 总体情况

调查结果显示,81.9% 的受访学生表示"能够保持积极勤勉的学习状态",85.6% 的受访学生愿意"积极参加道德实践活动",80.3% 的受访学生"能够准确辨别'高级黑''低级红'",84.8% 的受访学生表示"努力做好学习生活中每一件小事"。

具体来看,当被问及:"您是否愿意到农村工作,投入乡村振兴事业"时,56.9% 的学生愿意短期在乡村实习实践,愿意长期在乡村服务的学生只占 14.7%。表示"完全不能接受"的占 2.3%,表示"不太想去乡村工作"的占 9.8%,表示"没有考虑过"的占 16.4%。调查数据显示,有近三成的大学生对到农村工作持消极态度。大学生到农村工作,投入乡村振兴事业的积极性有待进一步提高。

当被问及,如果在现实生活中自己的"爱豆"(idol,偶像)损害了国家利益或形象,你如何选择时,有 50.4% 的大学生选择"坚决抵制偶像",41.5% 的大学生表示"国家利益更为重要,不会再喜欢这个偶像",两项合计,有 91.9% 的学生在"爱豆"与爱国发生矛盾时选择维护国家利益。另外,有 0.8% 的大学生选择"依然坚决支持自己的偶像",3.4% 的大学生表示"理智上知道国家利益更重要,但情感上还会继续支持偶像",3.9% 的大学生表示"说不清楚"。

遵守学术规范是大学生践行"诚信"价值观的一个重要方面。当被问及:"我能做到遵守学术规范,不抄袭剽窃、数据造假,是否符合您的实际"时,回答"非常符合"的占 64.9%,

回答"比较符合"的占 25.6%,回答"一般"的占 5.6%,回答"不太符合"的占 1.2%,回答"很不符合"的占 2.7%。

总体上看,大学生社会主义核心价值观践行状况不尽理想,还存在进一步提升的空间。相较于社会主义核心价值观的整体认知和认同状况,大学生中能够积极践行社会主义核心价值观的比例相对偏低,在社会主义核心价值观认知和践行之间还存在一定距离。

(二)不同群体大学生践行社会主义核心价值观的状况

为探讨不同群体大学生践行社会主义核心价值观的具体状况,我们主要从性别、年龄、学历层次、学科门类、政治面貌、生源所在地、家庭类型、个人成长经历等角度进行均值分析和差异显著性检验。结果发现,不同群体大学生在"勤学""修德""明辨""笃实"上的差异均显著。

如图 2-10 所示,女生在"勤学"($t=-9.527,P<0.001$)、"修德"($t=-11.262,P<0.001$)、"笃实"($t=-10.057,P<0.001$)上的均值得分都高于男生,但在"明辨"($t=9.315,P<0.001$)方面,男生表现出对"高级黑""低级红"更高的敏感性和辨别能力。

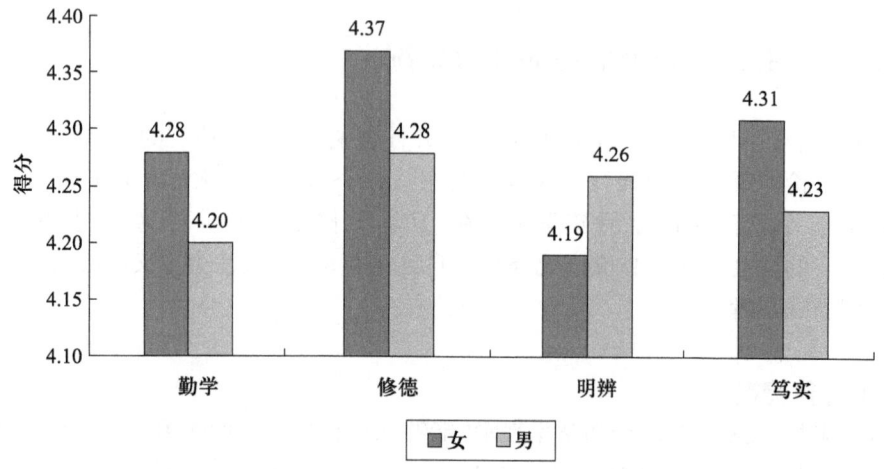

图 2-10　不同性别大学生在社会主义核心价值观践行上的差异

在 20 岁以下、21 岁至 25 岁、25 岁及以上三个年龄组中,年龄越大的组别践行社会主义核心价值观的状况越好。在"勤学"($F=122.866,P<0.001$)、"修德"($F=36.110,P<0.001$)、"明辨"($F=90.295,P<0.001$)、"笃实"($F=69.725,P<0.001$)四个方面,三组均值得分依次升高,呈现正相关(见图 2-11)。

在学历层次方面,也总体呈现学历越高,社会主义核心价值观践行状况越好的态势。图 2-12 显示了不同学历层次学生在"勤学"($F=229.864,P<0.001$)、"修德"($F=88.750,P<0.001$)、"明辨"($F=161.717,P<0.001$)、"笃实"($F=134.309,P<0.001$)上的均值得分。结果表明,学历层次越高的学生,整体上学习越勤勉,更加善于明辨是非和决断选择,为人做事也更趋于踏实。对于本科生而言,还需在"勤学""明辨"上下功夫。

从学科门类上看,人文和社会科学类学生践行社会主义核心价值观状况较好,相对优于理工农医类学生和交叉学科学生。在"勤学"($F=5.831,P<0.001$)、"修德"($F=3.489,P<0.001$)、"明辨"($F=10.477,P<0.001$)、"笃实"($F=7.810,P<0.001$)四个方面,人文和社会

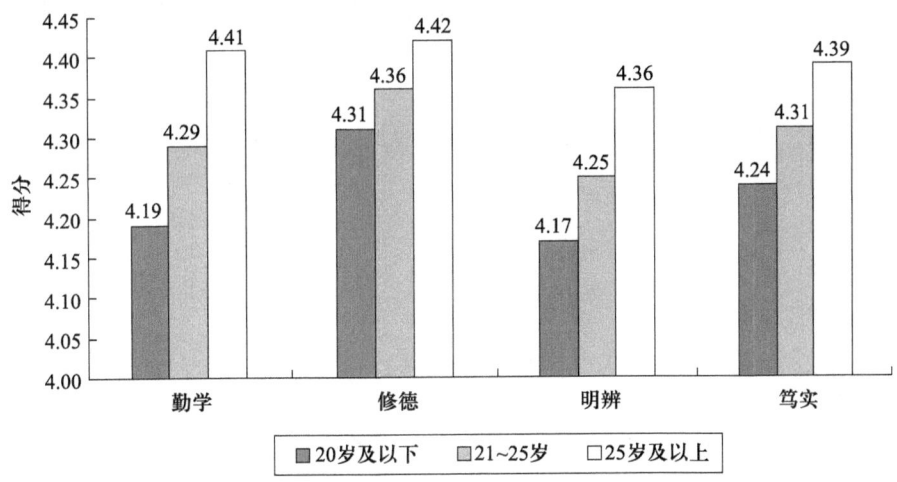

图 2-11 不同年龄大学生在社会主义核心价值观践行上的差异

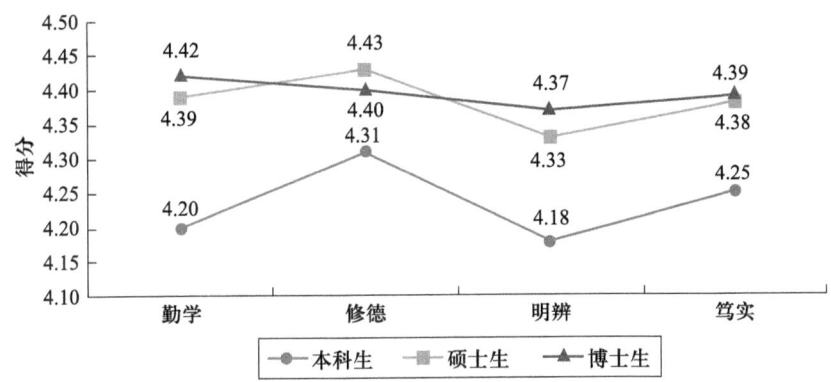

图 2-12 不同学历层次大学生在社会主义核心价值观践行上的差异

科学学生的均值得分都高于理工农医和交叉学科学生。

从政治面貌上看,党员学生践行社会主义核心价值观状况最好,其次是团员学生,最后是政治面貌为群众的学生。如图 2-13 显示,三类大学生均在"修德"方面得分最高,在"明辨"方面得分偏低。

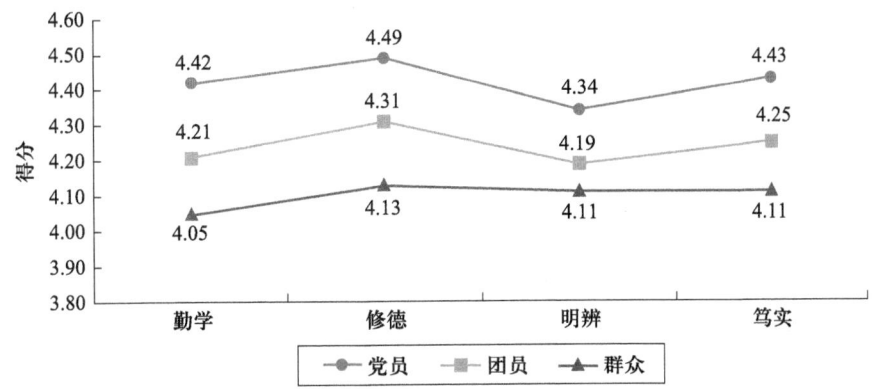

图 2-13 不同政治面貌大学生在社会主义核心价值观践行上的差异

生源地不同的学生,在社会主义核心价值观践行方面也存在显著差异。从图 2-14 中的均值得分来看,来自城镇的大学生践行社会主义核心价值观的状况总体上相对优于来自农村的大学生。

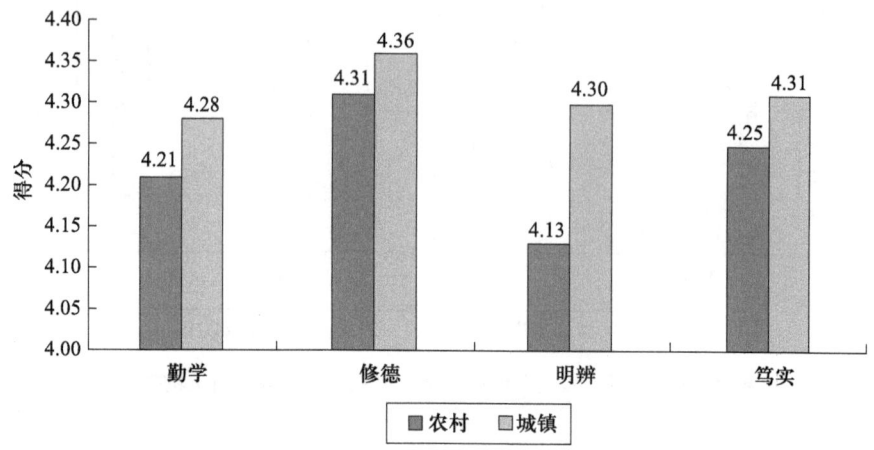

图 2-14　不同生源地大学生在社会主义核心价值观践行上的差异

从家庭类型上看,双亲家庭学生践行社会主义核心价值观状况最好,其次是单亲家庭学生,最后是重组家庭学生。具体表现是,相较于单亲家庭和重组家庭学生,双亲家庭学生学习状态整体上更加勤勉($F = 13.439, P < 0.001$),参加道德实践活动的积极性更高($F = 8.781, P < 0.001$),辨别"高级黑""低级红"的能力更强($F = 5.124, P < 0.001$),在学习生活中也更加笃实($F = 10.474, P < 0.001$)。

从成长经历上看,在"勤学"($t = 7.229, P < 0.001$)、"修德"($t = 7.229, P < 0.001$)、"明辨"($t = 18.453, P < 0.001$)、"笃实"($t = 6.891, P < 0.001$)四个方面,独生子女大学生的践行状况相对好于非独生子女大学生,有学生干部经历的大学生践行"勤学"($t = 21.388, P < 0.001$)、"修德"($t = 25.812, P < 0.001$)、"明辨"($t = 15.012, P < 0.001$)、"笃实"($t = 20.387, P < 0.001$)的状况也相对好于没有学生干部经历的大学生。

(三) 社会主义核心价值观认知对社会主义核心价值观践行的具体影响

如表 2-16 所示,对社会主义核心价值观具体内涵的理解、对社会主义核心价值观意义的认知、将社会主义核心价值观作为基本遵循的情感意愿、对西方价值观念的理性辨识对促进社会主义核心价值观的践行[①]都具有积极作用,但作用大小不同。比较而言,将社会主义核心价值观作为自己的基本遵循的情感意愿促进社会主义核心价值观践行的作用最大。这种情感意愿每上升一个等级,社会主义核心价值观的践行度提升 0.347 个单位。其次是社会主义核心价值观的理解度,学生对社会主义核心价值观具体内涵的理解度每上升一个等级,其社会主义核心价值观的践行度提升 0.271 个单位。另外,对西方价值观念的准确辨识

---

① 经检验,KMO 样本合适性测定值为 0.839,Bartlett 球形度检验显著,四项涉及社会主义核心价值观践行的题项适合进行探索性因子分析。通过主成分分析和最大方差旋转方法,可提取一个因子,命名为"社会主义核心价值观践行",累计方差贡献率为 77.851%。

也是反映学生对社会主义核心价值观理性认知的重要方面。对西方"普世价值"虚伪性的辨识度每提升一个等级,学生社会主义核心价值观的践行度上升0.215个单位。上述回归分析结果说明,在大学生中弘扬和践行社会主义核心价值观,既需要强化客观认知的理性因素,同时,也不能忽视主观积极的情感因素,两者都是推动社会主义核心价值观践行的重要力量。

表2-16　社会主义核心价值观认知对社会主义核心价值观践行的具体影响

自变量	非标准化系数		标准化系数	统计量	显著性水平
	B	S. E.	Beta	t	P
常数项	−3.769	0.024		−156.605	0.000
理解核心价值观的具体内涵	0.271	0.008	0.212	34.439	0.000
认同核心价值观的意义	0.045	0.010	0.031	4.637	0.000
将核心价值观作为自己的基本遵循	0.347	0.010	0.264	36.316	0.000
能够辨识西方"普世价值"的虚伪性	0.215	0.006	0.196	38.200	0.000

$N = 45798$　　　$R^2 = 39.3\%$　　　$F = 7422.598$

(四)社会主义核心价值观认同对社会主义核心价值观践行的具体影响

如表2-17所示,除"和谐""公正"价值观外,其余十项价值观的认同状况均对社会主义核心价值观的践行有显著影响。根据标准化系数,对社会主义核心价值观践行的影响较大的五项价值观是"友善""民主""自由""敬业""爱国",其认同度每上升一个等级,学生社会主义核心价值观的践行度分别提升0.362个、0.228个、0.158个、0.142个和0.136个单位。增进学生对"富强""文明""平等"价值观的认同也有利于提高其社会主义核心价值观的践行度。回归分析的结果证实,对社会主义核心价值观的认同对大学生的践行具有积极促进作用。

表2-17　社会主义核心价值观认同对社会主义核心价值观践行的具体影响

自变量	非标准化系数		标准化系数	统计量	显著性水平
	B	S. E.	Beta	t	P
常数项	−4.583	0.033		−137.065	0.000
富强	0.067	0.014	0.040	4.858	0.000
民主	0.228	0.009	0.164	24.542	0.000
文明	0.041	0.016	0.025	2.517	0.012
和谐	−0.021	0.018	−0.012	−1.163	0.245
自由	0.158	0.009	0.104	16.742	0.000
平等	0.071	0.016	0.042	4.529	0.000
公正	−0.001	0.018	−0.001	−0.075	0.940
法治	−0.238	0.018	−0.134	−13.338	0.000
爱国	0.136	0.014	0.083	9.419	0.000

续表

自变量	非标准化系数		标准化系数	统计量	显著性水平
	B	S. E.	Beta	t	P
敬业	0.142	0.010	0.099	14.622	0.000
诚信	0.044	0.013	0.027	3.367	0.001
友善	0.362	0.013	0.222	28.576	0.000

$N=45798$　　$R^2=33.9\%$　　$F=1957.278$

（五）思想政治理论课和日常思想政治教育对践行社会主义核心价值观的具体影响

思想政治理论课是培育和践行社会主义核心价值观的主要渠道,在改善大学生践行社会主义核心价值观方面发挥着积极作用。分析结果显示,学生对思想政治理论课的认同度和思想政治理论课建设的满意度均与社会主义核心价值观的践行度呈显著正相关。学生对"思政课是立德树人的关键课程"的认同度越高,其社会主义核心价值观的践行状况越好($r=0.387,P<0.01$)。学生对思想政治理论课建设的满意度越高,其社会主义核心价值观的践行度也越高($r=0.280,P<0.01$)。回归分析数据表明,思想政治理论课认同度是改善社会主义核心价值观践行状况的一个积极因素。学生对思想政治理论课重要性的认识每提升一个等级,社会主义核心价值观的践行度提升0.391个单位。课程整体评价、思想政治理论课的教学内容、教学方法、教学设计对改善学生社会主义核心价值观践行状况也有一定积极作用。总体上看,在引导学生践行社会主义核心价值观方面,思想政治理论课建设已取得了一定成效,但还有进一步提升空间(见表2-18)。

表 2-18　思想政治理论课对社会主义核心价值观践行的具体影响

自变量	非标准化系数		标准化系数	统计量	显著性水平
	B	S. E.	Beta	t	P
常数项	0.972	0.011		86.050	0.000
对思政课重要性的认识	0.391	0.006	0.311	67.812	0.000
对思政课的整体评价	0.052	0.004	0.052	12.208	0.000
教学内容满意度	0.037	0.012	0.038	2.957	0.003
教学方法满意度	0.064	0.014	0.067	4.548	0.000
师资水平满意度	−0.004	0.011	−0.004	−0.346	0.729
教学设计满意度	0.067	0.014	0.071	4.957	0.000

$N=45798$　　$R^2=16.7\%$　　$F=1529.191$

日常思想政治教育是培育和践行社会主义核心价值观的主阵地,在改善大学生践行社会主义核心价值观方面也发挥着重要的作用。如表2-19所示,对学生的社会主义核心价值观践行状况有积极显著影响的因素有:校风和学风建设、创新创业教育、网络思想政治教育、职业规划与就业指导教育、基层党组织建设、社团活动和班级建设。其中,网络思想政治教育和基层党组织建设影响相对较大。学生对网络思想政治教育和基层党组织建设的满意度每提升一个等级,践行社会主义核心价值观的状况分别改善 0.127 个和 0.100 个单位。

表 2-19 日常思想政治教育对社会主义核心价值观践行的影响

自变量	非标准化系数		标准化系数	统计量	显著性水平
	B	S. E.	Beta	*t*	*P*
常数项	−1.876	0.021		−87.362	0.000
校风和学风建设	0.044	0.011	0.040	3.884	0.000
创新创业教育	0.074	0.012	0.069	5.959	0.000
社会实践活动	−0.002	0.013	−0.002	−0.173	0.862
校园文化活动	−0.018	0.012	−0.017	−1.516	0.130
网络思想政治教育	0.127	0.013	0.118	9.833	0.000
心理健康教育与咨询工作	0.017	0.011	0.016	1.486	0.137
职业规划与就业指导教育	0.027	0.012	0.025	2.290	0.022
日常事务管理	0.016	0.010	0.016	1.562	0.118
学校后勤服务	−0.006	0.008	−0.007	−0.822	0.411
学生资助工作	−0.027	0.010	−0.025	−2.658	0.008
基层党组织建设	0.100	0.012	0.091	7.991	0.000
社团活动	0.025	0.011	0.023	2.292	0.022
班级建设	0.053	0.012	0.050	4.269	0.000
团组织建设	0.024	0.014	0.022	1.754	0.080

$N = 45798$ $R^2 = 15.6\%$ $F = 603.307$

四、本章小结

价值观教育要加强

青年学生的价值观和价值选择不仅关乎个人健康成长,也关乎和谐社会和社会主义现代化国家建设目标能否顺利实现。调查数据显示,当代大学生主流价值观和价值选择积极、健康,社会主义核心价值观深为学生认同。但此次调研也发现一些值得关注的问题和现象。

(一) 价值观与价值选择的基本状况

总体上看,当代大学生价值观和价值选择整体状况良好,在社会主义核心价值观认知、认同和践行方面表现积极向上,是一个大力弘扬和积极践行社会主义核心价值观的优秀群体。

在社会主义核心价值观认知方面,有 83.7% 的大学生表示理解社会主义核心价值观的具体内涵,91.5% 的大学生认同社会主义核心价值观对于国家、社会和个人的意义,87.3% 的大学生能够自觉将"核心价值观作为自己的基本遵循"。面对西方价值观念的碰撞,有75.8%的大学生表示能够理性辨识"普世价值"的虚伪性。整体上看,当前大学生对社会主义核心价值观具有较高的认知度和认同度。

调查结果显示,对十二项社会主义核心价值观表示认同的学生比例均在九成以上。按照认同度由高到低的顺序,十二项社会主义核心价值观依次是:法治(95.8%)、公正(95.5%)、和谐(95.4%)、平等(95.3%)、文明(95.3%)、富强(95.0%)、爱国(94.7%)、友善(94.7%)、诚信(94.5%)、自由(93.4%)、敬业(92.6%)、民主(91.5%)。高认同度也从一个侧面反映出学生对社会主义核心价值观的实现具有较高期盼。

在社会主义核心价值观践行方面,分别有81.9%、85.6%、80.3%和84.8%的受访学生表示能够做到"勤学""修德""明辨"和"笃实"。调查数据也显示,当自己的偶像("爱豆")损害了国家利益或形象时,有91.9%的学生坚定选择维护国家利益。但从整体上看,社会主义核心价值观的践行率相比认知率和认同率低。

(二)值得注意的现象和问题

其一,不同群体大学生的价值观与价值选择呈现显著不同的特征。具体表现是:女生在价值观整体认知、认同、践行上的表现相对优于男生,但男生在辨识错误思想观念上的表现要相对好于女生;大年龄段的学生对社会主义核心价值观的理解更好,对西方"普世价值"虚伪性的辨识度更高,遵循社会主义核心价值观的意愿更强,践行社会主义核心价值观的状况更好;在社会主义核心价值观的认知、认同和践行方面,研究生均优于本科生;从年级来看,学生对社会主义核心价值观的认知、认同和践行状况整体呈现U字型特征,其表现在四(五)年级和研究生阶段逐渐趋于稳定;人文和社会科学大学生对社会主义核心价值观的认知、认同、践行状况相对优于理工农医和交叉学科学生;党员学生和团员学生在价值观和价值选择上的表现相对优于群众学生;有学生干部经历大学生的社会主义核心价值观认知、认同、实践状况相对优于没有学生干部经历的大学生;来自城镇的大学生相较于来自农村的大学生、双亲家庭学生相较于单亲家庭和重组家庭学生在价值观与价值选择上的整体表现要好。

其二,价值认知、价值情感、价值认同、价值践行之间存在较强的正相关,它们相互作用,共同构成一个有机整体(如图2-15所示)。回归分析结果显示,价值观践行状况每提升一个等级,学生的价值认知、价值认同和价值情感分别提升0.622个、0.559个和0.443个单位。这表明,不仅价值认知、价值情感在提高价值认同和价值践行方面发挥着重要促进作用,具有基础性地位。价值观践行状况的改善也会反过来进一步强化学生对社会主义核心价值观的认知和认同,增强大学生对社会主义核心价值观的积极情感。因此,重视和加强社会主义核心价值观践行也是培育和弘扬社会主义核心价值观的重要抓手和有效途径。但此次调查也发现,在投入乡村振兴事业方面,有28.5%的学生表示不愿意或没想过到农村工作,只有14.7%的学生表示愿意长期在乡村服务,半数以上大学生只愿意在乡村进行短期实习实践。

其三,错误思想观念的消极影响不容小觑。尽管大学生对社会主义核心价值观的整体认知度、认同度较高,但面对西方宣扬的"普世价值",仍有近四分之一的受访学生持模糊或消极态度,不能很好地辨识其虚伪性,其负面影响在一定程度上消解了学生对社会主义核心价值观的认知和认同。回归分析结果也显示,对西方"普世价值"虚伪性的辨识度每下降一

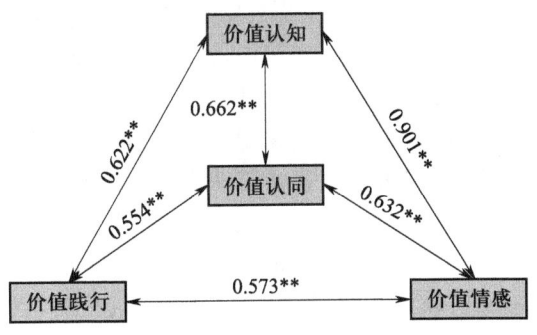

图 2-15　价值认知、情感、认同、践行之间的关联度

个等级,大学生对社会主义核心价值观的认知度、认同度和践行度分别下降 0.898 个、0.521 个和 0.581 个单位。另外,有近两成大学生表示不能很好地辨别"高级黑"和"低级红",大学生在"明辨"上的均值得分也明显低于"勤学""修德""笃实"上的均值得分。

其四,思想政治理论课和日常思想政治教育在深化社会主义核心价值观认知、优化价值选择、强化社会主义核心价值观践行等方面还有进一步提升空间。高校思想政治理论课和日常思想政治教育是帮助大学生形成正确的价值观念、引导学生积极践行社会主义核心价值观的主渠道和主阵地。调研结果显示,虽然大学生对思想政治理论课重要性的认识积极影响着社会主义核心价值观的理解度和认同度,但从思想政治理论课程的具体评价、思想政治理论课程建设满意度两方面来看,思想政治理论课对提升学生理性认知,增进价值认同、引导价值践行的直接作用不明显。学生对思想政治理论课程的评价和建设满意度每提升一个等级,改善学生社会主义核心价值观认知、认同、践行状况的程度均没有超过 0.1 个单位。在日常思想政治教育方面,除网络思想政治教育、基层党组织建设、校风学风建设外,其他日常思想政治教育活动对学生价值观和价值选择的积极作用也较小。

其五,中国优秀文化是涵养大学生价值观的重要源泉。马克思主义与中国共产党经典著作、中国古代文化典籍蕴含丰富积极的价值观,不仅有助于大学生深化对社会主义核心价值观的理解,增强大学生对中国特色社会主义的文化认同和价值认同,也有益于增强将社会主义核心价值观作为自己基本遵循的自信与自觉。调查结果显示,马克思主义与中国共产党经典著作、中国古代文化典籍的阅读状况与大学生社会主义核心价值观的认知状况、认同状况、践行状况均呈现显著的、较强的正相关。参加过传统文化传承活动的大学生中,认同、践行社会主义核心价值观的比例也相对较高。

(三) 对策和建议

结合这次调研的初步结论和发现的现象与问题,优化大学生的价值观和价值选择、强化社会主义核心价值观践行可尝试从以下方面努力。

第一,注重理论阐释,澄清价值误区。作为一种社会意识和价值观念,社会主义核心价值观是建立在一定的思想理论基础之上的。因此,要使社会主义核心价值观入耳、入脑、入心,就需要从理论上"学懂弄通讲清"。而"理论只要说服人,就能掌握群众;而理论只要彻底,就能说服人。"①只有这样才能从根本上提高学生对错误思想观念的免疫力,使大学生能够准确辨识各种错误价值观念的本质,不为错误价值观念所惑,进而自觉与其划清界限,更加深刻地体认社会主义核心价值观对于国家、社会、个人的重要意义。因此,培育和践行社会主义核心价值观既是实践课题,也是理论课题,需要将价值性和知识性、政治性与学理性结合起来,不断进行深入的研究和阐释。要通过课堂主渠道集中透彻阐释社会主义核心价值观为什么是反映人类社会发展进步的价值理念,为什么彰显了人民至上的价值立场,为什么真实可信,并针对西方"普世价值"展开讨论和辨析,点明其理论上和实践上的虚伪性及背后隐藏的资产阶级价值输出的政治倾向,帮助学生彻底廓清模糊认识和思想迷雾。

第二,优化教育引导,弥合价值分歧。面对自我意识渐强、思想观念多元、价值选择多样的当代大学生,要继续发挥思想政治理论课和日常思想政治教育在培育社会主义核心价值观中的积极作用并取得实际成效,必须在尊重大学生的价值选择基础上,不断优化教育内容、变革教育方式、创新教育模式,努力用符合学生接受特点的方式满足不同群体、不同发展阶段大学生在价值观上的需要。为此,可加强思想政治理论课的教学设计,通过启发式教学、探讨式教学激发观念碰撞和深度思考,强化学生的理论认知。同时,还可通过情景式教学实现从抽象的价值观念向具体的行为实践迁移,引导学生在鲜活案例中感受社会主义核心价值观的力量。在日常思想政治教育方面,一方面要进一步凸显网络思想政治教育的优势和作用,学校在用好用活现有平台,发挥官方新媒体引领主流价值的同时,鼓励、引导学生搭建自己的平台,讲述身边故事,展示优秀作品,进行健康的、经常性的交流互动,充分发挥自我教育和朋辈教育的作用。另一方面,积极探索社会主义核心价值观教育贯穿到日常事务管理、学校后勤服务、学生资助工作中去的途径,积极回应学生关切,增强学生校园学习生活的获得感。社会主义核心价值观只有落于生活学习实际,为学生切身感受,才能更好地发挥价值引领作用。

第三,加强文化熏陶,巩固思想基础。大学生社会主义核心价值观的培育和践行离不开优秀文化的涵养和支持。校园文化景观、文化产品、文化课程、文化活动、文化服务等都无不蕴含并传递着高尚精神境界和先进价值观念,时时刻刻发挥着春风化雨、润物无声的育人、化人功能。更好地发挥以文化人作用,一是不断加强校园人文景观建设,美化校园自然环境,使之成为学生的"网红打卡地",在优美的环境中不断提升学生对真善美的品味。同时,也要充分利用好诸如校史馆、历史建筑、文化雕塑等现有资源,不仅通过文字、图片、现场讲解,还可以借助数字媒体技术、虚拟现实技术还原历史场景和重要时刻,提高校园文化产品的吸引力和感染力,使学生身临其境、感同身受。二是努力开展形式多样的文化教育实践活动,通过文化传承活动、校园文化活动、党团建设活动深化对中华优秀文化的认同,增进对社会主义核心价值观的理解和践行,不断提升大学生的价值观自信。三是多形式、常态化开展经典著作诵读活动,在校园里营造诵读经典、传承经典的浓厚氛围。我们不仅可以通过经典导读的相关课程展开系统学习,还可以借助官方微信、微博、公众号等新媒体开展接力朗读、阅读分享、读书交流等"微学习"方式,使学生成为经典篇章的朗读者和热爱者。

第四,重视实践养成,促进知行合一。提升大学生价值观是一个系统工程,不仅要增强学生的价值认知、对社会主义核心价值观的情感认同和理性认同,更要在实践养成上下功

---

① 《马克思恩格斯选集》(第一卷),人民出版社 2012 年版,第 10 页。

夫。一定意义上看,价值观践行本身就是一种更高层次的认知和认同。社会主义核心价值观认知、认同也只有落到行动上才能真正成为学生成长成才、祖国繁荣富强的强大精神力量。大学生践行社会主义核心价值观要遵循由近及远、由易到难,从现在做起、从自己做起、从身边做起的原则,将践行社会主义核心价值观落实到自己学习生活的方方面面。一是可定期评选、树立大学生"勤学""修德""明辨""笃实"的模范,营造见贤思齐、崇德向善的校园氛围,让校园"勤学星""修德星""明辨星""笃实星"可亲、可敬、可学。二是依托传统节日、重大活动、国家庆典开展以各项社会主义核心价值观为主题的实践活动,并通过增强实践活动的仪式感,扩大学生参与的覆盖面,提高价值观践行活动的实际效果。三是建立践行社会主义核心价值观的奖惩机制,对于符合社会主义核心价值观的行为要广泛宣传,大力表彰;对于背离社会主义核心价值观的思想和行为要予以及时警示、严厉批评。践行社会主义核心价值观不能只是一时一事,必须久久为功,常思常做才能成为学生稳定的行为习惯。

第三章
道德观与道德行为

　　大学时期是大学生道德观形成和发展的重要阶段，道德观教育是涵养高尚道德品质的主要途径，对于大学生全面成长成才意义重大。近年来，高校高度重视大学生思想政治工作，持续强化大学生思想道德教育，进一步提升了大学生思想道德境界。本年度中国大学生思想政治教育发展情况调查，沿用往年道德观与道德行为的观测点，设置了相关题目从道德认知、道德意愿和道德实践等三个方面对大学生道德观与道德行为进行了考察，通过对高校开展道德教育引导及当代大学生道德观状况进行梳理分析，通过数据挖掘探索规律、发现问题，进而提出对策与建议，以期为不断提升新时代大学生思想道德水平提供有益参考。

一、道德认知

　　中华民族是重视道德、崇尚修德的民族，同时也是团结互助、无私奉献的民族。志愿服务精神传承传统文化中厚德仁爱、助人为乐等道德精髓，继承了革命文化中团结互助、无私奉献的高尚追求，能够在社会中起到良好的道德导向作用，成为涵养人民道德水平的重要标杆。研究高校大学生对志愿服务精神的认知情况，能有效把握当代大学生群体的道德认知状况，为高校引导、培育、提升大学生道德认知水平提供参考依据，鼓励大学生弘扬奉献、友爱、互助、进步的志愿服务精神，书写新时代、新青年的雷锋故事。

（一）总体情况
　　调查发现，当代大学生高度认同志愿服务精神。在问卷结果中，对"奉献""友爱""互助""进步"持有赞同态度的大学生占比分别为95.4%、95.7%、95.7%、95.4%。结果表明，高校大学生对志愿服务精神普遍认同，展现了高校大学生良好的道德风貌（见图3-1）。

（二）不同群体大学生的道德认知状况差异分析
　　运用交互分析方法，基于人口统计学指标深入探索大学生对志愿服务精神看法的群体性差异，结果显示，不同年龄阶段的大学生对"奉献""友爱""互助""进步"认知状况差异不显著，但不同性别、生源地所属区域、家庭类型、学历层次、学科门类、政治面貌和学生干部经历等的大学生对志愿服务精神的看法有一定差异（见表3-1至表3-4）。

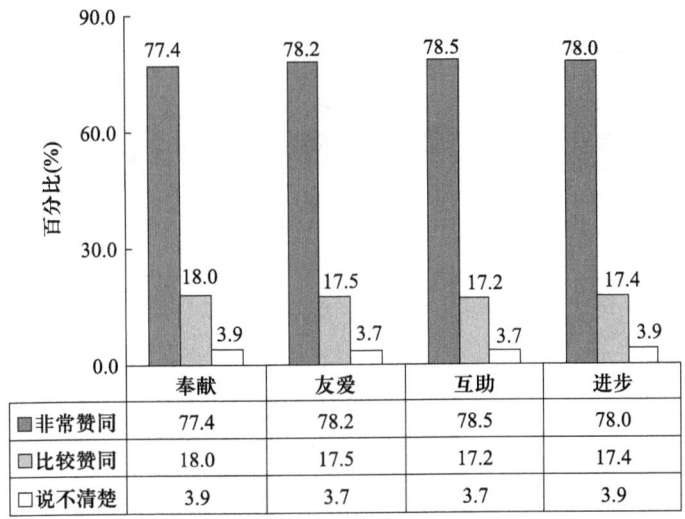

图 3-1 高校大学生对志愿服务精神的看法

表 3-1 不同群体大学生对志愿服务精神"奉献"的认同情况的交互分析

| | | 大学生对志愿服务精神"奉献"的认同情况（%） | | | | | 卡方检验 | | | |
		非常赞同	比较赞同	说不清楚	不大赞同	很不赞同	χ^2	df	P	C
性别	男	72.8	19.9	6.0	0.7	0.5	528.359	4	<0.001	0.107
	女	80.1	16.8	2.7	0.2	0.2				
学历层次	本科生	77.1	17.9	4.2	0.5	0.3	45.553	8	<0.001	0.022
	硕士生	78.7	17.8	2.9	0.3	0.3				
	博士生	76.3	19.7	3.3	0.5	0.2				
年龄	低年龄段	78.2	17.2	4.0	0.4	0.2	23.802	8	0.002	0.016
	中年龄段	76.5	18.8	3.9	0.5	0.3				
	高年龄段	77.4	18.0	3.7	0.5	0.4				
学科门类	哲学	71.3	16.1	8.4	2.0	2.2	322.130	52	<0.001	0.042
	经济学	76.7	18.7	3.6	0.6	0.4				
	法学	81.2	15.8	2.5	0.3	0.2				
	工学	76.9	16.8	2.7	0.4	0.2				
	文学	79.8	16.7	2.5	0.7	0.3				
	历史学	79.8	16.7	2.5	0.7	0.3				
	理学	77.1	18.5	3.8	0.4	0.2				
	教育学	76.0	19.1	4.1	0.3	0.5				
	农学	78.3	16.0	5.0	0.4	0.3				

续表

		大学生对志愿服务精神"奉献"的认同情况(%)					卡方检验			
		非常 赞同	比较 赞同	说不 清楚	不大 赞同	很不 赞同	χ^2	df	P	C
学科 门类	医学	71.3	22.8	5.3	0.3	0.3	322.130	52	<0.001	0.042
	管理学	77.2	19.0	3.3	0.2	0.3				
	艺术学	76.1	17.9	5.4	0.4	0.2				
	交叉学科	78.3	15.2	4.9	1.3	0.3				
政治 面貌	党员	81.7	15.4	2.3	0.3	0.3	178.102	4	<0.001	0.062
	非党员	76.1	18.8	4.4	0.4	0.3				
担任过 学生干部	是	79.2	17.1	3.2	0.3	0.2	476.976	4	<0.001	0.102
	否	77.4	18.0	3.9	0.4	0.3				
生源地 类别	农村	76.7	18.9	3.7	0.4	0.3	23.556	4	<0.001	0.023
	城镇	78.1	17.1	4.0	0.4	0.4				
生源地 所属区域	华东地区	76.8	18.2	4.2	0.6	0.2	201.348	24	<0.001	0.033
	华南地区	73.9	20.4	5.2	0.3	0.2				
	华中地区	78.1	18.0	3.3	0.3	0.3				
	华北地区	79.9	15.7	3.7	0.4	0.3				
	西北地区	77.5	17.8	4.1	0.4	0.2				
	西南地区	73.7	21.2	4.2	0.6	0.3				
	东北地区	82.5	13.8	2.9	0.6	0.2				
家庭 类型	双亲家庭	77.5	17.9	3.8	0.4	0.4	70.363	16	<0.001	0.020
	单亲家庭 (父亲抚养)	73.9	19.5	5.5	0.9	0.2				
	单亲家庭 (母亲抚养)	77.1	17.9	4.1	0.5	0.4				
	重组家庭	76.7	17.4	4.9	0.6	0.4				
	孤儿	69.1	18.7	7.3	1.6	3.3				
是否独 生子女	是	77.7	17.3	4.2	0.5	0.3	22.099	4	<0.001	0.022
	否	77.2	18.5	3.8	0.3	0.2				

表 3-2　不同群体大学生对志愿服务精神"友爱"的认同情况的交互分析

		大学生对志愿服务精神"友爱"的认同情况(%)					卡方检验			
		非常赞同	比较赞同	说不清楚	不大赞同	很不赞同	χ^2	df	P	C
性别	男	73.5	19.6	5.8	0.7	0.4	596.361	4	<0.001	0.114
	女	81.1	16.2	2.4	0.1	0.2				
学历层次	本科生	78.0	17.4	4.0	0.4	0.2	55.923	8	<0.001	0.025
	硕士生	79.4	17.5	2.6	0.3	0.2				
	博士生	78.2	17.5	3.7	0.3	0.3				
年龄	低年龄段	79.0	16.7	3.7	0.3	0.3	24.472	8	0.002	0.016
	中年龄段	77.3	18.3	3.7	0.4	0.3				
	高年龄段	78.2	17.5	3.7	0.3	0.3				
学科门类	哲学	72.3	15.7	7.7	2.1	2.2	328.366	52	<0.001	0.042
	经济学	76.5	19.2	3.5	0.5	0.3				
	法学	81.6	15.5	2.5	0.2	0.2				
	工学	77.6	17.9	4.0	0.3	0.2				
	文学	81.4	15.7	2.4	0.3	0.2				
	历史学	80.4	15.9	3.2	0.2	0.3				
	理学	77.9	18.2	3.4	0.3	0.2				
	教育学	77.0	18.5	3.7	0.3	0.5				
	农学	80.1	15.1	4.2	0.5	0.1				
	医学	72.9	21.6	4.6	0.6	0.3				
	管理学	78.0	18.2	3.2	0.2	0.4				
	艺术学	77.3	17.1	5.0	0.4	0.2				
	交叉学科	78.2	17.5	3.7	0.3	0.3				
政治面貌	党员	82.0	15.3	2.2	0.3	0.2	146.473	4	<0.001	0.057
	非党员	77.1	18.2	4.1	0.4	0.2				
担任过学生干部	是	80.0	16.5	3.1	0.2	0.2	439.617	4	<0.001	0.098
	否	71.7	21.0	6.1	0.7	0.6				

		大学生对志愿服务精神"友爱"的认同情况（%）					卡方检验			
		非常赞同	比较赞同	说不清楚	不大赞同	很不赞同	χ^2	df	P	C
生源地所属区域	华东地区	77.5	17.8	4.0	0.4	0.3	165.416	24	<0.001	0.030
	华南地区	74.8	19.9	4.7	0.4	0.2				
	华中地区	79.3	17.1	3.1	0.2	0.3				
	华北地区	80.4	15.6	3.4	0.3	0.3				
	西北地区	78.6	17.5	3.6	0.2	0.1				
	西南地区	74.9	20.3	4.0	0.5	0.3				
	东北地区	82.8	13.8	2.8	0.4	0.2				
家庭类型	双亲家庭	78.4	17.5	3.5	0.3	0.3	71.081	16	<0.001	0.020
	单亲家庭（父亲抚养）	74.6	19.0	5.8	0.5	0.1				
	单亲家庭（母亲抚养）	78.3	16.8	4.0	0.7	0.2				
	重组家庭	78.5	16.0	4.7	0.4	0.4				
	孤儿	69.1	19.5	7.4	1.6	2.4				
是独生子女	是	78.6	16.8	4.0	0.3	0.3	19.153	4	<0.001	0.020
	否	78.0	18.0	3.5	0.3	0.2				

表 3-3　不同群体大学生对志愿服务精神"互助"的认同情况的交互分析

		大学生对志愿服务精神"互助"的认同情况（%）					卡方检验			
		非常赞同	比较赞同	说不清楚	不大赞同	很不赞同	χ^2	df	P	C
性别	男	74.0	19.0	5.9	0.7	0.4	593.714	4	<0.001	0.114
	女	81.2	16.1	2.4	0.2	0.1				
学历层次	本科生	78.1	17.2	4.0	0.4	0.3	47.695	8	<0.001	0.023
	硕士生	79.8	17.0	2.7	0.3	0.2				
	博士生	78.1	18.4	3.1	0.3	0.1				
年龄	低年龄段	79.0	16.6	3.8	0.4	0.2	17.259	8	0.028	0.014
	中年龄段	77.8	17.9	3.6	0.4	0.3				
	高年龄段	79.2	16.7	3.4	0.4	0.3				

续表

		大学生对志愿服务精神"互助"的认同情况(%)					卡方检验			
		非常赞同	比较赞同	说不清楚	不大赞同	很不赞同	χ^2	df	P	C
学科门类	哲学	72.7	14.7	8.1	2.3	2.2	350.308	52	<0.001	0.044
	经济学	77.1	18.6	3.3	0.8	0.2				
	法学	81.8	15.2	2.5	0.3	0.2				
	工学	78.1	17.3	4.1	0.3	0.2				
	文学	81.5	15.7	2.3	0.3	0.2				
	历史学	80.7	15.9	2.6	0.4	0.4				
	理学	78.1	17.9	3.5	0.3	0.2				
	教育学	77.0	18.4	3.8	0.4	0.4				
	农学	80.0	15.0	4.3	0.6	0.1				
	医学	72.8	21.4	5.1	0.5	0.2				
	管理学	78.2	18.0	3.2	0.3	0.3				
	艺术学	77.5	16.9	5.0	0.3	0.3				
	交叉学科	77.4	16.6	4.9	0.8	0.3				
政治面貌	党员	82.3	14.8	2.3	0.4	0.2	144.351	4	<0.001	0.056
	非党员	77.3	17.9	4.1	0.4	0.3				
担任过学生干部	是	80.2	16.3	3.0	0.3	0.2	423.396	4	<0.001	0.096
	否	72.0	20.6	6.0	0.7	0.7				
生源地类别	农村	77.7	18.0	3.6	0.4	0.3	24.454	4	<0.001	0.023
	城镇	79.2	16.4	3.8	0.3	0.3				
生源地所属区域	华东地区	78.1	17.3	3.9	0.4	0.3	161.280	24	<0.001	0.030
	华南地区	75.2	19.5	4.7	0.3	0.3				
	华中地区	79.2	17.1	3.1	0.3	0.3				
	华北地区	80.6	15.2	3.6	0.4	0.2				
	西北地区	78.8	17.4	3.4	0.3	0.1				
	西南地区	75.2	20.1	4.0	0.4	0.3				
	东北地区	83.1	13.4	2.9	0.4	0.2				
家庭类型	双亲家庭	78.6	17.2	3.6	0.3	0.3	81.051	16	<0.001	0.021
	单亲家庭(父亲抚养)	74.5	19.4	5.3	0.7	0.1				

续表

		大学生对志愿服务精神"互助"的认同情况(%)					卡方检验			
		非常赞同	比较赞同	说不清楚	不大赞同	很不赞同	χ^2	df	P	C
家庭类型	单亲家庭(母亲抚养)	78.4	17.0	3.7	0.7	0.2	81.051	16	<0.001	0.020
	重组家庭	78.8	15.9	4.1	0.8	0.4				
	孤儿	70.7	14.6	10.7	1.6	2.4				
是独否生子女	是	78.8	16.5	4.0	0.4	0.3	23.416	4	<0.001	0.023
	否	78.3	17.7	3.5	0.4	0.1				

表3-4 不同群体大学生对志愿服务精神"进步"的认同情况的交互分析

		大学生对志愿服务精神"进步"的认同情况(%)					卡方检验			
		非常赞同	比较赞同	说不清楚	不大赞同	很不赞同	χ^2	df	P	C
性别	男	73.3	19.3	6.2	0.8	0.4	627.245	4	<0.001	0.117
	女	80.8	16.3	2.5	0.2	0.2				
学历层次	本科生	77.7	17.4	4.2	0.4	0.3	41.992	8	<0.001	0.021
	硕士生	79.2	17.3	2.9	0.4	0.3				
	博士生	77.5	18.7	3.4	0.3	0.1				
年龄	低年龄段	78.6	16.8	3.9	0.4	0.3	15.877	8	0.044	0.013
	中年龄段	77.2	18.1	3.9	0.4	0.4				
	高年龄段	78.3	17.4	3.6	0.3	0.3				
学科门类	哲学	72.9	14.1	7.9	2.9	2.2	358.108	52	<0.001	0.044
	经济学	77.1	18.5	3.4	0.7	0.3				
	法学	81.3	15.3	2.9	0.3	0.2				
	工学	77.6	17.4	4.3	0.4	0.3				
	文学	81.3	15.7	2.4	0.4	0.2				
	历史学	80.9	15.2	3.4	0.1	0.4				
	理学	77.3	18.4	3.7	0.4	0.2				
	教育学	77.1	18.3	3.7	0.4	0.5				
	农学	78.5	15.8	5.0	0.5	0.2				
	医学	71.9	22.3	5.1	0.5	0.2				
	管理学	77.2	18.7	3.5	0.2	0.4				

续表

		大学生对志愿服务精神"进步"的认同情况(%)					卡方检验			
		非常赞同	比较赞同	说不清楚	不大赞同	很不赞同	χ^2	df	P	C
学科门类	艺术学	77.1	17.3	5.0	0.4	0.2	358.108	52	<0.001	0.044
	交叉学科	77.5	16.3	5.1	0.8	0.3				
政治面貌	党员	81.8	15.0	2.6	0.3	0.3	137.16	4	<0.001	0.055
	非党员	76.8	18.2	4.3	0.4	0.3				
担任过学生干部	是	79.7	16.5	3.3	0.3	0.2	420.947	4	<0.001	0.096
	否	71.5	20.9	6.2	0.8	0.6				
生源地类别	农村	77.4	18.1	3.8	0.5	0.2	19.352	4	<0.001	0.021
	城镇	78.5	16.8	4.0	0.3	0.4				
生源地所属区域	华东地区	77.1	18.0	4.1	0.5	0.3	175.882	24	<0.001	0.031
	华南地区	74.7	19.8	4.8	0.5	0.2				
	华中地区	78.6	17.3	3.4	0.4	0.3				
	华北地区	80.5	15.1	3.7	0.4	0.3				
	西北地区	78.7	17.4	3.5	0.3	0.1				
	西南地区	74.6	20.3	4.4	0.4	0.3				
	东北地区	82.6	13.4	3.3	0.5	0.2				
家庭类型	双亲家庭	78.1	17.5	3.8	0.3	0.3	91.396	16	<0.001	0.022
	单亲家庭(父亲抚养)	74.2	19.8	5.4	0.5	0.1				
	单亲家庭(母亲抚养)	78.0	16.8	4.4	0.5	0.3				
	重组家庭	79.0	15.6	4.3	0.7	0.4				
	孤儿	71.5	13.8	8.1	4.2	2.4				
独生子女	是	78.0	16.9	4.3	0.4	0.4	23.826	4	<0.001	0.023
	否	77.9	17.8	3.6	0.4	0.3				

从性别来看,女大学生对"奉献""友爱""互助""进步"持赞同的比例高于男大学生,分别高出4.2%、4.2%、4.3%、4.5%(见图3-2)。

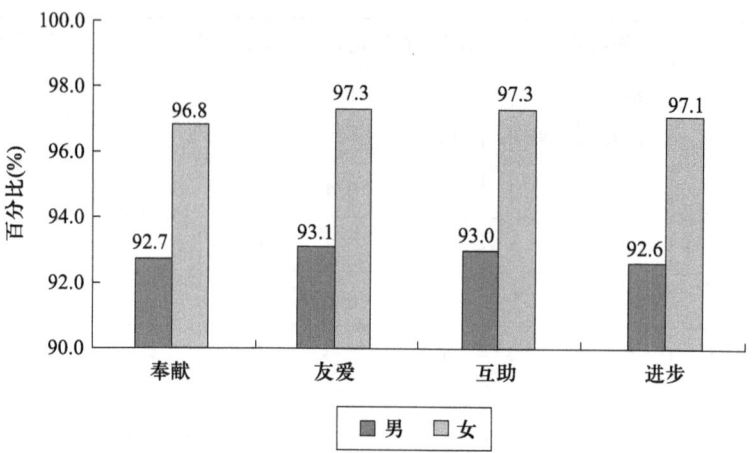

图 3-2　不同性别大学生对志愿服务精神的认同情况

就生源地所属区域而言,对志愿服务精神认可度从高到低依次为:东北地区(96.4%)、华中地区(96.2%)、西北地区(95.9%)、华北地区(95.7%)、华东地区(95.2%)、西南地区(95.1%)、华南地区(94.5%)(见图3-3)。

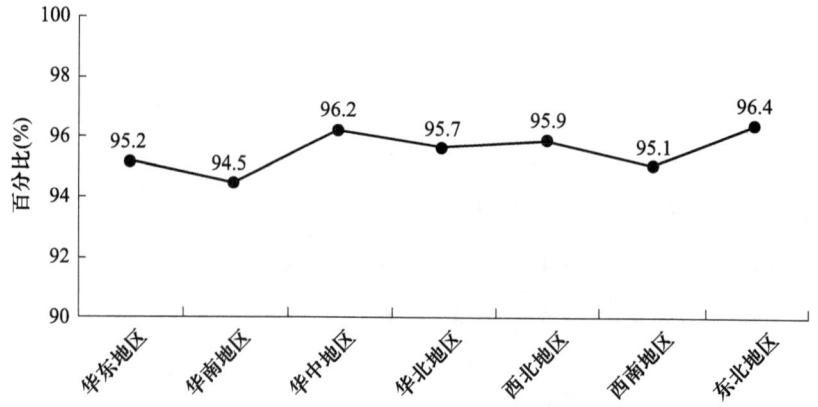

图 3-3　不同生源地所属区域大学生对志愿服务精神的认同情况

从家庭类型来看,独生子女大学生对志愿服务精神持赞同态度的平均赞同度(95.2%)要略低于非独生子女大学生(95.9%),但独生子女大学生中对志愿服务精神持"完全赞同"态度的比例(78.3%)高于非独生子女(77.9%);来自双亲家庭的大学生(95.6%)对志愿服务精神持赞同态度的比例要高于非双亲家庭(92.2%),具体而言,不同家庭类型对志愿服务精神的平均赞同度依次为:单亲家庭(母亲抚养)(94.8%)、单亲家庭(父亲抚养)(94.5%)、重组家庭(90.6%)、孤儿(90.5%)。

在学历层次上,硕士生对志愿服务精神的认可度要高于博士生和本科生。本科生、硕士生和博士生"完全赞同"和"比较赞同"志愿服务精神的比例分别为95.2%、96.7%、96.4%。

从学科门类角度分析,大学生对志愿服务精神的平均赞同度从高到低依次为:文学

（97%）、法学（96.9%）、历史学（96.4%）、管理学（96.1%）、理学（95.9%）、经济学（95.6%）、教育学（95.4%）、工学（94.9%）、农学（94.7%）、艺术学（94.3%）、交叉学科（94.3%）、医学（94.3%）、哲学（87.5%），见图3-4。

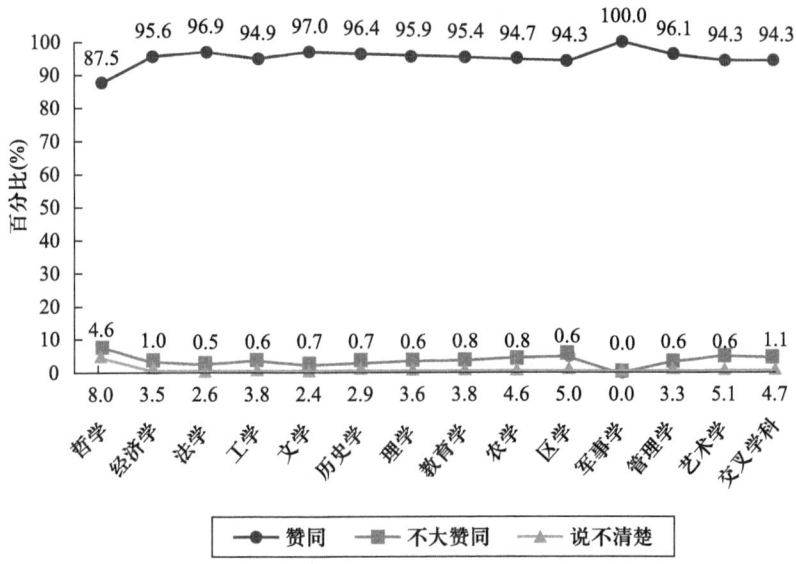

图3-4 不同学科门类的大学生对志愿服务精神的认同情况

从政治面貌上看，党员大学生对志愿服务精神的认可度更高。数据显示，党员大学生赞同志愿服务精神的平均比例为97.1%，高于非党员大学生的平均比例（95.1%）（见图3-5和图3-6）。

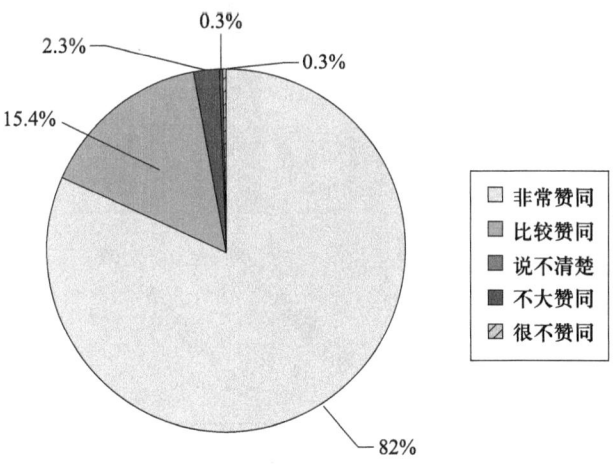

图3-5 中共党员大学生对志愿服务精神的认同情况

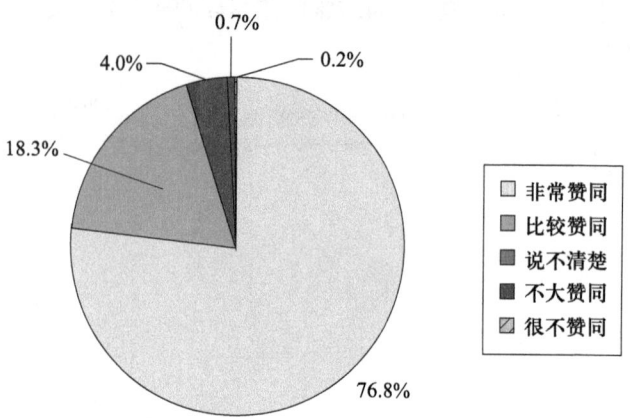

图 3-6 非中共党员大学生对志愿服务精神的认同情况

从学生干部经历来看,有学生干部经历的大学生对志愿服务精神的平均赞同度更高。有学生干部经历的大学生、没有学生干部经历的大学生表示"非常赞同"或"比较赞同"志愿服务精神的比例分别为 97.4%、93.3%。综合学生干部经历和政治面貌两方面来看,有学生干部经历的中共党员对志愿服务精神的平均赞同度最高(97.4%),其次为有学生干部经历的共青团员(94.8%),而无学生干部经历的民主党派成员对志愿服务精神大多持模糊态度(50%),见图 3-7。

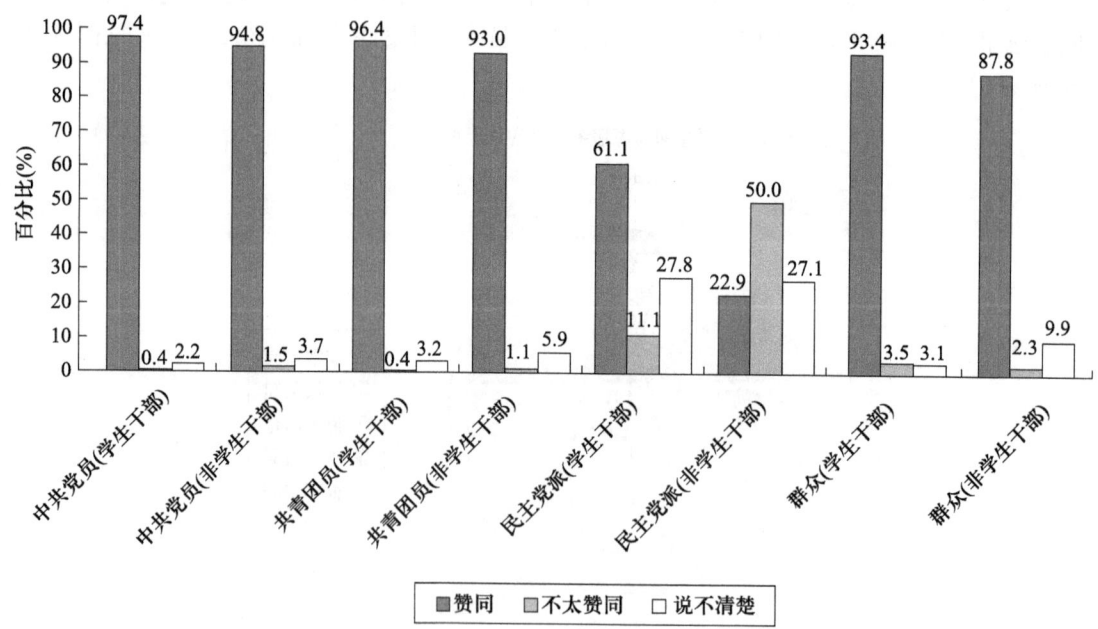

图 3-7 不同学生干部经历和政治面貌的大学生群体对志愿服务精神的认同情况

二、道德意愿

知是行之始,行是知之成。在道德认知转化为道德行为的过程之中,道德意愿是推动主体实现个人道德判断、实施道德行为的重要力量。随着高校思想政治教育的深入开展,高校大学生崇德向善的道德意愿不断被激发。课题组以"公交车上您愿意为老人让座吗""是否愿意参与支教活动"等问题观测考察了当前高校大学生的道德意愿情况。

(一) 在公交车为老人让座的意愿

古语云"老吾老以及人之老",孝老爱亲是中华民族自古以来就提倡的优良传统。然而,在社会呼吁我国传统美德回归的今天,"年轻人在公交车上是否应该为老人让座"却成为"道德绑架"辩题的核心论据:"为老人让座"究竟是"举手之劳"还是"道德难题"?

1. 总体情况

调查结果显示,大部分大学生在公交车上愿意为老人让座。具体而言,有 62.7% 的大学生明确表示"我非常愿意让座";另有 35.5% 的学生在一定条件下会选择给老人让座,其中,有 15.5% 的大学生表示"如果乘车距离较近,我愿意让座",剩余 20% 的大学生表示"不一定,要看具体情况";仅有 1.8% 的大学生表示"我不太愿意让座,但希望有别人让座"或是"我不愿意让座,会假装睡觉或装没看见"(见图 3-8),这表明,受到我国优良传统美德的熏陶,大学生群体道德状况总体上积极向上,多数大学生具有良好的道德意愿。

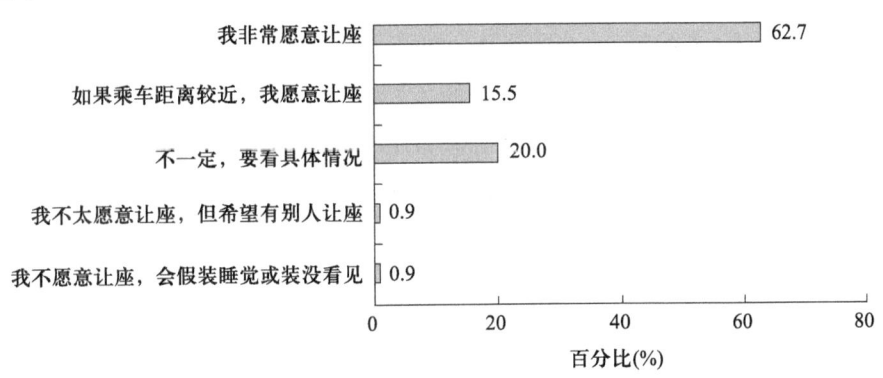

图 3-8　高校大学生在公交车上为老人让座意愿

2. 不同群体大学生在公交车上为老人让座意愿的差异分析

通过交互分析方法,基于人口统计学指标深入探索大学生在公交车上为老人让座意愿的群体性差异发现,不同性别、年龄、学历层次、学科门类、生源所在地、生源地所属区域、家庭类型、政治面貌和学生干部经历等的大学生在公交车上为老人让座的意愿有一定差异(见表 3-5)。

表 3-5　不同群体大学生在公交车上为老人让座意愿的差异分析

| | | 公交车上您愿意为老人让座吗(%) | | | | | 卡方检验 | | | |
		我非常愿意让座	如果乘车距离较近,我愿意让座	不一定,要看具体情况	我不太愿意让座,但希望有别人让座	我不愿意让座,会假装睡觉或装没看见	χ^2	df	P	C
性别	男	58.2	17.3	21.5	1.4	1.6	420.407	4	<0.001	0.096
	女	65.5	14.4	19.1	0.6	0.4				
学历层次	本科生	61.4	15.7	21.0	1.0	0.9	129.922	8	<0.001	0.038
	硕士生	66.6	15.1	16.9	0.7	0.7				
	博士生	68.2	13.1	17.7	0.4	0.6				
年龄	低年龄段	61.6	16.0	20.6	0.9	0.9	51.412	8	<0.001	0.024
	中年龄段	63.4	15.4	19.4	0.9	0.9				
	高年龄段	67.7	12.1	18.5	0.7	1.0				
学科门类	哲学	54.8	10.4	21.4	4.2	9.2	621.367	52	<0.001	0.058
	经济学	60.6	17.2	20.0	1.2	1.0				
	法学	65.9	14.3	18.3	0.8	0.7				
	工学	61.6	17.0	19.6	0.9	0.9				
	文学	64.8	14.8	19.3	0.7	0.4				
	历史学	65.8	13.5	19.2	0.7	0.8				
	理学	62.8	15.5	20.0	0.9	0.8				
	教育学	64.6	13.4	20.0	1.1	0.9				
	农学	62.1	14.3	21.4	1.4	0.8				
	医学	58.1	15.8	24.3	0.8	1.0				
	管理学	63.4	16.3	19.1	0.7	0.5				
	艺术学	61.7	14.8	21.5	0.9	1.1				
	交叉学科	62.7	15.5	20.0	0.9	0.9				
政治面貌	党员	68.3	14.7	15.4	0.7	0.9	219.358	4	<0.001	0.069
	非党员	61.1	15.7	21.4	1.0	0.9				
担任过学生干部	是	64.4	15.4	18.8	0.7	0.7	284.22	4	<0.001	0.079
	否	56.6	16.0	24.2	1.4	1.4				

续表

		公交车上您愿意为老人让座吗(%)					卡方检验			
		我非常愿意让座	如果乘车距离较近,我愿意让座	不一定,要看具体情况	我不太愿意让座,但希望有别人让座	我不愿意让座,会假装睡觉或装没看见	χ^2	df	P	C
生源地类别	农村	63.8	14.2	20.2	0.9	0.9	35.329	4	<0.001	0.028
	城镇	62.6	16.3	19.4	0.9	0.8				
生源地所属区域	华东地区	62.9	16.5	18.9	0.9	0.8	158.252	24	<0.001	0.029
	华南地区	61.5	14.5	22.0	1.0	1.0				
	华中地区	60.6	16.4	21.4	0.9	0.7				
	华北地区	65.5	14.3	18.2	1.0	1.0				
	西北地区	64.0	14.5	20.1	0.6	0.8				
	西南地区	59.2	16.4	22.6	0.9	0.9				
	东北地区	67.0	14.0	17.1	0.8	1.1				
家庭类型	双亲家庭	62.9	15.4	20.0	0.9	0.8	150.633	16	<0.001	0.029
	单亲家庭(父亲抚养)	59.5	15.0	22.1	1.4	2.0				
	单亲家庭(母亲抚养)	61.8	16.1	20.1	1.1	0.9				
	重组家庭	61.5	16.9	19.8	1.1	0.7				
	孤儿	52.0	17.9	17.9	2.4	9.8				
是否独生子女	是	61.0	16.4	20.5	1.0	1.1	55.935	4	<0.001	0.035
	否	63.9	14.9	19.7	0.8	0.7				

从性别角度分析,男女大学生在公交车上为老人让座的意愿有较为显著的差异。有65.5%的女大学生表示"我非常愿意让座",高于整体样本比例(62.7%)2.8%,高于男大学生(58.2%)7.3%。在男女大学生之中,均有两成左右(21.5%、19.1%)表示,在公交车上为老人让座"不一定,要看具体情况"。

从年龄阶段来看,随着年龄的增长,高校大学生愿意让座的比例在逐渐升高。其中,低、中、高年龄段表示"我非常愿意让座"的人数比例分别为61.6%、63.4%、67.7%。与年龄相对应,在学历层次上,博士研究生主动让座的人数占比(68.2%)最高,其次为硕士研究生(66.6%)、本科生(61.4%)。

对高校大学生的学科门类进行分析发现,人文科学类专业(63.1%)和社会科学类专业

（63.9%）的大学生愿意主动为老人让座的人数比例较高，其比例要高于理工农医学类（61.8%）、交叉学科专业（59.3%）的大学生。具体来看，在公交车上愿意为老人让座的人数比例从高到低排列依次为：法学（65.9%）、历史学（65.8%）、文学（64.8%）、教育学（64.6%）、管理学（63.4%）、理学（62.8%）、农学（62.1%）、艺术学（61.7%）、工学（61.6%）、经济学（60.6%）、交叉学科（59.3%）、医学（58.1%）、哲学（54.8%）。

从生源地类别来看，来自农村和来自城镇的大学生在公交车上"非常愿意"为老人让座的人数比例差距不大，分别为63.8%和62.6%，另有14.6%和16.3%、20.7%和19.3%的人数比例表示"如果乘车距离较近，我愿意让座""不一定，要看具体情况"。

就生源地所属区域而言，生源地所属区域不同的大学生为老人让座的意愿由高到低依次为：东北地区（67%）、华北地区（65.5%）、西北地区（64%）、华东地区（62.9%）、华南地区（61.5%）、华中地区（60.6%）、西南地区（59.2%）。其中，来自东北、华北地区的大学生愿意为老人让座的意愿更强，西北、华东、华南、华中、西南地区的大学生次之。

从家庭类型来看，第一，相比于独生子女大学生，非独生子女大学生为老人让座的意愿更强烈。具体而言，独生子女大学生中表示"我非常愿意让座"的人数比例为61%，而非独生子女大学生的相应比例为63.9%。第二，相比于来自单亲家庭的大学生，生活在双亲家庭的大学生在公交车上"我非常愿意让座"的意愿更强烈，相应的人数比例为62.9%，单亲家庭大学生愿意让座的人数比例为60.9%。第三，非双亲家庭中，在距离较近的情况下，由母亲抚养的单亲家庭大学生愿意在公交车上为老人让座的意愿要高于由父亲抚养的单亲家庭大学生，人数比例分别为16.1%、15%，略低于重组家庭（16.9%）的人数比例。相比来看，孤儿更愿意在公交车上为老人让座，其人数比例为17.9%。

从政治面貌和学生干部经历来看，相较于非党员大学生，党员大学生在公交车上为老人让座的意愿更强烈，其中党员大学生与非党员大学生表示"我非常愿意让座"的人数相应比例分别为68.3%、61.1%。

此外，有学生干部经历的大学生在公交车上为老人让座的意愿明显高于没有学生干部经历的大学生，其中，有学生干部经历和没有学生干部经历的大学生表示"我非常愿意让座"的人数相应比例分别为64.4%、56.6%。

3. 大学生在公交车上主动为老人让座的影响因素分析

本部分综合采用皮尔逊积差相关分析方法和一般线性回归方法，从大学生对社会主义核心价值观的认同情况、大学生的人生观与人生追求、大学生的文化观等多维度探究其与大学生在公交车上为老人让座意愿的相关关系。统计结果显示，大学生在公交车上为老人让座的意愿受到社会主义核心价值观、人生价值观、人生追求、文化观等方面的影响。

（1）社会主义核心价值观的认同情况与大学生在公交车上为老人让座意愿的关系

采用皮尔逊积差相关分析，分析大学生对"社会主义核心价值观的认同情况"与"大学生在公交车上为老人让座"道德行为的关系。分析结果显示，"是否理解社会主义核心价值观具体内涵""是否认同社会主义核心价值观的意义""是否将社会主义核心价值观作为自己的基本遵循"均会对其在公交车上为老人让座的意愿产生显著影响。

第一，"我理解社会主义核心价值观内涵"与"大学生在公交车上为老人让座意愿"之间存在显著正相关（$r=0.224$，$P<0.001$），即认为自己"能够理解社会主义核心价值观内涵"的大学生，其在公交车上为老人让座的意愿就越强烈。具体来说，表示"非常符合""一般""很

不符合""我理解社会主义核心价值观的具体内涵"这一观点的大学生在公交车上为老人让座的比例分别为51.6%、10.8%、0.3%。

第二,"我认同社会主义核心价值观对于国家、社会和个人的意义"与"大学生在公交车上为老人让座意愿"之间存在显著正相关($r=0.246$,$P<0.001$)。其中,表示"非常符合""一般""很不符合""我认同社会主义核心价值观对于国家、社会和个人的意义"这一观点的大学生在公交车上为老人让座的比例分别为67.9%、4.6%、0.3%。

第三,"我将社会主义核心价值观作为自己的基本遵循"与"大学生在公交车上为老人让座意愿"之间存在着显著相关($r=0.260$,$P<0.001$)。即对"我将社会主义核心价值观作为自己的基本遵循"认同度越高,大学生在公交车上为老人让座的意愿就越强烈。具体来说,表示"非常符合""一般""很不符合""我能够用社会主义核心价值观规范自己的言行"这一观点的大学生在公交车上为老人让座的比例分别为61.5%、7.3%、0.3%。

（2）人生观和人生追求对大学生在公交车上为老人让座意愿的影响

采用一般线性回归分析方法研究"人生观和人生追求"与"大学生在公交车上为老人让座意愿"的关系。按"非常符合＝5分""比较符合＝4分""一般＝3分""不大符合＝2分""很不符合＝1分"进行赋值,得到回归分析结果,如表3-6所示。

表3-6　人生观和人生追求对大学生在公交车上为老人让座意愿影响的一般线性回归结果

自变量		非标准化系数		标准化系数	统计量	显著性水平
		B	Std. Error	Beta	t	P
常数项		3.851	0.033		117.966	<0.001
人生观	只关心和自己切身利益有关的事情	−0.106	0.005	−0.122	−22.367	<0.001
	为了争取重大荣誉奖励,用不合规的方式也在所不惜	−0.120	0.006	−0.101	−19.843	<0.001
人生追求	人生价值只有在集体中才能得到更好的实现	0.032	0.004	0.040	7.960	<0.001

$N=45798$　　$R^2=12.1\%$　　$F=784.456$

数据显示,"人生观与人生追求"与"大学生在公交上为老人让座"之间存在显著关联关系。一方面,积极的人生观对"大学生在公交上为老人让座"具有显著正面影响,负面的人生观对"大学生在公交上为老人让座"具有显著负面影响。具体而言,对"只关心和自己切身利益有关的事情"($r=-0.248$,$P<0.001$)和"为了争取重大荣誉奖励,用不合规的方式也在所不惜"($r=-0.218$,$P<0.001$)两种观点的赞同度越高,大学生在公交车上扶起老人的意愿越低,反之亦然。另一方面,积极正面的人生追求也会正向显著影响大学生在公交车上为老人让座的意愿。如赞同"人生价值只有在集体中才能得到更好的实现"观点的大学生,在具有较强集体意识和集体责任感的同时,也会更倾向于在公交车上为老人让座($r=0.157$,$P<0.001$)。

（3）文化观对大学生在公交车上为老人让座意愿的影响

课题组采用一般线性回归分析方法研究"文化观"与"大学生在公交车上为老人让座意

愿"的关系。按"非常符合=5分""比较符合=4分""一般=3分""不大符合=2分""很不符合=1分"进行赋值,得到回归分析结果(见表3-7)。

表3-7 文化观对大学生在公交车上为老人让座意愿影响的一般线性回归结果

自变量	非标准化系数		标准化系数	统计量	显著性水平
	B	Std. Error	Beta	t	P
常数项	1.901	0.042		45.775	<0.001
我为中华文化感到自豪	0.152	0.022	0.084	6.970	<0.001
$N=45798$ $R^2=7.6\%$ $F=749.625$					

结果表明,自信的文化观对"大学生在公交车上为老人让座"的意愿有正向显著影响。大学生对"我为中华文化感到自豪"的认同度越高,其在公交车上为老人让座的意愿越强($r=0.263$,$P<0.001$)。

(二)参与支教活动意愿

当代大学生是国家栋梁、民族希望,更是社会发展的中流砥柱。大学生志愿投身"乡村扶贫"事业,为偏远地区传播科教文化知识、宣传进步文化思想,能有效促进我国社会主义精神文明建设、助力乡村"文化脱贫"。课题组通过调查大学生群体参与支教活动意愿的具体情况,了解当代大学生投身崇德向善道德实践的意愿情况。

1. 总体情况

结果显示,绝大部分大学生有参与支教活动的意愿,但只有少部分大学生曾经实际参与支教活动。具体而言,有77.8%的大学生表示愿意参加支教活动,但其中只有12.5%的大学生亲身参与过,65.3%的大学生表示"愿意,但还没有机会参与";表示"没有想过"参与支教活动和"完全不愿意"参与支教活动的大学生占比分别为17.3%和1.8%;另有3.1%的大学生表示"不太愿意,为了保研评优等会争取"(见图3-9)。

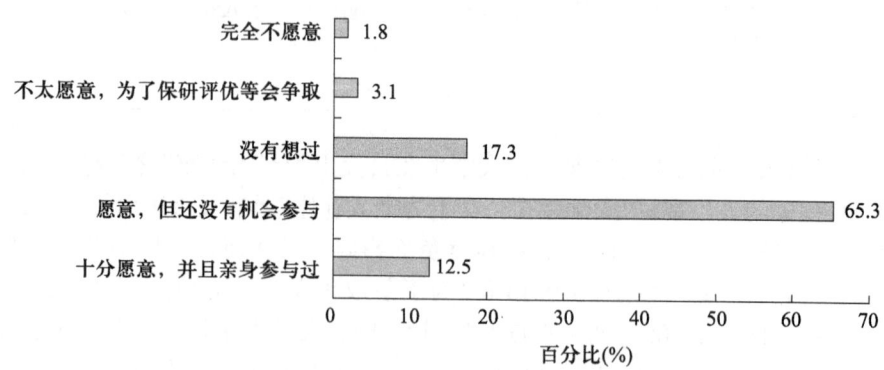

图3-9 高校大学生参与支教活动意愿情况

分析结果显示,当前大学生群体总体上关注我国乡村教育扶贫事业,并乐于投身其中。然而,受限于国内疫情防控、支教渠道匮乏等现实原因,还有很多大学生有意愿但还没有机会参与其中。

2. 大学生参与支教活动意愿的差异分析

调查采用交互分析方法,基于人口统计学指标深入探索大学生参与支教活动意愿的群体性差异。结果显示,不同性别、年龄、学历层次、学科门类、生源所在地、生源地所属区域、家庭类型、政治面貌和学生干部经历等的大学生在参与支教活动意愿上有一定差异(见表3-8)。

表3-8　不同群体大学生参与支教活动意愿的差异分析

| | | 您是否愿意参加支教活动(%) | | | | | 卡方检验 | | | |
		十分愿意,并且亲身参与过	愿意,但还没有机会参与	没有想过	不太愿意,为了保研评优等会争取	完全不愿意	χ^2	df	P	C
性别	男	12.2	56.6	23.9	4.4	2.9	1361.191	4	<0.001	0.172
	女	12.6	70.6	13.3	2.4	1.1				
学历层次	本科生	11.7	65.8	17.2	3.4	1.9	1.9	20	<0.001	0.075
	硕士生	16.8	63.3	16.7	1.6	1.6				
	博士生	17.5	58.5	21.0	2.2	0.8				
年龄	低年龄段	8.8	67.9	17.5	4.1	1.7	688.267	8	<0.001	0.087
	中年龄段	16.0	63.0	16.8	2.3	1.9				
	高年龄段	15.6	61.6	19.6	1.1	2.1				
学科门类	哲学	13.8	57.2	13.9	4.9	10.2	1008.599	52	<0.001	0.074
	经济学	10.2	64.7	18.6	4.2	2.3				
	法学	14.6	69.3	13.0	1.9	1.2				
	工学	10.8	60.4	23.1	3.5	2.2				
	文学	14.2	69.9	12.0	2.6	1.3				
	历史学	12.8	73.0	10.6	2.2	1.4				
	理学	12.2	66.8	16.7	2.9	1.4				
	教育学	17.6	67.3	10.9	2.7	1.5				
	农学	12.2	63.5	20.6	2.4	1.3				
	医学	8.7	67.3	19.0	3.6	1.4				
	管理学	11.8	67.5	16.7	2.5	1.5				
	艺术学	12.4	62.0	19.6	4.1	1.9				
	交叉学科	11.3	62.4	20.3	4.2	1.8				
政治面貌	党员	19.9	64.7	12.4	1.6	1.4	1268.937	12	<0.001	0.096
	非党员	11.8	45.9	25.7	9.3	7.3				

续表

		您是否愿意参加支教活动(%)					卡方检验			
		十分愿意,并且亲身参与过	愿意,但还没有机会参与	没有想过	不太愿意,为了保研评优等会争取	完全不愿意	x^2	df	P	C
担任过学生干部	是	13.5	66.7	15.3	3.0	1.5	685.206	4	<0.001	0.122
	否	8.5	60.4	24.6	3.6	2.9				
生源地类别	农村	11.9	69.0	15.2	2.4	1.5	298.938	4	<0.001	0.081
	城镇	12.9	61.9	19.4	3.8	2.0				
生源地所属区域	华东地区	12.4	62.3	20.1	3.4	1.8	158.252	24	<0.001	0.029
	华南地区	14.5	62.9	17.7	3.3	1.6				
	华中地区	9.7	70.0	15.6	3.1	1.6				
	华北地区	13.4	63.2	18.4	3.0	2.0				
	西北地区	16.1	64.3	15.0	3.0	1.6				
	西南地区	10.4	70.5	14.4	2.9	1.8				
	东北地区	14.1	63.2	17.9	2.6	2.2				
家庭类型	双亲家庭	12.5	65.3	17.4	3.1	1.7	71.387	16	<0.001	0.020
	单亲家庭(父亲抚养)	11.8	66.1	15.7	4.1	2.3				
	单亲家庭(母亲抚养)	12.2	66.1	16.4	3.7	1.6				
	重组家庭	10.4	66.2	18.0	3.1	2.3				
	孤儿	16.3	48.8	21.1	4.1	9.7				
是否独生子女	是	12.8	60.8	20.1	3.9	2.4	363.519	4	<0.001	0.089
	否	12.2	68.4	15.5	2.6	1.3				

从性别角度分析,男大学生参与支教的意愿低于女大学生,表示"十分愿意,并且亲身参与过"的男女大学生人数比例分别12.2%和12.6%,另分别有56.6%、70.6%的男、女大学生表示"愿意,但还没有机会参与",表示"没有想过"的男大学生人数比例为23.9%,表达同样观点的女大学生人数比例是13.3%。男女大学生中分别有2.9%和1.1%的大学生表示"完全不愿意"。

从年龄阶段来看,随着年龄的增长,高校大学生参与支教的意愿在逐渐降低。其中,低、中、高年龄段表示"愿意,但还没有机会参与"的人数比例分别为67.9%、63.0%、61.6%,表示"完全不愿意"的人数比例分别为1.7%、1.9%、2.1%。除此之外,非常乐意参与支教活动且有参与经历人数比例最高的是中年龄段,为16.0%。

与年龄相对应,在学历层次上,本科大学生、硕士研究生、博士研究生愿意参加支教的比例也呈下降趋势,本科生中表示"愿意,但还没有机会参与"的人数比例为65.8%,其次为硕士生(63.3%)、博士生(58.5%)。但在表示"十分愿意,并且亲身参与过"的大学生中,博士生最高(17.5%),其次为硕士生(16.8%)、本科生(11.7%)。

对学科门类进行分析发现,表示"十分愿意,并且亲身参与过"人数比例最高的学科分别是:教育学(17.6%)、法学(14.6%)、文学(14.2%);表示"愿意,但还没有机会参与"人数比例最高的学科分别是:历史学(73%)、文学(69.9%)、法学(69.3%);表示"没有想过"的人数比例最高学科分别是:工学(23.1%)、农学(20.6%)、交叉学科(20.3%);表示"不太愿意,为了保研评优等会争取"人数比例最高学科分别是:哲学(4.9%)、交叉学科(4.2%)、经济学(4.2%);表示"完全不愿意"的人数比例最高学科分别是:哲学(10.2%)、经济学(2.3%)、工学(2.2%)。

就生源所在地类别而言,来自农村的大学生对参与支教活动的意愿更强烈,表示"愿意,但还没有机会参与""十分愿意,并且亲身参与过""完全不愿意"人数比例分别为69.0%、11.9%、1.5%,与之相对应的城镇大学生人数比例分别为61.9%、12.9%、2.0%。

就生源地所属区域而言,生源地所属区域不同的大学生表示"愿意,但还没有机会参与"人数比例由高到低依次为:西南地区(70.5%)、华中地区(70.0%)、西北地区(64.3%)、华北地区(63.2%)、东北地区(63.2%)、华南地区(62.9%)、华东地区(62.3%);表示"十分愿意,并且亲身参与过"人数比例由高到低依次为:西北地区(16.1%)、华南地区(14.5%)、东北地区(14.1%)、华北地区(13.4%)、华东地区(12.4%)、西南地区(10.4%)、华中地区(9.7%);表示"没有想过"人数比例由高到低依次为:华东地区(20.1%)、华北地区(18.4%)、东北地区(17.9%)、华南地区(17.7%)、华中地区(15.6%)、西北地区(15.0%)、西南地区(14.4%);表示"不太愿意,为了保研评优等会争取"人数比例由高到低依次为:华东地区(3.4%)、华南地区(3.3%)、华中地区(3.1%)、华北地区(3.0%)、西北地区(3.0%)、西南地区(2.9%)、东北地区(2.6%);表示"完全不愿意"人数比例由高到低依次为:东北地区(2.2%)、华北地区(2.0%)、华东地区(1.8%)、华南地区(1.6%)、西南地区(1.8%)、华中地区(1.6%)、西北地区(1.6%)。

从家庭类型来看,第一,相比于独生子女大学生,非独生子女大学生参与支教活动的意愿更强烈。具体而言,独生子女大学生中表示"愿意,但还没有机会参与"的人数比例为60.8%,而非独生子女大学生的相应比例为68.4%,不过独生子女和非独生子女表示"十分愿意,并且亲身参与过"的人数比例接近,分别为12.8%和12.2%。第二,单亲家庭大学生和双亲家庭大学生参加支教活动意愿的比例相差不大,表示"愿意,但还没有机会参与"的人数比例分别为65.7%和65.3%,在表示"十分愿意,并且亲身参与过"的大学生中,来自单亲家庭的人数占比为11.8%,来自双亲家庭的人数比例为12.5%。第三,非双亲家庭中,由母亲抚养的单亲家庭大学生、由父亲抚养的单亲家庭大学生、重组家庭、孤儿表示"愿意,但还没有机会参与"的人数比例分别为66.1%、66.1%、66.2%、48.8%,表示"十分愿意,并且亲身参与过"的人数比例分别为12.2%、11.8%、10.4%、16.3%,孤儿参与支教活动的人数比例较高,表示"没有想过"的人数比例分别为16.4%、15.7%、18.0%、21.1%,另分别有3.7%、4.1%、3.1%、4.1%的人数比例表示"不太愿意,为了保研评优等会争取"。

　　从政治面貌和学生干部经历来看,相较于非党员大学生,党员大学生对参与支教活动的意愿更强烈。党员大学生表示"愿意,但还没有机会参与""十分愿意,并且亲身参与过""完全不愿意"人数比例分别为 64.7%、19.9%、1.4%,与之相对应的非党员大学生人数比分别为 45.9%、11.8%、7.3%。在表示"不太愿意,但为了保研评优等会争取"的大学生中,党员大学生比例为 1.6%,非党员大学生比例为 9.3%。从学生干部经历来看,有学生干部经历的大学生参与支教活动的意愿高于没有学生干部经历的大学生。其中,有学生干部经历和没有学生干部经历的大学生表示"愿意,还没有机会参与""十分愿意,并且亲身参与""没有想过""不太愿意,但为了保研评优等会争取""完全不愿意"的人数比例分别为:66.7% 和 60.4%、13.5% 和 8.5%、15.3% 和 24.6%、3.0% 和 3.6%、1.5% 和 2.9%。

　　3. 影响大学生参与支教活动意愿的影响因素

　　(1)人生观和人生追求与大学生参与支教活动意愿的关系

　　研究采用一般线性回归分析方法研究"人生观和人生追求"与"大学生参与支教活动意愿"的关系。按"非常符合=5分""比较符合=4分""一般=3分""不大符合=2分""很不符合=1分"进行赋值,得到回归分析结果(见表3-9)。

表3-9　人生观和人生追求与大学生参加支教活动意愿关系的一般线性回归结果

自变量		非标准化系数		标准化系数	统计量	显著性水平
		B	Std. Error	Beta	t	P
常数项		3.493	0.028		125.483	<0.001
人生观	只关心和自己切身利益有关的事情	−0.083	0.004	−0.115	−20.656	<0.001
	为了争取重大荣誉奖励,用不合规的方式也在所不惜	−0.067	0.005	−0.067	−12.939	<0.001
人生追求	人生价值只有在集体中才能得到更好地实现	0.025	0.003	0.036	7.140	<0.001
	奋斗的青春最美丽	0.064	0.007	0.065	9.628	<0.001
$N=45798$　　$R^2=12.1\%$　　$F=784.456$						

　　数据显示,人生观与人生追求与"大学生参与支教活动意愿"之间存在显著相关。一方面,积极的人生追求对大学生参与支教活动的意愿具有显著正面影响,负面的人生观对大学生参与支教活动的意愿具有显著负面影响。具体而言,对"只关心和自己切身利益有关的事情"($r=-0.211,P<0.001$)"为了争取重大荣誉奖励,用不合规的方式也在所不惜"($r=-0.160,P<0.001$)的观点赞同度越高,大学生参与支教活动的意愿越低,反之亦然。另一方面,积极正面的人生追求也会正向显著影响大学生参加支教的意愿。赞同"人生价值只有在集体中才能得到更好地实现"观点的大学生,在具有较强集体意识和集体责任感的同时,也会更倾向于参与志愿活动($r=0.135,P<0.001$),越认同"奋斗的青春最美丽"($r=0.198,P<0.001$)观点的大学生,参加支教活动的意愿也越高。

（2）社会主义核心价值观与大学生参与支教活动意愿的关系

采用皮尔逊积差相关分析，分析大学生对"社会主义核心价值观的认同情况"与"大学生参与支教活动意愿"的关系。分析结果显示，"是否理解社会主义核心价值观具体内涵""是否认同社会主义核心价值观的意义""是否将社会主义核心价值观作为自己的基本遵循"均会对大学生参加支教活动的意愿产生显著影响。

第一，"我理解社会主义核心价值观内涵"与大学生参与支教活动的意愿之间存在显著正相关（$r=0.174, P<0.001$），即认为自己"理解社会主义核心价值观内涵"的大学生，其参与支教活动的意愿就越强烈。具体来说，表示"非常符合""一般""很不符合"这一观点的大学生愿意参与支教活动的比例分别为 44.6%、14.7%、0.4%。

第二，"我认同社会主义核心价值观对于国家、社会和个人的意义"与大学生参加支教活动存在显著正相关（$r=0.182, P<0.001$）。其中，表示"非常符合""一般""很不符合""我认同社会主义核心价值观对于国家、社会和个人的意义"这一观点的大学生愿意参与支教活动的比例分别为 59.9%、7.5%、0.4%。

第三，"我将社会主义核心价值观作为自己的基本遵循"与大学生参与支教活动的意愿之间存在着显著的相关关系（$r=0.195, P<0.001$）。即对"我将社会主义核心价值观作为自己的基本遵循"认同度越高，其参与支教活动的意愿就越强烈。具体来说，表示"非常符合""一般""不符合""我能够用社会主义核心价值观规范自己的言行"这一观点的大学生愿意参与支教活动的比例分别为 53.1%、11.2%、0.5%。

（3）志愿服务精神认同情况与大学生参与支教活动意愿的关系

课题采用一般线性回归分析方法研究"志愿服务精神认同情况"与"大学生参与支教活动意愿"的关系。按"非常赞同=5 分""比较赞同=4 分""说不清楚=3 分""不大赞同=2 分""很不赞同=1 分"进行赋值，得到回归分析结果（见表 3-10）。

表 3-10　志愿服务精神认同情况与大学生参与支教意愿关系的一般线性回归结果

自变量	非标准化系数		标准化系数	统计量	显著性水平
	B	Std. Error	Beta	*t*	*P*
常数项	2.290	0.029		78.819	<0.001
您对志愿服务精神的认同如何？—奉献	0.123	0.014	0.096	8.880	<0.001
您对志愿服务精神的认同如何？—友爱	0.053	0.020	0.040	2.702	0.007
您对志愿服务精神的认同如何？—互助	0.064	0.019	0.049	3.332	<0.001
您对志愿服务精神的认同如何？—进步	0.087	0.016	0.068	5.402	<0.01
$N=45798$　$R^2=5.9\%$　$F=722.162$					

数据显示，对志愿服务精神"友爱"的认可度与大学生参与支教活动的意愿相关较弱（$P>0.001$），志愿服务"奉献""互助""进步"精神的认可度与大学生参与支教活动的意愿有显著正相关。具体而言，其一，大学生对志愿服务精神"奉献"的认同程度每提高一个等级，其参与支教活动的意愿就会相应提高 0.123 个单位；其二，大学生对志愿服务精神"互助"的认同程度每提高一个等级，其参与支教活动的意愿就会相应提高 0.064 个单位；其三，大学生对志愿服务精神"进步"的认同程度每提高一个等级，其参与支教活动的意愿就会相应提高 0.087 个单位。

三、道德实践

良好的道德实践是道德意识与道德意愿外化的结果。桃李不言,下自成蹊,通过考察道德行为,能够清晰地获知一个人对道德问题的看法,为提升思想品德教育工作、培育良好的道德品质提供方向性的指导。为了全方面呈现大学生践行学习、家庭、社会层面道德行为的现状,课题组通过考察大学生群体"遵守学术规范""处理与父母之间关系""参与各项志愿服务活动"的实际情况,把握当代大学生的道德行为趋势。

(一) 遵守学术规范的道德行为

2019 年,中共中央办公厅、国务院办公厅印发了《关于进一步弘扬科学家精神加强作风和学风建设的意见》,提出"1 年内推进治理措施,3 年内改进学风,优化科技创新生态,加强学术道德建设"的主要目标,指导高校学术诚信教育工作的开展。大学生是国家科学研究和技术创新的后备军,肩负着繁荣学术、促进科技发展的历史使命,承担着遵守学术规范、践行学术道德的重要责任。为了解当前学术道德生态,课题组设置"我能做到遵守学术规范,不抄袭剽窃、数据造假"问题,采取大学生自评的方式考察当代大学生遵守学术诚信意识、恪守学术规范的状况。

1. 总体情况

数据表明,90.5%的大学生能做到遵守学术规范,不抄袭剽窃、数据造假,另有 5.6%的大学生态度模糊,有 3.9%的大学生学术道德规范意识较低,表示自己不能遵守学术规范(见图 3-10)。2019—2021 年的数据显示,大学生表示能够遵守学术规范的人数比例呈下降趋势。

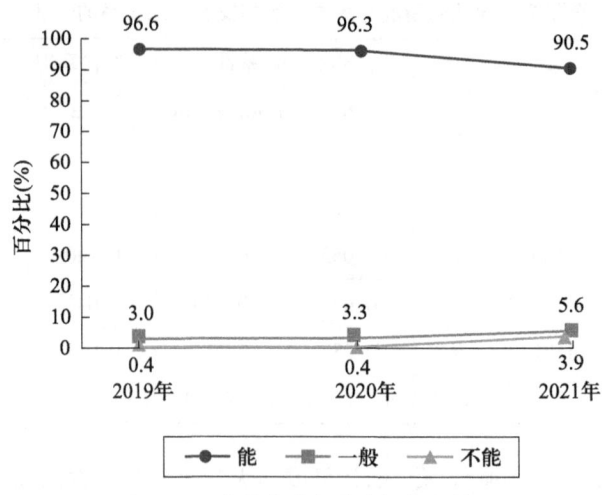

图 3-10　大学生遵守学术规范的情况

2. 不同群体大学生遵守学术规范的差异分析

课题组采用交互分析方法,分析不同群体大学生遵守学术规范的相关情况,结果显示,不同群体大学生具有学术规范意识的人数比例总体保持较高水平(90.0%以上),但不同性别、年龄、生源地类别、生源地所属区域、学历层次、学科门类、政治面貌、学生干部经历、家庭类型等的大学生在遵守学术规范方面存在差异(见表3-11)。

表3-11　不同群体大学生遵守学术规范的差异分析

| | | "我能做到遵守学术规范,不抄袭剽窃、数据造假"是否符合您的实际?(%) | | | | | 卡方检验 | | | |
		非常符合	比较符合	一般	不太符合	很不符合	χ^2	df	P	C
性别	男	62.3	25.7	7.2	1.7	3.1	242.506	4	<0.001	0.073
	女	66.5	25.6	4.6	0.9	2.4				
学历层次	本科生	61.2	28.0	6.5	1.4	3.0	1000.033	8	<0.001	0.104
	硕士生	74.7	19.9	2.8	0.6	2.0				
	博士生	85.3	10.7	1.7	0.3	2.0				
年龄	低年龄段	61.6	16.0	20.7	0.9	0.8	51.412	8	<0.001	0.024
	中年龄段	63.4	15.4	19.5	0.9	0.8				
	高年龄段	67.7	12.1	18.6	0.6	1.0				
学科门类	哲学	56.4	23.2	5.5	3.5	11.4	337.887	52	<0.001	0.043
	经济学	65.7	24.4	5.6	1.5	2.8				
	法学	62.6	27.9	5.8	1.1	2.6				
	工学	67.2	24.1	5.0	1.1	2.6				
	文学	67.3	25.2	4.3	0.8	2.4				
	历史学	65.2	26.3	4.6	1.3	2.6				
	理学	65.8	25.0	5.5	1.1	2.6				
	教育学	61.5	27.2	7.2	1.2	2.9				
	农学	68.7	22.2	5.1	1.4	2.6				
	医学	62.4	28.3	5.9	1.3	2.1				
	管理学	64.2	27.1	5.4	1.1	2.2				
	艺术学	62.3	26.4	6.8	1.5	3.0				
	交叉学科	62.0	25.4	8.5	1.4	2.7				
政治面貌	党员	72.8	20.9	3.1	0.8	2.4	425.770	4	<0.001	0.096
	非党员	62.5	27.0	6.3	1.4	2.8				
担任过学生干部	是	66.5	24.9	4.8	1.1	2.7	308.610	4	<0.001	0.082
	否	58.9	28.2	8.3	1.8	2.8				
生源地类别	农村	61.3	28.2	6.2	1.6	2.9	263.082	4	<0.001	0.076
	城镇	68.3	23.2	5.1	0.9	2.5				

续表

		"我能做到遵守学术规范,不抄袭剽窃、数据造假"是否符合您的实际?(%)					卡方检验			
		非常符合	比较符合	一般	不太符合	很不符合	χ^2	df	P	C
生源地所属区域	华东地区	68.0	23.6	4.7	1.0	2.7	431.056	24	<0.001	0.049
	华南地区	57.5	29.8	8.2	1.5	3.0				
	华中地区	64.8	26.8	5.2	1.0	2.2				
	华北地区	67.4	23.4	5.3	1.2	2.7				
	西北地区	63.8	26.4	6.0	1.5	2.3				
	西南地区	58.7	29.9	6.8	1.5	3.0				
	东北地区	72.3	20.3	3.6	1.5	3.3				
家庭类型	双亲家庭	65.2	25.5	5.5	1.1	2.7	85.882	16	<0.001	0.022
	单亲家庭(父亲抚养)	56.4	30.6	7.2	2.3	3.5				
	单亲家庭(母亲抚养)	65.7	24.2	6.3	0.9	2.9				
	重组家庭	61.0	28.4	6.0	1.8	2.8				
	孤儿	60.2	20.3	8.1	2.5	8.9				
是否独生子女	是	68.2	23.0	4.9	1.0	2.9	179.485	4	<0.001	0.063
	否	62.6	27.4	6.1	1.3	2.6				

从性别来看,男大学生中表示能够遵守学术规范的人数比例略低于女大学生,两者的人数比例分别为 88.0%、92.1%。男、女大学生中分别有 3.2%、2.4% 比例的同学表示,遵守学术规范有些困难。

从年龄阶段来看,低、中、高年龄段分别有 77.6%、78.8%、79.8% 比例的大学生表示自己能够遵守学术规范,三个年龄段的差异性不大。具体来看,高年龄段大学生表示完全能够遵守学术规范的人数比例为 67.7%,要高于中年龄段(63.4%)和低年龄段(61.6%)的大学生。

从生源地类别分析,来自城镇的大学生表示能够做到遵守学术规范的人数比例高于来自农村的大学生。具体而言,来自城镇的大学生表示能够做到遵守学术规范的比例(91.5%)高于自农村的大学生的比例(89.5%)2%。就生源地所属区域而言,生源地所属区域不同的大学生表示能做到遵守学术规范的比例由高到低排列分别为:东北地区(92.6%)、华东地区(91.6%)、华中地区(91.6%)、华北地区(90.8%)、西北地区(90.2%)、西南地区(88.6%)、华南地区(87.3%)。

就学历层次和学科门类而言,第一,博士生遵守学术规范的情况优于硕士生和本科生。

具体来说,博士生中表示能做到遵守学术规范的比例为96.0%分别高出硕士生(94.6%)、本科生(89.2%)1.4%、6.8%。第二,在学科门类上,人文社会科学类、社会科学类、理工农医学类、交叉学科类表示能做到遵守学术规范的比例分别为90.1%、90.3%、91.1%、87.4%。具体而言,文学、历史学类的大学生遵守学术规范的情况较好,其余学科门类的大学生次之。不同学科门类的大学生表示能够做到遵守学术规范的人数比例由高到低分别为:文学(92.5%)、历史学(91.5%)、工学(91.3%)、管理学(91.3%)、农学(90.9%)、理学(90.8%)、医学(90.7%)、法学(90.5%)、经济学(90.1%)、教育学(88.7%)、艺术学(88.7%)、交叉学科(87.4%)、哲学(79.6%)。

就政治面貌和学生干部经历而言,党员大学生中表示能够做到遵守学术规范的情况优于非党员大学生,有学生干部经历的大学生能够做到遵守学术规范的情况优于没有学生干部经历的大学生。具体来说,党员大学生中表示能够做到遵守学术规范的比例(93.7%)高出非党员大学生(89.5%)4.2%。有学生干部经历的大学生表示能够做到遵守学术规范的比例(91.4%)高于没有学生干部经历的大学生(87.1%)4.3%。

从家庭类型来看,独生子女大学生遵守学术规范的比例(91.2%)高出非独生子女大学生(90.0%)1.2%。生活在双亲家庭的大学生遵守学术道德规范的比例(90.7%)高出单亲家庭大学生(88.8%)1.9%。其中,由母亲抚养的单亲家庭大学生、由父亲抚养的单亲家庭大学生、来自重组家庭和孤儿大学生表示能够遵守学术规范的比例分别为89.9%、87%、89.4%、80.5%。

3. 大学生尊重学术规范道德行为的影响因素分析

课题组采用一般线性回归方法,分析大学生对学校教育工作的满意度对大学生学术规范意识的影响。按照0.001的检验标准分析结果发现,大学生对学校教育因素中的校风和学风建设、基层党组织建设、专业课程教学的满意度与大学生尊重学术规范的道德行为之间有显著关系。通过一般线性回归分析,发现以下几个显著影响大学生遵守学术规范道德行为的因素(见表3-12)。

表3-12 教育因素对大学生尊重学术规范的道德行为影响的一般线性回归结果

自变量	非标准化系数		标准化系数	统计量	显著性水平
	B	Std. Error	Beta	t	P
常数项	3.232	0.24		134.966	0.000
校风和学风建设	0.051	0.010	0.053	4.934	0.000
基层党组织建设	0.069	0.011	0.072	6.027	0.000
专业课程教学	0.113	0.010	0.102	11.729	0.000

$N = 45798$ $R^2 = 6\%$ $F = 188.511$

从学校的教育氛围和教学情况来看,大学生对校风和学风建设、专业课程教学的满意程度显著影响大学生遵守学术规范的道德行为($P < 0.001$)。具体来看,大学生对校风和学风建设、专业课程教学越满意,就越能够践行"遵守学术规范,不抄袭剽窃、数据造假"的道德行为。

从思想引领工作的情况来看,大学生对基层党组织建设的满意程度显著影响大学生尊守学术规范的道德行为($P<0.001$)。具体来看,大学生对学校基层党组织建设的具体情况越满意,在科研学习过程中就越愿意用学术规范道德行为来约束自己,做到"遵守学术规范,不抄袭剽窃、数据造假"。

(二)与父母之间的关系

天下之本在家,家庭是人生的第一个课堂。良好的家教、家风既是培育大学生优良道德品质的力量源泉,也是良好社会风气的微缩呈现。大学生与父母维系健康关系的方式绝不仅仅是盲目的迁就,它依赖于子女对父母的尊重与爱戴,更要倚靠双方耐心的沟通、交流与理解。课题组采用问卷形式调查大学生在家中与父母之间的关系,并通过数据分析呈现不同群体大学生之间的差异。

1. 总体情况

数据表明,绝大多数的大学生(97.6%)与父母的关系较为健康。在这之中,63.0%的大学生能够"尊重父母,经常与父母沟通";34.6%的大学生与父母保持"相对尊重,但与父母交流较少";另有1.4%的大学生对父母"态度冷漠,与父母关系较差";仅有1%的大学生"经常顶撞父母,动辄发生冲突"(见图3-11)。

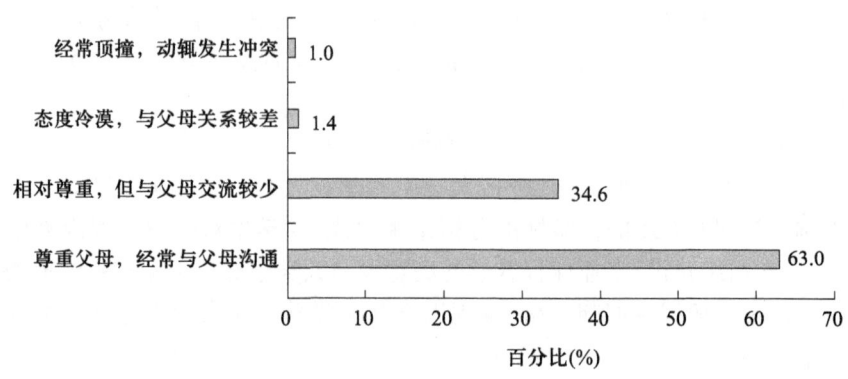

图 3-11　高校大学生与父母之间关系的情况

2. 不同群体大学生与父母之间关系的差异分析

课题组采用交互分析方法,基于人口统计学指标深入探索大学生与父母关系的群体性差异。结果显示,不同性别、年龄、学历层次、生源地类别、生源地所属区域、学科门类、家庭类型、政治面貌和学生干部经历等的大学生与父母的关系状况存在一定差异,见表3-13。

表 3-13　不同群体大学生与父母之间关系的差异分析

		请问您平时如何处理与父母的关系(%)				卡方检验			
		尊重父母,经常与父母沟通	相对尊重,但与父母交流较少	态度冷漠,与父母关系较差	经常顶撞,动辄发生冲突	χ^2	df	P	C
性别	男	57.0	39.5	2.0	1.5	519.471	3	<0.001	0.107
	女	66.7	31.7	0.9	0.7				

续表

		请问您平时如何处理与父母的关系(%)				卡方检验			
		尊重父母,经常与父母沟通	相对尊重,但与父母交流较少	态度冷漠,与父母关系较差	经常顶撞,动辄发生冲突	χ^2	df	P	C
学历层次	本科生	61.4	36.0	1.5	1.1	210.770	6	<0.001	0.048
	硕士生	67.7	30.9	0.9	0.5				
	博士生	71.1	27.9	0.4	0.6				
年龄	低年龄段	61.3	36.2	1.4	1.1	93.219	6	<0.001	0.032
	中年龄段	64.1	33.8	1.3	0.9				
	高年龄段	69.9	27.9	1.2	1.0				
学科门类	哲学	58.2	28.3	3.3	10.2	584.033	39	<0.001	0.065
	经济学	60.8	36.3	1.4	1.5				
	法学	65.6	32.3	1.2	0.9				
	工学	62.0	36.1	1.1	0.8				
	文学	65.3	32.7	1.2	0.8				
	历史学	66.5	31.1	1.4	1.0				
	理学	63.4	34.5	1.3	0.8				
	教育学	64.9	32.7	1.5	0.9				
	农学	58.5	39.1	1.5	0.9				
	医学	58.8	38.3	1 7	1.2				
	管理学	60.7	37.1	1.5	0.7				
	艺术学	64.7	32.9	1.4	1.0				
	交叉学科	58.9	37.2	2.3	1.6				
政治面貌	党员	69.9	28.3	0.9	0.9	286.628	3	<0.001	0.079
	非党员	61.0	36.5	1.5	1.0				
担任过学生干部	是	64.8	33.2	1.2	0.8	267.627	3	<0.001	0.076
	否	56.5	39.9	2.0	1.6				
生源地类别	农村	57.6	39.8	1.6	1.0	557.344	3	<0.001	0.110
	城镇	68.2	29.7	1.1	1.0				
学校所属区域	华东地区	63.6	34.4	1.2	0.8	283.109	18	<0.001	0.045
	华南地区	59.2	37.8	1.7	1.3				
	华中地区	60.2	37.2	1.6	1.0				
	华北地区	66.3	31.4	1.2	1.1				

续表

		请问您平时如何处理与父母的关系(%)				卡方检验			
		尊重父母,经常与父母沟通	相对尊重,但与父母交流较少	态度冷漠,与父母关系较差	经常顶撞,动辄发生冲突	χ^2	df	P	C
学校所属区域	西北地区	66.0	31.8	1.3	0.9	283.109	18	<0.001	0.045
	西南地区	58.3	39.1	1.6	1.0				
	东北地区	71.2	27.2	0.7	0.9				
家庭类型	双亲家庭	64.2	33.7	1.2	0.9	528.846	12	<0.001	0.062
	单亲家庭(父亲抚养)	41.9	51.5	4.4	2.2				
	单亲家庭(母亲抚养)	59.4	37.7	1.8	1.1				
	重组家庭	49.1	46.1	3.8	1.0				
	孤儿	49.6	35.8	5.7	8.9				
是否独生子女	是	68.5	29.1	1.2	1.2	428.132	3	<0.001	0.097
	否	59.3	38.3	1.5	0.9				

从性别角度分析,男女大学生在处理与父母的关系上有较为显著的差异。66.7%的女大学生能够做到"尊重父母,经常与父母沟通",高出整体样本比例(63.0%)3.7%,高出男大学生对应比例(57.0%)9.7%。此外,有近四成的男大学生(39.5%)和近三成的女大学生(31.7%)与父母保持"相对尊重",但较少与父母沟通交流。

从年龄阶段来看,随着年龄的增长,高校大学生与父母的关系逐渐融洽。其中,低、中、高年龄段能够"尊重父母,经常与父母沟通"的大学生人数比例分别为61.3%、64.1%、69.9%。与年龄相对应,在学历层次上,博士研究生能够较好地经营与父母的关系(71.1%),其次为硕士研究生(67.7%)、本科生(61.4%)。

从生源地类别地类别角度分析,农村大学生"尊重父母,经常与父母沟通"的人数比例(57.6%)比城镇大学生(68.2%)低10.6%,城镇大学生与父母的相处融洽的比例更高。

就学校所属区域而言,不同学校所属区域的大学生能够做到"尊重父母,经常与父母沟通"的比例由高到低依次为:东北地区(71.2%)、华北地区(66.3%)、西北地区(66%)、华东地区(63.6%)、华中地区(60.2%)、华南地区(59.2%)、西南地区(58.3%)。其中,来自东北、华北地区的大学生与父母关系较为融洽,西北、华东、华中、华南、西南地区的大学生次之。

对高校大学生所学专业所属的学科门类进行分析发现,能够做到"尊重父母,经常与父母沟通"的人数比例高低排列依次为:历史学(66.5%)、法学(65.6%)、文学(65.3%)、教育学(64.9%)、艺术学(64.7%)、理学(63.4%)、工学(62.0%)、经济学(60.8%)、管理学(60.7%)、交叉学科(58.9%)、医学(58.8%)、农学(58.5%)、哲学(58.2%)。同时,选择与父母发生顶撞,"动辄发生冲突"的人数比例最高的三个学科分别是:哲学(10.2%)、交叉学科(1.6%)、经济学(1.5%)。

从家庭类型来看,独生子女大学生能够做到"尊重父母,经常与父母沟通"的比例(68.5%)高出非独生子女大学生(59.3%)9.2%;来自单亲家庭的大学生能够做到"尊重父母,经常与父母沟通"的比例(52.6%)低于双亲家庭大学生比例(64.2%)11.6%,其中,非双亲家庭中,由母亲抚养的单亲家庭大学生能够做到"尊重父母,经常与父母沟通"的比例(59.4%)高出由父亲抚养的单亲家庭大学生(41.9%)17.5%,高出重组家庭大学生(49.1%)10.3%。

从政治面貌和学生干部经历来看,党员大学生能够做到"尊重父母,经常与父母沟通"的比例(69.9%)高出非党员大学生(61.0%)8.8%,有学生干部经历的大学生能够做到"尊重父母,经常与父母沟通"的比例(64.8%)高出没有学生干部经历的大学生(56.5%)8.3%。

3. 大学生与父母之间关系的影响因素分析

采用一般线性回归分析方法研究"文化观"对"大学生与父母之间关系"的影响情况。按选项中"非常符合＝5分""比较符合＝4分""说不清楚＝3分""不大符合＝2分""很不符合＝1分"进行赋值,得到回归分析结果(见表3-14)。

表3-14　文化观对大学生与父母之间关系影响的一般线性回归结果

自变量	非标准化系数		标准化系数	统计量	显著性水平
	B	Std. Error	Beta	*t*	*P*
常数项	2.340	0.027		86.519	0.000
我对中华文化感到自豪	0.076	0.014	0.065	5.361	0.000

$$N = 45798 \quad R^2 = 4.7\% \quad F = 452.144$$

结果表明,自信的文化观对大学生与父母之间的关系有正向显著影响。大学生对"我为中华文化感到自豪"观点的认同度越高,其与父母之间的关系就融洽,双方的沟通与交流也就越多($r = 0208, P < 0.001$)。

(三) 参与各项志愿服务活动情况

我国《中长期青年发展规划(2016—2025年)》提到,要借助共青团、青联和学联的力量推动"青年积极参与社会主义现代化建设、参与社会实践和公益服务、实现社会融入"。深化大学生志愿服务工作,构建大学生志愿服务平台,鼓励大学生从校园中"走出去"融入社会,将理论学习与劳动实践有机结合,在社会交往中提升自我,在为社会做贡献中提高社会参与感和责任感,实现个人实践与社会公益的有机统一。课题组通过考察大学生参与各项志愿服务活动的情况来掌握大学生道德行为实践的总体状况。

1. 总体情况

调查数据显示,2021年有68.6%的大学生参加过志愿服务活动,其中参与过环境保护志愿服务活动的比例最高,为32.1%,参与社区建设、大型赛会、应急救援、义务支教、扶贫开发等志愿服务活动的比例次之,分别为30.4%、21.4%、12.2%、11.0%、7.6%。同时,还有9%的大学生表示参与过其他志愿服务活动(如图3-12)。相较于2020年,参与过志愿服务活动的大学生群体总体有所提高,参与人数比例上升2.1%,其中参与大型赛会、应急救援和义务支教的比例也都有所上升,而参与环境保护、社区建设和扶贫开发的人数略有下降。

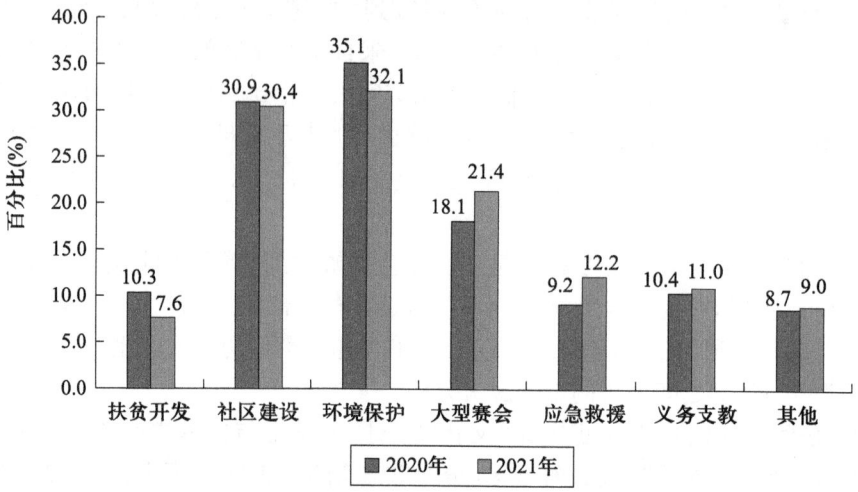

图 3-12 2020—2021 年大学生参与志愿服务活动情况

2. 不同群体大学生参与志愿服务活动的差异分析

本部分结合多重响应和交叉表卡方检验,采用交互分析方法探究不同群体大学生参加各项志愿服务活动的差异。

首先利用多重响应分析法,将大学生参与"扶贫开发""社区建设""环境保护""大型赛会""应急救援""义务支教""其他"志愿服务以及"没参加过"八个选项定义为变量集"大学生参加的志愿服务活动"。如表 3-15 所示,在本次抽取的 45799 个样本中,响应总数为71006,响应率由高到低分别为:环境保护(20.7%)、没参加过(20.2%)、社区建设(19.6%)、大型赛会(13.8%)、义务支教(7.1%)、应急救助(7.9%)、其他(5.8%)、扶贫开发(4.9%)。

表 3-15 大学生参加各项志愿服务的响应率统计表

定义变量集:大学生 参加的志愿服务活动	响应		个案百分比
	个案数	百分比(响应率)	
扶贫开发	3477	4.9%	7.6%
社区建设	13909	19.6%	30.4%
环境保护	14688	20.7%	32.1%
大型赛会	9793	13.8%	21.4%
应急救助	5577	7.9%	12.2%
义务支教	5046	7.1%	11.0%
其他	4139	5.8%	9.0%
没参加过	14377	20.2%	31.4%
总计	71006	100.0%	155.0%

随后,采用交互分析方法研究发现,不同性别、学历层次、学科门类、生源所在地、学校所属区域、政治面貌和学生干部经历的大学生,在参与志愿服务活动方面存在差异,见表 3-16。

表3-16 不同群体大学生参与各项志愿服务活动的交互分析

		大学生参加的志愿服务活动(%)							
		扶贫开发	社区建设	环境保护	大型赛会	应急救助	义务支教	其他	没参加过
性别	男	9.1	30.0	31.5	23.0	13.5	10.1	7.1	33.2
	女	6.7	30.6	32.4	20.4	11.4	11.6	10.2	30.3
学历层次	本科生	7.5	32.7	34.1	21.9	12.6	12.0	10.1	28.0
	硕士生	7.9	24.1	26.2	20.9	11.4	8.4	5.9	40.0
	博士生	7.2	18.6	22.7	14.1	9.0	6.1	4.9	51.1
学科门类	哲学	18.9	32.0	31.6	18.5	13.9	14.9	8.1	23.4
	经济学	7.3	30.9	31.9	21.1	9.5	9.3	9.1	32.9
	法学	9.8	36.2	29.0	22.5	13.2	11.5	10.3	27.5
	工学	6.9	29.4	30.9	22.3	11.9	8.3	8.2	33.1
	文学	7.2	30.2	31.0	23.6	12.4	13.1	9.9	26.6
	历史学	7.2	34.2	30.4	20.0	11.8	11.7	11.0	29.8
	理学	6.7	28.1	32.5	19.5	11.2	11.6	9.7	32.7
	教育学	7.6	33.8	33.7	21.2	12.4	16.6	9.4	26.9
	农学	7.2	24.8	33.2	17.8	14.0	8.9	7.3	38.7
	医学	4.8	23.1	29.3	18.4	14.7	6.8	9.6	39.7
	管理学	7.5	28.1	31.5	18.7	10.8	9.7	9.2	34.6
	艺术学	8.8	29.9	36.8	23.8	14.0	12.8	7.0	30.5
	交叉学科	7.5	30.9	36.2	21.1	13.1	11.7	10.7	29.9
政治面貌	党员	10.1	33.1	30.8	24.4	13.6	13.8	8.3	27.1
	非党员	6.8	29.5	32.4	20.5	11.7	10.2	9.3	32.7
担任过学生干部	是	8.0	32.5	33.5	23.8	12.9	11.8	9.7	27.9
	否	5.9	22.5	26.7	12.6	9.5	8.2	6.6	44.4
生源地类别	农村	7.4	26.4	32.3	18.1	12.0	10.9	10.0	33.6
	城镇	7.7	34.1	32.0	24.4	12.3	11.1	8.1	29.3
学校所属区域	华东地区	7.2	29.4	31.5	24.8	12.6	10.5	7.2	32.1
	华南地区	8.1	30.8	33.5	23.6	13.4	15.0	11.2	28.5
	华中地区	6.8	30.0	29.1	18.5	9.5	8.3	10.4	35.2
	华北地区	7.8	32.7	35.3	20.8	13.5	11.6	8.8	27.8
	西北地区	8.2	34.8	33.2	19.6	13.6	13.2	12.1	25.6
	西南地区	7.9	26.3	31.4	20.1	10.0	10.6	8.8	35.2
	东北地区	8.1	30.3	29.3	20.9	14.8	10.8	6.4	33.5

续表

		大学生参加的志愿服务活动(%)							
		扶贫开发	社区建设	环境保护	大型赛会	应急救助	义务支教	其他	没参加过
家庭类型	双亲家庭	7.6	30.5	32.2	21.4	12.1	11.1	9.0	31.2
	单亲家庭 (父亲抚养)	8.4	28.3	32.3	19.9	11.4	11.2	9.3	32.8
	单亲家庭 (母亲抚养)	7.7	31.0	30.9	20.8	13.8	10.2	8.9	33.5
	重组家庭	5.8	27.5	31.2	22.1	12.3	10.6	8.5	33.2
	孤儿	12.2	31.7	30.1	22.0	10.6	13.8	8.1	34.1
是否独 生子女	是	8.2	33.1	31.6	24.3	12.3	10.8	7.4	30.3
	否	7.2	28.5	32.4	19.4	12.1	11.2	10.2	32.1

从性别来看,女大学生参与志愿服务活动的比例要高于男大学生(见图3-13),分别有33.2%、30.3%的男大学生和女大学生表示2021年没有参加过志愿服务活动。参加过志愿服务活动的大学生中,环境保护、社区建设、大型赛会三类志愿服务项目参与比例最高。从具体志愿服务项目来看,男大学生参加扶贫开发(9.1%)、应急救助(13.5%)志愿服务活动的比例高于女大学生;女大学生在环境保护(32.4%)、社区建设(30.6%)、义务支教(11.6%)和其他类型志愿服务活动(10.2%)方面要高于男大学生。

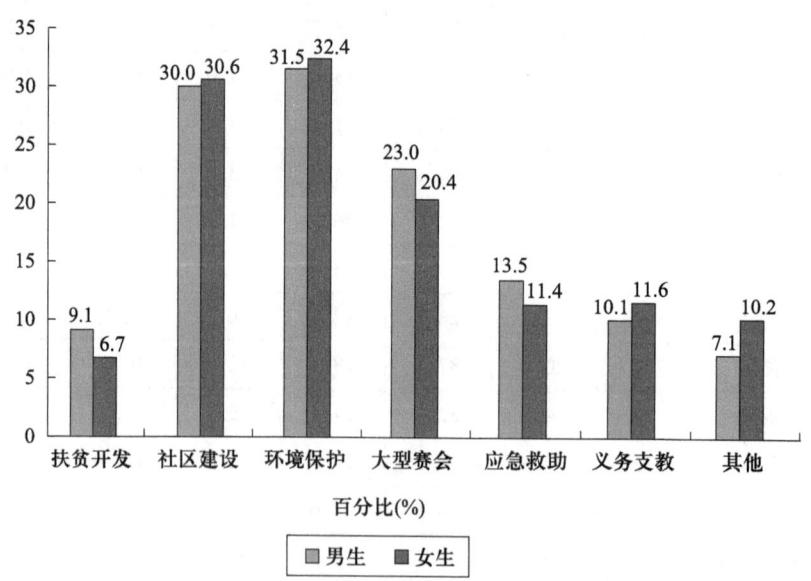

图3-13　不同性别的大学生参与志愿服务活动情况

从学历层次来看,本科生参与各项志愿服务活动的积极性要高于硕士研究生、博士研究生,本、硕、博大学生2021年参加志愿服务活动的比例分别为72.0%、60.0%、48.9%。具体来说,环境保护、社区建设、大型赛会是大学生中较为热门的志愿服务类型,其次为应急救助、义务支教和其他志愿服务类型;与去年统计结果一致,在参与扶贫开发活动中,硕士生参与的人数比例(7.9%)要略高于本科生(7.5%)和博士生(7.2%),见图3-14。

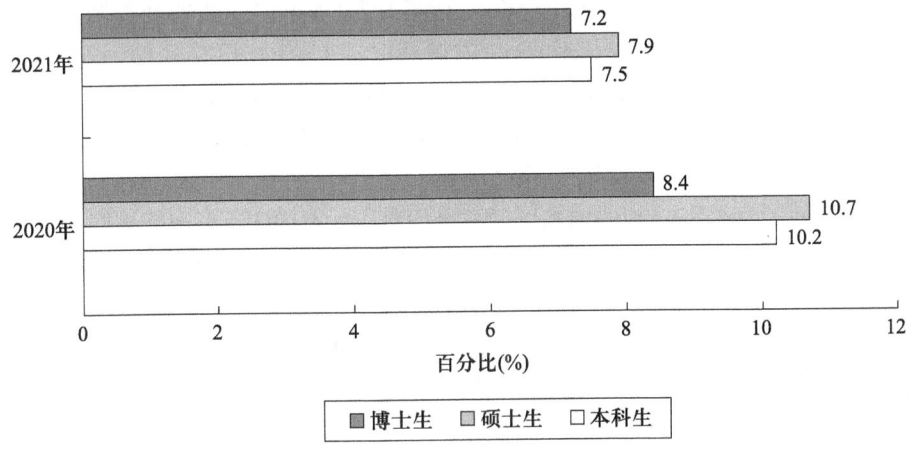

图 3-14　2020—2021 年各学历层次大学生参与扶贫开发志愿服务活动情况

从学科门类来看,各学科参与各类型志愿服务活动的比例比较相似,参与环境保护、社区建设、大型赛会志愿服务活动的人数比例较高。参与过扶贫开发、社区建设、环境保护、大型赛会、应急救助、义务支教及其他志愿服务活动人数比例最多的专业分别为:哲学类(18.9%)、法学类(36.2%)、艺术学类(36.8%)、艺术学(23.6%)、医学类(14.7%)、教育学类(16.6%)、历史学类(11.0%),可见,大学生参与志愿服务活动的情况、对志愿服务活动的选择与其专业所属学科呈现一定的相关度(见图3-15)。

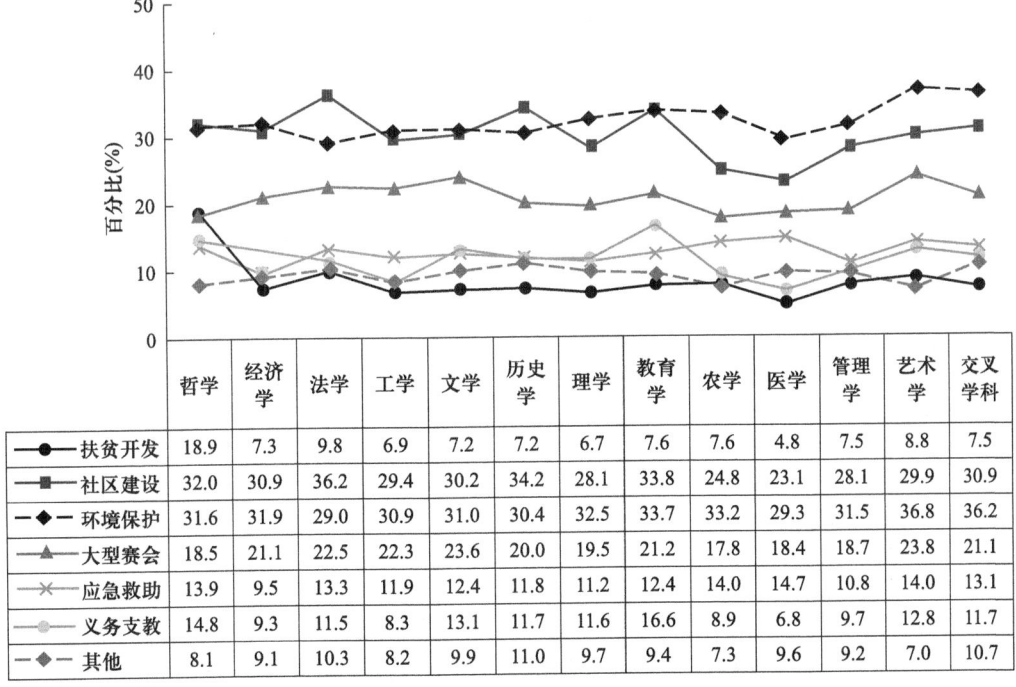

	哲学	经济学	法学	工学	文学	历史学	理学	教育学	农学	医学	管理学	艺术学	交叉学科
扶贫开发	18.9	7.3	9.8	6.9	7.2	7.2	6.7	7.6	7.6	4.8	7.5	8.8	7.5
社区建设	32.0	30.9	36.2	29.4	30.2	34.2	28.1	33.8	24.8	23.1	28.1	29.9	30.9
环境保护	31.6	31.9	29.0	30.9	31.0	30.4	32.5	33.7	33.2	29.3	31.5	36.8	36.2
大型赛会	18.5	21.1	22.5	22.3	23.6	20.0	19.5	21.2	17.8	18.4	18.7	23.8	21.1
应急救助	13.9	9.5	13.3	11.9	12.4	11.8	11.2	12.4	14.0	14.7	10.8	14.0	13.1
义务支教	14.8	9.3	11.5	8.3	13.1	11.7	11.6	16.6	8.9	6.8	9.7	12.8	11.7
其他	8.1	9.1	10.3	8.2	9.9	11.0	9.7	9.4	7.3	9.6	9.2	7.0	10.7

图 3-15　不同学科门类大学生参与志愿服务活动的情况

就生源地类别而言,生源地为农村的大学生2021年参与志愿服务活动的比例(66.4%)低于生源地为城镇的大学生(70.7%)4.3%。生源地为农村的大学生参与各项志愿活动的比例由高到低依次为:环境保护(32.3%)、社区建设(26.4%)、大型赛会(18.1%)、应急救助(12.0%)、义务支教(10.9%)、其他(10.0%)、扶贫开发(7.4%)。生源地为城镇的大学生在参与扶贫开发(7.7%)、社区建设(34.1%)、大型赛会(24.4%)、应急救助(12.3%)、义务支教(11.1%)志愿服务活动的人数比例要略高于生源地为农村的大学生。

从学校所属区域来看,不同区域大学生参与志愿服务活动的比例由高到低依次为:西北地区(74.4%)、华北地区(72.2%)、华南地区(71.5%)、华东地区(67.9%)、东北地区(66.5%)、华中地区(64.8%)和西南地区(54.8%)(见图3-16)。不同的志愿服务活动类型在不同区域的受欢迎程度表现出一定的差异,比如,扶贫开发和社区建设,西北地区大学生参与比例最高(8.2%、34.8%);环境保护,华北地区大学生参与比例最高(35.3%);大型赛会,华东地区大学生参与比例最高(24.8%);应急救助,东北地区大学生参与比例最高(14.8%);义务支教,华南地区大学生参与比例最高(15.0%)。

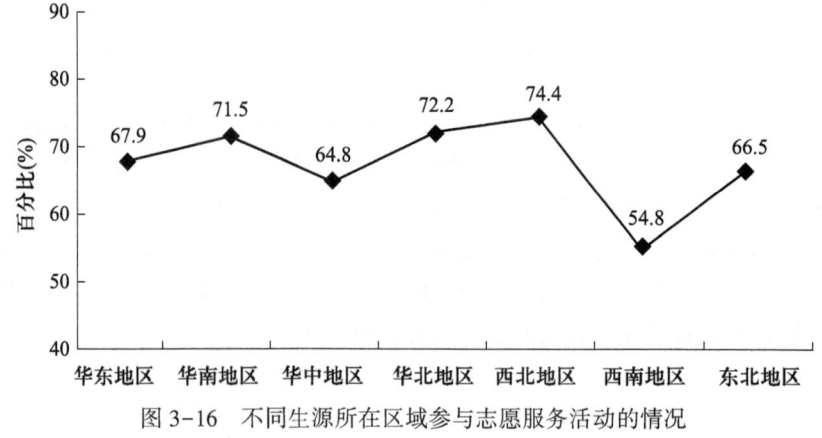

图3-16　不同生源所在区域参与志愿服务活动的情况

从政治面貌和学生干部经历来看,党员大学生参与志愿服务的比例(72.9%)高于非党员大学生(67.3%)5.6%。具体而言,党员大学生参与扶贫开发(10.1%)、社区建设(33.1%)、大型赛会(24.4%)、应急救助(13.6%)、义务支教(13.8%)志愿服务活动的比例分别高出非党员大学生3.3%、3.6%、3.9%、1.9%、3.6%,党员大学生参与环境保护的比例(30.8%)低于非党员大学生1.6%。有学生干部经历的大学生参与志愿服务活动的积极性高于没有学生干部经历的大学生。具体而言,有学生干部经历的大学生参与扶贫开发(8.0%)、社区建设(32.5%)、环境保护(33.5%)、大型赛会(23.8%)、应急救助(12.9%)、义务支教(11.8%)的比例分别高出没有学生干部经历的大学生2.1%、10.0%、6.8%、11.2%、3.4%、3.6%。

四、本章小结

本章考察了大学生对志愿服务精神的认同度,以及大学生对公交车让座、遵守学术规范、处理亲子关系、参与支教等志愿服务活动的看法,以此了解大学生道德观总体状况及大学生对社会公德、职业道德、家庭美德和个人品德的认识和践行情况,调查结果显示,大学生道德观状况总体呈现向上向善的良好状态。大学生总体上认同志愿服务精神,能够较好地遵守社会公德、恪守职业道德、弘扬家庭美德、锤炼个人品德。通过进一步分析发现,大学生道德观还存在一些值得关注的问题和现象,需要高校思想政治工作者作进一步的理论研究和实践探索。

(一) 总体情况

总体来看,大学生的道德观状况良好,对道德观有统一且正确的认识,能够积极践行良好道德观。

1. 大学生普遍具有良好的道德认知

大学生对"奉献""友爱""互助""进步"的志愿服务精神普遍认同度都在 95.0% 以上。近年来,课题组主要以大学生对雷锋精神的认可度来考察大学生的道德认知状况,从调查来看,无论是对志愿服务精神,还是对雷锋精神,大学生都表现出高认可度,普遍认可度从 2014 年以来,一直保持在 90.0% 以上。2020 年新冠肺炎疫情发生以来,无数大学生不畏艰险、勇于担当,积极投入到社区防控、科技抗疫、为抗疫医护人员子女"线上辅导"等志愿服务当中,发挥了良好的朋辈示范引领作用。2021 年,全国高校掀起党史学习教育热潮,大学生不断传承赓续革命先辈的红色基因,从中国革命精神中汲取了丰富的精神力量。可亲可敬的现实人物和可溯可追的红色历史给大学生上了一堂内容丰富、精彩生动的道德践履课,对大学生形成良好的道德认知发挥了积极作用。

2. 大学生能够自觉遵守社会公德

"为老人让座"究竟是"举手之劳"还是"道德难题"? 调查发现,面对这个"道德难题",大部分大学生(62.7%)选择了"我非常愿意让座",在助人为乐中收获人生的快乐,还有 15.5% 和 20.0% 的大学生选择了有条件的让座和具体情况具体分析,这一方面反映了当代大学生愿意做出良好的道德行为,另一方面展现了当代大学生更趋于理性的行为方式。课题组近年来关于大学生主动扶跌倒老人的意愿考察显示,2017—2020 年分别有 68.4%、70.9%、84.6%、85.2% 的大学生表示"会"向跌倒老人伸出援手。自 2021 年 1 月 1 日《民法典》颁布以来,其中的"好人法"从法律层面保障了公民"见义勇为"行为。此外,全国大学生层面评选表彰的"最美大学生""大学生年度人物""大学生自强之星"等一系列的荣誉评选活动,给大学生树立了可学可够的身边榜样,起到了很好的榜样示范引领作用。

3. 大学生能够恪守职业道德规范

遵守学术规范是大学生恪守职业道德规范的底线。调查显示,90.5% 的大学生表示"我能做到遵守学术规范,不抄袭剽窃、数据造假"。课题组 2019—2021 年的调查数据显示,大学生表示能够遵守学术规范的比例一直保持在 90.0% 以上,绝大部分大学生都可以做到遵守学术规范。从前文分析可见,这与高校校风与学风建设的成效等密切相关。

4. 大学生能够弘扬孝老敬亲的家庭美德

在与父母的关系处理方面,97.6% 的大学生与父母能够保持健康的互动关系,仅少部分大学生会出现"态度冷漠,与父母关系较差"(1.4%)和"经常顶撞,动辄发生冲突"(1.0%)。良好的家庭氛围和亲子关系有助于大学生传承家庭美德。

5. 大学生能够在担当奉献中锤炼个人品德

在完备的道德保障和良好的道德氛围熏陶下,越来越多的大学生表示愿意投身支教活动中。课题组近年来对大学生担当"义务支教"志愿者、参加"支教活动"的意愿考察显示,2018—2020 年,大学生表示愿意作为"义务支教"志愿者的比例分别为 86.9%、77.3%、74.1%;2021 年,77.8% 的大学生表示愿意参加"义务支教",可见大学生参与志愿服务的总体意愿比较强烈。对应大学生良好的道德意愿,课题组考察了大学生 2021 年参加志愿服务活动情况,结果显示,有 68.6% 的大学生参加过志愿服务活动,这一比例比上一年度上升了2.1%。大学生在不同的志愿服务活动中投身道德实践并在担当奉献中展现了大学生崇德向善的精神风貌和青春风采。

(二) 值得关注的现象与问题

通过进一步的数据分析,课题组发现大学生道德观存在群体差异。大学生良好道德意愿和道德实践的差距以及大学生人生观、价值观、文化观和高校文化建设对大学生道德观的影响都需要课题组进一步关注和研究。

1. 大学生道德观状况存在群体性差异

从课题组以往的调查可见,党员大学生、有学生干部经历的大学生在道德认知和道德实践方面一般好于非党员大学生、无学生干部经历的大学生。从 2021 年的调查来看,我们还需要重点关注以下几个群体差异。

一是大学生道德观状况的学科/专业差异。根据 2021 年的调查,从大学生对志愿服务精神的赞同度来看,排在前三位的是文学(97.0%)、法学(96.9%)、历史学(96.4%),排在后三位的是交叉学科(94.3%)、艺术学(94.3%)、哲学(87.5%),最高与最低之间的差值为9.5%;从大学生在公交车上为老人让座的意愿来看,排在前三位的是法学(65.9%)、历史学(65.8%)、文学(64.8%),排在后三位的是交叉学科(59.3%)、医学(58.1%)、哲学(54.8%),最高和最低之间的差值为 11.1%;从参与支教活动意愿来看,排在前三位的是历史学(85.8%)、教育学(84.9%)、文学(84.1%),排在后三位的是交叉学科(73.7%)、工学(71.2%)、哲学(71.0%),最高和最低之间的差值为 14.8%;从遵守学术规范的情况来看,排在前三位的是文学(92.5%)、历史学(91.5%)、工学(91.3%),排在后三位的是艺术学(88.7%)、交叉学科(87.4%)、哲学(79.6%),最高和最低之间的差值为 12.9%;从与父母关系来看,排在前三位的是工学(98.1%)、文学(98.0%)、理学和法学(97.9%),排在后三位的是医学(97.1%)、交叉学科(96.1%)、哲学(86.5%),最高和最低之间的差值为 11.6%。可见,道德观状况存在学科/专业差异,从以上几个观测点来看,文学、历史、法学的状况总体比较好,哲学、交叉学科、医学的状况相对较差。

二是大学生道德观状况的性别差异。从调查来看,女大学生的道德观状况普遍好于男大学生。调查结果显示,女大学生对"奉献"(96.9%)、"友爱"(97.3%)、"互助"(97.3%)、"进步"(97.1%)的认同度分别高出男大学生 4.1%、4.2%、4.3%、4.5%;女大学生表示"我非常愿意让座"的比例(65.5%),高于整体样本(62.7%)2.8%,高出男大学生(58.2%)7.3%;女大学生参加支教活动的意愿(83.2%)高出男大学生 14.4%;女大学生遵守学术规范的比例(92.1%)高于男大学生 4.1%;女大学生尊重父母的比例(98.4%)高出男大学生1.9%;女大学生参加社区建设、环境保护、义务支教等志愿服务活动的情况好于男大学生,而男大学生参加扶贫开发、大型赛会、应急救助等志愿服务活动的情况好于女大学生。这一方面与女大学生更具同理心、更感性、更倾向在关系中体现价值等特质有关,另一方面也反映了道德观教育在男性大学生中的成效值得进一步关注与研究。

三是大学生道德实践的区域差异。首先,不同学校所属区域大学生参与志愿服务活动的积极性有差异,比如西北地区大学生参与志愿服务活动的比例有74.4%,而西南地区大学生的比例仅54.8%,相差19.6%。其次,不同区域的大学生倾向参加的志愿服务活动类型也呈现出差异,比如大型赛会志愿服务活动,从区域来看,参与最高的是华东地区;扶贫开发和社区建设志愿服务活动,参与比例最高的是西北地区大学生;环境保护志愿服务活动,参与比例最高的则是华北地区。这些差异一定程度上与当地的经济社会发展状况及发展需求等相关。

2. 大学生良好道德意愿与道德实践之间仍有较大差距

从调查来看,大学生普遍具有良好的道德意愿,但大学生道德意愿与道德践行之间的脱节现象仍然存在,部分大学生存在"说得好"但"做不好","心向往之"但"迈不开脚步"的现象。比如,大学生对志愿服务精神的认同度普遍高于95.0%,但在面对给老人让座的问题时,还有15.5%的大学生对于"让座"提出了前提条件——"如果乘车距离较近";在面对参与支教活动的意愿考察时,有22.2%的大学生表示"没有想过"或不愿意,甚至有3.1%的大学生表示会出于保研评优等功利化的目的争取支教活动的机会;在遵守学术道德规范考察中,有9.5%的大学生对于遵守学术规范这一学术道德底线存在态度模糊、意识较低的现象。这一方面反映了部分大学生道德意志锤炼不足,有畏难怕苦的情绪。与此同时,我们还应从道德实践机会的角度关注道德意愿与道德实践之间的差距,如有65.3%的大学生表示"愿意参加支教活动,但还没有机会参与",这反映了支教活动的组织在信息渠道、供需联通方面还存在一定问题,志愿服务活动的组织建设和保障机制还需进一步完善。

3. 大学生人生观、价值观、文化观和校园文化建设等对于大学生道德观的影响不容忽视

在对大学生道德观状况的影响因素进行分析时发现,大学生良好的人生观、价值观、文化观均与大学生道德观状况呈现正相关,高校校园文化建设与大学生道德观状况也呈现正相关。比如,"我认同社会主义核心价值观对于国家、社会和个人的意义"与"大学生在公交车上为老人让座意愿"之间存在显著正相关($r=0.246, P<0.001$)。认同"人生价值只有在集体中才能得到更好的实现"观点的大学生,在具有较强集体意识和集体责任感的同时,也会更倾向于在公交车上为老人让座($r=0.157, P<0.001$)。大学生对校风和学风建设、专业课程教学的满意程度显著影响大学生尊重学术规范的道德行为($P<0.001$),大学生对校风和学风建设、专业课程教学越满意,就越能够践行"遵守学术规范,不抄袭剽窃、数据造假"的道德行为。

(三) 对策与建议

1. 以"注重修德"为出发点,培育担当重任的时代新人

青年兴则国家兴,青年强则国家强,青年是国家的希望、民族的未来。习近平总书记多次强调青年"修德"的重要性。2021年,习近平在清华大学考察时再次强调,大学生"要锤炼品德,自觉树立和践行社会主义核心价值观,自觉用中华优秀传统文化、革命文化、社会主义先进文化培根铸魂、启智润心,加强道德修养,明辨是非曲直,增强自我定力,矢志追求更有

高度、更有境界、更有品位的人生"。修德是做人做事的第一要求，也是时代新人培育的第一要求。因此，我们要扎实开展大学生思想道德教育，不断提升高校思想道德建设成效，培育可堪民族复兴大任的时代新人。

第一，扎实推动思政课程和课程思政建设，将思想道德教育作为各类专业教育的基础要求。首先要高度重视。思想道德教育的内容和要求要纳入各专业培养方案，尤其是在评奖评优、升学就业等环节严格标准、严格把关大学生的思想道德情况，避免重智育轻德育的现象。其次要不断创新思政课的内容和形式，从回应学生困惑、引导学生思考、激发学生兴趣入手，不断提升思政课的亲和力、针对性。再次，加强课程思政建设。要确保各类课程与思政课同向同行，不断挖掘各类课程中的思政元素，不断挖掘各类课程的有效载体与路径，充分发挥各类课程的育人功能。

第二，关注大学生道德观状况的群体差异，因势利导、因材施教、因地制宜开展道德实践活动。首先因差异之势，结合实际设计道德实践活动，比如结合专业特点设计具有专业特色的实践活动，组织医学专业学生开展疾病防控知识宣传、义诊、送药下乡等活动，比如针对因学习特点导致参与道德实践受限的问题，设置校内实验室、食堂等身边的志愿服务岗位。其次因特殊之才，引导大学生选择适合自己的道德实践活动，比如男大学生在体力、精力等各方面更占优势，可以选择到西部边远地区、基层开展道德实践，女大学生在同理心方面更有优势，可以选择在社区、福利院等场所开展道德实践。再次因区域之别，结合区域经济社会发展需求开展道德实践活动。高校履行社会服务的功能要立足本校、本地实际，比如华东地区经济社会发达，各类赛会众多，高校应与地方多合作，为大学生参与赛会类志愿服务搭建平台，比如西北地区环境保护、扶贫开发任务艰巨，高校可以立足本地开展环境保护、扶贫开发志愿服务活动。

2. 以"推动实践"为着力点，完善道德实践的平台保障

良好的道德实践是道德意识与道德意愿外化的结果，大学生道德观状况最终有赖道德实践的检验。

第一，搭建道德实践供需平台。高校要按照"引进来、走出去"的策略开展道德实践平台搭建，一方面要协同校友、教师等力量广泛调研道德实践需求，另一方面要主动走出去，深入地方政府、事业单位、企业建立道德实践基地。与此同时，积极探索校内道德实践隐性平台的发掘。在此基础上建立道德实践需求方和平台供给方之间的联络渠道，为65.3%"愿意参加支教活动，但还没有机会参与"的大学生提供平台保障。

第二，搭建道德模范选树平台。高校要积极探索校内道德模范选树平台，组织"自强之星""励志之星""风云学子""身边好人"等评选活动，积极推荐大学生参评全省、全国的评先评优，选树优秀的大学生道德榜样，通过"身边榜样"传播校园正能量，为大学生树立看得见、够得着、学得了的"样板"，引导大学生见贤思齐，不断提升思想道德素质。

第三，创新多元道德实践平台。一是创新网络道德实践平台。当代大学生伴网而生，网络随着智能手机的普及变成了时时处处有"网"、人人事事不离"网"的状态，高校也要因时而新，不断探索以网络为媒介建设道德实践平台，打破道德实践的时空界限。发挥网络新媒体交互性、开放性等优势，创新道德实践内容，以新颖的形式吸引大学生广泛参加，引入"互联网+公益""互联网+慈善""微公益"等互联网道德实践新载体，以"云端公益"补充传统的道德实践平台，为大学生随时随地随手开展道德实践创造条件。二是搭建传统道德实践平

台。中华优秀传统文化孕育了中华传统美德,高校要引导大学生在读经典、学经典的过程中领悟中华传统美德的基本精神。同时创新中华优秀传统文化的传播方式,推动中华传统美德焕发新的生机。三是搭建红色道德实践平台。高校应从传承红色基因、践履中国革命道德的角度高度重视红色道德实践的平台建设,一方面与红色教育基地建立合作关系,设立实践基地,引导大学生在历史场景中感悟中国革命道德的深刻内涵,另一方面要充分发挥高校学科优势,在红色资源宣传阐释、开发利用等方面作出贡献,引导大学生在参与红色基地建设的过程中传承中国革命道德。

3. 以"营造氛围"为关键点,打造向上向善的校园文化

校园是大学生学习生活的重要场所,高校要充分挖掘校园内一切看得见和看不见的事物、活动等蕴藏的道德观教育价值,营造能够引导大学生向上向善的校园文化氛围。

第一,打造和谐的校园文化景观。校园文化景观是传递人文情怀的重要媒介,比如一座德高望重的先贤雕塑、一处楼宇的命名、一块事迹的碑刻。要通过新生入学教育、主题党团日等开展校史教育,充分发挥这些看得见的事物和这些事物背后的历史故事的正能量,润物无声地开展思想理论教育和价值引领。

第二,设计隐性的校园文化符号。校园文化可以是看见的,也可以是听到的、感受到的,比如寓意深刻的校训、一段流传的感人故事、一首动听的校园歌曲或是晨间一缕抚慰人心的阳光……高校应在校园文化景观、符号的设计中坚持以"美"育人、以"文"化人,让大学生在聆听"美"、体验"美"的过程中,在浓厚的校园文化熏陶中,求真求实、崇德向善。

第三,重视仪式典礼的育人功能。仪式典礼是开展大学生思想政治工作的手段之一,也是形式新颖、成效显著的思想政治教育方式。高校要抓住开学、毕业以及"七一""国庆""校庆"等重要时间节点设计升国旗、唱国歌、重温历史、学习先辈等仪式,通过郑重的仪式典礼增强学生的互动性、参与感,不断提升思想政治教育的成效。

第四章
文化观与文化素养

坚定文化自信,建设社会主义文化强国,是进入新时代以来党和国家全面建成社会主义现代化国家的一项重要任务。这不仅是因为"文化是一个国家、一个民族的灵魂"①,而且是因为"中国特色社会主义是全面发展、全面进步的伟大事业,没有社会主义文化繁荣发展,就没有社会主义现代化。"②

增强文化自信,可以重点从文化自信观念的树立确信以及文化素养的涵育提升着手。

推动文化自信观念的树立确信,必须加强文化自信的理论学习。一方面,"坚定文化自信,离不开对中华民族历史的认知和运用。""同历史对话,我们能更好认识过去、把握当下、面对未来。"③另一方面,"要增强文化自信,在传承中华优秀传统文化基础上发展社会主义先进文化,加快建设社会主义文化强国。"④

推动文化素养的涵育提升,必须丰富文化自信的教育实践。一方面,高校要坚持以马克思主义为指导,全面贯彻党的教育方针,抓好当代大学生文化观的理论教育,引导当代大学生广泛参加中华优秀传统文化和革命精神传承的教育活动,厚植当代大学生对中华优秀传统文化和中国精神的自信,特别是要增进当代大学生对文化精神的自信、文化能力的自信、文化道路的自信;另一方面,要教导当代大学生正确理解文化自信的整体性,特别是要辩证地看待中华优秀传统文化与西方优秀文化之间这种"自我""他我"的关系,要"涤除文化上的不自信",引导当代大学生"文化自信由自然复苏走向自觉成长","涵养直面当今时代文化竞争的精神底气",⑤全面提升当代中国大学生的文化素养,培养一代又一代既能彰显中国特色社会主义核心价值观又能凝聚中国精神的社会主义文化强国建设主力军和生力军。

本章重点考察当代大学生文化自信观念的树立确信以及文化素养的涵育提升的基本情况。首先,从总体上考察当代大学生文化自信观念树立确信的基本特征,特别是当代大学生的个体特征、成长经历、家庭环境与群体特征对其文化自信观念树立确信的重大影响。其次,全面评估当代大学生文化素养涵育提升的总体特征,着重考察传统文化传承活动参与、文化经典阅读、革命精神理解和中外影视节目互鉴等文化教育实践对当代大学生

① 中共中央文献研究室:《习近平关于社会主义文化建设论述摘编》,中央文献出版社2017年版,第5页。
② 习近平:《坚定文化自信 建设社会主义文化强国》,《求是》2019年第12期。
③ 习近平:《在中国文联十大、中国作协九大开幕式上的讲话》,人民出版社2016年版,第9页。
④ 习近平:《传承中华优秀传统文化 建设文化强国》,《光明日报》2021年4月26日。
⑤ 沈壮海:《论文化自信》,湖北人民出版社2020年版,第11—26页。

文化素养涵育提升的作用。再次,用系统思维和定序回归的方法来全面分析文化素养涵育提升对当代大学生文化自信观念增强的内在机理、影响强度和发生概率。最后,简单总结当代大学生文化自信观念树立确信同文化素养涵育提升之间的关联机制,同时梳理当代大学生文化自信构建和文化素养涵育存在的主要问题,并提出系统性推动当代大学生文化自信构建与文化素养涵育的建议,以进一步明确提振当代大学生文化自信的着力点,充实涵养当代大学生中国精神的正能量,夯实当代大学生推进社会主义文化强国建设的文化自信根基。

一、文化自信

尽管对文化自信的理解有不同的维度,但人们一般赞同这种观点:"文化自信是一个民族在文化问题上所具有的一种积极精神状态,它体现为观察、思考和推动文化发展进程中对于优秀传统的礼敬、直面世界的从容、开创未来的坚毅。"[①]由此可推知,对文化自信的理解至少包含以下三个层次。

一是对待中华优秀传统文化的态度,即这个民族"对于自己已有文化理念的信仰与坚守、对于自己文化价值的肯定与认同、对于推进自己文化创新发展的坚韧与执着"[②]。为此,在调查问卷中,我们设计了"我为中华文化感到自豪""文化自信是一个国家、一个民族发展中更基本、更深沉、更持久的力量"这两个题目来度量当代大学生对待中华优秀传统文化的态度。

二是对待西方等外来文化的态度,即这个民族"要能够理性地看到人之所短,也敢于、善于识人之所长、取人之长。""在对待他者文化上,盲目迷拜或简单拒斥,都是文化不自信的表现"。[③] 因此,在调查问卷中,我们设计了"我们应以开放包容的态度吸收其他文化的优长""我们应当警惕西方文化的价值渗透"两个题目来考察当代大学生对待西方外来文化的态度。

三是对待中华民族未来文化创造能力的态度,即对中华民族这个"作为文化创造主体的人的自信"和"对中国特色社会主义文化发展道路的信心"[④]。故而,我们在调查问卷中设计了"中华民族一定能创造文化新辉煌"这个题目,来测度当代大学生对中华民族未来文化创造能力的态度。

总之,结合当代大学生对文化自信不同理解层次与态度的度量,不仅可以反映文化主体的自信程度,而且能在一定程度上体现当代大学生的文化观。

(一) 文化自信总体情况

当前,中国大学生对中华优秀传统文化充满了强烈的认同感,展现出高度的文化自信。从总体看,这种文化自信主要体现出以下几个基本特点。

---

① 沈壮海:《论文化自信》,湖北人民出版社 2020 年版,第 15—16 页。
② 沈壮海:《论文化自信》,湖北人民出版社 2020 年版,第 15 页。
③ 沈壮海:《论文化自信》,湖北人民出版社 2020 年版,第 11 页。
④ 沈壮海:《论文化自信》,湖北人民出版社 2020 年版,第 18—19 页。

第一，对中华优秀传统文化充满了强烈认同的文化自信。由表4-1调查统计结果可知，一方面，非常赞同"我为中华文化感到自豪"观点的人数比例高达86.7%；另一方面，非常赞同"文化自信是一个国家、一个民族发展中更基本、更深沉、更持久的力量"观点的人数占总体的比重为86.5%。由此可见，当代大学生视中华文化为共同的精神家园和凝聚中国精神的重要载体。

表4-1 不同群体大学生对文化自信认同度的交互分析

题项	性别			年龄			
	男	女	总计	20岁及以下	21至25岁	25岁及以上	总计
	列比%	列比%	列比%	列比%	列比%	列比%	列比%
1. 我为中华文化感到自豪							
很不赞同	0.3	0.2	0.2	0.2	0.2	0.3	0.2
不大赞同	0.5	0.2	0.3	0.3	0.3	0.2	0.3
说不清楚	4.1	1.5	2.4	2.3	2.5	2.7	2.4
比较赞同	13.6	10.0	11.4	10.7	12.0	11.5	11.4
非常赞同	81.5	88.2	85.7	86.4	84.9	85.4	85.7
总计	100.0	100.0	100.0	100.0	100.0	100.0	100.0
2. 中华民族一定能创造文化新辉煌							
很不赞同	0.3	0.2	0.2	0.2	0.2	0.3	0.2
不大赞同	0.7	0.2	0.4	0.4	0.4	0.3	0.4
说不清楚	4.5	1.9	2.9	2.8	2.9	3.2	2.9
比较赞同	14.0	11.1	12.2	11.7	12.7	12.2	12.2
非常赞同	80.5	86.7	84.4	84.9	83.8	84.0	84.4
总计	100.0	100.0	100.0	100.0	100.0	100.0	100.0
3. 文化自信是一个国家、一个民族发展中更基本、更深沉、更持久的力量							
很不赞同	0.3	0.2	0.2	0.2	0.2	0.3	0.2
不大赞同	0.5	0.2	0.3	0.3	0.3	0.2	0.3
说不清楚	3.9	1.4	2.3	2.2	2.4	2.7	2.3
比较赞同	12.9	9.3	10.7	10.1	11.3	10.3	10.7
非常赞同	82.5	89.0	86.5	87.2	85.9	86.4	86.5
总计	100.0	100.0	100.0	100.0	100.0	100.0	100.0

续表

题项	性别			年龄			
	男	女	总计	20岁及以下	21至25岁	25岁及以上	总计
	列比%	列比%	列比%	列比%	列比%	列比%	列比%
4. 我们应以开放包容的态度吸收其他文化的优长							
很不赞同	0.3	0.2	0.2	0.2	0.2	0.3	0.2
不大赞同	0.6	0.2	0.3	0.3	0.4	0.3	0.3
说不清楚	4.1	1.5	2.5	2.4	2.6	2.7	2.5
比较赞同	14.1	10.7	12.0	11.2	12.8	12.4	12.0
非常赞同	80.9	87.5	85.0	85.9	84.1	84.3	85.0
总计	100.0	100.0	100.0	100.0	100.0	100.0	100.0
5. 我们应当警惕西方文化的价值渗透							
很不赞同	0.6	0.4	0.5	0.5	0.4	0.5	0.5
不大赞同	1.5	1.3	1.4	1.5	1.4	1.0	1.4
说不清楚	6.5	5.1	5.6	5.8	5.3	6.0	5.6
比较赞同	15.5	14.8	15.1	15.0	15.1	15.2	15.1
非常赞同	75.8	78.4	77.5	77.2	77.8	77.3	77.5
总计	100.0	100.0	100.0	100.0	100.0	100.0	100.0

第二，对西方文化充满了强烈辩证的文化自觉。对待西方文化能进行自觉的思辨，本着"汲取精华"和"剔除糟粕"的原则来对待"他者文化"，是文化自信的应有之义。由表4-1调查可知，一方面，非常赞同"我们应以开放包容的态度吸收其他文化的优长"观点的人数比例为85.0%；另一方面，能"警惕西方文化的价值渗透"的人数占总体的比重高达92.6%（包括"比较赞同""非常赞同"的人数）。由此可见，当代大学生能比较客观地辨别西方文化的优点和缺点，体现出对西方文化批判式吸收的文化自觉。

第三，对中华民族文化创造力充满了强烈自豪的文化共识。对中华民族未来文化创造力充满了自豪，这本身就是一种文化自信，它不仅体现为当代大学生对建立社会主义文化强国的共同期待，也彰显了大学生对当下中国文化精神、文化能力和文化道路强烈的信赖和坚守。由调查结果可知，非常赞同"中华民族一定能创造文化新辉煌"这一观点的大学生占总体的比重为84.4%。可见，坚定文化自信，建设中国特色社会主义文化强国，已经成为当代大学生共同的精神追求和行动愿景。

综上所述，对当代大学生而言，文化自信已经成为大学生坚守文化精神和自觉成长的重要组成部分。尽管文化自信的生成过程是很复杂的，但一般认为，当代大学生这种文化自信的生成不仅取决于个人特征和成长经历，而且取决于家庭特征和所处群体特征。因此，为了深入地剖析当代大学生文化自信培育的制约因素，我们将从个体特征、成长经历、家庭特征和群体特征四个层次来研判当代大学生文化自信的涵养特征。

（二）个体特征与文化自信

文化自信立基于文化自知，而文化自知、认同、确信的进路，或因个体性别和年龄差异而有不同的推进轨迹。因此，探寻微观个体的性别和年龄差异对当代大学生文化自信生成道路的影响，能够帮助我们为涵养大学生文化自信提供"个性化"的方法。

具体说来，微观个体特征对当代大学生文化自信生成的影响具有以下突出特征。

第一，女性的文化自信认同感普遍高于男性。很多研究表明，性别差异对认知能力提升是有影响的，特别是在学习型社会中，赞成认知能力成长中的"中性个体"是一个非常虚幻的命题①。从性别差异看，无论是对传统文化的认同、对西方文化的态度，还是对未来中国文化创造能力的认同，女性的文化自信认同感总体上高于男性。以"非常赞同"的态度为例，由表4-1调查结果可知，女性大学生对文化自信五个测试题目的回答人数占比依次为88.2%、86.7%、89.0%、87.5%和78.4%（其对应的卡方检验依次为 $\chi^2 = 528.876, P < 0.001; \chi^2 = 472.297, P < 0.001; \chi^2 = 525.603, P < 0.001; \chi^2 = 531.376, P < 0.001; \chi^2 = 72.049, P < 0.001$），均显著高于男性。因此可知，女性大学生对文化认同感更坚定。

第二，年龄组别差异对文化自信认同感的影响不大。年龄是一种非常重要的人格特质，也是一种能对认知能力产生影响的因素②。由表4-1调查结果可知，以大学生选择"非常赞同"的结果为例，对于文化自信不同的测试题目，这些不同年龄组群的人数选择占比均没有明显的差异。但若从选择人数占比的绝对值看，除第五项测试题目外，选择人数占比值按年龄从低到高呈现出"V"型结构。因此可见，尽管不同年龄组群对大学生文化自信的认同没有本质的差异，但年龄为"21至25岁"的大学生群体对文化自信的认同感略弱于其他年龄群组。

综上所述，从微观个体特征看，性别对当代大学生文化自信的认同感存在影响，而年龄组别差异对大学生文化自信认同感的影响是可以忽略不计的。

（三）成长经历与文化自信

尽管大学生的成长经历是非常复杂而独特的，但在大学期间，大学生的学历成长经历和参与学生自治、担当学生干部的经历仍存在许多共性。总之，从大学生成长经历与文化自信的关系来看，可以总结出以下特点。

第一，不同学历对大学生文化自信认同感的影响没有本质区别，但有"门槛"效应。一般认为，经历对一个人的认知能力有重大影响，认知能力通常是随着人生阅历的增长而下降的。③ 但根据表4-2的调查结果可知，从总体上看，不同学历的大学生对文化自信的认同并没有本质区别，这可以从大学生对文化自信五项测量题目中"非常赞同"这个选项的选择比重上得到证明。在文化自信五项测量题目中，大学生选择"非常赞同"这一选项的人数比例分别为85.7%、84.4%、86.5%、85.0%、77.5%。但若从本科生和研究生的具体发展阶段看，学历成长都有很强的"门槛"效应，即大一学生群体对文化自信的认同感更强。具体说来，对

---

① 联合国教育科学文化组织：《从信息社会迈向知识社会》，教科文组织2005年版，第167页。
② 赵宇晗、余林：《人格特质与认知能力的关系及其年龄差异》，《心理科学进展》2014年第12期。
③ ［美］约翰·安德森：《认知心理学及其启示》，秦裕林译，人民邮电出版社2012年版，第87页。

本科生群体而言,按大一到大四的年级顺序,大学生对文化自信的认同感不仅呈明显的"V"型结构,而且本科一年级学生群体对文化自信的认同明显高于其他年级。不同年级大学生的这种文化自信认同感呈"V"型发展态势,一方面,这可能与大学思想政治理论课主要安排在大一期间有关;另一方面,也可能与大四学生在寻找毕业实习和工作机会的过程中增强了对文化自信作用的理解有关。对研究生群体来说,硕士研究生群体对文化自信的认同感普遍略高于博士研究生群体,硕士生群体对文化自信五项测量题目的"非常赞同"这个选项的选择比例分别为 86.2%、85.3%、87.1%、85.3% 和 79.0%,高于博士生群体的 85.1%、83.5%、86.3%、84.6% 和 77.5%。研究生群体的文化自信认同感存在细微差异,一种可能的解释是博士研究生群体更多地把学习时间与工作精力投入到科研实践活动之中。当然,这种对科研实践精神的追求也可以被看作一种文化精神的自信。

表4-2　成长经历与文化自信认同的交互分析

题项	年级							是否担任学生干部		
	大一	大二	大三	大四	硕士生	博士生	总计	是	否	总计
	列比%	列比%	列比%	列比%	列比%	列比%	列比%	列比%	列比%	列比%
1. 我为中华文化感到自豪										
很不赞同	0.3	0.3	0.2	0.1	0.2	0.1	0.2	0.2	0.4	0.2
不大赞同	0.3	0.4	0.4	0.3	0.2	0.2	0.3	0.2	0.5	0.3
说不清楚	1.9	2.8	3.0	2.8	2.0	2.3	2.4	2.0	4.1	2.4
比较赞同	8.5	12.4	13.2	11.8	11.6	12.3	11.4	10.8	13.4	11.4
非常赞同	89.0	84.1	83.2	85.0	86.2	85.1	85.7	86.8	81.6	85.7
总计	100.0	100.0	100.0	100.0	100.0	100.0	100.0	100.0	100.0	100.0
2. 中华民族一定能创造文化新辉煌										
很不赞同	0.3	0.3	0.2	0.1	0.2	0.1	0.2	0.2	0.4	0.2
不大赞同	0.4	0.4	0.4	0.3	0.2	0.4	0.3	0.3	0.8	0.4
说不清楚	2.2	3.5	3.4	3.3	2.3	2.6	2.8	2.5	4.2	2.8
比较赞同	9.6	13.1	14.1	12.7	11.9	13.4	12.2	11.5	14.3	12.2
非常赞同	87.5	82.7	81.9	83.6	85.3	83.5	84.4	85.5	80.3	84.4
总计	100.0	100.0	100.0	100.0	100.0	100.0	100.0	100.0	100.0	100.0
3. 文化自信是一个国家、一个民族发展中更基本、更深沉、更持久的力量										
很不赞同	0.3	0.2	0.2	0.2	0.2	0.1	0.2	0.2	0.4	0.2
不大赞同	0.3	0.4	0.3	0.3	0.2	0.2	0.3	0.2	0.6	0.3
说不清楚	1.7	2.8	2.9	2.5	1.8	2.4	2.3	1.9	3.8	2.3
比较赞同	8.1	11.6	12.5	11.1	10.6	11.0	10.7	10.1	12.6	10.7
非常赞同	89.6	85.0	84.1	85.9	87.2	86.3	86.5	87.6	82.2	86.5
总计	100.0	100.0	100.0	100.0	100.0	100.0	100.0	100.0	100.0	100.0

题项	年级							是否担任学生干部		
	大一	大二	大三	大四	硕士生	博士生	总计	是	否	总计
	列比%	列比%	列比%	列比%	列比%	列比%	列比%	列比%	列比%	列比%
4. 我们应以开放包容的态度吸收其他文化的优长										
很不赞同	0.3	0.3	0.2	0.1	0.2	0.1	0.2	0.2	0.4	0.2
不大赞同	0.3	0.4	0.4	0.4	0.2	0.2	0.3	0.2	0.7	0.3
说不清楚	2.1	2.8	2.9	3.0	2.0	2.4	2.5	2.1	4.1	2.5
比较赞同	9.3	12.7	13.9	12.2	12.3	12.7	12.0	11.4	13.9	12.0
非常赞同	88.0	83.8	82.6	84.3	85.3	84.6	85.0	86.1	80.9	85.0
总计	100.0	100.0	100.0	100.0	100.0	100.0	100.0	100.0	100.0	100.0
5. 我们应当警惕西方文化的价值渗透										
很不赞同	0.5	0.6	0.4	0.4	0.4	0.2	0.5	0.4	0.8	0.5
不大赞同	1.7	1.4	1.4	1.6	1.1	0.9	1.4	1.3	1.7	1.4
说不清楚	5.5	6.6	6.1	5.3	4.6	5.8	5.6	5.1	7.5	5.6
比较赞同	13.5	16.2	16.3	14.4	14.9	15.6	15.1	14.8	16.2	15.1
非常赞同	78.8	75.2	75.8	78.3	79.0	77.5	77.4	78.4	73.8	77.4
总计	100.0	100.0	100.0	100.0	100.0	100.0	100.0	100.0	100.0	100.0

综上所述,还可以发现,不同年级(特别是大学本科生)的大学生群体对文化自信的认同感与前述不同年龄组群体对文化自信的认同感具有某种相似的认知发展轨迹,即呈现出"V"型发展路径。这也从另一个层面证实了成长经历对文化自信认同的影响,因为这两者都有一个共同因素,即时间发展。

第二,担任学生干部的工作经历对文化自信认同感有重要影响。高校学生干部是当代大学生中一个很重要的学生群体,他们不仅是党和国家优秀青年干部的重要来源和后备军,而且是中国特色社会主义建设的重要建设者和可靠接班人,更是当代大学生群体的领导者。因此,高校学生干部群体对当代大学生思想行为观念发展具有重要影响力[1]。由表4-2调查结果可知,有担任学生干部经历的学生群体,对中华优秀传统文化、西方文化和中国未来文化创造能力的文化自信认同均明显高于非学生干部群体。在以上五项测量题中,有担任学生干部经历的大学生选择"非常赞同"这一选项的人数比例分别是86.8%、85.5%、87.6%、86.1%和78.5%,明显高于非学生干部群体的选择比例81.6%、80.3%、82.7%、80.9%和73.8%。因此可知,拥有一定领导能力的学生干部群体对文化自信具有更高的认同感。

(四)家庭环境与文化自信

家庭是社会的基本细胞,也是人生的第一所学校,家庭的前途命运同国家和民族的前途命

---

[1]　陶思亮、王群、马君、林磊:《高校学生干部情绪智力领导力研究》,《当代青年研究》2013年第3期。

运紧密相连,因为"家庭是孩子的第一个课堂,父母是孩子的第一个老师"。① 家庭类型与子女结构等家庭环境因素对孩子品德教育和文化观念形成具有重要影响。② 为了更好地检验家庭特征与大学生文化自信认同的关系,以下主要从家庭类型和是否为独生子女两个层面来进行分析。

第一,家庭类型对当代大学生文化自信认同具有重要影响。首先,从总体上来看,不同家庭类型成长起来的大学生对中华文化自信的认同比较高。这可以从表4-3不同家庭类型的大学生选择"非常同意"这一选项的人数比例中得到证明,其人数比例分别为85.7%、84.4%、86.5%、85.0%和77.5%。其次,来自双亲家庭和重组家庭的大学生群体对文化自信的认同感高于来自单亲家庭的大学生群体。具体说来,有以下四个明显差异:一是双亲家庭的大学生群体对文化自信认同最高(见表4-3家庭类型中"非常赞同"选项对应的双亲家庭这一项的列占比数值,下同);二是身为孤儿的大学生群体对文化自信的认同感是最低的;三是由母亲抚养的单亲家庭大学生群体对文化自信认同感高于由父亲抚养的单亲家庭大学生群体;四是不同家庭类型对文化自信认同的"同群效应"是有一定秩序的。即若排除对文化自信第五项测度题,按选择"非常赞同"这一选项的人数比例进行排序,对文化自信认同感从高到低的大学生群体分别为双亲家庭、重组家庭、由母亲抚养的单亲家庭和由父亲抚养的单亲家庭。总之,不同家庭类型的大学生群体对文化自信认同是有差异的,尽管在整体上他们对文化自信的认同没有明显区别。

表4-3　不同家庭结构与文化自信认同的交互分析

题项	家庭类型						独生子女		
	双亲家庭	单亲家庭(父亲抚养)	单亲家庭(母亲抚养)	重组家庭	孤儿	总计	是	否	总计
	列比%	列比%	列比%	列比%	列比%	列比%	列比%	列比%	列比%
1. 我为中华文化感到自豪									
很不赞同	0.2	0.2	0.3	0.4	1.6	0.2	0.3	0.2	0.2
不大赞同	0.3	0.7	0.3	0.4	2.4	0.3	0.3	0.3	0.3
说不清楚	2.4	3.5	2.7	2.4	6.5	2.4	2.8	2.2	2.4
比较赞同	11.3	11.8	11.5	12.4	13.8	11.4	11.4	11.4	11.4
非常赞同	85.8	83.8	85.2	84.4	75.7	85.7	85.2	85.9	85.7
总计	100.0	100.0	100.0	100.0	100.0	100.0	100.0	100.0	100.0
2. 中华民族一定能创造文化新辉煌									
很不赞同	0.2	0.1	0.3	0.4	2.4	0.2	0.3	0.2	0.2
不大赞同	0.3	1.0	0.6	0.6	1.6	0.4	0.4	0.3	0.4
说不清楚	2.8	4.2	3.3	3.0	7.3	2.9	3.3	2.6	2.8
比较赞同	12.1	13.0	12.2	12.9	16.3	12.2	12.1	12.2	12.2
非常赞同	84.6	81.7	83.6	83.1	72.4	84.5	83.9	84.7	84.4
总计	100.0	100.0	100.0	100.0	100.0	100.0	100.0	100.0	100.0

---

① 中共中央党史和文献研究院:《习近平关于注重家庭家教家风建设论述摘编》,中央文献出版社2021年版,第17页。

② 杨磊、戴优升:《家庭结构如何影响青少年健康?》,《社会建设》2021年第5期。

续表

题项	家庭类型						独生子女		
	双亲家庭	单亲家庭（父亲抚养）	单亲家庭（母亲抚养）	重组家庭	孤儿	总计	是	否	总计
	列比%	列比%	列比%	列比%	列比%	列比%	列比%	列比%	列比%
3. 文化自信是一个国家、一个民族发展中更基本、更深沉、更持久的力量									
很不赞同	0.2	0.1	0.2	0.4	2.4	0.2	0.2	0.2	0.2
不大赞同	0.3	0.4	0.5	0.4	0.8	0.3	0.3	0.3	0.3
说不清楚	2.3	3.6	2.3	2.4	7.4	2.3	2.6	2.1	2.3
比较赞同	10.6	11.0	10.7	10.8	13.8	10.7	10.7	10.6	10.7
非常赞同	86.6	84.9	86.3	86.0	75.6	86.5	86.2	86.8	86.5
总计	100.0	100.0	100.0	100.0	100.0	100.0	100.0	100.0	100.0
4. 我们应以开放包容的态度吸收其他文化的优长									
很不赞同	0.2	0.0	0.2	0.4	1.6	0.2	0.2	0.2	0.2
不大赞同	0.3	0.8	0.5	0.6	4.1	0.3	0.4	0.3	0.3
说不清楚	2.5	3.6	2.9	2.3	5.7	2.5	2.8	2.4	2.5
比较赞同	11.9	12.8	12.1	12.5	13.0	12.0	11.7	12.1	12.0
非常赞同	85.1	82.8	84.3	84.2	75.6	85.0	84.9	85.0	85.0
总计	100.0	100.0	100.0	100.0	100.0	100.0	100.0	100.0	100.0
5. 我们应当警惕西方文化的价值渗透									
很不赞同	0.4	0.3	0.7	0.7	4.1	0.5	0.6	0.4	0.5
不大赞同	1.4	1.7	1.6	2.2	1.6	1.4	1.5	1.4	1.4
说不清楚	5.5	7.3	5.9	5.3	11.4	5.6	5.9	5.4	5.6
比较赞同	15.1	14.7	15.2	16.5	13.0	15.0	14.5	15.4	15.1
非常赞同	77.6	76.0	76.6	75.3	69.9	77.5	77.5	77.4	77.4
总计	100.0	100.0	100.0	100.0	100.0	100.0	100.0	100.0	100.0

　　第二，独生子女大学生与非独生子女大学生对文化自信的认同没有显著差异。由于之前几十年中国独生子女政策的实施以及家庭生育观念的变化，我国出现了大量的独生子女。这些独生子女在社会化的过程中，在性格特征、生活技能、社会交往、社会规范、生活目标和自我认知等方面表现出与非独生子女不同的样态。[①] 但我们的调查结果（见表4-3独生子女中"非常同意"这一选项总计的列占比的统计结果）显示，独生子女与非独生子女的大学生对文化自信的认同感并没有本质差异。

_____

① 风笑天：《独生子女青少年的社会化过程及其结果》，《中国社会科学》2000年第6期。

（五）群体特征与文化自信

个体认知能力与群体认知能力之间的关系密切且复杂。一方面，有研究表明，人类鲜有独立思考的时候，因为人类的大多数决策都不过是情绪和拇指法则的产物，而非来自于理性的分析。[①] 另一方面，也有研究认为，个体认知及其交流传播离不开群体认知，因为个体认知能力的养成、人际认知交流的实现都处于特定的群体传播交流环境之中，并受群体认知的影响。[②] 为了更深入地了解不同类型的大学生群体对文化自信是否有不同的认知，我们将从民族、专业、政治面貌和生源地类别四个方面来具体考察不同类型大学生的群体特征对大学生文化自信认同的影响。

第一，各民族群体的大学生对文化自信认同都非常高。增进不同民族群体的人民对中华文化的认同，是增强中华民族共同体意识的重要精神基础，因为文化认同是最深层次的认同，是民族团结之根、民族和睦之魂。[③] 因此，为了增强中华民族共同体意识，高校通常会从政治认知教育、文化认知教育和情感认知教育等维度来提高当代大学生对中华民族共同体的情感认同和对中华文化的认同。[④] 根据表4-4的调查结果，不同民族的大学生对文化自信的认同具有以下几个重要特征。一是不同民族的大学生在总体上都对文化自信保持高度认同。其判定依据在于：对"非常赞同"这一选项的总计列占比进行统计，其比重依次分别为：85.7%、84.3%、86.5%、85.0%和77.5%。二是除藏族外，其他不同民族的大学生群体对文化自信的认同没有显著区别（见表4-4中选项"非常赞同"的列比数值）。三是在对待西方文化渗透方面，满族的大学生群体对"应当警惕西方文化的价值渗透"表示"非常赞同"的人数占比是最高的，达80.0%。总之，不同民族群体的大学生总体上对文化自信认同都保持了很高的一致性。

表4-4　不同民族大学生与文化自信认同的交互分析

选项	民族类型								
	汉族	回族	维吾尔族	藏族	壮族	满族	蒙古族	其他民族	总计
	列比%	列比%	列比%	列比%	列比%	列比%	列比%	列比%	列比%
1. 我为中华文化感到自豪									
很不赞同	0.3	0.4	0.5	0.5	0.4	0.5	0.4	0.2	0.2
不大赞同	0.3	0.6	1.2	1.1	0.2	0.5	0.4	0.6	0.3
说不清楚	2.4	2.6	4.0	5.5	2.7	3.8	4.0	2.5	2.4
比较赞同	11.4	10.4	5.8	16.9	14.6	9.0	9.8	11.1	11.4

[①] ［美］斯蒂文·斯洛曼、菲利普·费恩巴赫：《认知的错觉——为什么我们从未独立思考》，祝常悦译，中信出版集团2018年版，第23页。

[②] 李思屈：《群体认知传播障碍研究：AII群体认知传播模型建构》，《西南民族大学学报》（人文社会科学版）2022年第2期。

[③] 国家民族事务委员会：《中央民族工作会议精神学习辅导读本》（增订版），民族出版社2019年版，第196页。

[④] 青觉、王敏：《认知、情感与人格：高校铸牢中华民族共同体意识教育的政治心理建构》，《民族教育研究》2021年第6期。

续表

选项	民族类型								
	汉族	回族	维吾尔族	藏族	壮族	满族	蒙古族	其他民族	总计
	列比%	列比%	列比%	列比%	列比%	列比%	列比%	列比%	列比%
非常赞同	85.8	86.0	88.5	76.0	82.1	86.2	85.4	85.6	85.7
总计	100.0	100.0	100.0	100.0	100.0	100.0	100.0	100.0	100.0
2. 中华民族一定能创造文化新辉煌									
很不赞同	0.2	0.3	0.5	0.5	0.5	0.5	0.6	0.1	0.2
不大赞同	0.3	0.7	1.4	1.1	0.4	1.1	0.3	0.7	0.4
说不清楚	2.8	2.5	3.8	5.5	2.6	4.5	4.3	2.7	2.9
比较赞同	12.2	11.7	6.5	20.2	15.7	10.0	10.6	12.0	12.2
非常赞同	84.5	84.8	87.8	72.7	80.8	83.9	84.2	84.5	84.3
总计	100.0	100.0	100.0	100.0	100.0	100.0	100.0	100.0	100.0
3. 文化自信是一个国家、一个民族发展中更基本、更深沉、更持久的力量									
很不赞同	0.2	0.3	0.5	0.5	0.3	0.7	0.4	0.1	0.2
不大赞同	0.2	0.6	1.4	0.5	0.4	0.9	0.3	0.6	0.3
说不清楚	2.3	2.9	3.1	5.5	2.3	3.2	3.4	2.4	2.3
比较赞同	10.7	9.5	6.8	14.8	13.7	9.5	10.5	10.2	10.7
非常赞同	86.6	86.7	88.2	78.7	83.3	85.7	85.4	86.7	86.5
总计	100.0	100.0	100.0	100.0	100.0	100.0	100.0	100.0	100.0
4. 我们应以开放包容的态度吸收其他文化的优长									
很不赞同	0.2	0.3	0.5	0.5	0.3	0.2	0.4	0.2	0.2
不大赞同	0.3	1.4	1.6	0.0	0.4	1.4	0.4	0.4	0.3
说不清楚	2.4	2.3	4.2	6.0	2.7	3.4	3.8	2.8	2.5
比较赞同	11.9	10.3	8.5	18.6	15.7	10.0	10.4	12.2	12.0
非常赞同	85.2	85.7	85.2	74.9	80.9	85.0	85.0	84.4	85.0
总计	100.0	100.0	100.0	100.0	100.0	100.0	100.0	100.0	100.0
5. 我们应当警惕西方文化的价值渗透									
很不赞同	0.4	0.6	0.7	0.5	0.4	1.6	0.7	0.3	0.5
不大赞同	1.4	1.7	2.4	1.2	1.4	1.8	2.4	1.4	1.4
说不清楚	5.4	6.7	10.4	8.7	7.5	4.8	8.5	6.2	5.6
比较赞同	15.0	13.6	15.3	21.3	18.3	11.8	12.8	16.2	15.0
非常赞同	77.8	77.4	71.2	68.3	72.4	80.0	75.6	75.9	77.5
总计	100.0	100.0	100.0	100.0	100.0	100.0	100.0	100.0	100.0

第二,来自不同学科专业的大学生在总体上对文化自信保持高度的认同。根据社会认知生涯理论,由于学科培养目标、学科素养要求以及学科学习经历的不同,不同学科背景大学生的认知能力是有差异的。[1] 由此,可以从学科差异的角度来考察不同学科背景的大学生群体对文化自信的认同情况。由表4-5的调查结果可知,不同学科背景的大学生群体对文化自信的认同具有以下几个特征。一是不同学科群体的大学生在总体上都对文化自信保持了很高的认同。在表4-5中五个测量题目中,选择"非常赞同"这一选项的大学生人数比例依次为85.7%、84.4%、86.5%、85.0%和77.5%。二是除来自哲学学科的大学生群体外,其他学科的大学生群体对文化自信的认同都是很高的。之所以会出现来自哲学学科的大学生对文化自信认同感略低这种情况(见表4-5中选项"非常赞同"的列比数值),一种可能的解释是哲学专业的大学生更具批判精神。

表 4-5　不同学科专业与文化自信认同的交互分析

题项	学科专业类型													
	哲学	经济学	法学	工学	文学	历史学	理学	教育学	农学	医学	管理学	艺术学	交叉学科	总计
	列比%	列比%	列比%	列比%	列比%	列比%	列比%	列比%	列比%	列比%	列比%	列比%	列比%	列比%
1. 我为中华文化感到自豪														
很不赞同	2.2	0.4	0.2	0.1	0.2	0.5	0.1	0.4	0.1	0.1	0.2	0.2	0.5	0.2
不大赞同	2.4	0.6	0.1	0.2	0.3	0.3	0.3	0.2	0.2	0.4	0.1	0.4	0.8	0.3
说不清楚	6.6	2.9	1.7	2.6	1.5	1.5	2.1	2.8	3.0	3.2	2.1	3.1	3.5	2.4
比较赞同	12.2	12.2	10.9	11.9	10.3	12.9	11.8	10.6	10.7	14.0	11.9	9.7	11.7	11.4
非常赞同	76.6	83.9	87.1	85.2	87.7	84.8	85.7	86.0	86.0	82.3	85.7	86.6	83.5	85.7
总计	100.0	100.0	100.0	100.0	100.0	100.0	100.0	100.0	100.0	100.0	100.0	100.0	100.0	100.0
2. 中华民族一定能创造文化新辉煌														
很不赞同	2.0	0.4	0.2	0.1	0.1	0.5	0.1	0.4	0.1	0.1	0.2	0.2	0.5	0.2
不大赞同	1.8	0.7	0.2	0.2	0.4	0.5	0.3	0.3	0.2	0.6	0.3	0.4	0.8	0.4
说不清楚	7.9	3.3	2.1	3.2	2.1	1.7	2.8	2.9	3.9	3.4	2.4	3.3	4.3	2.9
比较赞同	13.6	13.6	11.4	12.7	11.2	13.7	12.7	10.9	11.8	15.0	12.8	10.5	11.8	12.1
非常赞同	74.7	82.0	86.1	83.8	86.2	83.6	84.1	85.5	84.0	80.9	84.3	85.6	82.6	84.4
总计	100.0	100.0	100.0	100.0	100.0	100.0	100.0	100.0	100.0	100.0	100.0	100.0	100.0	100.0
3. 文化自信是一个国家、一个民族发展中更基本、更深沉、更持久的力量														
很不赞同	2.0	0.3	0.2	0.1	0.2	0.7	0.1	0.4	0.1	0.2	0.2	0.2	0.5	0.2
不大赞同	2.2	0.6	0.3	0.2	0.3	0.3	0.2	0.3	0.2	0.3	0.1	0.2	0.5	0.3
说不清楚	6.6	2.6	1.7	2.5	1.4	1.5	2.1	2.6	2.3	3.2	2.0	3.0	3.3	2.3
比较赞同	12.8	12.4	9.3	11.2	9.5	11.5	11.1	10.1	10.6	13.0	11.0	9.3	11.1	10.7
非常赞同	76.4	84.1	88.5	86.0	88.6	86.0	86.5	86.6	86.8	83.4	86.7	87.3	84.6	86.5
总计	100.0	100.0	100.0	100.0	100.0	100.0	100.0	100.0	100.0	100.0	100.0	100.0	100.0	100.0

----

[1]　常文豪、吕慈仙:《不同学科大学生的创业课程经历对创业意向的影响研究——基于社会认知生涯理论(SCCT)的实证分析》,《教育发展研究》2022年第3期。

续表

题项	学科专业类型													
	哲学	经济学	法学	工学	文学	历史学	理学	教育学	农学	医学	管理学	艺术学	交叉学科	总计
	列比%	列比%	列比%	列比%	列比%	列比%	列比%	列比%	列比%	列比%	列比%	列比%	列比%	列比%
4. 我们应以开放包容的态度吸收其他文化的优长														
很不赞同	2.0	0.3	0.2	0.1	0.1	0.5	0.1	0.4	0.1	0.1	0.2	0.1	0.5	0.2
不大赞同	2.9	0.5	0.3	0.3	0.2	0.5	0.3	0.4	0.5	0.3	0.4	0.5	0.5	0.3
说不清楚	5.7	2.7	1.7	2.8	1.5	1.7	2.3	2.9	2.8	2.9	2.2	3.3	3.6	2.5
比较赞同	13.6	13.1	10.7	12.3	10.6	12.6	12.7	12.0	11.6	13.5	13.0	10.5	11.6	12.1
非常赞同	75.8	83.4	87.2	84.5	87.6	84.7	84.6	84.4	85.1	83.0	84.3	85.7	83.8	85.0
总计	100.0	100.0	100.0	100.0	100.0	100.0	100.0	100.0	100.0	100.0	100.0	100.0	100.0	100.0
5. 我们应当警惕西方文化的价值渗透														
很不赞同	2.6	0.7	0.4	0.4	0.3	0.9	0.5	0.6	0.3	0.3	0.4	0.4	1.1	0.5
不大赞同	2.9	1.5	0.7	1.4	0.9	0.8	1.7	1.8	1.6	1.6	1.3	1.6	1.5	1.4
说不清楚	7.9	5.9	2.8	5.6	3.6	2.3	6.4	6.4	6.1	7.0	5.7	7.6	6.1	5.6
比较赞同	14.9	16.3	12.4	15.2	13.6	15.1	17.2	13.6	14.4	19.0	16.0	13.9	15.5	15.0
非常赞同	71.7	75.6	83.7	77.4	81.6	80.9	74.2	77.6	77.6	72.1	76.6	76.5	75.8	77.5
总计	100.0	100.0	100.0	100.0	100.0	100.0	100.0	100.0	100.0	100.0	100.0	100.0	100.0	100.0

第三,政治面貌是影响当代大学生文化自信认同的一个重要影响因素。有研究表明,政治面貌是影响对爱国主义等中华民族精神认知水平的重要因素。[1] 对爱国主义等中华民族精神的认同,本身就是文化自信的重要表现。因此,有必要从政治面貌的角度来考察当代大学生对文化自信的认同情况。根据表4-6的调查结果,不同政治面貌的大学生在总体上都高度认同文化自信,针对五项调查,表示"非常赞同"的大学生人数比例依次为85.7%、84.4%、86.5%、85.0%和77.5%。

表4-6　政治面貌、生源地类别与文化自信认同的交互分析

题项	政治面貌				生源所在地		
	中共党员	共青团员	群众	总计	农村	城市	总计
	列比%	列比%	列比%	列比%	列比%	列比%	列比%
1. 我为中华文化感到自豪							
很不赞同	0.2	0.2	0.4	0.2	0.2	0.2	0.2
不大赞同	0.3	0.2	0.5	0.3	0.3	0.3	0.3
说不清楚	1.5	2.5	4.6	2.4	2.4	2.5	2.4
比较赞同	10.2	11.5	13.6	11.4	11.5	11.2	11.4

---

① 张磊:《当代公民爱国主义认知的特征、问题与强化路径》,《社会主义核心价值观研究》2020年第3期。

续表

题项	政治面貌				生源所在地		
	中共党员	共青团员	群众	总计	农村	城市	总计
	列比%	列比%	列比%	列比%	列比%	列比%	列比%
非常赞同	87.8	85.6	80.9	85.7	85.6	85.8	85.7
总计	100.0	100.0	100.0	100.0	100.0	100.0	100.0

2. 中华民族一定能创造文化新辉煌

题项	中共党员	共青团员	群众	总计	农村	城市	总计
很不赞同	0.2	0.2	0.3	0.2	0.2	0.2	0.1
不大赞同	0.3	0.4	0.5	0.3	0.3	0.4	0.4
说不清楚	1.8	2.9	5.2	2.9	2.7	3.1	2.9
比较赞同	11.0	12.3	14.1	12.2	12.5	11.9	12.2
非常赞同	86.7	84.2	79.8	84.4	84.3	84.4	84.4
总计	100.0	100.0	100.0	100.0	100.0	100.0	100.0

3. 文化自信是一个国家、一个民族发展中更基本、更深沉、更持久的力量

题项	中共党员	共青团员	群众	总计	农村	城市	总计
很不赞同	0.2	0.2	0.3	0.2	0.2	0.2	0.2
不大赞同	0.3	0.3	0.4	0.3	0.3	0.3	0.3
说不清楚	1.5	2.3	4.4	2.3	2.3	2.3	2.3
比较赞同	9.5	10.8	12.7	10.7	10.8	10.6	10.7
非常赞同	88.5	86.4	82.2	86.5	86.4	86.6	86.5
总计	100.0	100.0	100.0	100.0	100.0	100.0	100.0

4. 我们应以开放包容的态度吸收其他文化的优长

题项	中共党员	共青团员	群众	总计	农村	城市	总计
很不赞同	0.2	0.2	0.3	0.2	0.2	0.2	0.2
不大赞同	0.3	0.3	0.6	0.3	0.3	0.3	0.3
说不清楚	1.6	2.5	4.7	2.5	2.5	2.5	2.5
比较赞同	11.2	11.9	14.2	12.0	12.5	11.6	12.0
非常赞同	86.7	85.1	80.2	85.0	84.5	85.4	85.0
总计	100.0	100.0	100.0	100.0	100.0	100.0	100.0

5. 我们应当警惕西方文化的价值渗透

题项	中共党员	共青团员	群众	总计	农村	城市	总计
很不赞同	0.3	0.5	1.0	0.4	0.4	0.5	0.4
不大赞同	1.0	1.5	1.7	1.4	1.4	1.5	1.4
说不清楚	3.8	5.7	9.1	5.6	5.5	5.6	5.6
比较赞同	13.5	15.4	16.9	15.1	15.4	14.8	15.1
非常赞同	81.4	76.9	71.3	77.5	77.3	77.6	77.5
总计	100.0	100.0	100.0	100.0	100.0	100.0	100.0

第四,生源所在地类别差异并不影响当代大学生对文化自信的认同。根据现有研究,城乡二元化的环境差异是影响人们认知水平差异的一个重要因素,主要是因为教育服务基础设施存在着明显城乡差别。① 由表 4-6"生源地类别"中的选项"非常赞同"列比的调查数值结果可知,生源所在地类别的城乡差异并不影响当代大学生对文化自信的认同。

二、文化素养

文化素养的涵育提升不仅是建设文化强国的内在需要,而且是增强文化自信的重要方法。历史和现实反复证明,一个国家文化软实力的强弱,关键在其国民文化素质的高低。这是因为:"文化强国之'强'与这一国家民众的文化素质直接成正比关系。古往今来的许多大国兴衰,都演绎着这样的道理。"②同时,提高文化素养水平也是涵养、提炼和弘扬向新而行的文化自信的一种重要方法。这是因为:"文化的力量发生于、实现于文化对人的掌握。作为人的创造的文化只有为人所掌握的时候,才会获得展现其力量的主体根据;为文化所武装起来的人越多,文化所能够生发的力量也就越大。"③这种"文化所能够生发的力量"就是一种文化自信。因此,新时代的中国青年要努力提高文化素养。

尽管文化素养的内容是丰富而多元的,但新时代大学生文化素养的涵育发展过程,必须坚持以马克思主义为指导,以中国特色社会主义先进文化为基调,在继承和发扬中华优秀传统文化和革命文化的基础上,着力培养"立足当下、继往开来,立足中国、直面世界"的中国特色社会主义文化自信。④

文化素养涵育是一个具有成长性的系统工程。文化素养的主体是人,文化素养涵育的本质是育人,这就要需要学校、家庭和社会等多方力量长期全面的协同参与。对当代大学生而言,提高文化素养的关键是增进对中华优秀传统文化和中国革命精神的学习与理解,提高中西文化交流互鉴的能力,把文化素养的涵育纳入到高校思想政治教育的全过程,从而夯实文化自信的根基,为新时代建设文化强国提供充沛的精神力量。

为了考察当前全国大学生文化素养涵育提升的基本情况,我们将从传统文化传承活动参与、文化经典阅读、中国革命精神理解和中外影视节目互鉴四个方面,来总结当代大学生文化素养的基本情况。

(一) 传统文化传承活动参与

文化传承不仅是延续中华文化血脉和中华文化基因的重要法宝,也是推动文化自信建立和发展的精神基石与价值底气。传统既是孕育新生事物的母体,也是"演出世界历史新场面"的重要资源。"人们自己创造自己的历史,但是他们并不是随心所欲地创造,并不是在他们自己选定的条件下创造,而是在直接碰到的、既定的、从过去承继下来的条件下创造。"⑤因此可见,传统承继对"创造自己历史"的这种自信与追求具有重要作用。

---

① 高廷雷、王志则:《食品营养信息认知与使用的城乡差距分析》,《农业现代化研究》2022 年第 2 期。
② 沈壮海:《论文化自信》,湖北人民出版社 2020 年版,第 215 页。
③ 沈壮海:《论文化自信》,湖北人民出版社 2020 年版,第 215 页。
④ 王绍霞、沈壮海:《当代中国文化精神的提炼与弘扬》,《思想理论教育导刊》2021 年第 6 期。
⑤ 《马克思恩格斯选集》(第一卷),人民出版社 2012 年版,第 669 页。

　　尽管对传统有不同的理解和认定,我们这里将用传统文化课程、民族乐器、经典诵读、武术、书法、绘画、棋艺、茶艺等活动来代表传统文化活动,通过调查当代大学生对以上这些活动的参与情况,来测度其对传统文化的传承程度。从调查结果来看,当代大学生对文化传承活动的参与具有以下几个突出的特征。

　　第一,当代大学生参与传统文化传承活动的渠道是多元的。中华优秀传统文化内容丰富,载体多元,蕴含了丰富的立德树人教育资源,已经成为国民教育体系的重要组成部分。目前,参与传统文化课程、经典诵读、书法、绘画、民族乐器、武术、棋艺、茶艺等多种承载中华优秀传统文化精神的活动,已经成为当代大学生传承传统文化的重要方式。据调查结果可知,大学生对传统文化课程、经典诵读、书法、绘画、民族乐器、武术、棋艺、茶艺等的参与人次是参与本次调查总人数的 2.22 倍;其中,传统文化课程、经典诵读、书法、绘画、民族乐器等成为当代大学生比较喜爱的活动,学生参与这些活动的人次占活动参与总人次的比例依次为 27.3%、17.4%、15.6%、12.1% 和 10.6%。可见,当代大学生对传统文化传承活动的喜爱也是多元的。

　　第二,传统文化课程是当代大学生参与最多的传统文化传承活动。开设传统文化课程是推进中华优秀传统文化国民教育的主要依托,也是挖掘和宣扬中华优秀传统思想观念、人文精神、道德规范和时代价值的重要途径。自教育部 2014 年颁布《完善中华优秀文化教育指导纲要》和中共中央办公厅、国务院办公厅 2017 年印发《关于实施中华优秀传统文化传承发展工程的意见》以来,传统文化课程就已经成为高校弘扬中华优秀传统文化和落实立德树人任务的重要支撑。在本次调查中,大学生参与传统文化课程的人次占累计总人次的 27.3%,占调查总人数(样本总量)的 60.6%。可见,高校开设的传统文化课程对大学生汲取中华文化精髓和涵养文化自信具有重要意义。

(二) 文化经典阅读

　　文化经典是指在文化领域中经过历史淘洗和筛选出来的具有典范性、权威性和主导性的伟大文化作品。因此,文化经典不仅是跨越人类时空的文化瑰宝和文化精华,而且彰显了文化价值传递的共时性和普遍性,为构建文化自信和文化自觉提供了强大的文化资源,是民族之"根"、国家之"魂"、历史之"神"、时代之"韵"。阅读和传诵文化经典可以提升国民文化素养,传承人类文明,助力传统文化守正创新,是实现中华文化伟大复兴的文化起点。

　　文化经典有不同的主题,课题组主要从中华传统文化经典和红色文化经典两个视角来检视当代大学生阅读文化经典的意愿和文化传承的实效。我们用《论语》《大学》《中庸》《孟子》来代表中华传统文化经典,用《共产党宣言》《毛泽东选集》《邓小平文选》《习近平谈治国理政》来代表红色文化经典或新时代文化经典。根据统计结果,当代大学生的文化经典阅读情况具有以下突出特征:

　　第一,当代大学生文化经典阅读的意愿都比较高。阅读文化经典已经成为当代大学生读书的一种重要选择。由统计结果可知,按"完全没读过"这一选项的统计结果看,其人数占比的区间在 9.9% 至 28.9%。从中我们可以反推阅读过文化经典的大学生人数比例在 71.1% 至 90.1% 之间。其中,阅读或浏览过人数比例最高的文化经典是《论语》,其人数累计占比达 90.1%;阅读或浏览过人数比例最低的文化经典是《中庸》,人数累计占比为 71.1%。《共产党宣言》是大学生阅读或浏览最多的红色文化经典,而且是"精读过全书"比例最高的文化经典。由此可知,当代大学生对文化经典阅读的选择范围比较广泛,文化经典阅读意愿很强。

第二,当代大学生对红色经典和新时代经典的阅读实效总体上比传统文化经典高。尽管当代大学生对文化经典的阅读意愿很高,但从阅读实效和阅读重视程度看,红色文化经典和新时代文化经典更受当代大学生青睐。做出这一判断的基本理由为:一方面,若用"通读过全书""精读过全书"这两个选项来刻画大学生对文化经典的阅读重视程度和阅读实际效果,则这两项统计结果由高到低排序依次为《共产党宣言》《论语》《习近平谈治国理政》《毛泽东选集》《邓小平文选》《孟子》《大学》《中庸》,红色经典或新时代文化经典均排在前五位;另一方面,若按"通读过全书""精读过全书"这两个选项的人数占比来对照,阅读人数比在 10.0% 以上的文化经典只有《共产党宣言》《论语》《习近平谈治国理政》《毛泽东选集》和《邓小平文选》。总之,从总体上看,当代大学生更重视对红色经典和新时代文化经典的阅读。

(三)中国革命精神理解

革命精神是中国共产党在革命、建设和改革实践中形成的宝贵精神财富。它不仅是中国共产党人在践行初心和使命过程中形成的强烈精神追求,而且是中国精神的一种独特标识,更是中华民族内生的最有活力的文化基因和精神密码。习近平总书记多次强调,"井冈山精神和苏区精神是我们党的宝贵精神财富,要永远铭记、世代传承。"[1]"沂蒙精神与延安精神、井冈山精神、西柏坡精神一样,是党和国家的宝贵精神财富,要不断结合新的时代条件发扬光大。"[2]"一百年前,中国共产党的先驱们创建了中国共产党,形成了坚持真理、坚守理想,践行初心、担当使命,不怕牺牲、英勇斗争,对党忠诚、不负人民的伟大建党精神,这是中国共产党的精神之源。"[3]"实现中华民族伟大复兴的中国梦,必须要有中国精神。"[4]因此,承续革命精神不仅有利于我们强化实现中华民族伟大复兴中国梦的精神底气,而且有利于坚定对马克思主义、社会主义和共产主义信仰的精神支柱,把革命精神和奋进新征程建功新时代的伟大实践结合起来,并以此推动中国特色社会主义文化强国的建设。

为了全面地评估当代大学生对中国革命精神的理解与认知,我们从中国革命精神谱系中选择了"伟大建党精神""苏区精神""红岩精神""伟大抗战精神""西柏坡精神""太行精神"六种革命精神作为中国革命精神的典型代表,以"听说过,了解内容""听说过,不了解内容""没听过"三个选项作为对中国革命精神理解与认知的程度描述。由调查结果可知,当代大学生对中国革命精神认知具有以下几个突出特征。

第一,大部分大学生对革命精神都有一定的理解。如果我们用"没听过"这一选项来评估当代大学生对中国革命精神了解的判定标准,据统计,对以上六种革命精神完全没有听说过的人数比例在 7.1% 至 13.8% 之间。从这一结果可以反推,至少有超过 86.2% 的当代大学生都听说过中国革命精神。因此,我们认为大部分大学生对革命精神都有一定程度的认知。

第二,当代大学生对革命精神的认知需要强化。我们可以用"听说过,了解内容""听说

① 《习近平总书记关于苏区精神的重要论述摘编》,《人民日报》2015 年 3 月 7 日。
② 习近平:《论中国共产党历史》,中央文献出版社 2021 年版,第 35 页。
③ 习近平:《在庆祝中国共产党成立 100 周年大会上的讲话》,人民出版社 2021 年版,第 8 页。
④ 中共中央文献研究室:《习近平关于实现中华民族伟大复兴的中国梦论述摘编》,中央文献出版社 2013 年版,第 31 页。

过,不了解内容"这两个选项来评估当代大学生对中国革命精神实质的认知程度,据统计,对以上六种革命精神内容了解的人数比例在 40.0% 至 71.0% 之间,其中,对"伟大抗战精神"内容了解的比例最高,为 71.0%,而对"苏区精神"内容了解的比例最低,只有 40.0%。同时可知,听说过以上六种革命精神但对其内容不了解的人数比例在 21.9% 至 46.5% 之间,其中,对"苏区精神"内容不了解的人数比例最高,为 46.5%;而对"伟大抗战精神"内容不了解的比例最低,为 21.9%。由此可知,大部分大学生听说过革命精神,但对革命精神内容不甚了解的人数比例也相对较高。

(四) 中外影视节目互鉴

文化交流互鉴是增进文化自信与促进文化发展的重要进路。一方面,文化交流互鉴体现了不同文化间的相互尊重,这是因为每一种文化都承载了一定的文化智慧与文化精神,都有自己的存在价值,对照"他者文化",交流互鉴可以进一步增强对"自我文化"优势的认知与自信。另一方面,文化交流互鉴不仅可以消除文化隔阂和文化误解,还能促进文化精神与文化价值的相互关联与相互转化。文化交流互鉴以兼收并蓄的态度汲取"他者文化"的有益养分,在伴随这种有益的"文化他塑"进程中,促进"自我文化"在"创造性转化"和"创新性发展"的进路中完成"文化自塑"。因此,习近平总书记强调,"文明因多样而交流,因交流而互鉴,因互鉴而发展。我们要加强世界上不同国家、不同民族、不同文化的交流互鉴,夯实共建亚洲命运共同体、人类命运共同体的人文基础"。[1]

文化有不同的载体,影视节目就是一种受国际民众普遍喜爱的文化艺术作品。因此,是否喜欢中外影视节目本身就是一种重要的文化互鉴表现。为了全面考察当代大学生对中外影视节目的喜欢程度,我们将用"更喜欢国产节目""更喜欢国外节目""两者都喜欢""两者都不喜欢""说不清楚"五个选项来测量当代大学生对文化互鉴的态度。根据调查结果,可以总结出当代大学生对中外文化交流互鉴的基本特征。

第一,当代大学生总体上对中外影视节目喜欢程度较高。选择就是一种态度。用"两者都不喜欢"和"说不清楚"这两个选项来代表大学生对影视节目的"文化厌恶"或者"文化无感",本次调查中,大学生选择这两类选项的人数比例只有 12.4%。因此可以推断,当代大学生总体上对中外影视节目保持了较高的兴趣。

第二,当代大学生对国产影视节目的喜爱程度更高。如果用"更喜欢国产节目"和"两者都喜欢"这两个选项来代表大学生对影视节目的"文化喜爱",则由统计结果可知,大学生选择这两类选项的人数比例高达 31.8% 和 49.7%;再对照选择"更喜欢国外节目"的人数比例(其占比为 6.3%),可以得出结论,当代大学生更喜欢国产影视节目。

第三,当代大学生喜欢国外影视节目的真正原因并不是基于对节目价值取向的认同。尽管在总体上当代大学生更喜欢国产影视节目,但仍有一定比例的大学生喜欢国外影视节目,其中,"更喜欢国外节目"的大学生群体的比例为 6.3%,对中外影视节目都喜欢的比例为 49.7%。那么是什么原因导致这些大学生对国外影视节目的喜爱呢? 我们从节目创意、国外演员明星、异域文化、文化价值取向以及外语学习需要等不同角度进行了调查。

首先,从总体上看,当代大学生喜欢国外影视节目的原因是多元的。据统计,国外影视

---

[1] 《习近平谈治国理政》(第三卷),外文出版社 2020 年版,第 468 页。

的"节目创意"是吸引当代大学生喜欢的首要原因,选择这一原因的大学生人数占样本总数的比例高达 43.6%,选择人次占总选择人次的比例为 38.5%;选择其他原因的人数比例从高到低依次为"学习外语需要""喜欢异域文化风俗""喜欢国外的演员明星""认同节目的价值取向""其他",对应的选择人数占总样本人数的占比依次为 26.4%、17.8%、12.3%、8.7% 和 4.4%。

其次,在选择"更喜欢国外节目"的大学生群体中,他们喜欢国外影视节目的主要原因仍是"节目创意",同时,"国外演员明星"等原因对大学生喜欢国外影视节目的影响力在增强。大学生"更喜欢国外影视节目"的原因也有新的变化:促使大学生喜欢国外影视节目的原因次序发生了一些变化。据调查结果,"节目创意"仍是促使大学生喜欢国外影视节目的首要原因,其次为"学习外语需要",再次为"喜欢国外的演员明星",最后是"喜欢异域文化风俗"。

综上所述,尽管当代大学生喜欢国外影视节目的原因是多元的,但基于认同节目价值取向而喜欢国外影视节目的人数相对较少,即当代大学生喜欢国外影视节目的真正原因并不是基于对其节目文化价值取向的认同。

三、文化自信与文化素养的关联机制

文化自信的普遍增进是一个系统工程,需要多方力量共同参与并协同发力,在实现人民物质生活共同富裕的同时,重塑精神之强,书写出全民族精神共同富裕的新篇章,持续夯实文化自信的物质基础和精神基础。[①] 一般认为,新时代大学生的文化自信,不仅取决于对中华优秀传统文化和革命文化的自觉认同和自信传承,而且取决于对世界先进文化开放包容的态度和兼容并收的汲取,更取决于当代大学生自身的学习条件、学习环境和在大学期间接受的中国特色社会主义文化的教育。

(一)文化自信与文化素养关联机制分析的说明

为了深入探索当代大学生文化自信观念形成的原因,全面分析当代大学生文化自信观念构建的机制与路径,以下从文化自信与文化素养的关联的视角出发,从大学生自身条件、文化学习环境和在大学期间接受文化教育的实践三个方面,用实证的方法来检视当代大学生文化自信观的构建与制约因素。

首先,大学生文化自信观念的度量。尽管文化自信观念是一个抽象的概念,但借助于具体调查题目仍可以在一定程度上进行反映、识别与测度。[②] 因此,用前述对文化自信的五道题目分别作为大学生文化自信观念的代理变量,即"我为中华文化感到自豪"(用"E1"代表此题目,下同)"中华民族一定能创造文化新辉煌"(E2)"文化自信是一个国家、一个民族发展中更基本、更深沉、更持久的力量"(E3)"我们应以开放包容的态度吸引其他文化"(E4)"我们应当警惕西方文化的价值渗透"(E5)。同时,题目选项"很不赞同""不大赞同""说不

---

① 沈壮海:《促进人民精神共同富裕》,《光明日报》2022 年 4 月 29 日。

② [美]科林·卡梅伦、普拉温·特:《用 STATA 学微观计量经济学》(修订版),肖光恩译,重庆大学出版社 2018 年版,第 459—462 页。

清楚""比较赞同""非常赞同"分别用"1""2""3""4""5"来代表大学生文化自信的强度,尽管这些序数值之间的"距离"可能并不完全相等。

其次,大学生自身条件的度量。构建文化自信的主体是当代大学生,他们也是推动中华民族文化自信构建的重要力量。因此,大学生的自身条件也决定着其文化自信观念的构建。我们用性别(Q1)、民族(Q2)、年龄(Q3)、年级(Q4)、专业(Q5)、政治面貌(Q6)和担任干部经历(Q9-1)等变量来度量。

第三,大学生文化学习环境的度量。文化自信观念的形成离不开教育环境的滋养。我们用籍贯(Q7)、家庭类型(Q8)、学校类型(是否双一流高校或专业,S11)来度量当代大学生文化素养涵育的文化环境。

第四,文化素养涵育活动的度量。文化自信水平的整体推进离不开文化素养的提升,而当代大学生文化素养的提高离不开其在学校期间参与的各种文化活动。我们用前述的传统文化传承活动参与、文化经典阅读和中外影视节目互鉴等方面来度量。

第五,文化自信观念与文化素养关联机制的分析方法。由于当代大学生自身条件和文化学习环境等变量更多具有非时变的稳定性,因此,文化自信观念的普遍增强进程更多取决于大学生文化素养的涵育过程,即大学生在校期间参与传统文化传承、阅读经典文化和互鉴中外影视节目等活动所带来的文化自信的增益。根据文化自信观念构建与文化素养涵育活动之间的这种逻辑关系,同时考虑到文化观念度量题目选项的"五分量表"的特征,课题组采用定序回归模型(order-logit)的分析方法(为了解释的便利,估计系数均采用"比数比",即odds-ratio,简称"OR"形式[1]。

(二)文化自信与文化素养关联机制的分析结论

课题组主要从以下几个层次来推进对当代大学生文化自信观念、构建的机制路径与制约因素的分析(表4-7)。

表4-7 文化自信观念与文化素养的关联分析[2]

估计方程	(1)	(2)	(3)	(4)
性别 Q1	0.516***	0.501***	0.499***	0.489***
	(13.52)	(13.27)	(13.21)	(12.88)
民族 Q2	−0.014	−0.013	−0.014	−0.011
	(−1.63)	(−1.51)	(−1.61)	(−1.26)
年龄 Q3	0.102*	0.105*	0.106*	0.103*
	(2.48)	(2.53)	(2.56)	(2.49)
年级 Q4	−0.094***	−0.090***	−0.089***	−0.083***
	(−4.50)	(−4.44)	(−4.37)	(−4.13)

[1] [美]科林·卡梅伦、普拉温·特著,肖光恩译:《用STATA学微观计量经济学》(修订版),重庆大学出版社2018年版,第459—462页。

[2] 作者注:表4-7仅列出文化自信观念测度变量(E1)的分析结果(下同),E2到E5等对其他变量的估计结果具有相似结论。

续表

估计方程	（1）	（2）	（3）	（4）
专业 Q5	−0.004	−0.002	−0.003	−0.002
	（−0.62）	（−0.34）	（−0.47）	（−0.30）
政治面貌 Q6	−0.185 ***	−0.164 ***	−0.166 ***	−0.163 ***
	（−8.57）	（−7.47）	（−7.59）	（−7.43）
籍贯 Q7	0.010	−0.012	−0.020	−0.044
	（0.35）	（−0.41）	（−0.68）	（−1.44）
家庭类型 Q8	−0.069 ***	−0.063 **	−0.064 **	−0.059 **
	（−3.55）	（−3.18）	（−3.19）	（−2.95）
学校类型 S11	−0.077	−0.077	−0.078	−0.100
	（−0.96）	（−0.95）	（−0.95）	（−1.20）
担任干部 Q9-1	−0.331 ***	−0.278 ***	−0.272 ***	−0.253 ***
	（−8.04）	（−6.81）	（−6.73）	（−6.17）
独生子女 Q9-2	0.013	0.010	0.010	0.019
	（0.38）	（0.29）	（0.29）	（0.55）
文化传承 Q28		0.597 ***	0.595 ***	0.557 ***
		（20.85）	（20.85）	（19.25）
影视互鉴 Q29			0.170 ***	0.172 ***
			（5.22）	（5.35）
经典阅读 Q31				−0.180 ***
				（−12.43）
卡方值	588.089	1277.396	1298.845	1497.562
R^2 概率	0.015	0.026	0.027	0.030

表中括号内的数值为检验统计量 Z 的估计值，* 、** 、*** 等星号分别代表估计量 Z 估计值对应的概率区间，即 $p<0.05,p<0.01,p<0.001$。下同。

第一，检视大学生自身条件与文化学习环境对文化自信观念的影响。由表 4-7 第（1）列回归方程各变量 ln（OR）估计值及其统计显著性的结果①（带有星号标识的变量，下同）可知，一方面，在大学生自身条件方面，只有性别、年龄、年级、政治面貌和担任干部经历等个体特征变量对大学生文化自信观念增强有影响；而民族、专业、独生子女等个体特征变量对文化自信观念增强并没有实质影响。另一方面，在大学生文化学习环境方面，生源地类别和学

---

① 作者注：需要注意的是，定序回归模型（ologit）对数比对数的估计值的正负号并不代表相应变量对被解释变量的影响方向，但可度量影响的强度。当其估计系数大于 0，表示相对于基准组来说，解释变量发生一单位变化则带来大于 1 倍的效应；当估计系数小于 0，则表示带来的效应小于 1 倍。

校类型等环境变量对大学生文化自信观念增强没有影响;而家庭类型则对大学生文化观念的增强变化有重要影响。

第二,检视大学生文化素养涵育活动对文化自信观念构建的影响。为了更好地检验涵育大学生文化素养的不同活动对大学生文化自信观念增强的影响,课题组把传统文化传承、中外影视互鉴和文化经典阅读等活动变量依次纳入到定序回归方程,见表4-7第(2)列至第(4)列。由表4-7第(2)列到第(4)列的实证结果可知,在控制大学生自身条件和文化学习环境条件下,传统文化传承、中外影视节目互鉴和文化经典阅读等文化素养涵育活动均对大学生文化自信观念的增强有重要影响。

第三,传统文化传承活动对大学生文化自信观念构建影响的稳定性。根据前述分析,当代大学生参加传统文化传承活动对增强文化自信观念具有重要的影响。为了检验这一结论计量估计的稳健性,在系统控制大学生自身特征变量和文化学习环境变量的条件下,把大学生参加传统文化传承活动的变量依次加入到定序回归模型中,其系数估计结果见表4-8第(1)列至第(8)列,分别对应着"传统文化课程""民族乐器""经典阅读""武术""书法""绘画""棋艺""茶艺"等传统文化传承活动。对比表4-8中第(1)列到第(8)列的估计结果,可以得出传统文化传承活动的参与对当代大学生文化自信观念增强的影响具有以下特征。

表4-8 传统文化传承活动对文化自信观念构建的影响

估计方程	(1)	(2)	(3)	(4)	(5)	(6)	(7)	(8)
自身与环境变量控制	是	是	是	是	是	是	是	是
传统文化课程	0.597***							
	(20.85)							
民族乐器		0.053						
		(1.33)						
经典阅读			0.384***					
			(14.18)					
武术				0.051				
				(0.79)				
书法					0.244***			
					(6.98)			
绘画						0.194***		
						(5.61)		
棋艺							0.142***	
							(3.63)	
茶艺								0.217***
								(5.30)
卡方值	1277.396	585.487	826.126	609.173	585.746	638.614	649.381	625.419
R^2 概率	0.026	0.015	0.019	0.015	0.017	0.016	0.016	0.016

首先,除"民族乐器""武术"这两项活动外,其他传统文化传承活动的参与对增强当代大学生文化自信观念均具有显著的影响。

其次,对文化自信观念增强有显著影响的传统文化传承活动在影响强度上均具有倍增的功能。根据对数比对数的估计值以及对数比与"事件"成功发生的概率关系,把各传统文化传承活动变量的对数比对数的估计系数分别转换成对数比和成功"事件"发生的概率(见表4-9)。由此可知,传统文化传承活动的参与对当代大学生文化自信观念的增强具有明显的增强作用。例如,相对于没有参加任何传统文化传承活动的大学生群体,在其他条件不变的情况下,参与传统文化课程活动的大学生群体的文化自信观念将会提高1.817倍,这种事件成功发生的概率为64.5%。基于相似的解释逻辑,相对于没有参加任何传统文化传承的大学生群体,参与"经典阅读""书法""绘画""棋艺""茶艺"等传统文化传承活动,对这些大学生群体文化自信观念增强的倍数均大于1倍,其对应的成功发生概率均大于50.0%。

表4-9　传统文化传承活动对文化自信观念影响的系数换算[①]

传统文化传承	传统文化课程	经典阅读	书法	绘画	棋艺	茶艺
ln(OR)估计值	0.597	0.384	0.244	0.194	0.142	0.217
OR 值	1.817	1.468	1.276	1.214	1.1526	1.242
P 值	0.645	0.595	0.560	0.5483	0.535	0.554

第四,文化经典阅读书目对大学生文化自信观念构建影响的稳定性。基于对表4-8相似的分析逻辑,为了检验文化经典阅读书目对大学生文化自信观念增强计量估计的稳健性,在系统控制大学生自身特征变量和文化学习环境变量的条件下,把大学生阅读文化经典对象变量依次加入到定序回归模型中,其系数估计结果见表4-10的第(1)列至第(8)列,分别对应《论语》《大学》《中庸》《孟子》《共产党宣言》《毛泽东选集》《邓小平文选》《习近平谈治国理政》等文化经典。对比表4-10中第(1)列到第(8)列的估计结果,可以得出阅读文化经典对当代大学生文化自信观念增强的影响具有以下特征。

表4-10　文化经典阅读对文化自信观念构建的影响

	(1)	(2)	(3)	(4)	(5)	(6)	(7)	(8)
自身与环境变量控制	是	是	是	是	是	是	是	是
《论语》	-0.212***							
	(-14.55)							
《大学》		-0.078***						
		(-4.55)						
《中庸》			-0.052**					
			(-2.88)					
《孟子》				-0.089***				

① Xing Liu:Applied Ordinal Logistic Regression Using Stata,SAGE Press 2015,pp.97-100.

续表

	（1）	（2）	（3）	（4）	（5）	（6）	（7）	（8）
				（-5.64）				
《共产党宣言》					-0.216***			
					（-14.05）			
《毛泽东选集》						-0.204***		
						（-12.32）		
《邓小平文选》							-0.149***	
							（-7.90）	
《习近平谈治国理政》								-0.217***
								（-10.32）
卡方值	806.507	664.813	607.376	622.217	879.093	834.835	688.472	825.830
R^2 概率	0.020	0.016	0.016	0.016	0.022	0.020	0.018	0.022

首先，阅读文化经典对大学生文化自信观念的增强均具有显著的影响。根据表4-10的参数估计结果，只有《中庸》这个回归方程估计系数在5.0%的水平才有统计的显著性，其他回归方程的估计系数在1.0%的水平均具有显著性。这说明除《中庸》外，其他文化经典阅读对大学生文化自信观念的增强更有稳健性。

其次，文化经典阅读对大学生文化自信观念的增强具有正向促进作用，但并没有倍增功能。同理，根据对数比对数的估计值、对数比及其"事件"成功发生概率的关系，可以把文化经典阅读的估计系数分别换算成对数比及其成功发生的概率（见表4-11）。由此可知，文化经典阅读对当代大学生文化自信观念的增强具有明显的正向促进作用，但这种增强作用并不具备倍增功能。例如，相对于完全没有阅读过《论语》的大学生群体而言，在其他条件不变的情况下，随着阅读理解程度增强一个单位，这些阅读群体文化自信观念增加将会提高0.809倍，这种事件成功发生的概率大约为44.7%。同样，相对于完全没有阅读过的大学生群体，《大学》《中庸》《孟子》《共产党宣言》《毛泽东选集》《邓小平文选》《习近平谈治国理政》等文化经典阅读，对这些阅读群体文化自信观念增强都具有正向促进作用，其对应的成功发生概率均在40.0%和50.0%之间。

表4-11　文化经典阅读对文化自信观念构建影响的系数换算

文化经典阅读	《论语》	《大学》	《中庸》	《孟子》	《共产党宣言》	《毛泽东选集》	《邓小平文选》	《习近平谈治国理政》
ln(OR)估计值	-0.212	-0.078	-0.052	-0.089	-0.216	-0.204	-0.149	-0.217
OR 值	0.809	0.925	0.949	0.9148	0.806	0.815	0.862	0.805
P 值	0.447	0.480	0.487	0.478	0.446	0.449	0.463	0.446

总之，从文化经典阅读和传统文化传承参与活动对大学生文化自信观念的涵育效果（见表4-9和表4-11）来看，文化参与活动可能比文化阅读活动对大学生文化自信观念增强的

效果更好。这也从另一个侧面证实了"群体行动"比"个人阅读"更重要①。

四、本章小结

全面了解当代大学生文化自信观念树立确信与文化素养涵育提升的基本情况,掌握大学生文化素养涵育提升对文化自信观念树立确信的影响机理,对整体推进当代大学生文化自信体系构建具有十分重要的现实意义。

(一)文化自信观念树立确信与文化素养涵育提升的基本态势

从上面的调查统计和计量实证分析,可以综合得出当代大学生文化自信观念树立确信与文化素养涵育和提升的基本态势。

第一,从文化自信观念树立与确信的总体态势上看,当代大学生对文化自信充满了强烈的认同感。主要体现在:一是当代大学生对中华优秀传统文化充满了强烈认同的文化自信。86.0%以上的大学生群体完全赞同"我为中华文化感到自豪"和"文化自信是一个国家、一个民族发展中更基本、更深沉、更持久的力量"。二是当代大学生对西方文化充满了强烈辩证的文化自觉。一方面,有85.0%的大学生群体赞成对西方文化持开放包容的态度,另一方面,有92.6%的大学生群体赞同要警惕西方文化的价值渗透。三是当代大学生对中华民族未来文化创造力充满了强烈自豪的文化共识。其基本依据是当前有84.4%的大学生群体赞同"中华民族一定能创造文化新辉煌",可见,这为推动中国特色社会主义文化强国建设提供了共同的文化精神支柱。

第二,从文化素养涵育提升的基本态势看,当代大学生文化素养涵育提升取得了巨大的成效。主要体现在:一是当代大学生参与传统文化传承活动渠道的多元化,同时传统文化课程成为大学生参与传统文化传承活动最喜爱的对象。当代大学生通过传统文化课程、经典阅读、书法、绘画、民族乐器、武术、棋艺、茶艺等多种活动传承传统文化,其中,大学生参与"传统文化课程"的人数比例达到60.6%,该课程是大学生最喜欢的传统文化传承教育活动。二是当代大学生对中华文化经典阅读的意愿很高,其中,《论语》成为最受大学生欢迎的传统文化经典,其阅读人数累计占比达90.1%;《共产党宣言》成为大学生最喜欢的红色文化经典,其阅读人数累计占比达85.4%。可见,文化经典已经成为当代大学生阅读的重要选择。三是当代大学生对中国革命精神都有一定的认知与理解。当前有超过86.2%的大学生群体都听说过中国革命精神。四是当代大学生对中外影视节目的喜欢程度普遍很高,但更喜欢国产影视节目。当前有87.6%的大学生群体喜欢国产影视节目、国外影视节目或两者都喜欢,同时,更喜欢国产影视节目的大学生人数占比(31.8%)远高于更喜欢国外影视节目的大学生群体的占比(6.3%)。一个值得关注的现象是,在更喜欢国外影视节目的大学生群体中,他们喜欢国外影视节目的首要原因是节目创意及其吸引力(选择的人次占比为41.8%),而不是基于认同节目的价值取向(选择的人次占比为7.7%)。

第三,从文化素养涵育提升与文化自信观念树立和确信之间关联的系统思维看,当代大学生文化素养涵育提升主要是借助传统文化传承活动参与和中外影视节目互鉴等来增强文

---

① 作者注:这一实证结果间接证实了在教育展开过程中"行动胜于语言"(Actions speak louder than words)的结论。

化自信。若把大学生微观个体特征、文化学习环境以及文化素养涵育提升活动放在一个系统中综合考察,可以发现,文化自信教育的群体活动对当代大学生文化自信观念的构建更重要。具体说来,一是"传统文化课程""民族乐器""经典阅读""武术""书法""绘画""棋艺""茶艺"等传统文化传承活动,对当代大学生文化自信观念树立的增强具有倍增作用,即这些传统文化传承活动强度的增加,对文化自信增强的倍数均大于1,发生的概率均大于50.0%;而"民族乐器""武术"这两项对当代大学生文化自信观念增强没有显著的统计意义,尽管这两项传统文化活动仍受当代大学生的喜欢。二是中外影视节目互鉴活动对当代大学生文化自信观念的构建也同样具有正向倍增作用。三是文化经典阅读对大学生文化自信观念的构建具有正向促进作用,但却没有倍增的功能。因此,在控制了大学生群体自身条件和文化学习环境等影响因素的条件下,在整体推动传统文化传承活动及文化经典阅读对当代大学生文化自信观念增强的协同效应下,应优先发挥传统文化传承活动参与对当代大学生文化自信观念增强的独特倍增功能。四是大学生个人微观条件与文化学习环境对文化自信构建的影响具有很大的差异。一方面,大学生性别和年龄对其文化自信构建具有正向倍增作用,而年级、政治面貌和担任干部经历对其文化自信构建有促进作用,但不具备倍增功能,而民族、专业、独生子女等微观个体特征对其文化自信增强没有统计上的显著性。另一方面,城乡籍贯差异和所在学校是否为"双一流"学校等环境因素并不影响大学生文化自信观念的树立与增强,而家庭类型等社会环境因素则对大学生文化自信观念的构建有促进作用。

(二)文化自信观念树立确信与文化素养涵育提升面临的主要问题

综上所述,也发现当代大学生文化自信观念构建和文化素养涵育提升面临的以下问题值得关注。

第一,要重视大学生对"警惕西方文化的价值渗透"认同过低的现象。从目前看,在有关文化自信的五项测度题目中,大学生完全赞同对"警惕西方文化的价值渗透"观念认同的人数比例是最低的,低于80.0%。因此,当代大学生对西方的文化价值渗透仍需要提高警惕。

第二,要重视当代大学生文化自信观念构建过程中男女性别的差异。从大学生微观个体特征影响来看,女大学生的文化自信认同感普遍强于男大学生,即无论是对中国传统文化认同还是对西方文化的态度,女大学生的认同态度都更加坚定。

第三,要重视大学生学历成长对文化自信观念构建影响的"门槛效应"。从本科生至研究生的学历发展阶段看,学历成长都有很强的"门槛"效应,即入学第一年的学生群体对文化自信的认同感更强。具体说来,就本科生群体而言,按大一到大四的年级顺序,大学生对文化自信的认同感不仅呈明显的"V"型结构,而且本科一年级学生对文化自信认同明显高于其他年级的群体;对研究生群体来说,硕士研究生群体对文化自信的认同感普遍略高于博士研究生群体。

第四,要重视"担任干部"经历对大学生自身文化自信观念增强虽有正向促进作用却没有"倍增"效果的情况。在本次调查中,担任过干部的学生人数比例高达78.6%。

第五,要重视哲学专业学生群体对文化自信观念的认同感普遍低于其他专业学生群体的现象。

第六,要重视来自孤儿家庭大学生群体对文化自信观念认同比较低的现象。

第七,要重视对文化经典精读全书人数比例过低的现象。在开展文化经典阅读活动过程中,不论是传统文化经典还是红色文化经典,精读过全书的大学生人数比例最高为6.8%,最低为2.7%。因此,必须提高文化经典阅读对大学生文化自信观念增强功能由"促进"向"倍增"的飞跃。

第八,要重视对革命精神理解的强化教育。从目前情况来看,大学生对革命精神内容理解最高的就是"伟大抗战精神",但其选择人数占比也只有71.0%,对其他红色革命精神内容了解的大学生群体的人数占比更低。因此,当代大学生对革命精神内容的认知需要强化。

(三)推动文化自信观念树立确信与文化素养涵育提升的工作建议

青年大学生是国家的未来和民族的希望,肩负着中华民族伟大复兴和建设社会主义文化强国的时代责任,要根据当代大学生文化自信观念树立确信与文化素养涵育提升之间的关联机制,从以下几个方面,推动当代大学生文化自信观念的增强与文化素养水平的提高。

第一,倡导全社会共同构建大学生文化自信培育体系。基于系统思维的分析,当代大学生文化自信培育体系的构建,需凝集各方力量,特别是需要家庭、学校和社会共同参与,形成磅礴的社会合力。具体说来,一是家庭要重视家教家风建设,努力使家庭成为大学生文化自信观念构建的重要基点。家庭是社会的基本细胞,是人生的第一所学校。[①] 因此,必须重视家教家风,把社会主义核心价值观融入家庭教育的全过程,让中华优秀文化基因更早更好地根置于孩子成长的沃土,用正确的思想、行动和方法教育引导孩子,让孩子更早地形成正确的世界观、人生观和价值观。二是学校要承担起大学生文化自信观念构建的重任,努力使高校成为培育大学生文化自信的主战场。高校要坚持以马克思主义为指导,大力弘扬中国精神、民族精神、时代精神,让中华优秀的传统文化和先进的革命文化成为涵育当代大学生文化自信的重要思想源泉,让社会主义核心价值观成为提振当代大学生文化自信的精神基轴,保证高校始终成为培育大学生文化自信的坚强阵地和铸造优秀青年的大熔炉。三是社会各界要坚持新时代中国特色社会主义思想和基本方略,坚持文化自信,推动社会主义文化繁荣兴盛,使中国文化成为激励人民奋进的精神力量,努力为增强当代大学生文化自信营造良好的社会环境。总之,应构建家庭、学校和社会三位一体的大学生文化自信培育体系,壮大当代大学生文化自信培育的社会力量。

第二,高校要创新文化自信教育的内容与方法,承担起培育新时代具有道路自信、理论自信、制度自信、文化自信的中国社会主义事业建设者和接班人的重担。基于文化自信与文化素养的关联分析,高校必须创新文化自信教育的内容与方法。一是要进一步推动中华优秀传统文化、革命文化和社会主义先进文化的创造性转化和创新性发展,让更多的中华优秀传统文化和革命文化进教材、进课堂、进头脑,特别是要加强对革命文化和社会主义先进文化的理解、阐释与传播,让中华优秀传统文化的故事和革命文化的故事充盈文化自信教学全过程,持续夯实大学生文化自信教育的理论基础。二是要进一步推动文化自信教育方法创新,针对当代大学生的性别差异、专业差异、经历差异和家庭差异,创新高校文化自信教育内容和教育方法,在兼顾专业教育和政治教育的同时,统筹推动大学生个体发展、专业发展、学历发展与文化自信教育,持续丰富大学生文化自信教育的方式方法。三是进一步优化高校文化自信群体教育和个体教育的结构,把文化自信群体教育摆在优先位置,全面释放文化自

---

① 中共中央党史和文献研究院编:《习近平关于家庭家教家风建设论述摘编》,中央文献出版社2021年版,第3页。

信群体教育的"培增"功能,增强群体教育和个体教育对当代大学生文化自信树立确信和文化素养涵育提升的协同效应。四是进一步推动中西文化的交流互鉴,一方面,对西方文化要坚持兼容并包和相互尊重的态度,积极汲取西方优秀文化中的养分和有益成分;另一方面,要立足中国建设社会主义文化强国的现实和培养社会主义事业建设者和接班人的需要,对西方文化的价值渗透保持高度的警惕,坚持防卫有害西方文化的侵袭,在中西文化交流互鉴中夯实当代大学文化自信构建的世界文化底蕴。

第三,号召大学生珍惜在校的学习时间,自觉承担起建构文化自信的责任使命,让文化自信发展内生于文化知识成长的全过程。大学生始终是中国文化自信构建的未来主体力量,应当肩负起当代青年大学生的责任使命。正如习近平总书记指出,"青年是国家的未来和民族的希望。希望同学们肩负时代责任,高扬理想风帆,静下心来刻苦学习,努力练好人生和事业的基本功,做有理想、有追求的大学生,做有担当、有作为的大学生,做有品质、有修养的大学生。"①因此,大学生应该珍惜在校的宝贵学习时间,在强化专业技能学习的同时,扩大对中华优秀传统文化、革命文化和社会主义先进文化的学习范围,参加传统文化教育活动,多读当代马克思主义理论著作和古今中外优秀的文化经典,全面增强文化自信的底气,持续夯实文化素养的基石,让大学生的文化自信观念树立确信贯穿大学生文化素养水平提高的全过程。

---

① 《习近平关于青少年和共青团工作论述摘编》,中央文献出版社 2017 年版,第 52 页。

第五章

网络运用

习近平总书记指出："人在哪儿，宣传思想工作的重点就在哪儿，网络空间已经成为人们生产生活的新空间，那就也应该成为我们党凝聚共识的新空间。"[1]据统计，2021年我国各类互联网应用用户规模均呈增长态势，在线旅游预订、互联网理财、网络直播、网络音乐等应用的用户规模增长率在十个百分点以上。[2] 在新兴媒体快速发展的境遇下，以大学生群体为代表的青年人尽情体验着网络的多元用途，将网络作为获取信息的第一来源、学习成长的关键阵地、结缘交友的重要渠道以及休闲放松的新兴方式。在人人都是发声筒、人人都是递信员的融媒体时代，网络舆论场众声喧哗，新媒体平台骈兴错出，短视频、云直播、微课堂等新兴传媒方式层出不穷。青年大学生能否合理运用网络，接受积极健康网络文化的滋养，避免错误消极网络言行的腐蚀，成为新时代高校网络思想政治教育的关注重点。本章将从大学生上网目的、网络素养、网络负面影响、新媒体应用四个方面，全景式呈现当代大学生的网络素养及网络运用现状，以期为新时代高校网络思想政治教育的创新发展提供数据支撑和现实参考。

一、上网目的

随着通信技术、大众传媒、大数据计算、信息共享等互联网技术的飞速发展，网络已经深度融入大学生的日常生活，成为大学生获取信息资源、了解社会变化、与他人交流互动、进行休闲娱乐等诸多活动的重要工具。大学生运用网络做何用途、上网目的究竟为何，厘清这些问题是我们把握大学生网络运用状况的前提。

（一）总体情况

调查显示，2021年大学生上网目的按照选择比例从高到低排序，依次为"获取资讯"（85.1%）、"娱乐消遣"（83.3%）、"社交"（81.6%）、"在线学习"（81.4%）、"网络购物"（74.2%）。此外，还有10.2%的大学生选择"其他"（见图5-1）。获取资讯、在线学习等是大学生运用网络的主要用途，这体现出大学生在网络运用上较为积极的一面。但也应看到，以娱乐消遣为主要上网用途的大学生人数占比仅次于获取资讯的大学生人数占比，反映出

---

[1] 《习近平谈治国理政》（第三卷），外文出版社2020年版，第318页。

[2] 第49次《中国互联网络发展状况统计报告》. 中华人民共和国国家互联网信息办公室，http://www.cnnic.net.cn/hlwfzyj/hlwxzbg/hlwtjbg/202202/P020220407403488048001.pdf。

一些大学生网络运用存在较为明显的娱乐化倾向。

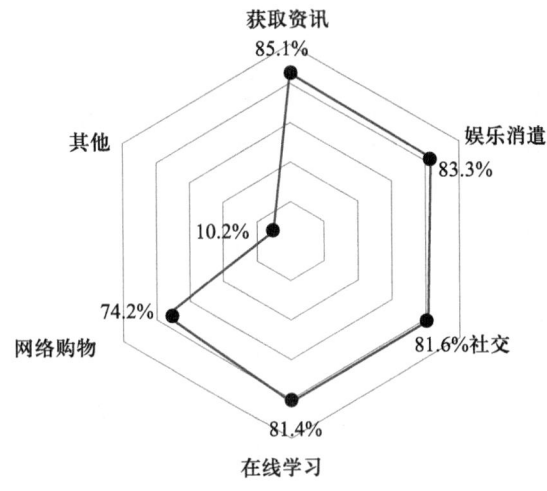

图 5-1　大学生上网目的

(二) 不同群体大学生上网目的差异情况

我们通过交互分析发现,不同群体大学生的上网目的因自然背景、家庭成长背景和教育背景的不同呈现出一定差异。

1. 自然背景下的差异分析

不同性别大学生上网目的存在较为显著的差异。男大学生选择上网目的为"获取资讯""娱乐消遣""社交""在线学习""网络购物"的人数比例分别为 81.4%、79.8%、75.8%、76.1%、61.4%,均低于女大学生相应人数的比例(87.3%、85.4%、85.1%、84.7%、81.9%)。从单项来看,男大学生和女大学生选择上网目的分别为"获取资讯"(81.4%、87.3%)和"娱乐消遣"(79.8%、85.4%)的人数比例均最高。女大学生选择"社交"为上网目的的人数比例为 85.1%,高于选择"在线学习"的人数比例 84.7%。而男大学生选择"社交"的人数比例(75.8%)低于选择"在线学习"的人数比例(76.1%)(见图 5-2)。

不同年龄阶段的大学生对于上网目的的选择呈现一定的差异性。总体而言,选择上网目的为"获取资讯"的低年龄段、中间年龄段和高年龄段大学生的人数比例分别为 85.4%、84.8%、84.3%,选择上网目的为"娱乐消遣"的低年龄段、中间年龄段和高年龄段大学生的人数比例分别为 85.7%、82.1%、71.3%,选择上网目的为"社交"的低年龄段、中间年龄段和高年龄段大学生人数比例分别为 85.7%、82.1%、71.3%。可以发现,除"获取资讯""在线学习"的不同年龄段人数比例差异较小以外,高年龄段大学生选择"娱乐消遣"(71.3%)、"社交"(71.1%)、"网络购物"(66.6%)为上网目的的人数比例都要比低年龄段大学生相应选项的人数比例(85.7%、83.9%、76.3%)低 10 个百分点左右,差异较大(见图 5-3)。这反映出年龄较大的大学生更注重网络在信息获取、学习知识等方面的实用功能。

2. 家庭成长背景下的差异分析

不同家庭成长背景下的大学生对于上网目的有着相异的选择偏向性,其整体比较结果见表 5-1。

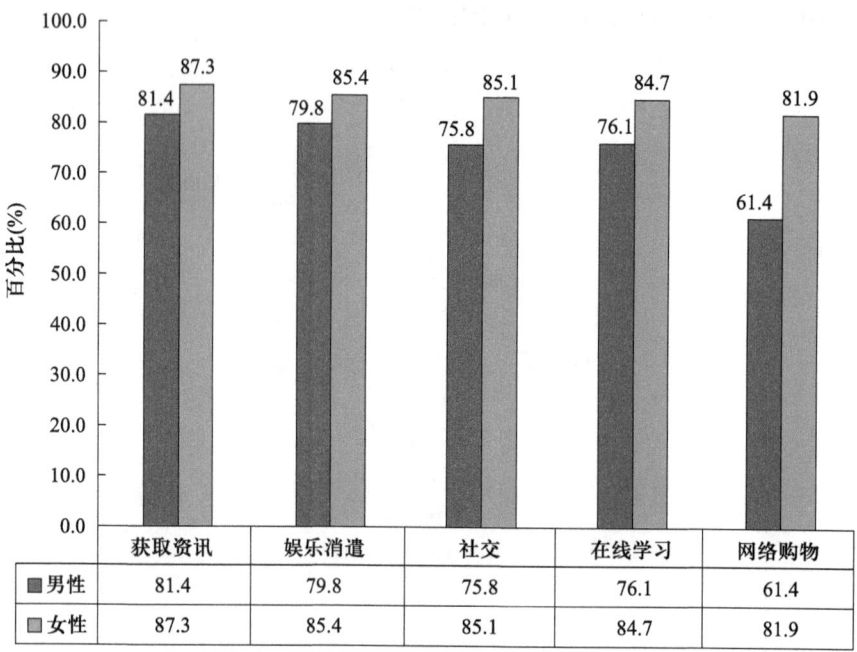

	获取资讯	娱乐消遣	社交	在线学习	网络购物
■ 男性	81.4	79.8	75.8	76.1	61.4
■ 女性	87.3	85.4	85.1	84.7	81.9

图 5-2　不同性别大学生的上网目的

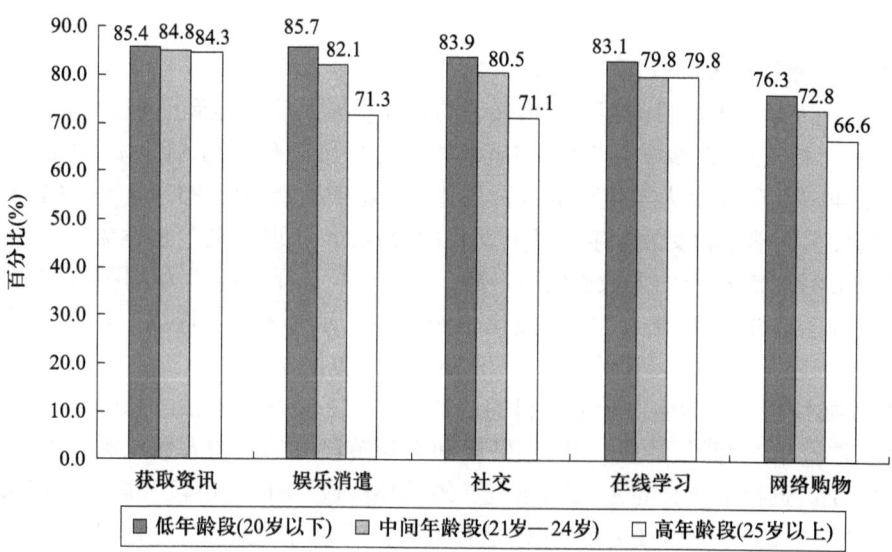

图 5-3　不同年龄段大学生的上网目的

表 5-1　大学生上网目的与家庭成长因素的交互分析

家庭成长因素	上网目的	获取资讯	娱乐消遣	社交	在线学习	网络购物	其他
生源所在地	农村	83.9	82.0	81.1	81.5	74.2	11.5
	城镇	86.2	84.4	82.1	81.4	74.1	9.0

续表

上网目的 家庭成长因素		获取资讯	娱乐消遣	社交	在线学习	网络购物	其他
家庭类型	双亲家庭	85.3	83.3	81.6	81.5	74.0	10.2
	非双亲家庭	82.9	83.2	82.2	80.7	75.4	10.7
是否为 独生子女	独生子女	85.6	83.9	81.1	80.3	72.4	8.7
	非独生子女	84.7	82.8	82.0	82.2	75.3	11.2

从生源所在地来看,生源所在地为农村和城镇的大学生都以"获取资讯"(83.9%、86.2%)、"娱乐消遣"(82.0%、84.4%)为主要上网目的。但在一些方面也存在差异,如生源所在地为农村的大学生选择"在线学习"(81.5%)的人数比例高于选择"社交"(81.1%)和"网络购物"(74.2%)的人数比例。生源所在地为城镇的大学生则不同,选择"社交"为上网目的的人数比例为82.1%,比选择"在线学习"的人数比例(81.4%)更高。这从一定程度上反映出,对于生源所在地为城镇的大学生来说,他们更看重网络所具有的社交功能,而生源所在地为农村的大学生,更偏向于运用网络进行在线学习。

从家庭类型来看,双亲家庭的大学生上网目的选择"获取资讯"的人数比例依然最高,为85.3%,其后依次是"娱乐消遣"(83.3%)、"社交"(81.6%)、"在线学习"(81.5%)、"网络购物"(74.0%)和其他(10.2%)。非双亲家庭的大学生选择"娱乐消遣"作为上网目的的人数占比为83.2%,高于其选择"获取资讯"(82.9%)、"社交"(82.2%)、"在线学习"(80.7%)、"网络购物"(75.4%)和其他(10.7%)的人数占比。两者相比较发现,非双亲家庭的大学生选择上网目的为"社交"和"网络购物"的人数占比要高于双亲家庭大学生的相应比例。

从是否为独生子女来看,独生子女与非独生子女大学生上网目的的选择多数情况下较为一致,如"获取资讯"(85.6%、84.7%)和"娱乐消遣"(83.9%、82.8%)都是两者最主要的上网目的。但非独生子女大学生选择"在线学习"的人数比例为82.2%,比独生子女大学生相应选项的人数比例(80.3%)要高出近2个百分点,非独生子女大学生选择"网络购物"的人数比例(75.3%)比独生子女大学生选择该选项的人数比例(72.4%)高出2.9个百分点。

3. 教育背景下的差异分析

大学生的上网目的因其教育背景不同,呈现一定的差异性。我们将大学生上网目的与教育因素进行交互分析,结果可见表5-2。

大学生
上网目的

表5-2　大学生上网目的与教育因素的交互分析　　　　　单位:百分比

上网目的 教育因素		获取资讯	娱乐消遣	社交	在线学习	网络购物	其他
学历层次	本科生	84.9	84.8	82.9	81.9	75.1	11.1
	硕士研究生	86.1	79.6	79.1	80.4	72.1	7.8
	博士研究生	83.6	72.7	70.9	78.5	67.2	6.2

续表

上网目的 / 教育因素		获取资讯	娱乐消遣	社交	在线学习	网络购物	其他
学科门类	人文科学类	87.0	83.4	82.7	81.6	77.1	11.3
	社会科学类	86.0	83.7	82.8	81.0	75.9	9.3
	理工农医类	83.3	82.8	80.2	81.7	71.2	10.1
学生干部经历	有	86.4	83.8	83.4	82.6	75.5	9.9
	没有	80.0	81.4	75.1	77.2	69.3	11.4
学校所属区域	华东	85.4	84.6	81.7	81.8	73.2	10.5
	华南	85.5	82.5	83.5	81.2	76.9	12.8
	华中	87.4	87.4	84.8	82.9	78.4	10.1
	华北	84.2	80.4	79.0	80.1	71.3	9.2
	西北	82.9	80.5	79.3	82.9	73.2	9.8
	西南	84.5	84.7	83.2	81.4	76.9	11.5
	东北	84.2	77.9	78.0	79.7	66.4	6.7

从学历层次来看,"获取资讯"是本科生、硕士研究生和博士研究生的首要上网目的,人数占比分别为84.9%、86.1%和83.6%。此外,本科生选择"娱乐消遣""社交""在线学习""网络购物"的人数比例分别为84.8%、82.9%、81.9%和75.1%,均高于硕士研究生(79.6%、79.1%、80.4%、72.1%)和博士研究生(72.7%、70.9%、78.5%、67.2%)的相应比例。

从学科门类来看,不同学科专业的大学生群体上网目的具有一定的差异。人文科学类大学生以"获取资讯""网络购物"为上网目的的人数占比在三个学科门类中最高,分别为87.0%、77.1%。社会科学类大学生相对其他学科门类,选择"娱乐消遣"和"社交"的人数占比最高,分别为83.7%和82.8%。理工农医类大学生以"在线学习"为上网目的的人数比例为81.7%,高于人文科学类(81.6%)和社会科学类(81.0%)的相应比例。

从学生干部经历来看,有学生干部经历的大学生五类上网目的的人数比例均高于没有学生干部经历的大学生的人数比例,前者分别有86.4%、83.4%、82.6%、75.5%的人数比例表示利用网络来"获取资讯""社交""在线学习"和"网络购物",比后者的相应比例高6.4、8.3、5.4和6.2个百分点,差异较为明显。

从学校所属区域来看,华中地区高校的大学生五类上网目的的人数比例均高于其他地区高校大学生的人数比例。华中地区(87.4%、87.4%)、华东地区(85.4%、84.6%)、华北地区(84.2%、80.4%)和西南地区(84.5%、84.7%)高校大学生选择"获取资讯"和"娱乐消遣"的比例最高。此外,华南地区大学生选择"获取资讯"和"社交"的比例最高,分别为85.5%和83.5%,西北地区(82.9%、82.9%)和东北地区(84.2%、79.7%)大学生则是选择"获取资讯"和"在线学习"的人数比例最高。

二、网络素养

网络社会深刻改变着人们的思维方式、实践方式和交往方式,实现了与现实社会的无缝对接,成为人们进行信息资源创造、加工、传播、交流和获取的新空间。因此,网络素养成为网络时代公民必须具备的基本素养之一。作为"数字原住民"的青年大学生,他们的网络基本素养状况更加值得关注。

(一)对待网络热点事件的态度

调查显示,82.6%的大学生表示"我会对网上的热点事件冷静分析,不被'带节奏'"符合自身情况,其中,表示"非常符合"和"比较符合"的大学生分别占 51.8% 和 30.8%。另外,10.5%的大学生表示"一般",表示"不太符合"和"很不符合"的大学生分别占 1.4% 和5.5%。这反映出,绝大多数大学生都能在网络舆论浪潮中坚持己见、保持清晰头脑,但也有少数大学生在冷静分析热点事件、坚定立场方面还存在不足。

为进一步分析大学生在对待网络热点事件方面的群体性差异,我们结合人口学变量和教育学变量对数据进行均值比较分析,将符合程度的五个等级"非常符合""比较符合""一般""不太符合""很不符合"分别赋值 5 分、4 分、3 分、2 分、1 分,得分越高说明符合程度越高,大学生做出相应行为的可能性越大。研究发现,不同性别、年龄、生源所在地、子女类型、学历层次、学生干部经历、学校所属区域的大学生对待网络热点事件方面的情况呈现显著差异(见表 5-3)。

表 5-3　不同群体大学生对待网络热点事件和错误言论态度的均值比较

自变量		我会对网上的热点事件冷静分析,不被"带节奏"		
		均值	标准差	统计量及显著性水平
性别	男	4.20	1.120	$F = 9.338^{**}$
	女	4.23	1.024	
年龄	低年龄段	4.20	1.072	$F = 17.438^{***}$
	中间年龄段	4.23	1.053	
	高年龄段	4.32	1.025	
生源所在地	农村	4.16	1.085	$F = 145.362^{***}$
	城镇	4.28	1.035	
家庭类型	双亲家庭	4.22	1.060	$F = 2.241$
	非双亲家庭	4.20	1.069	
是否为独生子女	是	4.26	1.069	$F = 34.315^{***}$
	否	4.20	1.055	

自变量		我会对网上的热点事件冷静分析,不被"带节奏"		
		均值	标准差	统计量及显著性水平
学历层次	本科生	4.19	1.076	$F=49.362^{***}$
	硕士研究生	4.29	1.019	
	博士研究生	4.35	0.963	
学科门类	人文科学类	4.22	1.075	$F=0.832$
	社会科学类	4.22	1.048	
	理工农医类	4.22	1.062	
学生干部经历	有	4.24	1.053	$F=93.525^{***}$
	没有	4.13	1.085	
学校所属区域	华东地区	4.23	1.048	$F=24.926^{***}$
	华南地区	4.10	1.078	
	华中地区	4.22	1.013	
	华北地区	4.26	1.085	
	西北地区	4.27	1.075	
	西南地区	4.14	1.062	
	东北地区	4.33	1.082	

从性别来看,不同性别大学生对于"我会对网上的热点事件冷静分析,不被'带节奏'"的符合情况也存在显著差异($F=9.338,P<0.05$)。男大学生对于这一选项的符合程度平均值为4.20,低于女大学生的平均值4.23。

从年龄来看,不同年龄段大学生对于"我会对网上的热点事件冷静分析,不被'带节奏'"的符合程度存在显著差异($F=17.438,P<0.001$)。低年龄段、中间年龄段和高年龄段关于"我会对网上的热点事件冷静分析,不被'带节奏'"的符合程度平均值分别为4.20、4.23和4.32。可见,年龄越大的大学生,对待网络热点事件就越能冷静分析、保持清晰头脑。

从生源所在地来看,不同生源所在地大学生对于"我会对网上的热点事件冷静分析,不被'带节奏'"的符合情况也存在显著差异($F=145.362,P<0.001$)。生源所在地为农村的大学生关于这一选项的符合情况平均值为4.16,同样低于生源所在地为城镇的大学生此项的平均值4.28。

从是否为独生子女来看,独生子女和非独生子女大学生对于"我会对网上的热点事件冷静分析,不被'带节奏'"的符合情况存在显著差异($F=34.315,P<0.001$)。独生子女大学生相较于非独生子女大学生对于这一选项的符合程度更高,前者平均值为4.26,后者平均值为4.20。

从学历层次来看,不同学历大学生对于"我会对网上的热点事件冷静分析,不被'带节奏'"的符合程度存在显著差异($F=49.362,P<0.001$)。本科生、硕士研究和博士研究生对

于冷静分析网络热点事件的符合程度平均值分别为 4.19、4.29、4.35。这与年龄变量所反映的趋势相一致。

从学生干部经历来看，不同学生干部经历的大学生对于"我会对网上的热点事件冷静分析，不被'带节奏'"的符合情况（$F = 93.525, P < 0.001$）表现出显著差异。据统计，有学生干部经历的大学生面对网络热点事件时冷静分析的符合情况平均值（4.24）高于没有学生干部经历的大学生的相应数值（4.13）。结合数据分析，有学生干部经历的大学生会更冷静思考网络热点事件。

从学校所属区域来看，不同区域高校的大学生对于"我会对网上的热点事件冷静分析，不被'带节奏'"的符合情况（$F = 24.926, P < 0.001$）具有显著差异。综合来看，东北地区高校的大学生在冷静分析网络热点事件方面最为乐观，其符合程度的平均值为 4.33，其次是西北地区（4.27）、华北地区（4.26）、华东地区（4.23）、华中地区（4.22）、西南地区（4.14）。华南地区高校的大学生对于冷静分析网络热点事件的符合情况平均值较低，为 4.10。

（二）规范网络言行

调查显示，有 83.5% 的大学生表示"在网上发表的言论都会经过深思熟虑"符合自身情况，其中表示"非常符合"的大学生占比 53.5%，表示"比较符合"的大学生占比 30.0%，另有 9.4% 的大学生表示符合程度"一般"，1.5% 的大学生表示"不太符合"，5.6% 的大学生表示"很不符合"。可见，绝大多数大学生在网络社会交往中表现出一定的自我约束能力和自我管理素养。关于"我在上网时会严格要求自己，决不成为'键盘侠'"，85.7% 的大学生表示符合自身情况，其中，表示"非常符合"自身情况的大学生占比 61.1%，表示"比较符合"的大学生占比 24.6%。表示"一般"的大学生占比 7.4%，表示"不太符合"的大学生占比 1.2%，表示"很不符合"的占比 5.7%。这表明绝大多数大学生能在上网时严格要求自我，对自己的言行负责，具备良好的网络素养。

为进一步分析大学生在网上发表言论和规范行为的群体性差异，我们结合人口学变量和教育学变量对数据进行均值比较分析，将符合程度的五个等级"非常符合""比较符合""一般""不太符合""很不符合"分别赋值 5 分、4 分、3 分、2 分、1 分，得分越高说明符合程度越高，大学生做出相应行为的可能性越大。

研究发现，不同性别、年龄、生源所在地、子女类型、学历层次、学生干部经历、学校所属区域的大学生在网上发表言论和规范行为方面均呈现显著差异（见表5-4）。

表5-4　不同群体大学生对待在网上发表言论及规范行为的均值比较

自变量		我在网上发表的言论都会经过深思熟虑			我在上网时会严格要求自己，决不成为"键盘侠"		
		均值	标准差	统计量及显著性水平	均值	标准差	统计量及显著性水平
性别	男	4.18	1.128	$F = 89.730^{***}$	4.26	1.133	$F = 164.405^{***}$
	女	4.28	1.021		4.39	1.010	

续表

自变量		我在网上发表的言论都会经过深思熟虑			我在上网时会严格要求自己，决不成为"键盘侠"		
		均值	标准差	统计量及显著性水平	均值	标准差	统计量及显著性水平
年龄	低年龄段	4.23	1.073	$F=5.892^{**}$	4.33	1.071	$F=6.381^{**}$
	中间年龄段	4.25	1.057		4.35	1.051	
	高年龄段	4.30	1.026		4.41	1.027	
生源所在地	农村	4.19	1.092	$F=123.757^{***}$	4.30	1.089	$F=91.893^{***}$
	城镇	4.30	1.033		4.39	1.029	
家庭类型	双亲家庭	4.25	1.063	$F=1.629$	4.35	1.059	$F=1.547$
	非双亲家庭	4.22	1.064		4.33	1.064	
是否为独生子女	是	4.27	1.071	$F=17.594^{***}$	4.36	1.069	$F=5.416^{**}$
	否	4.23	1.058		4.33	1.053	
学历层次	本科生	4.22	1.078	$F=25.428^{***}$	4.32	1.076	$F=31.877^{***}$
	硕士研究生	4.29	1.025		4.40	1.016	
	博士研究生	4.34	0.962		4.46	0.950	
学科门类	人文科学类	4.23	1.075	$F=1.588$	4.24	1.071	$F=0.081$
	社会科学类	4.26	1.048		4.36	1.041	
	理工农医类	4.24	1.067		4.34	1.065	
学生干部经历	有	4.27	1.054	$F=82.597^{***}$	4.37	1.050	$F=93.965^{***}$
	没有	4.16	1.094		4.25	1.090	
学校所属区域	华东地区	4.25	1.049	$F=19.379^{***}$	4.35	1.048	$F=11.594^{***}$
	华南地区	4.12	1.088		4.24	1.091	
	华中地区	4.27	1.007		4.38	1.005	
	华北地区	4.27	1.092		4.36	1.085	
	西北地区	4.29	1.076		4.38	1.064	
	西南地区	4.19	1.065		4.30	1.062	
	东北地区	4.33	1.091		4.40	1.092	

从性别来看，女大学生符合"我在网上发表的言论都会经过深思熟虑"程度的平均值为4.28，高于男大学生的平均值4.18，女大学生符合"在上网时会严格要求自己，不做'键盘侠'"程度的平均值为4.39，也比男大学生此项的平均值4.26更高。

从年龄段来看，大学生年龄越大，在网上规范自己言行的自觉意识就越强，体现为符合"网上发表言论会深思熟虑"程度的平均值从低年龄段的4.23，逐步提升到中间年龄段的

4.25 和高年龄段的 4.30,符合"在上网时会严格要求自己,不做'键盘侠'"程度的平均值从低年龄段的 4.33,逐步提升到中间年龄段的 4.35 和高年龄段的 4.41。

从生源所在地来看,生源所在地为城镇的大学生关于"网上发表言论会深思熟虑"和"在上网时会严格要求自己,不做'键盘侠'"符合程度的平均值分别为 4.30 和 4.39,比生源所在地为农村的大学生的符合程度平均值(4.19、4.30)较高。

从是否为独生子女来看,独生子女大学生符合"网上发表言论会深思熟虑"程度的平均值为 4.27,高于非独生子女大学生相应选项的平均值(4.23)。独生子女大学生符合"在上网时会严格要求自己,不做'键盘侠'"程度的平均值为 4.36,高于非独生子女大学生相应选项的平均值(4.33)。

从学历层次来看,大学生对自我网络言行的规范要求随学历的提升而不断提高。本科生符合"网上发表言论会深思熟虑"程度和符合"在上网时会严格要求自己,不做'键盘侠'"程度的平均值分别为 4.22 和 4.32,低于硕士研究生(4.29、4.40)和博士研究生(4.34、4.46)的相应数值。

从学生干部经历来看,有学生干部经历的大学生符合"网上发表言论会深思熟虑"程度和符合"在上网时会严格要求自己,不做'键盘侠'"程度的平均值(4.27、4.37)均高于没有学生干部经历的大学生(4.16、4.25),这从一定程度说明,学生干部经历对于大学生规范自身网络行为具有积极作用。

从学校所属区域来看,东北地区高校的大学生关于"网上发表言论会深思熟虑"和"在上网时会严格要求自己,不做'键盘侠'"的符合情况最为突出,其在这两项上的符合程度平均值分别为 4.33 和 4.40,高于西北地区(4.29、4.38)、华中地区(4.27、4.38)、华北地区(4.27、4.36)、华东地区(4.25、4.35)、西南地区(4.19、4.30)和华南地区(4.12、4.24)大学生的相应数值。

三、网络负面影响

互联网技术的突飞猛进使大学生得以扩大社群空间、增长知识见闻、丰富文娱体验,但也不可避免地对大学生带来一些负面影响。深入调查和准确把握网络对青年大学生带来的负面影响,有助于我们有针对性地开展网络思想政治教育,教育引导大学生切实提升网络素养。

(一)总体情况

调查发现,网络对于青年大学生的价值观念、审美取向、学习生活、社会交往等方面产生了不同程度的负面影响。在价值观念方面,针对"直播带货轻松赚钱,我以后也想做网红"这一说法,大学生中有 2.0% 认为"非常符合"自身实际,有 2.5% 表示"比较符合",有 18.9% 表示"一般",有 30.8% 表示"不太符合",有 45.7% 表示"很不符合"。在审美取向方面,6.6%的大学生表示"浏览一些另类搞怪直播,影响了我的审美取向"非常符合自身实际,有 9.1%的大学生表示"比较符合",有 20.9%的大学生表示"一般",分别有 25.7% 和 37.6%的大学生表示"不太符合"和"很不符合"。在日常学习方面,大学生中有 5.2% 表示"短视频一刷就停不下来,经常占用我的学习时间"非常符合自身实际,有 17.5% 表示"比较符合",有

31.8%表示"一般",有22.1%表示"不太符合",有23.4%表示"很不符合"。在社会交往方面,关于"我很享受网络上个人圈子,不愿在线下与人交往"说法,大学生中有2.4%表示"非常符合"自身实际,有4.7%表示"比较符合",有20.2%表示"一般",有32.9%表示"不太符合",有39.8%表示"很不符合"。(见图5-4)

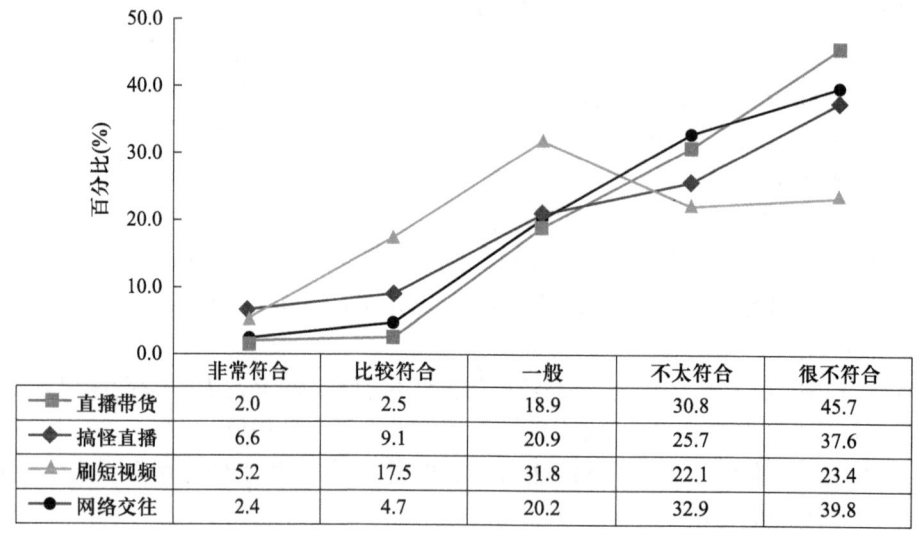

	非常符合	比较符合	一般	不太符合	很不符合
■ 直播带货	2.0	2.5	18.9	30.8	45.7
◆ 搞怪直播	6.6	9.1	20.9	25.7	37.6
▲ 刷短视频	5.2	17.5	31.8	22.1	23.4
● 网络交往	2.4	4.7	20.2	32.9	39.8

图5-4　大学生受网络负面影响的横向比较

(二)不同群体大学生受到网络负面影响的差异情况

为进一步探究大学生受到网络负面影响的群体性差异,我们从性别、年龄段、生源所在地、家庭类型、是否为独生子女、学历层次、学科门类、学生干部经历、学校所属区域等维度对大学生所受网络负面影响的具体情况展开交互分析。

1. 不同群体大学生对"直播带货轻松赚钱,我以后也想做网红"观点的符合程度

从性别来看,针对"直播带货轻松赚钱,我以后也想做网红",女大学生符合这一点的有3.7%,低于男大学生的符合程度(5.9%),有74.8%的男大学生表示这一点不符合自身情况,比女大学生的人数比例(77.6%)低,反映出相对于女大学生,男大学生受此的影响更深。

从年龄段来看,针对"直播带货轻松赚钱,我以后也想做网红",认为自己符合这一点的低年龄段人数比例为4.4%,中间年龄段人数比例为4.8%,高年龄段人数比例为4.0%,认为自己不符合这一点的人数比例从低年龄段、中间年龄段再到高年龄段分别为76.0%、76.1%和84.0%。

从生源所在地来看,生源所在地为农村的大学生认为"直播带货轻松赚钱,我以后也想做网红"符合自身情况的有4.9%,高于生源所在地为城镇的大学生的人数比例(4.2%),生源所在地为农村的大学生认为这一点不符合自身情况的人数比例(75.3%)相应则低于生源所在地为城镇的大学生的相应比例(77.6%)。

从家庭类型来看,双亲家庭大学生认为"直播带货轻松赚钱,我以后也想做网红"符合自身情况的有4.4%,非双亲家庭大学生符合这一点的人数比例则为5.7%,后者要高于前者,非双亲家庭大学生认为这一点不符合自身情况的人数比例(73.2%)低于双亲家庭的相应人

数比例(76.9%)。

从是否为独生子女来看,针对"直播带货轻松赚钱,我以后也想做网红",独生子女大学生认为这一点符合自身情况的有4.6%,略高于非独生子女的相应比例(4.5%),独生子女认为此点不符合自身情况的有77.5%,高于非独生子女的相应比例(75.9%)。综上所述,非独生子女受影响较深。

从学历层次来看,大学生针对"直播带货轻松赚钱,我以后也想做网红"符合的人数比例从本科生、硕士研究生再到博士研究生依次为4.8%、4.0%、3.3%,认为这一点不符合自身情况的人数比例从本科生、硕士研究生再到博士研究生依次为75.2%、79.2%、86.1%。明显看出,学历越高的大学生,受此影响的程度就越小。

从学科门类来看,人文科学类大学生认为"直播带货轻松赚钱,我以后也想做网红"符合自身情况的有5.3%,其次是社会科学类大学生(4.8%)和理工农医类大学生(4.0%)。认为这一点不符合自身情况的人数比例分别为72.2%(人文科学类)、76.8%(社会科学类)和79.2%(理工农医类)。

从学生干部经历来看,针对"直播带货轻松赚钱,我以后也想做网红",有学生干部经历的大学生中有4.5%认为这一点符合自身情况,76.9%认为这一点不符合自身情况,没有学生干部经历的大学生相应选项的人数比例分别为4.7%和75.2%。

从学校所属区域来看,针对"直播带货轻松赚钱,我以后也想做网红",认为这一点符合自身情况的人数比例最高的大学生属于华南地区高校(5.3%),按符合情况人数比例从高到低排序依次是西南地区(5.1%)、华北地区(5.0%)、西北地区(4.7%)、东北地区(4.4%)、华东地区(4.0%)和华中地区(3.8%)。认为这一点不符合自身情况的人数比例从高到低排序依次为华中地区(77.7%)、西北地区(77.6%)、华东地区(77.5%)和东北地区(77.5%)、华北地区(77.2%)、西南地区(75.7%)和华南地区(70.0%)。见表5-5。

表5-5　不同群体大学生对"直播带货轻松赚钱,我以后也想做网红"认识符合程度的交互分析

自变量		符合情况(%)			卡方检验	
		符合	一般	不符合	χ^2	P
性别	男	5.9	19.3	74.8	126.351	<0.001
	女	3.7	18.7	77.6		
年龄	低年龄段	4.4	19.6	76.0	95.842	<0.001
	中间年龄段	4.8	19.1	76.1		
	高年龄段	4.0	12.0	84.0		
生源所在地	农村	4.9	19.8	75.3	37.099	<0.001
	城镇	4.2	18.2	77.6		
家庭类型	双亲家庭	4.4	18.7	76.9	34.185	<0.001
	非双亲家庭	5.7	21.1	73.2		
是否为独生子女	独生子女	4.6	17.9	77.5	21.618	<0.001
	非独生子女	4.5	19.6	75.9		

自变量		符合情况（%）			卡方检验	
		符合	一般	不符合	χ^2	P
学历层次	本科生	4.8	20.0	75.2	169.806	<0.001
	硕士研究生	4.0	16.8	79.2		
	博士研究生	3.3	10.6	86.1		
学科门类	人文科学类	5.3	22.5	72.2	206.404	<0.001
	社会科学类	4.8	18.4	76.8		
	理工农医类	4.0	16.8	79.2		
学生干部经历	有	4.5	18.6	76.9	11.933	<0.05
	无	4.7	20.1	75.2		
学校所在区域	华东	4.0	18.5	77.5	145.432	<0.001
	华南	5.3	24.7	70.0		
	华中	3.8	18.5	77.7		
	华北	5.0	17.8	77.2		
	西北	4.7	17.7	77.6		
	西南	5.1	19.2	75.7		
	东北	4.4	18.1	77.5		

2. 不同群体大学生对"浏览一些另类搞怪直播,影响了我的审美取向"观点的符合程度

从性别来看,针对"浏览一些另类搞怪直播,影响了我的审美取向",有 17.1% 的男大学生表示这一观点符合自身情况,14.8% 的女大学生表示这一观点符合自身情况,另外,认为这一观点不符合自身情况的男性和女大学生人数比例分别为 62.1% 和 64.2%,这体现出男大学生更容易受到"浏览另类搞怪直播"对审美取向的影响。

从年龄来看,低年龄段、中间年龄段和高年龄段的大学生符合"浏览一些另类搞怪直播,影响了我的审美取向"观点的人数比例分别为 16.2%、15.3% 和 13.9%,不符合这一观点的人数比例分别为 61.9%、64.1% 和 70.3%,这反映出随着年龄的增长,大学生更能抵御住"浏览另类搞怪直播"对审美取向造成的负面影响。

从生源所在地来看,生源所在地为农村的大学生有 16.1% 对"浏览一些另类搞怪直播,影响了我的审美取向"这一观点表示认同,61.5% 表示不认同。生源所在地为城镇的大学生有 15.2% 对这一观点表示认同,65.2% 表示不认同。

从家庭类型来看,双亲家庭的大学生认为"浏览一些另类搞怪直播,影响了我的审美取向"观点符合自身情况的人数比例为 15.6%,非双亲家庭的大学生认为这一观点符合自身情况的有 16.5%,双亲家庭和非双亲家庭的大学生认为这一观点不符合自身情况的分别为 63.6% 和 61.6%。数据显示非双亲家庭的大学生受"浏览另类搞怪直播"对审美取向的影响较深。

从是否为独生子女来看,针对"浏览一些另类搞怪直播,影响了我的审美取向",有

15.4%和15.9%的独生子女和非独生子女大学生认为这一观点符合自身情况,另有65.1%和62.2%的独生子女和非独生子女大学生认为这一观点不符合自身情况。

从学历层次来看,本科生有16.2%认为"浏览一些另类搞怪直播,影响了我的审美取向"观点符合自身情况,高于硕士研究生(14.3%)和博士研究生(12.3%)相应选项的人数比例。有61.7%的本科生、67.8%的硕士研究生和72.1%的博士研究生认为这一观点不符合自身情况。综合来看,学历越高的大学生,越能较好地抵御这一负面影响。

从学科门类来看,社会科学类大学生对"浏览一些另类搞怪直播,影响了我的审美取向"观点表示认同的人数比例为16.7%,高于人文科学类(16.0%)和理工农医类(14.7%)大学生相应选项的人数占比。表示不认同这一观点的大学生人数比例从高到低排序依次为理工农医类的65.6%、社会科学类的62.1%和人文科学类的61.3%。综上可知,社会科学类和人文科学类的大学生相较于理工农医类大学生更容易受到"浏览另类搞怪直播"对审美取向的影响。

从学生干部经历来看,针对"浏览一些另类搞怪直播,影响了我的审美取向",有学生干部经历的大学生符合这一观点所述情况的有15.9%,高于没有学生干部经历的大学生符合这一观点所述情况的人数占比(14.8%),但是认为这一观点不符合自身情况的有学生干部经历的大学生占比63.6%,高于没有学生干部经历大学生的人数占比(62.4%)。

从学校所属区域来看,东北地区高校的大学生认为"浏览一些另类搞怪直播,影响了我的审美取向"观点符合自身情况的人数占比最少(12.6%),其次分别是华东地区(14.7%)、西北地区(15.0%)、华北地区(15.2%)、华中地区(16.8%)、华南地区(17.1%)和西南地区(17.3%)。认为其不符合自身情况的东北地区高校大学生人数占比最大(69.4%),其后依次是华北地区(65.8%)、华东地区(64.5%)、西北地区(63.6%)、华中地区(62.2%)、西南地区(60.7%)和华南地区(57.0%)。由此可见,西南地区和华南地区大学生更容易受到"浏览另类搞怪直播"对审美取向的影响。见表5-6。

表5-6 不同群体大学生对"浏览一些另类搞怪直播,影响了我的审美取向"观点符合程度的交互分析

自变量		符合情况(%)			卡方检验	
		符合	一般	不符合	χ^2	P
性别	男	17.1	20.8	62.1	42.797	<0.001
	女	14.8	21.0	64.2		
年龄	低年龄段	16.2	21.9	61.9	85.261	<0.001
	中间年龄段	15.3	20.6	64.1		
	高年龄段	13.9	15.8	70.3		
生源所在地	农村	16.1	22.4	61.5	73.516	<0.001
	城镇	15.2	19.6	65.2		
家庭类型	双亲家庭	15.6	20.8	63.6	6.743	<0.05
	非双亲家庭	16.5	21.9	61.6		

自变量		符合情况（%）			卡方检验	
		符合	一般	不符合	χ^2	P
是否为独生子女	独生子女	15.4	19.5	65.1	46.387	<0.001
	非独生子女	15.9	21.9	62.2		
学历层次	本科生	16.2	22.1	61.7	184.619	<0.001
	硕士研究生	14.3	17.9	67.8		
	博士研究生	12.3	15.6	72.1		
学科门类	人文科学类	16.0	22.7	61.3	78.878	<0.001
	社会科学类	16.7	21.2	62.1		
	理工农医类	14.7	19.7	65.6		
学生干部经历	有	15.9	20.5	63.6	27.327	<0.001
	无	14.8	22.8	62.4		
学校所属区域	华东	14.7	20.8	64.5	200.546	<0.001
	华南	17.1	25.9	57.0		
	华中	16.8	21.0	62.2		
	华北	15.2	19.0	65.8		
	西北	15.0	21.4	63.6		
	西南	17.3	22.0	60.7		
	东北	12.6	18.0	69.4		

3. 不同群体大学生对"短视频一刷就停不下来，经常占用我的学习时间"观点的符合程度

从性别来看，男大学生认为"短视频一刷就停不下来，经常占用我的学习时间"符合自身情况的有21.2%，低于女大学生认为这一观点符合自身情况的人数比例（23.5%），男大学生认为这一观点不符合自身情况的人数比例（48.5%）相应则高于女大学生认为不符合自身情况的人数比例（43.7%）。因此，女大学生更容易受到"刷短视频停不下来"的影响。

从年龄来看，低年龄段、中间年龄段和高年龄段大学生认为"短视频一刷就停不下来，经常占用我的学习时间"符合自身情况的人数比例分别为25.2%、20.7%和16.0%，呈现递减趋势，认为这一观点不符合自身情况的低年龄段、中间年龄段和高年龄段大学生人数比例则呈现递增趋势，分别是42.0%、48.0%和56.7%。这反映出随着年龄的增长，大学生越来越能够抵御"刷短视频停不下来"给自己的正常学习生活造成的影响。

从生源所在地来看，生源所在地为农村的大学生对"短视频一刷就停不下来，经常占用我的学习时间"观点表示认同的有26.0%，生源所在地为城镇的大学生表示认同的人数占比为19.5%，对这一观点表示不认同的生源所在地为农村的大学生有40.2%，比生源所在地为城镇的大学生的相应选项人数占比（50.5%）更低。这体现出生源所在地为农村的大学生受

"刷短视频停不下来"对正常学习生活的负面影响较深。

从家庭类型来看,针对"短视频一刷就停不下来,经常占用我的学习时间",双亲家庭大学生符合此观点所述情况的有 22.4%,不符合此观点所述情况的有 45.8%。非双亲家庭大学生对这一观点表示认同的有 24.9%,对这一观点表示不认同的有 42.9%。可以看出,家庭类型为非双亲家庭的大学生更容易受到"刷短视频停不下来"给自己的正常学习生活造成的影响。

从是否为独生子女来看,有 19.4% 的独生子女大学生认为"短视频一刷就停不下来,经常占用我的学习时间"观点符合自身情况,低于非独生子女大学生的相应比例(24.8%)。有 51.3% 的独生子女大学生认为这一观点不符合自身情况,高于非独生子女相应选项的人数占比(41.6%)。

从学历层次来看,本科生、硕士研究生和博士研究生认为"短视频一刷就停不下来,经常占用我的学习时间"观点符合自身情况的人数比例分别为 24.5%、17.4% 和 13.1%,这一比例呈递减趋势。认为这一观点不符合自身情况的本硕博大学生人数比例分别为 42.6%、53.9% 和 60.0%,这一比例则呈递增趋势。数据表明,随着学历的提升,大学生越来越能够抵御"刷短视频停不下来"给自己的正常学习生活造成的影响。

从学科门类来看,针对"短视频一刷就停不下来,经常占用我的学习时间"观点,社会科学类大学生认为其符合自身情况的有 23.3%,高于理工农医类(22.6%)和人文科学类(21.7%)大学生的相应比例。认为这一观点不符合自身情况的理工农医类(46.2%)和人文科学类(45.3%)大学生的人数比例则高于社会科学类大学生的相应比例(44.9%)。

从学生干部经历来看,针对"短视频一刷就停不下来,经常占用我的学习时间"观点,有学生干部经历的大学生有 22.4% 认为其符合自身情况,另有 46.2% 认为这一观点不符合自身情况。有 23.4% 的没有学生干部经历的大学生认为这一观点符合自身情况,另有 43.0% 认为这一观点不符合自身情况。

从学校所属区域来看,认为"短视频一刷就停不下来,经常占用我的学习时间"观点符合自身情况的各个学校所属区域大学生的人数比例从高到低分别为西南地区(25.3%)、华中地区(25.1%)、西北地区(23.9%)、华南地区(23.5%)、华北地区(21.1%)、华东地区(20.8%)和东北地区(18.8%),认为这一观点不符合自身情况的各个学校所属区域大学生的人数比例从高到低分别为东北地区(52.8%)、华东地区(48.3%)和华北地区(48.4%)、华中地区(43.7%)、西北地区(43.3%)、华南地区(41.2%)和西南地区(40.0%),见表5-7。

表5-7 不同群体大学生对"短视频一刷就停不下来,经常占用我的学习时间"观点符合程度的交互分析

自变量		符合情况(%)			卡方检验	
		符合	一般	不符合	χ^2	P
性别	男	21.2	30.3	48.5	101.345	<0.001
	女	23.5	32.8	43.7		
年龄	低年龄段	25.2	32.8	42.0	334.629	<0.001
	中间年龄段	20.7	31.3	48.0		
	高年龄段	16.0	27.3	56.7		

续表

自变量		符合情况（%）			卡方检验	
		符合	一般	不符合	χ^2	P
生源所在地	农村	26.0	33.8	40.2	543.893	<0.001
	城镇	19.5	30.0	50.5		
家庭类型	双亲家庭	22.4	31.8	45.8	19.673	<0.001
	非双亲家庭	24.9	32.2	42.9		
是否为独生子女	独生子女	19.4	29.3	51.3	435.053	<0.001
	非独生子女	24.8	33.6	41.6		
学历层次	本科生	24.5	32.9	42.6	601.865	<0.001
	硕士研究生	17.4	28.7	53.9		
	博士研究生	13.1	26.9	60.0		
学科门类	人文科学类	21.7	33.0	45.3	18.316	<0.05
	社会科学类	23.3	31.8	44.9		
	理工农医类	22.6	31.2	46.2		
学生干部经历	有	22.4	31.4	46.2	32.128	<0.001
	无	23.4	33.6	43.0		
学校所属区域	华东	20.8	30.9	48.3	291.224	<0.001
	华南	23.5	35.3	41.2		
	华中	25.1	31.2	43.7		
	华北	21.1	30.5	48.4		
	西北	23.9	32.8	43.3		
	西南	25.3	34.7	40.0		
	东北	18.8	28.4	52.8		

4. 不同群体大学生对"我很享受网络上个人圈子，不愿在线下与人交往"观点的符合程度

从性别来看，针对"我很享受网络上个人圈子，不愿在线下与人交往"观点，男大学生有8.6%认为这一观点符合自身情况，女大学生有6.1%认为这一观点符合自身情况。有70.4%男大学生认为这一观点不符合自身情况，有74.1%女大学生认为这一观点不符合自身情况。这反映出男大学生更容易受到网络的这一负面影响。

从年龄来看，针对"我很享受网络上个人圈子，不愿在线下与人交往"观点，低年龄段、中间年龄段和高年龄段的大学生认为这一观点符合自身情况的人数比例分别为7.5%、6.9%和4.4%，认为这一观点不符合自身情况的人数比例分别为71.2%、73.3%和81.3%。这表明，随着年龄的增长，大学生越来越能抵御因"享受网络个人圈子"而对线下交往产生的负面影响。

从生源所在地来看,生源所在地为农村的大学生表示认同"我很享受网络上个人圈子,不愿在线下与人交往"观点的人数比例(7.6%)高于生源所在地为城镇的大学生相应选项的人数比例(6.5%)。有70.8%的生源所在地为农村的大学生表示不认同这一观点,这一比例低于生源所在地为城镇的相应人数比例(74.5%)。

从家庭类型来看,双亲家庭大学生认为"我很享受网络上个人圈子,不愿在线下与人交往"观点符合自身情况的人数比例(6.9%)低于非双亲家庭大学生的相应比例(8.0%)。双亲家庭大学生认为这一观点不符合自身情况的人数比例为73.1%,高于非双亲家庭相应选项的人数比例(70.1%)。

从是否为独生子女来看,独生子女大学生认为"我很享受网络上个人圈子,不愿在线下与人交往"观点符合自身情况的人数比例为7.1%,略高于非独生子女相应的人数比例(7.0%),认为这一观点不符合自身情况的独生子女大学生人数比例(74.2%)同样高于非独生子女的人数比例(71.8%)。

从学历层次来看,本科生、硕士研究生和博士研究生认为"我很享受网络上个人圈子,不愿在线下与人交往"观点符合自身情况的人数比例分别为7.7%、5.1%和3.9%,呈现较为明显的下降趋势。本科生、硕士研究生和博士研究生认为这一观点不符合自身情况的人数比例分别为70.7%、78.5%和82.3%,呈现出上升趋势。由上述可知,随着学历的提升,大学生抵御因"享受网络个人圈子"而对线下交往产生负面影响的能力也不断增强。

从学科门类来看,针对"我很享受网络上个人圈子,不愿在线下与人交往"观点,人文科学类大学生表示认同的人数比例为7.8%,高于社会科学类(6.9%)和理工农医类(6.7%)大学生的相应比例。人文科学类大学生对这一观点表示不认同的人数比例(70.2%)也相对低于社会科学类(73.1%)和理工农医类(74.2%)大学生表示不认同的人数比例。这表明人文科学类大学生更容易因"享受网络个人圈子"而对线下交往产生抵触心理。

从学生干部经历来看,针对"我很享受网络上个人圈子,不愿在线下与人交往"观点,有学生干部经历的大学生中有6.4%认为其符合自身情况,有74.8%认为其不符合自身情况。没有学生干部经历的大学生有9.3%认为这一观点符合自身情况,有65.1%认为这一观点不符合自身情况。

从学校所属区域来看,针对"我很享受网络上个人圈子,不愿在线下与人交往"观点,认为其符合自身情况的各个学校所在区域大学生的人数比例从高到低分别为华南地区(8.1%)、西南地区(7.8%)、华中地区(7.3%)、西北地区(7.1%)、华北地区(6.7%)、华东地区(6.6%)、东北地区(5.9%)。认为其不符合自身情况的各个学校所属区域大学生的人数比例从高到低分别为东北地区(76.9%)、华东地区(74.0%)、华北地区(74.0%)、西北地区(73.5%)、华中地区(72.6%)、西南地区(69.9%)、华南地区(67.7%)。见表5-8。

表5-8 不同群体大学生对"我很享受网络上个人圈子,不愿在线下与人交往"观点符合程度的交互分析

自变量		符合情况(%)			卡方检验	
		符合	一般	不符合	χ^2	P
性别	男	8.6	21.0	70.4	121.784	<0.001
	女	6.1	19.8	74.1		

续表

自变量		符合情况（%）			卡方检验	
		符合	一般	不符合	χ^2	P
年龄	低年龄段	7.5	21.3	71.2	109.263	<0.001
	中间年龄段	6.9	19.8	73.3		
	高年龄段	4.4	14.3	81.3		
生源所在地	农村	7.6	21.6	70.8	80.085	<0.001
	城镇	6.5	19.0	74.5		
家庭类型	双亲家庭	6.9	20.0	73.1	18.490	<0.001
	非双亲家庭	8.0	21.9	70.1		
是否为独生子女	独生子女	7.1	18.7	74.2	43.179	<0.001
	非独生子女	7.0	21.2	71.8		
学历层次	本科生	7.7	21.6	70.7	326.294	<0.001
	硕士研究生	5.1	16.4	78.5		
	博士研究生	3.9	13.8	82.3		
学科门类	人文科学类	7.8	22.0	70.2	60.814	<0.001
	社会科学类	6.9	20.0	73.1		
	理工农医类	6.7	19.1	74.2		
学生干部经历	有	6.4	18.8	74.8	366.492	<0.001
	无	9.3	25.6	65.1		
学校所属区域	华东	6.6	19.4	74.0	127.505	<0.001
	华南	8.1	24.2	67.7		
	华中	7.3	20.1	72.6		
	华北	6.7	19.3	74.0		
	西北	7.1	19.4	73.5		
	西南	7.8	22.3	69.9		
	东北	5.9	17.2	76.9		

四、新媒体应用

（一）高校新媒体平台存在的主要问题

随着网络技术的进步，大学生日常的学习生活对网络平台的依赖性不断增强，高校新媒体平台成为了高校开展思想政治教育、大学生相互交流学习的重要平台。当前高校新媒平台建设面临许多挑战,如何发挥新媒体平台优势,开展好大学生思想引导工作,成为高校思想政治工作的一项重要议题。

1. 总体情况

为考察大学生对所在高校新媒体平台存在问题的客观评价,我们从内容更新、形式创新、理论充实等多个维度归纳目前高校新媒体平台存在的主要问题。调查发现,大学生中认为所在高校新媒体平台"缺乏互动"和"呈现方式单一"的人数比例均为51.2%,还有32.0%的大学生认为所在高校新媒体平台"理论性太强"。此外,大学生反映高校新媒体平台存在"信息更新慢""说教味过浓""原创不足""案例陈旧"等问题的比例分别为30.2%、28.8%、24.8%、18.9%。数据表明,高校新媒体平台尚存在许多需要提质增效之处,其中"缺乏互动"和"呈现方式单一"成为当前高校新媒体平台存在的最为突出的问题(见图5-5)。

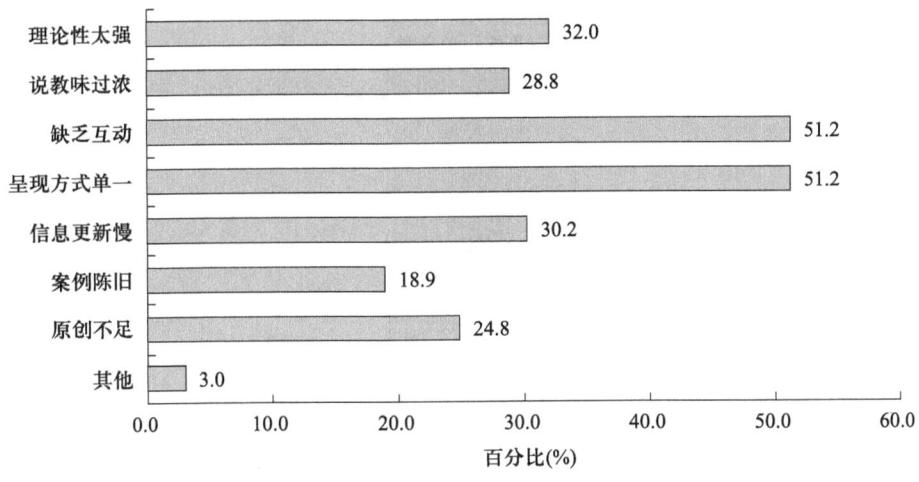

图5-5　大学生对高校新媒体平台存在主要问题的评价情况

2. 不同群体大学生对高校新媒体平台主要问题评价的差异

我们将不同群体大学生对所在高校新媒体平台存在主要问题的评价情况进行交互分析,发现不同性别、年龄段、学历的大学生的评价状况存在显著差异($P<0.05$)。

从性别来看,男大学生认为高校新媒体平台存在的主要问题有"理论性太强"(33.7%)、"说教味过浓"(32.8%)、"信息更新慢"(32.1%)、"案例陈旧"(20.9%)、"原创不足"(26.6%)的人数比例高于女大学生相应选项的人数比例(31.0%、26.4%、29.0%、17.8%、23.7%)。女大学生在高校新媒体平台存在主要问题中选择"缺乏互动"(52.1%)、"呈现方式单一"(53.8%)的人数比例高于男大学生相应选项的人数比例(49.5%、46.8%)(见图5-6)。

从年龄段来看,低年龄段大学生认为高校新媒体平台存在"理论性太强"(32.6%)、"缺乏互动"(51.7%)、"呈现方式单一"(52.1%)、"信息更新慢"(30.7%)、"案例陈旧"(20.0%)、"原创不足"(25.5%)问题的人数比例高于中间年龄段(32.3%、51.2%、51.0%、29.8%、18.4%、24.3%)和高年龄段(24.1%、46.6%、44.3%、27.9%、13.9%、22.9%)大学生的相应人数比例。中间年龄段大学生认为高校新媒体平台存在"说教味过浓"问题的人数占比29.1%,高于低年龄段(29.0%)和高年龄段(25.4%)大学生的相应人数比例(见图5-7)。

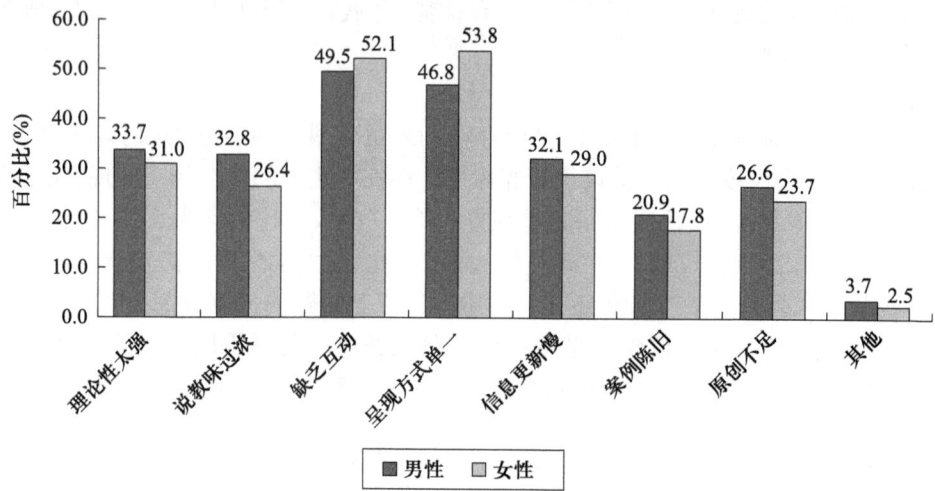

图 5-6 不同性别大学生对所在高校新媒体平台存在主要问题的评价情况

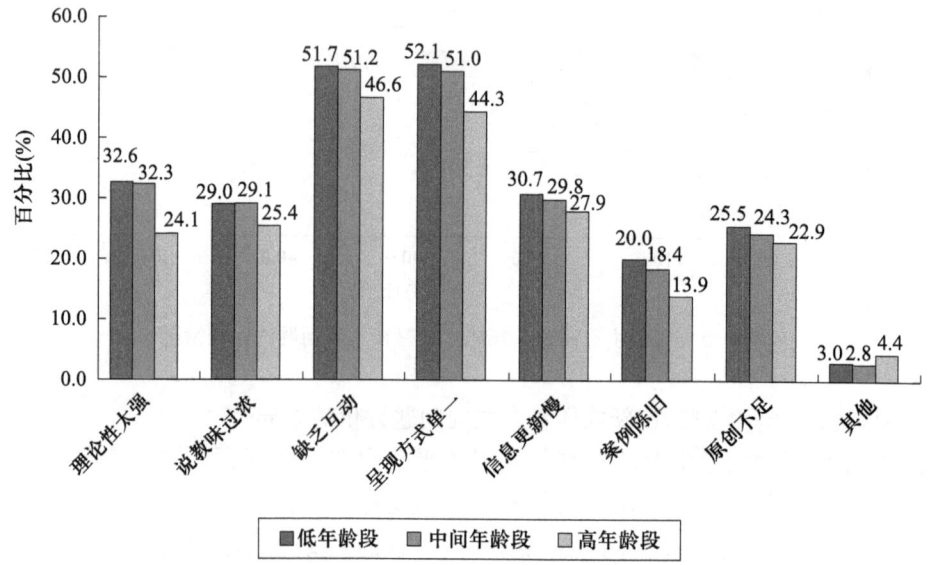

图 5-7 不同年龄段大学生对所在高校新媒体平台存在主要问题的评价情况

从学历层次来看,本科生认为高校新媒体平台存在"理论性太强"(33.2%)、"说教味过浓"(29.7%)、"缺乏互动"(52.0%)、"呈现方式单一"(52.6%)、"信息更新慢"(31.2%)、"案例陈旧"(20.3%)、"原创不足"(25.9%)的人数比例均高于硕士研究生(29.2%、26.4%、48.9%、47.5%、27.1%、14.9%、21.1%)和博士研究生(23.9%、24.8%、46.5%、44.2%、26.9%、14.3%、22.4%)的相应人数比例(见图 5-8)。

(二)高校新媒体对大学生成长发展的影响

高校新媒体平台依托媒体技术发展,已成为高校网络育人"新高地",对大学生思想行为产生潜移默化的影响。

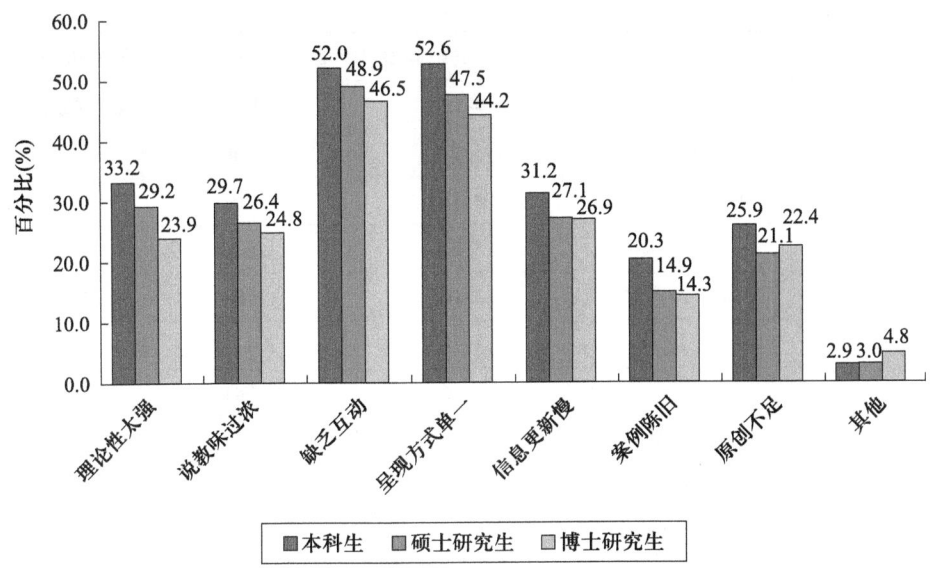

图 5-8　不同学历层次大学生对所在高校新媒体平台存在主要问题的评价情况

1. 总体情况

我们将大学生对"高校新媒体对大学生成长发展的影响"评价展开均值分析,将影响程度划分为"非常大""比较大""一般""不太大""没影响"五种程度,分别赋值为 5 分、4 分、3分、2 分、1 分,得分越高代表影响程度越高。总体上,大学生认为高校新媒体对自身成长发展的影响程度平均值为 3.23,表明当前高校新媒体平台对大学生的成长发展具有较大影响。调查发现,大学生中表示高校新媒体对自身成长发展的影响"非常大"的人数占比 12.1%,表示影响"比较大"的人数占比 26.6%,表示影响"一般"的人数占比 41.5%,表示影响"不太大"的人数占比 11.4%,表示"没影响"的人数占比 8.4%。

2. 不同群体大学生对高校新媒体影响自身成长发展评价的差异

为深入分析高校新媒体平台对不同群体大学生成长发展的影响程度,我们结合人口学教育学变量对调查结果进行均值比较分析后发现,不同性别、年龄、生源所在地、家庭类型、子女类型、学科门类、学生干部经历、学校所属区域的大学生群体对高校新媒体影响自身成长发展的评价具有显著差异(见表 5-9)。

表 5-9　不同群体大学生对高校新媒体影响自身成长发展评价的均值比较

自变量		高校新媒体平台对自身成长发展的影响程度		
		均值	标准差	统计量及显著性水平
性别	男	3.20	1.153	$F = 14.055^{***}$
	女	3.24	1.021	
年龄	低年龄段	3.25	1.062	$F = 10.258^{***}$
	中间年龄段	3.20	1.080	
	高年龄段	3.25	1.101	

续表

自变量		高校新媒体平台对自身成长发展的影响程度		
		均值	标准差	统计量及显著性水平
生源所在地	农村	3.27	1.040	$F = 88.692^{***}$
	城镇	3.18	1.101	
家庭类型	双亲家庭	3.23	1.070	$F = 16.238^{***}$
	非双亲家庭	3.16	1.101	
是否为独生子女	是	3.18	1.117	$F = 66.655^{***}$
	否	3.26	1.041	
学科门类	人文科学类	3.27	1.072	$F = 22.341^{***}$
	社会科学类	3.25	1.049	
	理工农医类	3.19	1.087	
学生干部经历	有	3.25	1.066	$F = 69.478^{***}$
	没有	3.15	1.093	
学校所属区域	华东地区	3.21	1.077	$F = 47.126^{***}$
	华南地区	3.22	1.061	
	华中地区	3.17	1.028	
	华北地区	3.32	1.086	
	西北地区	3.32	1.040	
	西南地区	3.08	1.071	
	东北地区	3.35	1.142	

从性别来看,男大学生认为高校新媒体平台对自身成长发展的影响程度平均值为3.20,低于女大学生相应选项的平均值(3.24)。这反映出女大学生认为高校新媒体平台对自身成长发展的影响程度更高。

从年龄来看,低年龄段、中间年龄段、高年龄段大学生认为高校新媒体平台对自身成长发展的影响程度平均值分别为3.25、3.20、3.25。数据表明,低年龄段和高年龄段大学生认为高校新媒体平台对自身成长发展具有更大的影响。

从生源所在地来看,生源所在地为农村的大学生认为高校新媒体平台对自身成长发展的影响程度平均值为3.27,高于生源所在地为城镇的大学生相应选项的平均值(3.18)。这表明生源所在地为农村的大学生认为高校新媒体平台对自身成长发展的影响程度更高。

从家庭类型来看,双亲家庭大学生认为高校新媒体平台对自身成长发展的影响程度平均值为3.23,高于非双亲家庭大学生相应选项的平均值(3.16)。因此,双亲家庭大学生认为高校新媒体平台对自身成长发展的影响程度更高。

从是否为独生子女来看,独生子女大学生认为高校新媒体平台对自身成长发展的影响程度平均值为3.18,低于非独生子女大学生相应选项的平均值(3.26)。这反映出非独生子女认为高校新媒体平台对自身成长发展的影响程度更高。

从学科门类来看,人文科学类、社会科学类、理工农医类大学生认为高校新媒体平台对自身成长发展的影响程度分别为 3.27、3.25、3.19。这表明人文科学类相对于社会科学类和理工农医类的大学生认为高校新媒体平台对自身成长发展的影响程度更高。

从学生干部经历来看,有学生干部经历的大学生认为高校新媒体平台对自身成长发展的影响程度平均值为 3.25,比没有学生干部经历的大学生相应选项的平均值(3.15)更高。这体现出有学生干部经历的大学生认为高校新媒体平台对自身成长发展具有更大的影响。

从学校所属区域来看,各个学校所属区域的大学生认为高校新媒体平台对自身成长发展的影响程度平均值从高到低分别为 3.35(东北地区)、3.32(华北地区)和 3.32(西北地区)、3.22(华南地区)、3.21(华东地区)、3.17(华中地区)、3.08(西南地区)。

五、本章小结

本章从上网目的、网络素养、网络负面影响和新媒体应用四个方面对调查数据进行全面分析,以此来客观了解大学生的网络运用状况。调查显示,网络对于大学生来说用途广泛、影响深刻,多数大学生在上网冲浪时,往往怀揣着多元的上网目的,开展丰富多彩的网络活动。调查还显示,多数大学生都能冷静分析热点事件,自觉规范自身网络言行,不当"键盘侠"或"喷子水军",具有较高的网络素养,同时,多数大学生表示感受到了高校新媒体平台对自身成长发展产生的切实影响。但也应引起重视的是,少数大学生难以抵御网络所带来的负面影响,出现了一系列价值取向、社交习惯、网络行为等方面的问题,还有部分大学生认为高校新媒体对自身成长发展的影响并不大,这指出了高校新媒体平台建设中的不足之处。基于此,我们应着力推动高校网络育人工作守正创新发展,着力加强新媒体平台建设,积极营造风清气正的网络空间。

(一) 总体情况

作为"网生一代""与网俱进"的青年群体,大学生的网络素养及网络运用状况,深刻映射着其在现实生活中的思想动态、价值观念及行为表现。

一方面,多种上网目的并存,信息获取需求强烈。随着人工智能、大数据等网络技术的突飞猛进,网络信息利用新媒体新技术的传播优势,实现其自身的飞速膨胀和爆炸式增长。不同来源、不同渠道、不同类型的信息相互交织、连接,凝结为一片片海量的信息域和符号丛,其中蕴含着新奇独特的内容,呈现出精巧繁致的形式,引起大学生群体的好奇心和求知欲,互联网已经成为大学生获取信息、认知世界的主要来源。调查显示,大学生选择上网目的为"获取资讯"的人数比例最多,为 85.1%,这表明绝大多数大学生都习惯于通过网络获取信息。网络信息传播的即时性、互动性、便捷性、时空超越性,既为大学生获取信息、认知世界、参与社会提供了极大的便利,也使大学生对网络信息具有更为强烈的需求和更深刻的依赖性。此外,分别有 83.3%、81.6%、81.4%、74.2%的大学生表示上网会进行娱乐消遣、社交、在线学习和网络购物等网络活动,这体现出大学生的上网目的多元并存,网络活动丰富多彩,互联网已成为大学生日常生活中不可分割的重要组成部分,大学生在网络空间的基本素养及行为表现,已成为其现实生活中所思、所感、所想、所为的重要反映。

另一方面,冷静看待热点事件,自觉规范网络言行。在"后真相"时代的虚拟网络空间中,网络的匿名性、无序性、去组织化使得网络主体的道德意识和社会责任感变得淡薄,以符号化形式存在着的网民往往任意选择自身形象身份,大胆发表自身意见看法,网络中虚假信息泛滥,谣言接连不断,流量造假、虚假宣传、大数据滥用等现象愈发突出。身处信息洪流之中,能否理性分析网络信息、坚守自身正确立场、不被谣言诡行冲昏头脑,是衡量大学生的网络媒介素养高低的重要标准。调查显示,有82.6%的大学生认同自己会对网上的热点事件冷静分析,不被"带节奏",72.9%的大学生表示面对网上抹黑党和政府的言论时,自己会予以反驳。这表明大多数大学生都保有面对错误言论勇于发声、面对错误思潮敢于亮剑的向上意识和自觉行动。调查另显示,有83.5%的大学生表示自己在网上发表的言论都会经过深思熟虑,85.7%的大学生表示自己会在上网时严格要求自己,决不成为"键盘侠",这表明大多数大学生都能自觉依循网络法律法规和伦理道德秩序,严格约束自身网络言行,合理合法进行网络社会参与和意见表达。

(二) 值得关注的问题和现象

调查中发现,高校网络育人实践中也存在一些问题,同时网络对大学生成长发展的影响较大。

第一,高校新媒体平台建设存在一些问题和不足。高校新媒体平台是高校思想政治工作创新发展的重要载体,其建设状况很大程度上影响着网络思想政治教育成效。调查中发现,大学生普遍反映高校新媒体平台存在一些问题。受访大学生中认为高校新媒体平台存在最为突出的问题分别为"缺乏互动"(51.2%)和"呈现方式单一"(51.2%),还有32.0%的受访大学生认为所在高校新媒体平台"理论性太强"。此外,受访大学生反映高校新媒体平台存在"信息更新慢""说教味过浓""原创不足""案例陈旧"等问题的比例分别为30.2%、28.8%、24.8%、18.9%。由此可见,高校新媒体平台建设存在一些亟待补强之处,尤其"缺乏互动"和"呈现方式单一"应该成为高校进一步加强新媒体平台建设主攻的问题方向。进一步分析发现,不同学历层次大学生对高校新媒体平台现存问题的看法存在差异。以"缺乏互动"和"呈现方式单一"为例,分别有52.0%和52.6%的本科生认为高校新媒体平台"缺乏互动"和"呈现方式单一",这一比例明显高于硕士研究生(48.9%、47.5%)和博士研究生(46.5%、44.2%)的相应比例。这也提醒我们,加强高校新媒体平台建设需要对不同学生群体的需求差异进行充分考量。

第二,少数大学生受网络负面影响较为明显。网络上良莠不齐的信息扩散、网络亚文化的流行以及不同思潮在网络上的隐蔽传播,对部分大学生的价值观念、审美取向、社会交往、学习生活等产生了不同程度的冲击与危害。调查发现,4.5%的大学生表示"直播带货轻松赚钱,我以后也想做网红",6.1%的大学生表示"我经常熬夜在游戏中开黑上分",7.1%的大学生表示"我很享受网络上个人圈子,不愿在线下与人交往",15.7%的大学生表示"浏览一些另类搞怪直播,影响了我的审美取向",22.7%的大学生表示"短视频一刷就停不下来,经常占用我的学习时间"。综合上述调查数据可见,大部分大学生能够较好地抵御网络不良影响,但仍有少数大学生受网络消极影响,出现价值取向娱乐化、审美取向异化、社交孤岛化、网络成瘾等多种危害身心健康的问题。

第三,大学生成长成才受网络影响较大。大学校园中,早已形成无人不网、无时不网、无地不网的网络氛围。网络在大学生成长成才的过程中具有潜移默化的影响。调查显示,12.1%的大学生认为所在高校微信、微博等新媒体对其成长发展的影响程度"非常大",26.6%的大学生认为这一影响"比较大",41.5%的大学生认为影响"一般",仅仅11.4%的大学生认为"不太大",8.4%的大学生表示"没影响"。将受访大学生对"高校新媒体对大学生成长发展的影响"评价分为非常大、比较大、一般、不太大、没影响五种程度,分别赋值为5分、4分、3分、2分、1分,通过均值分析发现,高校新媒体对大学生成长发展的影响程度平均值为3.23分(满分为5分),表明当前高校新媒体平台对大学生的成长发展具有较大影响,但还存在一些提升空间。这也提醒我们,要更加重视高校新媒体平台建设,立足大学生成长发展实际,把握大学生成长发展规律,围绕大学生关心的热点话题,切实改善网络传播内容、创新传播形式,以增强其在大学生群体中的话语权和影响力。

(三) 对策与建议

高校网络育人工作中存在的突出问题,制约高校育人工作成效,但也为进一步加强网络思想政治教育提供了主攻方向和着力点。基于此,我们提出如下对策,着力提升高校网络育人工作效果。

第一,着力推动高校网络育人工作守正创新发展。推动高校网络育人工作的守正创新发展,一方面要站稳立场,明确方向,提升网络思想政治教育队伍的政治素质,牢牢把握教育内容的政治方向。面对多元复杂的网络意识形态斗争,必须不断强化网络思想政治工作者的政治素质。要组织高校网络思想政治工作者参加专业培训、进修学习、学术讲座等多种培训,不断提升其政治理论素养,引导他们深入了解高校学术思想自由开放、学术问题百家争鸣的思想实际,充分认识互联网作为意识形态斗争的主阵地、主战场、最前沿的重要地位,掌握区分政治原则问题、思想认识问题和学术观点问题的辨识能力,从而打造政治立场坚定、政治素质过硬的高校思想政治教育队伍。还要注重网络宣传教育的内容审核,明确专人负责校园新媒体平台的运营与管理,严格把关政治方向,不断健全完善新媒体平台内容的审核机制。另一方面,高校网络思想政治工作者应当秉持创新精神,充分了解当代大学生作为"Z世代"人群和网络空间"土著居民"独特的思维方式和话语习惯,秉持"大数据""零距离""趋透明""慧分享"等互联网新思维,利用APP、H5、微信小程序等新媒体平台,运用虚拟现实(VR)、增强现实(AR)等新技术,着力推动高校网络育人工作创新发展。

第二,着重加强高校新媒体平台建设。根据调研中发现的高校新媒体平台存在的诸多问题,我们应该对症下药,加强规划设计,多措并举以打造学理性与趣味性兼顾、理论话语与生活话语交融、内容新颖且形式多样的高校新媒体平台,切实增强高校新媒体平台的吸引力、亲和力、感染力。针对"理论性太强""说教味过浓"等问题,平台运营者应当充分了解网络空间的话语特点和特有表达方式,注重运用平等交流的宣传教育方式,由侧重理论灌输转变为侧重思想引导,注重使用网络话语、青年话语来呈现教育内容,增强高校新媒体平台的吸引力;针对"缺乏互动""呈现方式单一"等问题,高校新媒体平台应当充分运用弹幕视频、短视频等新媒体形式,综合运用图像、音频、视频、动画等多种呈现方式,通过评论回复、弹幕对话、网上问答等多种互动手段,切实增强高校新媒体平台的交互性和趣味性;针对"案例陈旧"和"信息更新慢"等问题,高校新媒体平台应及时选取大学生广泛关注的社会热点问题,将其作为网络思想政治教育的鲜活案例,进行事实分析、深度解读,着力增强高校新媒体平台的感染力。

第三,积极营造风清气正的网络空间。风清气正的网络生态环境可以为高校网络思想政治教育提供良好的环境基础。一方面,网络监管部门应该进一步开展"净网"行动,清除污染网络生态、侵害大学生思想观念的不良网络内容。要重点整治网络中存在的涉历史虚无主义、涉极端利己主义、涉享乐主义、涉黄涉非、涉低俗等有害网络信息;重点加强校园网络安全建设,严防境外反动势力运用计算机网络技术攻击高校网络媒体、师生网络服务系统、信息化办公系统,向大学生传播不良网络信息,破坏校园网络生态。另一方面,要注重培养大学生对不良信息的辨别能力和维护网络生态环境的行动自觉。高校应当积极围绕"净网行动""网络生态治理专项行动"等主题开展专题讲座、政策解读会、集体学习会等学习教育活动,教育引导大学生形成抵制正能量不足、价值观不正、审美情趣不高等不良网络信息的思想认识和行动自觉;高校可尝试组织开展"我当一天网络管理员"等维护网络生态环境的实践活动和志愿活动,培养大学生对"低级红""高级黑"等不良文化的辨别能力,引导大学生自觉成为主流意识形态的积极传播者和维护网络生态的模范践行者。

第六章
学习与就业

　　学习是在校大学生的首要任务,是大学生成长为德智体美劳全面发展的社会主义建设者和接班人的必由之路;就业是大学生担当复兴大任、奉献国家社会、实现人生理想的主要途径。习近平总书记指出,大学生"要志存高远、脚踏实地,学好知识,打好基础,增长才干,将来为中华民族伟大复兴贡献自己的智慧和力量"①。因此,引导大学生形成勤奋刻苦的学习态度和踏实奉献的择业观,是事关时代新人培养的重要工作。课题组从学习积极性、学习状态、课外知识与技能学习情况、毕业去向规划、就业区域意向五个方面对大学生学习与就业状况进行考察,在运用集中趋势分析、离散趋势分析、交互分析、回归分析等分析方式的基础上,全面了解大学生的学习状况和升学就业意向,客观分析其中存在的主要问题,提出有针对性的对策和建议。

一、学习状况

　　学习是人获取知识、培养能力、拓宽眼界的重要方式,是大学生在校期间的首要任务,也是大学生树立科学的世界观、人生观、价值观的必由之路。"吾尝终日而思矣,不如须臾之所学也。"②古往今来,学习的重要性不言而喻。课题组从学习积极性、学习状态和课外知识与技能学习情况三个方面入手,描述大学生群体的整体情况和不同群体大学生的差异性特征,以期更加深入科学地把握大学生的学习状况。

(一)学习积极性

　　学习积极性是指人对待学习活动的主动意愿和在学习活动过程中的积极心理倾向。学习积极性是大学生参与学习活动的动力之源,提高大学生学习积极性是培养自主学习、终身学习的学习型人才的必然要求。本课题通过调查大学生对自身学习积极性的评价,反映当前大学生学习积极性的实际状况。

　　1. 整体情况

　　大学生学习积极性整体状况良好,其中对自身学习积极性的评价为"非常积极"的受访者占比为 17.8%,评价为"比较积极"的受访者占比为 52.7%,评价为"一般"的受访者

---

①　习近平:《牢记初心使命贯彻以人民为中心发展思想 把祖国北部边疆风景线打造得更加亮丽》,《人民日报》2019年 7 月 17 日。

②　《荀子·劝学》。

占比为 26.0%，评价为"不太积极"的受访者占比为 3.0%，评价为"很不积极"的受访者占比为 0.5%。大学生对自身学习积极性的评价具有内在固有大小或优劣等级顺序，属于定距变量，因此可以使用集中趋势分析、离散趋势分析等多种分析方式对这一数据进行处理。

2. 集中趋势分析

将大学生对自身学习积极性的评价按照优劣等级顺序进行赋值，"非常积极""比较积极""一般""不太积极""很不积极"分别赋值为 5 分、4 分、3 分、2 分、1 分，得分越高表示对自身学习积极性的评价越高。运用集中趋势分析，描述所有受访大学生学习积极性的总体情况，大学生对自身学习积极性评价的平均分为 3.84 分，说明大学生群体学习积极性的普遍状况较好。其中，平均分（3.84 分）相对于中位数（4 分）存在较小的负偏斜，说明大学生对自身学习积极性评价的平均分，可能受到个别极低分的影响而略微低于大学生群体的实际状况，说明个别受访大学生对自身学习积极性的评价较差，这一现象应当被充分重视，应重点加强对学习积极性较差大学生的教育引导。同时负偏斜相对较小，说明平均分受极端值影响较小，因此平均分能够比较真实地反映实际状况。

3. 离散趋势分析

受访大学生普遍认同大学生学习积极性整体状况良好。其中，平均值标准误差（η）为 0.004，标准差（σ）为 0.763，两个描述数据集离散趋势的统计量度，其数值均相对较小，说明数据集中，大部分数值和数据集的平均值之间的差异较小，数据集的离散程度较小。因此大多数受访者对自身学习积极性的评价趋于一致，均认为大学生学习积极性整体状况良好。

4. 不同群体大学生的学习积极性

为探究不同群体大学生对自身学习积极性评价的差异性，课题组将包含自然因素、成长背景、教育因素等在内的多项人口学变量与大学生对自身学习积极性的评价进行一般线性回归分析。结果显示，学历层次、政治面貌、生源所在地、家庭类型、学生干部经历等不同的大学生对自身学习积极性的评价存在显著差异（$P<0.05$），见表 6-1。

表 6-1　不同群体大学生对自身学习积极性评价的一般线性回归分析

自变量		非标准化系数		标准系数	统计量	显著性水平
		B	S. E.	Beta	t	P
常数项		3.417	0.180		19.001	<0.05
性别男性(参照项:女性)		0.012	0.008	0.008	1.637	0.102
年龄平方/100		−0.267	0.237	−0.007	−1.127	0.260
学历层次 (参照项:博士生)	本科生	−0.225	0.022	−0.127	−10.291	<0.05
	硕士生	−0.107	0.020	−0.057	−5.365	<0.05
学科门类 (参照项:理工农医类)	人文科学类	0.072	0.009	0.042	7.920	<0.05
	社会科学类	0.054	0.009	0.033	6.160	<0.05
政治面貌中共党员(参照项:非中共党员)		0.152	0.009	0.085	16.603	<0.05
生源地农村(参照项:城镇)		−0.062	0.008	−0.041	−7.893	<0.05

续表

自变量		非标准化系数		标准系数	统计量	显著性水平
		B	S. E.	Beta	t	P
生源地所属区域 （参照项：东北）	华东	−0.120	0.016	−0.066	−7.547	<0.05
	华南	−0.191	0.019	−0.074	−10.300	<0.05
	华中	−0.176	0.017	−0.088	−10.525	<0.05
	华北	−0.057	0.016	−0.031	−3.570	<0.05
	西北	−0.095	0.019	−0.034	−4.989	<0.05
	西南	−0.219	0.017	−0.102	−12.767	<0.05
双亲家庭（参照项：非双亲家庭）		0.053	0.012	0.021	4.577	<0.05
有学生干部经历（参照项：没有）		0.172	0.009	0.093	19.604	<0.05
是独生子女（参照项：不是）		0.032	0.008	0.021	3.929	<0.05

第一，学历层次对大学生自身学习积极性的评价有显著影响，不同学历层次的学生对自身学习积极性的评价存在显著差异。其中，本科生和硕士生对自身学习积极性的评价更低。分析结果表明，本科生对自身学习积极性的评价比博士生的相应评价低 0.225 个单位，硕士生对自身学习积极性的评价比博士生的相应评价低 0.107 个单位。

第二，政治面貌对大学生自身学习积极性的评价有显著影响，不同政治面貌的学生对自身学习积极性的评价存在显著差异。其中，政治面貌为中共党员的学生对自身学习积极性的评价更高。分析结果表明，政治面貌为中共党员的学生对自身学习积极性的评价比政治面貌为非中共党员的相应评价高 0.152 个单位。

第三，生源所在地对大学生自身学习积极性的评价有显著影响，不同生源所在地的学生对自身学习积极性的评价存在显著差异。其中，生源地为农村的学生对自身学习积极性的评价更低。分析结果表明，生源地为农村的学生对自身学习积极性的评价比生源地为城镇的学生的相应评价低 0.062 个单位。

第四，家庭类型对大学生自身学习积极性的评价有显著影响，不同家庭类型的学生对自身学习积极性的评价存在显著差异。其中，来自双亲家庭的学生对自身学习积极性的评价更高。分析结果表明，来自双亲家庭的学生对自身学习积极性的评价比来自非双亲家庭的学生的相应评价高 0.053 个单位。

第五，学生干部经历对大学生自身学习积极性的评价有显著影响。其中，有学生干部经历的学生对自身学习积极性的评价更高。分析结果表明，有学生干部经历的学生对自身学习积极性的评价比没有学生干部经历的学生的相应评价高 0.172 个单位。

（二）学习状态

学习状态是指大学生在参与学习活动过程中表现出的勤奋程度、专注程度等情形样态，是学习目标、学习态度、学习方法的综合体现。本课题将大学生的学习状态由优到劣分为"刻苦勤奋，坚持不懈""适度努力，偶尔放松""平时松懈，考前突击""'佛系'学习，不惧挂科"四个层级,通过调查大学生对自身学习状态的评价,反映当前大学生学习状态的实际状况。

1. 整体情况

受访大学生整体呈现出较为勤奋向上的学习状态,其中对自身学习状态的评价为"刻苦勤奋,坚持不懈"的受访者占比为18.9%,评价为"适度努力,偶尔放松"的受访者占比为66.4%,评价为"平时松懈,考前突击"的受访者占比为13.2%,评价为"'佛系'学习,不惧挂科"的受访者占比为1.5%。

2. 不同群体大学生的学习状态

为探究不同群体大学生对自身学习状态评价的差异性,课题组将包含自然因素、成长背景、教育因素等在内的多项人口学变量与大学生对自身学习状态的评价进行一般线性回归分析。结果显示,学历层次、政治面貌、家庭类型、学生干部经历等不同的大学生对自身学习状态的评价存在显著差异($P<0.05$)(见表6-2)。

第一,学历层次对大学生自身学习状态的评价有显著影响,不同学历层次的学生对自身学习状态的评价存在显著差异。其中,本科生和硕士生对自身学习状态的评价更低。分析结果表明,本科生对自身学习状态的评价比博士生的相应评价低0.175个单位,硕士生对自身学习状态的评价比博士生的相应评价低0.073个单位。

第二,政治面貌对大学生自身学习状态的评价有显著影响,不同政治面貌的学生对自身学习状态的评价存在显著差异。其中,政治面貌为中共党员的学生对自身学习状态的评价更高。分析结果表明,政治面貌为中共党员的学生对自身学习状态的评价比政治面貌为非中共党员的学生的相应评价高0.127个单位。

第三,家庭类型对大学生自身学习状态的评价有显著影响,不同家庭类型的学生对自身学习状态的评价存在显著差异。其中,来自非双亲家庭的学生对自身学习状态的评价更低。分析结果表明,来自非双亲家庭的学生对自身学习状态的评价比来自双亲家庭的学生的相应评价低0.042个单位。

第四,学生干部经历对大学生自身学习状态的评价有显著影响,有无学生干部经历的学生对自身学习状态的评价存在显著差异。其中,有学生干部经历的学生对自身学习状态的评价更高。分析结果表明,有学生干部经历的学生对自身学习状态的评价比没有学生干部经历的学生的相应评价高0.096个单位。

表6-2　不同群体大学生对自身学习状态评价的一般线性回归分析

自变量		非标准化系数		标准系数	统计量	显著性水平
		B	S. E.	Beta	t	P
常数项		2.922	0.146		20.003	<0.05
性别男性(参照项:女性)		0.011	0.006	0.009	1.800	0.072
年龄平方/100		-0.961	0.193	-0.033	-4.993	<0.05
学历层次 (参照项:博士生)	本科生	-0.175	0.018	-0.122	-9.835	<0.05
	硕士生	-0.073	0.016	-0.047	-4.464	<0.05
学科门类 (参照项:理工农医类)	人文科学类	0.046	0.007	0.033	6.172	<0.05
	社会科学类	0.021	0.007	0.015	2.900	<0.05

续表

自变量		非标准化系数		标准系数	统计量	显著性水平
		B	S. E.	Beta	t	P
政治面貌中共党员(参照项:非中共党员)		0.127	0.007	0.087	17.117	<0.05
生源地农村(参照项:城镇)		-0.022	0.006	-0.018	-3.371	<0.05
生源地所属区域 (参照项:东北)	华东	-0.092	0.013	-0.062	-7.125	<0.05
	华南	-0.137	0.015	-0.065	-9.045	<0.05
	华中	-0.133	0.014	-0.082	-9.776	<0.05
	华北	-0.037	0.013	-0.025	-2.859	<0.05
	西北	-0.068	0.016	-0.030	-4.394	<0.05
	西南	-0.137	0.014	-0.079	-9.841	<0.05
双亲家庭(参照项:非双亲家庭)		0.042	0.009	0.021	4.463	<0.05
有学生干部经历(参照项:没有)		0.096	0.007	0.064	13.405	<0.05
是独生子女(参照项:不是)		0.002	0.007	0.002	0.344	0.731

(三) 课外知识与技能学习情况

课外知识的掌握与课外职业技能的学习是大学生学习活动的重要内容。课题组从注重"学习外语"、注重"辅修双学位"、注重学习"计算机软件操作"、注重"时政理论学习"、注重学习"新媒体运营编辑"、注重"考取职业资格"六个方面对大学生课外知识与技能学习情况进行调查,以期更加全面地反映大学生学习状况。

1. 整体情况

受访大学生积极学习课外知识,勤于锻炼各项职业技能。调查显示,注重"学习外语"的受访者占比为62.3%,注重"辅修双学位"的受访者占比为12.1%,注重学习"计算机软件操作"的受访者占比为43.0%,注重"时政理论学习"的受访者占比为30.8%,注重学习"新媒体运营编辑"的受访者占比为25.0%,注重"考取职业资格"的受访者占比为44.8%,注重"其他"的受访者占比为10.7%。

2. 不同群体大学生的课外知识与技能学习情况

为探究不同群体大学生课外知识与技能学习情况的差异性,课题组将包含自然因素、成长背景、教育因素等在内的多项人口学变量与大学生课外知识与技能学习情况进行一般线性回归分析。结果显示,学科门类、生源所在地、家庭类型、学生干部经历等不同的大学生课外知识与技能学习情况存在显著差异($P<0.05$)。

(1) 不同群体大学生注重"学习外语"的情况分析

第一,生源所在地对大学生注重"学习外语"的情况有显著影响,不同生源所在地的学生注重"学习外语"的情况存在显著差异。其中,生源地为农村的学生注重"学习外语"的程度更低。分析结果表明,生源地为农村的学生注重"学习外语"的程度比生源地为城镇的学生低0.046个单位。

第二,学生干部经历对大学生注重"学习外语"的情况有显著影响,有无学生干部经历的学生注重"学习外语"的情况存在显著差异。其中,有学生干部经历的学生注重"学习外语"的程度更高。分析结果表明,有学生干部经历的学生注重"学习外语"的程度比没有学生干部经历的学生高 0.059 个单位(表6-3)。

表6-3　不同群体大学生注重"学习外语"情况的一般线性回归分析

自变量		非标准化系数		标准系数	统计量	显著性水平
		B	S. E.	Beta	t	P
常数项		1.651	0.116		14.195	<0.05
性别男性(参照项:女性)		−0.088	0.005	−0.088	−17.912	<0.05
年龄平方/100		0.914	0.153	0.040	5.963	<0.05
学历层次(参照项:博士生)	本科生	−0.114	0.014	−0.101	−8.017	<0.05
	硕士生	−0.079	0.013	−0.065	−6.071	<0.05
学科门类(参照项:理工农医类)	人文科学类	−0.020	0.006	−0.018	−3.306	<0.05
	社会科学类	−0.005	0.006	−0.005	−0.955	0.340
政治面貌中共党员(参照项:非中共党员)		−0.005	0.006	−0.005	−0.917	0.359
生源地农村(参照项:城镇)		−0.046	0.005	−0.048	−9.038	<0.05
生源地所属区域(参照项:东北)	华东	0.021	0.010	0.018	2.017	<0.05
	华南	−0.038	0.012	−0.023	−3.165	<0.05
	华中	0.029	0.011	0.023	2.692	<0.05
	华北	0.021	0.010	0.018	2.018	<0.05
	西北	0.033	0.012	0.018	2.654	<0.05
	西南	0.000	0.011	0.000	−0.042	0.966
双亲家庭(参照项:非双亲家庭)		0.008	0.008	0.005	1.064	0.287
有学生干部经历(参照项:没有)		0.059	0.006	0.050	10.392	<0.05
是独生子女(参照项:不是)		0.015	0.005	0.015	2.891	<0.05

(2) 不同群体大学生注重"辅修双学位"的情况分析

第一,学科门类对大学生注重"辅修双学位"的情况有显著影响,不同学科门类的学生注重"辅修双学位"的情况存在显著差异。其中,人文科学类和社会科学类的学生注重"辅修双学位"的程度更高。分析结果表明,人文科学类的学生注重"辅修双学位"的程度比理工农医类的学生高 0.039 个单位,社会科学类的学生注重"辅修双学位"的程度比理工农医类的学生高 0.032 个单位。

第二,学生干部经历对大学生注重"辅修双学位"有显著影响。其中,有学生干部经历的学生注重"辅修双学位"的程度更高。分析结果表明,有学生干部经历的学生注重"辅修双学位"的程度比没有学生干部经历的学生高 0.033 个单位。

第三,生源所在地对大学生注重"辅修双学位"的程度有显著影响,不同生源所在地的学生注重"辅修双学位"的情况存在显著差异。其中,生源地为农村的学生注重"辅修双学位"的程度更低。分析结果表明,生源地为农村的学生注重"辅修双学位"的程度比生源地为城镇的学生低 0.024 个单位(表 6-4)。

表 6-4　不同群体大学生注重"辅修双学位"情况的一般线性回归分析

自变量		非标准化系数		标准系数	统计量	显著性水平
		B	S. E.	Beta	*t*	*P*
常数项		1.454	0.078		18.608	<0.05
性别男性(参照项:女性)		0.019	0.003	0.028	5.808	<0.05
年龄平方/100		0.979	0.103	0.063	9.507	<0.05
学历层次 (参照项:博士生)	本科生	0.004	0.010	0.006	0.470	0.638
	硕士生	-0.022	0.009	-0.027	-2.495	<0.05
学科门类 (参照项:理工农医类)	人文科学类	0.039	0.004	0.053	9.871	<0.05
	社会科学类	0.032	0.004	0.046	8.460	<0.05
政治面貌中共党员(参照项:非中共党员)		0.001	0.004	0.002	0.295	0.768
生源地农村(参照项:城镇)		-0.024	0.003	-0.037	-6.929	<0.05
生源地所属区域 (参照项:东北)	华东	0.039	0.007	0.050	5.593	<0.05
	华南	0.010	0.008	0.009	1.221	0.222
	华中	0.008	0.007	0.009	1.068	0.285
	华北	0.044	0.007	0.056	6.266	<0.05
	西北	0.025	0.008	0.021	2.995	<0.05
	西南	0.011	0.007	0.012	1.528	0.126
双亲家庭(参照项:非双亲家庭)		0.003	0.005	0.003	0.587	0.557
有学生干部经历(参照项:没有)		0.033	0.004	0.042	8.756	<0.05
是独生子女(参照项:不是)		0.015	0.004	0.023	4.241	<0.05

(3) 不同群体大学生注重学习"计算机软件操作"的情况分析

第一,性别对大学生注重学习"计算机软件操作"的情况有显著影响,不同性别的学生注重学习"计算机软件操作"的情况存在显著差异。其中,男生注重学习"计算机软件操作"的程度更高。分析结果表明,男生注重学习"计算机软件操作"的程度比女生高 0.062 个单位。

第二,学科门类对大学生注重学习"计算机软件操作"的情况有显著影响,不同学科门类的学生注重学习"计算机软件操作"的情况存在显著差异。其中,人文科学类和社会科学类的学生注重学习"计算机软件操作"的程度更低。分析结果表明,人文科学类的学生注重学习"计算机软件操作"的程度比理工农医类的学生低 0.176 个单位,社会科学类的学生注重学习"计算机软件操作"的程度比理工农医类的学生低 0.091 个单位。

第三,学生干部经历对大学生注重学习"计算机软件操作"的情况有显著影响,有无学生干部经历的学生注重学习"计算机软件操作"的情况存在显著差异。其中,有学生干部经历的学生注重学习"计算机软件操作"的程度更高。分析结果表明,有学生干部经历的学生注重学习"计算机软件操作"的程度比没有学生干部经历的学生高 0.037 个单位(表 6-5)。

表 6-5 不同群体大学生注重学习"计算机软件操作"情况的一般线性回归分析

自变量		非标准化系数		标准系数	统计量	显著性水平
		B	S. E.	Beta	t	P
常数项		1.719	0.118		14.586	<0.05
性别男性(参照项:女性)		0.062	0.005	0.061	12.500	<0.05
年龄平方/100		0.607	0.155	0.026	3.906	<0.05
学历层次 (参照项:博士生)	本科生	−0.049	0.014	−0.043	−3.414	<0.05
	硕士生	−0.019	0.013	−0.015	−1.437	0.151
学科门类 (参照项:理工农医类)	人文科学类	−0.176	0.006	−0.157	−29.302	<0.05
	社会科学类	−0.091	0.006	−0.085	−15.818	<0.05
政治面貌中共党员(参照项:非中共党员)		0.007	0.006	0.006	1.148	0.251
生源地农村(参照项:城镇)		0.027	0.005	0.027	5.136	<0.05
生源地所在区域 (参照项:东北)	华东	0.013	0.010	0.011	1.263	0.207
	华南	0.011	0.012	0.007	0.906	0.365
	华中	0.012	0.011	0.009	1.088	0.277
	华北	−0.023	0.011	−0.019	−2.151	<0.05
	西北	0.016	0.013	0.009	1.266	0.206
	西南	0.071	0.011	0.051	6.325	<0.05
双亲家庭(参照项:非双亲家庭)		0.012	0.008	0.007	1.598	0.110
有学生干部经历(参照项:没有)		0.037	0.006	0.030	6.346	<0.05
是独生子女(参照项:不是)		−0.009	0.005	−0.009	−1.779	0.075

(4) 不同群体大学生注重"时政理论学习"的情况分析

第一,政治面貌对大学生注重"时政理论学习"的情况有显著影响,不同政治面貌的学生注重"时政理论学习"的情况存在显著差异。其中,政治面貌为中共党员的学生注重"时政理论学习"的程度更高。分析结果表明,政治面貌为中共党员的学生注重"时政理论学习"的程度比政治面貌为非中共党员的学生高 0.184 个单位。

第二,学科门类对大学生注重"时政理论学习"的情况有显著影响,不同学科类别的学生注重"时政理论学习"的情况存在显著差异。其中,人文科学类和社会科学类的学生注重"时政理论学习"的程度更高。分析结果表明,人文科学类的学生注重"时政理论学习"的程度比理工农医类的学生高 0.017 个单位,社会科学类的学生注重"时政理论学习"的程度比理工农医类的学生高 0.068 个单位。

第三,学生干部经历对大学生注重"时政理论学习"的情况有显著影响,不同学生干部经历的学生注重"时政理论学习"的情况存在显著差异。其中,有学生干部经历的学生注重

"时政理论学习"的程度更高。分析结果表明,有学生干部经历的学生注重"时政理论学习"的程度比没有学生干部经历的学生高0.071个单位(表6-6)。

表6-6　不同群体大学生注重"时政理论学习"情况的一般线性回归分析

自变量		非标准化系数		标准系数	统计量	显著性水平
		B	S. E.	Beta	t	P
常数项		0.610	0.110		5.565	<0.05
性别男性(参照项:女性)		0.047	0.005	0.050	10.243	<0.05
年龄平方/100		-0.276	0.144	-0.013	-1.911	0.056
学历层次(参照项:博士生)	本科生	0.015	0.013	0.014	1.137	0.256
	硕士生	0.028	0.012	0.025	2.324	<0.05
学科门类(参照项:理工农医类)	人文科学类	0.017	0.006	0.016	3.053	<0.05
	社会科学类	0.068	0.005	0.068	12.812	<0.05
政治面貌中共党员(参照项:非中共党员)		0.184	0.006	0.169	33.087	<0.05
生源地农村(参照项:城镇)		0.003	0.005	0.003	0.611	0.541
生源地所属区域(参照项:东北)	华东	0.015	0.010	0.014	1.589	0.112
	华南	0.033	0.011	0.021	2.915	<0.05
	华中	0.039	0.010	0.032	3.838	<0.05
	华北	0.059	0.010	0.053	5.998	<0.05
	西北	0.034	0.012	0.020	2.934	<0.05
	西南	0.030	0.010	0.023	2.856	<0.05
双亲家庭(参照项:非双亲家庭)		0.019	0.007	0.013	2.737	<0.05
有学生干部经历(参照项:没有)		0.071	0.005	0.063	13.346	<0.05
是独生子女(参照项:不是)		-0.011	0.005	-0.011	-2.170	<0.05

(5) 不同群体大学生注重学习"新媒体运营编辑"的情况分析

第一,学科门类对大学生注重学习"新媒体运营编辑"的情况有显著影响,不同学科门类的学生注重学习"新媒体运营编辑"的情况存在显著差异。其中,人文科学类和社会科学类的学生注重学习"新媒体运营编辑"的程度更高。分析结果表明,人文科学类的学生注重学习"新媒体运营编辑"的程度比理工农医类的学生高0.109个单位,社会科学类的学生注重学习"新媒体运营编辑"的程度比理工农医类的学生高0.026个单位。

第二,学生干部经历对大学生注重学习"新媒体运营编辑"的情况有显著影响,不同学生干部经历的学生注重学习"新媒体运营编辑"的情况存在显著差异。其中,有学生干部经历的学生注重学习"新媒体运营编辑"的程度更高。分析结果表明,有学生干部经历的学生注重学习"新媒体运营编辑"的程度比没有学生干部经历的学生高0.091个单位。

第三,生源所在地对大学生注重学习"新媒体运营编辑"的情况有显著影响,不同生源所在地的学生注重学习"新媒体运营编辑"的情况存在显著差异。其中,生源地为农村的学生注重学习"新媒体运营编辑"的程度更低。分析结果表明,生源地为农村的学生注重学习"新媒体运营编辑"的程度比生源地为城镇的学生低 0.016 个单位(表6-7)。

表 6-7　不同群体大学生注重学习"新媒体运营编辑"情况的一般线性回归分析

自变量		非标准化系数		标准系数	统计量	显著性水平
		B	**S. E.**	**Beta**	**t**	**P**
常数项		1.703	0.102		16.661	<0.05
性别男性(参照项:女性)		−0.072	0.004	−0.081	−16.679	<0.05
年龄平方/100		1.243	0.135	0.060	9.222	<0.05
学历层次 (参照项:博士生)	本科生	0.072	0.012	0.072	5.806	<0.05
	硕士生	0.035	0.011	0.032	3.043	<0.05
学科门类 (参照项:理工农医类)	人文科学类	0.109	0.005	0.112	21.048	<0.05
	社会科学类	0.026	0.005	0.027	5.146	<0.05
政治面貌中共党员(参照项:非中共党员)		−0.003	0.005	−0.003	−0.656	0.512
生源地农村(参照项:城镇)		−0.016	0.004	−0.019	−3.655	<0.05
生源地所属区域 (参照项:东北)	华东	−0.018	0.009	−0.018	−2.041	<0.05
	华南	−0.006	0.011	−0.004	−0.532	0.595
	华中	−0.023	0.010	−0.020	−2.384	<0.05
	华北	−0.047	0.009	−0.045	−5.174	<0.05
	西北	−0.047	0.011	−0.029	−4.348	<0.05
	西南	−0.033	0.010	−0.027	−3.361	<0.05
双亲家庭(参照项:非双亲家庭)		−0.001	0.007	−0.001	−0.172	0.864
有学生干部经历(参照项:没有)		0.091	0.005	0.086	18.147	<0.05
是独生子女(参照项:不是)		0.003	0.005	0.003	0.560	0.575

(6) 不同群体大学生注重"考取职业资格"的情况分析

第一,学历层次对大学生注重"考取职业资格"的情况有显著影响,不同学历层次的学生注重"考取职业资格"的情况存在显著差异。其中,本科生和硕士生注重"考取职业资格"的程度更高。分析结果表明,本科生注重"考取职业资格"的程度比博士生高 0.316 个单位,硕士生注重"考取职业资格"的程度比博士生高 0.288 个单位。

第二,学科门类对大学生注重"考取职业资格"的情况有显著影响,不同学科门类的学生注重"考取职业资格"的情况存在显著差异。其中,人文科学类和社会科学类的学生注重"考取职业资格"的程度更高。分析结果表明,人文科学类的学生注重"考取职业资格"的程度比理工农医类的学生高 0.098 个单位,社会科学类的学生注重"考取职业资格"的程度比理工农医类的学生高 0.120 个单位。

第三,性别对大学生注重"考取职业资格"的情况有显著影响,不同性别的学生注重"考取职业资格"的情况存在显著差异。其中,女生注重"考取职业资格"的程度更高。分析结果表明,女生注重"考取职业资格"的程度比男生高 0.173 个单位。

　　第四,生源所在地对大学生注重"考取职业资格"的情况有显著影响,不同生源所在地的学生注重"考取职业资格"的情况存在显著差异。其中,生源地为农村的学生注重"考取职业资格"的程度更高。分析结果表明,生源地为农村的学生注重"考取职业资格"的程度比生源地为城镇的学生高 0.030 个单位(表 6-8)。

表 6-8　不同群体大学生注重"考取职业资格"情况的一般线性回归分析

自变量		非标准化系数		标准系数	统计量	显著性水平
		B	S. E.	Beta	t	P
常数项		0.063	0.116		0.540	0.589
性别男性(参照项:女性)		−0.173	0.005	−0.168	−35.338	<0.05
年龄平方/100		−1.822	0.153	−0.077	−11.930	<0.05
学历层次 (参照项:博士生)	本科生	0.316	0.014	0.274	22.420	<0.05
	硕士生	0.288	0.013	0.233	22.300	<0.05
学科门类 (参照项:理工农医类)	人文科学类	0.098	0.006	0.087	16.617	<0.05
	社会科学类	0.120	0.006	0.111	21.195	<0.05
政治面貌中共党员(参照项:非中共党员)		0.000	0.006	0.000	0.073	0.942
生源地农村(参照项:城镇)		0.030	0.005	0.031	5.965	<0.05
生源地所属区域 (参照项:东北)	华东	0.026	0.010	0.022	2.579	<0.05
	华南	0.105	0.012	0.062	8.807	<0.05
	华中	0.025	0.011	0.019	2.282	<0.05
	华北	0.041	0.010	0.034	3.981	<0.05
	西北	0.043	0.012	0.023	3.458	<0.05
	西南	0.031	0.011	0.022	2.848	<0.05
双亲家庭(参照项:非双亲家庭)		0.009	0.008	0.006	1.223	0.221
有学生干部经历(参照项:没有)		0.031	0.006	0.025	5.406	<0.05
是独生子女(参照项:不是)		−0.029	0.005	−0.028	−5.471	<0.05

二、升学就业意向

　　升学就业意向是大学生面对升学与择业的选择过程中表现出的主观倾向和主观意愿,是大学生择业观和就业观的具体表现。习近平总书记指出,广大高校毕业生"要改变择业观、就业观,找到自己的定位,投入踏踏实实的工作中,实现自己的人生理想"①。课题组从毕业去向规划、就业区域意向两个方面入手,描述大学生群体升学就业的整体情况和不同群体大学生的差异性特征,以期更加深入科学地把握大学生升学就业意向的整体情况。

----

① 习近平:《充满希望的田野 大有可为的热土——习近平总书记考察吉林纪实》,《人民日报》2020 年 7 月 26 日。

(一) 毕业去向规划

毕业去向规划是大学生对于毕业后个人发展方向的思考与计划,集中反映了大学生的就业意向,也间接反映了大学生的人生观与价值观。本课题将大学生毕业去向规划分为"国内升学""出国深造""公务员、企事业等体制内就业""自主创业""个体、私营、外资企业就业""其他"六种选择,以期从总体上把握大学生的毕业去向规划。

1. 整体情况

2021 年大学生毕业去向规划整体呈现多元化特点,其中选择"国内升学"的受访者占比为 42.4%,选择"出国深造"的受访者占比为 4.4%,选择"公务员、企事业等体制内就业"的受访者占比为 32.2%,选择"自主创业"的受访者占比为 3.2%,选择"个体、私营、外资企业就业"的受访者占比为 11.6%,选择"其他"的受访者占比为 6.2%。对大学生毕业去向规划选择的分类具有内在联系,属于定类变量,因此可以使用交互分析对这一数据进行处理。

2. 不同群体大学生的毕业去向规划

为探究不同群体大学生毕业去向规划的差异性,课题组将包含自然因素、成长背景、教育因素等在内的多项人口学变量与大学生毕业去向规划进行交互分析。结果显示,性别、学历层次、政治面貌、生源所在地等不同的大学生在毕业规划去向时存在显著差异(见表 6-9)。

表 6-9　不同群体大学生毕业去向规划的交互分析

		"您毕业后的打算是?"(%)						卡方检验		
		国内升学	出国深造	公务员、企事业等体制内就业	自主创业	个体、私营、外资企业就业	其他	χ^2	df	P
性别	男	44.5	5.2	26.8	4.5	13.1	5.9	529.580	5	<0.001
	女	41.2	3.8	35.5	2.4	10.8	6.3			
学科门类	人文科学	40.1	5.2	30.3	5.1	12.2	7.1	859.797	10	<0.001
	社会科学	37.4	3.7	40.3	2.5	10.6	5.5			
	理工农医	47.2	4.2	28.1	2.5	12.0	6.0			
政治面貌	中共党员	38.2	3.7	42.6	1.7	9.5	4.3	754.918	5	<0.001
	非中共党员	43.7	4.5	29.1	3.7	12.3	6.7			
生源所在地	农村	37.1	2.4	35.9	3.7	13.5	7.4	1086.409	5	<0.001
	城镇	47.4	6.1	28.8	2.8	9.8	5.1			
家庭类型	双亲家庭	42.7	4.3	32.2	3.1	11.5	6.2	20.420	5	<0.001
	非双亲家庭	40.4	4.3	32.1	4.0	12.6	6.6			
学生干部经历	担任	44.3	4.6	32.0	3.0	10.8	5.3	502.241	5	<0.001
	未担任	35.5	3.4	33.1	3.9	14.8	9.3			

续表

		"您毕业后的打算是?"(%)						卡方检验		
		国内升学	出国深造	公务员、企事业等体制内就业	自主创业	个体、私营、外资企业就业	其他	χ^2	df	P
独生子女	是	46.6	6.1	28.8	2.7	10.9	4.9	577.374	5	<0.001
	否	39.6	3.2	34.5	3.6	12.1	7.0			
学校所属区域	华东	44.7	5.8	27.9	3.1	13.1	5.4	764.667	30	<0.001
	华南	36.1	4.2	31.2	5.3	15.2	8.0			
	华中	47.0	4.3	29.2	2.9	10.7	5.9			
	华北	43.6	4.4	33.8	2.9	9.4	5.9			
	西北	42.7	3.1	37.0	3.1	7.7	6.4			
	西南	34.9	3.2	38.2	3.1	13.4	7.2			
	东北	44.5	3.8	32.3	2.7	12.0	4.7			

第一,从性别来看,男生和女生的毕业去向规划具有明显差异($\chi^2=529.580$,$P<0.001$)。数据表明,男生选择"公务员、企事业等体制内就业"比例为26.8%,而女生选择此项比例为35.5%,高于男生。因此,女生选择"公务员、企事业等体制内就业"的意愿更高。

第二,从学科门类来看,人文科学类、社会科学类和理工农医类学生的毕业去向规划具有明显差异($\chi^2=859.797$,$P<0.001$)。数据表明,人文科学类学生选择"国内升学"比例为40.1%,社会科学类学生选择此项比例为37.4%,理工农医类学生选择此项比例为47.2%,因此,理工农医类学生选择"国内升学"的意愿相对更高。其次,人文科学类学生选择"公务员、企事业等体制内就业"比例为30.3%,社会科学类学生选择此项比例为40.3%,理工农医类学生选择此项比例为28.1%,因此,人文科学和社会科学类学生选择"公务员、企事业等体制内就业"的意愿更高。

第三,从政治面貌来看,中共党员和非中共党员学生的毕业去向规划具有明显差异($\chi^2=754.918$,$P<0.001$)。数据表明,政治面貌为中共党员的学生选择"公务员、企事业等体制内就业"比例为42.6%,政治面貌为非中共党员的学生选择此项的比例为29.1%,因此,政治面貌为中共党员的学生选择"公务员、企事业等体制内就业"的意愿更高。

第四,从生源所在地来看,生源地为农村和生源地为城镇的学生毕业去向规划具有明显差异($\chi^2=1086.409$,$P<0.001$)。数据表明,生源所在地为农村的学生选择"国内升学"比例为37.1%,生源所在地为城镇的学生选择此项的比例为47.4%,因此,生源所在地为城镇的学生选择"国内升学"的意愿更高。

第五,从学生干部经历来看,有学生干部经历和没有学生干部经历的学生毕业去向规划具有明显差异($\chi^2=502.241$,$P<0.001$)。数据表明,有学生干部经历的学生选择"国内升学"比例为44.3%,没有学生干部经历的学生选择此项的比例为35.5%,因此,有学生干部经历

的学生选择"国内升学"的意愿更高。

（二）就业区域意向

就业区域意向是大学生对于未来就业与发展地域的理性思考与感性倾向,部分大学生在选择就业区域时主动投身国家急需人才的边远地区,这一高尚行为集中体现了自身报效祖国、奉献社会、服务人民的正确就业观。本课题将大学生就业区域意向操作化为"一二线大城市""中小城市""县城""农村地区""国家急需人才的边远地区"五种具体选择,以期从总体上把握大学生的就业区域意向。

1. 整体情况

2021 年大学生就业区域意向相对集中,其中选择"一二线大城市"的受访者占比为55.4%,选择"中小城市"的受访者占比为 37.5%,选择"县城"的受访者占比为 3.6%,选择"农村地区"的受访者占比为 0.8%,选择"国家急需人才的边远地区"的受访者占比为2.7%。对大学生就业区域意向选择的分类具有内在联系,属于定类变量,因此可以使用交互分析对这一数据进行处理。

2. 不同群体大学生的就业区域意向

为探究不同群体大学生就业区域意向的差异性,课题组将包含自然因素、成长背景、教育因素等在内的多项人口学变量与大学生就业区域意向进行交互分析。结果显示,学历层次、生源所在地、家庭生活经历等不同的大学生就业区域意向存在显著差异(见表 6-10)。

第一,从学历层次来看,本科生、硕士生和博士生的就业区域意向具有明显差异($X^2 =$448.565,$P<0.001$)。数据表明,本科生选择"一二线大城市"比例为53.5%,硕士生选择此项比例为 59.4%,博士生选择此项比例为 72.1%,因此,博士生选择"一二线大城市"的意愿更高。

第二,从生源所在地来看,生源地为农村和生源地为城镇的学生就业区域意向具有明显差异($X^2 = 1275.403$,$P<0.001$)。数据表明,生源所在地为农村的学生选择"一二线大城市"比例为 47.5%,生源所在地为城镇的学生选择此项的比例为 63.0%,因此,生源所在地为城镇的学生选择"一二线大城市"的意愿更高。

第三,从独生子女身份来看,身份为独生子女和非独生子女的学生就业区域意向具有明显差异($X^2 = 914.575$,$P<0.001$)。数据表明,身份为独生子女的学生选择"一二线大城市"比例为 63.7%,身份为非独生子女的学生选择此项的比例为 49.9%,因此,身份为独生子女的学生选择"一二线大城市"的意愿更高。

第四,从学校所属区域来看,不同区域学校的学生就业区域意向具有明显差异($X^2 = 1067.461$,$P<0.001$)。数据表明,学校所属区域为华东、华南、华中、华北和东北的学生选择"一二线大城市"比例分别为63.6%、55.4%、59.5%、53.8%和 59.9%,学校所属区域为西北和西南的学生选择此项比例为 41.5%和 46.1%,因此,学校所属区域为华东、华南、华中、华北和东北地区的学生选择"一二线大城市"的意愿相对更高。学校所属区域为华东、华南、华中、华北和东北的学生选择"中小城市"比例分别为 31.3%、37.0%、34.8%、39.5%和34.2%,学校所属区域为西北和西南的学生选择此项比例为 47.4%和 43.3%,因此,学校所属区域为西北和西南的学生选择"中小城市"的意愿更高。

表 6-10 不同群体大学生就业区域意向的交互分析

| | | "您认为比较理想的就业地区是?"（%） | | | | | 卡方检验 | | |
		一二线大城市	中小城市	县城	农村地区	国家急需人才的边远地区	χ^2	df	P
性别	男	60.3	31.2	3.6	1.2	3.7	542.407	4	<0.001
	女	52.5	41.2	3.6	0.6	2.1			
学历层次	本科生	53.5	38.7	4.2	0.8	2.8	448.565	8	<0.001
	硕士生	59.4	35.9	2.0	0.6	2.1			
	博士生	72.1	23.8	0.4	0.1	3.6			
学科门类	人文科学	55.2	37.9	3.4	0.8	2.7	106.015	8	<0.001
	社会科学	52.4	39.9	4.3	0.8	2.6			
	理工农医	57.6	35.5	3.3	0.8	2.8			
政治面貌	中共党员	60.1	34.4	2.1	0.6	2.8	176.441	4	<0.001
	非中共党员	54.0	38.4	4.0	0.9	2.7			
生源所在地	农村	47.5	43.0	5.2	1.1	3.2	1275.403	4	<0.001
	城镇	63.0	32.3	2.0	0.4	2.3			
家庭类型	双亲家庭	55.8	37.2	3.5	0.8	2.7	25.389	4	<0.001
	非双亲家庭	52.3	39.4	4.2	1.2	2.9			
学生干部经历	担任	57.8	35.7	3.1	0.7	2.7	459.499	4	<0.001
	未担任	46.7	44.0	5.3	1.3	2.7			
独生子女	是	63.7	31.2	2.1	0.7	2.3	914.575	4	<0.001
	否	49.9	41.7	4.6	0.8	3.0			
学校所属区域	华东	63.6	31.3	2.4	0.7	2.0	1067.461	24	<0.001
	华南	55.4	37.0	4.3	0.8	2.5			
	华中	59.5	34.8	2.7	0.7	2.3			
	华北	53.8	39.5	3.4	0.8	2.5			
	西北	41.5	47.4	5.4	1.0	4.7			
	西南	46.1	43.3	6.3	1.1	3.2			
	东北	59.9	34.2	1.7	0.6	3.6			

三、影响分析

思想政治理论课教学与大学生日常思想政治教育作为高校思想政治教育的"主渠道"和"主阵地",是强化学风建设,增强大学生的学习积极性,培养大学生报效祖国精神的重要途径。因此,课题组采用一般线性回归分析,分别探讨思想政治理论课教学、大学生日常思想政治教育与大学生学习状况、就业意向之间的关系,量化"主渠道""主阵地"的各项具体内容对大学生学习状况和就业意向的影响程度,为改进高校思想政治工作提供参考。

(一) 大学生学习状况的影响因素分析

1. 思想政治理论课建设状况与大学生学习积极性呈正相关

为深入分析思想政治理论课建设状况与大学生学习积极性的关系,课题组将大学生对思想政治理论课建设的评价情况作为自变量,对大学生学习积极性进行回归分析。为便于分析,将"教学内容""教学方法""师资水平""教学设计"4项大学生对思想政治理论课建设的评价情况作为自变量,将大学生对该4项建设的评价情况"非常满意""比较满意""一般""不太满意""很不满意"分别赋值为5分、4分、3分、2分、1分,得分越高表示大学生评价越高。数据赋值后,思想政治理论课建设状况评价具有内在固有大小或优劣等级顺序,属于定距变量,符合回归分析的要求。一般线性回归分析结果显示(表6-11),按照 $P<0.05$ 的检验标准,3项大学生对思想政治理论课建设评价情况的回归系数具有统计学意义,思想政治理论课建设状况与大学生学习积极性呈显著正相关。

表 6-11　思想政治理论课建设状况对大学生学习积极性影响的一般线性回归分析

自变量	非标准化系数		标准化系数	统计量	显著性水平
	B	S. E.	Beta	t	P
常数项	3.313	0.014		230.609	<0.05
教学内容	0.054	0.010	0.074	5.346	<0.05
教学方法	0.027	0.011	0.037	2.332	<0.05
师资水平	-0.011	0.009	-0.015	-1.238	0.216
教学设计	0.064	0.011	0.089	5.728	<0.05

其中,对思想政治理论课教学内容状况评价从"很不满意""不太满意""一般"到"比较满意""非常满意"每提升一个等级,大学生对自身学习积极性的评分会随之提高0.054个单位。对思想政治理论课教学方法状况评价从"很不满意""不太满意""一般"到"比较满意""非常满意"每提升一个等级,大学生对自身学习积极性的评分会随之提高0.027个单位。对思想政治理论课教学设计状况评价从"很不满意""不太满意""一般"到"比较满意""非常满意"每提升一个等级,大学生对自身学习积极性的评分会随之提高0.064个单位。

2. 思想政治理论课建设状况与大学生学习状态呈正相关

为深入分析思想政治理论课建设状况与大学生学习状态的关系,课题组将大学生对思想政治理论课建设的评价情况作为自变量,对大学生学习状态进行回归分析。为便于分析,将大学生对"教学内容""教学方法""教学设计"3 项的评价情况作为自变量,对评价选项"非常满意""比较满意""一般""不太满意""很不满意"分别赋值为 5 分、4 分、3 分、2 分、1分,得分越高表示大学生评价越高。数据赋值后,思想政治理论课建设状况评价具有内在固有大小或优劣等级顺序,属于定距变量,符合回归分析的要求。一般线性回归分析结果显示(表 6-12),按照 $P<0.05$ 的检验标准,2 项大学生对思想政治理论课建设评价情况的回归系数具有统计学意义,思想政治理论课建设状况与大学生学习状态呈显著正相关。

表 6-12　思想政治理论课建设状况对大学生学习状态影响的一般线性回归分析

自变量	非标准化系数		标准化系数	统计量	显著性水平
	B	S. E.	Beta	t	P
常数项	2.692	0.011		236.276	<0.05
教学内容	0.013	0.008	0.022	1.677	0.093
教学方法	0.033	0.009	0.057	3.563	<0.05
教学设计	0.039	0.009	0.067	4.528	<0.05

其中,对思想政治理论课教学方法状况评价从"很不满意""不太满意""一般"到"比较满意""非常满意"每提升一个等级,大学生对自身学习状态的评分会随之提高 0.033 个单位。对思想政治理论课教学设计状况评价从"很不满意""不太满意""一般"到"比较满意""非常满意"每提升一个等级,大学生对自身学习状态的评分会随之提高 0.039 个单位。

3. 大学生日常思想政治教育状况与大学生学习积极性呈正相关

为深入分析大学生日常思想政治教育状况与大学生学习积极性的关系,课题组将大学生对日常思想政治教育状况评价作为自变量,对大学生学习积极性进行回归分析。为便于分析,课题组将"校风和学风建设""创新创业教育""社会实践活动""校园文化活动""网络思想政治教育""心理健康教育与咨询工作""职业规划与就业指导教育""日常事务管理""学生资助工作""基层党组织建设""社团活动""班级建设""团组织建设"各项大学生日常思想政治教育内容的评价情况作为自变量,将评价选项"非常满意""比较满意""一般""不大满意""很不满意"分别赋值为 5 分、4 分、3 分、2 分、1 分,得分越高表示评价越高、状况越好。数据赋值后,各项大学生日常思想政治教育内容的评价情况具有内在固有大小或优劣等级顺序,属于定距变量,符合回归分析的要求。一般线性回归分析结果显示(表 6-13),按照 P<0.05 的检验标准,6 项大学生日常思想政治教育内容评价情况的回归系数具有统计学意义,大学生日常思想政治教育状况与大学生学习积极性呈显著正相关。

表 6-13　大学生日常思想政治教育状况对大学生学习积极性影响的一般线性回归分析

自变量	非标准化系数		标准化系数	统计量	显著性水平
	B	S. E.	Beta	t	P
常数项	2.923	0.017		169.336	<0.05
校风和学风建设	0.033	0.009	0.040	3.675	<0.05
创新创业教育	0.023	0.010	0.029	2.357	<0.05
社会实践活动	0.022	0.010	0.027	2.137	<0.05

自变量	非标准化系数		标准化系数	统计量	显著性水平
	B	S. E.	Beta	*t*	*P*
校园文化活动	0.012	0.009	0.015	1.258	0.209
网络思想政治教育	0.031	0.010	0.037	2.950	<0.05
心理健康教育与咨询工作	0.008	0.009	0.010	0.861	0.389
职业规划与就业指导教育	0.017	0.009	0.021	1.827	0.068
日常事务管理	0.001	0.007	0.002	0.163	0.871
学生资助工作	0.002	0.008	0.003	0.308	0.758
基层党组织建设	0.033	0.010	0.039	3.248	<0.05
社团活动	−0.003	0.009	−0.004	−0.395	0.693
班级建设	0.029	0.010	0.036	2.876	<0.05
团组织建设	0.013	0.011	0.016	1.208	0.227

其中,对"校风和学风建设"的评价从"很不满意""不大满意""一般"到"比较满意""非常满意"每提升一个等级,大学生对自身学习积极性的评分会随之提高 0.033 个单位。对"创新创业教育"的评价从"很不满意""不大满意""一般"到"比较满意""非常满意"每提升一个等级,大学生对自身学习积极性的评分会随之提高 0.023 个单位。对"社会实践活动"的评价从"很不满意""不大满意""一般"到"比较满意""非常满意"每提升一个等级,大学生对自身学习积极性的评分会随之提高 0.022 个单位。对"网络思想政治教育"的评价从"很不满意""不大满意""一般"到"比较满意""非常满意"每提升一个等级,大学生对自身学习积极性的评分会随之提高 0.031 个单位。对"基层党组织建设"的评价从"很不满意""不大满意""一般"到"比较满意""非常满意"每提升一个等级,大学生对自身学习积极性的评分会随之提高 0.033 个单位。对"班级建设"的评价从"很不满意""不大满意""一般"到"比较满意""非常满意"每提升一个等级,大学生对自身学习积极性的评分会随之提高 0.029 个单位。

4. 大学生日常思想政治教育状况与大学生学习状态呈正相关

为深入分析大学生日常思想政治教育状况与自身学习状态的关系,课题组将大学生对日常思想政治教育状况评价作为自变量,对自身学习状态进行回归分析。为便于分析,课题组将"校风和学风建设""创新创业教育""社会实践活动""校园文化活动""网络思想政治教育""职业规划与就业指导教育""日常事务管理""学校后勤服务""基层党组织建设""社团活动""班级建设""团组织建设"各项大学生日常思想政治教育内容的评价情况作为自变量,将评价选项"非常满意""比较满意""一般""不大满意""很不满意"分别赋值为 5 分、4分、3 分、2 分、1 分,得分越高表示评价越高、状况越好。数据赋值后,12 项大学生日常思想政治教育内容的评价情况具有内在固有大小或优劣等级顺序,属于定距变量,符合回归分析的要求。一般线性回归分析结果显示(表 6-14),按照 $P<0.05$ 的检验标准,5 项大学生日常思想政治教育内容评价情况的回归系数具有统计学意义,大学生日常思想政治教育状况与

自身学习状态呈显著正相关。其中，对"创新创业教育"的评价从"很不满意""不太满意""一般"到"比较满意""非常满意"每提升一个等级，大学生对自身学习状态的评分会随之提高 0.028 个单位。对"网络思想政治教育"的评价从"很不满意""不大满意""一般"到"比较满意""非常满意"每提升一个等级，大学生对自身学习状态的评分会随之提高 0.037 个单位。对"日常事务管理"的评价从"很不满意""不大满意""一般"到"比较满意""非常满意"每提升一个等级，大学生对自身学习状态的评分会随之提高 0.016 个单位。对"学校后勤服务"的评价从"很不满意""不大满意""一般"到"比较满意""非常满意"每提升一个等级，大学生对自身学习状态的评分会随之提高 0.013 个单位。对"团组织建设"的评价从"很不满意""不大满意""一般"到"比较满意""非常满意"每提升一个等级，大学生对自身学习状态的评分会随之提高 0.030 个单位。

表 6-14　大学生日常思想政治教育状况对大学生学习状态影响的一般线性回归分析

自变量	非标准化系数		标准化系数	统计量	显著性水平
	B	S. E.	Beta	t	P
常数项	2.438	0.014		173.579	<0.05
校风和学风建设	0.006	0.007	0.008	0.772	0.440
创新创业教育	0.028	0.008	0.042	3.440	<0.05
社会实践活动	0.014	0.008	0.021	1.665	0.096
校园文化活动	−0.011	0.008	−0.016	−1.410	0.158
网络思想政治教育	0.037	0.008	0.056	4.338	<0.05
职业规划与就业指导教育	−0.001	0.008	−0.002	−0.165	0.869
日常事务管理	0.016	0.008	0.024	2.073	<0.05
学校后勤服务	0.013	0.007	0.021	1.967	<0.05
基层党组织建设	0.003	0.005	0.006	0.651	0.515
社团活动	0.011	0.008	0.017	1.432	0.152
班级建设	0.006	0.007	0.009	0.799	0.424
团组织建设	0.030	0.008	0.046	3.717	<0.05

（二）大学生就业意向的影响因素分析

1. 思想政治理论课建设状况影响大学生就业区域意向

为深入分析思想政治理论课建设状况与大学生就业区域意向的关系，课题组将大学生对思想政治理论课教学内容、教学方法、师资水平、教学设计的评价与大学生就业区域意向进行交互分析。其中，大学生对思想政治理论课建设的评价包括"非常满意""比较满意""一般""不太满意""很不满意"5 个等级。为便于分析，课题组将"非常满意"和"比较满意"合并为"满意"，将"不太满意"和"很不满意"合并为"不满意"。结果显示，思想政治理论课建设状况对大学生就业区域意向存在影响。

第一，思想政治理论课的教学内容对大学生就业区域意向存在影响（$X^2 = 316.447$，

$P<0.001$）。其中，对教学内容评价为"满意"的大学生将"国家急需人才的边远地区"作为就业意向区域的比例为2.9%，相较于将教学内容评价为"一般"的大学生的这一比例（2.0%）高出0.9%，相较于将教学内容评价为"不满意"的大学生的这一比例（2.5%）高出0.4%。

第二，思想政治理论课的教学方法对大学生就业区域意向存在影响（$x^2=272.140$，$P<0.001$）。其中，对教学方法评价为"满意"的大学生将"国家急需人才的边远地区"作为就业意向区域的比例为2.9%，相较于将教学方法评价为"一般"的大学生的这一比例（2.3%）高出0.6%，相较于将教学方法评价为"不满意"的大学生的这一比例（2.5%）高出0.4%。

第三，思想政治理论课的师资水平对大学生就业区域意向存在影响（$x^2=353.518$，$P<0.001$）。其中，对师资水平评价为"满意"的大学生将"国家急需人才的边远地区"作为就业意向区域的比例为2.9%，相较于将师资水平评价为"一般"的大学生的这一比例（2.0%）高出0.9%，相较于将师资水平评价为"不满意"的大学生的这一比例（2.7%）高出0.2%。

第四，思想政治理论课的教学设计对大学生就业区域意向存在影响（$x^2=286.711$，$P<0.001$）。其中，对教学设计评价为"满意"的大学生将"国家急需人才的边远地区"作为就业意向区域的比例为2.9%，相较于将教学设计评价为"一般"的大学生的这一比例（2.2%）高出0.7%，相较于将教学设计评价为"不满意"的大学生的这一比例（2.5%）高出0.4%（表6-15）。

表6-15　思想政治理论课建设状况与大学生就业区域意向的交互分析

| | | "您认为比较理想的就业地区是"（%） | | | | | 卡方检验 | | |
		一二线大城市	中小城市	县城	农村地区	国家急需人才的边远地区	x^2	df	P
教学内容	满意	55.5	38.2	2.8	0.6	2.9	316.447	8	<0.001
	一般	54.3	37.0	5.4	1.3	2.0			
	不满意	58.6	31.7	5.5	1.7	2.5			
教学方法	满意	55.4	38.2	3.0	0.5	2.9	272.140	8	<0.001
	一般	54.2	37.2	4.8	1.5	2.3			
	不满意	59.3	31.7	5.1	1.4	2.5			
师资水平	满意	55.4	38.2	3.0	0.5	2.9	353.518	8	<0.001
	一般	54.6	36.3	5.5	1.6	2.0			
	不满意	58.2	31.8	5.7	1.6	2.7			
教学设计	满意	55.3	38.3	3.0	0.5	2.9	286.711	8	<0.001
	一般	54.4	37.0	4.9	1.5	2.2			
	不满意	59.2	31.5	5.4	1.4	2.5			

2. 大学生日常思想政治教育状况影响大学生毕业去向规划

为深入分析大学生日常思想政治教育状况与大学生毕业去向规划的关系，课题组将大学生对"校风和学风建设""创新创业教育""社会实践活动""校园文化活动""网络思想政治教育""心理健康教育与咨询工作""职业规划与就业指导教育""日常事务管理""学校后勤服务""学生资助工作""基层党组织建设""社团活动""班级建设""团组织建设"14项日常思想政治教育内容的评价情况与大学生毕业去向规划进行交互分析。其中,大学生对日常思想政治教育的评价情况包括"非常满意""比较满意""一般""不太满意""很不满意"5个等级。为便于分析,课题组将"非常满意"和"比较满意"合并为"满意",将"不太满意"和"很不满意"合并为"不满意"。结果显示,日常思想政治教育状况对大学生毕业去向规划尤其是"国内升学"选项存在影响。

第一,校风和学风建设对大学生毕业去向规划存在影响($X^2 = 411.973, P < 0.001$)。其中,对校风和学风建设评价为"满意"的大学生将"国内升学"作为毕业去向规划的比例为43.9%,相较于将校风和学风建设评价为"一般"的大学生的这一比例(35.8%)高出8.1%,相较于将校风和学风建设评价为"不满意"的大学生的这一比例(39.6%)高出4.3%。因此,将校风和学风建设评价为"满意"的大学生选择"国内升学"的意愿更高。

第二,创新创业教育对大学生毕业去向规划存在影响($X^2 = 265.817, P < 0.001$)。其中,对创新创业教育评价为"满意"的大学生将"国内升学"作为毕业去向规划的比例为43.8%,相较于将创新创业教育评价为"一般"的大学生的这一比例(37.2%)高出6.6%,相较于将创新创业教育评价为"不满意"的大学生的这一比例(41.3%)高出2.5%。因此,将创新创业教育评价为"满意"的大学生选择"国内升学"的意愿更高。

第三,社会实践活动对大学生毕业去向规划存在影响($X^2 = 324.644, P < 0.001$)。其中,对社会实践活动评价为"满意"的大学生将"国内升学"作为毕业去向规划的比例为43.9%,相较于将社会实践活动评价为"一般"的大学生的这一比例(36.9%)高出7.0%,相较于将社会实践活动评价为"不满意"的大学生的这一比例(40.0%)高出3.9%。因此,将社会实践活动评价为"满意"的大学生选择"国内升学"的意愿更高。

第四,校园文化活动对大学生毕业去向规划存在影响($X^2 = 358.953, P < 0.001$)。其中,对校园文化活动评价为"满意"的大学生将"国内升学"作为毕业去向规划的比例为43.8%,相较于将校园文化活动评价为"一般"的大学生的这一比例(36.8%)高出7.0%,相较于将校园文化活动评价为"不满意"的大学生的这一比例(40.8%)高出3.0%。因此,将校园文化活动评价为"满意"的大学生选择"国内升学"的意愿更高。

第五,网络思想政治教育对大学生毕业去向规划存在影响($X^2 = 298.732, P < 0.001$)。其中,对网络思想政治教育评价为"满意"的大学生将"国内升学"作为毕业去向规划的比例为43.8%,相较于将网络思想政治教育评价为"一般"的大学生的这一比例(37.3%)高出6.5%,相较于将网络思想政治教育评价为"不满意"的大学生的这一比例(41.1%)高出2.7%。因此,将网络思想政治教育评价为"满意"的大学生选择"国内升学"的意愿更高。

第六,心理健康教育与咨询工作对大学生毕业去向规划存在影响($X^2 = 323.050, P < 0.001$)。其中,对心理健康教育与咨询工作评价为"满意"的大学生将"国内升学"作为毕业去向规划的比例为43.9%,相较于将心理健康教育与咨询工作评价为"一般"的大学生的这一比例(36.7%)高出7.2%,相较于将心理健康教育与咨询工作评价为"不满意"的大学生的这一比例(40.0%)高出3.9%。因此,将心理健康教育与咨询工作评价为"满意"的大学生选择"国内升学"的意愿更高。

第七,职业规划与就业指导教育对大学生毕业去向规划存在影响($X^2 = 293.901,$

$P<0.001$)。其中,对职业规划与就业指导教育评价为"满意"的大学生将"国内升学"作为毕业去向规划的比例为43.8%,相较于将职业规划与就业指导教育评价为"一般"的大学生的这一比例(37.5%)高出6.3%,相较于将职业规划与就业指导教育评价为"不满意"的大学生的这一比例(40.5%)高出3.3%。因此,将职业规划与就业指导教育评价为"满意"的大学生选择"国内升学"的意愿更高。

第八,日常事务管理对大学生毕业去向规划存在影响($X^2=261.363,P<0.001$)。其中,对日常事务管理评价为"满意"的大学生将"国内升学"作为毕业去向规划的比例为43.7%,相较于将日常事务管理评价为"一般"的大学生的这一比例(37.7%)高出6.0%,相较于将日常事务管理评价为"不满意"的大学生的这一比例(41.9%)高出1.8%。因此,将日常事务管理评价为"满意"的大学生选择"国内升学"的意愿更高。

第九,学校后勤服务对大学生毕业去向规划存在影响($X^2=259.994,P<0.001$)。其中,对学校后勤服务评价为"满意"的大学生将"国内升学"作为毕业去向规划的比例为43.9%,相较于将学校后勤服务评价为"一般"的大学生的这一比例(37.6%)高出6.3%,相较于将学校后勤服务评价为"不满意"的大学生的这一比例(40.8%)高出3.1%。因此,将学校后勤服务评价为"满意"的大学生选择"国内升学"的意愿更高。

第十,学生资助工作对大学生毕业去向规划存在影响($X^2=410.720,P<0.001$)。其中,对学生资助工作评价为"满意"的大学生将"国内升学"作为毕业去向规划的比例为44.2%,相较于将学生资助工作评价为"一般"的大学生的这一比例(35.6%)高出8.6%,相较于将学生资助工作评价为"不满意"的大学生的这一比例(36.7%)高出7.5%。因此,将学生资助工作评价为"满意"的大学生选择"国内升学"的意愿更高。

第十一,基层党组织建设对大学生毕业去向规划存在影响($X^2=395.606,P<0.001$)。其中,对基层党组织建设评价为"满意"的大学生将"国内升学"作为毕业去向规划的比例为44.0%,相较于将基层党组织建设评价为"一般"的大学生的这一比例(36.1%)高出7.9%,相较于将基层党组织建设评价为"不满意"的大学生的这一比例(38.5%)高出5.5%。因此,将基层党组织建设评价为"满意"的大学生选择"国内升学"的意愿更高。

第十二,社团活动对大学生毕业去向规划存在影响($X^2=356.057,P<0.001$)。其中,对社团活动评价为"满意"的大学生将"国内升学"作为毕业去向规划的比例为44.0%,相较于将社团活动评价为"一般"的大学生的这一比例(36.0%)高出8.0%,相较于将社团活动评价为"不满意"的大学生的这一比例(40.8%)高出3.2%。因此,将社团活动评价为"满意"的大学生选择"国内升学"的意愿更高。

第十三,班级建设对大学生毕业去向规划存在影响($X^2=349.599,P<0.001$)。其中,将班级建设评价为"满意"的大学生将"国内升学"作为毕业去向规划的比例为43.9%,相较于将班级建设评价为"一般"的大学生的这一比例(36.3%)高出7.6%,相较于将班级建设评价为"不满意"的大学生的这一比例(40.4%)高出3.5%。因此,将班级建设评价为"满意"的大学生选择"国内升学"的意愿更高。

第十四,团组织建设对大学生毕业去向规划存在影响($X^2=420.179,P<0.001$)。其中,对团组织建设评价为"满意"的大学生将"国内升学"作为毕业去向规划的比例为44.0%,相较于将团组织建设评价为"一般"的大学生的这一比例(35.7%)高出8.3%,相较于将团组织建设评价为"不满意"的大学生的这一比例(40.7%)高出3.3%。因此,将团组织建设评

价为"满意"的大学生选择"国内升学"的意愿更高(表6-16)。

表 6-16　大学生日常思想政治教育状况与大学生毕业去向规划的交互分析

| | | "您毕业后的打算是"(%) | | | | | | 卡方检验 | | |
		国内升学	出国深造	公务员、企事业等体制内就业	自主创业	个体、私营、外资企业就业	其他	χ^2	df	P
校风和学风建设	满意	43.9	3.9	32.6	2.8	11.2	5.6	411.973	10	<0.001
	一般	35.8	5.8	30.9	5.0	13.9	8.6			
	不满意	39.6	6.7	30.3	4.5	12.0	6.9			
创新创业教育	满意	43.8	4.0	32.4	2.9	11.2	5.7	265.817	10	<0.001
	一般	37.2	5.2	32.0	4.3	13.3	8.0			
	不满意	41.3	6.3	29.7	4.5	12.0	6.2			
社会实践活动	满意	43.9	4.0	32.6	2.9	11.1	5.5	324.644	10	<0.001
	一般	36.9	5.3	31.3	4.5	13.8	8.2			
	不满意	40.0	6.9	30.3	4.0	12.6	6.2			
校园文化活动	满意	43.8	4.0	32.7	2.8	11.1	5.6	358.953	10	<0.001
	一般	36.8	5.3	31.0	4.8	13.8	8.3			
	不满意	40.8	7.3	28.6	3.9	13.3	6.1			
网络思想政治教育	满意	43.8	3.9	32.6	2.9	11.1	5.7	298.732	10	<0.001
	一般	37.3	5.4	31.3	4.4	13.6	8.0			
	不满意	41.1	6.8	29.6	3.8	12.4	6.3			
心理健康教育与咨询工作	满意	43.9	4.0	32.5	2.8	11.1	5.7	323.050	10	<0.001
	一般	36.7	5.3	31.5	4.6	13.6	8.3			
	不满意	40.0	5.9	30.9	4.2	12.5	6.5			
职业规划与就业指导教育	满意	43.8	3.9	32.6	2.9	11.1	5.7	293.901	10	<0.001
	一般	37.5	5.6	31.0	4.5	13.3	8.1			
	不满意	40.5	6.2	30.9	3.6	12.6	6.2			
日常事务管理	满意	43.7	3.9	32.6	2.9	11.2	5.7	261.363	10	<0.001
	一般	37.7	5.3	31.4	4.3	13.3	8.0			
	不满意	41.9	6.3	30.3	3.3	11.7	6.5			
学校后勤服务	满意	43.9	3.9	32.4	2.9	11.1	5.8	259.994	10	<0.001
	一般	37.6	5.3	31.7	4.6	13.0	7.8			
	不满意	40.8	5.8	31.6	2.8	13.0	6.0			

		"您毕业后的打算是"(%)						卡方检验		
		国内升学	出国深造	公务员、企事业等体制内就业	自主创业	个体、私营、外资企业就业	其他	χ^2	df	P
学生资助工作	满意	44.2	3.9	32.2	2.8	11.2	5.7	410.720	10	<0.001
	一般	35.6	5.8	32.0	4.9	13.1	8.6			
	不满意	36.7	6.2	32.6	4.3	13.7	6.5			
基层党组织建设	满意	44.0	3.9	32.5	2.8	11.2	5.6	395.606	10	<0.001
	一般	36.1	5.9	31.1	4.9	13.6	8.4			
	不满意	38.5	6.5	31.2	4.7	12.5	6.6			
社团活动	满意	44.0	4.0	32.4	2.8	11.2	5.6	356.057	10	<0.001
	一般	36.0	5.4	32.2	4.8	13.3	8.4			
	不满意	40.8	6.5	29.1	4.2	13.3	6.1			
班级建设	满意	43.9	4.0	32.6	2.9	11.1	5.5	349.599	10	<0.001
	一般	36.3	5.6	31.3	4.6	13.8	8.4			
	不满意	40.4	6.3	30.2	4.1	13.1	5.9			
团组织建设	满意	44.0	3.9	32.5	2.8	11.1	5.6	420.179	10	<0.001
	一般	35.7	5.8	31.1	4.9	13.9	8.6			
	不满意	40.7	6.7	29.6	4.1	12.7	6.2			

四、本章小结

　　本章基于数据分析,从学习积极性、学习状态、课外知识与技能学习情况、毕业去向规划、就业区域意向五个方面,描述大学生学习状况与就业意向的总体情况,并在此基础上,发现值得关注的现象与问题,提出针对性的对策与建议。

(一)总体情况

　　当前大学生学习积极性和学习状态整体良好,高校思想政治教育"主渠道"与"主阵地"建设对大学生学习积极性和学习状态有积极影响。大学生毕业去向呈现多元化的特点,并且存在显著的群体差异。

　　1. 大学生学习积极性和学习状态总体向好

　　随着高校学风建设工作的深入推进,大学生学习积极性和学习状态总体状况向好。调查显示,2021年大学生学习积极性和学习状态整体良好,对自身学习积极性的评价为"非常积极"的受访者占比为17.8%,对自身学习积极性的评价为"比较积极"的受访者占比为52.7%,学习积极性较高的受访者占比超过七成;对自身学习状态评价为"刻苦勤奋,坚持不懈"的受访者占比为18.9%,对自身学习状态评价为"适度努力,偶尔放松"的受访者占比为66.4%,学习状态较好的受访者占比超过八成。

2. 大学生就业意向存在群体差异

2021年大学生毕业去向规划呈现多元化的特点。交互分析发现,不同群体的大学生在未来工作选择上存在明显差异。在性别方面,女生选择"公务员、企事业等体制内就业"的意愿(35.5%)相较于男生的相关意愿(26.8%)高出8.7%,由于专业优势、福利待遇、家庭目标等原因,女生更倾向于选择体制内就业。在学历层次方面,本科生选择"国内升学"的比例(51.0%)相较于硕士生(16.6%)要高出34.4%,因为就业形势对学历要求越来越高,本科生更倾向于升学,获得学历上的进一步提升。在政治面貌方面,政治面貌为中共党员的学生选择"公务员、企事业等体制内就业"的意愿(42.6%)相较于政治面貌为非中共党员的学生的相关意愿(29.1%)高出13.5%,政治面貌为中共党员的大学生更愿意到体制内就业。在生源所在地方面,生源所在地为城镇的学生选择"国内升学"的意愿(47.4%)相较于生源所在地为农村的学生的相关意愿(37.1%)高出10.3%,由于生活环境不同,生源所在地为城镇的学生选择"国内升学"的意愿更高。

3. "主渠道"与"主阵地"建设对大学生学习积极性和学习状态有积极影响

思想政治理论课是高校思想政治教育的"主渠道",思想政治理论课建设状况与大学生学习积极性和学习状态呈正相关,思想政治理论课的教学内容、教学方法、教学设计等深刻影响着大学生的学习状况。调查显示,大学生对教学内容、教学方法和教学设计状况评价从"很不满意""不大满意""一般"到"比较满意""非常满意"每提升一个等级,对自身学习积极性的评分会分别随之提高0.054、0.027、0.064个单位。对教学方法和教学设计状况评价从"很不满意""不大满意""一般"到"比较满意""非常满意"每提升一个等级,大学生对自身学习状态的评分会分别随之提高0.033、0.039个单位。日常思想政治教育是高校思想政治教育的"主阵地",是高校思想政治工作者依托日常生活对大学生进行主流意识形态引导和思想道德陶冶的教育活动。调查显示,大学生日常思想政治教育与大学生学习积极性和学习状态呈正相关。对"校风和学风建设""创新创业教育""社会实践活动""网络思想政治教育""基层党组织建设""班级建设"的评价从"很不满意""不大满意""一般"到"比较满意""非常满意"每提升一个等级,大学生对自身学习积极性的评分分别会随之提高0.033、0.023、0.022、0.031、0.033、0.029个单位。对"创新创业教育""网络思想政治教育""日常事务管理""学校后勤服务""团组织建设"的评价从"很不满意""不大满意""一般"到"比较满意""非常满意"每提升一个等级,大学生对自身学习状态的评分会分别随之提高0.028、0.037、0.016、0.013、0.030个单位。

(二) 应当关注的现象与问题

充分认识和了解大学生学习与就业中存在的不足之处有利于进一步改善大学生学习与就业状况,帮助大学生树立正确的学习观和就业观。在学习状况方面,少数大学生的学习积极性和学习状态有待改进;在就业状况方面,大学生投身祖国基层的奉献精神有待增强,优先选择体制内工作的倾向值得关注。

1. 少数大学生的学习积极性和学习状态有待改进

2021 年大学生学习积极性和学习状态整体良好,但仍有少数大学生学习积极性较低,学习状态不理想。调查显示,大学生对自身学习积极性的评价为"一般"的受访者占比为26.0%,评价为"不太积极"的受访者占比为 3.0%,评价为"很不积极"的受访者占比为0.5%。大学生中生源地为农村的学生、非双亲家庭的学生和政治面貌为非中共党员的学生的学习积极性较低。生源地为农村的学生对自身学习积极性的评价比生源地为城镇的学生的相应评价低 0.062 个单位;来自非双亲家庭的学生对自身学习积极性的评价比来自双亲家庭的学生的相应评价低 0.053 个单位;政治面貌为非中共党员的学生对自身学习积极性的评价比政治面貌为中共党员的学生的相应评价低 0.152 个单位。对自身学习状态评价为"平时松懈,考前突击"的受访者占比为 13.2%,评价为"'佛系'学习,不惧挂科"的受访者占比为 1.5%。大学生中生源地为农村的学生、非双亲家庭的学生和政治面貌为非中共党员的学生的学习状态较差。生源地为农村的学生对自身学习状态评价得分比生源地为城镇的学生的相应评价低 0.022 个单位,来自非双亲家庭的学生对自身学习状态评价得分比来自双亲家庭的学生的相应评价低 0.042 个单位,政治面貌为非中共党员的学生对自身学习状态评价得分比政治面貌为中共党员的学生的相应评价低 0.127 个单位。本次调查中发现的这些现象为我们开展下一阶段的教育活动提供了重点对象参考,高校应当加强对生源地为农村的学生、非双亲家庭的学生和政治面貌为非中共党员的学生的教育和引导,提高其学习的自主性和自觉性。

2. 大学生投身祖国基层的奉献就业精神有待增强

高校毕业生是国家宝贵的人才资源,国家高度重视高校毕业生就业工作,把基层作为高校毕业生成长成才的重要平台。调查显示,在"比较理想的就业地区"一题中,有 3.6%的受访者选择"县城",2.7%的受访者选择"国家急需人才的边远地区",0.8%的受访者选择"农村地区"。交互分析发现,不同群体的大学生都明显倾向于到"一二线大城市""中小城市"工作,两个选项的比例均不低于 23.0%,最高可以达到 72.1%,而选择"国家急需人才的边远地区"的比例均不超过 5.0%。由此可见,大学生愿意到边远城市或农村地区就业的意愿还不够高,投身祖国基层的奉献就业精神有待增强。部分基层地区的工作环境、薪资、机遇等各方面相较城市还存在一定差距,导致基层就业对大学生的吸引力不足。大学生就业区域选择集中在大城市,容易导致偏远地区建设人才缺失,影响不同区域的协调发展。

3. 大学生优先选择体制内工作的就业倾向值得关注

自大学生就业由"政府统包统分"向"自主择业、双向选择"转变以来,大学生就业价值取向愈发能说明大学生对当前社会发展的态度和看法。2021 年大学生就业规划中,选择"公务员、企事业等体制内就业"的受访者比例为 32.3%,仅次于第一位"国内升学"(42.4%)。交互分析发现,女生选择此项的比例为 35.5%,硕士生选择此项的比例为54.7%,博士生选择此项的比例为 59.5%,政治面貌为中共党员的学生选择此项的比例为42.6%等。总体来看,体制内的工作获得了更多大学生的青睐,日益成为大学生求职的首要选择。近年来,非体制内的工作压力较大让不少大学生望而却步,一些人开始向往体制内的工作。2021 年,受到新型冠状病毒肺炎疫情的影响,个体、私营、外资企业受到了一定的冲击,相比之下,体制内的工作更规律、更和谐、更稳定,更符合当代大学生的心理预期。

（三）对策与建议

当下大学生学习状况和就业意向整体情况较为良好，但也存在值得关注的现象和尚待解决的问题，因此有必要重点关注在学习状况方面存在一定问题的大学生群体，使其具备勤奋刻苦的学习态度；加强教育引导，帮助大学生树立科学的就业观择业观；提供支持保障，鼓励大学生自主创业。

1. 关注重点群体，培养勤奋刻苦的学习态度

应当重点关注在学习积极性和学习状态方面存在薄弱点的大学生群体，重点加强协同育人工作，注重发挥朋辈群体的正向引领作用，有针对性地进行教育引领，使大学生形成勤奋刻苦的学习态度。首先，应当把脉现实困境，有针对性地提供帮扶。例如，充分了解部分生源地为农村的大学生在英语听力方面基础较差的现实困难，提供专门的英语听力教育，努力化解此类大学生学习上的自卑情绪和消极心理。其次，应当加强协同育人。注重发挥"十大"育人体系的协同育人优势，多角度发力破除部分大学生在学习中遇到的现实困难，鼓舞其发奋读书、刻苦学习。例如，针对非双亲家庭大学生，应当注重发挥"资助育人"的重要作用，减轻大学生求学的经济负担，培养自强不息的精神品质；应当注重发挥"心理育人"的重要作用，消除大学生可能存在的悲观情绪和自卑心理，鼓励非双亲家庭大学生以昂扬的热情投身学习生活，实现个人理想。最后，应当重视朋辈群体的正向引领作用。大学生的学习状态和学习习惯容易受到朋友、室友、同学等朋辈群体的影响，应当注重发挥朋辈群体对学习状态的积极影响，在学习状况相对较差的大学生周围寻找勤奋刻苦、求知不倦的室友或是本专业同学，通过开展"学友结对子""学习互助组"等活动，引导学习状况相对较差的大学生培养学习积极性，端正学习态度，调整学习习惯，改善学习状态。

2. 加强教育引导，树立科学的就业观择业观

针对大学生赴边远地区就业的意愿不强这一现实问题，面对新冠肺炎疫情冲击就业市场的现实状况，有必要积极引导大学生树立奉献就业观、自主择业观，形成与就业市场现实状况、个人能力实际情况相契合的就业意向。一方面，应当培养奉献就业观，使大学生充分理解职业不仅是谋生赚钱的手段，更是报效祖国、服务人民的方式，引导大学生在"小我"与"大我"的统一中实现个人价值，自愿前往国家急需人才的边远地区参加工作，主动为强国之梦奉献青春。另一方面，应当培养自主择业观，主动提升专业知识与能力，提高就业竞争力，破除好高骛远、眼高手低、消极被动等错误就业观念，明确自身定位，主动寻找适合自己的就业机会。奉献就业观、自主择业观的教育与培养要实现课上与课下相结合。一方面，应当将奉献就业观、自主择业观融入到大学生的公共课、专业课、必修课、选修课之中，积极利用"形势与政策"课等公共课程引导大学生了解当前中国就业市场的最新状况和国家鼓励引导高校毕业生就业的相关政策；积极在专业课程中融入就业观教育，引导大学生了解本专业的就业形势和就业特点，在培养专业能力的同时潜移默化地形成提高就业竞争力的自觉意识；积极开设职业生涯规划课和就业指导课等必修课程，培养大学生参与就业市场竞争的意识和能力；积极开设就业教育相关的选修课，为大学生自愿、自主、自觉地接受就业教育、树立正确就业观提供保障。另一方面，应当依托学生会、学生社团等各级学生组织，开展就业挑战赛、模拟招聘会等形式多样、内容丰富的就业类实践活动，促使大学生在实践中了解就业环境，接受就业训练，形成正确的就业观。

3. 提供支持保障,积极引导大学生自主创业

　　针对大学生自主创业的意愿相对较低这一现实问题,应当提供相关的支持与保障,降低大学生在创业中的经济压力和经济风险,引导大学生选择具有发展前途的前沿领域开展创业实践,为大学生培养创业能力提供资源与平台。一是消除后顾之忧。各级政府有关部门应当积极颁布大学生创业支持政策,通过提供大学生创业补贴、小额担保贷款、贴息政策等创业扶持政策,减轻创业期间大学生的经济压力,推广创业失败政府代偿贷款政策,消除创业的后顾之忧。二是指明前行之路。各级政府有关部门应当提供政策倾斜,鼓励引导大学生选择人工智能、元宇宙、无人驾驶等存在较大增长空间的"朝阳产业""蓝海领域"进行自主创业,为大学生成功创业指明方向。三是培养创业之能。各级教育部门应当进一步组织和开展各类创业知识培训、创业训练活动和创业竞赛活动,积极培养大学生的创业能力。例如,注重整合校内与校外资源,形成合力共同培养大学生的创业能力。一方面,要充分利用校内创业教育资源,选聘拥有创新精神、了解前沿领域、具备创业经验的优秀教师作为创业教育教师,担任创业训练活动和创业竞赛活动的指导教师,以创业理论和自身经历相结合增强创业教育的有效性。另一方面,要充分挖掘校外创业教育资源,通过聘请创业成功的优秀校友担任高校创业教育的兼职导师,为大学生传授当下创业的真本领、真经验;通过加强校企共建,签订相关合作协议将更多初创企业、小微企业建设为高校创业教育基地,鼓励支持大学生赴创业一线学习、观摩、实践,切实提高大学生的创业能力。

　　"人民健康是社会文明进步的基础,是民族昌盛和国家富强的重要标志。"[1]身心健康是实现个人幸福生活的前提,是大学生成长和发展过程中十分重要的组成部分。课题组分别从大学生的身体健康状况、心理健康状况、身心健康的影响因素三个方面入手,在运用频率分析、交互分析、一般线性回归分析等分析方法的基础上,把握当前大学生的身心健康状况,客观剖析当前影响大学生身心健康状况的重要因素,以期为学校引导大学生塑造健康的体魄和积极的心理状态提供参考和建议。

一、大学生的身体健康状况

　　习近平总书记强调:"少年强、青年强则中国强。少年强、青年强是多方面的,既包括思想品德、学习成绩、创新能力、动手能力,也包括身体健康、体魄强壮、体育精神。"[2]大学生肩负着实现中华民族伟大复兴的光荣使命,其身体健康不仅事关个人成长成才,也具有重要的现实意义和深远的战略意义。大学生的身体健康状况主要体现在个人的身体健康状况和体育锻炼情况两个方面。

(一) 大学生身体健康的基本状况

1. 大学生身体健康的总体概况

　　调查显示,当前大学生身体健康状况整体较好,八成以上大学生对个人的身体状况给予积极评价,其中,28.6%的大学生认为自己的身体"非常健康",52.4%的大学生认为自己的身体"比较健康"。与此同时,部分大学生认为自己身体状况"一般"或"不健康",其中15.2%的大学生认为自己的身体健康状况"一般",认为自己的身体"不大健康"和"很不健康"的大学生分别占 3.3%和 1.5%(图 7-1)。

2. 不同群体大学生身体健康的具体情况

　　课题组通过交互分析发现,不同性别、年龄、生源所在地、学历层次、学科门类的大学生,其身体健康状况存在显著差异。

(1) 基于自然因素分析

　　从性别来看,男大学生和女大学生的身体健康状况差异较大,其中认为自己身体"非常

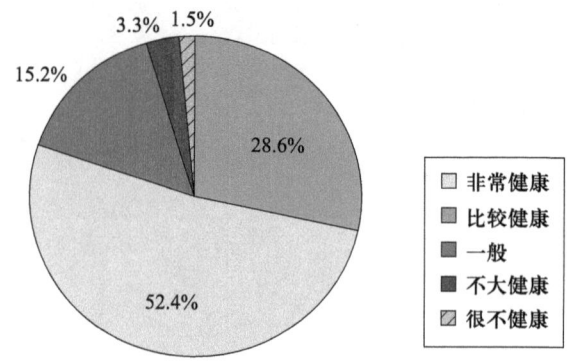

图 7-1　大学生身体健康状况

健康"的男大学生(32.5%)比女大学生(26.2%)高 6.3 个百分点,认为自己身体"比较健康"的男大学生(49.1%)比女大学生(54.4%)低 5.3 个百分点,认为自己身体健康"一般"的男大学生(14.3%)比女大学生(15.8%)低 1.5 个百分点,认为自己身体"不大健康"的男大学生(3.4%)比女大学生(3.3%)高 0.1 个百分点,认为自己身体"很不健康"的男大学生(0.7%)比女大学生(0.3%)高 0.4 个百分点(见表 7-1)。

表 7-1　不同性别大学生的身体健康状况

		大学生的身体健康状况(%)					卡方检验		
		非常健康	比较健康	一般	不大健康	很不健康	χ^2	P	C
性别	男	32.5	49.1	14.3	3.4	0.7	247.5	<0.001	0.07
	女	26.2	54.4	15.8	3.3	0.3			

从年龄来看,大学生身体健康状况与其年龄显著相关。20 岁及以下的大学生中,27.7%认为自己"非常健康",52.9%认为自己"比较健康",15.5%认为自己的身体健康状况"一般",3.4%认为自己"不大健康",0.5%认为自己的身体"很不健康"。21 岁—25 岁大学生中,29.2%认为自己"非常健康",52.3%认为自己"比较健康",14.9%认为自己的身体健康状况"一般",还有 3.2%认为自己"不大健康",0.4%认为自己的身体"很不健康"。25 岁以上的大学生中,31.4%认为自己"非常健康",49.8%认为自己"比较健康",14.9%认为自己的身体健康状况"一般",3.4%认为自己"不大健康",0.5%认为自己的身体"很不健康"(见表 7-2)。

表 7-2　不同年龄大学生的身体健康状况

		大学生的身体健康状况(%)					卡方检验		
		非常健康	比较健康	一般	不大健康	很不健康	χ^2	P	C
年龄	20 岁及以下	27.7	52.9	15.5	3.4	0.5	29.8	<0.001	0.03
	21 岁—25 岁	29.2	52.3	14.9	3.2	0.4			
	25 岁以上	31.4	49.8	14.9	3.4	0.5			

（2）基于社会因素分析

从生源所在地来看，来自农村和来自城镇的大学生身体健康状况存在显著差异。生源地为农村的大学生认为自己身体状况"非常健康"和"比较健康"的比例分别为 28.9% 和 53.0%，生源地为城镇的大学生认为自己身体健康状况"非常健康"和"比较健康"的比例分别为 28.2% 和 51.9%，来自农村的大学生选择这两项的占比均高于来自城镇的大学生，同时选择"不大健康"和"很不健康"的受访者中，生源地为农村的大学生（3.4%）占比小于生源地为城镇的大学生（4.1%）（见表 7-3）。

表 7-3 不同生源所在地大学生的身体健康状况

		大学生的身体健康状况（%）					卡方检验		
		非常健康	比较健康	一般	不大健康	很不健康	χ^2	P	C
生源所在地	农村	28.9	53.0	14.6	3.0	0.4	28.4	<0.001	0.03
	城镇	28.2	51.9	15.8	3.6	0.5			

从学历层次来看，不同学历层次的大学生的身体健康状况不同。调查显示，认为自己身体"非常健康"和"比较健康"的大学生中比例最高的为硕士生，比例分别为 31.8% 和 52.5%，博士生选择相同选项的人数比例分别为 29.8% 和 50.6%。在本科阶段中，认为自己身体"非常健康"的大学生比例由高到低分别为大一（30.9%）、大四或大五（27.8%）、大二（26.1%）和大三（25.1%），认为自己身体"比较健康"的大学生比例由高到低分别为大三（53.5%）、大二（52.8%）、大四（大五）（52.3%）、大一（51.6%），由此可见，本科阶段中不同年级大学生的身体健康状况并无显著差异（见表 7-4）。

表 7-4 不同学历层次大学生的身体健康状况

		大学生的身体健康状况（%）					卡方检验		
		非常健康	比较健康	一般	不大健康	很不健康	χ^2	P	C
学历层次	大一	30.9	51.6	14.2	2.9	0.5	256.0	<0.001	0.07
	大二	26.1	52.8	16.6	3.9	0.6			
	大三	25.1	53.5	16.5	4.3	0.5			
	大四（大五）	27.8	52.3	16.1	3.4	0.5			
	硕士生	31.8	52.5	13.1	2.3	0.3			
	博士生	29.8	50.6	15.8	3.7	0.2			

就学科门类来看，不同学科门类的大学生身体健康状况存在差异。理工农医类大学生认为自己身体"非常健康"的比例最高，为 28.8%，其次是社会科学类占比 28.5%，人文科学类占比最低，为 28.4%。社会科学类大学生认为自己身体"比较健康"的比例最高，为 53.6%，其次是理工农医类大学生，占比 52.9%，人文科学类占比最低，比例为 50.3%（见表 7-5）。

表 7-5　不同学科门类大学生的身体健康状况

		大学生的身体健康状况（%）					卡方检验		
		非常健康	比较健康	一般	不大健康	很不健康	χ^2	P	C
学科门类	人文科学类	28.4	50.3	16.9	3.8	0.6	63.6	<0.001	0.08
	社会科学类	28.5	53.6	14.6	2.9	0.4			
	理工农医类	28.8	52.9	14.5	3.3	0.4			

（二）大学生体育锻炼的基本情况

1. 大学生体育锻炼的总体概况

体育锻炼是增强身体健康的主要手段之一，大学生的体育锻炼频次反映其生活习惯和健康意识（图 7-2）。然而，当前大学生参与体育锻炼的整体状况并不理想，体育锻炼整体频率较低，体育锻炼的积极性不足。调查显示，仅有 7.5% 的大学生"每天坚持锻炼"，19.1% 的大学生锻炼频次为"每周 3—5 次"，28.1% 的大学生为"每周 1—2 次"。与此同时，仍有41.2% 的大学生"偶尔锻炼一下"，4.1% 的大学生"从不锻炼"。

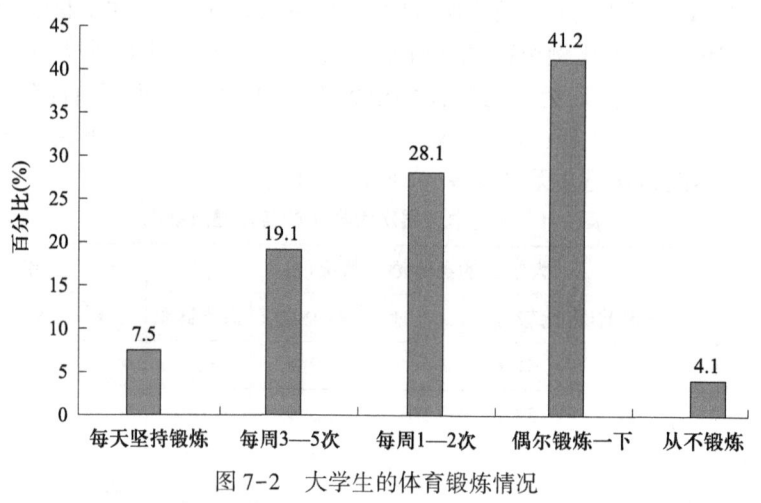

图 7-2　大学生的体育锻炼情况

2. 不同群体大学生体育锻炼的具体情况

课题组通过交互分析发现，大学生进行体育锻炼的频次同性别、学历层次、生源所在地、学科门类以及家庭类型都有密切的关系。

（1）基于自然因素分析

调查显示，大学生参与体育运动的积极性与性别相关，受访男大学生的情况优于女大学生，可见男大学生体育锻炼积极性高于女大学生。如表 7-6 所示，有 67.5% 的男大学生每周都锻炼（含"每天坚持锻炼""每周 3—5 次"和"每周 1—2 次"），而女大学生每周坚持锻炼的人数仅占 47.0%，选择"偶尔锻炼一下"和"从不锻炼"的男大学生占 32.5%，远远低于选择相同选项的女大学生的比例（53.0%）。上述调查结果充分说明男大学生在身体锻炼方面意愿更强，主动性和自觉性上表现更好。

表7-6 不同性别的大学生体育锻炼情况

		体育锻炼频次（%）					卡方检验		
		每天坚持锻炼	每周3—5次	每周1—2次	偶尔锻炼一下	从不锻炼	χ^2	P	C
性别	男	11.9	25.3	30.3	29.0	3.5	2371.6	<0.001	0.22
	女	4.8	15.3	26.9	48.6	4.4			

（2）基于社会因素分析

调查显示，不同学历层次大学生体育锻炼的具体情况不同。如表7-7所示，在本科阶段中，坚持每周锻炼的人数比例从高到低排序为：大一（69.0%）、大二（58.9%）、大三（44.1%）、大四（大五）（42.9%）。与此同时，选择"从不锻炼"的人数占比由低到高排序为：大一（2.0%）、大二（3.3%）、大三（5.7%）、大四或大五（5.8%）。由此可见，本科阶段中，年级越高的大学生每周体育锻炼次数越少，低年级大学生较高年级大学生的体育锻炼积极性更强。每周坚持锻炼的硕士生和博士生分别占51.0%和56.7%，二者差异不大。

表7-7 不同学历层次的大学生体育锻炼情况

		体育锻炼频次（%）					卡方检验		
		每天坚持锻炼	每周3—5次	每周1—2次	偶尔锻炼一下	从不锻炼	χ^2	P	C
学历层次	大一	11.5	27.8	29.7	29.0	2.0	2093.2	<0.001	0.21
	大二	7.4	19.8	31.7	37.8	3.3			
	大三	5.6	14.3	24.2	50.2	5.7			
	大四（大五）	5.7	14.0	23.2	51.3	5.8			
	硕士生	6.3	16.2	28.5	44.5	4.5			
	博士生	5.9	17.7	33.1	39.5	3.8			

调查显示，不同生源所在地的大学生锻炼频次差异显著。其中，来自农村的大学生选择"每天坚持锻炼""每周3—5次""每周1—2次"的人数比例分别为7.1%、18.7%、27.0%，均低于城镇生源大学生选择"每天坚持锻炼"（7.9%）"每周3—5次"（19.4%）"每周1—2次"（29.2%）的人数占比。同时，生源地为农村的大学生选择"从不锻炼"的人数比例（4.2%）也略高于生源地为城镇的大学生（4.0%）。由此可见，生源地为城镇的大学生的锻炼积极性普遍高于生源地为农村的大学生（见表7-8）。

表7-8 不同生源所在地的大学生体育锻炼情况

		体育锻炼频次（%）					卡方检验		
		每天坚持锻炼	每周3—5次	每周1—2次	偶尔锻炼一下	从不锻炼	χ^2	P	C
生源所在地	农村	7.1	18.7	27.0	43.0	4.2	73.0	<0.001	0.04
	城镇	7.9	19.4	29.2	39.4	4.0			

调查显示,不同家庭类型的大学生参与体育锻炼的频次差异显著。从每周坚持锻炼的人数占比来看,按照由高到低排序为"双亲家庭"(55.0%)"重组家庭"(54.1%)"单亲家庭(母亲抚养)"(52.3%)"单亲家庭(父亲抚养)"(50.5%)和"孤儿"(45.5%)(见表7-9)。

表7-9　不同家庭类型的大学生体育锻炼情况

		体育锻炼频次(%)					卡方检验		
		每天坚持锻炼	每周3—5次	每周1—2次	偶尔锻炼一下	从不锻炼	χ^2	P	C
家庭类型	双亲家庭	7.6	19.2	28.2	41.0	4.0	48.2	<0.001	0.23
	单亲家庭(父亲抚养)	6.1	18.5	25.9	43.7	5.8			
	单亲家庭(母亲抚养)	7.1	18.4	26.8	43.2	4.5			
	重组家庭	8.9	18.5	26.7	41.2	4.7			
	孤儿	8.1	17.1	20.3	40.7	13.8			

调查显示,不同学科门类的大学生参与体育锻炼频次的差异显著。理工农医类大学生坚持每周锻炼的人数比例(56.6%)最多,社会科学类大学生坚持每周锻炼的人数比例(54.3%)次之,人文科学类大学生坚持每周锻炼的人数比例(51.6%)最少。数据显示,理工农医类大学生参加体育锻炼的积极性最高,人文科学类大学生参加体育锻炼的积极性最低(见表7-10)。

表7-10　不同学科门类的大学生体育锻炼情况

		体育锻炼频次(%)					卡方检验		
		每天坚持锻炼	每周3—5次	每周1—2次	偶尔锻炼一下	从不锻炼	χ^2	P	C
学科门类	人文科学类	8.0	17.8	25.8	43.8	4.6	109.9	<0.001	0.49
	社会科学类	7.4	19.0	27.9	41.7	3.9			
	理工农医类	7.1	19.6	29.9	39.5	3.9			

二、大学生的心理健康状况

大学生的心理健康是其成长和发展过程中不可忽视的重要部分,与大学生的日常生活状态息息相关。课题组通过调查大学生负面情绪的产生情况以及大学生在出现心理问题时寻求心理咨询的意愿两个方面,来总结大学生当前的心理健康状况。

(一) 大学生产生负面情绪的基本情况

1. 大学生产生负面情绪的总体概况

调查显示,当前大学生日常生活中产生焦虑、烦躁、压抑等负面情绪的情况相对较少(图7-3)。具体而言,针对"日常生活中您是否有焦虑、烦躁、压抑等负面情绪?"这一问题,大学生选择"偶尔有"的比例最高,为50.8%,选择"时常有"的比例次之,为17.7%,其余选择比例由高到低分别为"很少有"(17.5%)、"经常有"(8.0%)和"几乎没有"(6.0%)。由此可见,对大学生而言,负面情绪的产生不可避免,但并不频繁。

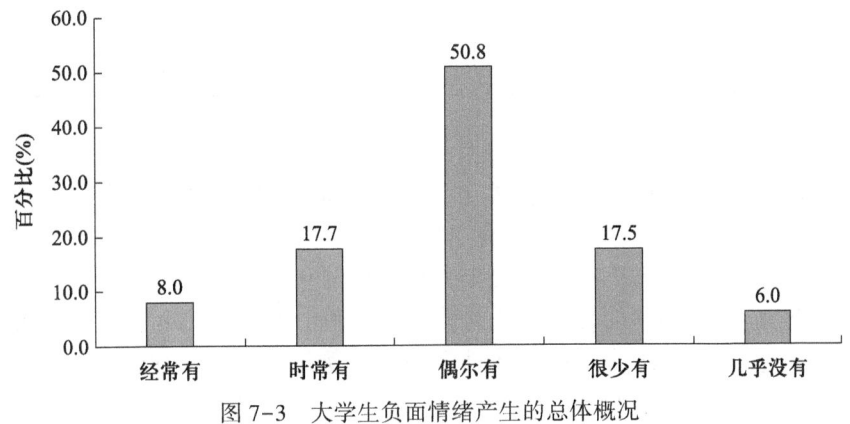

图 7-3 大学生负面情绪产生的总体概况

2. 不同群体大学生产生负面情绪状况的具体分析

课题组通过分析数据得知,不同性别、不同学科门类、不同家庭类型的大学生产生负面情绪的具体情况不同。

(1) 基于自然因素分析

就性别而言,不同性别大学生产生负面情绪的情况有所不同。男大学生"时常有"负面情绪和"偶尔有"负面情绪的比例分别为16.4%和48.0%,女大学生选择二者的比例则为18.4%和52.5%,比男大学生选择同样选项的比例高2.0%和4.5%。且女大学生负面情绪"很少有"和"几乎没有"的比例也分别低于男大学生的对应比例。由此可见,相较于男大学生,女大学生更容易产生负面情绪(见表7-11)。

表 7-11 不同性别的大学生产生负面情绪的交互分析

		日常生活中,您是否有焦虑、烦躁、压抑等负面情绪?(%)					卡方检验		
		经常有	时常有	偶尔有	很少有	几乎没有	χ^2	P	C
性别	男	8.1	16.4	48.0	18.9	8.5	395.974	<0.001	0.093
	女	8.0	18.4	52.5	16.6	4.5			

就年龄而言,大学生中选择"经常有"负面情绪的比例来看,占比最高的为25岁以上的大学生,比例为8.2%,21—25岁的大学生和20岁及以下的大学生分别为8.1%和8.0%。大学生中"时常有"负面情绪比例最高的为20岁及以下的大学生,比例为18.5%,其次为21—

25 岁的大学生,比例为 17.1%,最后是 25 岁以上的大学生,比例为 14.9%。不同年龄大学生中选择"偶尔有"负面情绪比例最高的大学生为 21—25 岁的大学生,比例为 51.1%,其他比例由高到低分别为 20 岁及以下的大学生(50.7%)和 25 岁以上的大学生(49.9%),见表 7-12。

表 7-12　不同年龄的大学生产生负面情绪的交互分析

		日常生活中,您是否有焦虑、烦躁、压抑等负面情绪?(%)					卡方检验		
		经常有	时常有	偶尔有	很少有	几乎没有	χ^2	P	C
年龄	20 岁及以下	8.1	18.5	50.7	17.1	5.7	49.626	<0.001	0.033
	21—25 岁	8.0	17.1	51.1	17.6	6.2			
	25 岁以上	8.2	14.9	49.9	19.3	7.6			

(2)基于社会因素分析

就学历层次而言,不同学历层次的大学生产生负面情绪的具体情况不同。调查显示,本科生中选择"经常有"负面情绪和"时常有"负面情绪的比例最高,为 8.5% 和 18.5%,分别高于硕士生相应比例 2.0%、3.7%,高于博士生相应比例 0.7%、2.5%。不同学历层次的大学生中选择"偶尔有"负面情绪的比例由高到低分别为硕士生(52.6%)、博士生(50.5%)和本科生(50.4%)。博士生选择"很少有"负面情绪的比例最高,为 19.0%。硕士生选择"几乎没有"负面情绪的比例最高(7.3%),而本科生选择这二者的比例均为最低(见表 7-13)。

表 7-13　不同学历层次的大学生产生负面情绪的交互分析

		日常生活中,您是否有焦虑、烦躁、压抑等负面情绪?(%)					卡方检验		
		经常有	时常有	偶尔有	很少有	几乎没有	χ^2	P	C
学历层次	本科生	8.5	18.5	50.4	17.0	5.6	154.243	<0.001	0.058
	硕士生	6.5	14.8	52.6	18.8	7.3			
	博士生	7.8	16.0	50.5	19.0	6.7			

就学科门类而言,不同学科门类的大学生产生负面情绪的具体情况不同。人文科学类大学生"经常有"(9.4%)和"时常有"(18.4%)负面情绪的比例最高。与此同时,理工农医类大学生"很少有"和"几乎没有"负面情绪的比例最高,分别为 18.5% 和 6.9%。由此可见,相较于人文科学类和社会科学类大学生,理工农医类大学生产生负面情绪的情况最少(见表 7-14)。

表 7-14　不同学科门类的大学生产生负面情绪的交互分析

		日常生活中,您是否有焦虑、烦躁、压抑等负面情绪?(%)					卡方检验		
		经常有	时常有	偶尔有	很少有	几乎没有	χ^2	P	C
学科门类	人文科学类	9.4	18.4	50.0	16.7	5.5	130.827	<0.001	0.054
	社会科学类	8.1	18.1	51.8	16.7	5.3			
	理工农医类	7.1	16.8	50.8	18.5	6.9			

就政治面貌而言,身为党员的大学生"经常有"和"时常有"负面情绪的比例低于非党员大学生,分别低0.8%和1.0%(见表7-15)。

表7-15　不同政治面貌的大学生产生负面情绪的交互分析

| | | 日常生活中,您是否有焦虑、烦躁、压抑等负面情绪?(%) | | | | | 卡方检验 | | |
		经常有	时常有	偶尔有	很少有	几乎没有	χ^2	P	C
政治面貌	党员	7.4	16.9	52.4	17.5	5.9	19.928	<0.001	0.021
	非党员	8.2	17.9	50.4	17.4	6.1			

就生源地而言,生源地为城镇的大学生"经常有""时常有"负面情绪的比例为8.3%和17.6%,而生源地为农村的大学生"经常有""时常有"负面情绪的比例为7.7%和17.7%。但生源地为农村的大学生"偶尔有"负面情绪的比例则比生源地为城镇的大学生高出2.3%(见表7-16)。

表7-16　不同生源所在地的大学生产生负面情绪的交互分析

| | | 日常生活中,您是否有焦虑、烦躁、压抑等负面情绪?(%) | | | | | 卡方检验 | | |
		经常有	时常有	偶尔有	很少有	几乎没有	χ^2	P	C
生源所在地	农村	7.7	17.7	52.0	17.5	5.1	76.658	<0.001	0.04
	城镇	8.3	17.6	49.7	17.4	6.9			

就家庭类型而言,生长在双亲家庭的大学生和生长在单亲家庭的大学生产生负面情绪的具体情况有所不同。生长在单亲家庭的大学生"经常有"和"时常有"负面情绪的比例为10.0%和19.1%,生长在双亲家庭的大学生"经常有"和"时常有"负面情绪的比例则明显低于前者,分别为7.8%和17.5%。与此同时,生长在单亲家庭的大学生"很少有"和"几乎没有"负面情绪的比例明显低于生长在双亲家庭的大学生。由此可见,生长在单亲家庭的大学生更易产生负面情绪(见表7-17)。

表7-17　不同家庭类型的大学生产生负面情绪的交互分析

| | | 日常生活中,您是否有焦虑、烦躁、压抑等负面情绪?(%) | | | | | 卡方检验 | | |
		经常有	时常有	偶尔有	很少有	几乎没有	χ^2	P	C
家庭类型	双亲家庭	7.8	17.5	50.9	17.6	6.2	49.025	<0.001	0.033
	单亲家庭	10.0	19.1	50.2	15.9	4.9			

就学校所属区域而言,"经常有"负面情绪的大学生比例由高到低分别为华南地区(9.0%)、华中地区(8.4%)、西南地区(8.4%)、华北地区(8.2%)、华东地区(7.5%)、东北地区(7.3%)、西北地区(7.2%)。"时常有"负面情绪的大学生比例最高的为华中地区

（19.3%）。学校所属区域为西北地区的大学生"偶尔有"负面情绪的比例最高,为52.5%（见表7-18）。

表7-18　不同学校所属区域的大学生产生负面情绪的交互分析

| | | 日常生活中,您是否有焦虑、烦躁、压抑等负面情绪?（%) | | | | | 卡方检验 | | |
		经常有	时常有	偶尔有	很少有	几乎没有	χ^2	P	C
学校所属区域	华东	7.5	17.9	50.5	17.8	6.2	271.208	<0.001	0.077
	华南	9.0	19.0	49.9	16.9	5.3			
	华中	8.4	19.3	52.3	15.5	4.5			
	华北	8.2	16.5	50.4	17.8	7.1			
	西北	7.2	15.5	52.5	19.3	5.6			
	西南	8.4	18.3	51.2	17.3	4.8			
	东北	7.3	15.4	47.7	19.1	10.5			

（二）大学生寻求心理咨询的基本情况

1. 大学生寻求心理咨询的总体概况

调查显示,当感觉自己出现心理问题时,21.2%的大学生"一定会"去寻求心理咨询,41.0%的大学生"可能会"寻求心理咨询,18.6%的大学生"不确定"自己会去寻求心理咨询,而有17.1%的大学生"一般不会"寻求心理咨询,有2.2%的大学生"绝对不会"寻求心理咨询。由此可见,当大学生意识到自己出现心理问题后,绝大部分学生倾向于通过寻求心理咨询来解决自己的心理困惑,但不愿或不确定寻求心理咨询的比例（含"不确定""一般不会""绝对不会"）仍占到四成左右,大学生寻求心理咨询的意识还不够强（见图7-4）。

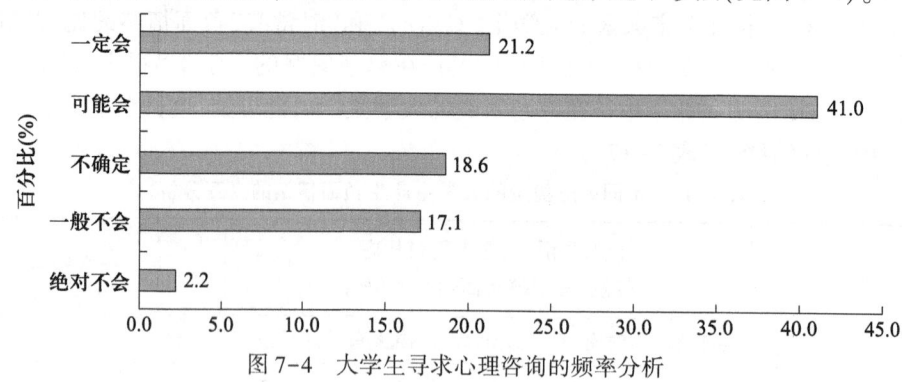

图7-4　大学生寻求心理咨询的频率分析

2. 不同群体大学生寻求心理咨询的具体分析

调查显示,不同性别、不同年龄、不同学科门类、不同政治面貌、不同家庭类型、不同学校所属区域的大学生遇到心理问题时,寻求心理咨询的意愿强度有所不同。

（1）基于自然因素分析

就性别而言,女生在遇到心理问题时寻求心理咨询的意愿更强,"一定会"和"可能会"寻求心理咨询的比例分别为 23.0% 和 43.5%，男生相应比例为 18.0% 和 36.9%，二者分别相差 5.0% 和 6.6%。由此可见，男女生在遇到心理问题时寻求心理咨询的意愿差别明显（见表 7-19）。

表 7-19 不同性别的大学生寻求心理咨询的交互分析

| | | 如果您觉得自己有心理问题，您会去寻求心理咨询吗？（%） | | | | | 卡方检验 | | |
		一定会	可能会	不确定	一般不会	绝对不会	χ^2	P	C
性别	男	18.0	36.9	19.8	21.5	3.8	910.368	<0.001	0.140
	女	23.0	43.5	17.8	14.4	1.2			

就年龄而言，25 岁以上的大学生遇到心理问题时"一定会"寻求心理帮助的比例最高，比例为 23.0%，分别高于 21-25 岁的大学生（21.7%）1.3 个百分点和 20 岁及以下的大学生（20.4%）2.6 个百分点（见表 7-20）。

表 7-20 不同年龄大学生寻求心理咨询的交互分析

| | | 如果您觉得自己有心理问题，您会去寻求心理咨询吗？（%） | | | | | 卡方检验 | | |
		一定会	可能会	不确定	一般不会	绝对不会	χ^2	P	C
年龄	20 岁及以下	20.4	41.5	18.7	17.1	2.3	28.708	<0.001	0.025
	21—25 岁	21.7	40.7	18.6	16.9	2.1			
	25 岁以上	23.0	38.6	17.4	18.6	2.5			

（2）基于社会因素分析

就学历层次而言，相较于本科生和博士生，硕士生遇到心理问题"一定会"寻求心理咨询的比例最高，比例为 24.3%。硕士生选择"可能会"寻求心埋咨询的比例也是最高，比例为 41.4%。本科生选择"不确定"时是否寻求心理咨询的比例最高，为 19.1%，分别高出硕士生对应比例 2.2 个百分点，高出博士生对应比例 1.8 个百分点（见表 7-21）。

表 7-21 不同学历层次的大学生寻求心理咨询的交互分析

| | | 如果您觉得自己有心理问题，您会去寻求心理咨询吗？（%） | | | | | 卡方检验 | | |
		一定会	可能会	不确定	一般不会	绝对不会	χ^2	P	C
学历层次	本科生	20.1	40.9	19.1	17.5	2.3	115.741	<0.001	0.050
	硕士生	24.3	41.4	16.9	15.4	1.9			
	博士生	23.7	39.9	17.3	17.4	1.6			

就学科门类而言，人文科学类大学生在遇到心理问题时"一定会"寻求心理咨询的比例最高，为 23.0%。社会科学类大学生在遇到心理问题时"可能会"寻求心理咨询的比例最高，为 42.0%。理工农医类大学生认为自己在遇到心理问题时"一般不会"和"绝对不会"寻求心理咨询的比例最高，分别为 18.4% 和 2.5%（见表 7-22）。

表 7-22　　不同学科门类的大学生寻求心理咨询的交互分析

		如果您觉得自己有心理问题，您会去寻求心理咨询吗？（%）					卡方检验		
		一定会	可能会	不确定	一般不会	绝对不会	χ^2	P	C
学科门类	人文科学类	23.0	40.3	19.0	15.6	2.0	97.454	<0.001	0.047
	社会科学类	21.5	42.0	18.2	16.5	1.9			
	理工农医类	19.8	40.9	18.4	18.4	2.5			

就政治面貌而言，身为党员的大学生在遇到心理问题时"一定会"和"可能会"寻求心理咨询的比例高于非党员大学生，其比例分别为 23.6% 和 42.4%，分别高于非党员大学生 3.2个百分点和 1.8 个百分点（见表 7-23）。

表 7-23　　不同政治面貌的大学生寻求心理咨询的交互分析

		如果您觉得自己有心理问题，您会去寻求心理咨询吗？（%）					卡方检验		
		一定会	可能会	不确定	一般不会	绝对不会	χ^2	P	C
政治面貌	党员	23.6	42.4	16.9	15.5	1.6	113.878	<0.001	0.050
	非党员	20.4	40.6	19.1	17.6	2.4			

就生源所在地而言，生源地为城镇的大学生在遇到心理问题时"一定会"寻求心理咨询的比例为 23.2%，比生源地为农村的大学生高出 4.3 个百分点。生源地为农村的大学生在遇到心理问题时选择"一般不会"寻求心理咨询的比例为 18.1%，高出生源地为城镇的大学生 1.9 个百分点（见表 7-24）。

表 7-24　　不同生源所在地的大学生寻求心理咨询的交互分析

		如果您觉得自己有心理问题，您会去寻求心理咨询吗？（%）					卡方检验		
		一定会	可能会	不确定	一般不会	绝对不会	χ^2	P	C
生源所在地	农村	18.9	41.5	19.3	18.1	2.2	141.276	<0.001	0.055
	城镇	23.2	40.5	17.9	16.2	2.2			

就家庭类型而言，成长在双亲家庭的大学生在遇到心理问题时选择寻求心理咨询的比例比较高，选择"一定会"和"可能会"的比例分别为 21.2% 和 41.0%，均高于成长在单亲家庭中的大学生（见表 7-25）。

表 7-25　　不同家庭类型的大学生寻求心理咨询的交互分析

		如果您觉得自己有心理问题，您会去寻求心理咨询吗？（%）					卡方检验		
		一定会	可能会	不确定	一般不会	绝对不会	χ^2	P	C
家庭类型	双亲家庭	21.2	41.0	18.6	17.1	2.2	3.020	<0.001	0.008
	单亲家庭	20.8	40.7	18.6	17.5	2.5			

就学校所属区域而言,在遇到心理问题时,东北地区的大学生"一定会"寻求心理咨询的比例最高,为26.9%,华中地区的大学生"可能会"寻求心理咨询的比例最高,为41.9%,西南地区的大学生选择"一般不会"的比例最高(见表7-26)。

表7-26 不同学校所属区域的大学生寻求心理咨询的交互分析

| | | 如果您觉得自己有心理问题,您会去寻求心理咨询吗?(%) | | | | | 卡方检验 | | |
		一定会	可能会	不确定	一般不会	绝对不会	χ^2	P	C
学校所属区域	华东	20.3	41.6	18.7	17.3	2.1			
	华南	19.6	40.2	20.5	17.8	2.0			
	华中	19.5	41.9	19.0	17.6	2.0			
	华北	23.0	40.6	17.7	16.3	2.5	172.885	<0.001	0.061
	西北	23.1	41.3	17.0	16.5	2.0			
	西南	19.2	40.9	19.8	18.1	2.1			
	东北	26.9	38.6	16.0	15.4	3.1			

三、大学生身心健康的影响因素

课题组从大学生的个人精神状态及行为习惯入手,运用回归分析的方法,探究其与大学生身体健康状况和负面情绪的产生情况之间的关系,以得出影响大学生身心健康的个人因素。

(一)影响大学生身体健康的因素

为探究大学生身体健康的影响因素,课题组将大学生的身体健康状况"非常健康""比较健康""一般""不大健康""很不健康"分别赋值为5分、4分、3分、2分和1分,将其作为因变量与大学生的体育锻炼频次、道德行为实践和部分消极行为习惯进行一般线性回归分析。经过分析,在0.05的检验标准之下,得到结果如表7-27所示。

表7-27 大学生身体健康状况及其影响因素的一般线性回归分析

	非标准化系数		标准化系数	统计量	显著性水平
	B	Std. Error	Beta	T	P
常量	3.098	0.027		114.846	0
体育锻炼的频次	0.15	0.003	0.197	43.885	0
我积极参加道德实践活动	0.182	0.005	0.181	38.516	0
我经常熬夜在游戏中开黑上分	−0.027	0.004	−0.035	−7.69	0

续表

	非标准化系数		标准化系数	统计量	显著性水平
	B	Std. Error	Beta	*T*	*P*
经常"宅"在寝室， 不愿参加各种学生、实践活动	−0.093	0.003	−0.133	−27.474	0

$N = 45798 \quad R^2 = 0.136 \quad F = 1805.339$

从大学生的体育锻炼频次来看，课题组将体育锻炼频次"从不锻炼""偶尔锻炼一下""每周1—2次""每周3—5次"和"每天坚持锻炼"分别赋值为1分、2分、3分、4分和5分。结果显示，大学生的体育锻炼频次从1分到5分每提高一个等级，大学生的身体健康状况就提升0.15个单位。由此可见，体育锻炼对大学生保持身体健康的重要性不言而喻。

从大学生的道德行为实践来看，以大学生对"我积极参加道德实践活动"这一行为的评价为例，课题组将"非常符合""比较符合""一般""不大符合""很不符合"分别赋值为5分、4分、3分、2分和1分。分析结果显示大学生对"我积极参加道德实践活动"这一行为的评价从1分到5分每提高一个等级，大学生的身体健康状况就会随之提高0.182个单位。

从大学生的部分消极行为习惯来看，以"我经常熬夜在游戏中开黑上分"为例，课题组将"非常符合""比较符合""一般""不大符合"和"很不符合"分别赋值为5分、4分、3分、2分和1分。分析结果显示，大学生对"我经常熬夜在游戏中开黑上分"这一行为的评价从1分到5分每提高一个等级，大学生的身体健康状况就会相应降低0.027个单位。

以"经常'宅'在寝室，不愿参加各种学生、实践活动"为例，课题组将"非常符合""比较符合""一般""不大符合"和"很不符合"分别赋值为5分、4分、3分、2分和1分。分析结果显示，大学生对"经常'宅'在寝室，不愿参加各种学生、实践活动"这一行为的评价从1分到5分每提高一个等级，大学生对个人身体健康状况的评价就会相应降低0.093个单位。

综上所述，参与学生、社会实践活动的积极度低，养成"宅"家、"宅"寝室等不良习惯的大学生，其身体健康状况也往往更差。

（二）影响大学生产生负面情绪的因素

为探究大学生产生负面情绪的影响因素，课题组将大学生负面情绪的产生频率"经常有""时常有""偶尔有""很少有"和"几乎没有"分别赋值为5分、4分、3分、2分和1分，将其作为因变量与大学生对人生前途的信心程度、日常锻炼频次、个人学习状态、部分消极行为习惯等因素进行一般线性回归分析。经过分析，在0.05的检验标准之下，得到结果如表7-28所示。

表7-28 大学生产生负面情绪的情况及其影响因素的回归分析

	非标准化系数		标准化系数	统计量	显著性水平
	B	S. E.	Beta	*T*	*P*
常量	3.865	0.037		103.614	0
对自己的人生前途的信心程度	−0.233	0.005	−0.228	−47.78	0

续表

	非标准化系数		标准化系数	统计量	显著性水平
	B	**S. E.**	**Beta**	**T**	**P**
只关心和自己切身利益有关的事情	0.114	0.005	0.123	24.55	0
体育锻炼的频次	-0.102	0.004	-0.109	-24.529	0
寻求心理咨询的可能性	-0.04	0.004	-0.045	-10.095	0
我能够保持积极勤勉的学习状态	-0.015	0.006	-0.013	-2.735	0.006
我很享受网络上个人圈子， 不愿在线下与人交往	0.111	0.005	0.117	24.631	0
经常"宅"在寝室， 不愿参加各种学生、实践活动	0.012	0.005	0.015	2.696	0.007

$N = 45798$　　$R^2 = 0.169$　　$F = 1329.365$

　　从大学生对自己人生前途的信心程度来看，课题组将大学生对人生前途"很有信心""较有信心""一般""信心不足"和"毫无信心"分别赋值为 5 分、4 分、3 分、2 分和 1 分。分析结果显示，大学生对"是否对自己的人生前途充满信心"这一问题的评价从 1 分到 5 分每提高一个等级，大学生负面情绪的产生就会相应降低 0.233 个单位。由此可见，信心是培养积极心态的关键，对自己的人生前途充满信心，有利于减少负面情绪的产生。

　　以"只关心与自己切身利益有关的事情"这一观点为例，课题组将"非常符合""比较符合""一般""不大符合"和"很不符合"分别赋值为 5 分、4 分、3 分、2 分和 1 分。分析结果显示，大学生对"只关心与自己切身利益有关的事情"这一行为的评价从 5 分到 1 分每降低一个等级，其负面情绪的产生就会相应减少 0.114 个单位。可见，集体观念和奉献意识越强的大学生，其负面情绪的产生也随之减少。

　　从大学生日常锻炼频次来看，课题组将"从不锻炼""偶尔锻炼一下""每周 1—2 次""每周 3—4 次"和"每天坚持锻炼"分别赋值为 1 分、2 分、3 分、4 分和 5 分。分析结果显示，大学生体育锻炼的频次从 1 分到 5 分每提高一个等级，其负面情绪的产生就会随之降低 0.102 个单位。由此可见，体育锻炼不仅有助于保持身体健康，还能排解负面情绪，帮助大学生养成积极健康的心理状态。

　　从大学生寻求心理咨询的可能性来看，课题组将"一定会""可能会""不确定""一般不会""绝对不会"分别赋值为 5 分、4 分、3 分、2 分和 1 分。分析结果显示，大学生寻求心理咨询的可能性从 1 分到 5 分每提高一个等级，其负面情绪的产生就会随之降低 0.04 个单位。可见采用合适的方法排解心理困扰是保持健康心态的关键，主动寻求心理援助对于大学生化解负面情绪具有重要作用。

　　从大学生的个人学习状态来看，以其对"我能够保持积极勤勉的学习状态"这一实际情况的评价为例，课题组将"非常符合""比较符合""一般""不大符合""很不符合"分别赋值为 5 分、4 分、3 分、2 分和 1 分。分析结果显示，大学生对"我能够保持积极勤勉的学习状态"这一行为的评价从 1 分到 5 分每提高一个等级，其负面情绪产生的就会随之降低 0.015

个单位。

从大学生的部分消极行为习惯来看，以"我很享受网络上个人圈子，不愿在线下与人交往"为例，课题组将"非常符合""比较符合""一般""不大符合"和"很不符合"分别赋值为 5 分、4 分、3 分、2 分和 1 分。分析结果显示按照大学生对"我很享受网络上个人圈子，不愿在线下与人交往"这一行为的评价从 5 分到 1 分每降低一个等级，大学生负面情绪的产生会相应降低 0.111 个单位。

以"经常'宅'在寝室，不愿参加各种学生、实践活动"为例，课题组将"非常符合""比较符合""一般""不大符合"和"很不符合"分别赋值为 5 分、4 分、3 分、2 分和 1 分。分析结果显示，二者之间具有显著相关性。具体而言，按照大学生对"经常'宅'在寝室，不愿参加各种学生、实践活动"的这一行为的评价从 5 分到 1 分每降低一个等级，大学生负面情绪的产生也会相应降低 0.012 个单位。

大学生的消极行为反映着其心理方面的消极因素，盲目追崇网络亚文化、转发锦鲤、"宅"家、"宅"寝室等不良习惯不利于大学生积极心理状态的养成，存在这些不良习惯的大学生也更容易产生负面情绪。

四、本章小结

大学生的身心健康状况关乎个人成长成才和人生价值的实现，一个合格的人才，只有丰富的知识和卓越的能力是远远不够的，更要拥有健康的躯体和健全的人格，才能在激烈竞争的社会环境中立于不败之地。调查表明，当前大学生的身心健康状况总体较好，但也存在着体育锻炼积极性不高、对心理咨询的接受度较低等问题。

（一）概况与问题

1. 大学生身体素质整体较优，但体育锻炼积极性不足

调查数据显示，多数大学生对自己的身体健康状况给予积极评价，81.0% 的大学生认为自己的身体状况"非常健康"（28.6%）和"比较健康"（52.4%），这说明大学生的身体状况普遍较好。身体健康是大学生成长成才的基础，身体状况不佳将直接影响大学生日常学习和生活，大学生需自觉养成良好的生活习惯，保持规律作息，积极强身健体。体育锻炼是强健体魄、磨砺意志的有效手段，对于大学生的身心健康发展具有重要作用。然而，当前大学生中存在着体育锻炼积极性较低、每周体育锻炼次数偏少的问题。数据显示，仅有 7.5% 的大学生"每天坚持锻炼"，19.1% 的大学生"每周锻炼 3—5 次"，28.1% 的大学生"每周锻炼 1—2 次"，由此可见，坚持每周锻炼一次以上的大学生仅逾半数，大学生体育锻炼的积极性有待进一步提高，同时也从侧面反映出大学生提升个人身体健康的意识相对欠缺。

2. 大学生心理素质普遍良好，但对心理咨询接受度不高

通过调查大学生负面情绪的产生频率发现，74.3% 的大学生几乎没有（6.0%）、很少有（17.5%）或偶尔有（50.8%）负面情绪，这说明多数大学生拥有积极的心态，不存在心理异常的困扰。大学生在日常学习生活中存在情绪波动属于正常现象，只要积极进行自我排解和心理疏导便可避免消极影响，但如果长期深受负面情绪的困扰，不及时排解，对其自身的身心健康产生的危害将不容小觑。然而当前大学生对心理咨询的接受度较低，调查显示，当遇

到心理问题时,仅有 62.1% 的大学生"一定会"(21.1%)或"可能会"(41.0%)寻求心理咨询,仍有 37.9% 的大学生不愿意通过心理咨询的方式排解心理困扰。此外,也存在小部分学生不良情绪频发,认为自己"时常有"(17.7%)、"经常有"(8.0%)负面情绪,对这部分大学生需加以重点关注。

3. 大学生身心健康状况总体乐观,但不同群体差异显著

调查显示,当前大学生身心健康状况总体乐观,多数学生对自身的身心健康状况给予积极评价,给予负面评价的大学生人数占比较低。与此同时,受自然因素、教育因素、成长背景等因素影响,不同群体大学生在身心健康状况方面存在差异,对于体育锻炼的积极性和心理咨询的接受度也呈现不同倾向。在身体健康状况方面,农村生源大学生认为自己身体状况"非常健康"(28.9%)和"比较健康"(53.0%)的比例均高于城镇生源大学生的 28.2% 和51.9%。在负面情绪产生方面,生长在单亲家庭的大学生相较于生长在双亲家庭的大学生更容易产生负面情绪。在体育锻炼方面,男生较女生积极,低年级大学生较高年级大学生积极。在心理咨询接受度方面,25 岁以上的大学生较 20 岁及以下的大学生接受度更高,人文学科类大学生较社会科学类和理工农医类大学生更高,成长在双亲家庭的大学生较其他家庭类型大学生高。

4. 大学生个人的精神状态和行为习惯同其身心健康关联显著

基于斯皮尔曼相关分析得知,当前大学生的精神状态同身心健康状况存在显著相关,从总体上看,大学生越是保持积极向上的精神状态,其身心健康状况越好。从身体健康状况来看,大学生的身体健康状况同大学生个人学习积极性、人生前途的信心程度等均呈正相关,同大学生负面情绪的产生等均呈负相关;从大学生负面情绪的产生情况来看,大学生负面情绪的产生同大学生的集体观念与奉献意识的强烈程度、对自己人生前途的信心程度等均呈负相关,同大学生的部分消极行为习惯呈正相关。调查显示,积极的行为习惯对大学生身心健康产生正面影响,而不良生活习惯越多的大学生,其身心健康状况往往越差。其中,保持积极勤勉的学习状态、认真对待学习生活中的每一件小事等积极行为习惯有利于大学生良好身心健康的养成;而"我经常熬夜在游戏中开黑上分""我很享受网络上个人圈子,不愿线下与人交往""经常'宅'在寝室,不愿参加各种学生、实践活动"等不良生活习惯则成为大学生身体和心理健康成长的包袱,存在一定的消极影响。

(二)对策与建议

维护和增进大学生身体健康与心理健康,是高等教育的重要目标,也是每个大学生健康成长的必然要求,良好身心健康素质的养成不仅要依靠大学生的自我提升,也有赖于学校及教育者对大学生进行正确的引导和培养。

1. 推动身心健康教育数字化转型,实现"精准施教"

高校开展身心健康教育应顺应时代发展,运用新技术提升教育的实效性。调查发现,不同群体的大学生在身心健康的状况和意识方面存在显著的个体差异,高校开展身心健康教育应摒弃"一刀切"的传统教育模式,根据不同群体的实际情况开展更具针对性的"定制化教育";就某一个体而言,其身心健康状况也会随着时间、环境、条件的改变而不断发展变化,因此所谓的"定制化教育"也并非一成不变,高校必须对大学生的身心健康状况进行适时的定期检测,以便掌握大学生身心健康状况的最新动态,及时调整教育内容。具体而言,首先,

要引入"大数据"技术，基于体质健康检测、入学体检数据、日常行为习惯等信息进行多维数据拟合，构建在校大学生身心健康数据库，对大学生的身心健康状况进行动态化的"精准画像"。其次，要基于身心健康状况的现实性数据，借助"易班"、网络课堂等新媒体平台进行教育信息的精准推送，不断提升教育内容的针对性和吸引力，提升身心健康教育的实效性。最后，要构建反馈评价机制，掌握教育工作的实施效果，以更新和优化身心健康教育内容，实现身心健康教育循环式上升。

2. 协同身心健康教育多元化主体，发挥"共振效应"

高校开展身心健康教育的主体是多元的，既要发挥教师的教育主导作用，做大课堂教学的"主渠道"，又要积极开拓第二课堂，不断丰富教育的手段和方式。一方面，要增设大学生身心健康教育课程，帮助大学生树立正确的身心健康意识，掌握科学的健康知识，为促进大学生身心健康提供知识性保障。通过开设与身心健康教育相关的必修、选修课程，或举办身心健康教育讲座等方式，为大学生身心健康发展提供思想前提和科学指导；要善于调动"第二课堂"的可用要素，发挥学生社团、比赛竞赛、趣味活动等育人载体在身心健康培育方面的作用，通过设立专项扶植计划、学校牵头举办等方式，发挥校园文化在大学生身心健康培育方面的独特功能。另一方面，要增强大学生对个人身心健康的重视度和积极性，培育大学生自觉提高身心健康的意识，充分重视大学生在高校身心健康教育中的主体性地位，引导大学生从被动接受到主动参与。此外，要注重统筹不同主体，防止不同主体"无序发声"，通过构建高校"协同育人"联动机制形成教育合力，实现同频共振。

3. 构建身心健康教育立体化育人体系，摆脱"有限规制"

身心健康教育是一项系统工程，单一化和平面化的育人方式已不能回应新时代大学生对高校身心健康教育的诉求。为强化高校身心健康教育的实效性，切实提升大学生身心健康素质，高校应积极探索构建身心健康教育立体化育人体系。一要丰富教育形式，创设丰富、有趣的教育载体，通过社团活动、趣味比赛、虚拟体验等方式开展身心健康教育，促进身心健康教育生动化立体化。二要打破时空界限，教育者应掌握互联网教育思维，借助网络新媒体技术，将身心健康教育要素融入微课、慕课、易班等，使大学生可以不受时间和空间的局限，结合自身学习需求，随时随地开展自主学习。三要拓宽育人格局，习近平总书记提出了"'大思政课'我们要善用之"[1]的要求，高校应注重用"大思政"的育人思维开展身心健康教育，营造关注身心健康、主动提升身心健康素质的育人环境，同时高校也应积极同社会联动，充分挖掘社会的实践教育元素，将大学生培育为"全民健身"计划的引领者、实践者。总之，高校应秉承创新理念开展身心健康教育，防止模式僵化、内容单一、形式老套，从全员、全程、全方位的角度出发探索身心健康教育立体化育人新形态。

4. 合力构建身心健康教育工作队伍，提升"育人成效"

教育者在教育中居于主导地位，可靠的教育者队伍是科学开展教育的前提和保障。为提升身心健康教育的科学化程度，应合力构建一支以专职身心健康教师为骨干，兼职教师为补充，学生兼职为辅助的专兼互补、人员稳定、专业化程度较高的身心健康教育工作队伍，以增强和提高大学生身心健康教育的实效性。在队伍建设与培养过程中，要始终坚持"教育者

---

① 《"'大思政课'我们要善用之"（微镜头·习近平总书记两会"下团组"·两会现场观察）》，《人民日报》2021年3月7日。

先受教育"的基本原则,制定严格的学习培训计划,引导专兼职教育人员修炼提升自身素质。具体而言,要经过心理咨询师和医学方面专业人员的培训,使专兼职教育者掌握专业的身心健康辅导方法,把身心健康教育的知识和方法融入日常的教育和管理工作中,遵循大学生身心健康发展规律,注重尊重、关怀和理解学生,真正成为大学生的良师益友。同时,要充分重视体育教师这一关键教育主体,持续进行体育师资队伍建设,统筹规划体育教师的在职培养,通过脱产学习和短期进修,重点解决学历提升与在岗培训问题。与此同时,教育者也应不断自我充电、自我学习,自觉提高自身业务素质水平,以主动适应大学生身心健康教育的需要。

5. 创新身心健康教育趣味化表达,破除"话语隔阂"

我们正处在网络时代,网络已成为现代人的主体生活方式中不可或缺的一部分,并深刻改变着人们的思维方式和语言表达。传统的教育话语难以满足大学生的需要,更难以融入充斥着海量信息的网络传播。因此,高校需创新身心健康教育的表达方式,结合新时代大学生群体的心理特征和使用习惯,让内容表达兼具短小精悍与生动形象的特点,通过有趣、有料、有爱的形式加以呈现。教育者应积极推动身心健康教育内容的创新表达,提升身心健康教育的实效性。首先,要实现话语表达转化,适当融入符合年轻群体表达习惯的网络语言,革新话语体系,提升身心健康教育话语表达的吸引力。其次,要善于运用图像叙事。读图时代下教育内容的图像化呈现往往能达到更好的教育效果,通过图片、动画、视频、虚拟现实技术等载体将身心健康教育内容直观、生动地呈现在大学生面前,有利于大学生自觉接受、主动效仿。最后要善于融入趣味元素。寓教于乐是吸引大学生自觉主动接受教育、强化教育效果的有效途径,要准确把握受教育者的现实需要,将趣味元素合理融入身心健康教育,增强身心健康教育的"黏性"。

第八章

思想政治理论课教学

党的十八大以来,以习近平同志为核心的党中央高度重视学校思想政治工作,大力推进学校思想政治理论课建设。2019年3月18日在学校思想政治理论课教师座谈会上,习近平总书记以高远的历史站位和深邃的战略眼光,深刻阐释了办好思政课的重大意义,提出了办好思政课关键在教师、上好思政课要做到"八个统一"等战略要求,为推动新时代思政课改革创新指明了前进方向,为教师上好思政课提供了根本遵循。2021年,课题组对思政课建设及其成效进行了专题调研,并基于对调研数据的多维分析,聚焦思政课建设存在的突出问题,进而提出有针对性的建议,以期为加强和改进思政课教学提供有益参考。

一、对思想政治理论课教学的总体评价

大学生对思想政治理论课教学的总体评价既反映了大学生对思想政治理论课的整体认知,也折射出思想政治理论课教学的实际成效。课题组从大学生对思政课总体开展效果的评价以及对思政课德育成效的评价两个维度进行了考察。

(一) 对思政课总体开展效果的评价

整体而言,大学生对思政课教学开展效果的评价较高,但不同群体大学生的评价呈现出一定的差异。深入分析发现,大学生对思政课开展效果的评价与思政课课程建设之间存在较强的相关性。

1. 总体情况

思想政治理论课教学的开展效果良好,赢得大学生的广泛好评。调查显示,逾八成(81.2%)的大学生对思想政治理论课教学的开展效果给予好评,其中"非常好"的比例为48.9%,"比较好"的比例为32.3%,另有17.3%的大学生认为思想政治理论课教学总体状况"一般",仅有1.0%、0.5%的大学生对思想政治理论课教学总体状况给予了"比较差"和"非常差"的评价(见图8-1)。

从思想政治理论课教学与专业课程教学、日常思想政治教育的横向对比来看,思想政治理论课教学的好评率居于二者之间。调查显示,大学生对专业课程教学、日常思想政治教育、思想政治理论课教学给予好评的比例分别为84.7%、80.9%、81.2%(见图8-2)。

2. 不同群体大学生对思政课总体开展效果的评价

课题组采用交互分析方法,结合人口学变量深入分析不同群体大学生对思政课总体开展效果的评价。分析结果显示,年龄、政治面貌、学生干部经历、学校所属区域不同的大学生

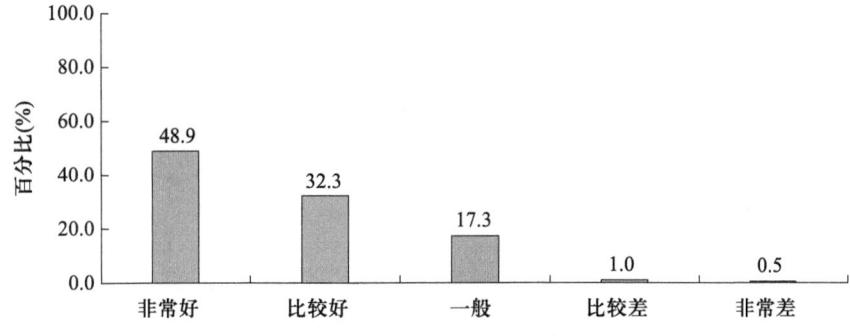

图 8-1　大学生对思想政治理论课教学总体开展效果的评价

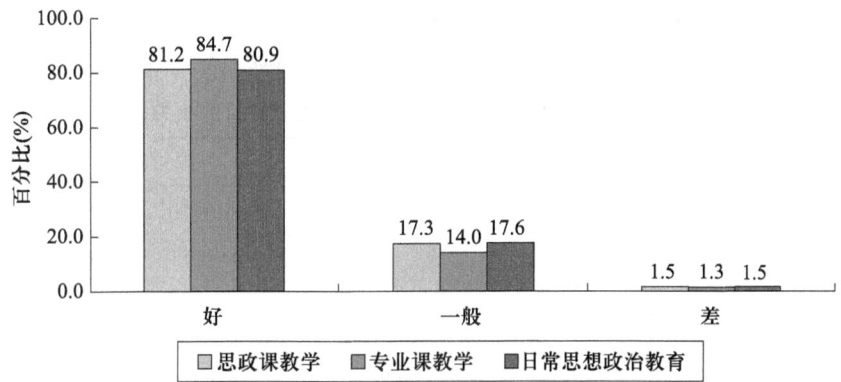

图 8-2　大学生对思政课教学、专业课教学以及日常思想政治教育开展效果的评价

对思政课总体开展效果的评价存在差异显著。

　　从年龄来看,不同年龄段的大学生对思政课教学总体开展效果的评价存在显著差异 $(X^2=24.402,P<0.001)$。数据显示,低年龄段、中间年龄段、高年龄段的大学生中分别有 82.0%、80.3%、80.3% 的人对思政课教学的开展效果给予好评。总体而言,随着年龄的增长,大学生对思政课教学的好评率呈递减趋势。

　　从政治面貌来看,政治面貌不同的大学生对思政课总体开展效果的评价存在显著差异 $(X^2=46.259,P<0.001)$。数据显示,党员大学生中有 83.4% 的人对思政课教学的开展效果给予好评,而非党员大学生对思政课开展效果持好评的比例为 80.5%。

　　从学生干部经历来看,与没有担任过学生干部的大学生相比,担任过学生干部的大学生对思政课总体开展效果的评价更高 $(X^2=133.073,P<0.001)$。数据显示,担任过学生干部的大学生对思政课教学总体状况持好评的比例为 82.3%,高于没有担任过学生干部的大学生的相应比例 77.1%。

　　从学校所属区域来看,学校所属区域不同的大学生对思政课教学总体开展效果的评价存在显著差异 $(X^2=222.814,P<0.001)$。数据显示,不同区域大学生对思政课教学的好评率由高到低依次为:东北地区(86.0%)、西北地区(85.4%)、华北地区(82.7%)、华中地区(81.8%)、华东地区(80.3%)、西南地区(78.4%)、华南地区(76.1%)。不同区域大学生对思政课教学的好评率相差 9.9 个百分点,折射出思政课建设在全国不同区域呈现出不均衡

的发展态势(见图 8-3)。

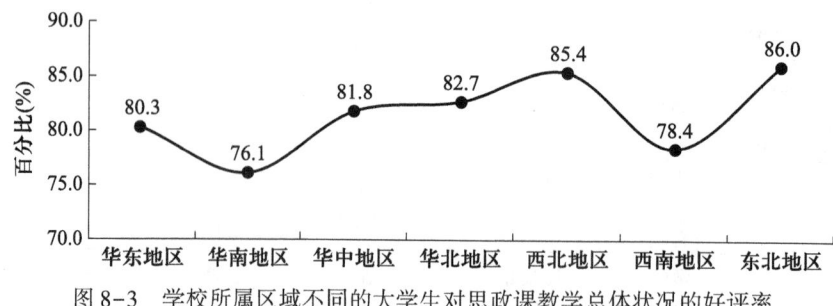

图 8-3　学校所属区域不同的大学生对思政课教学总体状况的好评率

3. 课程建设与大学生对思政课整体开展效果的评价

斯皮尔曼相关分析发现,思政课课程建设与大学生对思政课整体开展效果的评价存在显著正相关,即思政课建设越好,大学生对思政课整体开展效果的评价更高(见表 8-1)。

表 8-1　课程建设与大学生对思政课开展效果评价的相关关系

相关因素	相关系数
教学内容	$r = 0.507, P < 0.001$
教学方法	$r = 0.513, P < 0.001$
师资水平	$r = 0.497, P < 0.001$
教学设计	$r = 0.514, P < 0.001$

第一,大学生对思政课教学内容的评价("很不满意"=1,"不太满意"=2,"一般"=3,"比较满意"=4,"非常满意"=5)和大学生对思政课整体开展效果的评价("非常差"=1,"比较差"=2,"一般"=3,"比较好"=4,"非常好"=5)之间存在显著正相关,即大学生对教学内容越满意,对思政课整体开展效果的评价越高。

第二,大学生对思政课教学方法的评价("很不满意"=1,"不太满意"=2,"一般"=3,"比较满意"=4,"非常满意"=5)和大学生对思政课整体开展效果的评价("非常差"=1,"比较差"=2,"一般"=3,"比较好"=4,"非常好"=5)之间存在显著正相关,即对教学方法越满意的大学生对思政课整体开展效果的评价越高。

第三,大学生对思政课教学师资水平的评价("很不满意"=1,"不太满意"=2,"一般"=3,"比较满意"=4,"非常满意"=5)和大学生对思政课整体开展效果的评价("非常差"=1,"比较差"=2,"一般"=3,"比较好"=4,"非常好"=5)之间存在显著正相关,即大学生对师资水平越满意,对思政课整体开展效果的评价越高。

第四,大学生对思政课教学设计的评价("很不满意"=1,"不太满意"=2,"一般"=3,"比较满意"=4,"非常满意"=5)和大学生对思政课整体开展效果的评价("非常差"=1,"比较差"=2,"一般"=3,"比较好"=4,"非常好"=5)之间存在显著正相关,即对教学设计越满意的大学生对思政课整体开展效果的评价越高。

(二) 对思政课德育成效的评价

思想政治理论课承载着培养担当民族复兴大任时代新人的重要使命,是立德树人的关键课程。大学生对思政课作为立德树人"关键课程"的重要意义的认识是衡量思政课德育成效的重要标准。

1. 总体情况

大学生高度认可思政课教学的德育成效,充分肯定思政课作为立德树人"关键课程"的重要意义。数据显示,近九成(87.0%)的大学生赞同"思政课是立德树人的关键课程",其中"非常赞同"的比例为54.0%,"比较赞同"的比例为33.0%,另有10.7%的大学生表示一般,仅有1.6%、0.7%的大学生表示"不太赞同"和"很不赞同"(见图8-4)。

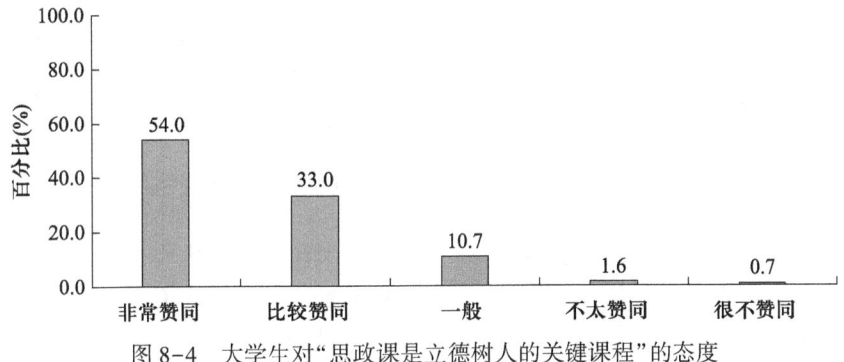

图8-4　大学生对"思政课是立德树人的关键课程"的态度

纵览历年的调查数据发现,大学生对思政课育德作用的认可度呈现逐年递增的趋势。2014年至2021年,大学生对思政课育德效果的满意度分别为45.5%、52.9%、55.8%、60.9%、72.7%、73.4%、77.4%、87.0%。由此可见,越来越多的大学生对思政课育德成效给予好评,凸显出思政课关键课程关键作用的建设成效(见图8-5)。

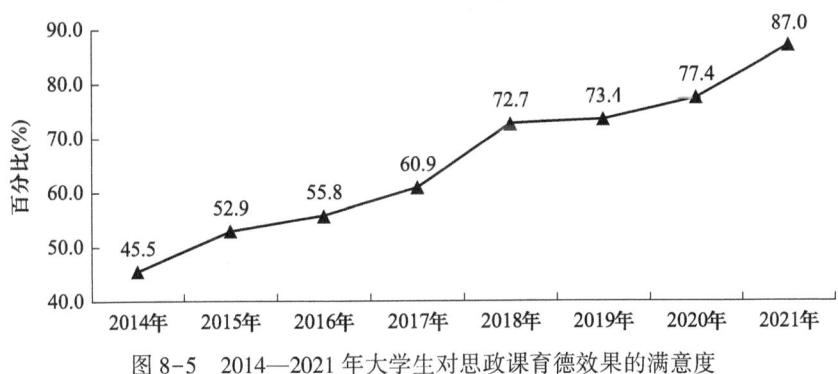

图8-5　2014—2021年大学生对思政课育德效果的满意度

2. 不同群体大学生对思政课育德成效的评价

采用交互分析方法,结合人口学变量深入分析大学生对思政课育德成效评价的差异。分析结果显示,学科门类、政治面貌、学生干部经历、学校所属区域不同的大学生对思政课育德成效的评价存在差异显著。

就学科门类而言,不同学科门类的大学生对思政课育德成效的评价差异显著($X^2 = 34.579, P < 0.001$)。调查显示,社会科学类大学生对思政课育德成效的满意度最高(88.4%),人文科学类大学生次之(86.7%),理工类大学生对思政课育德成效的满意度最低(86.3%)。不同专业大学生对思政课育德作用的评价亦不同($X^2 = 164.456, P < 0.001$)。具

体而言(详见图8-6),法学专业大学生对思政课育德成效的满意度最高(90.2%),历史学次之(89.4%),而交叉学科的大学生对思政课育德成效的满意度最低(82.2%)。

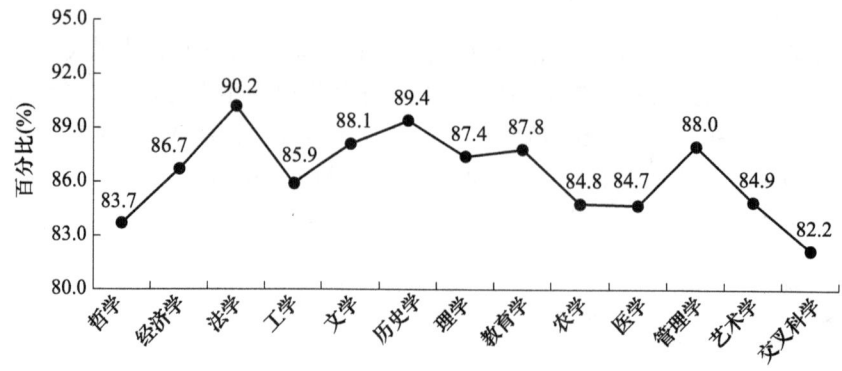

图8-6　不同专业大学生对思政课育德成效的满意评价

从政治面貌和学生干部经历来看,与非党员大学生和没有学生干部经历的大学生相比,党员大学生和有学生干部经历的大学生对思政课育德成效的评价更好。数据显示,党员大学生对思政课整体德育成效的满意度为90.0%,高于非党员大学生的相应比例86.0%(X^2 = 116.471,$P<0.001$);有学生干部经历的大学生对思政课德育成效的满意度为88.0%,高于没有学生干部经历的大学生的相应比例82.9%(X^2 = 175.992,$P<0.001$)。

从学校所属区域来看,学校所属区域不同的大学生对思政课德育成效的评价存在显著差异(X^2 = 105.134,$P<0.001$)。不同区域大学生对思政课德育成效的满意度由高到低依次为:东北地区(89.4%)、西北地区(89.0%)、华北地区(88.0%)、华中地区(87.8%)、西南地区(85.7%)、华东地区(85.5%)、华南地区(84.8%)。东北地区、西北地区大学生对思政课育德成效的满意度相对较高,而华南地区、西南地区大学生对思政课育德成效的满意度相对较低(见图8-7)。

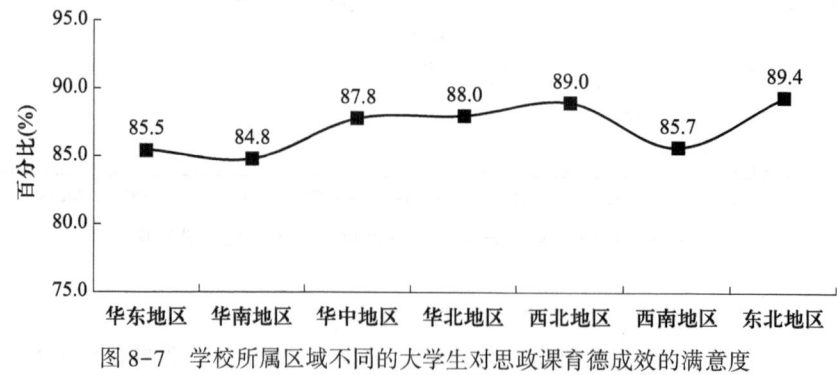

图8-7　学校所属区域不同的大学生对思政课育德成效的满意度

二、对各门思想政治理论课的评价

2021年,全国普通高校本科生普遍开设的思想政治理论课共五门,分别为"思想道德与法治"(简称"德法"课)、"中国近现代史纲要"(简称"纲要"课)、"毛泽东思想和中国特色社会主义理论体系概论"(简称"概论"课)、"马克思主义基本原理"(简称"原理"课)和"形势与政策"。另外,部分高校还开设了"习近平新时代中国特色社会主义思想概论"课。课题组全面考察了大学生对六门思想政治理论课的评价情况,并深入分析了不同群体大学生的评价差异状况。

(一) 总体情况

大学生对思想政治理论课各门课程的整体评价较高,六门思想政治理论课程的平均得分为4.29分(满分为5分)。具体而言,"习近平新时代中国特色社会主义思想概论"课收获最高评价,平均得分为4.31分;"纲要"课和"概论"课次之,平均得分均为4.30分;"原理"课平均得分为4.29分,"德法"课平均得分为4.27分,"形势与政策"课平均得分为4.24分。与2020年调查数据对比发现,2021年大学生对思想政治理论课各门课程的整体评价稳中有升。(见图8-8)。

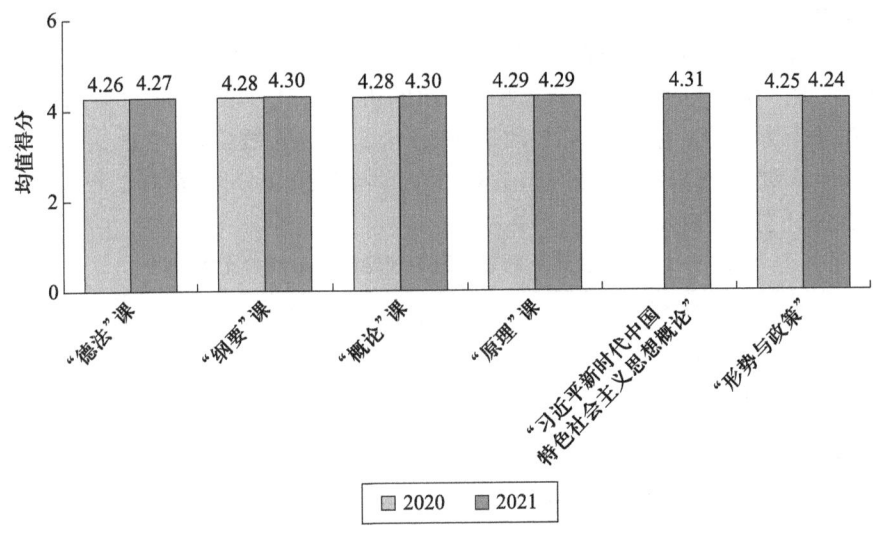

图 8-8　大学生对思想政治理论课各门课程评价的平均得分

1. 大学生对"德法"课的评价情况

2021年,大学生参与评价"德法"课的人数为43018,评价的平均得分为4.27分,在六门思想政治理论课程中排第四位。数据显示,大学生对"德法"课评价5分的人数最多,占比51.0%,其次为评价4分的学生人数,占比30.5%,另有14.7%的大学生评价3分,分别有2.0%、1.8%的大学生评价为2分、1分。

2. 大学生对"纲要"课的评价情况

2021年,大学生参与评价"纲要"课的人数为40757,评价的平均得分为4.30分,在六门思想政治理论课程中排第二位。数据显示,对"纲要"课评价为5分的大学生人数最多,占比52.4%,评价4分的大学生人数次之,占比30.2%,评价3分的大学生比例为14.0%,评价2分、1分的大学生比例分别为1.7%、1.7%。

3. 大学生对"概论"课的评价情况

2021年,大学生参与评价"概论"课的人数为38200,评价的平均得分与"纲要"课并列第二,为4.30分。数据显示,对"概论"课评价5分的人数最多,占比53.2%,其次为评价4

分的人数,占比 29.3%,评价 3 分的学生占比为 13.9%,评价为 2 分、1 分的学生占比分别为 1.8%、1.8%。

4. 大学生对"原理"课的评价情况

2021 年,大学生参与评价"原理"课的人数为 38669,评价的平均得分为 4.29 分,在六门思想政治理论课程中排第三位。数据显示,大学生对"原理"课评价 5 分的人数最多,占比 52.1%,其次为评价 4 分的学生人数,占比 29.8%,另有 14.4% 的大学生评价 3 分,分别有 1.9%、1.8% 的大学生评价为 2 分、1 分。

5. 大学生对"习近平新时代中国特色社会主义思想概论"课的评价情况

2021 年,"习近平新时代中国特色社会主义思想概论"课收获最高评价,参与评价的大学生人数为 36592,评价的平均得分为 4.31 分。数据显示,评价 5 分的学生最多,占比 53.7%,评价 4 分的学生次之,占比 28.8%,评价 3 分的大学生比例为 13.9%,评价 2 分、1 分的学生占比分别为 1.7%、1.9%。

6. 大学生对"形势与政策"课的评价情况

2021 年,大学生参与评价"形势与政策"课的人数为 41942,评价的平均得分最低,为 4.24 分。数据显示,大学生对"形势与政策"课评价 5 分的人数最多,占比 50.7%,其次为评价 4 分的学生人数,占比 29.6%,另有 14.8% 的大学生评价 3 分,分别有 2.8%、2.1% 的大学生评价为 2 分、1 分(见表 8-2)。

表 8-2　大学生对不同思想政治理论课评分所占比例(%)

思想政治理论课	1 分	2 分	3 分	4 分	5 分
"德法"课	1.8	2.0	14.7	30.5	51.0
"纲要"课	1.7	1.7	14.0	30.2	52.4
"概论"课	1.8	1.8	13.9	29.3	53.2
"原理"课	1.8	1.9	14.4	29.8	52.1
"习近平新时代中国特色社会主义思想概论"课	1.9	1.7	13.9	28.8	53.7
"形势与政策"课	2.1	2.8	14.8	29.6	50.7

(二) 不同群体大学生对思想政治理论课的评价状况

课题组采用均值比较方法,结合年龄、学历层次、学科门类、政治面貌、学生干部经历、学校所属区域等维度分析了不同群体大学生对思想政治理论课评价的差异。

1. 不同群体大学生对"德法"课的评价情况

分析发现,年龄、学历层次、学生干部经历、学校所属区域不同的大学生对"德法"课的评价均呈显著差异(见表 8-3)。

表 8-3　不同群体大学生对"德法"课评价的均值比较

自变量		均值(分)	标准差	统计量(F)	显著性水平(P)
年龄	低年龄段	4.30	0.914	24.676	0.001
	中间年龄段	4.24	0.905		
	高年龄段	4.21	0.928		

续表

自变量		均值(分)	标准差	统计量(F)	显著性水平(P)
学历层次	本科生	4.27	0.920	10.294	0.001
	硕士生	4.27	0.874		
	博士生	4.17	0.904		
学生干部经历	有	4.28	0.901	44.427	0.001
	无	4.21	0.945		
学校所属区域	华东地区	4.24	0.923	47.590	0.001
	华南地区	4.15	0.937		
	华中地区	4.25	0.882		
	华北地区	4.35	0.917		
	西北地区	4.32	0.879		
	西南地区	4.20	0.908		
	东北地区	4.42	0.883		

就年龄而言,随着年龄的增长,大学生对"德法"课的评价随之降低。数据显示,低年龄段的大学生对"德法"课的评价最高,评价均值为 4.30 分;中间年龄段的大学生对"德法"课的评价次之,评价均值为 4.24 分;高年龄段的大学生对"德法"课的评价最低,评价均值为 4.21 分。

就学历层次而言,本科生和硕士生对"德法"课的评价高于博士生。调查显示,本科生和硕士生对"德法"课的评价均值均为 4.27 分,博士生的评价均值为 4.17 分。

就学生干部经历而言,担任过学生干部的大学生对"德法"课的评价更高。数据显示,担任过学生干部的大学生对"德法"课的评价均值为 4.28 分,高于没有担任过学生干部的大学生的评价均值(4.21 分)。

就学校所属区域而言,不同区域大学生对"德法"课的评价存在显著差异。调查显示,东北地区的大学生对"德法"课的评价最高,评价均值为 4.42 分,其他地区大学生的评价均值从高到低依次为:华北地区(4.35 分)、西北地区(4.32 分)、华中地区(4.25 分)、华东地区(4.24 分)、西南地区(4.20 分)、华南地区(4.15 分)。

2. 不同群体大学生对"纲要"课的评价情况

研究发现,不同年龄、学历层次、学科门类、学生干部经历、学校所属区域的大学生对"纲要"课的评价呈显著差异(见表 8-4)。

表 8-4　不同群体大学生对"纲要"课评价的均值比较

自变量		均值(分)	标准差	统计量(F)	显著性水平(P)
年龄	低年龄段	4.32	0.901	12.458	0.001
	中间年龄段	4.28	0.880		
	高年龄段	4.24	0.918		

续表

自变量		均值(分)	标准差	统计量(F)	显著性水平(P)
学历层次	本科生	4.30	0.903	9.897	0.001
	硕士生	4.31	0.848		
	博士生	4.20	0.890		
学科门类	人文科学类	4.29	0.907	4.245	0.05
	社会科学类	4.28	0.881		
	理工农医类	4.31	0.889		
学生干部经历	有	4.31	0.881	43.527	0.001
	无	4.24	0.929		
学校所属区域	华东地区	4.29	0.886	49.788	0.001
	华南地区	4.16	0.930		
	华中地区	4.27	0.879		
	华北地区	4.37	0.902		
	西北地区	4.35	0.858		
	西南地区	4.22	0.892		
	东北地区	4.45	0.850		

就年龄而言,低年龄段的大学生对"纲要"课的评价最高,评价均值为4.32分;中间年龄段的大学生对"纲要"课的评价次之,评价均值为4.28分;高年龄段的大学生对"纲要"课的评价最低,评价均值为4.24分。

就学历层次而言,本科生和硕士生对"纲要"课的评价高于博士生。数据显示,本科生对"纲要"课的评价均值为4.30分,硕士生的评价均值为4.31分,博士生的评级均值为4.20分。

就学科门类而言,理工农医类大学生对"纲要"课的评价最高,评价均值为4.31分;人文科学类大学生居中,评价均值为4.29分;社会科学类大学生的评价最低,评价均值为4.28分。

就学生干部经历而言,担任过学生干部的大学生对"纲要"课的评价(4.31分)高于没有担任过学生干部的大学生的相应评价(4.24分)。

就学校所属区域而言,不同区域大学生对"纲要"课的评价呈现显著差异。数据显示,东北地区的大学生对"纲要"课的评价最高,评价均值为4.45分,其他地区大学生对"纲要"课的评价均值从高到低依次为:华北地区(4.37分)、西北地区(4.35分)、华东地区(4.29分)、华中地区(4.27分)、西南地区(4.22分)、华南地区(4.16分)。

3. 不同群体大学生对"概论"课的评价情况

分析发现,年龄、学历层次、政治面貌、学生干部经历、学校所属区域不同的大学生对"概论"课的评价均呈显著差异(见表8-5)。

表 8-5　不同群体大学生对"概论"课评价的均值比较

自变量		均值(分)	标准差	统计量(F)	显著性水平(P)
年龄	低年龄段	4.31	0.923	3.749	0.05
	中间年龄段	4.30	0.884		
	高年龄段	4.26	0.919		
学历层次	本科生	4.30	0.920	13.056	0.001
	硕士生	4.33	0.847		
	博士生	4.21	0.893		
政治面貌	党员	4.33	0.859	10.575	0.001
	非党员	4.29	0.918		
学生干部经历	有	4.32	0.891	46.514	0.001
	无	4.24	0.941		
学校所属区域	华东地区	4.26	0.923	43.165	0.001
	华南地区	4.17	0.954		
	华中地区	4.29	0.872		
	华北地区	4.37	0.905		
	西北地区	4.34	0.886		
	西南地区	4.25	0.888		
	东北地区	4.46	0.837		

就年龄而言,低年龄段的大学生对"概论"课的评价(4.31 分)高于中间年龄段的大学生(4.30 分)和高年龄段的大学生(4.26 分)的相应评价。

就学历层次而言,硕士生对"概论"课的评价均值(4.33 分)高于本科生(4.30 分)和博士生(4.21 分)的评价均值。

就政治面貌而言,党员大学生对"概论"课的评价均值(4.33 分)高于非党员的评价均值(4.29 分)。

就学生干部经历而言,有学生干部经历的大学生对"概论"课的评价(4.32 分)高于没有学生干部经历的大学生的相应评价(4.24 分)。

就学校所属区域而言,学校所属区域不同的大学生对"概论"课的评价呈显著差异。数据显示,东北地区的大学生对"概论"课的评价最高,评价均值为 4.46 分,其余地区大学生的"概论"课的评价均值从高到低依次为:华北地区(4.37 分)、西北地区(4.34 分)、华中地区(4.29 分)、华东地区(4.26 分)、西南地区(4.25 分)、华南地区(4.17 分)。

4. 不同群体大学生对"原理"课的评价情况

研究发现,不同年龄、学历层次、政治面貌、学生干部经历、学校所属区域的大学生对"原理"课的评价呈显著差异(见表 8-6)。

表 8-6　不同群体大学生对"原理"课评价的均值比较

自变量		均值(分)	标准差	统计量(F)	显著性水平(P)
年龄	低年龄段	4.30	0.925	4.847	0.05
	中间年龄段	4.28	0.889		
	高年龄段	4.23	0.933		
学历层次	本科生	4.28	0.922	11.778	0.001
	硕士生	4.31	0.855		
	博士生	4.20	0.902		
政治面貌	党员	4.31	0.868	6.887	0.01
	非党员	4.28	0.921		
学生干部经历	有	4.30	0.896	41.994	0.001
	无	4.23	0.944		
学校所属区域	华东地区	4.26	0.909	41.641	0.001
	华南地区	4.19	0.934		
	华中地区	4.27	0.886		
	华北地区	4.35	0.923		
	西北地区	4.33	0.911		
	西南地区	4.19	0.848		
	东北地区	4.45	0.907		

就年龄而言,随着年龄的增长,大学生对"原理"课的评价随之降低。数据显示,低年龄段的大学生对"原理"课的评价最高,评价均值为 4.30 分;中间年龄段的大学生对"原理"课的评价次之,评价均值为 4.28 分;高年龄段的大学生对"原理"课的评价最低,评价均值为 4.23 分。

就学历层次而言,硕士生对"原理"课的评价均值(4.31 分)高于本科生(4.28 分)和博士生(4.20 分)的评价均值。

就政治面貌和学生干部经历而言,党员大学生(4.31 分)对"原理"课的评价高于非党员大学生(4.28 分)的相应评价;担任过学生干部的大学生(4.30 分)对"原理"课的评价高于没有担任过学生干部的大学生(4.23 分)的相应评价。

就学校所属区域而言,学校所属区域不同的大学生对"原理"课的评价存在显著差异。调查显示,东北地区的大学生对"原理"课的评价高于其他地区大学生,评价均值为 4.45 分,其余地区大学生对"原理"课的评价均值从高到低依次为:华北地区(4.35 分)、西北地区(4.33 分)、华中地区(4.27 分)、华东地区(4.26 分)、西南地区(4.19 分)、华南地区(4.19 分)。

5. 不同群体大学生对"习近平新时代中国特色社会主义思想概论"课的评价情况

分析发现,学历层次、政治面貌、学生干部经历、学校所属区域不同的大学生对"习近平新时代中国特色社会主义思想概论"课的评价均呈显著差异(见表 8-7)。

表 8-7　不同群体大学生对"习近平新时代中国特色社会主义思想概论"课评价的均值比较

自变量		均值(分)	标准差	统计量(F)	显著性水平(P)
学历层次	本科生	4.30	0.922	14.505	0.001
	硕士生	4.34	0.849		
	博士生	4.22	0.909		
政治面貌	党员	4.34	0.857	20.348	0.001
	非党员	4.29	0.921		
学生干部经历	有	4.33	0.892	56.357	0.001
	无	4.24	0.947		
学校所属区域	华东地区	4.27	0.924	44.382	0.001
	华南地区	4.18	0.952		
	华中地区	4.29	0.878		
	华北地区	4.38	0.905		
	西北地区	4.36	0.883		
	西南地区	4.25	0.893		
	东北地区	4.48	0.839		

就学历层次而言,硕士生(4.34分)对"习近平新时代中国特色社会主义思想概论"课的评价高于本科生(4.30分)和博士生(4.22分)的相应评价。

就政治面貌和学生干部经历而言,党员大学生(4.34分)对"习近平新时代中国特色社会主义思想概论"课的评价高于非党员大学生(4.29分)的相应评价;有学生干部经历的大学生(4.33分)对"习近平新时代中国特色社会主义思想概论"课的评价高于没有学生干部经历的大学生(4.24分)的相应评价。

就学校所属区域而言,学校所属区域不同的大学生对"习近平新时代中国特色社会主义思想概论"课的评价不同,但依然是东北地区大学生对"习近平新时代中国特色社会主义思想概论"课的评价最高,评价均值为4.48分。其他评价均值从高到低依次为:华北地区(4.38分)、西北地区(4.36分)、华中地区(4.29分)、华东地区(4.27分)、西南地区(4.25分)、华南地区(4.18分)。

6. 不同群体大学生对"形势与政策"课的评价情况

研究发现,不同年龄、学历层次、学科类别、学生干部经历、学校所属区域的大学生对"形势与政策"课的评价呈显著差异(见表8-8)。

表 8-8　不同群体大学生对"形势与政策"课评价的均值比较

自变量		均值(分)	标准差	统计量(F)	显著性水平(P)
年龄	低年龄段	4.27	0.946	13.446	0.001
	中间年龄段	4.22	0.949		
	高年龄段	4.21	0.943		

续表

自变量		均值（分）	标准差	统计量（F）	显著性水平（P）
学历层次	本科生	4.24	0.960	12.178	0.001
	硕士生	4.28	0.896		
	博士生	4.16	0.930		
学科门类	人文科学类	4.23	0.963	4.747	0.01
	社会科学类	4.23	0.937		
	理工农医类	4.26	0.941		
学生干部经历	有	4.25	0.939	30.329	0.001
	无	4.19	0.976		
学校所属区域	华东地区	4.21	0.961	58.289	0.001
	华南地区	4.10	0.986		
	华中地区	4.20	0.933		
	华北地区	4.33	0.944		
	西北地区	4.31	0.906		
	西南地区	4.18	0.947		
	东北地区	4.44	0.870		

就年龄而言,随着年龄的增长,大学生对"形势与政策"课的评价随之降低。数据显示,低年龄段、中间年龄段、高年龄段的大学生对"形势与政策"课的评价依次为4.27分、4.22分、4.21分。

就学历层次而言,硕士生(4.28分)对"形势与政策"课的评价最高,本科生(4.24分)次之,博士生(4.16分)对"形势与政策"课的评价最低。

就学科门类而言,理工农医类大学生(4.26分)对"形势与政策"课的评价均值高于人文科学类大学生(4.23分)和社会科学类大学生(4.23分)的相应评价均值。

就学生干部经历而言,有学生干部经历的大学生对"形势与政策"课的评价(4.25分)高于没有学生干部经历的大学生的相应评价(4.19分)。

就学校所属区域而言,学校所属区域不同的大学生对"形势与政策"课的评价不同,东北地区大学生对"形势与政策"课的评价最高,评价均值为4.44分。其余地区大学生对"形势与政策"课的评价均值从高到低依次为:华北地区(4.33分)、西北地区(4.31分)、华东地区(4.21分)、华中地区(4.20分)、西南地区(4.18分)、华南地区(4.10分)。

三、对思想政治理论课建设的分项评价

在学校思想政治理论课教师座谈会上的重要讲话中,习总书记指出:"我们办中国特色

社会主义教育,就是要理直气壮开好思政课"①。办好思政课是一项系统工程,不仅需要家庭、学校、社会等主体多方配合、通力合作,还需要思政课建设内部各要素整体推进、形成合力。教学内容、教学方法、师资水平和教学设计是思想政治理论课建设的重要因素。课题组着重从大学生对教学内容、教学方法、师资水平和教学设计的评价来考察思想政治理论课建设的实际效果。

(一) 总体情况

整体而言,大学生对思政课建设的分项评价较高,其中对师资水平的满意度最高,教学内容次之,对教学设计和教学方法的满意度最低。调查显示,大学生对思政课教学内容、教学方法、师资水平、教学设计持肯定性评价(含"非常满意""比较满意""一般")的比例分别为93.0%、92.3%、93.5%、92.4%,其中给予满意评价的比例分别为 72.6%、70.0%、75.4%、70.3%。

首先,就思政课教学内容而言,72.6%的大学生表示满意,其中"非常满意"的比例为37.2%,"比较满意"的比例为35.4%,另有20.4%的大学生评价"一般",仅有7.0%的大学生表示"不太满意"或"很不满意"。其次,就思政课教学方法而言,70.0%的大学生表示满意,其中35.8%的大学生表示"非常满意",34.2%的大学生表示"比较满意",另有22.3%的大学生认为"一般",有7.7%的大学生表示不满意。第三,就思政课师资水平而言,大学生对师资水平的满意度最高(75.4%),其中40.1%的大学生表示"非常满意",35.3%的大学生表示"比较满意",18.1%的大学生表示"一般",仅有6.5%的大学生表示"不太满意"或"很不满意"。第四,就思政课教学设计而言,70.3%的大学生表示满意,其中"非常满意"的比例为36.1%,"比较满意"的比例为34.2%,另有22.1%的大学生评价"一般",仅有7.6%的大学生表示"不太满意"或"很不满意"(见图8-9)。

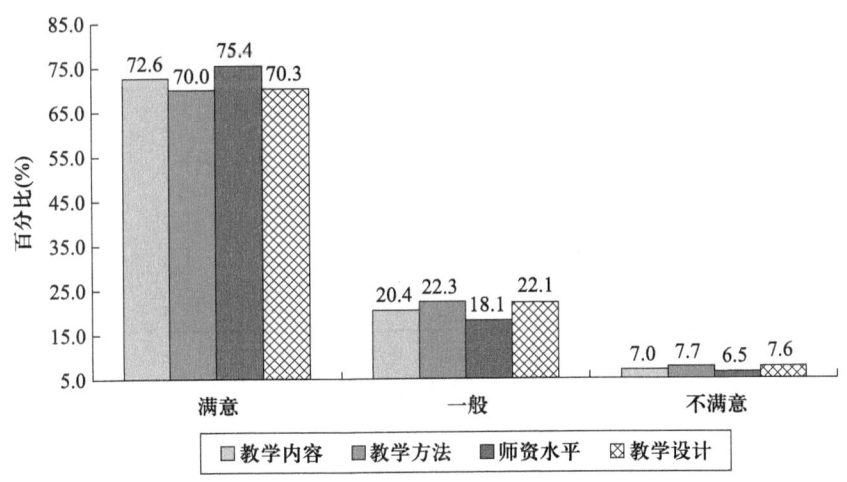

图 8-9　大学生对思想政治理论课建设的分项评价

---

① 《习近平主持召开学校思想政治理论课教师座谈会强调 用新时代中国特色社会主义思想铸魂育人 贯彻党的教育方针落实立德树人根本任务》,《人民日报》2019 年 3 月 19 日。

（二）不同群体大学生对思政课建设的分项评价

基于大学生对教学内容、教学方法、师资水平、教学设计的评价情况，我们采用交互分析方法，结合人口学变量深入分析大不同群体大学生对思政课建设分项评价的差异。

1. 不同群体大学生对教学内容的评价情况

调查显示，学历层次、学科门类、政治面貌、学生干部经历、学校所属区域不同的大学生对教学内容的评价呈现出显著差异（见表8-9）。

表8-9　教学内容的评价与人口学变量的交互分析

自变量		教学内容（%）			卡方检验	
		满意	一般	不满意	χ^2	P
学历层次	本科生	72.7	20.1	7.2	20.343	0.001
	硕士生	73.0	20.6	6.4		
	博士生	69.8	23.6	6.6		
学科门类	人文科学类	71.9	21.2	6.9	13.620	0.01
	社会科学类	73.6	19.8	6.6		
	理工农医类	72.4	20.3	7.3		
政治面貌	党员	74.4	19.2	6.4	22.753	0.001
	非党员	72.1	20.7	7.2		
学生干部经历	有	73.5	19.6	6.9	75.440	0.001
	无	69.2	23.1	7.7		
学校所属区域	华东地区	71.1	21.8	7.1	271.481	0.001
	华南地区	67.3	24.3	8.5		
	华中地区	72.6	21.3	6.1		
	华北地区	75.1	17.4	7.6		
	西北地区	76.9	16.5	6.6		
	西南地区	70.1	23.4	6.5		
	东北地区	78.0	15.1	6.9		

从学历层次来看，硕士生对教学内容的评价最高，表示满意的学生比例为73.0%；本科生对教学内容的评价次之，表示满意的学生比例为72.7%；博士生对教学内容的评价最低，表示满意的学生比例为69.8%。

从学科门类来看，社会科学类大学生对教学内容的评价最高，其中有73.6%的大学生对教学内容表示满意。其次是理工农医类大学生，表示满意的大学生比例为72.4%。人文科学类大学生的评价最低，表示满意的学生占比71.9%。

从政治面貌和学生干部经历来看，党员大学生对教学内容的评价（74.4%）高于非党员大学生的相应评价（72.1%），担任过学生干部的大学生对教学内容的评价（73.5%）高于没有担任过学生干部的大学生的相应评价(69.2%)。

从学校所属区域来看,东北地区大学生对教学内容的评价最高,表示满意的学生比例为78.0%。其余地区对教学内容表示满意的比例从高到低依次为:西北地区(76.9%)、华北地区(75.1%)、华中地区(72.6%)、华东地区(71.1%)、西南地区(70.1%)、华南地区(67.3%)。

2. 不同群体大学生对教学方法的评价情况

数据显示,不同学历层次、政治面貌、学生干部经历、学校所属区域的大学生对教学方法的评价呈现出显著差异(见表8-10)。

表8-10 教学方法的评价与人口学变量的交互分析

自变量		教学内容(%)			卡方检验	
		满意	一般	不满意	χ^2	P
学历层次	本科生	70.1	22.0	7.9	15.647	0.01
	硕士生	70.1	22.6	7.3		
	博士生	67.2	25.4	7.4		
政治面貌	党员	70.7	22.1	7.2	7.154	0.05
	非党员	69.7	22.4	7.9		
学生干部经历	有	70.7	21.6	7.7	46.249	0.001
	无	67.3	24.6	8.1		
学校所属区域	华东地区	68.8	23.4	7.8	293.266	0.001
	华南地区	64.5	26.6	8.9		
	华中地区	69.4	23.5	7.1		
	华北地区	72.9	18.9	8.2		
	西北地区	74.6	18.3	7.1		
	西南地区	66.7	26.0	7.3		
	东北地区	75.8	16.5	7.7		

从学历层次来看,本科生(70.1%)和硕士生(70.1%)对教学方法的评价高于博士生(67.2%)对教学方法的评价。

从政治面貌和学生干部经历来看,党员大学生对教学方法的评价(70.7%)高于非党员大学生的相应评价(69.7%),担任过学生干部的大学生对教学方法的评价(70.7%)高于没有担任过学生干部的大学生的相应评价(67.3%)。

从学校所属区域来看,依然是东北地区大学生对教学方法的评价最高,其中有75.8%的学生表示满意。其余地区对教学方法表示满意的大学生比例从高到低依次为:西北地区(74.6%)、华北地区(72.9%)、华中地区(69.4%)、华东地区(68.8%)、西南地区(66.7%)、华南地区(64.5%)。

3. 不同群体大学生对师资水平的评价情况

调查显示,学历层次、政治面貌、学生干部经历、学校所属区域不同的大学生对师资水平的评价呈现出显著差异(见表8-11)。

表 8-11　师资水平的评价与人口学变量的交互分析

自变量		教学内容(%)			卡方检验	
		满意	一般	不满意	χ^2	P
学历层次	本科生	75.5	17.8	6.7	17.591	0.001
	硕士生	75.4	18.7	5.9		
	博士生	74.0	20.1	5.9		
政治面貌	党员	76.6	17.7	5.7	16.532	0.001
	非党员	75.1	18.2	6.7		
学生干部经历	有	76.4	17.3	6.3	80.257	0.001
	无	72.0	20.8	7.2		
学校所属区域	华东地区	74.2	19.5	6.3	228.880	0.001
	华南地区	70.8	21.5	7.7		
	华中地区	75.4	18.5	6.1		
	华北地区	77.8	15.4	6.8		
	西北地区	79.2	14.8	6.0		
	西南地区	72.8	20.9	6.3		
	东北地区	80.1	13.3	6.6		

就学历层次而言,本科生(75.5%)对师资水平的评价高于硕士生(75.4%)和博士生(74.0%)对师资水平的评价。

就政治面貌和学生干部经历而言,党员大学生对师资水平的评价(76.6%)高于非党员大学生的相应评价(75.1%),担任过学生干部的大学生对师资水平的评价(76.4%)高于没有担任过学生干部的大学生(72.0%)。

就学校所属区域而言,东北地区大学生对师资水平的评价最高,满意度为80.1%。其他地区大学生对师资水平的满意度从高到低排列依次为:西北地区(79.2%)、华北地区(77.8%)、华中地区(75.4%)、华东地区(74.2%)、西南地区(72.8%)、华南地区(70.8%)。

4. 不同群体大学生对教学设计的评价情况

数据显示,不同学历层次、学生干部经历、学校所属区域的大学生对教学设计的评价呈现出显著差异(见表 8-12)。

表 8-12　教学设计的评价与人口学变量的交互分析

自变量		教学内容(%)			卡方检验	
		满意	一般	不满意	χ^2	P
学历层次	本科生	70.4	21.8	7.8	16.611	0.01
	硕士生	70.4	22.4	7.2		
	博士生	67.6	25.3	7.1		

续表

自变量		教学内容（%）			卡方检验	
		满意	一般	不满意	χ^2	P
学生干部经历	有	70.9	21.6	7.5	34.144	0.001
	无	68.0	24.1	7.9		
学校所属区域	华东地区	68.7	23.5	7.8	310.951	0.001
	华南地区	65.2	26.2	8.6		
	华中地区	69.6	23.4	7.0		
	华北地区	73.7	18.2	8.1		
	西北地区	75.1	17.9	7.0		
	西南地区	67.1	25.7	7.2		
	东北地区	75.9	16.8	7.3		

就学历层次而言，本科生（70.4%）和硕士生（70.4%）对教学设计的评价高于博士生（67.6%）对教学设计的评价。

就学生干部经历而言，有学生干部经历的大学生对教学设计的评价（70.9%）高于没有学生干部经历的大学生的相应评价（68.0%）。

就学校所属区域而言，依然是东北地区大学生对教学设计的评价最高，表示满意的大学生占比75.9%。其他地区大学生对教学设计的满意度从高到低依次为：西北地区（75.1%）、华北地区（73.7%）、华中地区（69.6%）、华东地区（68.7%）、西南地区（67.1%）、华南地区（65.2%）。

四、自身思想政治理论课学习状况

良好的学习状态是落实思想政治理论课教学根本任务的重要条件，是增强思想政治理论课学习效果的关键要素，也是促进大学生思想政治素质发展的内生动力。课题组对大学生在思想政治理论课上的状态进行了考察，同时追问了部分大学生不积极参与思想政治理论课的原因。

（一）总体情况

大部分学生学习思想政治理论课的态度端正，参与课堂的积极性较高。数据显示，23.1%的大学生表示在思政课课堂上"认真听讲，勤做笔记"，48.9%的大学生表示在思政课课堂上"努力跟随老师讲课思路"，20.8%的大学生在思政课课堂上"只听自己感兴趣的部分"，另有6.8%的大学生在思政课课堂上"按时到堂，很少抬头"，仅有0.4%的大学生对思政课"毫不在意，经常缺课"（见图8-10）。

进一步对大学生不积极参与思想政治理论课的原因进行考察发现，37.7%的大学生是由于思政课"理论内容枯燥乏味"，14.9%的大学生"感觉思政课用处不大"，16.7%的大学生

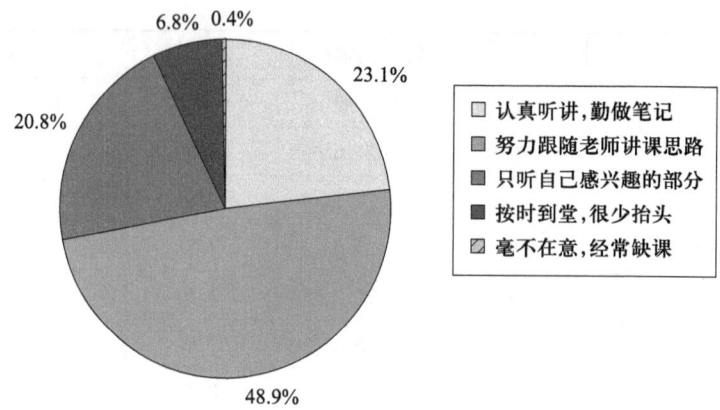

图 8-10　大学生思想政治理论课学习状况

表示思政课"只需考前突击背诵",19.4%的大学生是由于"课堂氛围松散,没有压力",11.3%的大学生是由于"老师授课一般"。(见图 8-11)。

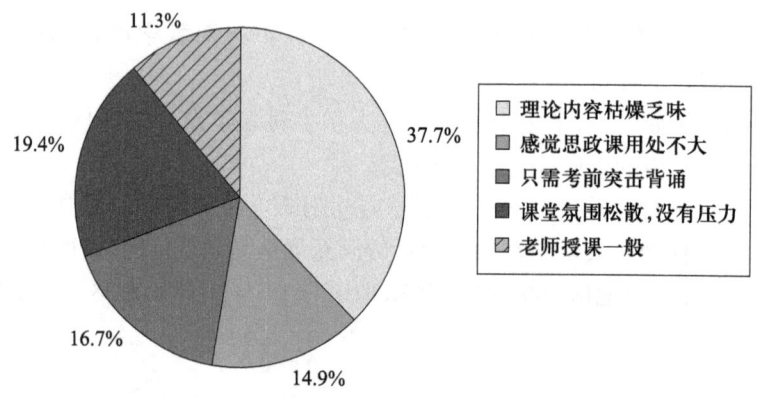

图 8-11　大学生不积极参与思想政治理论课的原因

(二) 不同群体大学生思想政治理论课的学习状况

课题组采用交互分析方法,结合人口学变量深入分析了不同群体大学生思想政治理论课学习状况的差异。分析结果显示,不同学历层次、学科门类、政治面貌、学生干部经历、学校所属区域的大学生思想政治理论课学习状况呈现显著差异。

从学历层次来看,硕士生思想政治理论课学习状态最好,博士生次之,本科生思想政治理论课学习状态最差($x^2 = 90.381, P < 0.001$)。数据显示,本科生、硕士生和博士生积极参与思政课课堂的比例依次为 71.3%、74.3%、72.4%,其中"认真听讲,勤做笔记"的比例依次为22.6%、25.0%、22.4%,"努力跟随老师讲课思路"的比例依次为 48.7%、49.3%、50.0%。

从学科门类来看,人文科学类大学生参与思政课课堂的积极性最高,社会科学类大学生次之,理工农医类大学生参与思政课课堂的积极性最差($x^2 = 255.699, P < 0.001$)。调查显示,人文科学类大学生中有 74.8%的学生能积极参与思政课课堂,其中"认真听讲,勤做笔记"和"努力跟随老师讲课思路"的学生占比分别为 26.1%、48.7%;74.0%的社会科学类大

学生能积极参与思政课课堂,其中"认真听讲,勤做笔记"和"努力跟随老师讲课思路"的学生占比分别为 24.6%、49.4%;理工农医类大学生中有 68.9% 的学生能积极参与思政课课堂,其中"认真听讲,勤做笔记"和"努力跟随老师讲课思路"的学生占比分别为 20.3%、48.6%。

从政治面貌来看,与非党员大学生相比,党员大学生思想政治理论课学习状态更好($\chi^2 = 155.985, P<0.001$)。数据显示,党员大学生、非党员大学生积极参与思政课课堂的比例分别为 75.7%、70.8%,其中党员大学生在思政课课堂上"认真听讲,勤做笔记"和"努力跟随老师讲课思路"的比例分别为 26.0%、49.7%,均高于非党员大学生的相应比例 22.2%、48.6%。

从学生干部经历来看,与没有担任过学生干部的大学生相比,担任过学生干部的大学生参与思政课课堂的积极性更高($\chi^2 = 79.554, P<0.001$)。调查显示,担任过学生干部的大学生中有 72.8% 的学生能积极参与思政课课堂,而没有担任过学生干部的大学生中有 68.9% 的学生能积极参与思政课课堂。其中担任过学生干部的大学生在思政课课堂上"认真听讲,勤做笔记"和"努力跟随老师讲课思路"的比例分别为 23.7%、49.1%,均高于没有担任过学生干部的大学生的相应比例 20.8%、48.1%。

从学校所属区域来看,不同地区大学生参与思政课课堂的积极性呈显著差异($\chi^2 = 433.963, P<0.001$)。不同地区大学生能积极参与思政课课堂的比例从高到低排列依次为:西北地区(78.3%)、东北地区(77.5%)、华北地区(75.6%)、西南地区(70.5%)、华南地区(69.9%)、华东地区(69.6%)、华中地区(68.1%)。西北地区、东北地区大学生参与思政课课堂的积极性相对较高,而华中地区、华东地区、华南地区大学生参与思政课课堂的积极性相对较差。

五、对学习思想政治理论课收获的评价

增强大学生对思想政治理论课的获得感是高校思想政治理论课教学改革的重要目标。教育部《2017 年高校思想政治理论课教学质量年专项工作总体方案》提出要"打一场提高高校思政课质量和水平的攻坚战,切实增强大学生对思政课的获得感"[①]。获得感是衡量思想政治理论课教学质量与改革成效的核心指标。课题组通过考察大学生对学习思想政治理论课收获的评价来把握大学生对思政课的获得感。

(一) 总体情况

大学生对学习思政课收获的评价较高,思政课学习收获普遍向好。调查显示,79.5% 的大学生认为思政课学习提高了思想认识,70.5% 的大学生表示思政课学习夯实了理论基础,71.7% 的大学生认为思政课学习坚定了理想信念,71.3% 的大学生表示思政课学习提高了道德修养,64.7% 的大学生认为思政课学习塑造了健康心态,72.0% 的大学生表示思政课学习树立了正确价值(见图 8-12)。

---

① 《教育部发布高校思政课工作方案:增强大学生的思政课获得感》,《人民日报》2017 年 5 月 12 日。

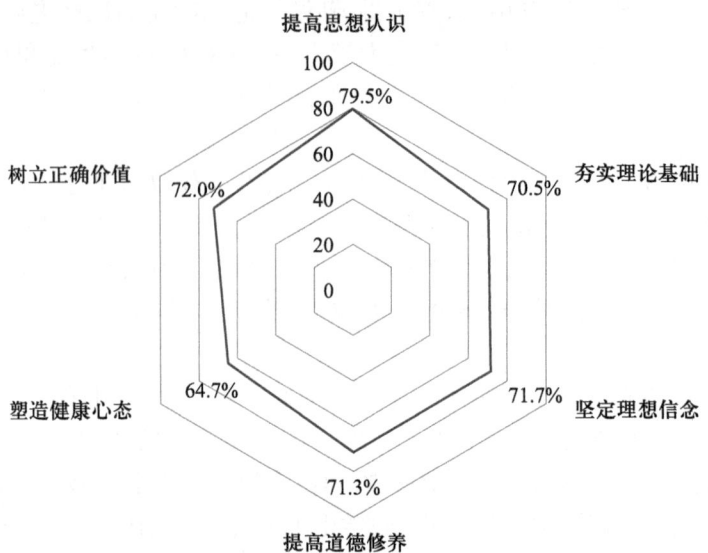

图 8-12　大学生学习思想政治理论课的收获

（二）不同群体大学生对学习思想政治理论课收获的评价

课题组采用交互分析方法,结合人口学变量深入分析了不同群体大学生对学习思想政治理论课收获的评价的差异。分析结果显示,不同学历层次、学科门类、学生干部经历的大学生对学习思想政治理论课收获的评价存在显著差异。

从学历层次来看,本科生对学习思政课收获的评价最高,硕士生次之,博士生对学习思政课收获的评价最低。调查显示,在思政课上"提高了思想认识"的本科生、硕士生和博士生的比例依次为 80.1%、78.0%、75.7%;分别有 71.6%、68.1%、61.4%的本科生、硕士生和博士生在思政课上"夯实了理论基础";在思政课上"坚定了理想信念"的本科生、硕士生和博士生的比例依次为 73.1%、68.4%、62.2%;分别有 73.3%、66.3%、59.6%的本科生、硕士生和博士生在思政课上"提高了道德修养";在思政课上"塑造了健康心态"的本科生、硕士生和博士生的比例依次为 66.9%、58.8%、53.6%;分别有 73.3%、68.1%、67.4%的本科生、硕士生和博士生在思政课上"树立了正确价值"。

从学科门类来看,理工农医类大学生对学习思政课收获的评价低于人文科学类大学生和社会科学类大学生的相应评价。数据显示,人文科学类、社会科学类、理工农医类大学生在思政课上"提高了思想认识"的占比依次为 80.2%、80.3%、78.6%;分别有 72.6%、72.0%、68.1%的人文科学类、社会科学类、理工农医类大学生在思政课上"夯实了理论基础";在思政课上"坚定了理想信念"的人文科学类、社会科学类、理工农医类大学生的比例依次为 73.4%、73.2%、69.7%;人文科学类、社会科学类、理工农医类大学生在思政课上"提高了道德修养"的占比分别为 72.8%、72.0%、70.0%;分别有 66.8%、65.2%、63.1%的人文科学类、社会科学类、理工农医类大学生在思政课上"塑造了健康心态";在思政课上"树立了正确价值"的人文科学类、社会科学类、理工农医类大学生的比例依次为 73.2%、72.6%、70.8%。

从学生干部经历来看,与没有担任过学生干部的大学生相比,担任过学生干部的大学生对学习思政课收获的评价更高。调查显示,分别有 80.3%、76.6% 的学生干部、非学生干部大学生在思政课上"提高了思想认识";在思政课上"夯实了理论基础"的学生干部、非学生干部大学生的比例分别为 71.7%、66.1%;分别有 72.7%、68.1% 的学生干部、非学生干部大学生在思政课上"坚定了理想信念";在思政课上"提高了道德修养"的学生干部、非学生干部大学生的比例分别为 72.2%、68.2%;分别有 65.7%、60.9% 的学生干部、非学生干部大学生在思政课上"塑造了健康心态";在思政课上"树立了正确价值"的学生干部、非学生干部大学生的比例分别为 72.8%、68.9%。

六、对思想政治理论课建设存在问题的看法

习近平总书记在全国高校思想政治工作会议上强调:"思想政治理论课要坚持在改进中加强,提升思想政治教育亲和力和针对性,满足学生成长发展需求和期待。"①大学生对思想政治理论课建设存在问题的看法折射出其对加强和改进思政课的期待,也是新时代推动高校思政课改革创新的重要参考。

(一) 总体情况

课题组从教学内容、教学方法和教师水平三个方面考察了大学生对思想政治理论课建设存在问题的看法。

1. 对思想政治理论课教学内容存在问题的看法

在大学生关于思政课教学内容存在问题的看法中,47.9% 的大学生认为"授课内容枯燥乏味",29.0% 的大学生选择"与高中政治内容重复,缺乏新意",28.4% 的大学生认为"教学案例过于陈旧",27.4% 的大学生选择"语言不够通俗,很难懂",27.0% 的大学生认为"没有联系实际,很空洞",还有 25.3% 的大学生选择"理论深度不足,不解渴"(见图 8-13)。

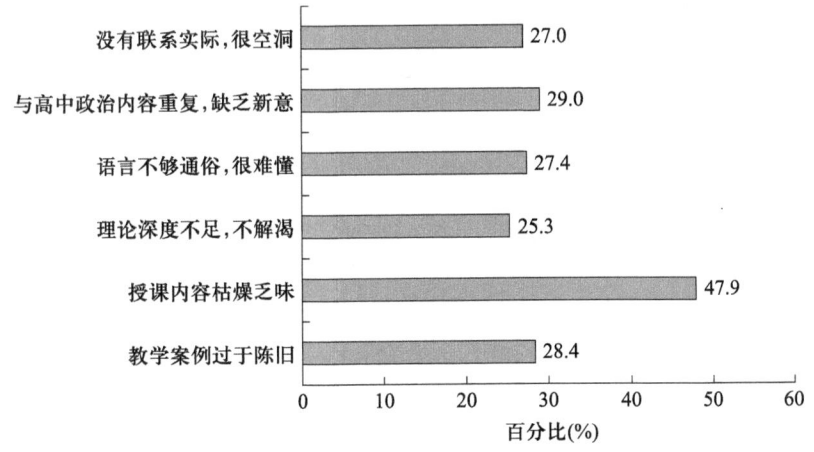

图 8-13　大学生对思政课教学内容存在问题的看法

---

① 《习近平在全国高校思想政治工作会议上强调:把思想政治工作贯穿教育教学全过程　开创我国高等教育事业发展新局面》,《人民日报》2016 年 12 月 9 日。

2. 对思想政治理论课教学方法存在问题的看法

在大学生关于思政课教学方法存在问题的看法中,48.5%的大学生选择"理论说教过多",41.5%的大学生认为"教学形式单一",40.0%的大学生选择"缺乏实践教学",29.7%的大学生认为"不注重课堂互动",20.9%的大学生选择"不善于运用新媒体"(见图8-14)。

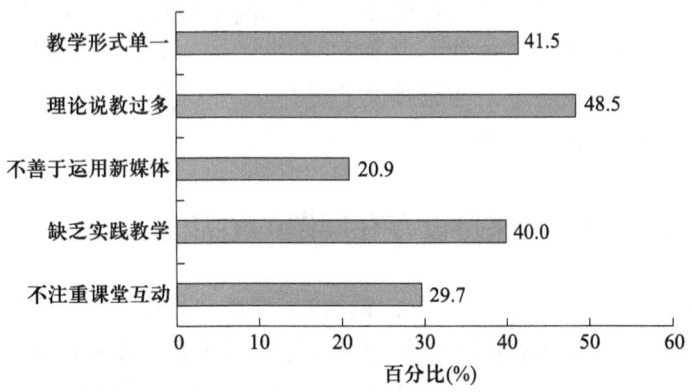

图 8-14　大学生对思政课教学方法存在问题的看法

3. 对思想政治理论课教师水平存在问题的看法

在大学生关于思政课教师水平存在问题的看法中,61.9%的大学生认为思政课教师"缺乏创新能力",26.4%的大学生认为思政课教师"对学生关爱不够",24.8%的大学生认为思政课教师"缺乏国际视野",12.1%的大学生认为思政课教师"知识储备不足",6.3%的大学生选择"个别教师师德失范",6.2%的大学生认为"个别教师立场不坚定"(见图8-15)。

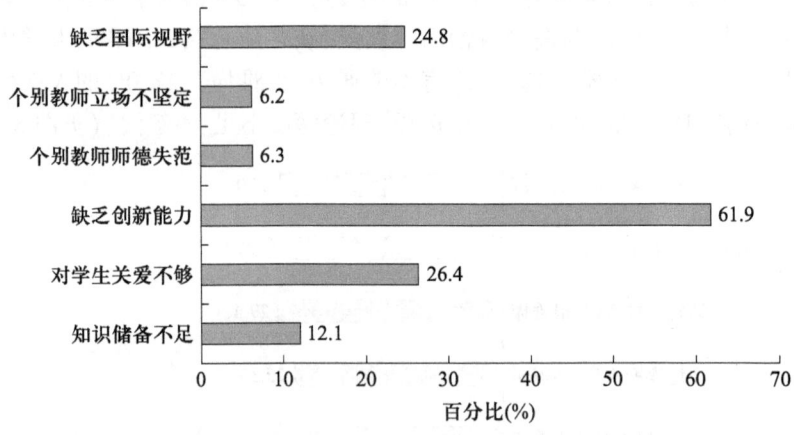

图 8-15　大学生对思政课教师水平存在问题的看法

(二) 不同群体的交互分析

调查表明,当前思想政治理论课教学内容、教学方法和教师水平存在的问题集中在"授课内容枯燥乏味""理论说教过多、教学形式单一、缺乏实践教学""缺乏创新能力"等方面。课题组采用交互分析方法进一步分析不同群体大学生对思政课存在问题看法的差异。

1. 不同群体大学生对思想政治理论课教学内容存在问题的看法

就年龄而言,不同年龄段的大学生对"理论深度不足,不解渴""与高中政治内容重复,缺乏新意""没有联系实际,很空洞"的选择均呈显著差异。调查显示,高年龄段大学生选择"理论深度不足,不解渴"和"没有联系实际,很空洞"的比例(二者分别为28.3%、30.7%)高于中间年龄段大学生的相应选择比例(26.4%、28.9%)和低年龄段大学生的相应选择比例(23.9%、24.7%),而低年龄段的大学生选择"与高中政治内容重复,缺乏新意"的比例(32.2%)高于中间年龄段大学生的相应选择比例(26.5%)和高年龄段大学生的相应选择比例(21.0%)。

就学历层次而言,不同学历层次的大学生对"授课内容枯燥乏味""理论深度不足,不解渴""与高中政治内容重复,缺乏新意""没有联系实际,很空洞"的选择均呈显著差异。数据显示,本科生选择"授课内容枯燥乏味"和"与高中政治内容重复,缺乏新意"的比例(二者分别为48.6%、30.9%)高于硕士生的相应选择比例(45.8%、23.5%)和博士生的相应选择比例(44.9%、20.0%)。博士生选择"理论深度不足,不解渴"和"没有联系实际,很空洞"的比例(二者分别为28.1%、30.7%)高于硕士生的相应选择比例(26.3%、29.6%)和本科生的相应选择比例(24.9%、26.1%)。

就学科门类而言,不同学科门类的大学生对"授课内容枯燥乏味""与高中政治内容重复,缺乏新意"的选择均呈显著差异。调查显示,社会科学类大学生选择"授课内容枯燥乏味"的比例(49.8%)高于人文科学类大学生的相应选择比例(48.3%)和理工农医类大学生的相应选择比例(46.4%),人文科学类大学生选择"与高中政治内容重复,缺乏新意"的比例(34.5%)高于社会科学类大学生的相应选择比例(31.0%)和理工农医类大学生的相应选择比例(24.0%)。

就政治面貌而言,不同政治面貌的大学生对"教学案例过于陈旧""与高中政治内容重复,缺乏新意""没有联系实际,很空洞"的选择均呈显著差异。数据显示,党员大学生选择"教学案例过于陈旧"和"没有联系实际,很空洞"的比例(二者分别为31.2%、29.6%)高于非党员大学生的相应比例(二者分别为27.6%、26.2%),而非党员大学生选择"与高中政治内容重复,缺乏新意"的比例(30.1%)高于党员大学生的相应比例(25.4%)。

就学校所属区域而言,不同地区大学生对"授课内容枯燥乏味""理论深度不足,不解渴""与高中政治内容重复,缺乏新意"的选择均呈显著差异。关于"授课内容枯燥乏味",西南地区(51.8%)和华南地区(51.3%)大学生的选择比例最高,其他地区从高到低依次为:华中地区(49.4%)、华东地区(47.4%)、华北地区(46.0%)、西北地区(45.6%)、东北地区(41.6%)。关于"理论深度不足,不解渴",华南地区(27.5%)大学生的选择比例最高,其他地区从高到低依次为:西南地区(25.8%)、华东地区(25.3%)、华北地区(25.1%)、华中地区(24.9%)、西北地区(24.7%)、东北地区(22.8%)。关于"与高中政治内容重复,缺乏新意",华中地区(33.0%)大学生的选择比例最高,其他地区从高到低依次为:华南地区(30.4%)、西南地区(29.5%)、华东地区(28.0%)、华北地区(27.7%)、西北地区(27.5%)、东北地区(24.3%)。

2. 不同群体大学生对思想政治理论课教学方法存在问题的看法

就年龄而言,不同年龄段的大学生对"不注重课堂互动""理论说教过多"的选择存在显著差异。数据显示,低年龄段的大学生选择"不注重课堂互动"的比例(25.8%)低于中间年龄段大学生的相应比例(33.5%)和高年龄段大学生的相应比例(33.3%),而选择"理论说教过多"的比例(49.0%)高于中间年龄段大学生的相应比例(48.6%)和高年龄段大学生的相应比例(43.8%)。

就学历层次而言,不同学历层次的大学生对"不注重课堂互动""缺乏实践教学""理论说教过多"的选择呈显著差异。调查显示,本科生选择"不注重课堂互动"的比例(28.7%)低于硕士生的相应比例(33.2%)和博士生的相应比例(32.7%),而选择"理论说教过多"的比例(49.6%)高于硕士生的相应比例(45.3%)和博士生的相应比例(45.0%)。关于"缺乏实践教学",硕士生的选择比例(41.2%)高于本科生的选择比例(39.7%)和博士生的选择比例(39.8%)。

就学科门类而言,不同学科门类的大学生对"不注重课堂互动""缺乏实践教学""教学形式单一"的选择存在显著差异。数据显示,社会科学类大学生选择"不注重课堂互动"和"缺乏实践教学"的比例(二者分别为31.6%、43.0%)高于人文科学类大学生的相应比例(29.3%、38.7%)和理工农医类大学生的相应比例(28.7%、38.8%)。关于"教学形式单一",人文科学类大学生的选择比例最高(44.4%),社会科学类大学生次之(42.6%),理工农医类大学生的选择比例最低(38.8%)。

就政治面貌而言,不同政治面貌的大学生对"不注重课堂互动""缺乏实践教学"的选择呈现显著差异。调查显示,党员大学生选择"不注重课堂互动""缺乏实践教学"的比例(36.3%、42.7%)均高于非党员大学生的相应比例(27.8%、39.2%)。

就学校所属区域而言,不同地区大学生对"缺乏实践教学""理论说教过多""教学形式单一"的选择存在显著差异。数据显示,关于"缺乏实践教学",华南地区(42.2%)大学生的选择比例最高,其他地区从高到低依次为:华中地区(41.9%)、西南地区(40.9%)、西北地区(39.6%)、华北地区(39.3%)、华东地区(39.2%)、东北地区(35.3%)。关于"理论说教过多",华南地区(52.6%)大学生的选择比例最高,其他地区从高到低依次为:西南地区(51.6%)、华中地区(49.9%)、华东地区(48.0%)、西北地区(47.6%)、华北地区(46.1%)、东北地区(42.8%)。关于"教学形式单一",华南地区(44.9%)大学生的选择比例最高,其他地区从高到低依次为:西南地区(44.0%)、华中地区(43.3%)、华东地区(41.2%)、华北地区(39.6%)、西北地区(39.2%)、东北地区(35.5%)。

3. 不同群体大学生对思想政治理论课教师水平存在问题的看法

就年龄而言,不同年龄段的大学生对"知识储备不足""缺乏国际视野"的选择存在显著差异。数据显示,关于"知识储备不足"和"缺乏国际视野",高年龄段大学生的选择比例最高,占比分别为14.7%、30.4%;中间年龄段大学生次之,选择比例分别为13.4%、25.1%;低年龄段大学生的选择比例最低,占比分别为10.5%、23.9%。

就学历层次而言,不同学历层次的大学生对"知识储备不足""对学生关爱不够""缺乏国际视野"的选择呈现显著差异。调查显示,博士生选择"知识储备不足"和"缺乏国际视野"的比例(15.1%、30.6%)高于硕士生的相应比例(13.2%、26.1%)和本科生的相应比例(11.6%、24.2%),而选择"对学生关爱不够"的比例(24.9%)低于硕士生的相应比例(27.3%)和本科生的相应比例(26.2%)。

就政治面貌而言,不同政治面貌的大学生对"知识储备不足""缺乏创新能力"的选择呈现差异。数据显示,党员大学生选择"知识储备不足"和"缺乏创新能力"的比例

(13.8%、65.3%)均高于非党员大学生的相应比例(11.6%、60.9%)。

七、本章小结

思想政治理论课是落实立德树人根本任务的关键课程。基于全国 73 所高校的调查,我们发现思想政治理论课教学总体开展效果良好,大学生学习思想政治理论课的积极性较高,思政课学习收获普遍向好。同时,思政课建设中存在的突出问题也为新时代推动思政课改革创新提供了重要参考。

(一)总体情况

1. 大学生高度认可思政课教学效果,充分肯定思政课作为立德树人"关键课程"的重要意义

思想政治理论课教学效果良好,赢得大学生的广泛好评。调查显示,逾八成(81.2%)的大学生对思想政治理论课教学的开展效果给予好评,其中 48.9% 的大学生给予"非常好"的评价,32.3% 的大学生给予"比较好"的评价,另有 17.3% 的大学生认为思想政治理论课教学总体状况"一般",仅有 1.0%、0.5% 的大学生对思想政治理论课教学总体状况给予了"比较差"和"非常差"的评价。

大学生高度认可思政课教学的德育成效,充分肯定思政课作为立德树人"关键课程"的重要意义。数据显示,近九成(87.0%)的大学生赞同"思政课是立德树人的关键课程",其中"非常赞同"的比例为 54.0%,"比较赞同"的比例为 33.0%,另有 10.7% 的大学生表示一般,仅有 1.6%、0.7% 的大学生表示"不太赞同"和"很不赞同"。纵览历年的调查数据发现,大学生对思政课育德作用的认可度呈现逐年递增的趋势。2014 年至 2021 年,大学生对思政课育德效果的满意度分别为 45.5%、52.9%、55.8%、60.9%、72.7%、73.4%、77.4%、87.0%。由此可见,越来越多的大学生对思政课育德成效给予好评,凸显出思政课关键课程关键作用的建设成效。

2. 大学生对六门思想政治理论课给予较高评价,且较往年有不同程度提升

大学生对思想政治理论课各门课程的整体评价较高,六门思想政治理论课程的平均得分为 4.29 分(满分为 5 分)。具体而言,"习近平新时代中国特色社会主义思想概论"课收获最高评价,平均得分为 4.31 分;"纲要"课和"概论"课次之,平均得分均为 4.30 分;"原理"课平均得分为 4.29 分,"德法"课平均得分为 4.27 分,"形势与政策"课平均得分为 4.24 分。与 2020 年调查数据进行对比发现,2021 年大学生对思想政治理论课各门课程的整体评价稳中有升。

3. 大学生对思想政治理论课建设的各个要素较为满意,但各个要素的满意度稍有差异

总体而言,大学生对思政课建设的各个要素的评价较高,其中对师资水平的满意度最高,教学内容次之,对教学设计和教学方法的满意度最低。调查显示,大学生对思政课教学内容、教学方法、师资水平、教学设计持肯定性评价(含"非常满意""比较满意""一般")的比例分别为 93.0%、92.3%、93.5%、92.4%,其中给予满意评价的比例分别为 72.6%、70.0%、75.4%、70.3%。在思政课教学内容方面,72.6% 的大学生表示满意,20.4% 的大学生评价"一般",仅有 7.0% 的大学生表示不满意。在思政课教学方法方面,表示满意的大学生

比例为 70.0%,评价"一般"的大学生的大学生比例为 22.3%,表示不满意的大学生比例为 7.7%。在思政课师资水平方面,75.4%的大学生表示满意,18.1%的大学生评价"一般",仅有 6.5%的大学生表示不满意。在思政课教学设计方面,表示满意的大学生比例为 70.3%,评价"一般"的大学生比例为 22.1%,表示不满意的大学生比例为 7.6%。

4. 大学生学习思想政治理论课的积极性较高,思政课学习收获普遍向好

大部分学生学习思想政治理论课的态度端正,参与课堂的积极性较高。数据显示,23.1%的大学生表示在思政课课堂上"认真听讲,勤做笔记",48.9%的大学生表示在思政课课堂上"努力跟随老师讲课思路",20.8%的大学生在思政课课堂上"只听自己感兴趣的部分",另有 6.8%的大学生在思政课课堂上"按时到堂,很少抬头",仅有 0.4%的大学生对思政课"毫不在意,经常缺课"。进一步对大学生不积极参与思想政治理论课的原因进行考察发现,37.7%的大学生是由于思政课"理论内容枯燥乏味",14.9%的大学生"感觉思政课用处不大",16.7%的大学生表示思政课"只需考前突击背诵",19.4%的大学生是由于"课堂氛围松散,没有压力",11.3%的大学生是由于"老师授课一般"。

大学生对学习思政课收获的评价较高,思政课学习收获普遍向好。调查显示,79.5%的大学生认为思政课学习提高了思想认识,70.5%的大学生表示思政课学习夯实了理论基础,71.7%的大学生认为思政课学习坚定了理想信念,71.3%的大学生表示思政课学习提高了道德修养,64.7%的大学生认为思政课学习塑造了健康心态,72.0%的大学生表示思政课学习树立了正确价值。

5. 大学生对加强和改进思想政治理论课怀有新期待

思政课改革创新要坚持以学生为中心,努力满足学生成长发展的需求和期待。大学生对教学内容、教学方法、教师水平存在问题的看法折射出其对加强和改进思想政治理论课建设的期待。关于教学内容存在的问题,47.9%的大学生认为"授课内容枯燥乏味",29.0%的大学生选择"与高中政治内容重复,缺乏新意",28.4%的大学生认为"教学案例过于陈旧",27.4%的大学生选择"语言不够通俗,很难懂",27.0%的大学生认为"没有联系实际,很空洞",还有 25.3%的大学生选择"理论深度不足,不解渴";关于教学方法存在的问题,48.5%的大学生选择"理论说教过多",41.5%的大学生认为"教学形式单一",40.0%的大学生选择"缺乏实践教学",29.7%的大学生认为"不注重课堂互动",20.9%的大学生选择"不善于运用新媒体";关于教师水平存在的问题,61.9%的大学生认为思政课教师"缺乏创新能力",26.4%的大学生认为思政课教师"对学生关爱不够",24.8%的大学生认为思政课教师"缺乏国际视野",12.1%的大学生认为思政课教师"知识储备不足",6.3%的大学生选择"个别教师师德失范",6.2%的大学生认为"个别教师立场不坚定"。

(二)值得关注的问题

调查发现,部分大学生的误解和偏见、教学方法和教学设计的相对薄弱以及课程建设的区域不平衡,很大程度上制约了思想政治理论课教学质量的提升。

1. 部分大学生对思政课怀有误解和偏见

党的十八大以来,特别是学校思想政治理论课教师座谈会召开之后,大学生对思想政治理论课在立德树人中的重要地位的认识有了很大提高。但是通过调查发现,部分大学生对思政课的误解和偏见仍未完全消除。数据显示,对于"思政课是立德树人的关键课程"这一

观点,10.7%的大学生表示一般,另有1.6%、0.7%的大学生表示"不太赞同"和"很不赞同"。在一些大学生眼中,思政课是一门"务虚课",既不能给国家和社会带来实际效益,也不能提升个人专业技能。调查显示,14.9%的大学生"感觉思政课用处不大",16.7%的大学生认为思政课"只需考前突击背诵"。正是出于这种误解和偏见,部分大学生思政课的到课率、抬头率、点头率不高。数据显示,20.8%的大学生在思政课课堂上"只听自己感兴趣的部分",另有6.8%的大学生在思政课课堂上"按时到堂,很少抬头",还有0.4%的大学生对思政课"毫不在意,经常缺课"。

2. 教学方法和教学设计是思政课建设的短板

调查显示,教学方法和教学设计是思政课课程建设的相对薄弱环节。其一,从部分与整体的比较而言,大学生对教学方法和教学设计的好评率(分别为70.0%、70.3%)均低于对思政课教学总体状况的好评率(81.2%);其二,从思政课建设的分项评价来看,大学生对教学方法(70.0%)和教学设计(70.3%)的满意度均低于其对师资水平(75.4%)和教学内容(72.6%)的满意度。这些数据表明,教学方法和教学设计是思政课课程建设的短板之处,也成为思政课建设中需要重点关注的问题。

3. 课程建设存在明显的区域不平衡

调查发现,思政课建设在全国不同区域呈现出不平衡的发展态势。数据显示,不同区域大学生对思政课教学总体状况的好评率最高(86.0%)与最低(76.1%)之间相差9.9个百分点;不同区域大学生对思政课育德效果的满意度最高(89.4%)与最低(84.8%)两者相差4.6个百分点;不同区域大学生对教学内容、教学方法、师资水平和教学设计的满意评价最高(78.0%、75.8%、80.1%、75.9%)与最低(67.3%、64.5%、70.8%、65.2%)相差9到11个百分点。不同区域大学生对思政课总体状况以及教学内容、教学方法、师资水平、教学设计的评价均呈现出显著性差异,折射出全国不同区域思政课建设存在不均衡的问题,这应当引起教育者的高度重视。

(三) 对策与建议

基于调研中发现的问题,我们尝试提出以下对策,以期为推动新时代思政课改革创新、促进思政课质量提升提供有益参考。

1. 深化改革创新,激发加强改进思政课的持续动力

习近平总书记在学校思想政治理论课教师座谈会上指出:"改革创新是时代精神,青少年是最活跃的群体,思政课建设要向改革创新要活力。"[①]我们要检视思政课建设中存在的问题和不足,深拓教育内容、创新教学方法,激发加强改进思政课的持续动力。其一,突出内容为王,优化教学内容。调查发现,思政课的内容供给与学生的实际需求之间存在一定的供需矛盾,这就要求我们必须以学生理论诉求和思想期待精心选取教学内容。一方面,思政课要增强教学内容的透彻性,讲清讲透马克思主义的基本原理、核心要义、精神实质,用马克思主义科学世界观和方法论回应重大理论问题,用理论的彻底性、科学性征服学生、赢得学生。另一方面,思政课要坚持问题导向,"授课内容枯燥乏味"是思政课教学内容存在的最突出的问题。这要求思政课教师走近学生、深入社会,精准把握学生所思所想和社会发展带来的新

---

① 《习近平重要讲话单行本》,人民出版社2021年版,第287—288页。

情况、新问题和新挑战,引导学生运用马克思主义立场、观点和方法进行透视、剖析,增强教学内容的现实阐释力。其二,坚持方法为要,创新教学方法。调查显示,大学生关于思政课教学方法存在的问题看法集中在"理论说教过多""教学形式单一""缺乏实践教学"等方面,这就要求我们一方面将新媒体新技术运用到课堂,采用案例式、探究式、体验式、互动式、专题式、分众式等青年大学生乐于接受的教学方式,激发学生参与课堂的积极性和主动性;另一方面,要强化实践教学,充分利用各地的历史文化资源、现代企业和新农村建设成就,组织大学生参观考察,引导大学生在亲身参与中认识社会、了解国情,进而增强道路自信、理论自信、制度自信和文化自信。

2. 聚焦关键问题,积聚加强改进思政课的强大动能

习近平总书记指出:"办好思想政治理论课关键在教师,关键在发挥教师的积极性、主动性、创造性。"①思政课教师责任重大,在落实立德树人根本任务中发挥着不可替代的作用。调查发现,11.3%的大学生由于"老师授课一般"而不积极参与思政课课堂,而大学生关于思政课教师水平存在的问题的看法集中在"缺乏创新能力""对学生关爱不够""缺乏国际视野"等方面,因此,有必要加强思政课教师队伍建设,助力教师专业成长发展,积聚思政课高质量发展的强大动能。各级党委、政府和高校应以习总书记提出的"政治要强、情怀要深、思维要新、视野要广、自律要严、人格要正"的"六要"为标尺选拔和培养思政课教师,建设一支高水平的思政课教师队伍;进一步完善国家、省(自治区、直辖市)、高校三级培训体系,为思政课教师队伍成长发展搭建平台、创造条件;改革思政课教师考核和评价机制,改善思政课教师的待遇,调动思政课教师的积极性、主动性和创造性。

3. 坚持协同联动,凝聚加强改进思政课的整体合力

新时代思政课建设是一项复杂且艰巨的系统工程,需要挖掘一切育人资源,在纵向和横向两个方面共同发力,凝聚加强改进思政课的整体合力。就横向而言,要构建"大思政课"育人格局。习近平总书记指出:"'大思政课'我们要善用之,一定要跟现实结合起来。"②"大思政课"意味着要打破课内与课外、学校与社会的界限,促进"思政小课堂"与"社会大课堂"相衔接、马克思主义理论与现实社会生活相融通;意味着把思政课与其他课程、日常思政工作结合起来,实现课程思政与思政课程同向同行、日常思政工作与思政课程同频共振;还意味着要动员全社会力量,挖掘现实社会生活中的教育资源,形成全员全过程全方位育人的格局。就纵向而言,要推进大中小学思政课一体化建设。调查发现,29.0%的大学生认为思政课教学内容"与高中政治内容重复,缺乏新意",这就要求我们在做好各个学段的课程设置的同时做好课程衔接,以宏观视野对大中小学思政课进行统一管理和部署规划,避免内容衔接上的低效重复,推进思政课建设走向深入。

① 《习近平主持召开学校思想政治理论课教师座谈会强调 用新时代中国特色社会主义思想铸魂育人 贯彻党的教育方针落实立德树人根本任务》,《人民日报》2019 年 3 月 19 日。

② 《"'大思政课'我们要善用之"(微镜头·习近平总书记两会"下团组"·两会现场观察)》,《人民日报》2021 年 3 月 7 日。

第九章
日常思想政治教育

高校思想政治工作从根本上说就是做人的工作,关系着高校培养什么样的人、如何培养人以及为谁培养人这个根本问题。加强高校思想政治工作,既需要提升思想政治理论课教育教学水平,也必须加强日常思想政治教育工作质量,才能更好地发挥日常思想政治教育主阵地作用,在日常学习生活的更广阔空间里关心好、解决好学生的思想成长困惑和现实发展需要。本章聚焦大学生日常思想政治教育诸方面,涵盖党团组织建设、校园文化活动、网络思想政治教育、心理健康教育与咨询、学生资助、就业指导、全员育人等教育要素,关注学生对相关工作的评价和期待,以此描绘当前高校日常思想政治教育的整体发展水平,力求为日常思想政治教育更深入细致地发现新特点、应对新情况、解决新问题提供借鉴参考。

一、党团组织建设

党团组织是开展大学生日常思想政治教育的重要载体,始终承担着引领青年、关心青年、团结青年的重要使命,加强高校基层党组织建设和团组织建设是提升基层组织战斗力、凝聚力、服务力、吸引力的必然要求。本节将通过大学生对高校基层党组织建设和团组织建设的满意度评价,考察当前党团组织建设在高校的发展情况和建设成效。

(一) 对基层党组织建设的满意度评价

习近平总书记在第二十三次全国高等学校党的建设工作会议上强调,加强党对高校的领导,加强和改进高校党的建设,是办好中国特色社会主义大学的根本保证①。这要求高校必须加强基层党组织建设,充分发挥基层党组织战斗力,才能更好落实立德树人根本任务,为加强和改进大学生日常思想政治工作指明正确方向和提供组织保障。

1. 总体情况

总体而言,多数大学生对所在高校基层党组织建设表示满意,给予积极评价。课题组对"非常满意""比较满意""一般""不大满意""很不满意"分别赋值5分、4分、3分、2分、1分,通过均值比较分析大学生对高校此项工作的评价倾向,得分越高说明满意度越高。结果显示,受访者对基层党组织建设评价的均值得分为4.19,位于"非常满意"与"比较满意"区间,评价"非常满意"的人数比例为45.7%,"比较满意"为33.6%,说明整体上高校基层党建工作获得了大部分学生的认可,较好地发挥了基层党组织的战斗堡垒作用。此外,16.9%的

---

① 《坚持立德树人思想引领 加强改进高校党建工作》,《人民日报》2014年12月30日。

受访者评价一般,表示不大满意和很不满意的人数占比均为 1.9%(图 9-1)。

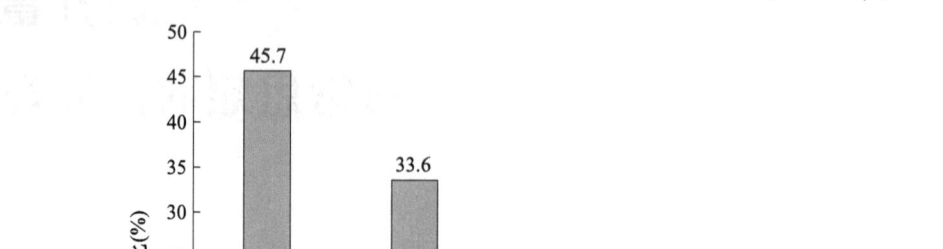

图 9-1 大学生对所在高校基层党组织建设的满意度评价

为进一步分析高校基层党建工作在大学生心目中的认可情况,课题组对比了近四年统计数据,发现受访者对 2021 年高校基层党组织建设满意度整体低于前三年,较 2020 年低 7.0 个百分点,其中"非常满意"评价低 3.7 个百分点。然而,表示不满意的受访者占比 3.8%,较 2018 年、2019 年、2020 年分别高 2.5、2.0、2.3 个百分点,尤其评价很不满意的人数比例达 1.9%。调查数据反映出的现象值得高校重点关注和思考,大学生对基层党组织建设的满意度出现下滑,不满意人数比例有所增长,既深刻说明高校基层党建工作在凝聚、引领、团结青年大学生方面仍存在薄弱环节,亟需准确把握问题所在并精准施策,又鲜明指出应毫不松懈地继续加强和完善高校基层党组织建设,充分发挥党员的先锋模范作用(表 9-1)。

表 9-1 2018—2021 年大学生对所在高校基层党组织建设的满意度评价

	满意性评价(%)			不满意评价(%)		
	非常满意	比较满意	合计	不大满意	很不满意	合计
2018 年	45.2	41.5	86.7	1.0	0.3	1.3
2019 年	46.5	39.9	86.4	1.3	0.5	1.8
2020 年	49.4	36.9	86.3	1.0	0.5	1.5
2021 年	45.7	33.6	79.3	1.9	1.9	3.8

2. 不同群体大学生对基层党组织建设满意度的差异

为进一步分析不同群体大学生对所在高校基层党建工作的满意度差异,课题组对统计数据进行了交互分析,发现年级、学历层次、学科门类、政治面貌、学生干部经历、学校所属区域影响着大学生群体对此项工作满意度的评价,具体差异见表 9-2。

表9-2 不同群体大学生对所在高校基层党组织建设满意度的交互分析

		基层党组织建设(%)					卡方检验		
		非常满意	比较满意	一般	不大满意	很不满意	χ^2	df	P
年级	大一	50.6	30.8	14.9	1.5	2.2	278.200	20	<0.001
	大二	42.8	33.9	19.3	2.0	2.0			
	大三	42.6	34.5	18.8	2.3	1.8			
	大四(大五)	43.5	35.0	17.4	2.3	1.8			
学历层次	本科生	45.3	33.3	17.4	2.0	2.0	54.641	8	<0.001
	硕士生	47.4	34.5	15.0	1.6	1.5			
	博士生	43.8	35.6	16.4	2.1	2.1			
学科门类	人文科学类	46.4	32.4	17.3	1.9	2.0	59.448	8	<0.001
	社会科学类	43.5	36.0	16.8	1.9	1.8			
	理工农医类	46.9	32.7	16.7	1.8	1.9			
政治面貌	党员	48.7	35.1	12.7	1.9	1.6	188.359	4	<0.001
	非党员	44.7	33.2	18.2	1.9	2.0			
学生干部经历	有	46.8	33.6	16.0	1.8	1.8	149.975	4	<0.001
	无	41.5	33.7	20.5	2.2	2.1			

从学历层次来看,不同学历层次的大学生对所在高校基层党组织建设的满意度有所不同。本科生的满意度为78.6%,博士生的满意度为79.4%,相比之下,硕士生对学校基层党建工作评价更高,超八成的受访者表示非常满意和比较满意,比例达到81.9%($\chi^2 = 54.641$,$P<0.001$)。但对比前两年数据发现,硕士生、博士生的满意度有所下降,两年的统计结果分别为88.5%和89.0%(2019年)、86.8%和87.2%(2020年),而博士生受访者表示不满意的比例(4.2%)却较前两年高2.4和3.2个百分点。本科生年级间的情况同样各异,满意度依次为大一年级(81.4%)、大四(大五)年级(78.5%)、大三年级(77.1%)、大二年级(76.7%)。中间年级学生多为预备党员或入党积极分子,他们的满意度评价一方面反映出对基层党组织建设满怀期待,另一方面可能说明他们对基层党组织建设的知晓和参与程度有限,未来可以进一步加强对这部分群体的引领、凝聚、团结、关心。

从学科门类来看,不同学科门类的大学生对所在高校基层党组织建设的满意度有所不同($\chi^2 = 59.448$,$P<0.001$)。79.6%的理工农医类专业受访者满意学校的基层党建工作,这一比例高于人文科学类(78.8%)和社会科学类专业(79.5%)。

从政治面貌来看,不同政治面貌的大学生对所在高校基层党组织建设的满意度有所不同。与政治面貌为非党员的大学生相比,党员大学生更加肯定学校的基层党建工作,83.8%的受访者给予满意评价($\chi^2 = 188.359$,$P<0.001$),高出非党员大学生5.9个百分点,这一差额与往年基本一致。在不满意评价方面,党员与非党员学生的选择比例分别为3.5%和3.9%。

从学生干部经历来看,是否担任过学生干部对大学生评价所在高校基层党组织建设存在影响。拥有学生干部经历的受访者中,满意基层党建工作的人数超过八成,没有相关经历的学生的满意度为 75.2%($X^2 = 149.975$,$P<0.001$),二者相差 5.2 个百分点,较往年有所扩大,2019 年两项比例间的差额统计为 2.9 个百分点,2020 年差额统计结果为 3.1 个百分点。由此可见,加强对暂无学生干部经历学生群体的关心和教育,加深他们对基层党组织的了解,引导他们积极向党组织靠拢大有必要。

从学校所属区域来看,不同区域的大学生对所在高校基层党组织建设的满意度有所不同。如图 9-2 所示,东北地区调研高校大学生对学校基层党建工作的评价最好,选择"非常满意"和"比较满意"的人数占比达到 85.0%,华南地区和西南地区高校受访者对该项考察内容的满意度均低于 80%,分别为 73.7% 和 75.1%($X^2 = 706.739$,$P<0.001$),其他区域高校的统计结果自高到低依次为西北地区(81.3%)、华北地区(80.7%)、华东地区(80.2%)、华中地区(80.0%)。而在不满意评价方面,华东地区和华中地区的人数比例均为 3.3%,为所有区域最低。

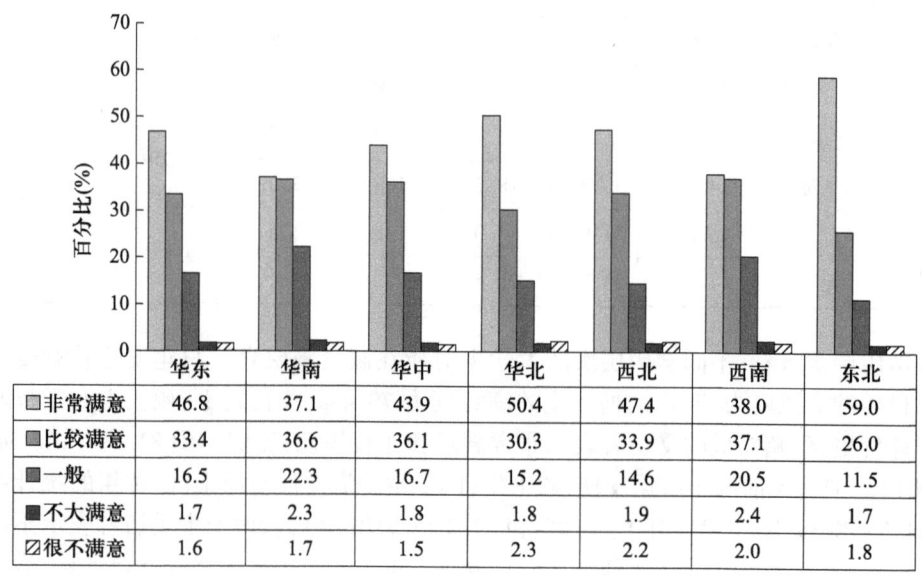

	华东	华南	华中	华北	西北	西南	东北
非常满意	46.8	37.1	43.9	50.4	47.4	38.0	59.0
比较满意	33.4	36.6	36.1	30.3	33.9	37.1	26.0
一般	16.5	22.3	16.7	15.2	14.6	20.5	11.5
不大满意	1.7	2.3	1.8	1.8	1.9	2.4	1.7
很不满意	1.6	1.7	1.5	2.3	2.2	2.0	1.8

图 9-2 不同学校所属区域的大学生对所在高校基层党组织建设的满意度评价

(二)对团组织建设的满意度评价

"共青团作为党和政府联系青年的桥梁和纽带,必须密切联系青年、有效吸引青年、广泛团结青年,把最大多数青年紧紧凝聚在党的周围。"[①]大学生对所在高校团组织建设的评价反映出高校共青团在青年思想引导、青年吸引凝聚、青年成长服务方面的成效。

1. 总体情况

总体而言,大部分受访者积极评价所在高校的团组织建设,满意高校共青团工作。课题组对"非常满意""比较满意""一般""不大满意""很不满意"分别赋值 5 分、4 分、3 分、2 分、1 分进行均值分析,统计结果为 4.18,位于"非常满意"与"比较满意"区间,可见大学生们对

---

① 《习近平关于青少年和共青团工作论述摘编》,中央文献出版社 2017 年版,第 72 页。

团组织建设工作整体上较为认可。从具体评价来看,如图 9-3 所示,45.6%的受访者表示学校团组织建设令人非常满意,33.3%的受访者表示比较满意,意味着总体上对高校共青团组织建设情况表示满意的人数占比达到 78.9%。相反,分别有 2.2%和 2.0%的大学生不大满意或很不满意当前此项工作,评价"一般"的比例为 16.9%。

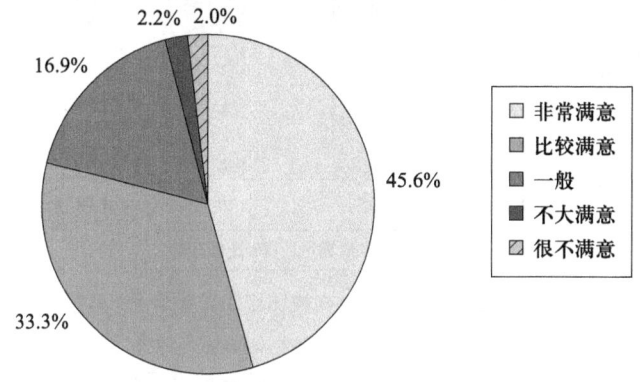

图 9-3　大学生对所在高校团组织建设的满意度评价

课题组通过回顾往年数据进一步研究高校共青团组织建设状况和工作成效,发现前三年数据整体持平,2020 年持肯定意见的受访者占总人数的 85.6%,此项统计在 2018 年和 2019 年的数据为 85.7%和 85.8%,而 2021 年给予满意性评价的人数比例虽近八成,但相较往年存在明显下降。在不满意评价方面,2021 年数据高于 2018 年(2.0%)、2019 年(1.8%)、2020 年(1.7%),由此可见,高校共青团工作仍有一定提升空间,团组织建设在围绕关心青年实际需求和青年成长成才方面需进一步下功夫。

2. 不同群体大学生对团组织建设满意度的差异

为进一步分析不同群体大学生对团组织建设的满意程度,课题组对统计数据进行了交互分析,发现年级、学历层次、学科门类、政治面貌、学生干部经历、学校所属区域不同的受访群体对学校共青团工作的评价有所差异,具体情况如下。

从学历层次和年级来看,不同学历层次的大学生对所在高校团组织建设的满意度有所不同。78.6%的本科生对学校共青团工作表示满意,77.9%的博士生同样给予肯定评价,相较前两者,硕士生的满意度为三者中最高,达到 80.5%,尤其选择"非常满意"的人数占硕士受访者的 46.7%,不满意的人数比也仅为 3.5%($x^2 = 54.641$,$P < 0.001$),侧面肯定了研究生团建工作取得良好成效。在本科各年级中,大一年级学生满意度最高,82.2%的受访者非常满意或者比较满意学校的团组织建设工作,大四(大五)年级学生次之,满意度为 77.9%,大二、大三年级学生对此项的满意度分别为 76.4%和 76.8%($x^2 = 319.056$,$P < 0.001$),调查数据表明高校的共青团工作在本科新生和毕业生群体中收获好评,他们更深切感受到团组织的引领和关怀(图 9-4)。

从政治面貌来看,不同政治面貌的大学生对所在高校团组织建设的满意评价有所差异。由表 9-3 可知,党员大学生中,81.9%的受访者表示满意学校共青团建设,非党员群体对该项评价满意的人数比例为 78.0%($x^2 = 82.463$,$P < 0.001$),二者中表示不满意的人数占比分别为 4.0%和 4.2%,数据侧面反映出团组织建设工作在服务团员青年成长成才上应进一步增强影响、提升成效。

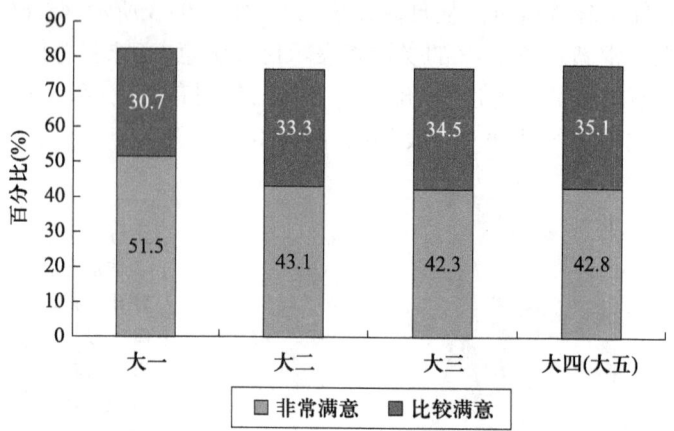

图 9-4 不同年级大学生对所在高校团组织建设评价"满意"的情况

表 9-3 不同群体大学生对所在高校团组织建设满意度的交互分析

		团组织建设(%)					卡方检验		
		非常满意	比较满意	一般	不大满意	很不满意	χ^2	df	P
学历层次	本科生	45.5	33.1	17.1	2.2	2.1	54.641	8	<0.001
	硕士生	46.7	33.8	16.0	1.9	1.6			
	博士生	42.4	35.5	17.1	3.0	2.0			
政治面貌	党员	46.8	35.1	14.1	2.2	1.8	82.463	4	<0.001
	非党员	45.2	32.8	17.8	2.2	2.0			
学生干部经历	有	46.7	33.4	15.9	2.1	1.9	159.385	4	<0.001
	无	41.4	33.2	20.7	2.4	2.3			
学校所属区域	华东	46.9	32.6	16.5	2.2	1.8	676.014	24	<0.001
	华南	37.5	36.8	21.6	2.6	1.5			
	华中	43.4	36.1	16.7	2.1	1.7			
	华北	50.4	30.5	14.8	1.9	2.4			
	西北	46.8	34.0	14.8	2.0	2.3			
	西南	38.2	36.3	21.1	2.4	2.0			
	东北	58.3	25.2	12.2	2.0	2.3			

从学生干部经历来看,学生干部经历对大学生评价所在高校团组织建设存在影响。学生干部多为团员青年骨干,他们对学校共青团工作更为了解,数据显示拥有相关经历的大学生群体中,超八成给予了非常满意或比较满意评价,不满意的人数比例为 4.0%。相反,没有担任过学生干部的受访者的满意度为 74.6% ($\chi^2 = 159.385, P < 0.001$),较前者低 5.5 个百分点。

从学校所属区域来看,不同区域学校的大学生对团组织建设情况的评价有所差异。数据显示,在全体受访者中,华北、西北、东北地区高校大学生对所在学校共青团建设的认可度超过八成,满意比例为80.9%、80.8%、83.5%,其余区域统计结果分别为华东(79.5%)、华南(74.3%)、华中(79.5%)、西南(74.5%)。在不满意相关评价方面,华中地区的情况相对较好,不大满意或很不满意的人数比例仅为3.8%($X^2=676.014$, $P<0.001$)。

(三) 班级建设

班级作为高校最基础的组成单元,是凝聚、组织、教育、管理、服务大学生的主要载体,也是落实落细日常思想政治教育的平台抓手。班风班貌反映着班集体的建设情况,直接影响学生的规范养成、品行塑造、全面发展,进而关系良好学风校风的培育。加强班级建设是一项值得高校长期重视研究的重要课题,更是推进校园文明建设,提升思想政治工作质量的应然之举。

1. 总体情况

总体而言,大学生群体对所在高校开展的班级建设系列工作给予肯定评价,班级建设情况较好。如图9-5所示,44.6%的受访者对班级建设工作表示非常满意,33.2%的大学生比较满意,正向评价的累计人数比例达到77.8%。而认为所在班级建设情况令人不大满意的比例为2.5%,甚至2.1%对此表示很不满意。为考察受访者整体评价情况,课题组进行了均值比较分析,对"非常满意""比较满意""一般""不大满意""很不满意"分别赋值5分、4分、3分、2分、1分,统计结果为4.16,印证了当前大学生们对学校推进的班级建设工作持肯定态度,点赞班级建设所取得的成绩,也说明这项工作与青年大学生的成长密切相关,未来更应继续加强班级建设,注重班级层面或者以班级为单位的学生思想政治工作。

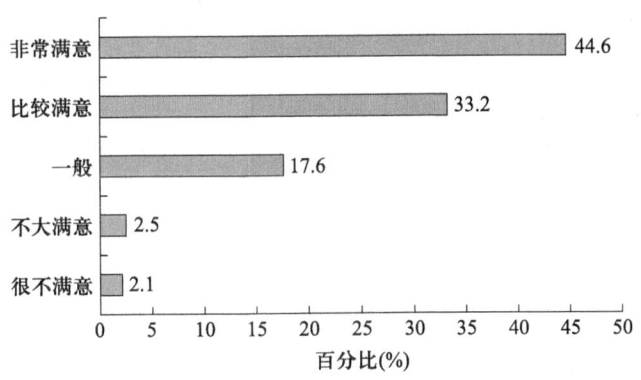

图9-5 大学生对所在高校班级建设的满意度评价

为进一步分析高校班级建设实际情况,课题组回顾了近四年统计数据,发现总体上大学生们对所在高校班级建设工作的评价态度一直是正向积极的。2018年至2021年,受访者给予满意性评价的人数比例分别为83.1%(2018年)、84.1%(2019年)、84.3%(2020年)、77.8%(2021年),不满意的人数比例一直保持在较低水平。但从图9-6可知,2021年学生评价情况不及往年,满意度比2020年下降6.5个百分点,不满意度高出2.4个百分点。综上所述,数据所呈现的班级建设新情况亟需高校思想政治工作者找到问题、精准施策,确保班集体在组织学生、教育学生、管理学生、服务学生方面发挥应有价值。

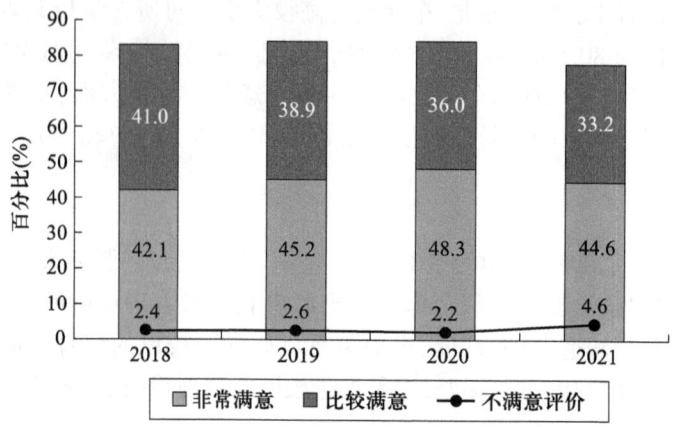

图 9-6　2018—2021 年大学生对所在高校班级建设评价情况

2. 不同群体大学生对班级建设满意度的差异

为进一步研究不同群体大学生对所在高校班级建设工作的满意度,课题组对统计数据进行了交互分析,发现自然因素和教育因素对大学生评价班级建设情况存在显著影响。

（1）基于自然因素的分析

统计发现,不同性别大学生群体对所在高校班级建设的满意度有所差异,总体上女大学生的满意度高于男大学生。如图 9-7 所示,在评价班级建设情况方面,分别有 44.8%、35.3% 的女大学生给予了"非常满意""比较满意"的评价,满意度累计达 80.1%,而男大学生的满意度较之低 6 个百分点,非常满意班级建设的人数比例为 44.4%,比较满意的受访者占比 29.7%（$X^2 = 316.723, P < 0.001$）。

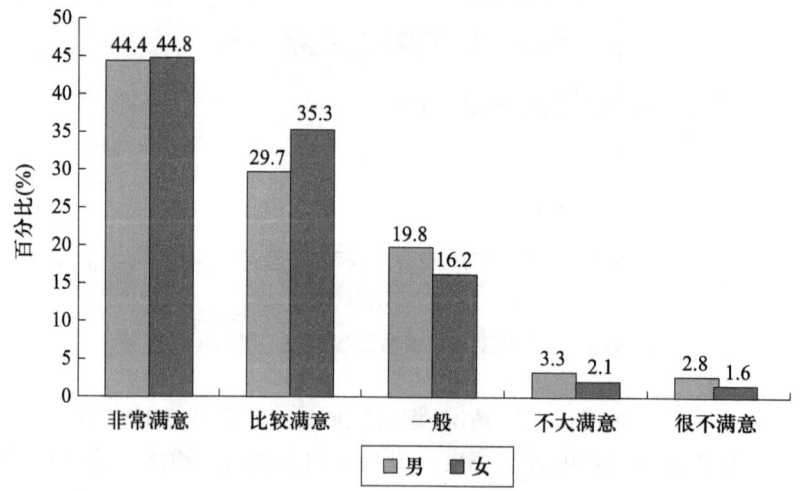

图 9-7　不同性别的大学生对所在高校班级建设的满意度评价

（2）基于成长背景的分析

统计分析发现,生源地类型、家庭类型对大学生评价所在高校班级建设工作存在显著影响,具体差异如下。

从生源所在地类别来看,不同生源地类别大学生对学校班级建设满意度有所不同,生源地为城镇的受访者中,78.9%的人表示满意,肯定班级建设取得成效,对自身学习生活、成长发展产生积极影响,尤其选择"非常满意"的人数占比达 47.1%($\chi^2 = 126.545, P < 0.001$)。生源地为农村的大学生群体对班级建设的满意度总体为 76.6%,略低于城镇大学生,其中 42.0%给予非常满意的评价。可见,班级建设工作在各高校普遍开展良好,学生满意较高,未来应为农村生源大学生尽快融入学校、班级,获得长远发展提供更多关心支持。

从家庭类型来看,不同家庭类型大学生对学校班级建设满意度有所不同。双亲家庭大学生评价满意的人数比例为 78.1%,高于非双亲家庭 3.3 个百分点。在不满意评价方面,双亲家庭、非双亲家庭的比例分别为 4.6%和 5.2%($\chi^2 = 29.251, P < 0.001$),见表 9-4。

表 9-4　不同成长背景的大学生对所在高校班级建设满意度的交互分析

		班级建设(%)					卡方检验		
		非常满意	比较满意	一般	不大满意	很不满意	χ^2	df	P
生源地类别	农村	42.0	34.6	18.5	2.6	2.3	126.545	4	<0.001
	城镇	47.1	31.8	16.7	2.5	1.9			
家庭类型	双亲家庭	44.7	33.4	17.3	2.5	2.1	29.251	4	<0.001
	非双亲家庭	43.6	31.2	20.0	3.0	2.2			

(3)基于成长背景的分析

统计分析发现,年级、学生干部经历对大学生评价所在高校班级建设工作存在显著影响,具体差异如下。

从学历层次来看,本科不同年级大学生对班级建设的满意情况有所不同,硕士生的满意度整体高于本科生和博士生。就具体数据而言,大一年级评价最高,满意比例为 81.6%,尤其非常满意班级建设工作成效的人数占比超过一半,其他三个本科年级的满意度分别为 75.4%、75.3%、76.1%,硕士生的满意度为 79.5%,博士生为 76.8%(见表 9-5)。根据与 2020 年数据的对比分析,大一年级满意度最高、大三年级最低这一现象仍旧存在,映射出高校班级建设存在不平衡问题,相较于大学新生对班级建设的浓厚热情,大二、大三年级学生将更多精力投入自身发展,但对班级建设功能发挥的期待更高。统计结果说明各高校院系以往侧重关注新生班级和毕业班级的建设发展情况,易于忽视中间年级学生的对班级建设的需求和反馈,这一现实情况值得思想政治工作者们给予重视。

从学生干部经历来看,是否拥有学生干部经历对大学生评价高校班级建设情况存在影响,担任过学生干部的大学生群体更为满意班级建设工作。由表 9-5 可见,有过学生干部经历的受访者中,45.7%的人非常满意所在学校班级建设工作,33.2%表示比较满意,累计满意度为 78.9%($\chi^2 = 128.546, P < 0.001$),没有相关经历的大学生群体较之低 6 个百分点。综上,数据说明学生干部队伍中一部分作为班级学生骨干,一方面在班级建设中发挥重要作用,贡献积极力量,另一方面从良好的班级建设成效里收获了成长,未来应当鼓励更多学生参与到班级建设中,培养"主人翁"意识和责任担当。

表 9-5　　不同教育因素的大学生对所在高校班级建设满意度的交互分析

		基层党组织建设（%）					卡方检验		
		非常满意	比较满意	一般	不大满意	很不满意	χ^2	df	P
学历层次	大一	50.8	30.8	14.0	2.0	2.4	349.655	20	<0.001
	大二	42.2	33.2	19.6	2.9	2.1			
	大三	41.1	34.2	19.8	2.9	2.0			
	大四(大五)	42.0	34.1	19.0	2.8	2.1			
	硕士生	45.5	34.0	16.6	2.2	1.7			
	博士生	41.8	35.0	17.6	3.2	2.4			
学生干部经历	有	45.7	33.2	16.6	2.5	2.0	128.546	4	<0.001
	无	40.8	33.1	21.0	2.8	2.3			

二、校园文化活动

校园文化是高校在长期发展过程中积淀形成的人文精神和历史底蕴,它涵盖了校风学风、文化活动、规章制度等多方面,往往以校园文化活动的形式延续传扬。作为涵养校园文化的重要载体,各类文化活动的开展情况直接影响着优良校风学风的建设、学生的全面发展、良好师生关系的培育,其中蕴含的思想政治教育价值是高校思想政治工作者开展教育引导的重要依照。不仅如此,于青年大学生而言,校园文化活动既是内容丰富且形式多样的第二课堂,又是彰显个性、表达自我、体现价值、丰富阅历的宝贵途径。本节通过考察高校校风和学风、校园文化活动、社会实践、社团活动的建设开展情况,衡量当前高校校园文化活动服务大学生日常思想政治教育工作的质效。

（一）对校风和学风建设的满意度评价

一所高校的校风和学风,犹如阳光和空气决定万物生长一样,直接影响着学生学习成长。好的校风和学风,能够为学生学习成长营造好气候,创造好生态。校风和学风是一所高校文化特质的具体凝练和集中体现,调研大学生对校风学风建设的满意度有助于丰富对校园文化活动开展有效性的评价。

1. 总体情况

整体上大学生对所在高校的校风和学风建设满意度较高,多数受访者对学校相关工作表示肯定。如图 9-8 所示,当被问及对校风和学风建设满意度时,45.1%的大学生评价非常满意,35.0%的受访者比较满意建设情况,意味着校风和学风建设收获了超八成受访大学生群体的肯定,当前高校校风学风整体良好。而认为学校相关工作还无法令人满意的人数比例为4.0%,其中表示不大满意和很不满意的人数均为2.0%,另有15.9%对建设情况持一般态度。为从整体上考察受访群体的满意度,课题组对"非常满意""比较满意""一般""不大满意""很不满意"分别赋值5分、4分、3分、2分、1分进行均值比较分析,得到统计结果为4.19,位于"非常满意"与"比较满意"区间,印证了好的校风学风对大学生们的学习成长具有积极的促进效应,大学生群体对所在学校的校风和学风建设总体满意,同时反映出校园文化活动开展良好,为培育良好的校风学风创造了有利条件。

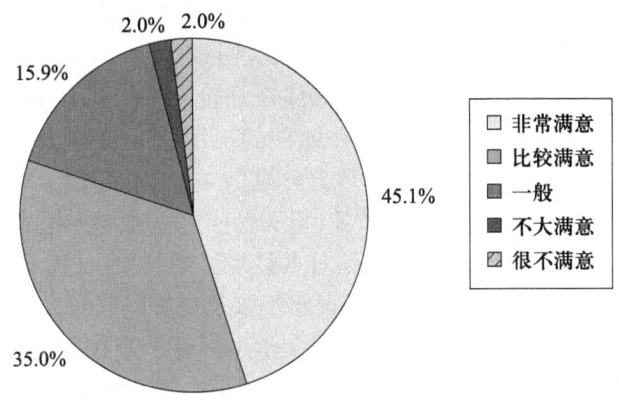

图9-8 大学生对所在高校校风和学风建设的满意度评价

2. 不同群体大学生对校风和学风建设满意度的差异

为进一步研究不同群体大学生对校风和学风建设的满意度,课题组结合人口学变量对数据进行了均值比较分析,将满意度评价的五个等级"非常满意""比较满意""一般""不大满意""很不满意"分别赋值5分、4分、3分、2分、1分,得分越高意味着该学生群体给予的评价越高,相关工作开展得越好。如表9-6所示,不同成长背景和教育因素的大学生群体对校风和学风建设情况呈现出不同评价。

表9-6 不同群体大学生对所在高校校风和学风建设满意度的均值比较

		均值	标准差	统计量及显著性水平
生源地类别	农村	4.16	0.918	$T=71.315^{***}$
	城镇	4.23	0.902	
政治面貌	党员	4.24	0.885	$T=32.495^{***}$
	非党员	4.18	0.917	
学历层次	本科生	4.18	0.918	$F=20.091^{***}$
	硕士研究生	4.25	0.877	
	博士研究生	4.19	0.923	
学生干部经历	有	4.22	0.899	$T=115.204^{***}$
	无	4.11	0.944	

注:*** 表示 $P<0.001$。

从生源所在地类别来看,不同生源地类别的大学生群体对所在学校校风和学风建设的满意度有所不同($T=71.315,P<0.001$),城镇生源大学生评价的均值得分为4.23,高于农村生源大学生的此项统计数据(4.16),说明生源地为城镇的受访者中更多数给予了更高的满意度评价。

从政治面貌来看,不同政治面貌的大学生群体对所在高校校风和学风建设的满意度评价存在差异($T=32.495$,$P<0.001$),党员大学生对此的满意度评价均值得分为4.24,非党员学生群体的均值得分为4.18,可见,相较受访者中的非党员群体,党员大学生更为肯定校风和学风状况。该结果一方面反映出学生党员们从良好风气中汲取到成长养分,另一方面说明这部分学生群体总体上拥有较好的学习习惯和文明素养。

从学历层次来看,不同学历层次大学生群体在评价学校校风和学风建设时的满意态度存在差异($F=20.091$,$P<0.001$)。硕士生在此项的统计数据在各学历层次中最高,均值结果为4.25,本科生和博士生的满意度均值得分分别为4.18和4.19。对于本科教育而言,优良的校风和学风直接影响着学生的成长成才,事关落实好立德树人根本任务,统计结果说明高校此项工作仍具有一定提升空间,尤其是对本科生思想素质、文明意识、学习态度的塑造和涵育,未来高校应更加重视校风学风的建设水平以及良好风气对大学生们的思想引领。

从学生干部经历来看,是否拥有此经历对大学生们评价高校校风和学风建设时的态度存在影响($F=115.204$,$P<0.001$)。相较未曾担任过学生干部的受访者(4.11),有过这一经历的大学生群体总体满意度明显更高,均值得分为4.22。可见,学生干部可能曾参与过学风建设工作,因而无论是对校风学风建设举措的熟悉程度,抑或是投入各类建设活动的组织开展,相关经历对他们给予满意评价产生了一定积极影响。

(二)对校园文化活动的满意度评价

丰富多彩的校园文化活动肩负着传承校园文化和展现大学生风采的双重任务,高质量的文化活动既应拥有育智之用,更应彰显育德之效。当前高校党团组织和学生工作部门高度重视各类校园文化活动的开展,将内容触角延伸至思想价值、学业就业、文艺体育等多方面,活动空间也由线下拓展至线上。不少高校还在文化活动和网络文化活动上齐发力,为青年学生的成长注入引力、动力、活力。

1. 总体情况

大学生对校园文化活动满意度的评价既是衡量活动吸引力的关键参照,也是检验活动成效的重要标准,系统优质的校园文化活动自然能收获到大学生群体的点赞好评。大学生群体对所在高校开展的校园文化活动的满意度评价为"非常满意""比较满意""不大满意""很不满意"五个等级,将其分别赋值5分、4分、3分、2分、1分,通过均值分析可得结果为4.15,位于"非常满意"和"比较满意"区间,说明大多数受访者满意校园文化活动的开展情况和实际效果。如图9-9所示,78.1%的受访者满意学校举办的校园文化活动,其中持"非常满意"评价的人数比例为44.1%,"比较满意"的人数比例为34.0%,而表达不满意的受访者占总人数的4.8%,认为开展情况"一般"的比例为17.1%。可见,大学生整体满意度高,普遍认为当前校园文化活动开展较好。

课题组通过回顾近几年大学生对所在高校校园文化活动的评价数据,了解群体满意度的年际变化情况,发现总体满意度始终保持较高水平,说明校园文化活动获得大部分学生认可,呈现出参与高、反响好、成效足等可喜状貌。但不可忽视的是,2021年调研数据相较2018—2020年间的结果有所下滑,甚至比2018年数据(87.9%)低9.8个百分点。于高校学生工作部门而言,应及早探明满意度出现小幅波动的原因,适时调整工作着力点,多举办大学生们喜闻乐见且积极向上的文化活动,有效推动高校思想政治工作提质增效(图9-10)。

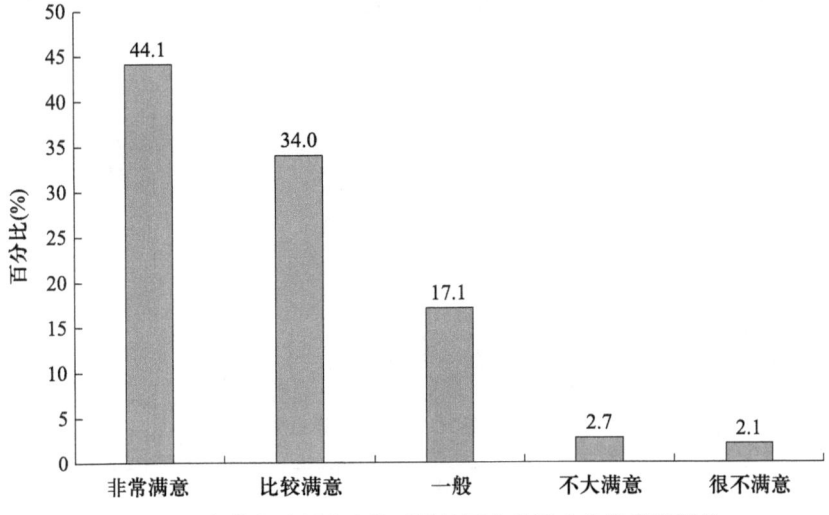

图 9-9 大学生对所在高校开展校园文化活动的满意度评价

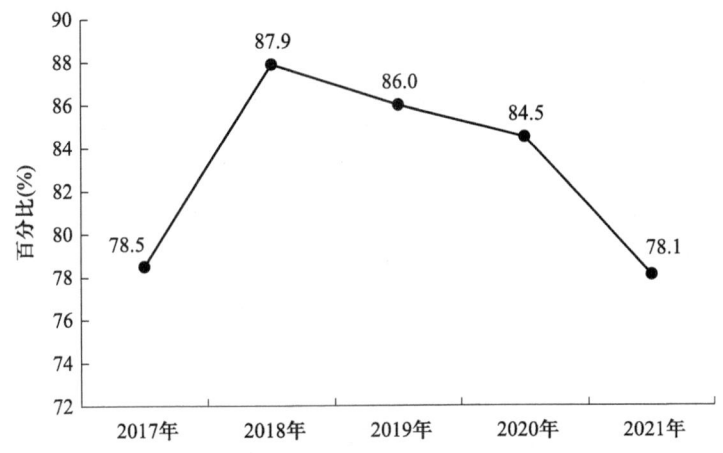

图 9-10 2017—2021 年大学生对所在高校校园文化活动评价情况

　　近年来,高校持续拓宽校园文化活动的形式、内容、场域,同时加大网络思想政治教育推进力度,全域开展大学生思想政治工作,将文化活动延伸至网络空间,创造了不少青年大学生们感兴趣且有收获的线上线下品牌活动。为进一步研究分析当前校园网络文化活动和校园文化活动的组织情况,课题组对大学生群体进行了相关调研。

　　针对新媒体文化节活动、网络优秀作品展播、微电影(视频)创作、网络文明进校园四种具有代表性的校园网络文化活动,大学生的了解和参与情况有所不同。如图 9-11 所示,72.4%的受访者表示学校组织过微电影(视频)创作活动,这一比例位居四类活动之首,可见高校普遍注重形式创新,以影音为载体的活动方式深受大学生的认可。根据选择"开展过"的人数比例从高至低,其他三类活动的开展情况排序分别是网络文明进校园(68.2%)、网络优秀作品展播(66.4%)、新媒体文化活动(63.4%),而表示未开展这些活动的人数比例均在7.0%以内,数据一方面说明当前高校网络文化活动作为新兴的校园文化建设途径,正如火如荼地发展起来;另一方面,仍有至少超过两成的大学生表示不清楚上述校园网络文化活动,尤其有 29.6% 的受访者不清楚高校是否组织过新媒体文化节活动,也指出了当前此类活动在设计举办、宣传引导、效果启发方面存在不足。

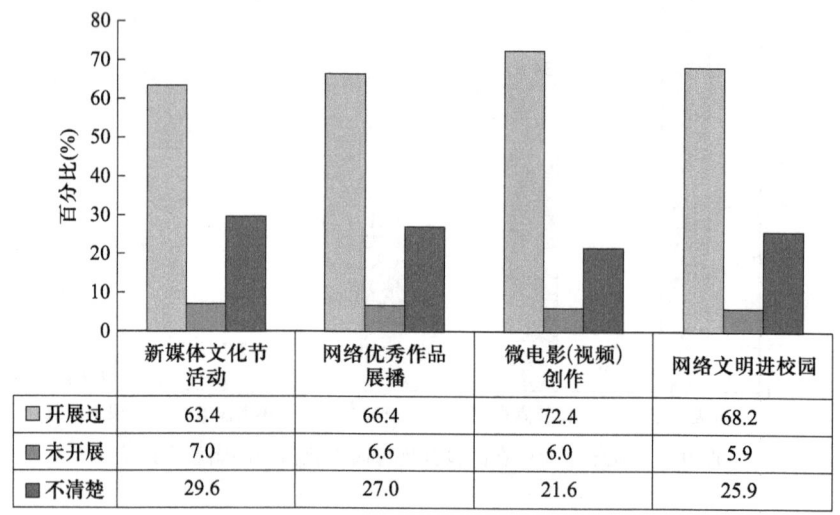

	新媒体文化节活动	网络优秀作品展播	微电影(视频)创作	网络文明进校园
□ 开展过	63.4	66.4	72.4	68.2
■ 未开展	7.0	6.6	6.0	5.9
■ 不清楚	29.6	27.0	21.6	25.9

图 9-11 高校开展校园网络文化活动的情况

相较于网络文化活动,大学生群体对传统的线下校园文化活动的熟悉度和参与度明显更高。对于"文明校园创建活动""文化艺术节""优秀传统文化进校园""诵读经典"四类文化活动,受访者中表示所在高校"开展过"的人数比例分别为 76.9%、79.6%、72.0%、71.7%,而不清楚是否组织过的人数比例分别为 18.6%、15.7%、22.8%、22.8%,可见文化艺术节是高校普遍开设的校园文化活动,而诵读经典类活动组织得略少,高校在校园文化建设方面更侧重以文艺活动形式为抓手,文化类活动的比重稍轻,如何更系统全面地实现以文化人以文育人是高校思想政治工作者应继续拓展和深耕的建设领域(图 9-12)。

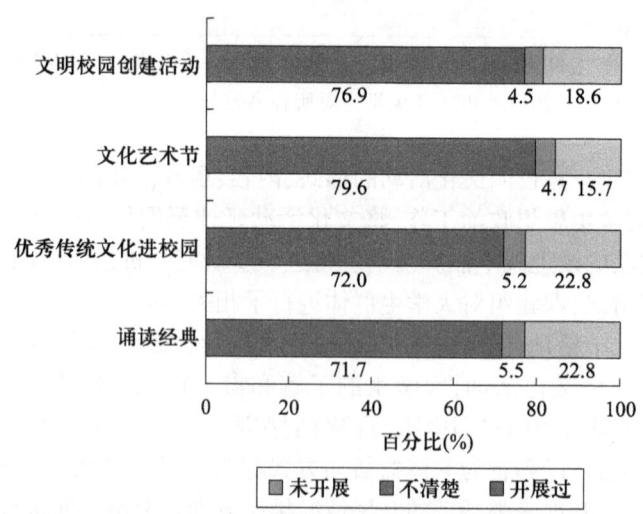

图 9-12 高校开展校园文化活动的情况

2. 不同群体大学生对校园文化活动满意度的差异

为进一步研究不同群体大学生对校园文化活动的满意度,课题组结合人口学变量对数据进行了均值比较分析,将满意度评价的五个等级"非常满意""比较满意""一般""不大满意""很不满意"分别赋值 5 分、4 分、3 分、2 分、1 分,得分越高说明校园文化活动在大学生群体的满意度越高。统计分析显示,不同自然因素、成长背景和教育因素的大学生群体对校园文化活动开展情况的认可度存在差异。

从性别来看,男女生评价校园文化活动的态度有所不同($T=144.530, P<0.001$),受访者中女生的满意度均值得分为 4.19,高于男生的均值统计结果(4.08),说明女生对学校开展的各类校园文化活动评价更高,这与女生群体总体上参加学生活动的热情和兴趣更加浓厚相印证。

从生源地类别来看,不同生源地的大学生群体对校园文化活动的满意度存在差异($T=55.244, P<0.001$),生源地为农村的大学生群体满意度均值得分为 4.16,城镇生源学生的此项统计得分为 4.23,更为满意学校组织的校园文化活动。可见如何通过提升校园各类文化活动的覆盖和影响,关照农村生源大学生群体的成长发展,有待高校学生工作队伍进一步思考研究。

从学历层次来看,不同学历层次大学生对学校组织的文化活动有着不同的满意度($F=43.662, P<0.001$),大一年级学生的满意度均值比较得分最高,结果为 4.24,硕士生的均值得分(4.19)位居其次,本科其他各年级间的统计结果由高至低分别为大四(4.12)、大二(4.09)、大三(4.08)。综上,校园活动于大一年级学生而言是充满新鲜感的,但对高年级学生的吸引力有限,且大二、大三年级学生参加各类学生活动的热情和兴趣也不及此前,因此满意度相较大一年级学生有所下滑。统计结果提示高校应进一步加强全程育人,在各式"一年级计划"基础上加强面向高年级学生的校园文化建设,有针对性地开展符合他们思想需求和现实需求的主题活动。

从学生干部经历来看,相关学生经历对大学生评价校园文化活动的满意程度存在影响($T=69.836, P<0.001$)。由表 9-7 可知,拥有学生干部经历的大学生群体的评价更高,满意度均值得分为 4.17,高于未担任过学生干部的受访者群体,后者的均值得分为 4.08,这一结果与学生干部深入参与校园文化活动的组织筹办存在密切相关。

表 9-7　不同群体大学生对所在高校校园文化活动满意度的均值比较

		均值	标准差	统计量及显著性水平
性别	男	4.08	1.013	$T=144.530$***
	女	4.19	0.897	
学历层次	大一	4.24	0.934	$F=43.662$***
	大二	4.09	0.973	
	大三	4.08	0.947	
	大四	4.12	0.938	
	硕士	4.19	0.917	
	博士	4.15	0.932	

续表

		均值	标准差	统计量及显著性水平
生源地类别	农村	4.16	0.918	$T = 55.244$ ***
	城镇	4.23	0.902	
学生干部经历	有	4.17	0.940	$T = 69.836$ ***
	无	4.08	0.954	

注：*** 表示 $P < 0.001$。

（三）对社会实践活动的满意度评价

习近平总书记曾勉励青年知行合一，做实干家，"不论学习还是工作，都要面向实际、深入实践，实践出真知"①。社会实践是高校大学生的第二课堂，构建起理论与应用的桥梁，具有丰厚宝贵的育人价值。高校思想政治工作加强对大学生社会实践的引导不仅是锤炼青年学子的能力、定力、耐力，培育时代新人之需，更是勉励年轻人只有到基层中去，到实践中去，到人民中去，才能真正发挥所长，为国家经济社会发展贡献力量。

1. 总体情况

调研显示，大学生们总体上满意学校组织的社会实践活动，当要求"根据学校具体情况评价社会实践工作"时，77.2%的受访者予以积极评价，其中非常满意此项工作的人数占比43.2%，比较满意的占比34.0%。仅2.5%和1.9%的受访者认为不大满意和很不满意学校社会实践活动。课题组通过均值分析统计方法，将满意度评价的五个等级"非常满意""比较满意""不大满意""很不满意"分别赋值5分、4分、3分、2分、1分，得到结果为4.14，位于"非常满意"和"比较满意"区间，意味着当前高校社会实践工作开展情况总体向好，学生认可度高，为青年成长迈向广阔天地创造了良好条件。

为进一步了解近年高校社会实践工作的开展情况，课题组回顾了2016年以来的统计数据。如图9-13所示，在给予满意评价方面，大学生群体对学校社会实践活动的认可度总体呈向好发展的趋势，2016年、2017年对此给予满意相关评价的受访者人数分别占69.2%和74.1%，而后各年度满意度均高于上述两年，尤其2018年的统计数据达到86.3%。2016年至2018年间社会实践活动的学生满意度大幅提升，说明高校高度重视组织此项工作，采取了系列有效举措引导学生深入开展实践。但应当注意的是，2018年后的满意度数据有下滑趋势，这提示学生工作队伍应加强思考研判，促进社会实践朝专业化和深层化发展，真正以优质的实践活动引领青年成长成才，充分发挥好其丰富的思想政治教育功能。

2. 不同群体大学生对社会实践活动满意度的差异

为进一步考察学校社会实践活动在不同大学生群体中的认可情况，课题组结合人口学变量对数据进行了均值比较分析，将"非常满意""比较满意""一般""不大满意""很不满意"五个评价等级分别赋值5分、4分、3分、2分、1分，得分越高说明满意度越高。统计结果显示，不同自然因素、成长背景、教育因素对大学生评价所在学校社会实践活动存在显著影响（见表9-8）。

① 习近平：《在北京大学师生座谈会上的讲话》，人民出版社2018年版，第14页。

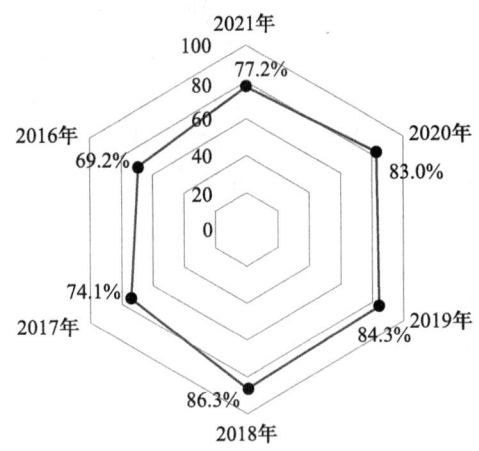

图 9-13　2016—2021 年大学生对所在高校社会实践活动评价为"满意"的情况

表 9-8　不同群体大学生对所在高校社会实践活动满意度的均值比较

		均值	标准差	统计量及显著性水平
性别	男	4.09	0.988	$T = 81.991$***
	女	4.17	0.895	
生源地类别	农村	4.10	0.941	$T = 94.579$***
	城镇	4.18	0.922	
学历层次	大一	4.23	0.926	$F = 46.431$***
	大二	4.08	0.954	
	大三	4.06	0.949	
	大四	4.11	0.924	
	硕士生	4.19	0.900	
	博士生	4.14	0.914	
政治面貌	党员	4.17	0.909	$T = 16.488$***
	非党员	4.13	0.938	
学生干部经历	有	4.16	0.925	$T = 86.318$***
	无	4.06	0.953	

注：*** 表示 $P < 0.001$。

　　从性别来看,男女生对社会实践活动的评价有所不同,女大学生的满意度高于男大学生($T = 81.991, P < 0.001$)。受访者中男大学生的满意度均值得分为 4.09,女大学生这一统计结果为 4.17,可见女大学生参与学校组织的社会实践活动的热情度和获得感更高。

　　从生源地类别来看,不同生源地的学生群体对学校社会实践工作的满意有所差异($T = 94.579, P < 0.001$)。农村生源大学生在评价学校社会实践活动时给予评价的均值得分为

4.10,低于城镇生源的满意度均值得分(4.18),说明总体上生源来自城镇的大学生群体对所在学校社会实践活动更加满意,未来高校应加强学生参与社会实践的组织动员,鼓励更多农村生源大学生们在广袤的祖国大地上积极投身实践,提升参与社会实践活动的兴趣和能力。

从学历层次来看,不同学历层次大学生对社会实践活动的满意度存在显著差异($F = 46.431, P < 0.001$)。根据均值分析结果,大一年级学生的评价为所有年级中最高,均值得分4.23,硕士次之,统计数据为4.19。如图9-14所示,大一年级受访者中选择满意相关评价项的人数占比超八成,大二年级和大三年级学生表示满意的人数比例分别为74.4%和74.5%,大四年级的此项统计数据为76.1%,硕士生和博士生群体对社会实践活动给予"非常满意"和"比较满意"评价的人数比分别为79.5%和77.6%。可见,整体上研究生相较于本科生更为肯定学校的社会实践工作,就本科各年级而言,大一年级学生参与社会实践活动热情高涨,课余时间投入不少时间精力在各类社会实践中,为融入第二课堂学习、树立学思践悟意识、锻炼社会实践本领起到指引作用。高年级学生的满意度偏低现象一方面与学业任务增加后一定程度上参与实践的精力减少有关,另一方面也提醒思想政治工作者应不断拓宽实践工作的覆盖面,延展活动内涵,增加有效吸引,侧重开展更多深度的、有特色的、与专业学习关联度高的社会实践活动。

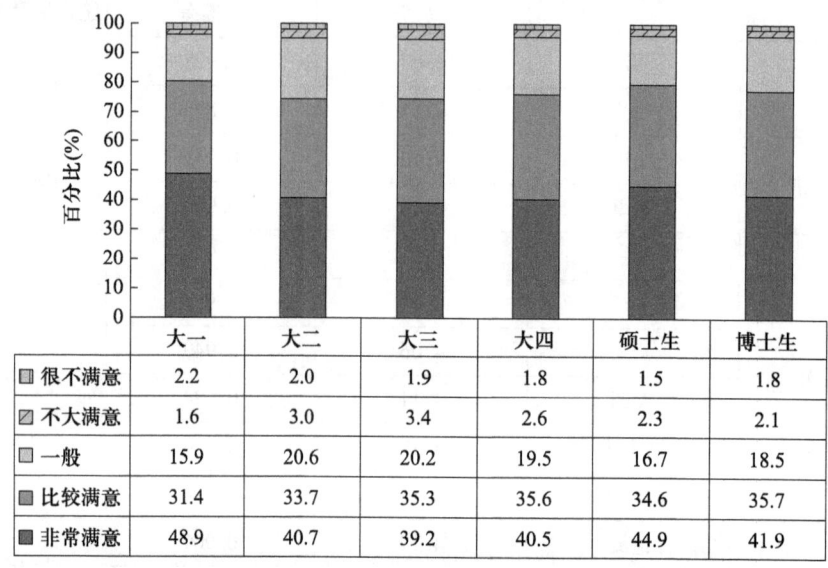

	大一	大二	大三	大四	硕士生	博士生
很不满意	2.2	2.0	1.9	1.8	1.5	1.8
不大满意	1.6	3.0	3.4	2.6	2.3	2.1
一般	15.9	20.6	20.2	19.5	16.7	18.5
比较满意	31.4	33.7	35.3	35.6	34.6	35.7
非常满意	48.9	40.7	39.2	40.5	44.9	41.9

图9-14   不同学历层次大学生对所在高校社会实践活动的满意度评价

从政治面貌来看,党员大学生与非党员大学生评价社会实践活动的态度有所不同($T = 16.488, P < 0.001$)。由表9-8可知,二者的满意度评价均值得分分别为4.17和4.13,党员群体更加满意学校组织开展的社会实践活动,注重参与社会实践的锻炼,将理论与实际相结合,以所学本领开展基层实践,从中真正收获成长。这提示高校思想政治工作者要加强非党员群体的实践教育,运用好社会实践丰富的育人资源,发挥对非党员群体的价值引领功能。

从学生干部经历来看,相关经历对受访者在此项上的满意度评价存在显著影响($T = 86.318, P < 0.001$)。曾担任学生干部的大学生群体对学校社会实践活动的好评率明显高于没有相关经历的受访者,前者的满意度均值得分为4.16,后者的统计结果为4.06,反映出社

会实践活动对两者间的参与率、认可度、影响力具有影响,学生工作的相关实践经历对青年人的成长有所助益,社会实践活动能帮助大学生增长见识、夯实本领。

(四) 对社团活动的满意度评价

当前各高校学生社团林立多样,囊括了思想文化、学习成长、文艺体育、志愿服务等多个范畴,提供了多彩有益的社团活动套餐,极大地丰富了大学生们的第二课堂。积极向上的社团活动承载和体现着良好的校园文化,成为构建文明美丽校园的重要组成部分。

1. 总体情况

大学生对社团活动的满意度直接反映出高校通过社团活动引领青年、教育青年、服务青年的能力和质效,调研显示,当被问及如何评价所在高校此项工作时,77.7%的受访者回答满意,其中给予"非常满意"评价的人数比例为44.2%,"比较满意"的比例为33.5%。如图9-15所示,在所有受访者中持负向评价,即认为"不大满意"或"很不满意"现有社团活动的人数仅占4.9%,可见整体上大学生们肯定学校社团工作,积极评价开展的各类社团活动。

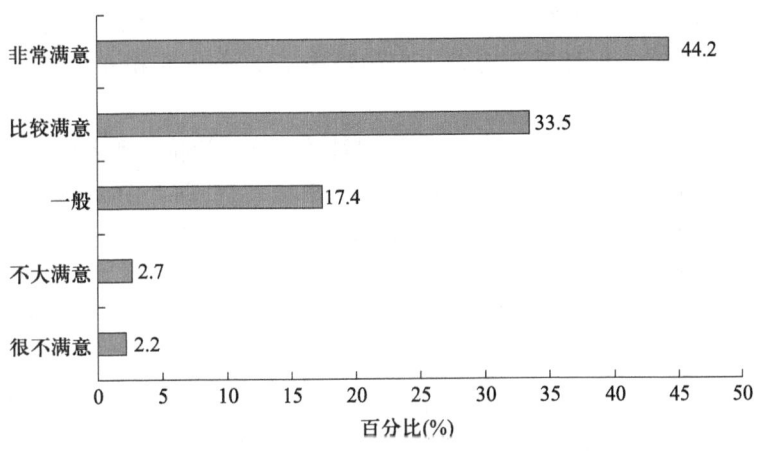

图9-15　大学生对所在高校社团活动的满意度评价

课题组回顾了2015年以来的统计数据,大学生群体的满意度分别为69.4%(2015年)、73.3%(2016年)、76.6%(2017年)、85.8%(2018年)、84.4%(2019年)、83.7%(2020年),可见2015年至2018年间,学生社团工作在高校蓬勃发展,逐步收获大量认可,2018年以来,学生满意度整体呈平稳态势,本年度数据略有下降。于高校而言,应进一步加强社团和社团活动的管理,增强其思想政治教育功能,提升活动吸引力、服务力、影响力,打造更多优质精品特色的社团活动。

2. 不同群体大学生对社团活动满意度的差异

大学生对社团活动的评价受到自然因素、成长背景、教育因素的影响,不同群体间的满意度存在显著差异。课题组结合人口学变量考察群体满意度情况,通过均值比较分析,将"非常满意""比较满意""一般""不大满意""很不满意"五个评价等级分别赋值5分、4分、3分、2分、1分,得分越高则意味着满意度越高(见表9-9)。

表9-9 不同群体大学生对所在高校社团活动满意度的均值比较

		均值	标准差	统计量及显著性水平
性别	男	4.08	1.017	$T = 126.917^{***}$
	女	4.19	0.901	
生源地类别	农村	4.11	0.949	$T = 86.064^{***}$
	城镇	4.19	0.945	
学生干部经历	有	4.17	0.942	$T = 89.125^{***}$
	无	4.07	0.964	

注: *** 表示 $P<0.001$。

从性别来看,男女大学生对学校社团活动的评价有所不同,女大学生的满意度更高。男大学生的满意度均值得分为4.08,低于女大学生的统计数据(4.19),八成女大学生在评价学校社团活动时选择了"非常满意"和"比较满意"项,相较前者高出6.2个百分点。而在不满意评价方面,男女大学生的选择人数比例分别为6.5%和3.9%($\chi^2 = 326.301, P<0.001$),由此可见女大学生们的社团活动参与率相对更高,从中收获到积极向上的力量。

从生源地类别来看,不同生源大学生群体对社团活动的评价有所不同。由表9-9可知,城镇和农村生源学生的满意度均值得分分别为4.19和4.11,前者中78.8%的受访者评价学校目前开展的社团活动令人满意,生源地为农村的大学生持相同看法的人数比例为76.5%($\chi^2 = 142.432, P<0.001$)。

从学生干部经历来看,是否拥有相关经历影响着受访者对社团活动作出的评价。如图9-16所示,曾担任过学生干部的大学生们更为积极地肯定学校社团工作,"非常满意"和"比较满意"社团活动开展情况的人数比例达到78.7%($\chi^2 = 125.718, P<0.001$),不满意的人数仅占4.7%,两项数据均优于无此经历的群体,后者的满意和不满意度分别为74.0%和5.1%。在均值分析统计上,拥有学生干部经历的受访者的满意度均值得分为4.17,未曾担任过学生干部的群体满意度均值得分为4.07。

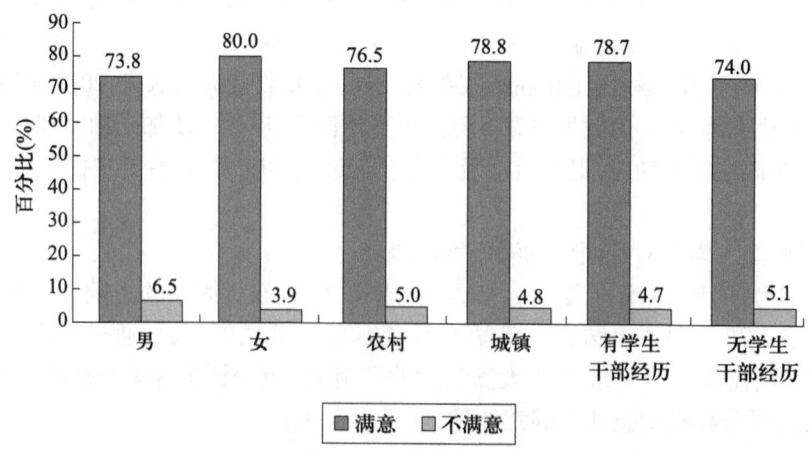

图9-16 不同群体大学生对所在高校社团活动评价"满意"和"不满意"的情况

三、网络思想政治教育

"互联网是一个社会信息大平台，亿万网民在上面获得信息、交流信息，这会对他们的求知途径、思维方式、价值观念产生重要影响，特别是会对他们对国家、对社会、对工作、对人生的看法产生重要影响。"①这就强烈呼唤着思想政治教育应及时抢占网络阵地，坚持传统优势与形式创新相结合，尤其对思想蓬勃多变的 90 后、00 后"网络原住民"而言，加强网络思想政治教育的重要意义不言而喻。习近平总书记在全国高校思想政治工作会议上明确指出，"要运用新媒体新技术使工作活起来，推动思想政治工作传统优势同信息技术高度融合，增强时代感和吸引力。"②为此，越来越多高校注重抢抓先机，主动求变，将思想政治理论课主渠道与网络资源相互匹配生产优质内容，将日常思想政治教育主阵地与新媒体深度融合拓展教育成效，积极打造"两微一抖"网络思想政治教育平台矩阵，为青年大学生的成长发展引航向。

（一）总体情况

当前，思政慕课、云端思政、网络微党课、微团课等新兴教育形式延展了思想政治教育的广度和深度，新媒体文化节、网络优秀作品展播、微电影创作等精品网络活动丰富了思想政治教育的内容和途径，大学生们参与其中的切身感受和所获成长直接决定着他们对高校网络思想政治教育的评价。调研显示，42.6% 的受访者在被问及如何评价学校网络思想政治教育工作时给予"非常满意"评价，33.6% 的人评价"比较满意"，认为"一般"的人数比例为 19.6%，仅 4.2% 的受访者选择了"不大满意"或"很不满意"。课题组进一步对数据进行了均值分析，将"非常满意""比较满意""一般""不大满意""很不满意"分别赋值 5 分、4 分、3 分、2 分、1 分，所得结果为 4.13，位于"非常满意"和"比较满意"区间，两项统计均清晰呈现了当前高校网络思想政治教育的受众评价趋向，即整体满意度较高，青年大学生给予好评。

为考察近年网络思想政治教育在高校的开展情况和大学生群体的反馈变化，课题组回顾了 2016 年以来的此项统计数据。如图 9-17 所示，2016 年至 2020 年间，大学生对学校开展的网络思想政治教育工作愈发肯定，满意度呈逐年上升趋势，从 2016 年 48.5% 增长至 2017 年 53.2%，再到 2018 年大幅提升至 75.2%，2019 年、2020 年的满意率则均超八成，分别为 81.9% 和 83.0%，数据充分说明网络媒体技术应用于思想政治教育工作的程度渐趋加深，网络思想政治教育不断蓬勃发展，高校逐步探索出一系列新的较为成熟的思想政治工作模式。相较于 2019 年、2020 年，2021 年度相关工作的学生满意度有所下滑，分别低 5.7 和 6.8 个百分点。于高校思想政治工作者而言，开展网络思想政治教育是新的教育环境下的必然要求，在经历快速发展期后如何实现长远建设，加强对经验的总结和应用，实现突破"瓶颈"的创新发展是应主动思考的课题。

---

① 习近平：《在网络安全和信息化工作座谈会上的讲话》，人民出版社 2016 年版，第 6 页。
② 习近平：《把思想政治工作贯穿教育教学全过程 开创我国高等教育事业发展新局面》，《人民日报》2016 年 12 月 9 日。

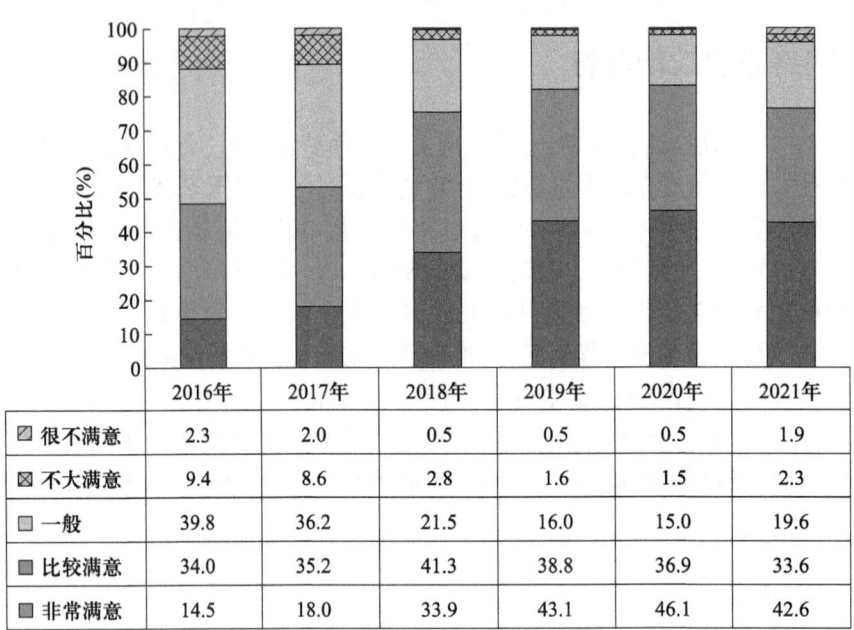

图 9-17   2016—2021 年大学生对所在高校网络思想政治教育的评价

（二）不同群体大学生对网络思想政治教育满意度的差异

为进一步了解高校网络思想政治教育的开展情况,分析不同群体对该项工作的认可度,课题组结合自然因素、成长背景、教育因素所包含的人口学变量进行了一般线性回归,将满意度五个等级"非常满意""比较满意""一般""不大满意""很不满意"分别赋值5分、4分、3分、2分、1分,得分越高说明该群体更加满意学校网络思想政治教育工作,反之满意度越低。按照 0.05 的检验标准,不同群体大学生对所在学校网络思想政治教育具体情况的评价有所不同,其中回归系数具有统计学意义的社会人口学变量有性别、生源地类别、学生干部经历、学校所属区域等,具体数据见表 9-10。

表 9-10   不同群体大学生对网络思想政治教育满意度的一般线性回归

自变量		非标准化系数		标准系数	统计量	显著性水平
		B	S. E.	Beta	*t*	*P*
常数项		4.304	0.042		102.873	0.000
性别男生(参照项:女生)		−0.113	0.009	−0.058	−11.920	0.000
民族汉族(参照项:少数民族)		0.052	0.013	0.019	3.902	0.000
年龄平方/100		−1.544	0.296	−0.035	−5.222	0.000
学历层次 (参照项:博士生)	本科生	−0.049	0.027	−0.023	−1.807	0.071
	硕士生	0.026	0.025	0.011	1.042	0.297
学科门类 (参照项:理工农医类)	人文科学类	0.005	0.011	0.002	0.455	0.649
	社会科学类	−0.010	0.011	−0.005	−0.956	0.339

续表

自变量		非标准化系数		标准系数	统计量	显著性水平
		B	S. E.	Beta	t	P
政治面貌党员(参照项:非党员)		0.004	0.011	0.002	0.370	0.712
生源地农村(参照项:城镇)		−0.049	0.010	−0.026	−4.938	0.000
有学生干部经历(参照项:否)		0.058	0.011	0.025	5.281	0.000
学校所属区域 (参照项:东北)	华东	−0.149	0.020	−0.066	−7.492	0.000
	华南	−0.306	0.023	−0.096	−13.222	0.000
	华中	−0.199	0.021	−0.081	−9.545	0.000
	华北	−0.105	0.020	−0.046	−5.229	0.000
	西北	−0.122	0.024	−0.035	−5.106	0.000
	西南	−0.306	0.021	−0.116	−14.302	0.000

$N=44866$ $R^2=1.6\%$ $F=41.426$

从性别来看,男女大学生对网络思想政治教育开展情况的认可度存在差异。回归模型显示,以女生为参照项,男大学生的满意度得分较其低 0.113 个单位,即在评价学校网络思想政治教育工作时,女大学生群体给予了更多积极评价,整体满意度更高。

从生源地类别来看,不同生源地类别的大学生群体呈现出不同的满意度倾向。数据表明,以生源地类别为农村作参照项,城镇生源大学生对所在学校网络思想政治教育的评价得分比农村生源大学生高 0.049 个单位,即城镇生源大学生满意度更高,结果也反映出当前网络思想政治教育在高校学生群体中的覆盖力、吸引力、影响力仍有进一步提升的空间。

从学生干部经历来看,是否有此经历影响着受访者作出的评价。由表 9-10 可知,担任过学生干部的受访者比未曾有学生干部经历的学生群体在满意度评价得分上高 0.058 个单位,说明更多拥有学生干部相关经历的大学生们接受到学校网络思想政治教育带来的向上向善的引领,认可此项工作带来的积极效应,相较其他学生给予更加满意的评价。

从学校所属区域来看,不同区域高校在网络思想政治教育工作上收获到的学生满意度评价存在显著差异。以东北地区为参照项,其他区域高校大学生的满意度得分均低于东北地区,来自华东地区、华南地区、华中地区、华北地区、西北地区、西南地区高校的受访大学生对所在学校网络思想政治教育具体情况的评价得分分别较东北地区低 0.149、0.306、0.199、0.105、0.122、0.306 个单位。

四、心理健康教育与咨询

高校落实立德树人根本任务不仅包括育智育德,也内含着育心的重要使命,培育时代新人同样要求以科学方法和人文关怀塑造学生乐观向上、健康平和的良好心态。青年学生群体心理特点复杂,抗挫能力和自我疏解能力有限,因此易于出现心理波动,进而陷入不良情绪的困境,需要学校心理咨询中心、心理教师、辅导员等群体予以及时的咨询、疏导、干预和保护。习近平总书记指出:"要加强社会心理服务体系建设,培育自尊自信、理性平和、积极向上的社会心态"①,这对高校心理健康教育与咨询工作提出了新的时代要求,即在有效应对学生心理困惑和提供心理支持的基础上,要服务于整个高校学生群体的情绪心态与精神面貌的提升和向好。作为事关大学生健康成长的重要一环,心理健康教育是高校思想政治工作不可或缺的组成部分。本节通过聚焦大学生对心理健康教育与咨询工作具体情况的评价,详细了解高校如何在育心工作上下功夫、求实效。

(一) 总体情况

目前诸多高校已形成较为系统科学的心理健康教育与咨询支持工作体系,针对学生心理困惑和负面情绪能够做到早发现、早干预。62.1%的受访者表示如果遇到心理问题会寻求心理咨询,这就需要一支专业的心理健康工作队伍持续为学生的健康成长保驾护航。调研显示,此项工作收获了大学生群体的肯定,77.1%的受访者积极评价心理健康教育与咨询工作,满意学校在大学生心理健康方面采取的系列举措,其中给予"非常满意"评价的人数占43.7%,评价"比较满意"的比例为33.4%。均值统计结果同样说明学生整体满意度较高,课题组将"非常满意""比较满意""一般""不大满意""很不满意"分别赋值5分、4分、3分、2分、1分,所得结果为4.14,位于"非常满意"和"比较满意"区间。相反,给予"不大满意"和"很不满意"等负向相关评价的人数仅占4.6%,持"一般"态度的比例为18.3%。综上所述,细致贴心的心理健康教育和专业温暖的心理咨询服务有效地帮助大学生们塑造健康平和的良好心态,在心理调适、情绪疏导、人文关怀、知识普及等方面开展的系列工作受到好评(图9-18)。

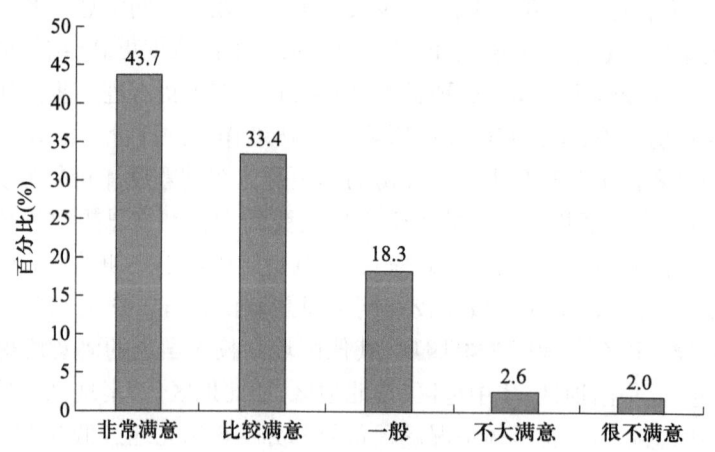

图9-18 大学生对所在高校心理健康教育与咨询工作的满意度评价

大学生群体对学校心理健康教育与咨询工作的评价整体向好,尤其在2016年至2019年间,学生满意度大幅提升,从60.7%增至83.6%。如图9-19所示,2019年以来满意度整体平稳,2021年统计数据虽略有下滑,但仍反映出良好态势,即受访者高度评价学校心理健康工作的人数比例保持在四成以上,近三年表示"非常满意"的比例分别为45.6%、47.5%、

① 《习近平谈治国理政》(第三卷),外文出版社2020年版,第38页。

43.7%。数据客观地反映出学校对心理健康教育与咨询工作愈加投入,对学生心理和精神层面的健康发展愈加重视,将其视为思想政治工作的重要任务,一系列卓有成效的工作举措不仅在唤起青年群体关注和重视自身心理健康,也为来询大学生提供了科学、有效、温暖的成长支持。同时,于高校思想政治工作者和心理健康教师而言,持续优化咨询服务供给,加强教育咨询科学化水平,培育塑造优良的学生心态仍任重道远。

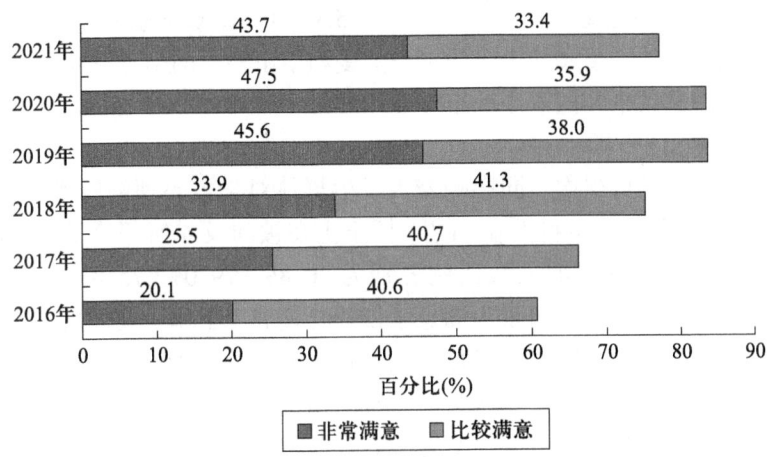

图 9-19　2016—2021 年大学生对心理健康教育与咨询工作评价为"满意"的情况

(二) 不同群体大学生对心理健康教育与咨询工作满意度的差异

为进一步分析大学生们对学校心理健康教育与咨询工作满意度的群体性差异,课题组对数据进行了交互分析,结果显示具有不同成长背景和教育因素的大学生在学校此项工作评价方面存在差异。

1. 基于成长背景的分析

统计分析发现,生源地类别、家庭类型对大学生评价所在高校心理健康教育与咨询工作存在显著影响,具体差异如下(表9-11)。

表 9-11　不同成长背景的大学生对所在高校心理健康教育与咨询工作满意度的交互分析

		心理健康教育与咨询工作(%)					卡方检验		
		非常满意	比较满意	一般	不大满意	很不满意	χ^2	df	P
生源地类别	农村	41.1	34.8	19.3	2.6	2.2	126.396	4	<0.001
	城镇	46.2	32.1	17.4	2.5	1.8			
家庭类型	双亲家庭	43.8	33.8	18.0	2.5	1.9	35.893	4	<0.001
	非双亲家庭	43.6	30.5	20.9	3.0	2.0			

从生源地类别来看,不同生源地类别的大学生对学校心理健康教育与咨询工作的满意度有所不同。如表 9-11 所示,城镇生源大学生评价此项工作的满意度为 78.3% (χ^2 = 126.396,$P<0.001$),农村生源学生的相应比例为 75.9%,较前者低 2.4 个百分点。而在不满意评价方面,生源地为城镇的受访者低于农村生源学生 0.5 个百分点。综上所述,农村生

源学生对心理健康教育与咨询服务同样具有较大需求和期待,高校应加强对该群体的心理疏导和人文关怀。

从家庭类型来看,不同家庭类型大学生对学校心理健康教育与咨询工作的满意度有所不同。双亲家庭大学生对此项工作的满意度为 77.6%($\chi^2 = 35.893$,$P<0.001$),其中评价"非常满意"和"比较满意"的人数比例分别为 43.8%、33.8%,不满意比例为 4.4%,上述统计数据均优于非双亲家庭(满意度:74.1%,不满意度:5.0%)。非双亲家庭大学生由于受成长背景和家庭环境影响,往往需要倾注更多的关心关爱和给予科学的引导和干预,最大化消弭可能的负面效应,保持健康平和的身心状态。

2. 基于教育因素的分析

从学历层次来看,学历层次不同影响着大学生群体对学校心理健康教育与咨询工作的评价。由表 9-12 数据可知,本科生、硕士生、博士生在被问及如何评价学校此项工作时,选择"非常满意"和"比较满意"的人数比例分别为 76.8%、79.0%、75.8%($\chi^2 = 364.326$,$P<0.001$),硕士研究生相较其他两者最为满意学校的心理健康工作。具体到本科各年级而言,大一年级受访者中表示满意的比例超过八成,为四个年级中最高,大二、大三年级学生的满意率均为 74.8%,大四学生中这一比例为 75.3%。由此可见,各高校在新生入学之初开展了系列心理健康教育活动,帮助新生顺利度过大学适应期,因而大一年级学生整体积极评价学校心理健康教育工作。不可忽视的是,高年级学生尤其是大二、大三年级学生的不良情绪调适和负面心态干预十分必要,他们面临学业压力、生涯发展、人际交往等多方面困惑,呈现的心理特点复杂各异,这部分群体的心理健康教育与咨询支持亟需高校重点关注。

表 9-12　不同教育因素的大学生对所在高校心理健康教育与咨询工作满意度的交互分析

		心理健康教育与咨询工作(%)					卡方检验		
		非常满意	比较满意	一般	不大满意	很不满意	χ^2	df	P
学历层次	大一	50.1	30.8	15.2	1.6	2.3	364.326	20	<0.001
	大二	41.3	33.5	20.3	2.8	2.1			
	大三	40.0	34.8	20.1	3.2	1.9			
	大四	41.0	34.3	19.9	3.0	1.8			
	硕士生	44.7	34.3	16.8	2.6	1.6			
	博士生	40.7	35.1	19.0	2.8	2.4			
学生干部经历	有	44.6	33.5	17.4	2.6	1.9	104.220	4	<0.001
	无	40.5	33.3	21.5	2.5	2.2			

从学生干部经历来看,是否拥有相关经历对大学生对学校心理健康教育与咨询工作的评价存在显著影响。对于曾担任学生干部的受访者而言,参与学校心理健康教育系列活动的兴趣更加浓厚,相关经历也有助于学生保持积极向上的健康心态,因而 78.1%的受访者对学校此项工作表示满意,其中评价"非常满意"的人数比例为 44.6%($\chi^2 = 104.220$,$P<0.001$),而未有学生干部经历的受访者中予以满意评价的比例为 73.8%,低于前者 4.3 个百分点。

五、学生资助

学生资助工作是落实立德树人根本任务,维护教育公平,推进人才强国战略的重要支持,国家对高校资助工作的重视程度逐渐凸显,已建立了以政府为主导,学校和社会积极参与的学生资助政策体系,从制度上保障不让一个学生因家庭困难而失学。2022 年政府工作报告中提到,2021 年"国家助学贷款每人每年最高额度增加 4000 元,惠及 500 多万在校生"[①]。近来,各高校不断完善学校资助育人体系,将学生资助工作纳入高校思想政治工作大局中来,逐步形成了涵盖国家奖助学金、助学贷款、学费减免代偿、校级助学金、寒衣补助、勤工助学等项目为一体的资助体系,更有不少高校推动资助工作由保障性资助向发展型资助转型,或将资助与自强、励志、诚信等教育相结合,充分发挥学生资助工作的育人价值。

(一) 总体情况

《高校思想政治工作质量提升工程实施纲要》中明确提出"十大育人"体系,其中"资助育人"作为大学生成长成才的重要保障,事关时代新人的培育与教育公平的落实。资助工作能否急困难学生之所急,想困难学生之所想,集中反映出大学生资助工作的开展水平和资助育人的成效质量。在本次调研中,课题组将受访者对学生资助的满意程度五个等级"非常满意""比较满意""一般""不大满意""很不满意"分别赋值 5 分、4 分、3 分、2 分、1 分,通过均值分析,得到统计结果为 4.17,位于"非常满意"和"比较满意"区间,说明整体上大学生满意学校资助工作,给予积极评价(图 9-20)。从具体各项比例来看,45.2%的受访者为学生资助工作给出"非常满意"评价,33.5%表示"比较满意",合并认可学校目前在学生资助事务上所做工作的人数占比达到 78.7%,而持相反态度的人数仅占总人数的 4.5%,其中选择"很不满意"的比例为 2.1%,另有 16.8%对此项工作评价"一般"。该数据一方面反映出学生资助工作收获认可值得肯定,另一方面也提出了新的要求,即学生资助作为一项事关学生发展的保障性工作,应更加注重受助者对工作的评价反馈,确保家庭经济困难学生都不会掉队。

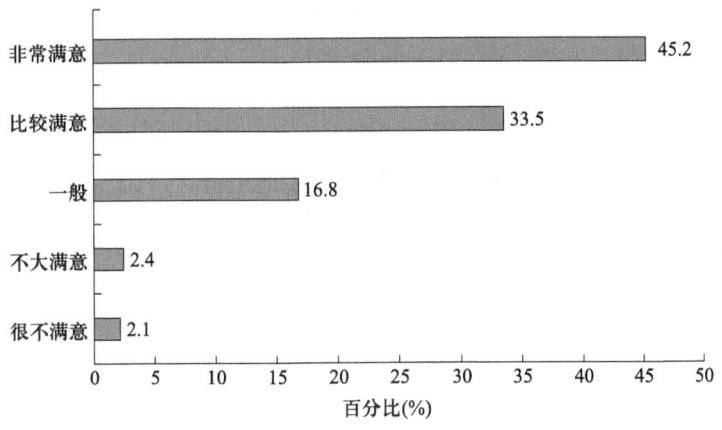

图 9-20　大学生对所在高校学生资助工作的满意度评价

① 李克强:《政府工作报告——二〇二二年三月五日在第十三届全国人民代表大会第五次会议上》,《人民日报》2022 年 3 月 13 日。

为进一步考察近年来大学生对学生资助工作的整体评价,课题组回顾了近年来的调研数据,如图 9-21 所示,受访者对学校资助工作的满意度大致可分为两个阶段,2015 年至 2018 年间,学生满意度呈逐年上升趋势,从 73.4% 提升至 86.3%,年际间增长幅度同样明显,而认为"很不满意"或"不大满意"的人数比例从 5.4% 逐年递减至 2018 年的 1.5%。2018 年以来,学生满意度略有下滑,2021 年度数据下降明显,较上一年度低 6.4 个百分点。在"非常满意"评价方面,2015 年至 2020 年间,学生们给予高度肯定的比例逐年递增,统计数据分别为 27.6%(2015 年)、28.6%(2016 年)、36.4%(2017 年)、43.7%(2018 年)、46.2%(2019 年)、48.5%(2020 年),2021 年度此项数据略微回落,可见大学生群体对学生资助工作好评度高,学校相关工作受到越来越多学生的高度认可,集中反映出资助工作在高校思想政治工作中受重视程度持续增加,取得一定实质性成效,更多经济困难学生从中获益,满足自身求学发展需要。但是,整体满意度和"非常满意"比例的下滑说明学生资助工作在实现思路转换的新发展中仍旧有提升空间,如何真正惠及所需群体,帮助他们实现从育智向育德、从保障向发展的方向迈进是值得高校继续探索的。

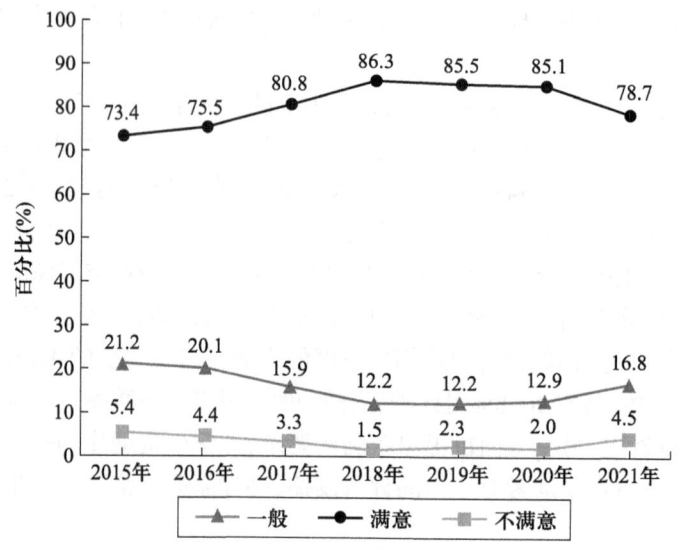

图 9-21　2015—2021 年大学生对所在高校学生资助工作的评价

(二)不同群体大学生对学生资助工作满意度的差异

为进一步了解不同群体大学生对学校资助工作具体开展情况的评价,课题组结合社会人口学变量,对不同成长背景和教育因素与调研数据进行了交互分析,结果显示不同生源地类型、独生子女情况、学校所属区域的大学生们对学生资助工作的满意度评价存在显著差异(图 9-22)。

从生源地类别来看,农村生源与城镇生源大学生在学校资助工作评价上的反馈有所不同。由表 9-13 可知,生源地为农村的受访者评价"非常满意"的比例为 42.9%($X^2 = 90.741$,$P < 0.001$),表示"比较满意"的比例为 34.8%,总体上该群体满意度为 77.7%,城镇生源大学生的这一统计数据较之高 1.9 个百分点,47.3% 的受访者以"非常满意"评价学校相关工作。而认为不满意方面,农村生源大学生的评价情况与城镇生源学生的数据分别为 4.9% 和

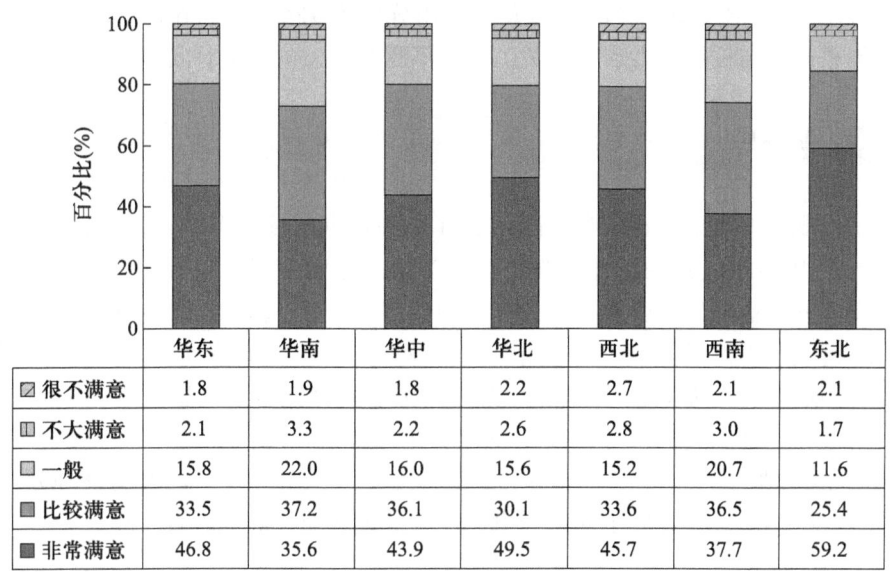

	华东	华南	华中	华北	西北	西南	东北
很不满意	1.8	1.9	1.8	2.2	2.7	2.1	2.1
不大满意	2.1	3.3	2.2	2.6	2.8	3.0	1.7
一般	15.8	22.0	16.0	15.6	15.2	20.7	11.6
比较满意	33.5	37.2	36.1	30.1	33.6	36.5	25.4
非常满意	46.8	35.6	43.9	49.5	45.7	37.7	59.2

图 9-22　学校所属区域不同的大学生对所在高校学生资助工作的评价

4.2%。由于生源地类型为农村的学生群体相对而言对学校资助工作的需求度更高,他们的满意度较为真实地反映出学生资助工作的发展现状,可见高校资助工作开展情况总体良好,不同生源地类型学生群体的满意度较高,但农村生源给予高度肯定的比例仍待进一步提升。

表 9-13　不同成长背景的大学生对所在高校学生资助工作满意度的交互分析

		学生资助工作(%)					卡方检验		
		非常满意	比较满意	一般	不大满意	很不满意	χ^2	df	P
生源地 类别	农村	42.9	34.8	17.4	2.6	2.3	90.741	4	<0.001
	城镇	47.3	32.3	16.2	2.2	2.0			
独生子女	是	47.7	32.0	15.9	2.3	2.1	83.329	4	<0.001
	否	43.5	34.5	17.0	3.0	2.0			

　　从独生子女情况来看,受访者是否为独生子女在此项考察上的评价情况有所差异。受访者中,近八成的独生子女大学生作出“非常满意”和“比较满意”评价,这一比例高非独生子女 1.7 个百分点,非独生子女群体表示“非常满意”的比例为 43.5%($\chi^2 = 83.329$,$P <$ 0.001),认为比较满意的比例为 34.5%,不满意率为 5.0%。与上述农村生源大学生类似,多子女家庭大学生同样对学生资助工作的需求度更高,学校资助事务的惠及程度影响着他们求学发展的机会。推动建设高质量学生资助体系有助于包括上述群体在内的更多确有所需的学生真正受益,减少他们前行的后顾之忧。

　　从学校所属区域来看,不同区域高校大学生对学生资助工作的评价存在显著差异。如图 9-22 所示,东北地区高校大学生的满意度位居各区域首位,尤其高度评价学校资助工作的人数占比高达 59.2%,总体上给予好评的比例为 84.6%。此外,华东地区和华中地区高校学生在此项的统计数据同样超过八成,华南地区、华北地区、西北地区、西南地区高校受访者选择"非常满意"或"比较满意"评价的人数占比分别为 72.8%、79.6%、79.3%、74.2%。东北地区和华东地区高校受访者表示相关工作尚不尽如人意的负向评价较少。

六、就业指导

就业工作既是对大学生在求学期间增长才干和习得本领的考察，又是对高校人才培养质量和育人能力的检验，这项工作始终在高校学生工作中占据着重要地位。大学生就业能力的培养离不开职业规划与就业指导教育和创新创业教育，尤其是 2022 年高校毕业生将超过 1000 万人，政府工作报告中明确指出要加强就业创业政策支持和不断线服务，深入开展大众创业，万众创新，增强双创平台服务能力。这意味着努力实现毕业生高质量更充分就业，是民生，也是国计。近年来各高校在强化生涯规划指导、就业信息发布、就业平台拓展、就业机制健全、就业能力提升、就业重点帮扶、就业权益保护、组织队伍建设等方面积极探索，致力于精准服务导向，开展了一系列卓有成效的创就业指导和教育工作。

（一）总体情况

本次调研从职业规划与就业指导教育和创新创业教育两个维度考察高校就业工作开展情况，发现当前大学生群体积极参与所在学校组织的职业规划与就业指导教育和创新创业教育，对教育成效给予积极评价。课题组将五个评价等级"非常满意""比较满意""一般""不大满意""很不满意"分别赋值 5 分、4 分、3 分、2 分、1 分，通过均值比较考察大学生对就业指导和双创教育的整体满意度，所得结果分别为 4.11 和 4.12，均位于"非常满意"和"比较满意"区间，可见学校针对职业规划与就业指导教育以及创新创业教育开展了系列卓有成效的工作，收获广大学生好评。具体来看，在职业规划与就业指导教育方面，75.5% 的受访者评价学校工作令人满意，其中反馈"非常满意"的人数比例为 42.3%，"比较满意"为 33.2%，表达"不满意"和"一般"意见的受访者群体占比分别为 5.0% 和 19.5%。在创新创业教育方面，分别有 42.2%、33.7% 的大学生给出"非常满意"或"比较满意"评价，整体满意率达 75.9%，受访者中仅 4.4% 认为学校引导学生创新创业的相关举措不尽如人意（图 9-23）。

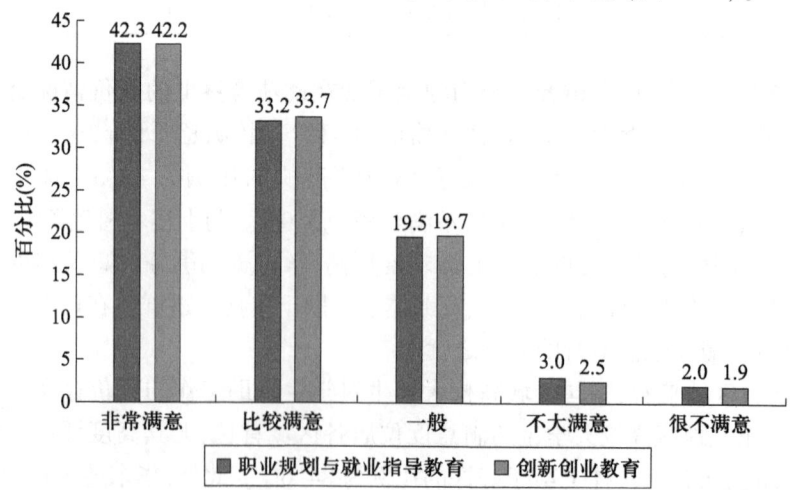

图 9-23　大学生对所在高校职业规划与就业指导教育和创新创业教育的满意度评价

如图 9-24 所示,课题组通过回顾四年的统计数据了解职业规划与就业指导教育和创新创业教育在大学生心目中的地位,考察学校就业相关工作发展水平和推进成效。数据表明,在 2018 年至 2020 年间大学生对职业规划与就业指导教育的满意度从 78.8% 增加至 80.6%,工作满意度逐年上升;学生对创新创业教育的满意度在这三年间保持稳定水平,数据分别为 82.8%(2018 年)、82.1%(2019 年)、82.4%(2020 年)。而在 2021 年调研中,两项工作的学生好评度均出现明显下降,对职业规划与就业指导教育具体开展情况评价满意(含"非常满意"和"比较满意")的比例较 2020 年低 5.1 个百分点,创新创业教育相应比例低 6.5 个百分点。这对高校提出了新的工作要求,如何有效引导且精准帮扶学生在拥有超过千万毕业生的就业市场中脱颖而出,顺利实现择业,提升创就业能力,这一任务更加艰巨,学生的依赖度和期待值也更高。

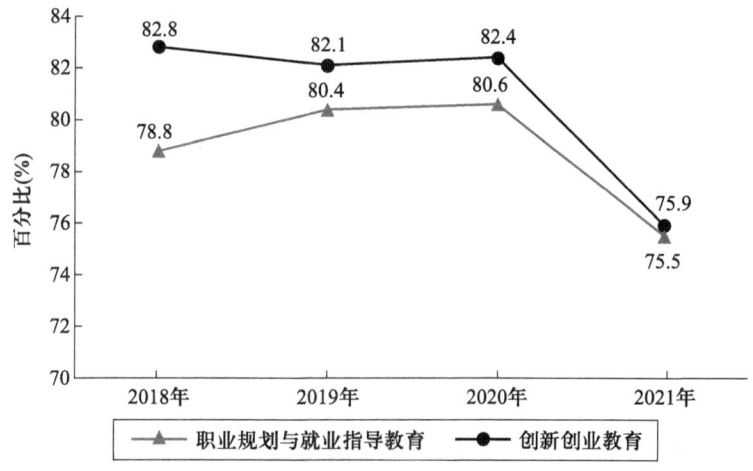

图 9-24　2018—2021 年大学生对职业规划与就业指导教育和创新创业教育评价"满意"的情况

(二) 不同群体大学生对职业规划与就业指导教育和创新创业教育满意度的差异

为进一步了解不同群体大学生对学校职业规划与就业指导教育和创新创业教育的评价情况,课题组将满意度评价的五个等级"非常满意""比较满意""一般""不大满意""很不满意"分别赋值 5 分、4 分、3 分、2 分、1 分,结合人口学变量对受访者满意度进行均值比较分析,得分越高说明该群体的满意情况越好,更认可和肯定学校就业工作。结果显示,不同成长背景和教育因素的大学生群体对职业规划与就业指导教育和创新创业教育的好评度存在差异(见表 9-14)。

表 9-14　不同群体大学生对所在高校职业规划与就业指导教育和创新创业教育满意度的均值比较

		职业规划与就业指导教育			创新创业教育		
		均值	标准差	统计量及显著性水平	均值	标准差	统计量及显著性水平
生源所在地	农村	4.07	0.955	$T = 61.229$***	4.07	0.943	$T = 100.170$***
	城镇	4.14	0.950		4.16	0.928	

续表

		职业规划与就业指导教育			创新创业教育		
		均值	标准差	统计量及显著性水平	均值	标准差	统计量及显著性水平
学历层次	大一	4.21	0.941	$F=49.628^{***}$	4.22	0.927	$F=56.439^{***}$
	大二	4.06	0.958		4.06	0.956	
	大三	4.03	0.966		4.04	0.952	
	大四	4.05	0.964		4.06	0.945	
	硕士生	4.15	0.931		4.17	0.897	
	博士生	4.07	0.952		4.12	0.915	
学科门类	人文科学类	4.11	0.952	$F=10.994^{***}$	4.12	0.939	$F=7.465^{***}$
	社会科学类	4.08	0.952		4.10	0.928	
	理工农医类	4.13	0.954		4.14	0.941	
学生干部经历	有	4.12	0.949	$T=55.097^{***}$	4.14	0.930	$T=76.310^{***}$
	没有	4.04	0.966		4.04	0.958	
学校所属区域	华东地区	4.14	0.937	$F=63.736^{***}$	4.16	0.909	$F=79.897^{***}$
	华南地区	3.96	0.946		3.98	0.926	
	华中地区	4.08	0.932		4.09	0.922	
	华北地区	4.16	0.978		4.17	0.962	
	西北地区	4.15	0.947		4.16	0.937	
	西南地区	3.99	0.950		3.98	0.942	
	东北地区	4.30	0.945		4.34	0.911	

注：*** 表示 $P<0.001$。

1. 基于成长背景的分析

从生源地类别来看,不同生源地类别的大学生群体对学校职业规划与就业指导教育的满意度有所不同($T=61.229,P<0.001$)。城镇生源学生满意度的均值得分为4.14,农村生源学生的均值得分为4.07。在创新创业教育方面,二者的满意度情况同样存在差异($T=100.170,P<0.001$)。生源地为城镇的受访者对创新创业教育的满意度均值得分为4.16,高于农村生源学生的统计数据(4.07)。综上,城镇生源大学生群体更加认可学校开展的两项就业工作,对就业规划指导和双创教育工作表达出更积极的态度,相比之下农村生源大学生认为从学校相关工作中感受到的实际成长和提升有限。学校就业指导部门和教务部门应更加关注这部分群体的创就业指导需求,在信息获取、生涯规划、能力提升、心态调适等方面提供更精准、贴心、细致的指导服务。

2. 基于教育因素的分析

从学历层次来看,不同学历层次大学生群体对学校职业规划与就业指导教育的满意度有所不同($F=49.628,P<0.001$)。数据显示,本科四个年级的满意度均值得分分别为 4.21

（大一）、4.06（大二）、4.03（大三）、4.05（大四），大三、大四受访者的评价低于大一、大二年级。在研究生群体中，硕士研究生的满意度均值得分（4.15）明显高于博士研究生（4.07）。大一年级学生对学校创新创业教育的认可度同样最高（$F=56.439, P<0.001$），均值得分为4.22，远高于本科其他年级，硕博士研究生的统计结果分别为4.17和4.12。不同年级的数据反映出不同大学生群体对开展的学校系列就业工作的评价各异，其中本科高年级学生的满意度相对偏低现象值得深思，作为毕业就业和准就业群体，更为熟悉学校就业工作举措，也参与了各类就业指导活动，他们的选择说明此项工作存在显著提升空间。博士研究生的数据与硕士相比同样存在一定差距，高校应在继续加强毕业生就业指导和学生创新创业教育基础上，完善分类指导，分年级分学段有针对性地开展生涯规划引导、创新意识训练、就业方向选择、求职能力提升、创业基础夯实、择业选择优化、职场发展进阶等教育项目。

从学科门类来看，不同学科门类受访者对学校职业规划与就业指导教育的满意度有所不同（$F=10.994, P<0.001$）。人文科学类大学生和社会科学类大学生的满意度均值得分分别为4.11和4.08，均低于理工农医类大学生的均值得分（4.13）。同样，该群体对学校创新创业教育的满意度（4.14）也高于学科门类为人文科学和社会科学类的受访者（$F=7.465$，$P<0.001$），后两者的均值得分分别为4.12和4.10，以上数据说明理工农医相关专业的大学生总体上更加认可学校的就业创业工作。

从学生干部经历来看，是否有过相关经历影响着大学生表达对学校职业规划与就业指导教育的认可态度（$T=10.994, P<0.001$）。曾担任过学生干部的受访者作出了更加肯定工作的评价，均值得分为4.12，显著高于未有此经历的受访者（4.04）。在创新创业教育方面，拥有学生干部经历的受访者依然给予了更为满意的评价（$T=76.310, P<0.001$）。由表9-14可知，有无此经历的受访者在此项统计得分结果分别为4.14和4.04。

从学校所属区域来看，不同区域高校大学生评价职业规划与就业指导教育的满意情况有所不同（$F=63.736, P<0.001$）。相较于其他区域，东北地区高校大学生高度肯定学校在职业规划与就业指导工作上所展开各项工作，满意度均值得分最高（4.30）。来自华中地区高校的受访者给予评价的均值得分为4.08，华南地区和西南地区高校此项统计结果相对偏低，数据分别为3.96和3.99。同样，在不同区域高校大学生受访者对学校创新创业教育作出的评价里，依旧是东北地区高校学生满意度最高（$F=79.897, P<0.001$），华北地区高校学生的满意度紧随其后，均值得分为4.17，华东地区和西北地区高校相应统计结果均为4.16。

七、全员育人

以立德树人作为教育的中心环节和重要使命，把思想政治工作贯穿于课程教学、社会实践、文化活动、心理健康教育、日常事务管理、后勤服务、学生资助、党团建设全过程，离不开所有教育主体和管理服务部门齐心聚力，全员落实育人责任。学生思想政治工作既依靠思想政治理论课教师、专业课教师、辅导员、心理教师在主渠道主阵地立德、育智、塑心，也需要管理服务人员在与学生日常生活成长联系紧密的更广大的学习生活平台里，以科学人性的管理与细致贴心的服务感染教育青年。

作为教育领域深化改革的重大举措，"三全育人"工作具有重要战略性意义，其中全员育人则是实现高水平育人质量的基础性保障。思想政治工作从根本上是做人的工作，打通思想政治工作的最后一公里就是让教育成效真正实现入脑入心,而日常事务管理和后勤保障服务恰好具有春风化雨、润物无声的教育优势。本节聚焦管理育人和服务育人两大体系,考察高校相关工作能否将重心聚焦到提升育人实效这一根本要求上,能否将育人工作做到学生心坎上。

(一)管理育人

日常事务管理包含评奖、评优、推免、入学、毕业、安全、资助等多项工作,与学生切身利益密切相关,管理水平和育人成效体现着高校管理育人的工作质量。当前各高校在拓展管理育人工作思路和工作举措的基础上,不断强化对事务管理中育人元素的把握和运用,加大事务管理中育人价值的发挥比重,在管理理念、管理方法、管理制度和管理成效上逐步探索出一套科学、先进、有温度的经验。

1. 总体情况

于高校而言,切实强化管理育人要求健全依法治校和管理育人制度体系,紧密围绕立德树人根本任务开展日常事务管理工作。调研显示,高校日常事务管理总体科学有序,74.1%的大学生对此表示满意,其中给予"非常满意"评价的人数占41.6%,"比较满意"的评价占32.5%。由图9-25可知,仍分别有3.7%和2.7%的受访者对学校管理育人实际情况持不大满意和很不满意意见,19.5%的受访者评价为"一般"。课题组采用均值分析方法对大学生整体满意度作了进一步考察,将"非常满意""比较满意""一般""不大满意""很不满意"分别赋值5分、4分、3分、2分、1分,均值得分为4.07,位于"非常满意"与"比较满意"区间。综上所述,高校立足管理育人要求,注重管理方式的优化创新,强化科学管理对道德涵育的保障功能,在日常事务管理中贯彻育人理念,学生不仅从中体会到科学性与人性化,而且潜移默化地接受了思想素质与道德品质的教育。

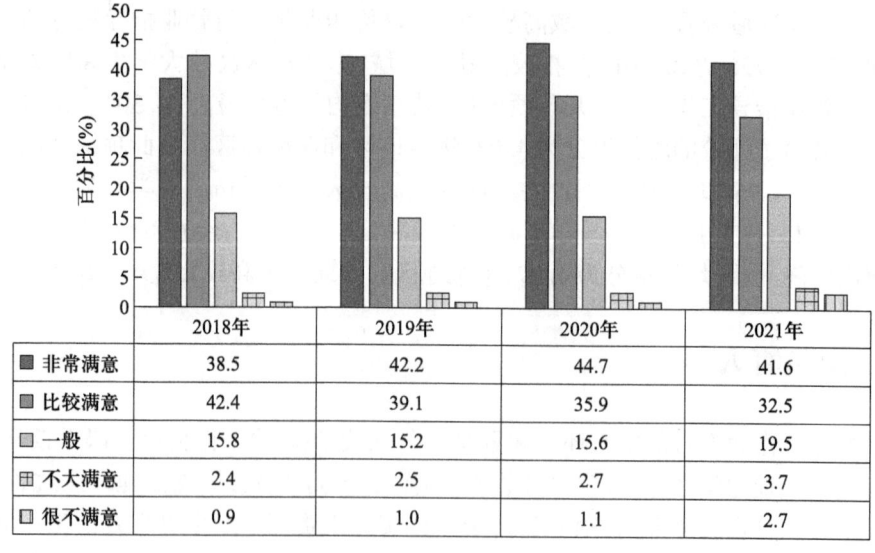

	2018年	2019年	2020年	2021年
■ 非常满意	38.5	42.2	44.7	41.6
■ 比较满意	42.4	39.1	35.9	32.5
□ 一般	15.8	15.2	15.6	19.5
⊞ 不大满意	2.4	2.5	2.7	3.7
□ 很不满意	0.9	1.0	1.1	2.7

图9-25 2018—2021年大学生对所在高校日常事务管理的评价

如图9-25所示,近年来大学生对学校日常事务管理工作满意度总体相当,2018年至2020年间持满意评价的人数比例分别为80.9%、81.3%、80.6%,满意度维持在八成以上,2021年度情况则较去年下降6.5个百分点。而在不满意评价方面,统计结果逐年略有升高,相应数据为 3.3%(2018 年)、3.5%(2019 年)、3.8%(2020 年)、6.4%(2021 年),尤其 2021 年认为日常事务管理工作令人不满意的人数比例较上年增多 2.6 个百分点,认为"一般"的比例增多 3.9 个百分点,这对高校管理育人工作提出了新课题和新要求。如何离学生更近一点,精准捕捉大学生群体需求并落实于事务管理中,在追求科学化水平的同时兼顾人性化考量,开展真正令学生满意的管理育人,值得进一步探究。

2. 不同群体大学生对日常事务管理满意度的差异

为进一步了解高校管理育人工作的实际情况,分析不同群体对日常事务管理的评价,课题组结合自然因素、成长背景、教育因素所包含的人口学变量进行了一般线性回归分析,将满意度五个等级"非常满意""比较满意""一般""不大满意""很不满意"分别赋值 5 分、4 分、3 分、2 分、1 分,得分越高说明该群体越满意日常事务管理工作,反之满意度越低。按照 0.05 的检验标准,不同群体大学生对所在学校日常事务管理的评价存在显著差异,其中回归系数具有统计学意义的社会人口学变量有性别、学科类别、家庭类型、学生干部经历、学校所属区域等(见表 9-15)。

表 9-15　不同群体大学生对日常事务管理满意度的一般线性回归

自变量		非标准化系数		标准系数	统计量	显著性水平
		B	S. E.	Beta	t	P
常数项		4.308	0.045		96.100	0.000
性别男生(参照项:女生)		−0.115	0.010	−0.056	−11.387	0.000
民族汉族(参照项:少数民族)		0.038	0.014	0.013	2.653	0.008
年龄平方/100		−2.162	0.317	−0.046	−6.828	0.000
学历层次 (参照项:博士生)	本科生	−0.038	0.029	−0.016	−1.289	0.197
	硕士生	0.016	0.027	0.007	0.616	0.538
学科门类 (参照项:理工农医类)	人文科学类	−0.019	0.012	−0.009	−1.595	0.111
	社会科学类	−0.042	0.012	−0.019	−3.587	0.000
政治面貌党员(参照项:非党员)		0.014	0.012	0.006	1.179	0.239
生源地农村(参照项:城镇)		−0.020	0.011	−0.010	−1.906	0.057
双亲家庭(参照项:非双亲家庭)		0.047	0.016	0.014	3.007	0.003
有学生干部经历(参照项:否)		0.041	0.012	0.017	3.510	0.000
独生子女(参照项:不是)		0.013	0.011	0.007	1.243	0.214
学校所属区域 (参照项:东北)	华东	−0.153	0.021	−0.064	−7.209	0.000
	华南	−0.330	0.025	−0.097	−13.280	0.000
	华中	−0.236	0.022	−0.089	−10.564	0.000
	华北	−0.140	0.022	−0.058	−6.499	0.000
	西北	−0.188	0.026	−0.051	−7.371	0.000
	西南	−0.323	0.023	−0.114	−14.097	0.000

$N=44866$　$R^2=1.4\%$　$F=34.740$

从性别来看,男女大学生对日常事务管理的满意度有所不同。由表 9-15 可知,以女生为参照项,男大学生对学校此项工作满意度得分较女生低 0.115 个单位,说明整体而言女大学生给予了更多的肯定评价,更加满意学校的事务管理工作。

从学科门类来看,不同学科门类的大学生群体对学校日常事务管理工作的评价有所不同。以理工农医类为参照项,社会科学类专业大学生的满意度与之存在差异,其满意度得分较参照项低 0.042 个单位,意味着学科门类为理工农医的大学生群体在日常事务管理评价上的反馈更加积极,整体满意度更高。

从家庭类型来看,家庭类型不同的大学生群体对日常事务管理的评价不同。以非双亲家庭为参照项,双亲家庭学生的满意度得分较之高 0.047 个单位,即双亲家庭大学生相对更满意学校此项工作。于高校而言,日常事务管理工作所体现的管理育人理念应蕴含着温暖、理解、贴心等价值关怀,关注到更多学生群体的自身需求,需加快推进由事务管理向管理育人的转变。

从学生干部经历来看,有无相关经历影响着大学生对学校日常事务管理的评价。在评价此项工作时,曾担任过学生干部的受访者的满意度得分相较于参照项高 0.041 个单位,可见拥有学生干部经历的大学生群体由于对学校日常事务管理的了解更丰富,甚至亲身参与过相关工作,因此满意度比未有这一经历的群体更高。

从学校所属区域来看,不同区域高校之间学生的满意度存在显著差异。由表 9-15 可知,以东北地区为参照项,华东地区、华南地区、华中地区、华北地区、西北地区、西南地区高校大学生群体对学校日常事务管理的认可度均低于参照项,满意度得分分别低 0.153、0.330、0.236、0.140、0.188、0.323 个单位,即东北地区高校受访大学生相对其他区域最为肯定所在学校于日常事务管理上开展的具体工作。

(二) 服务育人

高校思想政治工作不仅关乎青年群体的学习成长,也直接联系着学生的健康生活,这就要求学校后勤服务的及时到位,落实以学生为本的理念,尊重学生、关心学生、爱护学生,急学生所急,想学生之所想,真正为他们排忧解难。后勤服务工作质量彰显着高校开展服务育人的思路和效果,尤其是大力提倡劳动教育以来,不少高校善用后勤服务资源开展劳动教育,关注并发挥后勤服务领域涵育道德的功能,充分探索和挖掘后勤服务工作参与高校思想政治工作的育人机制和育人价值。

1. 总体情况

以后勤保障、医疗卫生、图书管理、安全保卫、宿舍管理等为代表的各类校园服务岗位蕴含着丰富的育人要素,善于捕捉育人条件、精准定位需求、融通育人资源、提供靶向服务,方能创造高质量的服务育人成绩。课题组将"非常满意""比较满意""一般""不大满意""很不满意"分别赋值 5 分、4 分、3 分、2 分、1 分,通过均值分析宏观了解育人实效,所得结果为4.0。由图 9-26 可知,在全体受访对象中 71.9% 的人满意学校后勤服务工作,给予正向评价,其中超四成学生表示了"非常满意"意见,31.5% 也反馈"比较满意"。相反,对此项工作评价为"一般"的人数比例为 19.5%,持"很不满意"态度的人数占比为 3.6%。调研数据反映出高校后勤服务工作总体满意度良好,大多数学生感受到后勤服务的细心、贴心、暖心,予以积极评价,但仍有少部分群体不甚满意,高校服务育人工作质量存在进一步提升空间。

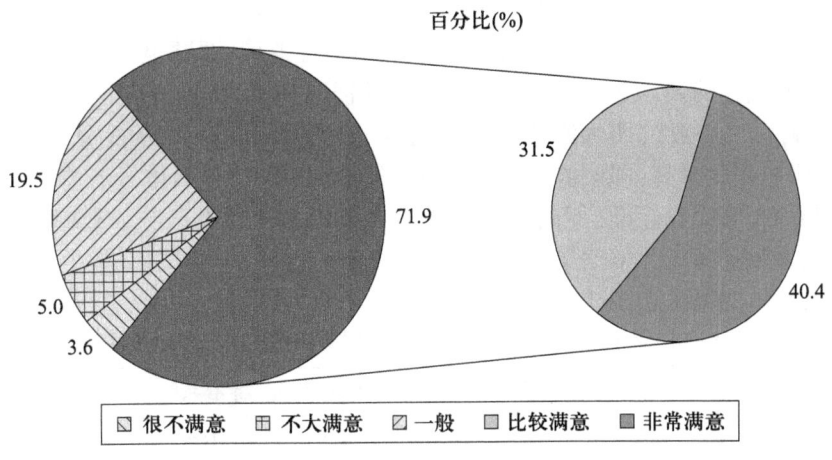

图 9-26　大学生对所在高校后勤服务的满意度评价

近年来服务育人作为十大育人体系重要组成部分越来越受到高校重视,后勤服务工作主体参与全员育人的意识逐渐提升,以学生为本的工作理念通过系列暖心举措强化了服务的精准性、育人的实效性,这从近年的数据中得以印证。如图 9-27 所示,2018 年以来大学生们对学校后勤服务的认可程度较之前出现明显提升,尤其 2019 年学生总体满意度超过八成。同时,受访者以"非常满意"的评价表达高度肯定的人数比例从最初的 16.5% 到如今稳定在四成以上,说明总体满意度虽然略有下滑,但大幅增长的高度评价比例肯定了后勤服务系列工作一直在努力践行着围绕学生、关照学生、服务学生的宗旨,并有效地促进了服务育人提质增效。而应予以高度重视的是,2021 年度负向评价情况不太理想,尤其表达"很不满意"态度的人数占比为 2015 年以来最高,亟需高校找准命题、查摆问题、破解难题,以解决思想问题与实际问题双管齐下的思路,以贴合学生健康成长和教育规律开展服务的方法,持续加强服务育人在"三全育人"综合改革中的功能发挥,积极创造良好的高校育人环境。

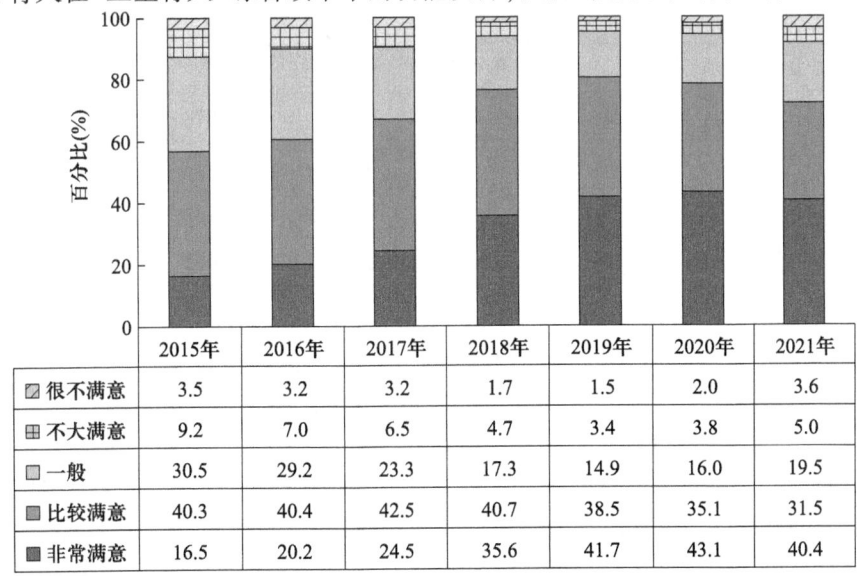

	2015年	2016年	2017年	2018年	2019年	2020年	2021年
很不满意	3.5	3.2	3.2	1.7	1.5	2.0	3.6
不大满意	9.2	7.0	6.5	4.7	3.4	3.8	5.0
一般	30.5	29.2	23.3	17.3	14.9	16.0	19.5
比较满意	40.3	40.4	42.5	40.7	38.5	35.1	31.5
非常满意	16.5	20.2	24.5	35.6	41.7	43.1	40.4

图 9-27　2015—2021 年大学生对所在高校日常事务管理的评价

2. 不同群体大学生对学校后勤服务满意度的差异

为进一步了解大学生对高校后勤服务评价的群体性差异,课题组结合自然因素、成长背景、教育因素所包含的人口学变量进行了一般线性回归分析,将满意度评价五个等级"非常满意""比较满意""一般""不大满意""很不满意"分别赋值 5 分、4 分、3 分、2 分、1 分,得分越高意味着满意程度越高,即该群体更加积极评价学校相关工作具体开展情况,反之满意度越低。按照 0.05 的检验标准,不同群体大学生在评价学校后勤服务质效时给予了不同评价,其中回归系数具有统计学意义的社会人口学变量有性别、学历层次、学生干部经历、学校所属区域等,具体数据见表 9-16。

表 9-16 不同群体大学生对学校后勤服务满意度的一般线性回归

自变量		非标准化系数		标准系数	统计量	显著性水平
		B	S. E	Beta	t	P
常数项		4.172	0.048		87.680	0.000
性别男生(参照项:女生)		−0.114	0.011	−0.052	−10.610	0.000
民族汉族(参照项:少数民族)		0.030	0.015	0.010	1.988	0.047
年龄平方/100		−1.754	0.336	−0.035	−5.219	0.000
学历层次 (参照项:博士生)	本科生	0.116	0.031	0.047	3.721	0.000
	硕士生	0.122	0.028	0.046	4.307	0.000
学科门类 (参照项:理工农医类)	人文科学类	−0.008	0.013	−0.003	−0.605	0.545
	社会科学类	−0.022	0.012	−0.010	−1.802	0.072
政治面貌党员(参照项:非党员)		−0.010	0.013	−0.004	−0.763	0.445
生源地农村(参照项:城镇)		−0.021	0.011	−0.010	−1.889	0.059
双亲家庭(参照项:非双亲家庭)		0.029	0.017	0.008	1.748	0.080
有学生干部经历(参照项:否)		0.033	0.012	0.013	2.662	0.008
独生子女(参照项:不是)		0.002	0.012	0.001	0.206	0.837
学校所属区域 (参照项:东北)	华东	−0.198	0.023	−0.078	−8.790	0.000
	华南	−0.410	0.026	−0.113	−15.560	0.000
	华中	−0.340	0.024	−0.121	−14.340	0.000
	华北	−0.167	0.023	−0.065	−7.322	0.000
	西北	−0.247	0.027	−0.063	−9.099	0.000
	西南	−0.331	0.024	−0.110	−13.605	0.000

$N=44866$ $R^2=1.4\%$ $F=36.329$

从性别来看,男女大学生对学校后勤服务的认可情况有所不同。以女大学生作为参照项,男大学生的满意度得分较之低 0.114 个单位,意味着在评价此项工作方面,女大学生的选择相对积极,更为满意学校提供的各类后勤保障服务。

从学历层次来看,不同学历层次的受访者对学校后勤服务的反馈评价表现不一,以博士生作为参照项,本科生和硕士生的满意度均较之存在差异。数据显示,本科生和硕士生评价此项工作的满意度得分分别比博士生高 0.116、0.122 个单位,说明博士生的满意度在三者间最低,这一情况与去年一致。由此可见,学校在博士生相关后勤保障事务上提供的靶向服务和优质体验仍有不足,应进一步加强服务育人的全过程覆盖。

从学生干部经历来看,是否拥有相关经历对大学生群体评价学校后勤服务存在影响。以没有相关经历作为参照项,曾担任过学生干部的受访者的满意度得分较之高 0.033 个单位,即拥有相关经历的学生群体就后勤保障服务的开展情况给予了更积极的反馈,总体满意度更高。

从学校所属区域来看,以东北地区为参照项,不同区域高校学生对学校后勤服务的满意度存在显著差异,其中东北地区高校受访者的满意度整体最高。由回归模型可知,华东地区、华南地区、华中地区、华北地区、西北地区、西南地区高校受访学生的满意度得分相较东北地区分别低 0.198、0.410、0.340、0.167、0.247、0.331 个单位,可见服务育人工作在东北地区高校中广获好评。

八、本章小结

本章聚焦高校大学生日常思想政治教育开展的多项工作,涵盖校风和学风建设、创新创业教育、社会实践活动、校园文化活动、网络思想政治教育、心理健康教育与咨询工作、职业规划与就业指导教育、学校后勤服务、学生资助工作、基层党组织建设、社团活动、班级建设、团组织建设等方面,考察上述工作具体开展情况和大学生的满意度评价。调查结果显示,大学生群体对高校日常思想政治教育满意度较高,所有考察项的满意度均超过七成,说明各项工作在持续优化发展过程中,不断坚持育人导向,围绕学生、关心学生、服务学生,质量提升扎实有效,收获大学生们的好评和点赞(图 9-28)。

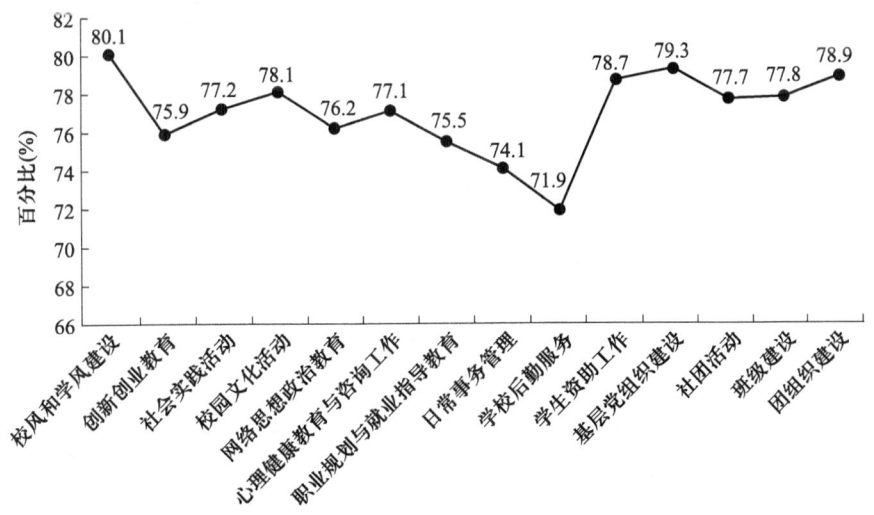

图 9-28　大学生对所在高校各项事务工作评价"满意"的情况

在看到高校日常思想政治工作有效开展的同时,也应看到学生对网络思想政治教育作用发挥、就业创业教育实际效果、全员育人工作质量等方面仍有意见和期待,这给思想政治工作者提出了新挑战。高校应继续坚持在组织建设、文化建设、队伍建设上下功夫,实现工作间的协同配合与优势互补,上好"大思政课",构建高质量的"大思政"工作格局。

(一)总体情况

第一,高校扎实推进党团建设,学生整体满意度高。作为开展党团工作的基本单位,基层党团组织切实发挥着组织、教育、服务青年学生思想进步和成长发展的积极作用。近年来,高校逐渐深化以党建带团建、以团建促党建的工作认识和实践举措,不断建强党团组织的基层堡垒。调查结果显示,学生的满意度维持在较高水平,分别为79.3%和78.9%,尤其党员学生、学生干部和硕士研究生群体对学校基层党团组织建设给予高度评价。党员学生对基层党组织建设的满意度为83.8%,远高于非党员学生的比例;拥有优秀学生干部经历的受访群体中,77.9%的人对基层党组织建设表示肯定;分别有81.9%和80.5%的硕士研究生积极评价学校不断加强基层党组织、团组织建设,研究生党建团建收获实质性成效。数据充分印证了基层党团组织具有高度的凝聚力、战斗力、感召力,围绕聚青年力、赢青年心开展了一系列卓有成效的工作,在夯实组织自身建设的同时,为更多青年大学生的成长成才引领了方向。

第二,校园文化活动套餐丰富,涵育优良校风学风。在大学生的成长发展中,校园文化活动作为第二课堂的意义不言而喻,它既是学生们展现个性、陶冶情操、拓展能力的重要平台,又是高校思想政治工作者传递价值导向、塑造青年品格、培养学生素质的有效途径,涵盖各类文体艺术活动、社会实践活动、学生社团活动等。调查结果显示,学生对校园文化活动的满意度达到78.1%,其中44.1%的受访者给予了非常高的评价。校园之内,学生社团活动的满意度达到77.7%,大学生参与文化活动的形式从线下延伸至线上,包括以文明校园创建、文化艺术节、诵读经典等为代表的线下活动和以微电影创作、网络优秀作品展播、网络文明进校园等为代表的线上活动,而受访者中表示未开展过上述活动的比例最高不超过7%。校园之外,社会大课堂同样是青年们坚定理想信念、锤炼过硬本领、展现青春风貌的试炼场,高校越来越重视引导和培育大学生们在社会实践活动中厚植爱国情怀,倾听人民呼声、感悟社会发展,育人成效获得广大学生的充分认可。高品质的校园文化活动承载校园文化底蕴,涵育优良校风学风,超过八成的受访者表示校风学风建设令人满意,81.9%的大学生能够保持积极勤勉的学习状态。这些可喜的现象充分反映出校园文化活动、校风学风、学生成长发展之间的相互促进关系,推动校园文化建设深层发展是需思想政治工作者们立足优势,进行持续探索的新课题。

第三,学生资助工作落细关怀,护航学生健康成长。资助工作关系着学生的成长成才,作为一项关爱性服务性工作,其育人价值和育人导向格外显著。调查显示,当前各高校对学生资助事务愈发重视,推进工作内容从落实单一性的资助项目向构建全方位的资助体系转变,推进工作思路从助人扶困向育人发展转变,真正做到帮困难学生解决实际需要,培育自强诚信的道德品质。近六年来,大学生对资助工作的满意度整体向好,尤其2015年至2020年间,受访者给予高度肯定的比例从27.6%上升至48.5%,实现大幅飞跃。在2021年的调研中,78.7%的受访者满意学校资助工作,位于全部考察项目的前三位,其中非常满意的比例为45.2%,农村生源和非独生子女家庭学生群体的满意比例分别为77.7%和78.0%。数据充分说明随着覆盖面的逐渐扩大,全方位学生资助体系的建立和完善帮助更多家庭困难的学生群体从中受益,一系列围绕资助工作开展的教育活动让学生资助事务不断落细落实,走进每一位受助学生心中。针对如何提高资助精度和育人温度,高校虽已形成不少宝贵的经验,但仍是需不断探索和精进的方向。

(二)值得关注的现象与问题

第一,网络思想政治教育成效有待进一步提升,校园网络文化活动的覆盖面和影响力仍需加强。网络作为大学生开展学习、参与活动、便捷交流的重要平台,在大学生日常活动中具有高度的时间占有量和形式吸引力,因此加强网络思想政治教育是改进和提升高校思想政治工作刻不容缓的任务,其中各类校园网络文化活动是影响教育成效的关键部分。调查显示,表示不清楚或者明确表示所在高校未开展新媒体文化节、网络优秀作品展播、网络文明进校园、微电影(视频)创作的比例分别为 36.6%、33.6%、31.8%、27.6%,上述四项网络文化活动的开展情况和知晓度均明显不及课题组考察的其他线下校园文化活动,学生对高校网络思想政治教育系列工作的满意度(76.2%)相较于 2019 年和 2020 年也分别低 5.7 和6.8 个百分点,反映出一些高校在大学生网络道德宣教、新媒体素养培育、优秀网络作品打造等方面的工作力度稍显不足,对学生实际思想需求和现实需求的把握与回应尚有欠缺。一方面,网络空间是迅速了解、全面掌握、长期研判学生情况的有力抓手,另一方面,网络是大学生育德育智工作推深走实的有效途径,两者均要求高校努力突破工作瓶颈,结合受众需求与实际效果,打造更加有温度、有深度、有效度的校园网络文化活动。

第二,学生对学校就业创业工作的认可度有待提升,尤其应加强对不同群体需求的关照。就业是高校立德树人极为重要环节,关乎大学生的切身利益和发展诉求。调查显示,不仅大学生对当前高校职业规划与就业指导教育(75.5%)与创新创业教育(75.9%)的满意度相比 2020 年分别低 5.1 和 6.5 个百分点,而且不同群体对二者的满意度也存在显著差异,其中农村生源学生满意度低于城镇生源大学生,没有学生干部经历的学生满意度低于拥有相关经历的群体,大二、大三、大四、博士生的满意情况偏低,可见高校在为重点人群提供精准帮扶方面仍需进一步加强。未来,思想政治工作者和就业指导教师们应对重点群体予以相当关注,针对不同对象开展分类有效的培训指导,体系化开展不同阶段的生涯教育和创就业教育,为学生在生涯规划、职业选择、求职策略、能力评估与提升等方面提供科学指引。

第三,高校全员育人工作质量有待提升,管理育人与服务育人价值的实际发挥仍需进一步加强。调查显示,分别有 1.6% 和 15.9% 的受访者对学校全员育人工作表示"不满意"或认为其成效"一般",尤其是受访者对日常事务管理和学校后勤服务的满意度在所有考察项中位于最后两位,分别为 74.1% 和 71.9%,相较去年低 6.5 和 6.3 个百分点,不满意度为6.4% 和 8.6%,均高于其他项。同时,不可忽视重点群体尤其是与两项工作密切相关群体的满意度评价,例如,非双亲家庭学生对于日常事务管理的期待和博士生对后勤服务质量提升的需求。作为涉及学生利益和贴近学生生活最紧密的两项工作,事务管理和后勤服务所能产生的影响是多方面的,也意味着教育的形式、手段、内容是丰富多样的。高校破除工作"孤岛效应"的关键在于挖掘各群体各岗位的育人元素,全员参与立德树人这一根本任务,把工作的重音和目标落在育人效果上,真正发挥管理与服务在育德工作中的有效价值,形成高校育人合力,呼应学生的期待和要求,推进工作迈上新台阶。

（三）对策与建议

第一，以组织建设为基，筑牢时代新人化育堡垒。

一是强化党团联动，点亮思想发展"引航灯"。学生党员是基层党组织的重要组成部分，落实立德树人根本任务需要基层党组织建设在学生思想进步、信念坚定、素质提升、情怀厚植等方面发挥积极影响。强化党团联动一方面要求完善基层党组织自身建设，充分发挥其战斗堡垒作用，推进组织规范化建设和制度化建设落地生根，认真组织落实党员、预备党员和积极分子的政治理论学习。尤其应注重对党支部带头人即党支部书记的培养和锻炼，如不少学校开展了诸如"旗帜引航"党建活力创新工程、"头雁"训练营等项目，坚定了学生的理想信念。基层党组织建设应注重开展形式多样、内容扎实的主题党日活动，结合建党百年重大历史节点，加强学生对伟大建党精神和中国共产党精神谱系的学习领会，"用党的奋斗历程和伟大成就鼓舞学生斗志，用党的光荣传统和优良作风坚定学生信念，用党的历史经验和实践创造启迪学生智慧"[①]。另一方面，注重以党建带团建，真正做到党旗所指就是团旗所向。基层团组织建设应严格落实新时代全面从严治团的工作要求，团结、凝聚、服务、发展青年，切实履行好党联系青年的桥梁纽带作用，提高基层团组织的引领力、组织力、服务力和大局贡献度。强化党团联动还应以团员推优工作为抓手，引领大学生在思想上不断追求进步，为党组织储备后备人才，并充分发挥党员先锋模范和优秀团员的榜样示范作用，将组织育人落实到学生思想成长的方方面面。同时，加强党支部对标争先、团支部对标定级工作，注重以党团日活动为载体，高标准高质量创新开展主题教育，加强青年大学生的党史团史教育，并与调研实践和艺术创作相结合，培育和锻造学生的红色基因，持久夯实基层组织建设。

二是推进班团一体，建设大学生健康成长"助推器"。班集体是学校最基层的组织单位，良好班风对学生健康成长的积极作用是潜移默化且深远持久的。首先，推进班级建设应以班团一体化为方向，增强班团组织对学生的思想凝聚力。根据《高校共青团改革实施方案》精神，班团一体化建设有助于增强班级组织力和战斗力，落实团支部对班级的引领、服务和管理功能。其次，推进班级建设应以良好班风建设为内容，增强对学生的发展引领力。正如良好的校风学风如阳光和雨露对大学生成长起着至关重要的作用，优良班风更直接塑造着学生的道德品质、个性特质、人格气质，以制度化为依托落实班风建设尤为重要。再次，推进班级建设应以关怀服务为宗旨，增强对学生的影响力。班级作为落细落实思想政治教育举措和效果的前沿阵地，是打通育人最后一公里的关键所在，应履行好引领、关心、服务成员进步这一核心任务，真正成为大学生展示个性、凝聚情感、锻炼能力、塑造共识的平台载体。此外，班级建设还应注重班级导师的角色定位和作用发挥。当前诸多高校极为重视班级导师的选拔与建设工作，聘任学术科研专家、学生工作干部、青年教师人才等担任班主任，与辅导员之间形成积极的协同互补，营造良好的思想政治教育微环境，帮助学生解决思想困惑和现实难题。

第二，以文化建设为体，构建高质量大思政格局。

一是打造课堂内外育人"双驱动"。引导正处于"拔节孕穗期"的青年大学生树立正确的世界观、价值观和人生观是高校思想政治工作的重要价值旨归，它需要第一课堂和第二课

---

① 沈壮海、刘灿:《传承弘扬伟大建党精神》,《中国高等教育》2021 第 Z2 期。

堂聚育人合力讲好科学文化知识和培养思想道德修养。一方面,"融入课程教学就是要用足用好课堂这个基础性、系统性的主渠道,把思想政治理论课建设成为学生想听爱听、受益终身的'精神大餐'"①,同时加强对其他课程所蕴含育人元素和思政价值的挖掘,形成思政课程与课程思政的协同效应,守好一段渠,种好责任田。高校应注重将中华优秀传统文化、革命文化和社会主义先进文化引进课堂、融入实践,引导学生不断坚定文化自信。另一方面,第二课堂作为主渠道的延伸和补充,在大学生思想成长与能力锻炼中发挥着隐性教育的特殊价值。融入社会实践就是要让学生在生产劳动、调研考察、基层锻炼中了解国情、社情、民情,坚定信念,增长才干,锤炼本领。当前,各高校普遍设计开展了以社会实践、校园文化活动、社团活动、劳动教育、实习调研等为主要内容的课外活动,打造了一系列主题深刻且内容向上的活动套餐和优质精品的成果案例集,例如,传统文化进校园、红色戏剧节、"我们这十年"重温寻访、名企走访调研、"走好新时代长征路"社会实践等,在大学生群体中颇具吸引力、传播力和感染力。高校应善用"大思政课",主动将课堂内外连接起来,避免单打独斗和各成一块的工作局面,引社会大课堂的源头活水灌溉思政小课堂,进一步引导学生不仅学有字之书,更习无字之书,真正用脚步丈量祖国大地,用眼睛发现中国精神,用耳朵倾听人民呼声,用内心感应时代脉搏。

二是构筑线上线下育人"同心圆"。高校思想政治工作者应抓住网络便捷信息传递、沟通交流的有利条件,搭建网络信息化与思想政治工作的联通桥梁。一方面,将网络优势融入思想政治教育,加强供给侧改革和内容端建设,推出深受大学生群体喜爱的、火出圈儿的网络文化作品。从形式上,应告别以往单向度模式化的一维或二维式育人信息供给,采用短视频、微电影、虚拟仿真、动漫设计等传播形式,记录大学生的青春故事,展现伟大复兴中的中国故事,以创造性表达满足传统文化的时代性要求,以新媒体的手段让思政工作活起来。从内容上,应加强对大学生用网规律和网络思想政治教育规律的探索研究,了解青年群体的实际需求,增进各类新媒体平台的建设力度及有效影响力。调研显示,38.7%的受访者认为学校微信、微博等自媒体对个人成长发展产生了积极影响,但缺乏互动和表现形式单一仍是大多数群体对学校新媒体平台现存主要问题的评价。加强内容端建设应注重对优秀传统文化的深度挖掘,制作兼具吸引力和引领力的优质网络内容。不仅如此,高校思想政治理论课也要乘网络发展的东风,加快信息化建设和网络工具辅助课堂教学。另一方面,实现网络思想政治教育线上线下齐发力,既要继续打磨新媒体文化节、网络文明进校园等网络文化活动品牌,争取更广泛的传播参与覆盖面,又要结合学生实际需求,将传统的文化艺术节、文明创建、诵读经典等活动与网络媒介相结合,助推微电影创作、红歌传唱、主题快闪等学生喜闻乐见的校园文化活动和成果在校园网络和主流平台有声音、有热度、有好评,做到让学生真情参与、真有收获、真心肯定,使文化育人功能在课堂内外、线上线下得以充分实现。

第三,以队伍建设为要,满足精准协同育人期待。

一是瞄准学生成长"需求靶"。新时代高校日常思想政治工作应以细为切入点,以深为关键点,以实为着力点,以效为落脚点,基于对需求端的充分把握,以"精准思政"理念推动建设高质量思政工作新格局。首先,高校要持续开展对大学生思想成长规律的长期性系统性探索,以及对群体特征的入微式画像。当前,以"00后"为主体的大学生群体,在思想状态、

---

① 沈壮海、李佳俊:《论新时代高校思想政治工作体系的构建》,《思想理论教育》2019年第12期。

行为动态、情绪心态等方面呈现出全新特点,高校思想政治工作者开展日常教育理应以此为基础,深入研究年级间、学段间、群体间的实际特征和需求差异,借助海量的大数据和机器学习等技术手段,实现对成长数据和行为数据的有效抓取,完成不同对象的精准画像,逐步摸索出不同发展阶段的学生成长规律。其次,在充分把握对象特质的基础上,积极研判,主动寻求思想政治教育由"漫灌"转向"滴灌",推动工作精细化、精准化发展。本次调查中,受访者对职业规划与就业指导教育、网络思想政治教育,心理健康教育、后勤服务、学生事务管理等贴近日常生活的一线工作的满意度相对略低,反映出对象的复杂化给工作带来一定挑战,也说明上述工作解决不同群体思想困惑和实际需求的成效令人期待。在就业指导、心理教育等专项工作上,既要结合不同群体特点和需要因材施教,提供具有针对性的关怀与帮扶,增强举措的精准性和实效性,例如开展职前训练营、求职技能培训班、创业班指导课、行业专家进课堂、团体辅导、心理游园会、心理剧场等具有指导意义、目标导向、参与价值的主题活动。再次,要注重育人模式的体系化塑造,以追求长远发展的理念开展大学生日常思想政治工作,增强步骤性与连贯性以及政策之间的相辅相成,使各年级、学段间的特色化举措均为下一阶段开展工作夯实基础,真正做到精准思政始终贯穿于高校化育时代新人的全过程。

二是唱响全员育人"大合唱"。高校思想政治工作不是思政课教师、辅导员的独有职责,也非各育人主体的单打独斗,而是依靠全员全程全方位参与并紧紧相连、密切配合的重要使命。"只有调动一切育人主体、发掘一切育人资源、形成强大育人合力,才能更好地支撑、落实立德树人根本任务,'大思政课'才能真正实现'善用之'的目标。"① 管理育人和服务育人作为十大育人体系的重要组成部分,调研结果反映出两项工作在落实育人理念和发挥育人功能上仍需进一步增进。高校应加强日常事务管理和后勤服务岗位人员作为育人主体的责任意识,强化工作者对岗位育人价值的充分认识,促使大家从完成事务性工作转向对育智育德的自觉思考,真正走近学生、尊重学生、关心学生。此外,专业课程教师、科研导师、心理咨询师、就业指导师等育人主体应敏锐感知、善于运用教育过程中宝贵独特的育人元素,以鲜明直接的导向和潜移默化的方式育人于春风化雨、润物无声之中,实现主渠道与主阵地的双向促进。不仅如此,唱响全员育人大合唱,推动思政工作高质量发展离不开主体间的协同配合,通过育人工作坊、协同推进会、育人项目合作制等形式破除协同壁垒,着力打造战斗力强、协同度高、离学生近的全员育人工作队伍,有助于推动工作因事而化、因时而进、内涵式发展。

---

① 沈壮海:《"大思政课"我们要善用之:思考与探索》,《思想政治教育研究》2021 第 3 期。

第十章
对思想政治教育的评价

近年来,各地各高校认真学习和贯彻落实习近平总书记关于思想政治工作的重要论述,努力构建科学的思想政治工作体系,推动高校思想政治工作发生了格局性变化、取得了历史性成就。同时,高校"三全育人"综合改革试点范围不断扩大,辐射引领和带动作用不断增强,"三全育人"整体工作取得显著成效。但调查显示,思想政治教育的具体展开方面还存在一些问题和短板。大学生如何看待和评价这些变化、成就以及问题和短板,是推进高校思想政治工作高质量发展过程中需要考量的关键要素。本章基于对近年来发展报告调查数据的挖掘分析,从大学生对思想政治理论课教学、专业课程教学、日常思想政治教育的评价,对"三全育人"工作的评价,对成长发展影响因素的看法等方面,客观呈现大学生对高校思想政治工作的满意度和获得感,以推动"三全育人"综合改革不断走向深入。

一、整体成效评价

从整体与部分相结合的视角了解把握思想政治教育发展状况,是开展思想政治教育评价的重要方法。大学生对高校思想政治工作的总体与分项评价,能够直接反映高校思想政治工作实效。

(一)总体评价

大学生对思想政治教育的整体满意度持续走高。从图 10-1 中可以看出,99.2%(2020年为 98.2%)的大学生对思想政治教育开展状况持肯定性评价,大学生对思想政治教育效果的整体满意度为 86.3%(2020 年为 81.7%)。对思想政治教育效果持负面评价的大学生也占有一定比例,认为效果"比较差"和"非常差"的大学生比例为 0.8%(2020 年为 1.8%)。

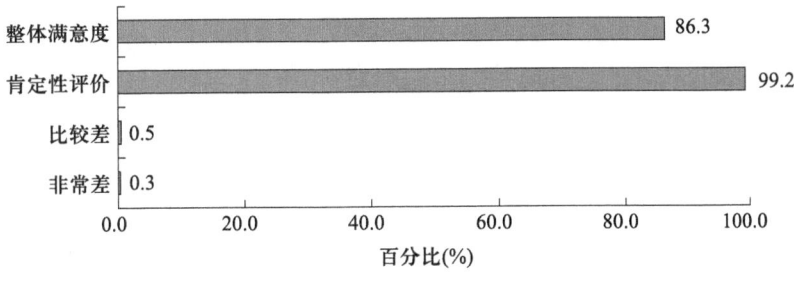

图 10-1　大学生对思想政治教育效果的评价情况

图 10-2 显示,从 2014 年至 2021 年,大学生对思想政治教育效果的肯定性评价和整体满意度均呈先下降再上升后趋平稳的趋势,近八年中,2021 年大学生对思想政治教育效果的肯定性评价和整体满意度最高。此外,2021 年相较于 2020 年持负面评价的比例下降了 1 个百分点,这说明大学生思想政治教育工作有了进一步加强和改进。对于在大学生思想政治教育工作中仍然存在的一些短板弱项和亟待解决的问题,应继续坚持问题导向和目标导向,着力增强思想政治教育的针对性和实效性,以此推动思想政治教育质量的进一步提高。

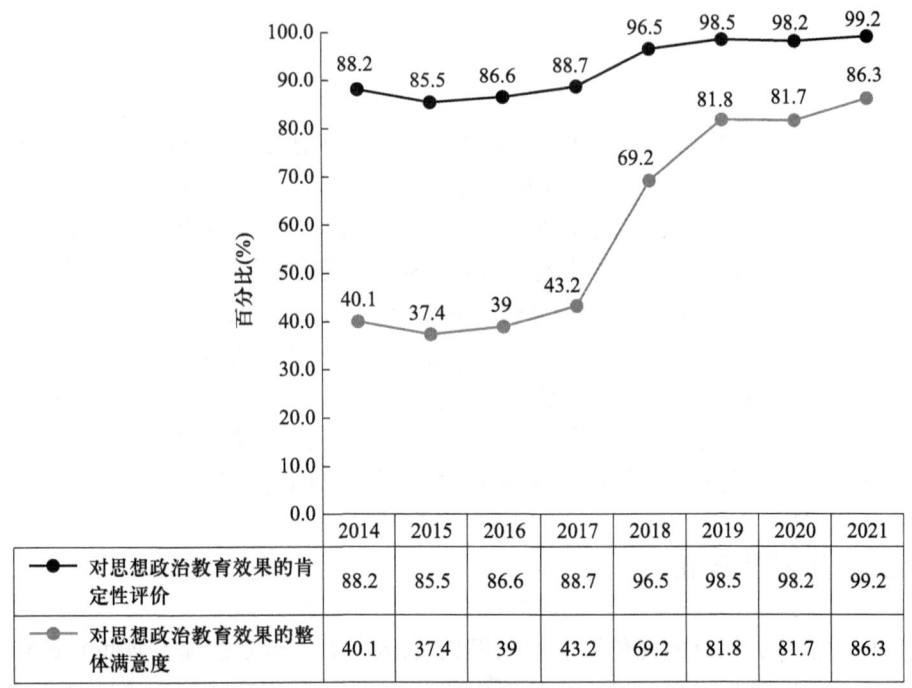

	2014	2015	2016	2017	2018	2019	2020	2021
对思想政治教育效果的肯定性评价	88.2	85.5	86.6	88.7	96.5	98.5	98.2	99.2
对思想政治教育效果的整体满意度	40.1	37.4	39	43.2	69.2	81.8	81.7	86.3

图 10-2　2014—2021 年大学生对思想政治教育效果的评价情况趋势图

(二)分项评价

大学生对专业课程教学的评价较好。从图 10-3 中可以看出,98.7%(2020 年为98.8%)的大学生对专业课程教学开展状况持肯定性评价,大学生对专业课程教学效果的整体满意度为 84.7%(2020 年为 88.6%)。对专业课程教学效果持负面评价的大学生也占有一定比例,认为效果"比较差"和"非常差"的大学生比例为 1.3%(2020 年为 1.2%)。

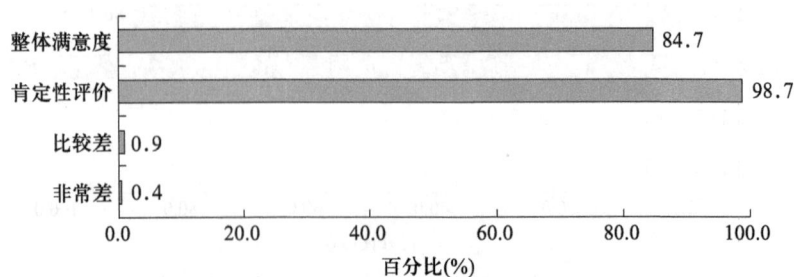

图 10-3　大学生对专业课程教学的评价情况

大学生对日常思想政治教育的评价较好。从图 10-4 中可以看出，98.6%（2020 年为 98.4%）的大学生对日常思想政治教育的开展状况持肯定性评价，大学生对日常思想政治教育效果的整体满意度为 81.0%（2020 年为 84.6%）。对日常思想政治教育效果持负面评价的大学生也占有一定比例，认为效果"比较差"和"非常差"的大学生比例为 1.4%（2020 年为 1.6%）。

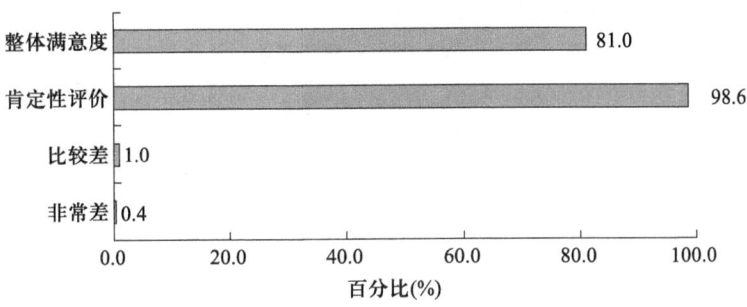

图 10-4　大学生对日常思想政治教育的评价情况

大学生对思想政治理论课教学的评价较好。从图 10-5 中可以看出，98.5%（2020 年为 98.5%）的大学生对思想政治理论课教学开展状况持肯定性评价，大学生对思想政治理论课教学效果的整体满意度为 81.2%（2020 年为 85.2%）。对思想政治理论课教学效果持负面评价的大学生也占有一定比例，认为效果"比较差"和"非常差"的大学生比例为 1.5%（2020 年为 1.5%）。

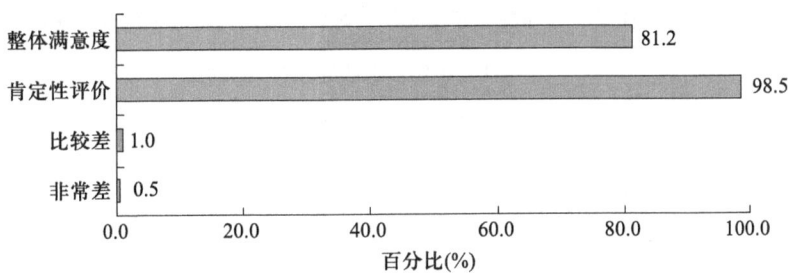

图 10-5　大学生对思想政治理论课教学的评价情况

（三）不同类型大学生对教育成效的评价

1. 基于自然因素的分析

不同性别的大学生对思想政治教育效果的评价存在显著差异（$x^2 = 278.538$，$P < 0.001$）。从表 10-1 中可以看出，99.5% 的女大学生对思想政治教育开展状况持肯定性评价，女大学生对思想政治教育效果的整体满意度为 88.1%。相比较来说，98.7% 的男大学生对思想政治教育开展状况持肯定性评价，男大学生对思想政治教育效果的整体满意度为 83.4%。

表 10-1　不同性别的大学生对思想政治教育效果的评价情况

性别	对大学生思想政治教育效果的评价（%）				
	非常差	比较差	一般	比较好	非常好
男	0.5	0.8	15.3	31.0	52.4
女	0.1	0.4	11.4	35.2	52.9

不同生源所在地大学生对思想政治教育效果的评价存在显著差异($\chi^2=151.312$,$P<0.001$)。从表10-2中可以看出,99.3%的城镇大学生对思想政治教育开展状况持肯定性评价,生源所在地为城镇的大学生对思想政治教育效果的整体满意度为86.9%。相比较来说,99.2%的农村大学生对思想政治教育开展状况持肯定性评价,生源所在地为农村的大学生对思想政治教育效果的整体满意度为85.8%。

表10-2　不同生源所在地大学生对思想政治教育效果的评价情况

生源所在地	对大学生思想政治教育效果的评价(%)				
	非常差	比较差	一般	比较好	非常好
农村	0.3	0.5	13.4	36.0	49.8
城镇	0.2	0.5	12.4	31.4	55.5

独生子女和非独生子女大学生对思想政治教育效果的评价存在显著差异($\chi^2=110.232$,$P<0.001$)。从表10-3中可以看出,99.1%(2020年为98.2%)的独生子女大学生对思想政治教育开展状况持肯定性评价,独生子女大学生对思想政治教育效果的整体满意度为86.8%(2020年为82.9%)。而非独生子女大学生对思想政治教育开展状况持肯定性评价的比例为99.3%(2020年为98.5%),非独生子女大学生对思想政治教育效果的整体满意度为86.0%(2020为80.9%)。

表10-3　独生子女和非独生子女大学生对思想政治教育效果的评价情况

是否是独生子女	对大学生思想政治教育效果的评价(%)				
	非常差	比较差	一般	比较好	非常好
独生子女	0.3	0.6	12.3	31.3	55.5
非独生子女	0.2	0.5	13.3	35.2	50.8

家庭类型不同的大学生对思想政治教育效果的评价存在显著差异($\chi^2=28.217$,$P<0.001$)。从表10-4中可以看出,家庭类型为双亲家庭的大学生对思想政治教育效果的整体满意度为86.6%,高于家庭类型为非双亲家庭大学生的83.9%。

表10-4　家庭类型不同的大学生对思想政治教育效果的评价情况

家庭类型	对大学生思想政治教育效果的评价(%)				
	非常差	比较差	一般	比较好	非常好
双亲家庭	0.3	0.5	12.6	33.7	52.9
非双亲家庭	0.3	0.5	15.3	32.9	51.0

2. 基于教育因素的分析

学历层次不同的大学生对思想政治教育效果的评价存在显著差异($\chi^2=236.138$,$P<0.001$)。从表10-5可以看出,大一学生对思想政治教育效果的整体满意度为88.8%,高于硕士生(86.7%)、博士生(86.0%)、大四(85.3%)、大二和大三(均为85.1%)学生的整体满意度。

表 10-5 年级不同的大学生对思想政治教育效果的评价情况

学历层次	对大学生思想政治教育效果的评价(%)				
	非常差	比较差	一般	比较好	非常好
大一	0.3	0.3	10.6	30.2	58.6
大二	0.3	0.5	14.1	33.9	51.2
大三	0.3	0.6	14.0	35.9	49.2
大四	0.3	0.6	13.8	34.7	50.6
硕士生	0.2	0.5	12.6	34.5	52.2
博士生	0.5	0.6	12.9	34.7	51.3

学科门类不同的大学生对思想政治教育效果的评价存在显著差异（$\chi^2 = 44.107$，$P<0.001$）。从表 10-6 可以看出，社会科学类大学生对思想政治教育效果整体满意度为 86.6%，高于人文科学类、理工农医类的 85.8%、86.5%。

表 10-6 学科门类不同的大学生对思想政治教育效果的评价情况

学科门类	对大学生思想政治教育效果的评价(%)				
	非常差	比较差	一般	比较好	非常好
人文科学类	0.3	0.6	13.3	32.1	53.7
社会科学类	0.2	0.4	12.8	35.6	51.0
理工农医类	0.3	0.5	12.7	33.2	53.3

学生干部经历不同的大学生对思想政治教育效果的评价存在显著差异（$\chi^2 = 204.540$，$P<0.01$）。从表 10-7 可以看出，有学生干部经历的大学生对思想政治教育效果整体满意度为 87.4%，高于没有学生干部经历的大学生的 82.3%。而 16.5% 没有学生干部经历的大学生对思想政治教育效果的评价为"一般"，高于有学生干部经历的大学生的 11.9%。

表 10-7 学生干部经历不同的大学生对思想政治教育效果的评价情况

是否有学生干部经历	对大学生思想政治教育效果的评价(%)				
	非常差	比较差	一般	比较好	非常好
是	0.2	0.5	11.9	33.5	53.9
否	0.5	0.7	16.5	34.0	48.3

政治面貌不同的大学生对思想政治教育效果的评价存在显著差异（$\chi^2 = 48.403$，$P<0.01$）。从表 10-8 可以看出，党员大学生对思想政治教育效果整体满意度为 88.3%，高于非党员大学生的 85.8%。而 13.5% 非党员大学生对思想政治教育效果评价为"一般"，高于党员大学生的 10.9%。

表 10-8　政治面貌不同的大学生对思想政治教育效果的评价情况

政治面貌	对大学生思想政治教育效果的评价(%)				
	非常差	比较差	一般	比较好	非常好
党员	0.2	0.6	10.9	34.4	53.9
非党员	0.3	0.4	13.5	33.4	52.4

（四）不同类型大学生对教育成效的分项评价

1. 不同群体大学生对专业课程教学效果的评价分析

从表 10-9 中可以看出,不同性别的大学生对专业课程教学效果评价存在显著差异。99.1%的女大学生对专业课程教学效果持肯定性评价,女大学生对专业课程教学效果的整体满意度为 86.4%。相比较来说,97.9%的男大学生对专业课程教学效果持肯定性评价,男大学生对专业课程教学效果的整体满意度为 81.8%。学科门类不同的大学生对专业课程教学效果评价存在显著差异。理工农医类大学生对专业课程教学效果整体满意度为 84.9%,高于人文科学类、社会科学类的 83.9%、84.8%。政治面貌不同的大学生对专业课程教学效果评价存在显著差异。党员大学生对专业课程教学效果整体满意度为 86.3%,高于非党员大学生的 84.1%。而 14.5%非党员大学生对专业课程教学效果评价为"一般",高于党员大学生的 12.3%。生源所在地不同的大学生对专业课程教学效果的评价存在显著差异。生源所在地为城镇的大学生对专业课程教学效果的整体满意度为 85.5%,高于生源所在地为农村的大学生的 83.7%,说明城镇大学生对专业课程教学效果评价更高。家庭类型不同的大学生对专业课程教学效果的评价存在显著差异。双亲家庭的大学生对专业课程教学效果的整体满意度为 84.9%,高于非双亲家庭的大学生的 82.0%。学历层次不同的大学生对专业课程教学效果的评价存在显著差异。大一学生对专业课程教学效果的整体满意度为 87.4%,高于硕士生、博士生、大四、大二、大三学生的 84.8%、84.1%、83.7%、83.4%、83.1%。独生子女状况不同的大学生对专业课程教学效果的评价存在显著差异。独生子女大学生对专业课程教学效果的整体满意度为 85.5%,高于非独生子女大学生的 84.0%。学生干部经历不同的大学生对专业课程教学效果的评价存在显著差异。有学生干部经历的大学生对专业课程教学效果的整体满意度为 85.8%,高于没有学生干部经历的大学生的 80.5%。学校所属区域不同的大学生对专业课程教学效果的评价存在显著差异。学校所属区域为东北的大学生对专业课程教学效果的整体满意度为 89.1%,高于学校所属区域为西北、华北、华中、华东、西南、华南的 87.9%、86.2%、85.6%、84.7%、81.3%、78.7%。

表 10-9　不同群体大学生对专业课程教学效果评价的交互分析

群体类别	问题及选项	您认为下列工作开展效果如何?——专业课程教学(%)					卡方检验		
		非常差	比较差	一般	比较好	非常好	χ^2	df	P
性别	男	0.7	1.4	16.1	29.9	51.9	286.6476	4	<0.001
	女	0.3	0.6	12.7	34.7	51.7			

续表

群体类别 / 问题及选项		您认为下列工作开展效果如何？——专业课程教学（%）					卡方检验		
		非常差	比较差	一般	比较好	非常好	χ^2	df	P
学科门类	人文科学类	0.5	1.0	14.6	31.2	52.7	77.721	8	<0.001
	社会科学类	0.4	0.8	14.0	35.5	49.3			
	理工农医类	0.6	0.9	13.6	32.0	52.9			
政治面貌	党员	0.4	1.0	12.3	33.7	52.6	34.591	4	<0.001
	非党员	0.5	0.9	14.5	32.6	51.5			
生源地类别	农村	0.4	0.9	15.0	35.3	48.4	200.799	4	<0.001
	城镇	0.5	1.0	13.0	30.6	54.9			
家庭类型	双亲家庭	0.5	0.9	13.7	33.0	51.9	28.509	4	<0.001
	非双亲家庭	0.4	1.2	16.4	31.7	50.3			
学历层次	大一	0.5	0.6	11.5	29.5	57.9	253.569	20	<0.001
	大二	0.4	1.1	15.1	33.1	50.3			
	大三	0.4	1.1	15.4	35.3	47.8			
	大四	0.5	1.0	14.8	34.2	49.5			
	硕士生	0.3	1.0	13.9	33.5	51.3			
	博士生	0.7	1.0	14.2	33.5	50.6			
是否是独生子女	是	0.5	1.1	12.9	30.3	55.2	169.704	4	<0.001
	否	0.5	0.8	14.7	34.6	49.4			
是否有学生干部经历	是	0.3	0.9	13.0	32.8	53.0	205.310	4	<0.001
	否	0.7	1.0	17.80	33.4	47.1			
学校所属区域	华东	0.5	0.9	13.9	31.8	52.9	859.902	24	<0.001
	华南	0.4	1.2	19.7	37.5	41.2			
	华中	0.6	0.8	13.0	36.1	49.5			
	华北	0.5	1.0	12.3	28.6	57.6			
	西北	0.3	0.5	11.3	33.9	54.0			
	西南	0.4	1.1	17.2	37.6	43.7			
	东北	0.5	0.6	9.8	23.2	65.9			

2. 不同群体大学生对大学生日常思想政治教育的评价分析

从表10-10中可以看出，不同性别的大学生对大学生日常思想政治教育评价存在显著差异。99.0%的女大学生对大学生日常思想政治教育持肯定性评价，女大学生对大学生日常思想政治教育的整体满意度为 83.0%。相比较来说,97.6%的男大学生对大学生日常思想政治教育持肯定性评价,男大学生对大学生日常思想政治教育的整体满意度为 77.4%。学科门类不同的大学生对大学生日常思想政治教育评价存在显著差异。社会科学类大学生对大学生日常思想政治教育整体满意度为 81.5%,高于人文科学类、理工农医类的 81.0%、80.6%。政治面貌不同的大学生对大学生日常思想政治教育评价存在显著差异。党员大学生对大学生日常思想政治教育整体满意度为 83.0%,高于非党员大学生的 80.3%。而18.2%非党员大学生对大学生日常思想政治教育评价为"一般",高于党员大学生的 15.6%。生源所在地不同的大学生对大学生日常思想政治教育的评价存在显著差异。生源所在地为城镇的大学生对大学生日常思想政治教育的整体满意度为 81.3%,高于生源所在地为农村的大学生的 80.4%,说明城镇大学生对大学生日常思想政治教育评价更高。家庭类型不同的大学生对大学生日常思想政治教育的评价存在显著差异。双亲家庭的大学生对大学生日常思想政治教育的整体满意度为 81.3%,高于非双亲家庭的大学生的 78.0%。学历层次不同的大学生对大学生日常思想政治教育的评价存在显著差异。大一学生对大学生日常思想政治教育的整体满意度为 84.5%,高于硕士生、博士生、大四、大二、大三学生的 81.8%、79.6%、79.5%、79.3%、78.7%。独生子女状况不同的大学生对大学生日常思想政治教育的评价存在显著差异。独生子女大学生对大学生日常思想政治教育的整体满意度为 81.4%,高于非独生子女大学生的 80.6%。学生干部经历不同的大学生对大学生日常思想政治教育的评价存在显著差异。有学生干部经历的大学生对大学生日常思想政治教育的整体满意度为 82.0%,高于没有学生干部经历的大学生的 76.9%。学校所属区域不同的大学生对大学生日常思想政治教育的评价存在显著差异。学校所属区域为东北的大学生对大学生日常思想政治教育的整体满意度为 85.9%,高于学校所在区域为西北、华北、华中、华东、西南、华南的 85.3%、82.6%、81.6%、80.0%、77.8%、75.7%。

表 10-10 不同群体大学生对大学生日常思想政治教育评价的交互分析

群体类别	问题及选项	您认为下列工作开展效果如何?——大学生日常思想政治教育(%)					卡方检验		
		非常差	比较差	一般	比较好	非常好	χ^2	df	P
性别	男	0.9	1.5	20.2	29.2	48.2	359.549	4	<0.001
	女	0.3	0.7	16.0	34.7	48.3			
学科门类	人文科学类	0.4	1.0	17.6	31.6	49.4	53.480	8	<0.001
	社会科学类	0.4	1.0	17.1	35.0	46.5			
	理工农医类	0.6	1.0	17.8	31.8	48.8			
政治面貌	党员	0.4	1.0	15.6	33.9	49.1	40.714	4	<0.001
	非党员	0.5	1.0	18.2	32.3	48.0			
生源地类别	农村	0.4	1.0	18.2	35.1	45.3	166.568	4	<0.001
	城镇	0.5	1.1	17.1	30.3	51.0			
家庭类型	双亲家庭	0.4	1.0	17.3	32.8	48.5	31.667	4	<0.001
	非双亲家庭	0.5	1.4	20.1	31.5	46.5			

续表

| 群体类别 | 问题及选项 | 您认为下列工作开展效果如何？——大学生日常思想政治教育(%) | | | | | 卡方检验 | | |
		非常差	比较差	一般	比较好	非常好	χ^2	df	P
学历层次	大一	0.4	0.6	14.5	30.0	54.5	299.042	20	<0.001
	大二	0.5	1.0	19.2	32.7	46.6			
	大三	0.5	1.5	19.3	34.4	44.3			
	大四	0.4	1.1	19.0	34.0	45.5			
	硕士生	0.3	1.0	16.9	33.3	48.5			
	博士生	0.7	1.3	18.4	32.8	46.8			
是否是独生子女	是	0.6	1.1	16.9	30.4	51.0	116.195	4	<0.001
	否	0.3	1.0	18.1	34.2	46.4			
是否有学生干部经历	是	0.4	1.0	16.6	32.7	49.3	162.776	4	<0.001
	否	0.7	1.2	21.2	32.5	44.4			
学校所属区域	华东	0.6	1.1	18.3	31.0	49.0	767.659	24	<0.001
	华南	0.3	1.3	22.7	36.6	39.1			
	华中	0.6	0.8	17.0	36.1	45.5			
	华北	0.5	1.1	15.8	28.8	53.8			
	西北	0.4	0.7	13.6	34.0	51.3			
	西南	0.4	1.1	20.7	37.1	40.7			
	东北	0.4	0.9	12.8	24.3	61.6			

3. 不同群体大学生对思想政治理论课教学的评价分析

从表 10-11 中可以看出,不同性别的大学生对思想政治理论课教学评价存在显著差异。99.0%的女大学生对思想政治理论课教学持肯定性评价,女大学生对思想政治理论课教学的整体满意度为 83.3%。相比较来说,97.5%的男大学生对思想政治理论课教学持肯定性评价,男大学生对思想政治理论课教学的整体满意度为 77.6%。学科门类不同的大学生对思想政治理论课教学评价存在显著差异。社会科学类大学生对思想政治理论课教学整体满意度为 81.8%,高于人文科学类、理工农医类的 81.1%、80.9%。政治面貌不同的大学生对思想政治理论课教学评价存在显著差异。党员大学生对思想政治理论课教学整体满意度为83.4%,高于非党员大学生的 80.5%。而 17.9%非党员大学生对思想政治理论课教学评价为"一般",高于党员大学生的 15.1%。生源所在地不同的大学生对思想政治理论课教学的评价存在显著差异。生源所在地为城镇的大学生对思想政治理论课教学的整体满意度为81.5%,高于生源所在地为农村的大学生的 80.8%,说明城镇大学生对思想政治理论课教学评价更高。家庭类型不同的大学生对思想政治理论课教学的评价存在显著差异。双亲家庭的大学生对思想政治理论课教学的整体满意度为 81.5%，高于非双亲家庭的大学生的 78.2%。学历层次不同的大学生对思想政治理论课教学的评价存在显著差异。大一学生对思想政治理论课教学的整体满意度为 84.3%，高于硕士生、大四、博士生、大二、大三学生的 81.8%、80.1%、80.0%、79.5%、79.4%。独生子女状况不同的大学生对思想政治理论课教学的评价存在显著差异。独生子女大学生对思想政治理论课教学的整体满意度为 81.6%，高于非独生子女大学生的 80.9%。学生干部经历不同的大学生对思想政治理论课教学的评价存在显著差异。有学生干部经历的大学生对思想政治理论课教学的整体满意度为 82.3%，高于没有学生干部经历的大学生的 77.1%。学校所属区域不同的大学生对思想政治理论课教学的评价存在显著差异。学校所属区域为东北的大学生对思想政治理论课教学的整体满意度为 86.0%，高于学校所属区域为西北、华北、华中、华东、西南、华南的 85.4%、82.7%、81.9%、80.2%、78.4%、76.1%。

表 10-11　不同群体大学生对思想政治理论课教学评价的交互分析

| 群体类别 | 问题及选项 | 您认为下列工作开展效果如何？——思想政治理论课教学(%) | | | | | 卡方检验 | | |
		非常差	比较差	一般	比较好	非常好	χ^2	df	P
性别	男	0.9	1.6	19.9	28.7	48.9	395.716	4	<0.001
	女	0.3	0.7	15.7	34.4	48.9			
学科门类	人文科学类	0.6	1.0	17.3	31.4	49.7	52.173	8	<0.001
	社会科学类	0.3	1.0	16.9	34.6	47.2			
	理工农医类	0.5	1.1	17.5	31.3	49.6			
政治面貌	党员	0.5	1.0	15.1	33.8	49.6	49.248	4	<0.001
	非党员	0.6	1.0	17.9	31.8	48.7			
生源地类别	农村	0.5	0.9	17.8	34.7	46.1	158.649	4	<0.001
	城镇	0.6	1.1	16.8	30.0	51.5			
家庭类型	双亲家庭	0.5	1.0	17.0	32.4	49.1	32.476	4	<0.001
	非双亲家庭	0.4	1.3	20.1	31.0	47.2			
学历层次	大一	0.5	0.7	14.5	29.3	55.0	263.532	20	<0.001
	大二	0.5	1.2	18.8	32.2	47.3			
	大三	0.6	1.4	18.6	34.0	45.4			
	大四	0.5	1.0	18.4	33.9	46.2			
	硕士生	0.5	0.9	16.8	33.1	48.7			
	博士生	0.8	1.0	18.2	33.2	46.8			
是否是独生子女	是	0.6	1.2	16.6	30.1	51.5	117.145	4	<0.001
	否	0.4	0.9	17.8	33.8	47.1			

续表

群体类别 / 问题及选项		您认为下列工作开展效果如何？——思想政治理论课教学（%）					卡方检验		
		非常差	比较差	一般	比较好	非常好	χ^2	df	P
是否有学生干部经历	是	0.4	1.0	16.3	32.4	49.9	150.598	4	<0.001
	否	0.8	1.2	20.9	32.0	45.1			
学校所属区域	华东	0.7	1.1	18.0	30.7	49.5	757.165	24	<0.001
	华南	0.4	1.4	22.1	36.2	39.9			
	华中	0.4	1.0	16.7	35.8	46.1			
	华北	0.5	1.1	15.7	28.3	54.4			
	西北	0.4	0.6	13.2	32.9	52.5			
	西南	0.4	1.1	20.1	37.1	41.3			
	东北	0.5	0.8	12.7	23.8	62.2			

（五）相关分析

为进一步了解大学生对思想政治教育整体成效的评价，下面根据调查的有关情况进行相关分析。

通过相关分析发现，大学生对思想政治教育整体成效的评价（"非常差"＝1，"比较差"＝2，"一般"＝3，"比较好"＝4，"非常好"＝5）和对专业课程教学的评价（"非常差"＝1，"比较差"＝2，"一般"＝3，"比较好"＝4，"非常好"＝5，下同）、对大学生日常思想政治教育的评价、对思想政治理论课教学的评价、对所在学校全员育人工作的评价（"很不满意"＝1，"不太满意"＝2，"一般"＝3，"比较满意"＝4，"非常满意"＝5，下同）、对所在学校全过程育人工作的评价、对所在学校全方位育人工作的评价之间存在正相关（P 值均小于 0.001）。从表 10-12 可以看出，对相关方面的工作评价越积极的大学生，对思想政治教育整体成效的评价也越高。

表 10-12 大学生对思想政治教育整体成效的评价相关关系情况

相关因素	相关分析	
	r	P
专业课程教学	0.931	<0.001
大学生日常思想政治教育	0.919	<0.001
思想政治理论课教学	0.921	<0.001
所在学校全员育人	0.804	<0.001
所在学校全过程育人	0.803	<0.001
所在学校全方位育人	0.796	<0.001

二、对育人工作开展的看法

不同群体大学生对所在学校全员、全过程、全方位育人工作的评价,能够有效反映学校"三全育人"综合改革的成效与推进状况,有利于推动"三全育人"工作的进一步加强和改进。

(一) 总体情况

课题组分别对学校全员、全过程、全方位育人工作的评价进行了调查,得出大学生对这些工作看法的调查结果。大学生对所在学校全员、全过程、全方位育人工作的评价的整体满意度较好。如图 10-6、10-7、10-8 所示,在大学生看来,所在学校全员、全过程、全方位育人工作的整体满意度分别为 82.5%、81.7%、81.0%。

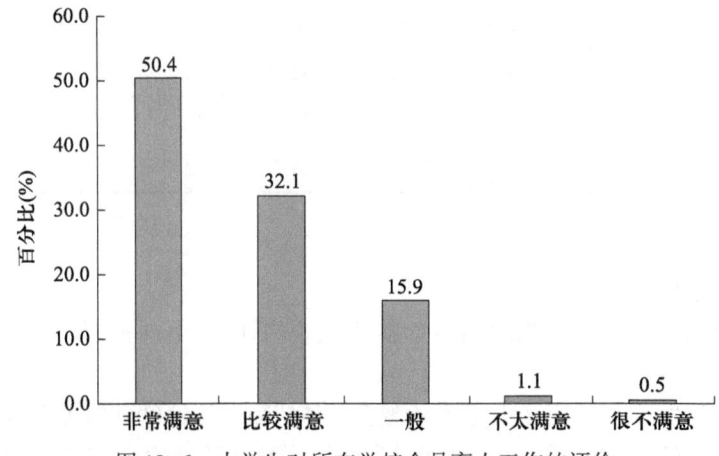

图 10-6　大学生对所在学校全员育人工作的评价

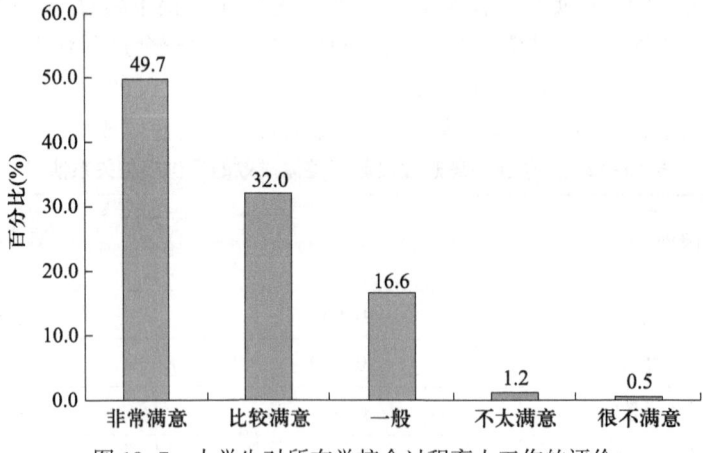

图 10-7　大学生对所在学校全过程育人工作的评价

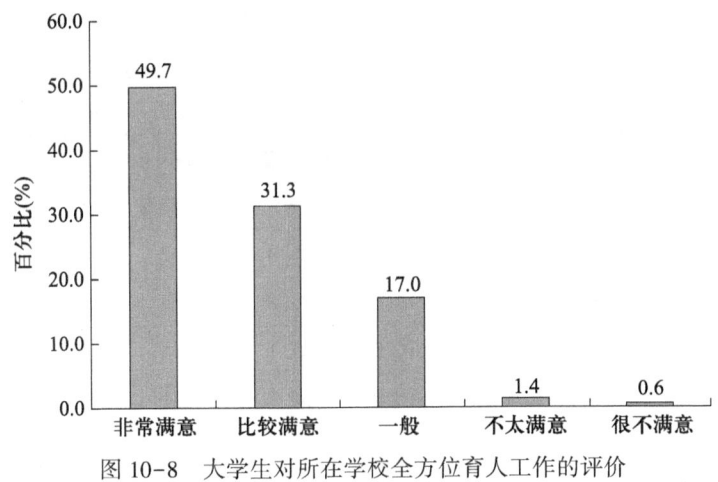

图 10-8　大学生对所在学校全方位育人工作的评价

（二）不同群体大学生对所在学校育人工作开展情况的看法

1. 不同群体大学生对所在学校的全员育人工作的评价分析

从表 10-13 中可以看出，不同性别的大学生对所在学校的全员育人工作的评价存在显著差异。98.9% 的女大学生对所在学校的全员育人工作持肯定性评价，女大学生对所在学校的全员育人工作的整体满意度为 84.3%。相比较来说，97.5% 的男大学生对所在学校的全员育人工作持肯定性评价，男大学生对所在学校的全员育人工作的整体满意度为 79.5%。学科门类不同的大学生对所在学校的全员育人工作的评价存在显著差异。人文科学类大学生对所在学校的全员育人工作整体满意度为 82.6%，高于理工农医类、社会科学类的82.5%、82.4%。政治面貌不同的大学生对所在学校的全员育人工作的评价存在显著差异。党员大学生对所在学校的全员育人工作整体满意度为 84.7%，高于非党员大学生的 81.8%。而 16.7% 非党员大学生对所在学校的全员育人工作评价为"一般"，高丁党员大学生的13.5%。生源所在地不同的大学生对所在学校的全员育人工作的评价存在显著差异。生源所在地为城镇的大学生对所在学校的全员育人工作的整体满意度为 83.3%，高于生源所在地为农村的大学生的 81.6%，说明生源所在地为城镇大学生对所在学校的全员育人工作评价更高。家庭类型不同的大学生对所在学校的全员育人工作的评价存在显著差异。双亲家庭的大学生对所在学校的全员育人工作的整体满意度为 82.8%，高于非双亲家庭的大学生的 79.3%。学历层次不同的大学生对所在学校的全员育人工作的评价存在显著差异。大一学生对所在学校的全员育人工作的整体满意度为 85.4%，高于硕士生、博士生、大四、大三、大二学生的 83.2%、81.2%、81.1%、81.0%、80.9%。独生子女状况不同的大学生对所在学校的全员育人工作的评价存在显著差异。独生子女大学生对所在学校的全员育人工作的整体满意度为 83.2%，高于非独生子女大学生的 81.9%。学生干部经历不同的大学生对所在学校的全员育人工作的评价存在显著差异。有学生干部经历的大学生对所在学校的全员育人工作的整体满意度为 83.7%，高于没有学生干部经历的大学生的 78.0%。学校所属区域不同的大学生对所在学校的全员育人工作的评价存在显著差异。学校所属区域为东北的大学生对所在学校的全员育人工作的整体满意度为 87.8%，高于学校所属区域为西北、华北、华中、华东、西南、华南的 85.1%、83.8%、83.1%、82.9%、78.9%、77.0%。学历层次不同的大学生对所在学校的全员育人工作的评价存在显著差异。硕士研究生对所在学校的全员育人工作整体满意度为83.2%,高于本科生、博士研究生的82.3%、81.2%。

表10-13 不同群体大学生对所在学校的全员育人工作的评价的交互分析

问题及选项 群体类别		您对所在学校全员育人工作的评价是(%)					卡方检验		
		很不满意	不太满意	一般	比较满意	非常满意	χ^2	df	P
性别	男	0.9	1.6	18.0	29.3	50.2	269.843	4	<0.001
	女	0.3	0.8	14.6	33.8	50.5			
学科门类	人文科学类	0.5	0.9	16.0	31.1	51.5	53.318	8	<0.001
	社会科学类	0.5	1.1	16.0	34.3	48.1			
	理工农医类	0.6	1.1	15.8	31.2	51.3			
政治面貌	党员	0.6	1.2	13.5	33.1	51.6	62.340	4	<0.001
	非党员	0.4	1.1	16.7	31.8	50.0			
生源地类别	农村	0.5	1.0	16.9	34.2	47.4	168.282	4	<0.001
	城镇	0.5	1.2	15.0	30.1	53.2			
家庭类型	双亲家庭	0.5	1.1	15.6	32.2	50.6	34.702	4	<0.001
	非双亲家庭	0.7	1.3	18.7	31.0	48.3			
学历层次	大一	0.4	0.6	13.6	29.0	56.4	289.542	20	<0.001
	大二	0.5	1.1	17.5	32.2	48.7			
	大三	0.6	1.4	17.0	34.3	46.7			
	大四	0.6	1.3	17.0	33.4	47.7			
	硕士生	0.5	1.1	15.2	32.6	50.6			
	博士生	1.2	1.8	15.8	32.8	48.4			
是否是独生子女	是	0.7	1.2	14.9	29.8	53.4	136.008	4	<0.001
	否	0.5	1.0	16.6	33.6	48.3			
是否有学生干部经历	是	0.4	1.1	14.8	32.0	51.7	201.095	4	<0.001
	否	0.7	1.2	20.1	32.4	45.6			
学校所属区域	华东	0.6	1.2	15.3	30.9	52.0	743.776	24	<0.001
	华南	0.6	1.1	21.3	36.0	41.0			
	华中	0.5	0.9	15.5	35.1	48.0			
	华北	0.7	1.1	14.4	29.0	54.8			
	西北	0.3	0.9	13.7	31.6	53.5			
	西南	0.4	1.2	19.5	36.3	42.6			
	东北	0.5	0.9	10.8	23.3	64.5			

2. 不同群体大学生对所在学校的全过程育人工作的评价分析

从表 10-14 中可以看出,不同性别的大学生对所在学校的全过程育人工作的评价存在显著差异。98.9%的女大学生对所在学校的全过程育人工作持肯定性评价,女大学生对所在学校的全过程育人工作的整体满意度为 83.5%。相比较来说,97.5%的男大学生对所在学校的全过程育人工作持肯定性评价,男大学生对所在学校的全过程育人工作的整体满意度为 78.7%。学科门类不同的大学生对所在学校的全过程育人工作的评价存在显著差异。人文科学类大学生对所在学校的全过程育人工作整体满意度为 81.9%,高于理工农医类、社会科学类的 81.8%、81.5%。政治面貌不同的大学生对所在学校的全过程育人工作的评价存在显著差异。党员大学生对所在学校的全过程育人工作整体满意度为 83.9%,高于非党员大学生的 81.1%。而 17.3%非党员大学生对所在学校的全过程育人工作评价为"一般",高于党员大学生的 14.3%。生源所在地不同的大学生对所在学校的全过程育人工作的评价存在显著差异。生源所在地为城镇的大学生对所在学校的全过程育人工作的整体满意度为 82.6%,高于生源所在地为农村的大学生的 80.7%,说明生源所在地为城镇大学生对所在学校的全过程育人工作评价更高。家庭类型不同的大学生对所在学校的全过程育人工作的评价存在显著差异。双亲家庭的大学生对所在学校的全过程育人工作的整体满意度为 81.9%,高于非双亲家庭的大学生的 79.2%。学历层次不同的大学生对所在学校的全过程育人工作的评价存在显著差异。大一学生对所在学校的全过程育人工作的整体满意度为 85.2%,高于硕士生、博士生、大四、大二、大三学生的 82.3%、81.3%、80.4%、79.9%、79.5%。独生子女状况不同的大学生对所在学校的全过程育人工作的评价存在显著差异。独生子女大学生对所在学校的全过程育人工作的整体满意度为 82.5%,高于非独生子女大学生的 81.1%。学生干部经历不同的大学生对所在学校的全过程育人工作的评价存在显著差异。有学生干部经历的大学生对所在学校的全过程育人工作的整体满意度为 82.9%,高于没有学生干部经历的大学生的 77.2%。学校所属区域不同的大学生对所在学校的全过程育人工作的评价存在显著差异。学校所属区域为东北的大学生对所在学校的全过程育人工作的整体满意度为 87.9%,高于学校所在区域为西北、华北、华东、华中、西南、华南的 84.9%、83.1%、82.3%、82.1%、77.9%、75.4%。学历层次不同的大学生对所在学校的全过程育人工作的评价存在显著差异。硕士研究生对所在学校的全过程育人工作整体满意度为 82.3%,高于本科生、博士研究生的 81.6%、81.3%。

表 10-14 不同群体大学生对所在学校全过程育人工作的评价的交互分析

群体类别	问题及选项	您对所在学校全过程育人工作的评价是(%)					卡方检验		
		很不满意	不太满意	一般	比较满意	非常满意	χ^2	df	P
性别	男	0.9	1.6	18.8	29.3	49.4	258.522	4	<0.001
	女	0.3	0.8	15.4	33.6	49.9			
学科门类	人文科学类	0.5	1.0	16.6	31.1	50.8	52.728	8	<0.001
	社会科学类	0.5	1.2	16.8	34.1	47.4			
	理工农医类	0.6	1.2	16.4	31.2	50.6			

续表

群体类别	问题及选项	您对所在学校全过程育人工作的评价是(%)					卡方检验		
		很不满意	不太满意	一般	比较满意	非常满意	χ^2	df	P
政治面貌	党员	0.5	1.3	14.3	33.1	50.8	57.280	4	<0.001
	非党员	0.5	1.1	17.3	31.7	49.4			
生源地类别	农村	0.5	1.0	17.8	34.2	46.5	192.747	4	<0.001
	城镇	0.5	1.3	15.6	29.9	52.7			
家庭类型	双亲家庭	0.6	1.1	16.4	32.0	49.9	24.066	4	<0.001
	非双亲家庭	0.6	1.4	18.8	31.5	47.7			
学历层次	大一	0.4	0.5	13.9	29.4	55.8	312.249	20	<0.001
	大二	0.6	1.1	18.4	31.8	48.1			
	大三	0.7	1.4	18.4	33.7	45.8			
	大四	0.6	1.3	17.7	33.4	47.0			
	硕士生	0.6	1.2	15.9	32.5	49.8			
	博士生	1.0	2.1	15.6	33.3	48.0			
是否是独生子女	是	0.7	1.2	15.6	29.7	52.8	143.855	4	<0.001
	否	0.4	1.1	17.4	33.5	47.6			
是否有学生干部经历	是	0.4	1.1	15.6	31.9	51.0	191.810	4	<0.001
	否	0.9	1.3	20.6	32.1	45.1			
学校所属区域	华东	0.6	1.2	15.9	30.8	51.5	771.842	24	<0.001
	华南	0.5	1.2	22.9	35.3	40.1			
	华中	0.5	0.9	16.5	34.8	47.3			
	华北	0.7	1.3	14.9	29.0	54.1			
	西北	0.4	0.8	13.9	32.5	52.4			
	西南	0.4	1.3	20.4	35.9	42.0			
	东北	0.5	0.9	10.7	24.1	63.8			

3. 不同群体大学生对所在学校的全方位育人工作的评价分析

从表10-15中可以看出,不同性别的大学生对所在学校的全方位育人工作的评价存在显著差异。98.7%的女大学生对所在学校的全方位育人工作持肯定性评价,女大学生对所在学校的全方位育人工作的整体满意度为82.9%。相比较来说,97.1%的男大学生对所在学校的全方位育人工作持肯定性评价,男大学生对所在学校的全方位育人工作的整体满意度为78.0%。学科门类不同的大学生对所在学校的全方位育人工作的评价存在显著差异。人文科学类大学生对所在学校的全方位育人工作整体满意度为81.5%,高于理工农医类、社会科学类的 80.9%、80.9%。政治面貌不同的大学生对所在学校的全方位育人工作的评价存在显著差异。党员大学生对所在学校的全方位育人工作整体满意度为 83.1%,高于非党员大学生的 80.5%。而 17.7% 的非党员大学生对所在学校的全方位育人工作评价为"一般",高于党员大学生的 14.7%。生源所在地不同的大学生对所在学校的全方位育人工作的评价存在显著差异。生源所在地为城镇的大学生对所在学校的全方位育人工作的整体满意度为 81.9%,高于生源所在地为农村的大学生的 80.2%,说明生源所在地为城镇大学生对所在学校的全方位育人工作评价更高。家庭类型不同的大学生对所在学校的全方位育人工作的评价存在显著差异。双亲家庭的大学生对所在学校的全方位育人工作的整体满意度为 81.4%,高于非双亲家庭的大学生的 77.8%。学历层次不同的大学生对所在学校的全方位育人工作的评价存在显著差异。大一学生对所在学校的全方位育人工作的整体满意度为 84.8%,高于硕士生、博士生、大四、大二、大三学生的 81.9%、80.8%、79.3%、79.2%、78.7%。独生子女状况不同的大学生对所在学校的全方位育人工作的评价存在显著差异。独生子女大学生对所在学校的全方位育人工作的整体满意度为 81.8%,高于非独生子女大学生的 80.5%。学生干部经历不同的大学生对所在学校的全方位育人工作的评价存在显著差异。有学生干部经历的大学生对所在学校的全方位育人工作的整体满意度为 82.3%,高于没有学生干部经历的大学生的 76.7%。学校所在区域不同的大学生对所在学校的全方位育人工作的评价存在显著性差异。学校所在区域为东北的大学生对所在学校的全方位育人工作的整体满意度为 87.1%,高于学校所在区域为西北、华北、华东、华中、西南、华南的 84.0%、82.6%、81.6%、81.5%、77.4%、74.8%。

表 10-15　不同群体大学生对所在学校的全方位育人工作的评价的交互分析

| 群体类别 | 问题及选项 | 您对所在学校全方位育人工作的评价是(%) | | | | | 卡方检验 | | |
		很不满意	不太满意	一般	比较满意	非常满意	χ^2	df	P
性别	男	1.1	1.8	19.1	28.7	49.3	263.100	4	<0.001
	女	0.3	1.0	15.8	32.9	50.0			
学科门类	人文科学类	0.5	1.1	16.9	30.7	50.8	49.762	8	<0.001
	社会科学类	0.5	1.4	17.2	33.3	47.6			
	理工农医类	0.6	1.5	17.0	30.3	50.6			
政治面貌	党员	0.6	1.6	14.7	32.4	50.7	58.249	4	<0.001
	非党员	0.6	1.2	17.7	31.0	49.5			
生源地类别	农村	0.6	1.1	18.1	33.5	46.7	180.131	4	<0.001
	城镇	0.6	1.5	16.0	29.3	52.6			
家庭类型	双亲家庭	0.6	1.3	16.7	31.4	50.0	35.200	4	<0.001
	非双亲家庭	0.6	1.8	19.8	30.1	47.7			

续表

问题及选项 / 群体类别		您对所在学校全方位育人工作的评价是(%)					卡方检验		
		很不满意	不太满意	一般	比较满意	非常满意	χ^2	df	P
学历层次	大一	0.4	0.7	14.1	28.9	55.9	321.573	20	<0.001
	大二	0.5	1.5	18.8	31.1	48.1			
	大三	0.8	1.8	18.7	32.8	45.9			
	大四	0.8	1.5	18.4	32.2	47.1			
	硕士生	0.6	1.2	16.3	32.0	49.9			
	博士生	1.2	1.9	16.1	33.1	47.7			
是否是独生子女	是	0.8	1.4	16.0	29.1	52.7	136.144	4	<0.001
	否	0.5	1.3	17.7	32.8	47.7			
是否有学生干部经历	是	0.5	1.3	15.9	31.3	51.0	186.836	4	<0.001
	否	0.8	1.4	21.1	31.5	45.2			
学校所属区域	华东	0.6	1.4	16.4	30.2	51.4	754.496	24	<0.001
	华南	0.6	1.3	23.3	34.4	40.4			
	华中	0.6	1.1	16.8	34.5	47.0			
	华北	0.8	1.3	15.3	28.3	54.3			
	西北	0.5	1.1	14.4	31.2	52.8			
	西南	0.5	1.5	20.6	35.2	42.2			
	东北	0.5	1.2	11.2	23.2	63.9			

三、对成长发展影响因素的看法

(一)总体情况

　　课题组将影响大学生成长发展的因素分为思政课教师、专业课教师、导师、辅导员、班主任、心理咨询师以及家人、同学、室友等朋辈群体七个方面,通过多重响应的分析方法,得出大学生对影响其成长发展因素看法的调查结果。如图10-9所示,影响大学生成长发展的因素,按照选择相应选项的大学生比例从高到低排序,依次为:家人、同学、室友等朋辈群体(75.1%)、专业课教师(70.4%)、导师(53.9%)、辅导员(47.7%)、班主任(26.6%)、思政课教师(19.9%)、心理咨询师(13.9%)。也就是说,超过50.0%的大学生认为,影响大学生成长发展的主要因素是家人、同学、室友等朋辈群体以及专业课教师和导师。

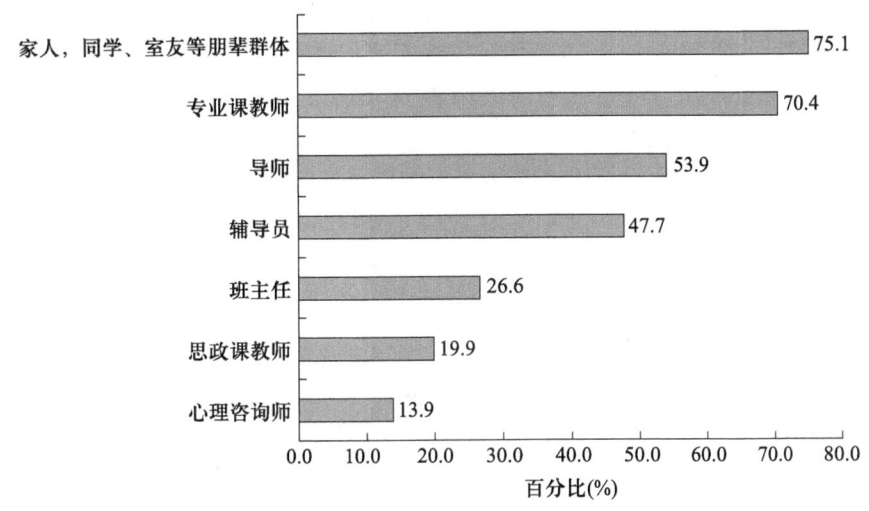

图 10-9　影响大学生成长发展的因素

（二）不同群体大学生对影响大学生成长发展的因素的看法

为进一步了解影响大学生成长发展的因素，我们进行了多重响应变量交叉表分析。

不同性别的大学生对影响大学生成长发展因素的认识存在差异。从表 10-16 可以看出，女生认为家人、同学、室友等朋辈群体（78.2%）、专业课教师（73.6%）、思政课教师（20.1%）、心理咨询师（14.4%）是影响大学生成长发展的因素，在这四方面的比例均高于男生。男生认为导师（55.5%）、辅导员（48.6%）、班主任（27.4%）是影响大学生成长发展的因素，在这三方面的比例均高于女生。

不同学科门类的大学生对影响其成长发展因素的认识存在差异。从专业课教师因素来看，有 79.6% 的人文科学类大学生认为专业课教师是影响大学生成长发展的因素，高于社会科学类大学生（71.1%）以及理工农医类大学生（64.1%）。有 55.7% 的理工农医类大学生认为导师是影响大学生成长发展的因素，高于社会科学类大学生（54.6%）以及人文科学类大学生（50.6%）。27.4% 的社会科学类大学生认为班主任是影响大学生成长发展的因素，这一比例高于人文科学类大学生（26.3%）、理工农医类大学生（25.9%）。

政治面貌不同的大学生对影响大学生成长发展因素的认识存在差异。党员大学生中，分别有 62.7% 的学生认为导师、49.9% 的学生认为辅导员是影响大学生成长发展的因素，这两方面的比例均分别高于非党员大学生（51.2%、47.0%）的比例。

不同生源所在地的大学生对影响大学生成长发展因素的认识存在差异。农村大学生认为导师（54.8%）、辅导员（48.7%）、班主任（27.7%）、思政课教师（21.3%）、心理咨询师（14.0%）是影响大学生成长发展的因素，农村大学生在这五方面的比例均分别高于城镇大学生的比例。城镇大学生认为专业课教师（70.5%）和家人、同学、室友等朋辈群体（75.9%）是影响大学生成长发展的因素，城镇大学生在这两方面的比例均分别高于农村大学生的比例。

家庭类型不同大学生对影响大学生成长发展因素的认识存在差异。双亲家庭大学生认为专业课教师（70.5%）、导师（54.3%）、辅导员（47.7%）、思政课教师（19.9%）是影响大学生成长发展的因素,双亲家庭大学生在这四方面的比例均分别高于非双亲家庭大学生的比例。非双亲家庭大学生认为家人、同学、室友等朋辈群体(76.4%)、班主任(27.0%)和心理咨询师(15.1%)是影响大学生成长发展的因素,非双亲家庭大学生在这三方面的比例均分别高于双亲家庭大学生的比例。

学历层次不同的大学生对影响大学生成长发展因素的认识存在差异。大一学生认为家人、同学、室友等朋辈群体(79.5%)、专业课教师(74.9%)、辅导员(57.1%)、班主任(34.6%)、思政课教师(27.1%)和心理咨询师(21.8%)是影响大学生成长发展的因素,比例高于其他年级的学生。博士生认为导师(83.5%)是影响大学生成长发展的因素,比例明显高于其他年级的学生。

独生子女状况不同的大学生对影响大学生成长发展因素的认识存在差异。54.1%的独生子女大学生认为导师是影响大学生成长发展的因素,高于非独生子女大学生(53.8%)的比例。非独生子女大学生认为家人、同学、室友等朋辈群体(75.3%)、专业课教师(71.2%)、辅导员(48.6%)、班主任(27.5%)、思政课教师(21.0%)和心理咨询师(14.1%)是影响大学生成长发展的因素,在这六方面的比例均分别高于独生子女大学生的比例。

学生干部经历不同的大学生对影响大学生成长发展因素的认识存在差异。有学生干部经历的大学生认为家人、同学、室友等朋辈群体(75.4%)、专业课教师(71.1%)、导师(55.0%)、辅导员(49.7%)、班主任(27.3%)、思政课教师(20.0%)和心理咨询师(14.2%)是影响大学生成长发展的因素,相应比例均高于没有学生干部经历的大学生。

学校所属区域不同的大学生对影响大学生成长发展因素的认识存在差异。学校所属区域为华南的大学生认为专业课教师(74.4%)和思政课教师(23.5%)是影响大学生成长发展的因素,比例高于其他区域的学生。学校所属区域为华中的大学生分别有78.0%的学生认为家人、同学、室友等朋辈群体是影响大学生成长发展的因素,比例高于其他区域的学生。学校所属区域为西北的大学生有39.5%的学生认为班主任是影响大学生成长发展的因素,比例高于其他区域的学生。学校所属区域为东北的大学生分别有61.7%、53.1%的学生认为导师和辅导员是影响大学生成长发展的因素,比例高于其他区域的学生。

学历层次不同的大学生对影响大学生成长发展因素的认识存在差异。本科生认为家人、同学、室友等朋辈群体(76.7%)、专业课教师(74.2%)、辅导员(50.7%)、班主任(29.3%)、思政课教师(21.7%)和心理咨询师(15.4%)是影响大学生成长发展的因素,比例高于硕士研究生和博士研究生。博士研究生中有83.5%的学生认为导师是影响大学生成长发展的因素,比例明显高于硕士研究生和本科生。

表 10-16　不同群体大学生对影响大学生成长发展的因素的看法的交互分析

问题及选项 群体类别		您认为大学期间对自己成长发展影响最大的因素是(%)						
		专业课教师	导师	辅导员	班主任	思政课教师	心理咨询师	家人,同学、室友等朋辈群体
性别	男	65.0	55.5	48.6	27.4	19.5	13.1	69.9
	女	73.6	52.9	47.1	26.1	20.1	14.4	78.2

续表

问题及选项 群体类别		您认为大学期间对自己成长发展影响最大的因素是(%)						
		专业课教师	导师	辅导员	班主任	思政课教师	心理咨询师	家人,同学、室友等朋辈群体
学科门类	人文科学类	79.6	50.6	48.3	26.3	20.4	15.5	75.5
	社会科学类	71.1	54.6	47.0	27.4	20.5	13.5	74.6
	理工农医类	64.1	55.7	47.9	25.9	19.1	13.2	75.2
政治面貌	党员	66.7	62.7	49.9	21.3	16.6	9.5	71.6
	非党员	71.5	51.2	47.0	28.1	20.9	15.2	76.1
生源地类别	农村	70.2	54.8	48.7	27.7	21.3	14.0	74.2
	城镇	70.5	53.1	46.7	25.4	18.5	13.8	75.9
家庭类型	双亲家庭	70.5	54.3	47.7	26.5	19.9	13.8	74.9
	非双亲家庭	68.9	50.7	47.4	27.0	19.8	15.1	76.4
学历层次	大一	74.9	49.8	57.1	34.6	27.1	21.8	79.5
	大二	73.6	45.3	49.6	28.4	20.9	15.0	76.7
	大三	74.7	42.2	46.7	27.50	19.5	12.0	74.7
	大四	73.2	46.4	46.6	24.2	16.7	9.5	74.6
	硕士生	60.4	76.7	39.6	18.6	14.7	9.5	70.4
	博士生	49.8	83.5	32.5	15.9	12.4	7.9	67.5
是否是独生子女	是	69.2	54.1	46.4	25.2	18.2	13.6	74.8
	否	71.2	53.8	48.6	27.5	21.0	14.1	75.3
是否有学生干部经历	是	71.1	55.0	49.7	27.3	20.0	14.2	75.4
	否	67.7	49.9	40.2	24.0	19.2	12.7	74.0
学校所属区域	华东	67.2	55.9	48.7	25.2	18.6	14.2	75.4
	华南	74.4	50.5	48.3	27.4	23.5	16.3	76.0
	华中	69.1	52.4	45.7	29.3	17.5	12.2	78.0
	华北	71.2	54.0	47.5	24.1	20.4	13.5	73.6
	西北	72.6	54.8	46.6	39.5	22.6	16.3	74.3
	西南	72.3	50.9	46.6	24.9	20.1	13.7	75.8
	东北	69.1	61.7	53.1	18.9	19.9	12.9	68.6

四、本章小结

（一）总体情况

高校思想政治教育效果有明显提升。调查显示，分别有 99.2%（2020 年为 98.2%）、86.3%（2020 年为 81.7%）的大学生对思想政治教育开展状况和整体效果持肯定性评价，表示满意。在大学生看来，所在学校全员、全过程、全方位育人工作的整体满意度分别为 82.5%、81.7%、81.0%。也就是说，大部分大学生都认为所在学校的"三全育人"工作开展良好。调查表明，影响大学生成长发展的因素从高到低为：家人、同学、室友等朋辈群体（75.1%）、专业课教师（70.4%）、导师（53.9%）、辅导员（47.7%）、班主任（26.6%）、思政课教师（19.9%）、心理咨询师（13.9%）。也就是说，家人、同学、室友等朋辈群体、专业课教师和导师，被超过 50.0% 的大学生认为是影响其成长发展的主要因素。

（二）现象与问题

当前，高校思想政治教育的供给与大学生的成长发展需求和社会期望还有一定差距。第一，仍有少数大学生对思想政治教育效果持负面态度，学校育人工作仍有进一步发展的空间。调查结果显示，对思想政治教育效果持负面评价的大学生也占有一定比例，认为效果"比较差"和"非常差"的大学生比例为 0.8%（2020 年为 1.8%）。调研表明，分别有 1.6%、1.7%、2.0% 的大学生对所在学校全员育人、全过程育人工、全方位育人工作表示不满意。第二，学校教师思想政治工作仍需继续加强，距离学生的期盼也还有一定差距。数据显示，在影响大学生成长发展的因素中，辅导员、班主任、思政课教师、心理咨询师的比例都小于 50.0%，且思政课教师、心理咨询师的比例甚至小于 20.0%，说明大学生思想政治教育的实效性还有不小的提升空间，仍需要进一步加强和改进，特别是要深入推进辅导员队伍、思政课教师队伍职业化专业化建设。

（三）建议与对策

一是更加积极稳妥推进"三全育人"综合改革。大学生对所在学校全员、全过程、全方位育人工作的整体满意度分别为 82.5%、81.7%、81.0%，这说明高校"三全育人"工作质量还有较大的提升空间。首先，深化总结教育部及各省（区、市）、高校"三全育人"综合改革试点建设的好经验和优秀做法，不断推动试点单位发挥示范引领作用，进一步扩大试点单位的区域，破解综合改革试点单位区域发展不平衡不充分的问题，变"点"为"面"，使"植树"成为"造林"，汇聚先行先试的集群效应，发挥以点带面的溢出效应，努力构建"三全育人"综合改革试点新格局。其次，把"三全育人"综合改革的重点和重音落在育人上，通过提高"全员"的育人意识和育人能力，给学生更有温度、更有力度、更有效度的思想政治教育，提高大学生对思想政治教育的获得感。再次，"三全育人"综合改革的深入推进，需要更加注重从体制机制角度，夯实改革基础、强化发展驱动，把"三全育人"的理论创新、实践创新和制度创新优势转化为思想政治教育的治理效能。

二是更加重视补齐思想政治教育工作短板。虽然大学生对思想政治教育效果的肯定性评价和整体满意度的比例保持较高水平，但认为专业课程教学效果"比较差"和"非常差"的比例为 1.3%（2020 年为 1.2%），认为日常思想政治教育效果"比较差"和"非常差"的比例为 1.4%（2020 年为 1.6%），认为思想政治理论课教学效果"比较差"和"非常差"的比例为 1.5%（2020 年为 1.5%），说明该项工作仍有提升余地。因此，要树立问题导向，认真查摆各地各高校及院系专业课程教学、日常思想政治教育、思想政治理论课教学等存在的薄弱环节和问题，特别是"主渠道""主阵地"建设和发展中的深层次体制机制矛盾，通过系统科学的调查分析，提出有可行性、针对性和实效性的举措办法。

三是更加注重时代新人培育的微环境建设。育人微环境的构建，既要对"人财物时空"五大条件进行全局性优化，还要特别注重发挥"师生家校社"五大主体协同育人的作用和合力。近四年（2018—2021）的多重响应分析表明，超过三分之二的大学生认为，同学、室友等朋辈群体排在影响大学生成长发展因素的首位。近三年（2019—2021）的多重响应的分析表明，过半的大学生认为，专业课教师是仅次于同学、室友等朋辈群体的影响因素。家人和导师持续被大学生认为是影响其成长发展的重要因素，近四年调查结果中的占比均不低于 38.5%，并且均排在影响因素的前四项。因此，要结合办学方向和时代新人的培养目标，更加重视朋辈教育和家校协同，进一步落实导师立德树人职责，着力建设高素质专业化的教师队伍，同时用好用活社会这个思政大课堂所蕴含的无穷资源，共同营造润物无声的育人微环境。

四是更加重视发挥思想政治教育评价指挥棒作用。首先，要对思想政治教育的评价方法进行再优化，坚决破除"五唯"的倾向和繁琐的评价流程，建设适应思想政治教育现代化发展的科学评价体系，不断提升思想政治教育评价的科学性、真实性和客观性。其次，要全面提高思想政治教育评价的效度。多元多层地建立高校思想政治工作测评指标体系，把开展情况和实施绩效纳入"双一流"建设、教学审核评估、学科评估、党建述职评议考核等刚性评价体系，让评价指标硬起来、实起来，让否决退出机制用起来、转起来，这样才能腰杆硬、底气足地推进思想政治教育高质量发展。最后，要全面提高思想政治教育评价的精度。科学把握思想政治教育的时空变量，特别注重一线规则、过程评价和结果评价，让每位教师的育人功能及每个岗位、每门课程的育人元素都能得到充分发挥；要特别注重成长评价和发展评价，把学生开展党的创新理论宣讲、参加社会实践主题教育活动、参与网络空间治理等纳入评价指标，充分调动各环节、全链条的积极性，在内生动力驱动中充分释放思想政治教育的新活力。

研究述评

2021 年是国家"十四五规划"开局之年,也是昂首阔步迈向实现第二个百年奋斗目标的新起点,更是中国共产党建党 100 周年。在诸多重要时间节点汇聚的 2021 年,学者们在继承和发扬原有成果的基础上,不断守正创新,"立足于宏观大背景、时代大变局,结合历史演进、现实基础、科技水平、环境形势、群体特征等因素,探索有效的路径和举措"[①],积极推动大学生日常思想政治教育研究向纵深发展,努力提升大学生日常思想政治教育的实效性,并取得了一系列突破性的成果。

一、关于新时代大学生思想特点和行为倾向的研究

准确把握"00 后"大学生思想特点和行为规律,找准学生情感的"触发点"、思想的"共鸣点"和行为的"导向点",切实提高"00 后"大学生思想政治工作实效,具有重要的教育价值和社会意义。[②] 为了对新时代大学生群体属性、个性特点以及行为倾向有更深层次的了解,切准大学生思想特点和行为倾向,学界主要采取定量与定性分析相结合方式对这一问题进行深入探究。有学者通过分层随机抽样在上海市 14 所高校抽取 2000 年以后出生的大学生作为研究对象,发现"00 后"大学生在自我认知上物质主义与后物质主义交织,在群体文化认知上多元共融和小众分化兼有,在社会认知上困惑与认同并存,在国家认知上耦合与张力交错。与此同时,"00 后"大学生表现出自我矮化与制造认同相伴的日常行为,存在着亲社会行为和道德推脱兼有的道德实践,呈现出认同与区隔交织的戏剧性社交行为,注重政治型与研究型并存的情感消费。[③] 也有学者基于对 29 所高校"00 后"大学生的基本情况信息、思想状况、行为特征的调研数据,从社会、集体和个体三个层面对"00 后"大学生的思想特点进行了总结,认为"00 后"大学生的价值观与主流价值观耦合,具有较强的信息识别能力,但仍受外界环境影响,可塑性强;他们崇尚个性,重平等,轻权威,在肯定个人在集体中发挥作用的基础上,更为注重自身价值实现,认知和行为具有一定差距;他们更为注重精神上的获得感,

---

① 参见李财德、宋来、陈万思:《大学生思想政治教育主题研究知识图谱与未来展望——基于 CSSCI 期刊文献计量分析》,《思想教育研究》2021 年第 2 期。
② 参见李敏、颜吾佴:《"00 后"大学生思想行为特点与教育对策研究》,《华北电力大学学报(社会科学版)》2021 年第 6 期。
③ 参见张睿、吴志鹏、黄枫岚:《"00 后"大学生的思想观念及行为倾向研究》,《思想理论教育》2021 年第 6 期。

更理性,更包容。① 还有学者用"四个自"形象地概括了"00后"大学生的思想特点,认为他们"情感表达更加'自我',想爱就爱、爱我所爱,个体意识表现更加强烈;学习生活更加'自主',以我为主、我行我秀,我的地盘我做主;为人处世更加'自信',社会交往和利益追求目的和个性鲜明,有着良好的个人主观能动性;精神思想更加'自由',娱乐至上、一网情深,在虚拟和现实世界之间自由穿梭"。② 此外,还有学者从心理学的维度出发,重点分析了后疫情时代大学生的思想特点,提出后疫情时代大学生心理具有消极无助与可防可控的矛盾、封闭式管理与渴望自由的矛盾以及积极主动与被动依赖的矛盾。③

　　由此可见,伴随着社会纷繁复杂的变化,尤其是信息技术、大数据和智能算法等技术手段的发展,以抖音、快手、Bilibili为主要代表的短视频的迅猛崛起,使得大学生思想和行为呈现出了新样态、新变化,但新时代大学生的主流是奋发向上的,大家都在为实现中华民族伟大复兴而努力奋进。然而我们不能忽视纷繁复杂的社会环境对青年产生的消极影响,尤其是要警惕网络亚文化所带来的消极影响。这些影响归纳起来主要有以下几个方面:一是受网络"丧文化"及其产品影响,少数大学生以丧释放学业等生活压力;二是受佛系青年等不同群体标签吸引,少数大学生奋斗进取精神不足;三是不自觉传播流行话语,少数大学生在虚拟交往中产生信任危机。④ 针对青年人生观的上述种种现象,除了要发挥好思想政治理论课的主渠道作用,也要发挥好日常思想政治教育的主阵地作用,把思政小课堂同社会大课堂有机结合起来,在理论和实践的结合中、网上和网下的贯通中,引导青年一代深刻体悟中国共产党为什么能、马克思主义为什么行、中国特色社会主义为什么好,努力在学思用贯通、知信行统一中增志气、强骨气、厚底气,培养一代又一代拥护中国共产党领导和我国社会主义制度、立志为中国特色社会主义事业奋斗终身的有用人才。⑤

二、关于科研育人的研究

　　2015年1月,中共中央办公厅、国务院办公厅印发《关于加强和改进新形势下高校宣传思想工作的意见》,在原来教书育人、管理育人、服务育人的基础上,新增加了"实践育人"和"科研育人"。自此,"科研育人"的重要性日益凸显。2020年4月,教育部等八部门联合印发的《关于加快构建高校思想政治工作体系的意见》,进一步强调高校要充分发挥科研育人功能,又一次从国家战略的高度确立科研育人的关键地位。学界也对这一主题给予高度关注。从整体上看,2021年度,学界对这一论题研究主要集中在科研育人内涵、高校科研育人现状、高校科研育人理念、高校科研育人机制以及将科学家精神融入高校科研育人体系五个方面。

---

　　① 参见张严、李智慧:《"00后"大学生思想和行为特点与引导策略研究——以全国29所高校调研为例》,《北京教育(高教)》2021年第1期。

　　② 参见刘征、刘伟、左殿升:《论新时代辅导员队伍建设的"时""事""势"》,《思想政治教育研究》2021年第4期。

　　③ 参见宋耀新、史倩:《后疫情时期高校心理育人途径研究》,《思想政治教育研究》2021年第4期。

　　④ 参见杨月荣、郝文斌:《"00后"大学生受网络亚文化影响情况分析》,《思想理论教育导刊》2021年第4期。

　　⑤ 参见沈壮海、彭鹤翔:《增强青年一代做中国人的志气、骨气、底气》,《思想理论教育》2021年第10期。

（一）关于科研育人内涵的研究

2021 年度，学者们在已有研究的基础上，对科研育人的内涵进行了更深入系统的研究。有学者提出科研育人是指教师以科研为纽带，通过其个人的科研能力和学术水平，以科学的异向思维、抽象思维、辩证思维和逻辑思维等方法，让学生参与到自主探索的科研活动之中，通过科研活动培育学生科研理想、精神、方法和道德的一种育人方式。① 也有学者从育人内容、育人形式、育人目标和育人主体四个层面对科研育人内涵进行界定，认为科研育人是"关于科研的育人""通过科研的育人""为了科研的育人""科研工作者的育人"，归根到底就是"育什么、怎么育、为什么育、谁来育"的问题。② 更具体地说，科研育人是由科研主体、科研对象、科研方法与科研环境四个子系统组成，包括高校、教师、团队、学生、科研立项、科研过程、科研产出、人文环境与物资环境九个构成要素。科研育人四个子系统间的相互关系体现在：科研主体对科研育人诸要素及其相互关系起主导作用；科研对象具有主动作用，决定着科研育人的实施效果；科研方法具有中介作用，是科研主体、科研对象与科研环境相互联结的桥梁；科研环境起着保障作用，发挥着"育人的条件"和"条件的育人"双重作用。③ 也有学者提出科研育人应该包含出发点、实现路径和实践目的三个层面的内涵：科研育人的出发点是基于学生的"求知本性"，唤起学生的好奇心，激发求知热情；科研育人的实施路径是要通过恰当、有效的方式，让学生在课堂内外以学习知识为载体，充分体验学习过程，在过程中学习研究、主动探究、大胆创造，并与他人充分互动，持续激发学习、探索、创新的兴趣、热情和潜能；"科研育人"的归宿是促进师生共同研究与创新创造，让研究成为学生的习惯，让发明发现成为学生的习惯，成为学生的一种能力、一种精神。④ 由此可见，尽管学界对科研育人内涵未形成统一表述，但达成了一个普遍共识，即科研育人既不是传统意义上的"科研"，也不是单一模式的课程教育教学，而是更加凸显在育人目标上的创新能力培养导向、育人过程上的实践属性以及育人路径上的"全员、全过程、全方位"特征。⑤

（二）关于高校科研育人现状的研究

2021 年度，学者们更注重从实证调查角度对高校科研育人现状进行梳理。有学者尝试构建科研育人效率评价指标体系，从将科研带入教学、将学生带入科研两个维度出发构建科研育人效率的投入指标，从培养质量、创新能力、科研志趣 3 个维度出发构建产出指标，借助DEA-Malmquist 指数对 2014—2018 年间我国 68 所"双一流"建设高校科研育人的全要素生产率展开了测量，结果发现高校科研育人存在的问题主要集中在以下四个方面：首先，就投入产出指标而言，尽管高校的科研育人投入与产出呈增长趋势，但校际差距较大，特别是在财、物投入与创新能力产出上存在较大的校际差异；其次，就科研育人的全要素生产率而言，

① 参见王志新、周步昆、张根华、李佩恒：《新时代高校科研育人影响因素与路径探索——以 J 省 3 所高校教师抽样调查问卷为例》，《中国高校科技》2021 年第 12 期。

② 参见刘在洲：《高校科研育人的内涵、特征与实践方略》，《思想理论教育》2021 年第 3 期。

③ 参见谭梦媛、刘在洲：《高校科研育人的构成要素与相互关系分析》，《教育与教学研究》2021 年第 3 期。

④ 参见黄廷祝、黄艳、杨建宇：《"科研育人"新工程教育：认识、思考与实践》，《中国大学教学》2021 年第 7 期。

⑤ 参见王赓、杜建宾：《科研育人视阈下的高校创新实践教育效果评价——运用匹配倍差法对 N 高校的实证分析》，《中国大学教学》2021 年第 12 期。

存在创新薄弱、规模无效等外延式表征；再次，采用核密度估计法所得的结果显示，2015—2016 年、2017—2018 年间高校追赶形成了收敛趋势；最后，分地区而言西部与东北地区高校的科研育人效率有待进一步提高，分类型而言不同类型高校差距不大、专业类高校仍有进步空间。① 还有学者选取教师作为研究视角，对 J 省 3 所高校教师进行抽样调查，发现高校科研育人存在科研动机功利化、对科研育人的认识不足、"科教融合"教学模式的缺失等问题。② 还有学者从理论分析维度，对高校科研育人存在问题进行梳理，认为高校科研至上理念主导，导致教育主体缺位；科研与思想政治教育结合不深，导致教育缺乏影响力；科研实际参与有限，导致教育获得缺乏。③ 此外，也有学者从制度建设、利益配置和文化认知三个角度对地方本科院校科研育人困境进行探讨，提出地方本科院校科研育人存在评价、激励及管理等制度缺失、科研育人的队伍建设存在主观与客观的利益冲突和科研育人受体的自觉性与内容的适用性不足等问题。④

（三）关于高校科研育人理念的研究

2021 年度，学界对高校科研育人理念进行了深入探索。有学者强调高校要进一步推动科研与思政的深度融合，不能以硬植入的方式将科研作为思政手段，简化形式包装和内容设计，忽视思政元素的融合和作用⑤。也有学者提出，有效推进和加强高校科研育人工作，必须从政治站位、道德基础、科学精神、方法论等方面把握其实践方略，要以科研理想教育铸魂、以科学道德教育奠基、以科学精神教育固本、以科研方法论教育提能。⑥ 还有学者强调，不仅要实现高校科研育人从外延式向内涵式的转变，也要因校制宜，实现科研育人的内源式发展。内源式发展是指，高校要尊重自身的价值与制度，探索适合自己的发展道路，而不是盲目照搬其他高校的模式。⑦ 比如地方高校应当在制度体系的构建、主体队伍与科研平台的建设、学生自主参与科研育人的内在积极性的调动以及科研育人内容与形式的完善创新等方面协同发力，力求最大限度地激发地方本科院校的活力。⑧ 还有学者对 1988—2020 年以来 CNKI 发表的以"科研育人"为主题的学术论文进行了梳理，发现三十余年来学界围绕科研育人的理念、内涵、特征、意义与途径等进行了有益的探讨，未来科研育人研究趋势应该向以下四个方向迈进：一是注重科研育人的机理分析与理论创新，更多关注科研育人"为什么"的研究；二是注重科研育人的质量提升体系建设，要将更多具有创新性的内容融入到科研育人体系建立中；三是注重科研育人遵循的主体间性原则，不仅关注"育学生"，也要关注"育老师"；四是注重科研育人的思想政治教育价值，要从思想政治教育学的视野关注科研育

---

① 参见姚威、毛笛、胡顺顺：《内涵式还是外延式：高校科研育人效率的实证分析》，《科技管理研究》2021 年第 14 期。

② 参见王志新、周步昆、张根华、李佩恒：《新时代高校科研育人影响因素与路径探索——以 J 省 3 所高校教师抽样调查问卷为例》，《中国高校科技》2021 年第 12 期。

③ 参见魏舶、杨亚庚：《科研育人逻辑下高校研究生思想政治教育研究》，《学校党建与思想教育》2021 年第 4 期。

④ 参见李景林、闫守轩：《地方本科院校科研育人的多维困境及实现路径》，《教育科学》2021 年第 4 期。

⑤ 参见魏舶、杨亚庚：《科研育人逻辑下高校研究生思想政治教育研究》，《学校党建与思想教育》2021 年第 4 期。

⑥ 参见刘在洲：《高校科研育人的内涵、特征与实践方略》，《思想理论教育》2021 年第 3 期。

⑦ 参见姚威、毛笛、胡顺顺：《内涵式还是外延式：高校科研育人效率的实证分析》，《科技管理研究》2021 年第 14 期。

⑧ 参见李景林、闫守轩：《地方本科院校科研育人的多维困境及实现路径》，《教育科学》2021 年第 4 期。

人的思想政治教育价值。①此外,还有学者提出要关注哲学社会科学科研育人的研究,积极探索哲学社会科学科研育人路径是响应科教兴国战略的重要举措。②

(四)关于高校科研育人机制的研究

2021 年度,学界在理论研究和实践探索的基础上,不断进行科研育人机制的创新,以提升高校科研育人的实效。有学者提出,要推行实践+科研育人模式,不断释放"实践+"科研育人的"乘法效应",进而引导师生牢固树立服务社会的理想追求,秉持敢为人先的科学精神,打造"实践+"科研育人质量提升新体系。③有学者建议构建"双主体"科研育人引导机制,将教师和学生都视为科研育人的主体。教师作为科研育人的主体,要把教学资源与学生共享,要把科研项目对学生开放,要指导学生积极开展科研活动,并着力培养学生的科学精神和科学道德。学生作为科研育人的另一主体,要积极参与科研实践。④还有部分学者关注科学评价体系建设问题,认为要构建和完善科研与育人相结合的绩效评价体制,在鼓励教师创新能力提升的同时,加大人才培养在教师绩效评价、职称评审中所占比重。⑤

(五)关于将科学家精神融入高校科研育人体系的研究

科学家精神是中国精神的重要组成部分,在大学生思想政治教育过程中蕴含着信念引领、价值导向和人格塑造等重要的育人功能,要将科学家精神融入高校科研育人体系,不仅在师生学术共同体内融入科学家精神,更要在科研活动中融入科学家精神。⑥有学者认为将科学家精神融入科研育人,就是要紧密结合科学研究的实际,引导青年学子明确科学的战略地位和社会功能,增强科学研究的历史使命感和社会责任感,把培养青年学子的科学精神贯穿科学研究全过程,把思想价值引领作为科研育人的核心,把创新精神、创新能力的培养作为科研育人的重点,把学术诚信和严谨学风作为科学研究和科研育人的底线标准,创造和形成风清气正的科学研究氛围。⑦还有学者强调要将科学精神的培养贯穿科学研究的全过程。在科研选题立项环节,注重启发科研灵感和培养学生的批判精神;在科研过程中,让学生接受严谨的学风和扎实的作风训练,认真细致、一丝不苟地对待每一个数据,不疏忽每一个现象,不随意下一个结论,形成严谨细致的科研作风,培养学生严谨治学的求实精神;让学生感受科研的艰难曲折性,培养拼搏精神和不畏艰难、越挫越勇的顽强作风;让学生通过经历旷日持久、寂寞枯燥的煎熬,磨炼学生潜心钻研、心无旁骛的坚强毅力。⑧

通过以上分析可以发现,2021 年度,学者们在理论研究和实证调查的基础上,不断拓宽研究视角,积极关注新的研究增长点,对高校科研育人进行了更细化和深入的探究,为进一

---

① 参见杨兆强:《三十余年来我国科研育人研究的总体状况、进展及趋势——基于 CNKI"科研育人"论文(1988—2020 年)的统计分析》,《继续教育研究》2021 年第 6 期。
② 参见徐昕:《探索高校哲学社会科学科研育人路径》,《中国社会科学报》2021 年 11 月 30 日。
③ 参见郝卿、陈振兴、薛建航:《大学生社会实践育人功能及实现路径研究》,《高教学刊》2021 年第 4 期。
④ 参见张亚光、曾丹旦:《"三全育人"视域下高校科研育人探究》,《学校党建与思想教育》2021 年第 1 期。
⑤ 参见姚威、毛笛、胡顺顺:《内涵式还是外延式:高校科研育人效率的实证分析》,《科技管理研究》2021 年第 14 期。
⑥ 参见张苗:《科学家精神融入大学生思想政治教育略探》,《学校党建与思想教育》2021 年第 12 期。
⑦ 参见骆郁廷、余晚霞:《科学家精神融入思想政治教育刍议》,《思想理论教育》2021 年第 1 期。
⑧ 参见刘在洲:《高校科研育人的内涵、特征与实践方略》,《思想理论教育》2021 年第 3 期。

步提升科研育人质量提供了重要指引。与此同时,我们也应该认识到科研育人研究中仍存在一定的短板。如:如何加强科研对本科生的育人作用? 如何在创新创业教育中提升育人实效? 如何加强科研育人与其他育人体系的协同? 对这些主题的进一步深入研究将有助于更好地发挥科研育人作用。

三、关于实践育人的研究

实践育人是高校落实"立德树人"根本任务的重要载体,蕴含着丰富的育人功能和价值,是培育担当民族复兴大任时代新人的有效途径。习近平总书记指出:要重视和加强第二课堂建设,重视实践育人,坚持教育同生产劳动和社会实践相结合,广泛开展各类社会实践,让学生在亲身参与中认识国情、了解社会,受教育、长才干。① 2021 年度,学界更强调实践育人的价值,在全面把握高校实践育人现状的基础上,积极挖掘实践育人素材,为提升实践育人实效性提供了重要参考。

(一)关于高校实践育人价值的研究

实践是重要的育人方式,特别是在新时代的背景下,实践育人显得更为迫切和重要。有学者明确提出,实践是克服思想政治教育形式单一、方法僵化的重要出路,是克服思想政治教育形式主义的有效途径②,实践育人是提高大学生思想政治教育实效的重要途径,有利于增强思想政治教育的吸引力和感召力以及增强学生的自主意识和能力③。也有学者从高等教育的发展视角、学校的资源整合视角、教师的科学研究视角和学生的成长成才视角等多维度视角论证了实践育人的重要意义,提出社会实践是高等教育办学发展的重要组成部分,是统筹育人资源的切实可行途径,是开展思想政治教育研究的重要内容,是学生厚植爱国情怀、坚定理想信念和提升综合素养的重要途径。④

(二)关于高校实践育人现状的研究

尽管高校实践育人在理论研究和具体实施层面都取得了较大的进步,但仍存在着一定的提升和改进空间。学者们从思想政治理论课实践教学和第二课堂两个层面进行了分析,认为二者在作用功能的实现方式上有相互"靠近"的趋势,但是二者之间并没有形成协同育人的完备机制,也未能最大程度地发挥各自的育人作用。⑤ 还有学者指出高校实践育人缺乏顶层设计和统筹实施;思想政治理论课存在重理论轻实践的问题;社会实践存在活动多但成效不明显的问题。⑥ 还有学者聚焦构建高校创新创业教育实践育人共同体中的短板,认为目标理念存在局限性、内生动力不足、实操平台短缺、保障机制匮乏等问题是制约高校创

---

① 中共教育部党组:《深入学习贯彻习近平总书记关于青年学生成长成才重要思想大力培养中国特色社会主义建设者和接班人》,《光明日报》2017 年 9 月 8 日。

② 参见梁铭:《思想政治教育如何彰显实践育人功能》,《人民论坛》2021 年第 8 期。

③ 参见李海娟:《新时代高校实践育人路径探析》,《思想理论教育》2021 年第 8 期。

④ 参见郝卿、陈振兴、薛建航:《大学生社会实践育人功能及实现路径研究》,《高教学刊》2021 年第 4 期。

⑤ 参见李亚美、姜天宠:《高校思政课实践教学与第二课堂的功能定位及其协同》,《学校党建与思想教育》2021 年第 18 期。

⑥ 参见李海娟:《新时代高校实践育人路径探析》,《思想理论教育》2021 年第 8 期。

新创业实践育人成效发挥的主要因素。①

（三）关于高校实践育人实现路径的研究

2021 年度，学界注重实践育人与其他育人资源的有效融合，力图构建协同机制，以提升实践育人的成效。有学者明确提出要构建以"实践+"课程育人、"实践+"文化育人、"实践+"科研育人为主要内容的实践育人路径，切实发挥实践育人的成效。② 也有学者在对思政课实践教学和第二课堂功能作用进行准确定位的基础上，强调要构建双方的协同育人机制格局，注重育人主体的协同、方法载体的协同和工作计划的协同，充分发挥二者的优势和特长，形成实践育人的合力。③ 还有学者认为应该在"精准"上下功夫，构建新时代高校实践育人精准化模式，要"定方向"，实现目标导向精准；"定任务"，实现任务设计精准；"定岗位"，实现人岗适配精准；"定导师"，实现指导保障精准；"定要求"，实现考核评价精准。④ 还有学者强调要建立以实践育人为抓手的高校思想政治教育新格局，从领导体制、工作机制、制度建设等多方面进行改革和创新。⑤ 还有学者尝试构建高校社会实践育人体系，提出要从契合需求，实现高校与社会双向共赢、健全机制，实现高校、大学生、政府、实践单位等多方联动、贯通情感，彰显社会实践育人体系的意义与价值共识三条路径着手。⑥ 此外，还有学者提出，彰显实践的育人功能，要将思想政治教育融入日常生活当中，突出核心价值引领，培养核心素养和关键能力，为未来生活奠基；彰显实践的育人功能要强化思想政治教育的知行合一，开展思想理论、政治信仰和道德品格的实践转化；彰显实践的育人功能要把红色资源作为思想政治教育的生动教材，教育大学生坚定理想信念，自觉肩负起实现中华民族伟大复兴的时代责任。⑦

（四）关于将劳动教育融入高校实践育人的研究

随着时代的变化，劳动教育的内涵和外延也在不断拓展，其育人重要性也在日益增加。特别是进入新时代，新征程新任务新挑战要求新时代劳动教育必须做出积极回应，要紧紧围绕"为谁培养人""培养什么样的人"以及"如何培养人"等三个问题开展工作，其中"为谁培养人"是劳动教育的根本旨趣；"培养什么样的人"是劳动教育的价值共识；"如何培养人"是劳动教育的共意过程。⑧ 2021 年度，学界围绕如何将劳动教育融入实践育人重要环节进行了深入的探究。有学者从微观生态角度出发，提出要彰显显性劳动教育因素的育人主阵地作用；发挥隐性劳动教育因素的育人协同作用。⑨ 有学者主张应当构建劳动教育与思想政

---

① 参见邓欢、严敏：《论高校创新创业教育实践育人共同体的构建》，《学校党建与思想教育》2021 年第 1 期。

② 参见郝卿、陈振兴、薛建航：《大学生社会实践育人功能及实现路径研究》，《高教学刊》2021 年第 4 期。

③ 参见李亚美、姜天宠：《高校思政课实践教学与第二课堂的功能定位及其协同》，《学校党建与思想教育》2021 年第 18 期。

④ 参见周远、牧士钦：《新时代高校实践育人精准化理念与模式探析》，《江苏高教》2021 年第 10 期。

⑤ 参见李海娟：《新时代高校实践育人路径探析》，《思想理论教育》2021 年第 8 期。

⑥ 参见李薇薇：《高校社会实践育人体系构建的路径选择》，《中国高等教育》2021 年第 9 期。

⑦ 参见梁铭：《思想政治教育如何彰显实践育人功能》，《人民论坛》2021 年第 8 期。

⑧ 参见金哲、陈恩伦：《新时代劳动教育的育人逻辑与实践路径探索》，《贵州师范大学学报（社会科学版）》2021 年第 6 期。

⑨ 参见杨劲松、王丹、陈其晖、蔡冉冉：《新时代加强高校劳动教育实践路径研究》，《中国高等教育》2021 年第 9 期。

治教育的融通共建机制,发挥协同育人效应,将劳动精神、劳模精神、工匠精神融入大学生教育过程中,构建信念引领机制。① 也有学者提出要将实践育人作为高校开展劳动教育的主要载体。在实践育人场景中落实劳动教育的目标和要求,要充分重视和发挥大学学段的特点优势。一方面,推动"两个延伸"。向理论武装延伸,强化马克思主义劳动观教育;向生涯教育延伸,强化创造性劳动、诚实守信合法劳动的意识和能力。另一方面,实现"三个提升"。通过日常生活劳动做到生活独立、劳动自立,提升立身之基;通过生产性劳动锻炼提高发现问题、创造性解决问题的能力,增加创造有价值劳动成果的经验,提升立业之基;通过服务性劳动强化公共服务意识、社会责任感和主动奉献精神,提升立德之基。② 还有学者认为,将劳动教育融入实践育人可以从以下几方面积极推进:一是以思想政治教育为先导,推动劳动教育科学融入高校实践育人体系;二是以专业技能训练为依托,推动劳动教育特色融入高校实践育人体系;三是以学生社团组织为平台,推动劳动教育主动融入高校实践育人体系;四是以社会实践活动为载体,推动劳动教育深度融入高校实践育人体系;五是以创新创业项目为抓手,推动劳动教育有机融入高校实践育人体系;六是以校园文化活动为动力,推进劳动教育持续融入高校实践育人体系。③ 此外,也有学者提出要发挥高校后勤具有的独特优势。高校后勤在做好管理、服务、保障和支撑的规定动作之外,要主动从教育管理的幕后走到台前,主动回应新时代劳动教育的时代之问,主动对接大学生的日常劳动技能教育,主动提供蕴含劳动精神的优质产品和服务,主动弘扬新时代工匠精神和总结宣传高校科学管理的劳动方法,这对打造高校后勤实践育人平台、践行服务育人功能大有裨益。④

综上所述,2021年度,学界对于实践育人的研究和探索的关注点不仅包括对已有研究的细化和深入,也关注到新的研究热点,尤其注重协同在提升实践育人实效的作用。与此同时,众学者能够紧密结合时代特点,积极挖掘实践教育的素材,拓宽实践育人的广度和深度。但是,简单提倡实践育人是远远不够的,需要在落实落地落细上多下功夫,同时也可以借鉴西方国家社区服务、服务学习这种实践育人模式,努力构建实践育人的创新体系。

四、关于文化育人的研究

中华优秀传统文化、革命文化和社会主义先进文化,尤其是"培育和践行社会主义核心价值观是新时代文化育人的核心内容和核心要义"。⑤ 有学者明确提出新时代高校思想政治工作既要汲取文化中的丰富内涵和精神力量,充分发掘其育人价值,更要坚持思想政治工作的政治性,深化以文化人以文育人的价值导向。一是发挥中华优秀传统文化的育人价值。二是把革命文化融入思想政治工作。三是积极培育和践行社会主义核心价值观。⑥ 2021年度,学者们继续深挖中国特色社会主义文化的育人功能,抓住建党百年的重要契机,强调将伟大建党精神融入到大学生思想政治教育中,积极加强对中华优秀传统文化育人、红色文化

① 参见张瑀、姜威:《劳动教育融入高校思想政治教育的协同育人路径研究》,《思想理论教育导刊》2021年第6期。
② 参见尹冬梅:《用劳动教育新要求指引高校实践育人》,《中国高等教育》2021年第5期。
③ 参见刘泽、杨洁:《新时代劳动教育与高校实践育人:内涵耦合及实践路径》,《高校辅导员》2021年第2期。
④ 参见王彩芳:《劳动教育实践育人平台的优势分析》,《人民论坛》2021年第32期。
⑤ 参见沈壮海:《新编思想政治学原理》,中国人民大学出版社2022年版,第192页。
⑥ 参见冯刚:《论新时代高校思想政治工作守正创新》,《上海交通大学学报(哲学社会科学版)》2021年第5期。

育人、大学校园文化育人以及网络文化育人等研究主题的深入和细化。

（一）关于伟大建党精神融入大学生思想政治教育的研究

习近平总书记在中国共产党建党 100 周年纪念大会的讲话中明确提出：一百年前，中国共产党的先驱们创建了中国共产党，形成了坚持真理、坚守理想，践行初心、担当使命，不怕牺牲、英勇斗争，对党忠诚、不负人民的伟大建党精神，这是中国共产党的精神之源。① 2021 年度，学界聚焦伟大建党精神融入大学生思想政治教育展开了一系列深入的研究，形成了诸多优秀理论成果，为提升大学生思想政治教育实效性提供了重要理论支撑。

其一，关于伟大建党精神融入大学生思想政治教育的价值意蕴。党的百年奋斗不仅创造了中国特色社会主义伟大成就，也铸就了以伟大建党精神为源头的中国共产党人的精神谱系。处在新时代的历史方位，将伟大建党精神融入大学生思想政治教育，具有重要的现实价值和实践意义。有学者认为这"既是举旗帜、育新人的内在要求，又是聚民心、兴文化、展形象的时代意蕴……是新时代大学生思想政治教育的本质意涵和价值旨归，更是新时代大学生思想政治教育的靶向聚焦和实践路向"。② 也有学者提出，伟大建党精神站在历史与现实的交汇点上，从理想信念、实践品格、意志品质、政治定力等多个层面，为高校人才培养和当代大学生价值观建设提供了指引。青年学生须在伟大建党精神引领下，铸就强大的精神动力和思想武器，自觉追求真理、自觉担当使命、自觉艰苦奋斗、自觉面向人民，以更加昂扬向上的精神状态开启第二个百年的奋斗征程。③

其二，如何将伟大建党精神融入大学生思想政治教育。围绕这一论题，学界进行了深入的探究。有学者提出"应创新解读宣讲方式，有效融合党言党语、学言学语、民言民语、网言网语，充分运用新媒体、新技术、新载体，组织情境体验、互动接力、研学实践等，让伟大建党精神更加直观、形象、生动地呈现出来，凝聚实现中华民族伟大复兴的磅礴力量"。④ 有学者认为将伟大建党精神融入大学生思想政治教育的实践路径主要包括：思政小课堂与社会大课堂融合、日常化叙事与权威性阐释融通、地方性资源与时代化特质融汇。⑤ 也有学者提出不仅要将伟大建党精神融入到思政课教学和课程思政之中，更要体现在大学生日常思想政治教育的环节，而最根本的是加强校园文化建设，实现伟大建党精神的文化融入。用伟大建党精神占领校园信息高地、净化校园信息环境、覆盖大学生心灵，是实现伟大建党精神文化融入的根本之道。⑥ 也有学者认为高校要充分发挥马克思主义学院的研究优势，联合党委宣传部、团委等部门，成立大学生理论学习社团，引导大学生开展伟大建党精神研究，将研究伟大建党精神与思想政治教育实际有效融合。⑦ 总而言之，我们要将伟大建党精神的学习

---

① 习近平：《在庆祝中国共产党成立 100 周年大会上的讲话》，《求是》2021 年第 14 期。

② 参见王管：《伟大建党精神融入大学生思想政治教育的理论审思和实践路向》，《国家教育行政学院学报》2021 年第 11 期。

③ 参见徐蓉：《以伟大建党精神引领当代大学生价值观建设》，《同济大学学报（社会科学版）》2021 年第 6 期。

④ 参见沈壮海、刘灿：《传承弘扬伟大建党精神》，《中国高等教育》2021 年第 Z2 期。

⑤ 参见王管：《伟大建党精神融入大学生思想政治教育的理论审思和实践路向》，《国家教育行政学院学报》2021 年第 11 期。

⑥ 参见刘萍：《伟大建党精神融入大学生思想政治教育的现实考量》，《学校党建与思想教育》2021 年第 19 期。

⑦ 参见周兰珍、刘金芝：《伟大建党精神融入高校思想政治教育的路径选择》，《学校党建与思想教育》2021 年第 24 期。

宣传全方位融入、多角度嵌入"第二课程",与"第一课堂"相互补充,有机贯通。①

(二) 关于中华优秀传统文化育人的研究

弘扬中华优秀传统文化有助于落实"立德树人"的根本任务,有助于增强大学生的文化自信,有助于大学生成长成才。② 高校在青年大学生的育人实践中应大力弘扬中华优秀传统文化,汲取其合乎人类真善美的精神与价值追求,合乎中华民族五千年传承的文化基因与凝聚的发展意志,合乎人的成长发展与超越自我的教育教学内涵与规律,进行深入熔铸,在新时代莘莘学子的身心修为境界、道德价值践行、理想信念追求上留下鲜明印记,培育大学生的"志气、骨气、底气",奠基起民族发展的推动力量。在新时代中华优秀传统文化与高校育人实践的结合上,应深入推进大学生的家国情怀、善爱品质、道义担当、勤新素养等精神培育,使中华优秀传统文化进入高校校园,进入大学生的践行实践、人格境界培育之中。③ 然而,当前中华优秀传统文化的传播与创新乏力,对青年群体的影响力有待提高。对此,必须从学校教育与社会传播两方面着手,营造传承和发扬中华优秀传统文化的氛围,发挥中华优秀传统文化的育人作用。具体而言,高校应把文化教育与知识教育相结合,对中华优秀传统文化的价值理念及现代意义进行深入挖掘及阐释,使青年充分认识并感受中华优秀传统文化的独特魅力。此外,高校必须为青年提供参与文化实践的途径,引导青年在实践中完善自身的文化知识体系,并将所学的中华优秀传统文化知识嵌入到自身的行为准则中。④ 也有学者提出要推进和加强优秀传统文化在大学生日常生活中的融入,坚持将中国优秀传统文化转化为具有通俗性以及大众性特点的生活性文化;坚持将优秀传统文化融入到校园环境中,积极营造一个更有利于学生对优秀传统文化学习的良好的校园环境以及学习氛围。⑤

(三) 关于红色文化育人的研究

红色文化是大学生思想政治教育的有力资源,是开展理想信念教育、爱国主义教育的宝贵资源,应积极发挥红色文化培养拥护中国共产党领导和社会主义制度、立志为中国特色社会主义事业奋斗终身的有用人才的功用。⑥ 党的十八大以来,我国更加重视挖掘红色革命文化的育人功能,并取得了一定的成效,但是仍然存在提升和改进的空间。有学者通过实证调查的方式,选取江苏省 18 所高校学生作为调查对象,结果显示:高校学生对红色文化的认识和了解有待提升;高校红色文化教育的内容和形式有待优化;高校红色文化育人队伍的政治素养和能力有待加强。⑦ 为了应对现实存在的问题,有学者提出应将大学生红色文化教育融入到党史教育之中,要通过培养专业师资队伍、创新红色文化教育内容、丰富红色文化教育形式和整合区域红色文化教育资源等途径深入开展大学生红色文化教育。⑧ 还有学者

---

①　参见王管:《伟大建党精神融入大学生思想政治教育的理论审思和实践路向》,《国家教育行政学院学报》2021 年第 11 期。

②　参见罗利玉:《高校怎样弘扬中华优秀传统文化》,《中国高等教育》2021 年第 Z1 期。

③　参见王永智:《论中华优秀传统文化与高校的育人实践》,《中国高等教育》2021 年第 20 期。

④　参见陈爱爱:《发挥优秀传统文化育人作用的意义及路径》,《人民论坛》2021 年第 4 期。

⑤　参见罗利玉:《高校怎样弘扬中华优秀传统文化》,《中国高等教育》2021 年第 Z1 期。

⑥　参见蓝贤发:《用红色文化厚植大学生爱国主义情怀》,《人民论坛》2021 年第 Z1 期。

⑦　参见葛涛:《红色文化融入思想政治教育的现状分析及对策建议》,《思想政治教育研究》2021 年第 6 期。

⑧　参见章晓乐:《大学生红色文化教育的时代价值与着力点》,《中国高等教育》2021 年第 11 期。

提出要建构"红色资源学思用贯通"的理念,将"贯通"落实为"宣讲员—公民—内容"三角互动平衡,共同创造一个仿真情境,将红色资源连结到公民的现实生活,实现学有方、思有法、用有效。同时完善"红色资源知悟信行统一"的社会实践路径。红色资源的开发和利用应从"知悟信行"四个维度出发,扩大红色资源的社会影响力。① 还有学者提出应注重将中国精神熔铸在大学生思想政治教育中。比如红船精神是重要的红色文化资源,我们可以从提升"教学—实践"育人功能,创新"宣讲—服务"育人体系,打造"文化—浸润"育人环境入手,形成立德树人的协同育人机制。② 此外,还有学者提出要充分利用信息技术的发展,以技术为依托,上线更多与革命文化相契合的短视频,这是解决大学生对革命文化认知不足问题的有效手段。③

(四) 关于大学校园文化育人的研究

校园文化是文化育人的重要载体。习近平总书记指出:"要更加注重以文化人以文育人,广泛开展文明校园创建,开展形式多样、健康向上、格调高雅的校园文化活动。"④这就需要管理者全面审视大学文化的作用和定位,聚焦学生发展的内在需求与文化引领的价值导向。⑤ 有学者提出要从顶层设计的角度构建校园文化育人共同体,坚持党对文化育人的全面领导,构建校内文化育人共同体,提升外部资源协同育人能力。⑥ 还有学者提出要发挥办学精神的激励作用,将校风、校训、教风、学风等与中国特色社会主义文化相结合,从中国特色社会主义文化的丰富内涵中凝聚和提炼学校的办学精神,激励学生勤奋学习、立志报国。充分利用教师节、国庆节、"一二·九"运动纪念日等重大节庆日和革命纪念日,开展经典诵读、纪念文艺晚会等形式多样的主题教育活动;组织好清明、中秋、端午等传统文化节日的主题纪念活动。鼓励学生建立传统文化研究社团、党的创新理论研究会等,增强对中国特色社会主义文化的了解和认同,弘扬发展中国特色社会主义文化。⑦ 还有学者提出要构建以学生为中心、全员参与的多圈层主体。大学文化参与主体包括学生、教职员工、校友、社区和社会共建对象等,因此高校管理者要加强大学文化建设的组织保障,构建以学生为第一圈层、以教职员工为第二圈层、以校友为第三圈层、以社区及社会为第四圈层的全员参与的多圈层大学文化建设网络,形成从上至下、由内而外的推动力量,不断增强师生的价值认同、文化认同,提升师生的人文素养、创新活力;以点带面、以形带神的具象表达路径,在文化载体上不断探索新平台、新形式,以适应师生日益提升的文化需求;在环境文化上,建设与大学精神相匹配的文化场所、文化设施、配套体系;在文化符号上,凝练大学精神的表述传达系统,发挥大学文化的大课堂功能,全面提升高校文化建设的辐射影响力。⑧

---

① 参见张健华、白世林:《充分发挥红色资源的铸魂育人功能》,《中国高等教育》2021 年第 Z3 期。
② 参见南大伟、裴晓涛:《红船精神融入高校思政教育的路径选择》,《中国高等教育》2021 年第 Z1 期。
③ 参见王萌苏:《逻辑、困境与提升:短视频热潮下大学生文化自信培育探析》,《思想政治教育研究》2021 年第 1 期。
④ 《把思想政治工作贯穿教育教学全过程 开创我国高等教育事业发展新局面》,《人民日报》2016 年 12 月 9 日。
⑤ 参见沈丽丹、舒天楚:《新时代高校文化建设的内涵挖掘与路径探索》,《思想理论教育》2021 年第 8 期。
⑥ 参见严敏、邓欢:《试析高校校园文化育人体系的优化》,《学校党建与思想教育》2021 年第 16 期。
⑦ 参见章凤红、宋广强:《高校发挥中国特色社会主义文化育人功能的三重维度》,《思想理论教育导刊》2021 年第 1 期。
⑧ 参见沈丽丹、舒天楚:《新时代高校文化建设的内涵挖掘与路径探索》,《思想理论教育》2021 年第 8 期。

（五）关于网络文化育人的研究

2021年度,学界对网络文化育人主要从网络文化育人的现状以及实现路径两个层面进行了研究。

其一,关于网络文化育人现状的研究。有学者提出高校网络文化育人工作中存在着网络特色文化建设的缺乏、网络消极文化对教育功能的冲击和高校网络多元文化价值取向的偏离等问题。[①] 还有学者认为短视频时代高校网络文化育人存在"身份之困""文化之困"和"受众之困"的价值困境。"身份之困"体现为短视频作为高校育人媒介的身份还未得到足够重视,其作为高校网络文化育人阵地还有待发掘;"文化之困"表现为泛娱乐化影响下短视频消极文化形态呈现亚文化特征,高校网络文化育人的思想引导急需强化;"受众之困"是指短视频的视觉符号呈现鲜明消费特征,高校网络文化育人的价值引领有待加强。[②]

其二,关于网络文化育人实现路径的研究。针对网络文化育人存在的不足,众学者从不同视角提出了应对策略和措施。部分学者立足于网络文化育人内容,提出新媒体时代高校弘扬中华优秀传统文化需要把握以下几条原则:首先,利用新媒体技术传播中华优秀传统文化,需要警惕泛娱乐化、碎片化等倾向;其次,应加强新媒体技术与中华优秀传统文化的融合力度;最后,应进一步深化对新型传播受众的心理需求的研究。[③] 也有学者提出高校网络文化育人需要坚持意识形态教育内容的政治化与生活化建设,从而形成正确的育人思想导向,增强意识形态教育内容对大学生的吸引力。要在媒介资源整合上下功夫,建设多个融思想性、知识性、趣味性、服务性为一体的教育网络和新媒体平台,用中国特色社会主义文化占领网络宣传空间,增强网络文化育人的实效性。[④] 还有学者从网络文化育人载体出发,提出高校网络文化育人应因势利导、顺势而为,将短视频作为高校网络文化育人新媒介,以"短视频+思政"跨界和"短视频+主导价值观念"融合方式破解短视频在网络文化育人中的价值困境,发挥短视频在高校思政教育、文化引领和价值塑造的正向引导作用。[⑤] 还有学者提出要加强网络文化育人队伍的建设,要打造一支技术过硬的高校网络文化育人队伍,他们应具备过硬的信息识别、获取和应用能力,在了解网络传播和发展规律的基础上,熟练掌握"两微一端"、抖音、快手、公众号、QQ等网络媒介的运行模式及网络社交的技巧;要组建一支又红又专的高校网络思想政治教育队伍,他们能结合学生关切的重点和焦点等问题开展正确引领,及时答疑解惑,为学生办好事、办实事、解难事,打牢学生的思想根基,丰富学生的内心世界;要培养一批政治素质过硬的学生思想政治队伍,坚持大学生的自主参与、自我管理、自我教育的原则,让大学生成为思想政治教育的发言人、记者、网络监督员。[⑥]

此外,有学者还关注到高校文化育人质量这一论题,认为高校文化育人质量的提出经历了从素质教育到文化素质教育、从文化素质教育到文化育人、从文化育人到文化育人质量三

① 参见张振军、高睿:《网络文化育人视角下高校思想政治教育研究》,《传媒教育》2021年第11期。
② 参见隋文馨、秦燕、黎红友:《跨界与融合:短视频时代高校网络文化育人的价值困境与路径探析》,《四川师范大学学报(社会科学版)》2021年第2期。
③ 参见罗利玉:《高校怎样弘扬中华优秀传统文化》,《中国高等教育》2021年第Z1期。
④ 参见严敏、邓欢:《试析高校校园文化育人体系的优化》,《学校党建与思想教育》2021年第16期。
⑤ 参见隋文馨、秦燕、黎红友:《跨界与融合:短视频时代高校网络文化育人的价值困境与路径探析》,《四川师范大学学报(社会科学版)》2021年第2期。
⑥ 参见张振军、高睿:《网络文化育人视角下高校思想政治教育研究》,《传媒教育》2021年第11期。

个发展阶段,现在要回答"高校文化育人该达到什么样的标准、现在处于什么样的水平"这一问题。高校文化育人质量主要包含以下三方面内容:首先,国家、社会和大学生是高校文化育人质量的主体;其次,文化育人体系是高校文化育人质量的客体;最后,大学生文化素质的提升是高校文化育人质量的实现形态。①

由此可见,2021 年度,学界对于文化育人给予更多关注,从多个维度积极推进文化育人研究,积极开拓文化育人研究的新领域,取得了一定的成果。然而有些研究尚处于探索阶段,需要在未来的研究中不断深入和细化,以期形成更具有系统性和指导性的理论成果。

五、关于网络育人的研究

网络育人作为"十大"育人体系的重要组成部分,在大学生思想政治教育中发挥着越来越重要的作用。2021 年度,学界主要围绕网络育人面临的机遇与挑战、网络育人实现路径、大学生媒介素养教育和大学生网络舆情引导四个层面进行了深入探究。

(一)关于网络育人面临的机遇与挑战的研究

新媒体时代为大学生思想政治教育提供了发展机遇,有学者认为新媒体时代的特点是,"载体的新颖性增强了思想政治教育的亲和力与实效性,平台的共享性拓宽了思想政治教育的实践载体与渠道,场域的交互性提高了思想政治教育主客体的认同度与信任度",②而以抖音、快手、Bilibili 为主要代表的短视频以"简短快捷与操作方便、海量资源与个性化推送、双向互动与趣缘聚合"③等特点迅速得到发展,实现了"'景观式'感知与'伴随式'体验,创新大学生的学习场景;'草根化'表达与'个性化'呈现,迎合大学生的表达诉求;'跨时空'交往与'聚类化'链接,满足大学生的社交渴望。"④与此同时,新媒体发展也对大学生思想政治教育产生一定负面影响,不仅对大学生的学业,更对大学生世界观、价值观和人生观产生了一些负面影响。有学者将这些影响精辟地总结为"刷屏成瘾":显露学业隐患;"茧房效应":引发认知局限;"网络沉迷":消弭奋斗意志;"娱乐至上":催生价值盲从。⑤ 有学者从信息技术发展层面进行论证,认为随着信息技术、大数据和智能算法等技术手段的发展,技术对信息输送的影响力日益增强,逐渐形成了以信息个体化为显著表现的"过滤气泡"现象。这一现象会因信息窄化、信息定向、同质激荡和部落传播等问题引发价值认同的固有强化、主流价值的传播式微、价值观念的群体极化和价值认同的群体偏执等不利于青年价值观养成的风险。⑥ 同时,算法根据个体喜好进行信息推送,助长"信息茧房";算法按照数据模型进行身份建构,带来"身份危机";算法遵循资本驱动进行程序设计,冲击道德和法律底线。⑦ 也

① 参见王永友、董承婷:《高校文化育人质量的出场语境:概念、要素及评价》,《思想政治教育研究》2021 年第 2 期。

② 参见刘锋、段智慧:《新媒体时代"00 后"大学生思想政治教育探究》,《学校党建与思想教育》2021 年第 7 期。

③ 参见吴琼、林冬芳:《短视频时代思想政治教育话语面临的挑战与进路》,《思想理论教育》2021 年第 10 期。

④ 参见王肖:《大学生短视频热现象的原因分析、潜在风险及应对策略》,《思想理论教育》2021 年第 1 期。

⑤ 参见王肖:《大学生短视频热现象的原因分析、潜在风险及应对策略》,《思想理论教育》2021 年第 1 期。

⑥ 参见阎国华、韩硕:《"过滤气泡"现象影响青年价值观的内在逻辑与应对策略》,《思想教育研究》2021 年第 4 期。

⑦ 参见陈联俊:《算法技术的新挑战与网络思想政治教育的新举措》,《思想理论教育导刊》2021 年第 4 期。

有学者认为网络内容分散引致的深度欠缺、需求错位导致的理念偏差、主体语言差异导致的形式亮度受限、虚化交互场景导致的情感温度不足等，都是新时代高校网络思想政治教育工作的现实困境。① 还有学者认为，主客体界限消融降低了话语权威、信息碎片化传播消解了话语逻辑、"信息茧房"常态化漠视了话语内容、娱乐化盛行淡化了话语认同。② 更有学者基于对全国35所高校的调查数据，运用有序Logistic回归模型，对互联网接触对大学生思想政治教育传播效果的影响及其作用机制进行了深入分析。研究发现，互联网娱乐信息接触、互联网碎片化阅读和互联网接触时长均与大学生思想政治教育传播效果显著负相关。③

（二）关于网络育人实现路径的研究

针对新媒体时代所带来的新挑战、新问题、新要求，如何提升网络育人的效果和质量成为高校思想政治教育要解决的重要问题。有学者提出，应该做到思想政治教育传统方法与现代方法相结合，既发挥传统教育方法的优长，也注重对现代信息技术、新媒体技术的融合运用，做到网上和网下相结合。④ 在这个过程中，要准确把握网络时代大学生的特点，掌握学生网络信息获取的特点，掌握大学生网络文化的特点，掌握学生网络表达的特点以及掌握学生网络化生存的特点，⑤不断创新思想政治教育的思路和方法，提升网络育人实效。基于此，有学者提出建立"VR+思政"模式，即利用VR技术的思想政治教育模式。"VR+思政"遵循从平面叙事到立体场景、从眼睛在场到身体在场、从第三人称到第一人称的技术逻辑，从提升沉浸感、在场感、共情感等方面赋能思想政治教育。坚持主流价值的导向驾驭、促进大学生的自由全面发展、激发大学生的主体意识是VR技术作为高校思想政治教育资源的价值前提。在"VR+思政"应用场景中，通过迅速投射突发事件场景，能够有效引导大学生的网络舆情；通过构建红色文化记忆场景，能够有效培育大学生的红色精神；借助重大事件现场场景，能够有效提高大学生的政治认同；通过构建理论教学直观场景，能够有效提升大学生的理论认知。⑥ 也有学者提出，可以有效利用短视频等新兴媒体积极开展网络思想政治教育，要深耕思想引领，营造主流价值"舆论场"；推动方法革新，开创网络育人"新高地"；优化资源整合，构筑融合发展"生态圈"；健全制度建设，织牢网络生态"保障网"。⑦ 还有学者提出，提升网络育人实效，应该抓住以下四个着力点：首先，利用平台交互性和社交性的新特点有效提升网络传播力，延展大学生思政教育的宽度；其次，利用平台内容"破圈"，打造精品校园文化品牌，提升大学生思政教育的效果；再次，建立强有力的网络舆情预警机制，弘扬网络主旋律；最后，更多地开发平台功能，实现全员全程全方位育人。⑧ 此外，也有学者强调，在

① 参见蒋春燕、孙祺：《新时代高校网络思想政治教育的现实困境及发展路径》，《学校党建与思想教育》2021年第12期。
② 参见吴琼、林冬芳：《短视频时代思想政治教育话语面临的挑战与进路》，《思想理论教育》2021年第10期。
③ 参见黄艳、李佳玲、黄金岩：《互联网接触对大学生思想政治教育传播效果的影响研究——基于全国35所高校调查数据的实证分析》，《高校教育管理》2021年第6期。
④ 参见刘建军、邱安琪：《论新时代思想政治教育的高质量发展》，《思想理论教育》2021年第4期。
⑤ 参见龚强、侯士兵：《疫情防控常态化下大学生网络思想政治教育的对策研究》，《思想政治教育研究》2021年第6期。
⑥ 参见温旭：《VR技术赋能高校思想政治教育的价值与应用》，《思想理论教育》2021年第11期。
⑦ 参见王肖：《大学生短视频热现象的原因分析、潜在风险及应对策略》，《思想理论教育》2021年第1期。
⑧ 参见耿思嘉：《基于B站平台下的"00后"大学生思想和行为特点与引导研究》，《北京教育（高教）》2021年第6期。

提升网络育人的过程中,要遵循"内容为王"的原则,这是提升网络思想政治教育对新时代高校大学生生活方式、情感变迁、心理动态、思想行为等渗透力和影响力的重要保障。网络思想政治教育内容构建要坚持平等性与互动性、固本性与创新性、开放性与时效性、价值性与结构性的原则和要求,同时要坚持科学化、艺术化、信息化的构建思路。①

(三)关于大学生媒介素养教育的研究

思想政治教育工作者"如何以合理的方式舍弃多余的元素,在数据洪流中把握好大数据与小数据的取舍与平衡,最大程度提升思想政治教育的水平和质量,就成了新时代思想政治教育工作者无法回避的问题"。② 一方面,高校要积极开设网络媒介素养公共课程,运用简明易学的教材与适宜的教学模式和媒介元素不断提高大学生的网络媒介素养。此外,高校也要评估网络媒介对大学生成长与发展的深远影响,帮助他们了解信息传播流程,建构反思和批判意识,养成良好的网络接触习惯,提升注意力管理能力。另一方面,大学生处于人生价值观形成的关键期,要充分认识网络媒介素养的重要性,努力掌握网络数字技术发展的主动权,不断提升自身的新媒介素养,提升网络信息的获取与辨别能力、分析与解读能力、生产与批判能力以及网络学习能力,在面对网络泛娱乐化陷阱时能够保持政治定力、思想定力、道德定力和行为定力。③ 有学者提出要坚持线上"舆情疏导"和线下"道德灌输"相结合,加强对"00 后"大学生群体的网络道德教育、网络信息安全教育、新媒体技能培训,营造严肃活泼、风清气正的新媒体场域,优化积极向上的网络文化空间,提高大学生分析和甄别网络信息的能力,引导其科学运用新媒体进行学习生活与社交娱乐。④ 还有学者指出,在疫情防控常态化下更要提升大学生的媒介素养,要教会学生进行信息甄别,有效遏制网络谣言;培养思辨精神,正确对待网络思潮;强化价值导向,积极传递网络正能量。⑤

(四)关于大学生网络舆情引导的研究

与互联网共生的新时代大学生,将网络平台作为获取知识和信息的重要渠道。然而网络空间的复杂性、多变性和隐蔽性也给思想政治教育带来了严峻的挑战。2021 年度,学界重点关注了大学生网络舆情所带来的挑战以及应对策略。有学者从学生、高校和社会三个层面对新时代网络舆情引导的现状进行分析,指出大学生网络自律较差,容易出现语言失范、思想错位、行为过激;高校舆论引导机制缺失,思想引领活动尚待完善;社会监管效力不够,家庭监督承担有限。而解决问题的关键不在于限制大学生接触和使用互联网,甚至强迫他们与互联网络"隔离",而在于通过引导和教育,使其逐渐确立起正确的价值观念和行为准则,达到健康上网和文明用网的目的。我们应从学生思想的"深处"着手、从学校教育的"实处"部署、从社会监管的"细处"落地,对新时代大学生的网络文化价值观念进行引导、教育

① 参见张凤寒、钱云光、张琼:《新时代高校大学生网络思想政治教育内容构建》,《思想政治教育研究》2021 年第 6 期。

② 参见宫长瑞、轩宣:《从大数据到小数据:思想政治教育精准发展的新思考》,《思想教育研究》2021 年第 1 期。

③ 参见黄艳、李佳玲、黄金岩:《互联网接触对大学生思想政治教育传播效果的影响研究——基于全国 35 所高校调查数据的实证分析》,《高校教育管理》2021 年第 6 期。

④ 参见刘锋、段智慧:《新媒体时代"00 后"大学生思想政治教育探究》,《学校党建与思想教育》2021 年第 7 期。

⑤ 参见龚强、侯士兵:《疫情防控常态化下大学生网络思想政治教育的对策研究》,《思想政治教育研究》2021 年第 6 期。

和监督。① 也有学者强调网络舆情对于大学生价值观的形塑具有双重影响。源自事实真相且反映大众意志、观念、诉求的网络舆情能够为大学生价值观的形塑带来正向影响,而非理性化的网络舆情则会为大学生价值观的形塑造成负面影响。为了获取网络舆情管控与疏导新阵地的话语主导权,应从以下几方面着眼:一是健全高校网络舆情工作队伍,打造网络舆情引导矩阵;二是搭建网络舆情交流平台,构筑网络舆情疏导载体;三是构建网络舆情工作机制,激发网络舆情管控效能。② 也有学者认为,应该加强新时代大学生网络舆情的引导,培育意见领袖,引导大学生坚持正确网络舆论导向;活用媒体传播,引导大学生坚定理性网络舆论立场;完善引导机制,引导大学生坚守科学网络舆论规范。③ 还有学者提出要预防大学生网络舆情群体极化的产生。在新媒体时代"信息茧房"加剧大学生个体信息失衡现象,助推大学生群体舆情环境同质化;大学生群体结构具有高度一致性,容易被网络意见领袖操控舆论导向;在"沉默螺旋"效应下,大学生群体的真实意见难以完整表达,这些都是大学生群体网络舆情群体极化的重要成因。大学生网络舆情群体极化容易诱发网络暴力,因此,必须做好高校舆情管控工作,防范网络舆情群体极化的发生。④

综上所述,互联网的发展对大学生思想政治教育带来机遇的同时也带来了深刻的挑战。如何顺应时代的发展,积极占领网络思想政治教育阵地,是高校思想政治教育发展的理论课题和实践课题。

六、关于心理育人的研究

2021年度,学界继续关注心理育人的相关研究,将视角聚焦在大学生心理健康状况、心理健康教育融入高校思想政治教育工作、高校心理育人原则以及高校心理育人实现路径四个层面。

(一) 关于大学生心理健康状况的研究

众多学者从理论和实证两个维度对大学生心理健康状况进行了分析和考察。有学者提出各学科之间大学生心理健康水平存在显著差异,文科类大学生较理工类大学生的心理健康水平要低;人际关系敏感和抑郁、焦虑情绪是大学生面对的较为突出的心理问题;大学生预约心理咨询的频率及危机个案发生的概率呈现上升趋势。⑤ 也有学者基于实证调查分析发现:发展型资助对家庭经济困难学生心理健康水平的提升优于保障型资助学生;接受2年发展型资助的家庭经济困难学生心理健康水平较入学时有明显提升;发展型资助家庭经济困难学生在躯体化、强迫、抑郁、敌对、恐怖、偏执及其他症状方面都有明显改善。⑥ 还有诸多学者通过实证调查方式对新冠疫情对大学生心理健康状况的影响进行考察。比如,有学者应用抑郁—焦虑—压力量表(DASS-21)对新冠疫情影响下在校大学生的心理症状及其影

① 参见谭妤晗、李峰:《新时代大学生网络舆情引导的现状审视与治理路径》,《湖北社会科学》2021年第12期。
② 参见李兰晶、秦洁:《网络舆情对大学生价值观的影响分析》,《学校党建与思想教育》2021年第14期。
③ 参见盖逸馨:《新时代大学生网络舆论引导和路径研究》,《思想理论教育导刊》2021年第11期。
④ 参见冯刚、黄渊林:《大学生网络舆情群体极化的成因与表征》,《思想教育研究》2021年第9期。
⑤ 参见郑丹凤、王涛:《"三全育人"视域下高校心理健康教育工作探析》,《学校党建与思想教育》2021年第1期。
⑥ 参见阎茹、仲维维:《教育精准扶贫视阈下的高校发展型资助育人效果研究》,《中国特殊教育》2021年第10期。

响因素进行深入分析。结果表明:大学生群体普遍存在一定程度的压力、焦虑和抑郁症状;家庭经济状况贫困和家庭经济状况受新冠肺炎疫情影响的大学生的焦虑和抑郁症状明显;患有严重身体疾病和精神疾病的学生的压力、焦虑和抑郁症状最为严重。[1] 还有学者通过分层抽取的方式,运用大学生学习倦怠量表、中文网络成瘾量表和生涯适应力问卷对样本进行调查,采用 SPSS20.0 和 AMOS24.0 统计软件进行关系分析及模型检验。结果表明:个体在疫情下的学习倦怠性、网络成瘾性均与生涯适应力存在显著负相关;学习倦怠与网络成瘾存在显著正相关;生涯适应力在学习倦怠与网络成瘾之间起完全中介作用。[2]

(二) 关于将心理健康教育融入高校思想政治教育工作的研究

《高校思想政治工作质量提升工程实施纲要》提出要"坚持育心与育德相结合……着力培育师生理性平和、积极向上的健康心态,促进师生心理健康素质与思想道德素质、科学文化素质协调发展"。[3] 学界以此为依据,不断进行理论和实践探究。有学者从立德树人视域论及心理育人的重要意义,提出高校要充分认识心理健康教育的德育功能,加强心理育人,引导大学生养成积极向上的心理状态,不断推进大学生心理健康素质与思想道德素质、科学文化素质协调发展。[4] 还有学者从"三全育人"理念出发,立足高校自身教育实践,提出在育人中思政与品德教育、心理教育的配合应当优先实施、协同作战,因为积极的心理教育能够为高校协同育人的发展模式提供有效的素质保障。一方面,积极的心理教育能够引导学生从主观层面追求积极情绪,也能够从个人层面引导学生追求积极的人格品质;另一方面,更能够从社会组织层面激发学生主动追求积极的社会组织系统,从而帮助学生在不同的工作、家庭以及社会环境下获得美好的生活体验。[5] 然而心理健康教育在融入思想政治教育的实践过程中,依然存在一定的短板。有学者认为系统构架不够清晰、课程思政改革不够彻底、实践活动不够深入、育人效果评估机制不够健全、危机干预机制不够协同、队伍建设不够完善是心理健康教育融入思想政治教育工作面临的现实困境。为了应对这些问题,可以通过系统构架融入思想政治教育的管理服务体系,提升协同育人效果;通过课程为学生内化价值观、信念创造良好的心理条件;通过实践活动促使学生自觉有效转变行为,养成良好品德习惯;评测学生真实的心理行为特征和发展状况,为实施德育工作提供第一手资料;预防学生现实心理行为问题,防止危机事件发生,增强德育工作时效性;助力德育队伍建设,促使教学者观念转变,提升教学者育心育德能力。[6]

(三) 关于高校心理育人原则的研究

提升心理育人的实效性要准确把握心理育人的重要原则。有学者认为心理育人工作首

---

① 参见刘海娟、陈菊、赫子铭:《新冠疫情期间大学生心理健康状况及影响因素研究》,《中国安全科学学报》2021 年第 5 期。

② 参见万恒阳、余俊渠、颜农秋、黄家瀚:《新型冠状病毒肺炎疫情下大学生学习倦怠和网络成瘾的关系:生涯适应力的中介效应》,《中国健康心理学杂志》2021 年第 5 期。

③ 《中共教育部党组关于印发〈高校思想政治工作质量提升工程实施纲要〉的通知》,http://www.moe.gov.cn/srcsite/A12/s7060/201712/t20171206_320698.html,2017-12-06。

④ 参见丁英平:《立德树人视域下高校心理育人研究》,《学校党建与思想教育》2021 年第 18 期。

⑤ 参见刘东平:《"三全育人"理念下高校重点维度协同育人策略初探》,《教育理论与实践》2021 年第 6 期。

⑥ 参见向晓蜜、刘珍杰:《心理健康教育融入思想政治教育的问题和路径研究》,《教育教学论坛》2021 年第 35 期。

先要以培养社会主义合格接班人为首要目标,这是心理育人工作的根本原则。培养什么人,是心理育人工作的首要问题。其次,心理育人工作主要以心理学理论为方法依据,这是区别于其他育人方式的根本特征。再次,心理育人工作是帮助大学生心灵成长,不断完善人格的一个过程。又次,心理育人工作是充分尊重大学生主体地位,不断调动大学生积极性的一个过程。最后,心理育人工作是注重灵活性,不断提高学生适应各种环境能力的一个过程。① 还有学者提出心理育人是一个由多元素相互联结而构成整体的系统,要坚持整体性原则,全面统筹育人元素;坚持结构性原则,全面优化育人机制;坚持动态性原则,全面提升育人质量;坚持反馈性原则,全面提升育人效果。②

(四)关于高校心理育人实现路径的研究

有学者提出要将后疫情时期大学生具有的矛盾心态以及人格特征结合起来,通过课程教育构建立体化心理育人途径,通过实践教育建立一体化心理育人途径,通过多元化平台教育构建整合式心理育人途径,通过自我教育构建自助式心理育人途径,通过校园资源构建隐性心理育人途径。③ 还有学者从心理育人队伍建设、大学生个性需求、心理健康课程思政建设、构建心理育人一体化格局四个维度论及心理育人的路径。④ 还有学者基于职业院校的特点,提出提升职业院校心理育人实效的路径就是建立适应职业院校学生的心理健康教育"四平台"和心理危机干预与预警"五级"工作机制。"四平台"即教育平台、辅导平台、互助平台、干预平台。心理危机干预与预警"五级"工作机制,主要包括宿舍、班级、二级学院、大学生健康成长指导中心和学校心理健康教育与危机干预工作领导小组。⑤ 此外,还有学者提出要依据大学生心理特点提升大学生思想政治教育的获得感。路径主要有:培育认同心理,纠正认知偏差,引导大学生消解对思想政治教育的固化印象;满足心理需求,引导大学生通过思想政治教育不断达成对未来预期的自我实现;激发执着心理,强化社会助长效应,引导大学生自觉接受思想政治教育;发挥榜样示范效应,观照从众模仿心理,引导大学生悦纳思想政治教育。⑥

由此可见,随着时代的不断变化,大学生心理健康面临的问题和挑战也随着发生变化,特别是新冠肺炎疫情对大学生的心理健康状况也产生了很大影响。如何破解新问题新难题,更好地将心理健康教育融入到大学生思想政治教育工作中,积极发挥心理育人的重要作用,将成为学界继续探讨和研究的重点。

七、关于管理育人的研究

育人是学校一切工作的出发点和最终归宿,学校管理就是育人的管理……管理育人是

---

① 参见宋耀新、史倩:《后疫情时期高校心理育人途径研究》,《思想政治教育研究》2021 年第 8 期。
② 参见吴九君:《系统思维视域下高校心理育人的实践反思与优化路径》,《黑龙江高教研究》2021 年第 1 期。
③ 参见宋耀新、史倩:《后疫情时期高校心理育人途径研究》,《思想政治教育研究》2021 年第 8 期。
④ 参见丁英平:《立德树人视域下高校心理育人研究》,《学校党建与思想教育》2021 年第 18 期。
⑤ 参见高武、杨婉玲:《高职院校"三全育人"实践研究》,《教育与职业》2021 年第 23 期。
⑥ 参见张守连、张星亮:《大学生思想政治教育获得感的心理机制和提升路径探析》,《学校党建与思想教育》2021 年第 14 期。

学校培养教育学生的重要工作和环节,是学校思想政治教育的重要途径。① 2021 年度,学界在已有研究的基础上,瞄准高校管理育人存在的现实问题,积极探寻高校管理育人新思路,为提升管理育人实效性进行了理论和实践探索。

(一) 关于高校管理育人现状的研究

近年来,我国高校不断加强管理育人,发挥管理的积极作用,努力提升管理育人的实效性。然而在具体实践中,高校管理育人仍然存在一些不足。2021 年度,学者基于新的时代发展形势,结合学生的特点,从宏观和微观两个层面对这一论题进行了研究。从宏观层面看,目前高校管理育人存在的不足主要表现在以下几个方面:一是陈旧的管理方式无法适应日新月异的时代发展形势。复杂多变的国际国内环境、多元多样的思想文化、社会信息化的深入发展,都对高校管理工作提出了新要求,迫切需要创新育人工作方法。二是单一的管理方法无法满足学生多样化的发展需要。校院层级管理方式的单一性容易忽视当代大学生的个性发展,亟须采用更有效的方式方法予以破解。三是僵化的管理工作消解了高校管理育人成效。部分高校管理人员往往凭借自身经验和工作惯例开展管理,致使管理工作日趋僵化,缺乏生机与活力,育人效果甚微;管理育人的制度体系不够完善;管理育人的工作合力尚需形成;管理育人的主体素质还需提高。② 还有学者从档案管理这一微观视角出发,对档案管理育人中存在的问题进行梳理,认为目前档案管理服务学校人才培养的理念和思维相对不足,高校档案部门很少参与高校的育人工作,甚至有部分档案管理人员认为育人只是教学和学生工作条线的工作,没有从"三全育人"的宏观视角思考档案管理育人的价值理念。③

(二) 关于高校管理育人理念的研究

2021 年度,学界除了扎实推进高校管理育人实践的发展,也关注高校管理育人理念的创新。有学者提出要将法治文化融入高校管理制度中,具体而言就是全面落实完善制度的规范化、执行的合法化、监督的保障化,着力主线是从大学生日常行为教育出发,通过制度化、科学化的管理规范大学生日常行为。运用法治文化精神构建完善的学生工作领导和管理体系,制定和执行规范的学生教育管理制度,建立学生思想动态定期报告制度,坚持每周班会制度,完善学生信息收集制度,充分掌握思想动态,加强日常引导,学工队伍通过定期集中、重点关注、个体对话等一系列方式,深入推进大学生思想政治教育工作,全面掌握学生思想动态;结合国际国内形势变化和学生关注的热点,开展课堂教学以外的思想政治教育活动;学生思想政治教育信息化,实时掌握学生网络动态;有序安排入学教育内容,为新生上好"第一课";做好法治安全教育,特别是人身安全、财产安全和消防安全教育,统一规划和指导全校性学生活动的开展,做好协调和配合,促进各项全校性活动顺利开展。④ 更有学者从"差序格局"的视角对高校管理育人进行研究,提出高校管理育人体系分四个圈层。第一圈层为自管理层,主要以社会结构的实体"己"和人格心理的虚拟"己",对育人活动施加影响。第

---

① 沈壮海:《新编思想政治学原理》,中国人民大学出版社 2022 年版,第 197 页。

② 参见李惠娥:《新时代高校管理育人的现实困境及实践路径》,《扬州大学学报(高教研究版)》2021 年第 4 期。

③ 参见张强、程玉莲、吉祥:《"三全育人"视域下高校档案管理育人路径探析》,《浙江档案》2021 年第 1 期。

④ 参见李禹潞、张磊、李肃霜:《法治文化融入高校大学生思想政治教育工作的实践向度》,《黑龙江高教研究》2021 年第 2 期。

二圈层是核心圈层,是与学生密切接触且负责学生事务的部门,主要是以辅导员、班主任、教师为核心的专职育人载体。第三圈层是外围层,是与学生接触较少、为学生工作提供保障、发挥辅助作用的相关部门,主要是高校教育管理领导班子及其他管理人员,主要以学校发布正式与非正式制度的形式对学生施加影响。第四圈层是相关层,是与学生没有直接接触,通过制度、方针、政策、文化对学生施加影响的圈层,是以教育部为核心的各级各类教育行政主管部门实施的宏观管理体制、机制为育人活动载体。高校管理育人实现路径应该从这四个圈层着眼,一是树立"大思政"新理念,注重自管理层的育人功能;二是推动各类课程、各类教师形成协同效应,提升核心层的育人能力;三是搭建各职能部门的有效联动协调机制,发挥外围层的育人效应;四是完善高校治理体系和治理能力建设,加强相关层的育人功效。① 此外,还有学者提出,要加强育人主体的思想道德建设,高校管理育人主体要以德立身、以德育人,筑牢坚定理想信念,培养高尚道德情操,率先垂范,将坚定的理想信念与道德情操灌注于日常管理工作之中,涵养学生心灵、陶冶学生情操、塑造学生人格。②

(三)关于大学生社区育人的研究

2021年度,学者们将大学生社区建设作为高校管理育人提升的重要路径,主要从大学生社区育人功能、现状以及实现路径三个层面开展研究。

其一,关于大学生社区育人功能的研究。众多学者对学生社区育人功能给予积极肯定。有学者提出,学生社区空间正逐步成为大学生成长成才和开展思想政治教育的重要场所,学生社区已由单一生活功能向多元综合功能拓展。学生社区空间功能的拓展,使其原有的教育管理模式也随即发生转变,具体体现在以下五个方面:一是工作重点由以管理为中心向以育人为中心转变;二是工作方向由同质性要求向个性化发展转变;三是育人主体由"单"向"全"转变,即由社区管理人员单一队伍转变为辅导员、班主任、专业教师、学生骨干、社区管理服务人员等全员参与的社区思想政治工作队伍,各队伍的育人职能各有侧重又相辅相成;四是育人过程由分向合转变;五是育人空间由班团集体向个体环绕转变。③ 由此可见,进行功能拓展的学生社区,已不再是单纯的休息场所,而是重要的育人场域,是"提升大学生社会能力的'第一社会'、培养大学生良好习惯的'第二家庭'和形塑大学生健全人格的'第三课堂'。④ 通过推动"一站式"学生社区建设等工作的开展,将思想教育、师生交流、文化活动、生活服务等融为一体,使管理育人、文化育人、网络育人、实践育人、资助育人等多种育人模式融合开展,齐头并进,才能使思想政治工作体系中的各个组成部分共同发挥育人作用。⑤可以说,新时代高校学生社区管理育人是培养时代新人的客观要求,是落实"三全育人"的重要途径,是促进学生全面发展的现实需要。⑥

其二,关于大学生社区育人现状的研究。学生社区是大学生日常思想政治教育的重要

① 参见郭欣:《"差序格局"视域下的高校管理育人:行为特征、结构要素与实施路径》,《黑龙江高教研究》2021年第3期。
② 参见王东红、高雪:《新时代高校管理育人:内涵、特征及优化路径》,《现代教育管理》2021年第11期。
③ 参见刘润:《论新时代高校学生社区空间育人功能的拓展》,《思想理论教育》2021年第4期。
④ 参见杨爱华:《新时代大学生社区育人面临的挑战与优化路径》,《思想教育研究》2021年第5期。
⑤ 参见倪炜:《新时代高校思想政治工作体系的内在逻辑与构建》,《思想理论教育》2021年第3期。
⑥ 参见刘文博、陈城:《新时代高校学生社区管理育人的内涵及实现进路》,《学校党建与思想教育》2021年第23期。

空间。《关于加快构建高校思想政治工作体系的意见》中也明确提出要推动"一站式"学生社区的建设,将学生生活园区打造成为集学生思想教育、师生交流、文化活动、生活服务于一体的教育生活园地。然而,目前大学生社区建设仍存在一些问题。有学者认为目前面临的主要问题是高校师生对于学生社区育人的认同感不强、参与度不高,这成为制约高校学生社区管理育人功能发挥的重要因素。① 还有学者基于教育部"一站式"学生社区综合管理模式建设试点案例,从整体层面对大学生社区建设情况进行了分析和总结,并指出我国高校学生社区建设尚在试点探索阶段,有的偏重于学科综合素质的培养,党建和思想政治教育尚未贯穿培养的各方面、全过程,尚未形成完善的体制机制;有的精准聚焦学生成长发展中的重点、难点、堵点和痛点问题不足,各类育人资源还不够丰富,育人合力有待提升;有的缺乏完整建制的实体机构统筹社区一体化建设,多管理主体职责交叉、责任不明。② 也有学者从实证调查的视角,通过金数据线上平台并结合电话访谈、座谈等方式,对全国 32 所高校的学生社区育人状况进行了专题调研,发现大学生社区育人主要存在以下三方面的挑战:一是大学生社区育人基础条件相对落后。当前大学生对社区基础条件"不满意"的占比达 55%,其中,大部分大学生认为社区公共学习空间不足。二是大学生社区育人环境文化氛围不浓。主要表现为大学生社区物理空间单调乏味,大学生社区独特精神内涵缺失,大学生社区文化活动较为缺乏。三是大学生社区治理中学生主体性发挥不够。一方面,学生主体地位普遍弱化。另一方面,学生主体作用发挥不够。③

其三,关于大学生社区育人实现路径的研究。针对大学生社区建设存在的挑战,有学者认为学生社区空间育人要真正落在实处,可以从以下几个方面着手:一是把握一个立足点,即紧紧围绕立德树人根本任务,以学生全面发展为立足点和归属;二是抓住物理场域改造升级、日常思想政治教育、参与主体多元三个关键性因素,不断创新社区空间建设的载体与模式;三是营造一个育人场域,即通过师生在社区空间的交往互动,将学生社区空间打造成大学生思想引领和价值情感生成的育人场域。④ 也有学者认为高校学生社区要从理念、主体、机制、技术、评价多方面入手,深入研究"五位 体"的学生社区管理育人模式。具体而言,就是要转变管理理念,深刻认识社区管理育人的重要意义;强化队伍建设,发挥主体在社区育人中的管理效能;技术赋能管理,运用信息技术提升社区管理育人实效;健全体制机制,为社区管理育人有效推进保驾护航;强化评估考核,提升学生社区管理育人工作质量。⑤ 也有学者从浙江大学学生社区建设的实际经验出发,认为要建设"社区物理空间与社会空间的联动机制、'一核多方'的主体聚合机制、自上而下的公共服务与学生自我管理自我服务的融合机制、数字化改革全面服务学生社区建设的技术支撑机制,形成'空间—主体—服务—技

---

① 参见刘文博、陈城:《新时代高校学生社区管理育人的内涵及实现进路》,《学校党建与思想教育》2021 年第 23 期。

② 参见史龙鳞:《场域理论视角下高校学生社区建设——基于教育部"一站式"学生社区综合管理模式建设试点案例分析》,《高校辅导员》2021 年第 3 期。

③ 参见杨爱华:《新时代大学生社区育人面临的挑战与优化路径》,《思想教育研究》2021 年第 5 期。

④ 参见刘润:《论新时代高校学生社区空间育人功能的拓展》,《思想理论教育》2021 年第 4 期。

⑤ 参见刘文博、陈城:《新时代高校学生社区管理育人的内涵及实现进路》,《学校党建与思想教育》2021 年第 23 期。

术'"①四者协调运行的机制,才能更好地实现学生社区育人功能。

综上所述,2021 年度,学界对于管理育人的研究,不仅关注管理队伍也更关注管理理念、制度和机制,不仅着眼于宏观层面,也对微观层面进行深入挖掘。更为重要的是研究中特别关注协同在管理育人中的作用。这些都是值得肯定的地方。但是我们也应该看到,目前研究中还存在着重复和泛化倾向,缺少问题意识。为此,在今后的研究中,要加强对问题的关注,应当关注新问题、切准真问题、聚焦大问题,同时也应该重话老问题。

八、关于服务育人的研究

教书育人、管理育人、服务育人是高校的三大基本活动,而服务育人则是搭建在教书育人与管理育人之间的桥梁与纽带。2021 年度,学界对于服务育人研究主要集中在高质量服务育人和高校服务育人实现路径两个层面。

(一) 关于高质量服务育人的研究

"长期以来,学界关于服务育人的研究大多聚焦在后勤部门,普遍认为高校后勤工作是服务育人的主阵地"②。然而随着高校育人理念的深入发展,人们对于服务育人的内涵有了更深入的认识,越来越多的学者开始关注如何构建高质量服务育人体系的问题。有学者对高质量服务育人内涵进行了深入剖析,强调指出高质量的服务育人不仅仅指"在服务的过程中培养人才"的单向育人过程,而是发展为"在服务的过程中检验育人效果"的双向互动过程。具体而言,高质量服务育人体系的内涵包括两个层面:一是凸显育人功能,通过更高水平的服务实现育人目标,服务的主体由单一主体升级为多元主体;服务本身由单一行动发展出行为、环境、文化、活动等多个维度;育人的功能日趋完善,既传递社会公德、职业道德和个人品德,又能促进学生生活习惯养成和社会关系形成。二是强调育人效果,并在服务中体现和检验育人效果。基于"实践—认识—再实践—再认识"的基本逻辑,新时代服务育人要引导学生在服务自我、服务社会、服务全面建设社会主义现代化国家的过程中,发现个人价值、发挥个人潜能、发展独特个性,实现自我发展与国家社会发展的同心同向、同频互动。③ 也有学者从系统论的观点出发,提出高质量服务育人是一种系统性存在,既包括育人主体又包括育人环境,两者共同构成一个区别于教书育人、管理育人的教育场域,以生态观念不断优化这一场域是推进高质量服务育人工作的根本保障,其过程包括目标体系、功能体系、内容体系、管理体系、途径体系、文化体系、互动体系、评价体系、反馈体系、保障体系十大主干内容。④

① 参见史龙鳞、陈佳俊:《新时代高校学生社区协同育人的机制研究——基于浙江大学"一站式"学生社区综合管理模式的观察》,《思想教育研究》2021 年第 3 期。
② 参见王胜本、刘旭东、李鹤飞:《新时代高校服务育人:重要价值、优化图景、推进路向》,《国家教育行政学院学报》2021 年第 11 期。
③ 参见王胜本、李鹤飞、刘旭东:《构建新时代高质量服务育人体系》,《中国高等教育》2021 年第 17 期。
④ 参见王胜本、刘旭东、李鹤飞:《新时代高校服务育人:重要价值、优化图景、推进路向》,《国家教育行政学院学报》2021 年第 11 期。

（二）关于高校服务育人实现路径的研究

2021 年度,学界主要从高校后勤、高校共青团和高校图书馆三个层面对高校服务育人的实现路径进行深入研究。

其一,继续深挖高校后勤服务育人功能。有学者指出新时代高校服务育人职能应该体现在精品呈现、品质服务和效果提升之中。基于高校后勤的专业技能服务、项目化运行、科学管理理念和品牌推广定型工作,服务育人职能主要表现在精益求精的保障能力、尽善尽美的服务技能和劳模工匠精神的行动示范之中。服务育人职能与大学生衣、食、住、行、学所对应的物业、餐饮、公寓、通勤、教育教学保障方式以及高校后勤工作阵地息息相关、密不可分,在与生俱来的独特资源优势、空间育人优势和实践平台优势中将进一步发挥功效。①

其二,发挥高校共青团服务育人功能。有学者指出高校共青团要继承和发扬党的优良传统,扛起思想政治工作的主体责任,坚持"以学生为中心"的理念,切合大学生年龄结构和心理热点,不断强化服务育人担当,守住服务青年和维护青年合法权益工作的生命线。一是搭建大学生展示交流平台,引导大学生主动参与创新创业,发挥"挑战杯""创青春"等创新创业赛事以及大学生创新创业孵化园、创新创业培训等作用;引导大学生主动融入社会,加强针对性指导,鼓励他们参与劳动锻炼、社会实践、公益服务等;引导大学生增进与不同青年群体的融合,通过线上线下多种方式实现大学生与青年企业家、青年新媒体从业人员等群体进行经常性对话。二是代表和维护大学生合法权益,不断增强高校共青团的凝聚力和向心力。②

其三,发挥高校图书馆服务育人的重要功能。近些年来,越来越多学者关注到高校图书馆服务育人功能的研究。有学者提出挖掘高校图书馆服务育人功能,可以从以下几方面着力:一是从资源育人看,资源是图书馆育人的基础,从资源采购到资源的开发利用,都可以发挥图书馆服务育人的功用;二是从文化育人看,面向学生的文化服务种类繁多,大致可以分为以资源为主、以人为主和以艺术生活为主的系列活动,不同形式的活动应从不同方面对学生进行文化浸润,提高学生的文化底蕴,真正做到润物无声;三是从空间育人看,空间设施育人最直接的目的是满足用户多元化需求,提高读者对空间服务的满意度,体现服务空间的核心价值;四是从咨询服务育人看,面向学生的信息咨询服务非常多样化,包括馆藏图书分布和借阅、学科资源导航、学科信息服务、信息素养培训、学习支持服务、研究支持服务等方面,这些信息咨询服务对学生的学习非常重要,育人功能很显著。③ 还有学者提出,要注重中华优秀传统文化与高校图书馆阅读推广活动的互动与融合,应该以"适应时代需求、提供精神支撑、积极推陈出新、助力民族复兴"等逻辑路线为主导,以"用"推进优秀传统文化融入高校阅读推广活动,以"新"开辟传统文化融入高校阅读推广新路径。④

综上所述,学界对于服务育人的研究不仅停留在已有研究领域中,更注重新研究领域的

---

① 参见王彩芳:《劳动教育实践育人平台的优势分析》,《人民论坛》2021 年第 32 期。
② 参见李桂花、梁金风:《青年亚文化背景下高校共青团思想政治工作路径论析》,《思想政治教育研究》2021 年第 12 期。
③ 参见王兴旺、耿哲、王一:《高校图书馆服务育人体系构建研究》,《图书馆工作与研究》2021 第 S1 期。
④ 参见徐荣丽:《中华优秀传统文化融入高校图书馆阅读推广活动的逻辑路线和实践向度研究》,《图书馆》2021 年第 6 期。

拓展,将服务育人质量作为一个重要的论题进行研究,同时也将高校图书馆视为服务育人的重要资源。然而,对于这些新领域的研究还处于探索阶段,今后需要不断发力,为提升服务育人的实效性提供理论支撑。

九、关于资助育人的研究

2017 年,中共教育部党组颁布的《高校思想政治工作质量提升工程实施纲要》将"资助育人"作为"十大"育人体系中的重要内容,资助育人日益成为构建"大思政"格局的重要环节,发挥着自身独特的作用和价值。2021 年度,学界通过对资助政策的历史回顾,总结高校资助育人面临的困境,不断创新资助理念,为实现资助育人高质量发展奠定重要基础。

(一)关于高校资助政策历史回顾的研究

2021 年度,学界继续关注高校资助政策变革这一重要论题。有学者借助历史制度主义视角,分析建党以来我国高校学生资助政策的发展历程及其演变逻辑,将我国的高校学生资助政策的演变历程划分为五个阶段:第一阶段自建党之初到新中国成立前,为公费教育制度阶段;第二阶段从新中国成立之初到 1982 年,为免费加人民助学金制度阶段;第三阶段从1983 年至 1986 年,为人民助学金和奖学金并存阶段;第四阶段从 1987 年至 1998 年,高校学生资助进入以奖学金为主阶段;第五阶段从 1999 年至今,形成了以政府为主导的多元混合资助体系。[①] 有学者基于不同时期高校学生资助的体系改革诉求,将高校学生资助政策划分为"普惠型资助""奖学金和贷学金并存""多元资助体系并存""创新型资助体系"等四个阶段。[②] 也有学者根据时代实际需求和不同阶段历史特征,将高校资助政策分为"政府兜底型""多元保障型""综合施治型"三个阶段,并提出我国高校资助政策呈现出从一元走向多元、从济困走向育人、从保障性走向发展性的总体特征。[③] 而这些变革是由多个要素共同作用实现的。有学者从多个层面对此进行解析:从学生资助理念来看,要实现公平、效益和激励并重;从学生资助方式来看,要实现从单一化到多样化的转变;从政府职能来看,要实现由行政主导到重视各方参与;从学生资助政策的生成来看,要实现国际化借鉴与本土化实践。[④] 也有学者认为高校贫困生资助政策是高等教育发展内外部环境影响的生成结果,具体表现在促进社会公平的教育逻辑、依托生产力发展水平的经济逻辑、关注教育权利保障的法治逻辑等三个方面,考虑资助政策本身的教育公平性、经济合理性、制度规范性成为政策制定的重要考虑因素。[⑤] 在新时代背景下,在全面建成小康社会并向第二个百年奋斗目标迈进的进程中,高校资助政策需要实现"四个转变",要奋力推进从"打赢"向"打好"转变,关注相对贫困;从"单打一"向"组合拳"转变,凝聚全员合力;从"传统"向"智慧"转变,提升资

①　参见孙涛:《建党一百年来我国高校学生资助政策变革的历程、逻辑与展望》,《教育科学》2021 年第 4 期。
②　参见陈博旺、晋家洪、冯力:《高校学生贫困资助的政策逻辑、实践困境及其突破路径》,《黑龙江高教研究》2021年第 10 期。
③　参见李琼:《新中国高校学生资助政策的历史回顾与未来展望》,《福建师范大学学报(哲学社会科学版)》2021年第 5 期。
④　参见孙涛:《建党一百年来我国高校学生资助政策变革的历程、逻辑与展望》,《教育科学》2021 年第 4 期。
⑤　参见陈博旺、晋家洪、冯力:《高校学生贫困资助的政策逻辑、实践困境及其突破路径》,《黑龙江高教研究》2021年第 10 期。

助实效;从"输血式"向"造血式"转变,促进学生全面发展。①

(二)关于高校资助育人现状的研究

2021 年度,学界从不同维度对高校资助育人现状进行解析。有学者从政策层面和实践层面对高校资助育人现状进行论述,指出尽管高校学生资助政策日趋科学化、法治化,体现出教育治理现代化的时代特性,但从高校学生资助实践来看,依然存在诸多困难亟须解决,具体体现为资助本身重过程轻结果、强调资助分配结果的公平性而忽视资助过程的育人性和过程性以及资助主体单一。② 有学者从资助工作队伍、资助育人活动和各类育人之间协同三个方面进行考察,指出当前资助育人工作中存在三个差距:一是资助工作队伍现状的差距,主要表现为工作力量相对不足和工作能力还需要提升;二是资助育人活动影响力的差距,当前高校资助育人活动在全体学生中的影响力有待提升,资助育人的品牌效应还未充分发挥;三是资助育人与其他育人的衔接协同还有差距。③ 有学者提出现阶段高校资助育人存在的主要问题是无法精准识别资助对象;精准资助体制建设亟待加强;资助育人长效机制有待完善。④ 也有学者立足研究生资助的视角,提出研究生资助工作中存在的问题主要有资助育人机制亟需完善,资助育人的政策制度有待完善,科学评估与跟踪机制有待加强;资助管理机制有待完善,资助的"统筹度"不够高,资助的"亲密度"不够高;资助育人效果有待提高,创新性、实践性、增强人文素养的发展型资助项目较少,研究生服务奉献意识不强。⑤ 此外,还有学者对高职院校资助育人的困境进行研究,认为其主要存在资助育人的精准度不高、工作机制不完善、功能发挥不到位、对象群体画像不清晰的困境。⑥

(三)关于高校资助育人实现路径的研究

为了实现高校资助育人的工作重心不断向"育人"转变,需要全力推进资助育人的高质量发展。有学者提出,新时代高校要不断优化高校资助育人体系,紧紧围绕立德树人这一根本任务,将培养青年学生全面发展作为资助育人工作的目标,要在奖助学金评选发放、国家助学贷款管理、开展勤工助学活动等环节,加强励志教育、诚信教育和社会责任感教育,培养青年学生自立自强、诚实守信、勇于担当的良好品质。同时要帮助家庭经济困难学生正确面对困难,引导他们积极主动地利用国家资助完成学业,增强受助学生就业创业能力,促进受助学生成长成才。⑦ 有学者提出高校要健全体制,精准识别资助对象,精准识别困难程度,精准调整资助力度;坚持"三结合"即经济资助与思想引领相结合、与学业发展相结合、与素质提升相结合的工作理念,积极搭建丰富的资助育人平台,多方面、深层次开展资助工作,在

---

① 参见唐志文:《论新发展阶段推进高校资助育人的高质量发展》,《思想理论教育》2021 年第 11 期。

② 参见陈博旺、晋家洪、冯力:《高校学生贫困资助的政策逻辑、实践困境及其突破路径》,《黑龙江高教研究》2021 年第 10 期。

③ 参见唐志文:《论新发展阶段推进高校资助育人的高质量发展》,《思想理论教育》2021 年第 11 期。

④ 参见邝洪波、高国伟:《新时代高校资助育人精准化工作探究》,《学校党建与思想教育》2021 年第 2 期。

⑤ 参见周赛君:《新时代研究生资助工作特点、问题及对策》,《现代教育管理》2021 年第 12 期。

⑥ 参见兰海涛、屠明将、余燕青:《高职院校发展型资助育人的实践困境与路径优化》,《教育与职业》2021 年第 11 期。

⑦ 参见陈博旺、晋家洪、冯力:《高校学生贫困资助的政策逻辑、实践困境及其突破路径》,《黑龙江高教研究》2021 年第 10 期。

资助中育人,在资助中成人,打造资助育人平台;坚持"三分类"即分类施策、分类引导、分类育人的工作方法,增强资助育人的针对性。① 还有学者强调资助育人要与其他育人体系形成合力。高校资助育人工作要在促进家庭经济困难学生乃至全体学生全面发展方面作出应有贡献,构建物质帮助、道德浸润、能力拓展、精神激励有效融合的资助育人长效机制,推进资助育人与其他育人措施的有效衔接协同,建立健全全员全程全方位资助育人的体制机制,让资助育人与实践育人、文化育人、网络育人、心理育人、管理育人、服务育人等相互渗透、密切配合,达到"1+1>2"的育人效果。② 此外,还有学者提出要将诚信教育融入高校资助体系,周密构建诚信教育融入资助育人体系的制度结构,畅通资助育人的实践路径。③

综上所述,学界对于资助育人的研究取得了一定的成果,为提升资助育人实效性提供了重要支撑。然而,我们也应该清醒地认识到做好资助育人工作还有很多工作需要推进,这就要求我们要守正创新,不断推进资助育人理论和实践的进步。

十、关于组织育人的研究

组织育人是学校思想政治教育的重要方式,是学校整体育人大格局的重要组成部分。④《高校思想政治工作质量提升工程实施纲要》明确要求,要"把组织建设与教育引领结合起来,强化高校各类组织的育人功能"⑤。2021 年度,学界重点关注高校党团组织和学生社团组织育人,不断进行理论和实践创新。

(一) 关于高校党团组织育人的研究

组织育人是高校党支部的重要政治功能,"是高校共青团开展思想政治工作的鲜明特点和最大优势"。⑥ 2021 年度,学者们重点考察了高校党团组织育人现状以及高校党团组织育人实现路径两个层面的问题。

其一,关于高校党团组织育人现状的研究。有学者从理论层面归纳总结了高校党支部育人存在的不足,认为高校党支部在育人意识、育人方式与育人能力上仍然存在提升空间。具体表现在以下几个方面:一是立德树人根本任务落实与党支部组织生活、党员教育管理还未达到无缝对接,高校党支部对组织育人重要性的认识还不到位;二是育人主体角色意识缺失,部分党支部活动载体单一,自身建设公式化、模式化、程序化,创新和成效不明显,不注重在育人内容上切合时代需求和把握大学生的思想动态;三是党员先进性体现不够,支部战斗堡垒作用发挥不到位,党员和党支部在师生中的威信不高,育人号召力、凝聚力、向心力、影响力缺乏;四是支部党务工作者缺乏将组织建设与教育引领相结合的意识,满足于完成日常的党支部组织建设,缺乏助力青年学子成长的责任与意识,育人方式方法缺乏有效研究、育

---

① 参见邝洪波、高国伟:《新时代高校资助育人精准化工作探究》,《学校党建与思想教育》2021 年第 2 期。
② 参见唐志文:《论新发展阶段推进高校资助育人的高质量发展》,《思想理论教育》2021 年第 11 期。
③ 参见赵贵臣、肖晗:《诚信教育融入高校资助育人体系的路径》,《思想教育研究》2021 年第 1 期。
④ 沈壮海:《新编思想政治学原理》,中国人民大学出版社 2022 年版,第 198 页。
⑤ 《中共教育部党组关于印发〈高校思想政治工作质量提升工程实施纲要〉的通知》,http://www.moe.gov.cn/srcsite/A12/s7060/201712/t20171206_320698.html,2017-12-06。
⑥ 共青团中央书记处:《充分发挥高校共青团在大学生思想政治工作中的生力军作用——深入学习习近平总书记关于高校思想政治工作的重要论述》,《人民日报》2017 年 1 月 26 日。

人工作推进浅尝辄止,在育人意识与育人能力上仍然存在提升空间。① 也有学者从实证层面对高校党团组织育人现状进行分析和研究,调查覆盖了 24 个省(自治区、直辖市)的 48 所高校。研究发现当前高校学生党支部组织力提升富有成效,同时也存在一些问题。部分高校学生党支部组织力仍存在政治功能突出不足、监督管理不严不实等问题。② 此外,还有学者从高校学生党支部主题党日开展情况入手,提出主题党日在高校学生党支部的实施过程中也不同程度地存在着活动内涵"党味"不足、制度保障不够完善、理论与实践结合度不够等方面的问题。③

其二,关于高校党团组织育人实现路径的研究。2021 年度,学界重点关注高校党支部组织育人研究。很多学者认为加强党支部组织力建设才能更好发挥其育人功能。对于加强党支部组织力建设,有学者提出要从政治建设、思想引领、机制保障、支部书记队伍建设等维度出发,④要建立以创新为组织力核心的高校学生党支部组织力理论模型,并综合考虑信仰力、结构力、凝聚力、宣传力、学习力、领导力和管理力等七个分力对高校学生党支部组织力建设的影响,⑤要在着力增强主题党日的政治性、时代性、原则性、战斗性,建立健全制度保障,注重内容和形式改革创新等方面加强探索与实践,⑥真正把学生党支部建设成为宣传党的主张、贯彻党的决定、团结动员大学生、落实立德树人根本任务的坚强战斗堡垒⑦。还有学者提出要建设高校大学生服务型党组织,通过发挥党组织的服务功能以增强政治功能,借由服务功能与政治功能的统合、教育引领与政治统领的统合,整合大学生党员个体之力量,并对其施加一定的影响,由此促进时代新人培育质量提升。大学生服务型党组织的育人功能,主要集中于对大学生群体的思想引领、行为规范及能力培养上。⑧ 也有学者基于我国当代青年亚文化发展给大学生思想政治工作带来的机遇与挑战,提出高校共青团要紧抓思想立团的核心,发挥组织育人优势,筑牢新时代大学生思想政治工作的战斗堡垒,不断加强团干部队伍建设,充分发挥团学组织和学生干部在创设健康向上的校园文化氛围中的作用。⑨此外,还有学者强调加强高校学生党支部、团支部、班级协同育人的机制,创建高校党团班协同育人组织管理体系,在互联网飞速发展的时候具有积极重要的作用。高校应更新党团班组织管理观念,实现组织协同;创新党团班管理方式方法,实现数据协同;优化党团班组织管理队伍,实现制度协同。⑩

(二) 关于高校学生社团育人的研究

高校学生社团发挥着重要的育人功能。2020 年 1 月,中共教育部党组、共青团中央颁布

① 参见胡吉芬、刘明:《高校党支部组织育人机制的构建》,《学校党建与思想教育》2021 年第 20 期。
② 参见杨爱华:《新时代高校学生党支部组织力提升策略》,《中国高等教育》2021 年第 18 期。
③ 参见潘靓、程涛:《高校学生党支部主题党日现状审视与路径优化》,《思想理论教育》2021 年第 1 期。
④ 参见杨爱华:《新时代高校学生党支部组织力提升策略》,《中国高等教育》2021 年第 18 期。
⑤ 参见郭文刚、金立乔:《高校学生党支部组织力提升机制研究》,《学校党建与思想教育》2021 年第 21 期。
⑥ 参见潘靓、程涛:《高校学生党支部主题党日现状审视与路径优化》,《思想理论教育》2021 年第 1 期。
⑦ 参见杨爱华:《新时代高校学生党支部组织力提升策略》,《中国高等教育》2021 年第 18 期。
⑧ 参见于琳:《组织育人视域下高校大学生服务型党组织建设》,《中学政治教学参考》2021 年第 16 期。
⑨ 参见李桂花、梁金风:《青年亚文化背景下高校共青团思想政治工作路径论析》,《思想政治教育研究》2021 年第 12 期。
⑩ 参见王训兵、黄新建:《"互联网+教育"背景下高校党团班协同育人组织管理体系创新研究》,《学校党建与思想教育》2021 年第 10 期。

的《高校学生社团建设管理办法》指出:"高校学生社团是落实立德树人根本任务、推进素质教育的重要载体,是高校学生根据成长成才需要,结合自身兴趣特长,在高校党委的领导和团委的指导下开展活动的群众性学生团体。"2021年度,学界找准高校学生社团组织育人存在的薄弱环节,积极探讨高校学生社团组织育人效用。

其一,关于高校学生社团育人现状的研究。近些年,高校学生社团育人功能得到了明显提升,各高校着力加强思想政治类社团建设,这类学生社团聚焦理论政策宣讲,通过自我学习与集中备课,增强学生参与思想政治教育的积极性与主体性。可以说,高校学生社团成为大学生思想政治教育重要的延伸阵地,承担了思想政治教育力量补充、同辈教育、自我教育等功能。① 然而,在看到高校学生社团蓬勃发展,发挥重要育人效用的同时,也应该清醒地意识到高校学生社团在组织育人方面仍然存在着一些亟待解决的问题。有学者认为高校社团尤其是思想理论类学习社团存在的问题和困境,主要表现在以下几个方面:一是社团自主性激发与双重领导之间的矛盾;二是社团规范化发展与专业指导之间的错位;三是社团一体化管理与多元实践之间的张力。② 还有学者提出高校社团育人存在的问题主要有价值引领有效性不足、社团行为与育人目标匹配度不够、全面育人意识不强、社团育人资源有待拓展。③

其二,关于高校学生社团育人实现路径的研究。针对高校学生社团育人存在的不足,学者们从多维度视角提出了应对方案。有学者认为提升新时代高校学生社团的育人效能,要从社团文化与青年特征出发强化价值引领,加强社团管理体系建设,推动社团内部管理制度规范性建设,加强资源供给,提升社团建设质量。④ 还有学者强调要聚焦大学生社团文化建设,要以习近平新时代中国特色社会主义思想为引领,紧扣大学精神,根据学校办学传统、学科专业优势与特色、地域文化的特点,鼓励与引导学生社团多样化发展,积极开展内容丰富、格调高雅、形式多样的文化活动,推动形成百花齐放、百家争鸣的工作局面。⑤ 有学者强调加强高校学生社团育人的实现路径主要有全员参与,强化思想理论类学生社团的领导机制;全过程助力,统筹思想理论类学生社团的育人机制;全方位融入,创新思想理论类学生社团的引导机制。⑥ 还有学者提出要创新"思政社团+社团思政"社团育人模式,从类型上对接"德智体美劳",相互渗透构成"五育并举"的体系;从师资体系上明确师资思想政治素质和业务能力双高的要求,建立思想导师、专业导师、管理导师、学生社团负责人四方齐下的师资体系,通过指导老师的引航、护航、保航和助航保障社团健康发展;从课程体系上,推动"思想领先、技能特长突出"一心双环的建设。⑦

综上所述,2021年度,学界以"把组织建设与教育引领结合起来,强化高校各类组织的

---

① 参见韩煦:《高校学生社团育人效能的现状分析及其提升对策》,《思想理论教育》2021年第1期。
② 参见杨亚星、韩笑梅:《"三全育人"视角下高校思想理论类学生社团的功能定位与教育引导》,《高校辅导员》2021年第2期。
③ 参见韩煦:《高校学生社团育人效能的现状分析及其提升对策》,《思想理论教育》2021年第1期。
④ 参见韩煦:《高校学生社团育人效能的现状分析及其提升对策》,《思想理论教育》2021年第1期。
⑤ 参见李大健:《用习近平新时代中国特色社会主义思想铸魂育人的三维路向》,《思想理论教育导刊》2021年第6期。
⑥ 参见杨亚星、韩笑梅:《"三全育人"视角下高校思想理论类学生社团的功能定位与教育引导》,《高校辅导员》2021年第2期。
⑦ 参见胡颖蔓:《高校学生社团育人创新研究》,《学校党建与思想教育》2021年第12期。

育人职责"①为指引,不断推进高校各类组织建设,发挥各类组织优势,构建和完善组织育人工作路径,形成了育人合力。

十一、关于队伍建设的研究

《教育部等八部门关于加快构建高校思想政治工作体系的意见》明确提出,要"打造高素质思想政治工作和党务工作队伍"②。就目前情况而言,我国"已经基本形成了以思政课教师队伍为核心,以辅导员队伍、行政管理干部为主体,以学生骨干队伍为主力,以导师队伍、网络思政队伍为补充的多位一体思想政治工作队伍新格局,不同岗位思想政治工作者的育人功能得以充分发挥,有效助推了全员全程全方位育人体系的构建。"③2021 年度,学界继续围绕思想政治工作队伍建设开展了更为深入系统的研究。

(一)关于高校辅导员队伍建设的研究

辅导员队伍是高校思想政治教育工作的骨干力量,肩负着立德树人的重要责任。2021年度,学界继续关注辅导员队伍建设,为实现辅导员队伍专业化、职业化发展提供重要思路。

其一,关于辅导员队伍专业化建设的研究。近年来,我国一直积极推进辅导员专业化、职业化,并取得了长足的进步。然而,高校辅导员队伍专业化建设仍面临着多方面的挑战。有学者认为这些挑战主要来自以下四个方面:一是辅导员专业化内涵的顶层建设,存在政策调整与落实所带来的挑战;二是队伍专业化内涵式发展的格局设计,面临"大德育"环境变化与适应所带来的挑战;三是辅导员专业化内涵式发展的队伍结构配置,正面临新一轮需求升级所带来的挑战;四是当前辅导员个体专业化的内涵提升,正面临职业认同期待亟须满足的挑战。④ 也有学者提出辅导员工作范畴的分置设定与职业"初心"的被动隐匿、工作内容的事务化倾向与职业"外观"的矮化错觉、工作角色的模糊定位与职业"旨归"的分散偏焦是辅导员专业化建设中存在的现实问题。⑤ 还有学者指出日前辅导员的专业认知整体上比较理性,但也存在一定的模糊和偏差;辅导员的专业情感比较复杂,但总体上看有一些负面情绪;辅导员的专业行为意向多元且积极,但队伍建设的稳定性受到挑战。⑥ 鉴于这些风险和挑战,有学者提出高校辅导员队伍专业化路径建设可以聚焦以下几个方面:一是要厘清辅导员队伍专业化建设发展中辅导员队伍建设与高校教育事业发展的关系、辅导员队伍专业化建设与大学生成长成才的内在关系、整体推进扶持与个体重点突破的关系以及现实积累与前瞻挑战的关系;二是要认清辅导员队伍专业化建设与"三全"体系建设的内在联系;三是要把

① 《中共教育部党组关于印发〈高校思想政治工作质量提升工程实施纲要〉的通知》,http://www.moe.gov.cn/srcsite/A12/s7060/201712/t20171206_320698.html,2017-12-06。

② 《教育部等八部门关于加快构建高校思想政治工作体系的意见》,http://www.gov.cn/zhengce/zhengceku/2020-05/15/content_5511831.htm,2020-4-22。

③ 参见冯刚:《论新时代高校思想政治工作守正创新》,《上海交通大学学报(哲学社会科学版)》2021 年第 5 期。

④ 参见周蓉、顾春华:《高校辅导员队伍专业化建设的内涵式发展及路径探索》,《黑龙江高教研究》2021 年第 6 期。

⑤ 参见范赞、王俊新:《时代我国高校辅导员队伍专业化建设内涵再审视——以思想理论教育和价值引领为中心》,《思想理论教育》2021 年第 6 期。

⑥ 参见刘涛:《高校辅导员专业心态的特征及优化路径——基于长三角地区 36 所高校的调查分析》,《思想理论教育》2021 年第 4 期。

握辅导员队伍专业化建设发展中辅导员队伍的内部协同成长、辅导员队伍专业化建设机制的协同规划以及辅导员队伍专业化建设内外部资源的协同运用。① 也有学者认为,高校辅导员队伍专业化建设应该以马克思主义关于人的全面发展理论作为价值指引,构建以满足学生全面发展为出发点的辅导员专业课程体系、提升辅导员教师职业素养的制度体系、构建辅导员队伍专业化建设的实践载体。②

其二,关于新时代辅导员职业能力的研究。有学者认为新时代辅导员要讲政治,擦亮辅导员队伍政治底色;要领思想,彰显辅导员队伍核心价值;要解矛盾,提升辅导员队伍职业能力;要育新人,突出辅导员队伍建设使命。③ 还有学者认为新时代的高校思想政治教育要求辅导员队伍善于思考,善于总结,立足工作实践,夯实基础理论,聚焦热点前沿问题,从繁杂的事务工作中提炼规律,形成实践和研究成果,为立德树人、人才培养提供科学方案贡献力量。④ 还有学者根据 2014 年 3 月教育部印发的《高等学校辅导员职业能力标准（暂行）》以及 2020 年 4 月教育部等八部门联合印发的《关于加快构建高校思想政治工作体系的意见》两个重要文本对新时代辅导员职业能力进行重新定位,将辅导员的职能定位区分为核心工作、非核心工作两类。核心工作是指辅导员对该项工作的组织、策划、实施全权负责,是该项工作推进的核心力量。比如,打造推广一批富有爱国主义教育意义的文化作品,定期举行集体升国旗、唱国歌仪式,有效利用重大活动、开学典礼、毕业典礼、重大纪念日、主题党团日等契机和重点文化基础设施开展爱国主义教育。对于非核心工作,又可以细分为强关联工作即辅导员虽不全权负责但频繁地参与或者与其他工作团队同为主要组织力量的工作,和弱关联工作,即辅导员不是主要的组织力量,仅是较为零散地参与其中的工作。⑤

其三,关于新时代辅导员队伍建设路径的研究。有学者认为高校辅导员队伍建设需要挖掘自身的内在动力,应从新时代高校学生成长需求中寻找队伍发展的内生动力,从新时代高校辅导员职业发展需求中寻找队伍发展的内生动力,从新时代高校辅导员工作实践中寻找队伍发展的内生动力。⑥ 有学者聚焦辅导员的专业心态问题,通过对长三角地区部分高校辅导员队伍的实证调查,分析高校辅导员队伍专业心态的特征,并从社会、学校和辅导员个体三个维度构建辅导员专业心态的优化机制,强调要以制度的完善提供辅导员专业心态优化的保障;以治理体系和治理能力现代化探索辅导员专业心态优化的方法;以情怀的积淀夯实辅导员专业心态优化的基础。⑦ 还有学者认为高校辅导员队伍建设应该遵循高质量发展的理念,要在推进高校辅导员队伍高质量发展的过程中,更新队伍发展理念,将"高质量理念"融入队伍创新发展的全过程;完善队伍发展制度,将"高质量要求"贯彻队伍建设全过程;明确队伍评价体系,将"高质量育人"作为队伍检验的重要评判标准。⑧

① 参见周蓉、顾春华:《高校辅导员队伍专业化建设的内涵式发展及路径探索》,《黑龙江高教研究》2021 年第 6 期。
② 参见周浩波、李岩:《新时代高校辅导员队伍专业化建设体系探究》,《学校党建与思想教育》2021 年第 19 期。
③ 参见刘征、刘伟、左殿升:《论新时代辅导员队伍建设的"时""事""势"》,《思想政治教育研究》2021 年第 2 期。
④ 参见冯刚:《深化新时代高校辅导员队伍专业化职业化建设的逻辑理路》,《高校辅导员》2021 年第 2 期。
⑤ 参见马成瑶:《论辅导员在高校思想政治工作体系中的职能定位及价值体现》,《思想理论教育》2021 年第 5 期。
⑥ 参见冯刚:《深化新时代高校辅导员队伍专业化职业化建设的逻辑理路》,《高校辅导员》2021 年第 2 期。
⑦ 参见刘涛:《高校辅导员专业心态的特征及优化路径——基于长三角地区 36 所高校的调查分析》,《思想理论教育》2021 年第 4 期。
⑧ 参见胡忠浩:《高校辅导员队伍高质量发展的时代意蕴、内涵特征及实践路径》,《学校党建与思想教育》2021 年第 19 期。

（二）关于高校其他育人队伍建设的研究

2021 年度，学界在"三全育人"视域下不断加强对辅导员队伍以外的育人队伍建设研究，内容涵盖高校党务工作队伍、班主任队伍、法治教育师资队伍、资助工作队伍和档案管理队伍等。针对高校党务工作队伍，有学者提出要加强和改进高校党务工作队伍建设，要将党务工作队伍纳入人才队伍建设总体规划，要选优配强队伍，形成一支专职为主、专兼结合、数量充足、素质优良的工作力量；健全制度和机制，以"刚"的制度管理、锻造队伍；加大教育和关爱力度，以"柔"的教育关爱提升、凝聚队伍。同时要注重党务工作队伍专业化建设。① 也有学者提出，高校党务工作队伍的建设，要注重高质量开展党支部委员会换届工作，选优配强支部委员；按照配备专兼职组织委员、实现"双带头人"教师党支部书记全覆盖等要求，形成一支专职为主、专兼结合、数量充足、素质优良，有理想、有信念、有纪律、有担当的组织育人工作队伍。加大建设力度，探索党务工作者专业化职业化发展路径，建立健全支部委员职务职级"双线"晋升制度，开展党务工作骨干申请在职攻读博士学位专项计划，设立党务工作研究专项项目，党务工作系列职称评聘单列指标等。② 针对高校班主任队伍建设，有学者提出高校班主任队伍不同于专职大学生思想政治教育队伍，尤其是专职辅导员队伍，其主要由兼职人员组成，长期以来面临着目标定位不明、工作职责不清等问题，要从身份认同、工作标准、作用发挥和能力提升等方面加强政策统筹和制度推进。③ 针对高校法治教育师资队伍建设，有学者提出必须既注重内部人才资源的规划整合，逐步建立一支在纵向上覆盖校院班，在横向上覆盖思想政治理论课教师、学术导师、辅导员、学生处和团委工作人员等各群体的校内法治教育队伍并开展法治知识专业培训，帮助各法治教育主体快速提升自身的法律素养和知识水平。④ 针对高校资助队伍建设，有学者提出要打造一支配置齐全、能力过硬的资助工作队伍。除了专职资助管理部门人员之外，高校还可以打造两支队伍：一是资助教师队伍，为他们提供专业化培训和理论研究平台，建立资助方向的辅导员工作室，树立资助育人的教师典型，等等；二是资助学生团队，培养一批有凝聚力、创造力、战斗力的勤工助学、爱心助学的学生团队。⑤ 此外，还有一些学者提出要加强档案管理人才队伍建设。针对当前高校档案管理部门人员队伍现状，提出要加大对"存量"档案管理人员的培养力度。一方面，不断提高档案管理人员的理论水平。另一方面，强化档案管理人员的育人能力。同时要系统谋划，以"大档案"理念抓好"增量"档案管理人才队伍建设。⑥

（三）关于高校师德师风建设的研究

教师思想政治状况和师德水平决定着人才培养的质量。⑦ 围绕师德师风建设问题，习近平总书记作出了一系列重要指示，国家也配套出台了一系列政策文件。2021 年度，学界

---

① 参见滕建勇：《新时代高校党建高质量发展的思考与探索》，《思想理论教育》2021 年第 2 期。
② 参见胡吉芬、刘明：《高校党支部组织育人机制的构建》，《学校党建与思想教育》2021 年第 20 期。
③ 参见汪阳、刘宏达：《我国高校班主任制度建设的历程、经验与启示》，《思想教育研究》2021 年第 5 期。
④ 参见张阳：《开展以宪法教育为核心的高校法治教育论析》，《思想理论教育》2021 年第 11 期。
⑤ 参见唐志文：《论新发展阶段推进高校资助育人的高质量发展》，《思想理论教育》2021 年第 11 期。
⑥ 参见张强、程玉莲、吉祥：《"三全育人"视域下高校档案管理育人路径探析》，《浙江档案》2021 年第 1 期。
⑦ 本书编写组：《习近平总书记教育重要论述讲义》，高等教育出版社 2020 年版，第 216 页。

将师德师风建设作为队伍建设的一个重要维度。众学者从多维度视角对高校加强师德师风的内涵进行了论述,认为在当前的"双一流"建设任务逻辑下,大学师德建设更加突出了崇高师德中的理想信念、规范了师德中的真才实学和底线师德的仁爱人格、强调了高校教师的思想政治素质建设和职业道德建设,为高校教师整体队伍建设提供了思想保证和精神动力,也是高等教育质量提高的基本保障和关键环节。① 然而从目前的实践看,我国高校师德师风建设仍然存在一定的短板。从宏观层面看,目前大学师德师风建设仍存在内涵不清及层次模糊的认识困境、难以企及或驱动不力的制度困境、粗放管理或无序管理的组织困境。② 从微观层面看,当前,我国高校师德师风方面呈现出以下问题:在学术风气方面,有的教师急功近利、浮躁、浮夸,有的抄袭剽窃、伪造篡改、买卖论文;在教学方面,有的教师教书育人意识淡薄,教学敷衍,在课堂、论坛、讲座、网络及其他渠道,发表、转发错误观点,或散布虚假、不良信息,甚至随意散发违背公序良俗和法律的言论,误导学生;在品德修养方面,有的教师道德败坏,对学生性骚扰,收受学生及其家长礼品礼金,为学生入党、升学提供非法的便利。③综合来看,当前高校师德师风建设存在以下三个痛点、难点:一是如何加强日常师德教育和监督,确保师德规范有效转化;二是如何构建有效的师德师风考核评价管理机制;三是如何将师德师风建设与学校其他相关制度统筹配套、形成合力。④

针对高校师德师风建设面临的挑战,学者们展开了深入探究,提出了一些卓有成效的应对举措。有学者认为,高校应该明确大学师德建设的专业边界,要构建大学师德建设的规范体系,要健全大学师德建设的长效机制,要塑造大学师德建设的全员文化。⑤ 还有学者提出要实现从"好老师"到"大先生"的转变。高校教师应当立志做"大先生",不断加强师德师风修养,切实担负起新时代高校教师的历史使命,要做到向标准看齐,向榜样学习,做"大学问",怀"大爱心"。⑥ 此外,还有学者对国内 41 所"世界一流大学"建设高校的师德师风建设相关文本制度进行分析,提出应该从以下四个方面建立高校师德师风长效治理的法治机制:一是要树立底线思维,明确师德治理的法治内涵;二是要厘清各类法律关系,构建师德治理法治体系;三是要规范治理程序,保障教师合法权益;四是要制定负面清单,实施分层评价。⑦

(四) 关于育人主体协同的研究

思想政治教育工作是一项多元力量参与的系统工程,党团干部、思政课教师、辅导员班主任等各方力量在其中发挥了不可或缺的作用,同时面对日常教育和教学实践中的实际问题,需要整合各方力量实现协同共进。⑧ 然而,一直以来,一方面,人们对高校辅导员、思想政治理论课教师两类主体的思想政治教育功能较为重视,但是对其他主体包括专业课教师、

① 参见韩国海:《大学师德建设的内涵价值、现实困境与路径选择》,《现代教育管理》2021 年第 12 期。
② 参见韩国海:《大学师德建设的内涵价值、现实困境与路径选择》,《现代教育管理》2021 年第 12 期。
③ 参见王新清:《从"好老师"到"大先生":高校师德师风建设的基本路径》,《中国高教研究》2021 年第 9 期。
④ 参见卫建国:《高校师德师风建设重点任务和难点辨析》,《中国高教研究》2021 年第 9 期。
⑤ 参见韩国海:《大学师德建设的内涵价值、现实困境与路径选择》,《现代教育管理》2021 年第 12 期。
⑥ 参见王新清:《从"好老师"到"大先生":高校师德师风建设的基本路径》,《中国高教研究》2021 年第 9 期。
⑦ 参见李祥、蔡孝露、刘志林:《高校师德师风治理机制的法治偏失及矫正——基于 41 所"世界一流大学"建设高校的文本分析》,《黑龙江高教研究》2021 年第 12 期。
⑧ 参见冯刚:《深刻把握高校思想政治教育热点研究实践导向的价值意蕴》,《思想政治教育研究》2021 年第 1 期。

党政管理干部、后勤服务人员等的思想政治工作职责要求还不够明确清晰。① 另一方面,育人主体对自身的认识也存在一定偏差。主要存在两种倾向,一是部分教师对育人责任认识不清。少数教师认为育人是辅导员和班主任的事情,与其他教师、行政、管理和服务人员关系不大;还有个别教师认为育人是思政课教师的责任,与其他教师关系不大。二是育人主体的协同意识不强。② 为了克服这些发展中存在的薄弱环节,形成育人合力,就必须协同发挥不同岗位、不同类别的高校教师育人功能,充分调动其积极性,建立起一支包含思政课教师、专职辅导员、行政管理干部、研究生导师等在内的政工队伍③,各类人员在遵循教育规律的基础上,树立管理育人、服务育人、岗位育人的意识,自觉地将本职工作与育人紧密结合起来,在管理服务中做好育人工作,用优良作风、得当言行影响感召学生。④ 此外,还有学者提出研究生导师与辅导员协同育人的必要性,认为研究生导师与辅导员合力育人是适应研究生成长成才需要的内在要求,是优化思想政治教育协同育人的重要途径,也是高校落实立德树人根本任务的现实需要。但是从目前的实证调查和文献分析发现,在开展导师与辅导员合力育人工作上仍然存在以下问题:高校缺乏整体布局,影响教育合力的形成;相应机制体系仍然不够健全;育人理念不同,影响合力育人成效;育人主体间缺少有效沟通途径。⑤

综上所述,2021年度,学界围绕如何"打造高素质思想政治工作和党务工作队伍"⑥这一命题开展了一系列的理论研究和实践探索,并将高校师德师风建设作为研究的重点,同时对各类育人主体协同发挥育人合力进行充分论述。这些研究将为进一步推进大学生日常思想政治教育理论和实践的发展提供重要支撑。

十二、简要述评

问题是创新的起点,也是创新的动力源。2021年度,学界切准当代大学生思想特点和行为倾向,在"三全育人"理念的指引下,从问题出发,围绕"十大"育人体系,积极加快构建高校思想政治工作体系,不断提升大学生日常思想政治研究的理论水平,取得了一系列创新性成果,为今后的研究提供重要的指引。

(一) 2021年度大学生日常思想政治教育研究的总结

通过对2021年度大学生日常思想政治教育研究的梳理,可以发现学者们在以往研究成果的基础上,结合时代特征,不断挖掘育人元素,积极推进新技术、新媒体在大学生日常思想政治教育中应用,不断拓展研究广度和深度,形成了一大批具有理论深度和实践价值的优秀

---

① 参见董秀娜、李洪波、杨道建:《"三全育人"理念下构建高校思想政治工作体系的三维路径》,《思想教育研究》2021年第1期。

② 参见陈玲:《"三全育人"协同创新组织的建构》,《学校党建与思想教育》2021年第4期。

③ 参见冯刚:《论新时代高校思想政治工作守正创新》,《上海交通大学学报(哲学社会科学版)》2021年第5期。

④ 参见郭欣:《"差序格局"视域下的高校管理育人:行为特征、结构要素与实施路径》,《黑龙江高教研究》2021年第3期。

⑤ 参见张佳、张强军:《研究生导师与辅导员合力育人——价值意蕴、现实困境与路径选择》,《研究生教育研究》2021年第1期。

⑥ 《教育部等八部门关于加快构建高校思想政治工作体系的意见》,http://www.gov.cn/zhengce/zhengceku/2020-05/15/content_5511831.htm,2020-4-22。

研究成果。概括起来,主要表现在以下几个方面:一是理论研究与实证研究结合更加紧密。2021年度,学者们通过跨学科方法,使用大数据文献计量法和知识图谱分析法等多种方式,对大学生日常思想政治教育的发展状况进行了实证调查,为理论研究提供了重要支撑。二是更注重协同育人。学界不仅关注各大育人体系之间的联系,同时也注重各类育人主体之间的联系,积极汇聚各类教育资源,旨在构建横向与纵向相结合的立体育人模式,以期最大程度地发挥育人合力。三是理论创新更有深度、更有新意。2021年度,学界不仅对已有研究进行了更精细的研究,同时也能结合时代主题,立足大学生思想政治教育环境所发生的深刻变化,并在充分考虑新时代大学生思想特点和行为倾向的基础上,对新问题新挑战新任务进行积极探索,力求将理论研究落地落细,使其更好地服务实践、指导实践。

尽管目前研究已经取得了很大进展,但是仍存在改进和提升的空间。一是大学生日常思想政治教育评价和评估体系的研究相对薄弱。现有研究虽然有涉及评价和评估体系内容,但是研究比较零散,并未形成体系化研究样态。如何构建大学生日常思想政治教育科学的评估体系是摆在学界面前的重要课题。二是比较研究相对薄弱。学界对大学生日常思想政治教育研究多建立在对我国自身情况剖析基础上,缺少国际比较的视野。实际上,我们可以在比较中充分吸收国外的有效经验。比如在进行实践育人研究中,可以充分考察国外社区服务、服务学习这种实践育人的模式,并为我国实践育人的创新发展提供重要思路。

(二) 大学生日常思想政治教育研究的展望

日常思想政治教育是"立足和结合日常的学习、生活、工作、交往开展的思想政治教育,是思想政治教育的日常形态"[①],它是"以校园文化、社会实践、党团组织、社团活动、日常活动为载体开展的"[②],对于落实立德树人的根本任务,培养立大志、明大德、成大才、担大任,堪当民族复兴重任的时代新人具有重要意义。因此,未来要不断加强大学生日常思想政治教育研究,在"把握政治性、时代性和实践性3个重要特征"[③]的基础上,不断进行理论和实践创新。具体而言,应着眼于以下几个方面:一是高质量发展将成为大学生日常思想政治教育的重要论题。目前学者们虽然没有直接提出日常思想政治教育高质量发展这一论题,但是对思想政治教育高质量发展给予越来越多的关注,并提出"思想政治教育高质量发展的提出,不是思想政治教育工作者对'高质量发展'概念的生搬硬套,而是有其必要性和迫切性"[④],"高质量发展是对思想政治教育有效供给不足的现实回应;高质量发展是思想政治教育回应日益强劲需求的必然选择;高质量发展也是疏解思想政治教育供需连接不畅的内在要求"[⑤]。作为思想政治教育主阵地的日常思想政治教育也应该将高质量发展作为根本遵循。在现有的研究中,学界已经开始关注到诸如文化育人高质量发展、高质量服务育人等论题。可以预见,日常思想政治教育高质量发展将成为新的学术研究增长点。二是协同将继续成为大学生日常思想政治教育的关键词。协同育人是指系统中两种要素在思想政治教育

---

① 参见骆郁廷、赵方:《论日常思想政治教育的作用机理》,《江海学刊》2021年第3期。
② 沈壮海:《新编思想政治学原理》,中国人民大学出版社2022年版,第191—192页。
③ 参见李财德、宋来、陈万思:《大学生思想政治教育主题研究知识图谱与未来展望——基于CSSCI期刊文献计量分析》,《思想教育研究》2021年第2期。
④ 参见刘建军、邱安琪:《论新时代思想政治教育的高质量发展》,《思想理论教育》2021年第4期。
⑤ 参见沈壮海、刘灿:《论新时代思想政治教育的高质量发展》,《思想理论教育》2021年第3期。

的内容、方式方法和途径载体等方面衔接有序、相互配合、取长补短、同向同行,形成思想政治教育的最大合力,最大程度上促进学生的全面发展。① 近些年来,诸多学者都关注到协同育人的重要价值和意义,并不断创新协同育人机制。未来,学界将在"大思政"格局下,在"三全育人"理念指引下,在更广阔的维度下继续推进协同育人的发展,提升育人的实效性。

三是在国际比较中进行大学生日常思想政治教育的理论创新。思想政治教育是人类进入阶级社会以后便形成的一种政治实践活动,尽管不同时代、不同国度对于这种政治实践活动的称谓不同,性质不一,但这并不否定这种政治实践活动存在的普遍性。因此,我们在推进大学生日常思想政治教育过程中,要怀着开放包容的心态,积极吸收国外的有益经验,并结合中国的具体国情,开创具有中国风格、中国气派、中国特色的思想政治教育的全新格局。

---

① 参见侯振中:《高校思政教育协同育人机制的建构》,《人民论坛》2020 年第 11 期。

2021 年度大学生思想政治理论课程研究进展

　　思政课是落实立德树人任务的关键课程,历来受到党和国家的高度重视。2019 年 3 月 18 日,习近平总书记在学校思想政治理论课教师座谈会上发表重要讲话,为推动思政课改革创新指明了前进方向,为教师上好思政课提供了根本遵循。两年多来,在党中央坚强领导下,在社会各界共同努力下,思想政治理论课改革创新稳步推进,高校思政课在教材体系、教学内容、教学方法、话语体系、师资队伍等各个方面都得到了前所未有的加强和改善,思政课铸魂育人优势不断彰显,相关研究持续拓展和深化。本文以中国知网 2021 年度收录的高校思想政治理论课索引数据为基础,对高校思想政治理论课研究成果进行梳理总结,以期为加强改进思政课提供有益参考。2021 年度大学生思想政治理论课研究成果主要可以归纳为以下几个方面。

一、关于课程建设与改革创新研究

　　围绕习近平总书记关于思政课建设的一系列重要论述,2021 年度学界就加强思政课建设、推进思政课改革创新展开了较为深入的研究。具体来看,研究主要涉及思政课高质量发展、大思政课建设以及大数据时代高校思政课改革创新的新路径三个方面。

　　首先,关于思政课高质量发展。学界普遍认为,在新发展阶段,思政课面临的挑战前所未有,且有些深层次的问题更难解决,高质量发展应成为今后一段时间高校思政课建设的主要导向。有学者认为,思想政治教育高质量发展是理念导向、过程导向和效果导向的有机统一,体现的是新时代思想政治教育由"有没有"转向"好不好"的新命题,回应的是有效供给不足、需求日益强劲、供需连接不畅的新矛盾。新时代思想政治教育高质量发展应以效率、效益、效期为出发点,以创新、协同、精准、开放、高效为关键词,进一步强化党的领导、人民中心、问题导向,凝聚质量、动力、效率变革的强大合力,展现思想政治教育回应现实、应对挑战的高质量解题能力。① 有学者进一步分析了推动高校思政课建设内涵式发展的路径,即以三个"关键"为基本遵循,通过坚持品质为先、讲求精实工作、运用现代信息技术等基本要求,在建设教学资源、助力教师成长、提升教研方法等方面凝心聚力,真正打造出"高精尖"水平的思想政治理论"金课"。② 也有学者提出,新时代思政课建设需要在制度化建设方面集中发力,以教材、教学、教师等几个要素为重点,为课程建设质量提升提供制度保障。在思想政

---

① 参见沈壮海、刘灿:《论新时代思想政治教育的高质量发展》,《思想理论教育》2021 年第 3 期。

② 参见王易:《推动高校思政课建设内涵式发展的思考》,《马克思主义理论教学与研究》2021 年第 1 期。

治理论课制度化建设过程中,要遵循思想政治理论课教育教学规律,加强组织领导,注意统筹规划以及各项制度间的协调配合,从而保证铸魂育人效果。① 还有学者指出,新时代建设思政课"金课"要从课程目标、课程内容、教学形式、测评体系上同向"发力"。具体而言,思政课程目标要体现全面性和实用性,思政课程内容要凸显时代性和前沿性,思政课教学形式要体现先进性和互动性,思政课评测体系要突出探究性和个性化。②

其次,关于大思政课建设。2021 年全国"两会"期间,习近平总书记提出"'大思政课'我们要善用之"的论断,为推进新时代思政课改革创新、高质量落实立德树人根本任务提供了根本遵循和行动指南。大思政课建设主要涉及横向和纵向两个方面。横向方面主要是指其他课程与思政课同向同行、思政课与日常思想政治工作同频共振、思政小课堂与社会大课堂相融相通,形成广泛的协同育人效应。学界围绕思政课程与课程思政的协同问题、思政课与日常思想政治工作的协同问题、思政小课堂与社会大课堂的结合问题展开了广泛研究。例如,有学者对课程思政与思政课程协同育人的前提、途径与机制进行了探讨,指出立德树人为课程思政与思政课程协同育人提供了思想前提和理论逻辑,要保持行动上的一致,做到教师、课程、课堂互联互通,即教师队伍"主力军"融通,组成学科互撑的教学团队;课程建设"主战场"贯通,优化铸魂育人的内容供给;课堂教学"主渠道"互通,达到同频共振的课堂效果。同时强化党委领导、加强部门协同、健全多元评价体系,从而构建协同联动机制,以保障协同育人成效。③ 有学者提出,深刻理解大思政课之"大",善用历史资源以彰显大思政课深厚底蕴,善用国际比较以彰显大思政课宽广视野,善用社会资源以彰显大思政课实践品格,是当前善用大思政课、上好思政大课的必然要求。④ 还有学者进一步指出,"大思政课"建设需要依循课程论的逻辑,充分彰显思政课的社会意蕴,构建思政课与社会现实之间的良性互动机制。它要求思政课从学校空间拓展到社会空间,建立思政课教学资源的筛选机制,及时将鲜活、丰富的社会素材转化为有效的教学资源,积极吸纳社会成员参与思政课教学。⑤

纵向方面强调大中小学思政课一体化建设。2021 年,学界就思政课一体化建设展开了积极有益的理论研讨,形成了丰硕的研究成果。一方面,学者们从整体角度对思政课一体化建设的基本要求、挑战、现状、实施路径等进行了探讨。例如,有学者指出,大中小学思政课一体化建设注重功能定位的整体性、目标指向的针对性、内容供给的层次性、方法选择的适切性。⑥ 新时代大中小学思政课一体化建设面临着本质复杂性、目标复杂性、内容复杂性、过程复杂性、队伍复杂性等现实问题。⑦ 也有学者对上海市大中小学思政课一体化建设现状进行了调研,指出大中小学思想政治理论课一体化建设情况总体良好,课程目标一体化评价积极,教材一体化建设和内容一体化衔接较为到位,一体化教学方式丰富多样,各学校对于学科德育和课程思政的重视程度较高,教师一体化教学意识明确,一体化机制建设也得到

---

① 参见肖贵清:《论新时代思想政治理论课的制度化建设》,《思想理论教育导刊》2021 年第 4 期。

② 参见徐建飞:《新时代思想政治理论课"金课"建设》,《思想政治教育研究》2021 年第 6 期。

③ 参见杨秀萍:《课程思政与思政课程协同育人:前提、途径与机制》,《黑龙江高教研究》2021 年第 12 期。

④ 参见冯秀军:《善用"大思政课"的三个维度》,《思想理论教育导刊》2021 年第 8 期。

⑤ 参见叶方兴:《大思政课:推动思想政治理论课的社会延展》,《思想理论教育》2021 年第 10 期。

⑥ 参见文天天、陈大文:《论大中小学思政课一体化的由来、科学内涵与基本要求》,《学校党建与思想教育》2021 年第 7 期。

⑦ 参见李东坡、王学俭:《新时代大中小学思政课一体化建设的内涵、挑战与对策》,《新疆师范大学学报(哲学社会科学版)》2021 年第 3 期。

重视。与此同时,也存在一些亟待解决的问题。为此,需要从顶层设计上加强统筹管理,搭建教研一体化的互动平台,以一体化的理念观照思政课教师的专业发展,完善相关保障机制等。① 还有学者从"同心圆"模式、"链条化"模式、"网格化"模式三个向度探讨了大中小学思政课一体化的模式构建。② 另一方面,学者们围绕目标一体化、教材一体化、教学内容一体化、教学方法一体化、教师队伍建设一体化、教学评价一体化以及体制机制一体化等方面进行专题研究。例如,在目标一体化方面,有学者认为,在大中小学思想政治理论课一体化建设中,思政课课程目标逐渐由学科课程目标、学段课程目标向课程目标体系转化。思政课课程目标体系的确定需要考虑思政课教学的复杂性、学校思想政治教育的综合性以及学生思想政治素质发展的系统性。建构合理的思政课课程目标体系,要做到课程总目标的一体化设计、学段性目标的一体化衔接和学科分目标的一体化贯穿。课程目标体系有赖于通过有效的课程设置、课程教学、课程保障来实现。③ 在教学内容一体化方面,有学者提出,针对大中小学思想政治理论课教学内容衔接存在的简单重复、内容倒挂、断层脱节问题,应按照整体性和层次性相统一、连贯性和阶段性相统一、渐进性和梯度性相统一的目标定位,优化教材统编团队,加强内容衔接研究,健全集体备课机制,整体提升大中小学思想政治理论课教学内容衔接的有效性。④ 在体制机制一体化方面,有学者指出新时代大中小学思政课一体化体制机制建设需要从整体构建大中小学思政课一体化建设的统筹体制、多维度建立大中小学思政课一体化建设的协同机制、全方位构建大中小学思政课一体化建设的能力提升机制、建立健全大中小学思政课一体化建设动力机制等方面努力。⑤

再次,关于大数据时代高校思政课改革创新的新路径。在数字化迅猛发展的时代,如何利用大数据技术推动思政课同信息技术的高度融合引起了学者的广泛关注。学者们普遍认为,信息技术融入思政课是推动新时代高校思政课改革创新的现实需要,但也要注意信息技术融入高校思政课的限度,避免信息技术过度使用、"喧宾夺主"。例如,有学者指出,将信息技术与思想政治理论课深度融合,是顺势而为推动新时代思政课实现"课堂革命"的必然要求,是构建新时代思政课崭新教学生态环境的现实之需,也是回应新时代大学生认知需求与期待的合理选择。当前,信息技术与思政课融合表现出技术过度使用容易致使思政课课堂教学偏离主旨、思政课传统教学渐次式微以及思政课教师自我确证弱化等现实境遇。⑥ 也有学者指出,大数据技术以"群体画像"与"个体肖像"融合的方式全面把握教学对象信息,以即时数据与稳态信息结合的方式动态监测教学过程全貌,以因果关系与相关关系共在的方式提高教学评价效度,成为推动思政课发展的重要引擎。但也要看到数据技术融入思政课的限度,如思想数据如何采集、专业队伍如何建立、学生隐私如何保护等。⑦ 基于此,有学者进一步指出,信息技术融入高校思政课的适恰性和有效性需要从明晰融入目标、厘清融入原则、整合融入条件、检视融入效能等四个维度进行审思,只有将"目标—原则—条件—效

① 参见许瑞芳、张宜萱:《大中小学思想政治理论课一体化建设现状调研与对策分析——基于上海市的数据》,《思想理论教育》2021 年第 7 期。
② 参见王存喜、田仁来:《大中小学思政课一体化探讨》,《学校党建与思想教育》2021 年第 6 期。
③ 参见杨威、管金潞:《论大中小学思想政治理论课一体化的课程目标体系》,《思想理论教育》2021 年第 9 期。
④ 参见陈大文、母玲凡:《大中小学思想政治理论课教学内容衔接探析》,《思想教育研究》2021 年第 8 期。
⑤ 参考王宏舟:《论新时代大中小学思想政治理论课一体化体制机制建设》,《思想理论教育》2021 年第 11 期。
⑥ 参见吴宁:《推进信息技术与思想政治理论课深度融合的思考》,《思想理论教育》2021 年第 8 期。
⑦ 参见刘洋:《运用大数据提升高校思想政治理论课教学实效的反思》,《思想理论教育》2021 年第 11 期。

能"的架构视角作为审视与思考信息技术融入高校思政课的重要维度,才能有效检视信息技术与高校思政课在内容与形式相统一、技术载体与思想引导相结合等方面的效度,从而助推高校思政课建设高质量发展。①

二、关于具体课程的教学研究

2019 年,中共中央办公厅、国务院办公厅印发的《关于深化新时代学校思想政治理论课改革创新的若干意见》,明确提出要调整创新思政课课程体系。2020 年,中共中央宣传部、教育部印发《新时代学校思想政治理论课改革创新实施方案》,明确提出在大学阶段本科课程设置开设"马克思主义基本原理""毛泽东思想和中国特色社会主义理论体系概论""中国近现代史纲要""思想道德与法治""形势与政策",在全国重点马克思主义学院率先全面开设"习近平新时代中国特色社会主义思想概论"课;硕士研究生课程设置开设"新时代中国特色社会主义理论与实践",博士研究生课程设置开设"中国马克思主义与当代"。2021 年,学界不仅从整体上对思政课建设以及改革创新进行了探讨,而且对具体课程的教学展开了研究。

关于"马克思主义基本原理"(简称"原理")课的教学研究。有学者提出了"原理"课教学改革的"师生四同"教学育人模式:以读书交流会等方式"同学"经典原著、前沿理论、系列讲话;以集体备课会等方式"同研"社会热点、思想疑点;以课堂展示、理论宣讲、教学竞赛等方式开展"同讲";以基地教学、社会调研、志愿服务等方式实现"同行"。② 还有学者提出要发挥"原理"课在马克思主义经典阅读中的引领作用:提供经典著作的历史背景和时代内涵,帮助化解时代间隔;提供专门知识和思维训练,帮助提升阅读经典著作的能力;概括提炼基本原理,帮助掌握经典著作的核心要义与精神实质;彰显经典作家的人格魅力和崇高追求,帮助提高经典著作的感染力和亲和力。③

关于"毛泽东思想和中国特色社会主义理论体系概论"(简称"概论")课的教学研究。有学者指出,2021 版"概论"课教材的重点难点主要包括关于马克思主义中国化的历史进程和主要理论成果之间的关系,关于中国共产党百年奋斗的主题,关于当今世界百年未有之大变局,关于习近平新时代中国特色社会主义思想的理论贡献,关于习近平经济思想、习近平法治思想、习近平生态文明思想、习近平强军思想、习近平外交思想的教育教学,关于新发展阶段、新发展理念、新发展格局,关于中国共产党的"伟大建党精神",关于全人类共同价值与西方所谓的"普世价值"、与社会主义核心价值观的关系等八个方面。在具体的教学过程中,思政课教师要实现教材体系向教学体系的科学转化;正确处理好教材与原著、党的文献的关系;要有宽广的国际视野;要有广深的历史视野;要不断提高科研能力与水平,以科研促教学;注意处理好教学内容和教学形式的关系;正确处理好线上教学与线下教学的关系;把课

---

① 参见周松、邓淑华、陈希:《信息技术融入高校思想政治理论课的四重维度》,《黑龙江高教研究》2021 年第 8 期。
② 参见马梦菲:《"马克思主义基本原理"课教学改革的"师生四同"模式》,《思想理论教育导刊》2021 年第 10 期。
③ 参见王燕:《论"马克思主义基本原理概论"课在马克思主义经典阅读中的引领作用》,《思想理论教育导刊》2021 年第 7 期。

堂教学和社会实践结合起来。① 还有学者则从微观入手,提出"概论"课教学要针对学生关心的社会现实问题、结合大学生生活实际、以反面事例为依托、结合学科理论知识创设案例情境,运用案例教学以增强该课程教学实效性,充分发挥其育人功效。②

关于"中国近现代史纲要"(简称"纲要")课的教学研究。2021 年度,围绕"纲要"课的教学改革问题,学者们从不同的角度进行了探讨。有学者认为,"纲要"课教学要讲清楚三个道理:一是结合马克思主义经典著作讲清楚两大历史任务及其关系的道理,强化大学生马克思主义历史观的教育;二是讲清楚两大历史任务与"四个选择"之间关系的道理,强化大学生政治认同的教育;三是讲清楚中国近现代史主题与主线、主要矛盾以及使命关系的道理,强化大学生责任担当意识的教育。③ 有学者指出,百年党史是"纲要"课程教学的核心内容,以中共党史研究为基础深化"纲要"课的教学,用中国共产党厚重的历史提升"纲要"课的深度,构建二者良性互动关系的新格局势在必行。④ 也有学者认为,深化"纲要"课教学需要国际共运史视野,通过研读国际共运史经典文献、运用国际共运史史料汇编及最新研究成果、设计案例教学和课堂研讨,思政课教师可以探索将国际共运史融入"纲要"课教学的方法路径。⑤ 还有学者则提出,"纲要"课教学要融通世界历史:其一,适当引入对世界历史的讲授,有助于讲透"纲要"课最基本的起点即近现代中国半殖民地半封建的社会性质,帮助学生理解中国所面临的系统性危机;其二,世界历史既指超出一国范围的历史,也是马克思主义理解世界、改造世界的方式,是理解中国革命何以如此的重要理论来源;其三,随着中国国际地位的提升,从历史中挖掘中国发展的全球意义,实现对世界文明的担纲,进而培养学生的世界意识,应成为新时代"纲要"课的重要主题。⑥

关于"思想道德与法治"课的教学研究。2021 年,《思想道德与法治(2021 年版)》的修订情况以及教学建议成为学界研究的热点。有学者从整体上分析了新教材的修订思路,总结了新教材的修订内容,建议老师们加强对新教材的研究,努力"吃透"教材。在此基础上,在开展具体的教学活动中,注重以思想理论为引领,以鲜活实践为素材,以深厚文化为依托。⑦ 还有学者具体分析了每一专题的重点难点以及教学建议。例如,有学者解析了人生观部分的重难点,提出应该基于人生观教育在本门课程乃至高校思想政治理论课中的准确定位,遵循其基本的展开逻辑,准确把握马克思主义关于人生问题的基本立场和主要观点、深刻理解"服务人民、奉献社会"是高尚的人生追求、正确认识人生价值的内涵及其评价、认真剖析当前流行的关于人生问题的错误观念。⑧ 也有学者指出,讲好法治专题,需要我们在弄清教材修订思路的基础上,进一步突出重点难点,在如何讲清社会主义法律及其作用、如

---

① 参见秦宣:《毛泽东思想和中国特色社会主义理论体系概论(2021 年版)修订说明和教学建议》,《思想理论教育导刊》2021 年第 9 期。
② 参见胡明辉、蒋红艳:《案例教学在"概论"课中的运用研究》,《学校党建与思想教育》2021 年第 3 期。
③ 参见方圆、吴家庆:《"中国近现代史纲要"课教学要讲清楚三个道理》,《思想教育研究》2021 年第 1 期。
④ 参见宋学勤:《百年党史是"中国近现代史纲要"课程教学的核心内容》,《思想理论教育导刊》2021 年第 2 期。
⑤ 参见张牧云、沈姗姗:《国际共运史视野下深化"中国近现代史纲要"课教学的探索》,《思想教育研究》2021 年第 12 期。
⑥ 参见夏清:《融通世界历史:"中国近现代史纲要"教学与历史研究合题之路径》,《思想教育研究》2021 年第 1 期。
⑦ 参见沈壮海:《〈思想道德与法治(2021 年版)〉修订说明和教学建议》,《思想理论教育导刊》2021 年第 9 期。
⑧ 参见余一凡:《"思想道德与法治"课人生观部分重难点解析》,《思想教育研究》2021 年第 8 期。

何讲清习近平法治思想的科学内涵和指导意义、如何讲清加强宪法实施与监督的措施和如何讲清提升法治素养的路径等问题上下功夫,以切实提高大学生法治教育质量。① 另外,如何进一步推进"思想道德与法治"课的创新发展也引起了不少学者的关注。如,有学者通过梳理"思想道德修养与法律基础"(简称"基础")课的发展历程,指出"基础"课程建设形成了适应时代发展和党的理论创新需要、顺应思想政治教育科学化发展趋势、体现大学生思想道德素质发展要求、不断优化课程教学内容体系、积极探讨适合课程特点的教学模式、充分发挥主管领导和思想政治教育工作者两方面积极性等基本经验。推进《新时代学校思想政治理论课改革创新实施方案》,要进一步明确该文件对"基础"课的性质定位,优化"基础"课内容体系,提升课程建设的学科支撑,拓宽"基础"课程建设视野,提升"基础"课教师队伍质量和水平,推动课程建设深入发展。②

关于"形势与政策"课的教学研究。2021 年度,学界就"形势与政策"课程的建设困境以及优化路径进行了探讨。有学者指出,针对"形势与政策"课程教学过程中存在的教学方向"模糊化"、教学方式"宣讲化"、师生教学关系"单向化"以及教学师资"杂牌化"等难题,要构建"形势与政策"课模块化教学模式:开设"网络新课堂+理论主课堂+实践大课堂"的课堂模块,加强理论联系实际;运用"线上互动+课堂互动+实践互动"的互动模块,激发学生学习的主动性;形成"线上考查+课程考试+实践考查"的评价模块,推动学生学习评价的科学化;塑造一支"专职教师+学校领导+政府专家"的师资模块,实现教学改革创新可持续发展。③ 也有学者进一步指出,在实现中华民族伟大复兴战略全局和百年未有之大变局的历史定位中,高校"形势与政策"课应当重新审视其在新时代对大学生的政治引领功能、理论武装功能、释疑解惑功能、能力养成功能,在破解"价值中立""缺位错位"和"庸俗化""宣讲化"等认识误区中坚守课程政治站位、核心地位、学术定位和育人本位之"正",在回应时代和社会之问中建构课程理念、课程话语、课程模式和课程机制之"新"。④

关于"习近平新时代中国特色社会主义思想概论"课的教学研究。有学者具体分析了"习近平新时代中国特色社会主义思想概论"课的教学重难点、教学目的,认为该门课程的教学重点是关于"三个为什么"的重大问题,教学难点是如何讲清楚这一思想的原创性贡献,教学目的主要是教育引导学生把握"一把金钥匙""一个主题""两个大局"和"四大要义"。打好这门课程建设的"组合拳",需要破解师资力量的结构性短缺问题,坚持政治性与学理性相统一的教学原则,在教学创新中不断提升教学质量。⑤ 也有学者指出,开好"习近平新时代中国特色社会主义思想概论"课程,确保课程质量稳步提升,需要明确开设课程的重要意义,准确把握本门课程与已有课程体系的关系,明确课程建设目标,把握课程内容设置,突出课

① 参见陈大文、栗孟杰:《着力引导大学生不断提升法治素养——〈思想道德与法治(2021 年版)〉第六章重点难点解析》,《思想教育研究》2021 年第 11 期。

② 参见佘双好:《"思想道德修养与法律基础"课建设历程和发展走向》,《学校党建与思想教育》2021 年第 9 期。

③ 参见曾萍:《新时代"形势与政策"课模块化教学模式的构建》,《学校党建与思想教育》2021 年第 15 期。

④ 参见孔朝霞、王绪风:《新时代高校"形势与政策"课守正创新的逻辑构建》,《思想理论教育导刊》2021 年第 4 期。

⑤ 参见李冉、李国泉:《"习近平新时代中国特色社会主义思想概论"课建设的若干思考》,《思想理论教育》2021 年第 4 期。

程实践属性,在抓师资队伍建设、抓教学改革、抓规范管理上下功夫,着力将课程打造为"金课"。①

三、关于教学内容研究

高校思想政治理论课作为大学生思想政治教育的主渠道,要因事而化、因时而进、因势而新地设计教学内容,构建具有中国特色的思政课内容体系,从而增强思想政治理论课的思想性、理论性和亲和力、针对性。2021年度,习近平新时代中国特色社会主义思想、脱贫攻坚精神、伟大抗疫精神、习总书记"七一"重要讲话精神、十九届六中全会精神、"四史"教育等融入思政课教学的问题成为学界关注的主要问题。

关于习近平新时代中国特色社会主义思想融入思政课教学。习近平新时代中国特色社会主义思想是当代中国马克思主义、二十一世纪马克思主义,是中华文化和中国精神的时代精华,实现了马克思主义中国化新的飞跃。深入推进习近平新时代中国特色社会主义思想"进教材、进课堂、进学生头脑"是大学生思想政治教育的重要课题。有学者通过对全国47所高校师生的调查,认为当前"三进"责任主体意识进一步夯实,党的创新理论深入人心,教材教学介体质量稳步提升,"大思政"环体氛围逐步构建。与此同时,也面临高校阵地保障落实有待强化、学生理论学习和主动性有待深化、课堂教学生动性和感染力有待进化、环境氛围浓厚性与均衡性有待优化的努力方向。对此,高校必须以整体性、精准性、创新性和全局性四大思维,分别推动构建多元主体合作供给协同运行机制,筑牢大学生知行合一科学思想基础,夯实三维课堂同向同行铸魂育人渠道,营造全社会同频共振浓厚氛围场域,助力培养担当民族复兴大任的时代新人。② 还有学者对新发展理念融入高校思想政治理论课的路径进行了探讨,指出推动新发展理念融入思政课建设可以从问题式融入、专题式融入、整体性融入、链接式融入等方面入手。③

关于讲好脱贫攻坚故事,弘扬脱贫攻坚精神。2021年,我国脱贫攻坚战取得了全面胜利,历史性完成了消灭绝对贫困的艰巨任务,锻造形成了"上下同心、尽锐出战、精准务实、开拓创新、攻坚克难、不负人民"的脱贫攻坚精神。讲好脱贫攻坚故事,弘扬脱贫攻坚精神,使其转化为铸魂育人的思想资源,思政课既有优势,更有责任。有学者从历史视野中的脱贫攻坚与民族复兴,理论视野中的脱贫攻坚与共同富裕,国际视野中的脱贫攻坚与中国奇迹、中国理念和中国制度,文化视野中的脱贫攻坚与民族精神四个维度分析了脱贫攻坚伟大斗争融入"中国近现代史纲要"课的教学内容。④ 还有学者指出,思想政治理论课讲好脱贫攻坚故事,需遵循思想政治教育的"知情信意行"进阶过程,实现课程育人目的与学生成长期待的统一;并围绕脱贫攻坚故事所具有的战略高度、理论深度、实践程度和世界广度,进行科学合

---

① 参见宗爱东:《"习近平新时代中国特色社会主义思想概论"课程建设的若干思考》,《中国高等教育》2021年第22期。

② 参见洪晓楠、张存达、方玉梅:《习近平新时代中国特色社会主义思想"三进"状况调查与对策》,《思想教育研究》2021年第7期。

③ 参见邱仁富:《把握新发展理念融入高校思想政治理论课的四种路径》,《思想理论教育导刊》2021年第4期。

④ 参见刘爱章:《将脱贫攻坚伟大斗争融入"中国近现代史纲要"课教学的内容分析》,《思想理论教育导刊》2021年第3期。

理的议题设置,重点讲清楚国家意志、思想伟力、精神密码和全球贡献;进而在视野拓展上把握好"中"与"外"的关系,内容呈现上把握好"宏"与"微"的关系,叙事手法上把握好"文"与"图"的关系,话语表达上把握好"情"与"理"的关系,建构出通俗生动、说理透彻、情感共鸣的叙事策略。①

关于讲好疫情防控"大思政课",宣传伟大抗疫精神。中国共产党领导中国人民进行抗疫斗争中,铸就了"生命至上、举国同心、舍生忘死、尊重科学、命运与共"的伟大抗疫精神。伟大抗疫精神与思想政治理论课教学内容贯通、教学目标一致,是思想政治理论课宝贵的教学资源。讲好抗疫故事,宣传抗疫精神,是高校思想政治理论课的题中之义和重要任务。有学者指出,思想政治理论课应因"事"而化,讲清楚伟大抗疫精神的生成逻辑、深刻内涵、价值意蕴,抓住事实、形象、情感、道理等关键环节,使伟大抗疫精神转化为青年大学生参与社会主义现代化国家建设、助力中华民族伟大复兴的强大精神力量。② 还有学者提出,思政课应善用新时代中国人民波澜壮阔的抗疫斗争实践"活教材"讲好疫情防控"大思政课",应着眼宏大背景,再现浩大场景,展示重大成就,弘扬伟大精神,落脚远大征程,在思政小课堂与社会大课堂的有机结合中教育引导学生自觉担当民族复兴的时代大任。③

关于学习习总书记"七一"重要讲话精神,弘扬伟大建党精神。2021 年,习总书记在庆祝中国共产党成立 100 周年大会上发表重要讲话,提出了"坚持真理、坚守理想,践行初心、担当使命,不怕牺牲、英勇斗争,对党忠诚、不负人民"的伟大建党精神,并强调伟大建党精神是"中国共产党的精神之源"。学习习总书记"七一"重要讲话精神,深入研究阐释伟大建党精神,探寻伟大建党精神有机融入思想政治理论课教学的实践路径成为学界研究的一大热点。有学者指出,习近平总书记在庆祝中国共产党成立 100 周年大会上的讲话系统回顾了中国共产党百年奋斗的光辉历程和伟大成就,提炼出新的思想理论成果,为高校思政课教学提供了新的理论资源,形成了教学新要点。突出的要点有:强调永远保持同人民群众的血肉联系,党的百年历史的主题主线主流,党的百年历史就是马克思主义中国化的历史,坚守社会主义和共产主义理想信念,全面系统地表述"人民立场",坚持党的全面领导和做到"两个维护",建设德才兼备的高素质干部队伍和强调青年应充当中华民族伟大复兴先锋。④ 还有学者具体分析了习总书记"七一"重要讲话精神融入"概论"课的几个问题:深度展现全面建成小康社会的伟大成就和历史意义,深入解读实现中华民族伟大复兴的历史主题,深情讲述伟大建党精神的内在逻辑,深刻阐释"九个必须"的核心要义。⑤ 也有学者认为,伟大建党精神是内涵丰富的思想体系,应以其形成机理贯穿高校思想政治理论课教学体系,以其内涵结构切入高校思想政治理论课教学过程,以其时代价值指导高校思想政治理论课教学设计,并要注重促进科研成果的教学转化,丰富教学方式,改革教学方法,纳入教学评价,保证伟大建党精神的高质高效融入。⑥

———————————

① 参见杨葵:《思想政治理论课讲好脱贫攻坚故事的着力点》,《思想理论教育导刊》2021 年第 10 期。

② 参见崔健、舒练:《高校思想政治理论课讲好伟大抗疫精神论略》,《思想教育研究》2021 年第 2 期。

③ 参见刘水静、胡欣欣:《讲好疫情防控"大思政课"的五个维度》,《学校党建与思想教育》2021 年第 13 期。

④ 参见刘书林:《习近平总书记"七一"重要讲话与高校思政课教学新要点》,《马克思主义研究》2021 年第 9 期。

⑤ 参见肖贵清:《习近平总书记"七一"重要讲话精神融入"毛泽东思想和中国特色社会主义理论体系概论"课的几个问题》,《思想教育研究》2021 年第 8 期。

⑥ 参见刘丽娟、许静波:《伟大建党精神融入高校思想政治理论课教学论略》,《思想教育研究》2021 年第 10 期。

关于十九届六中全会精神融入思政课教学。党的十九届六中全会审议通过的《中共中央关于党的百年奋斗重大成就和历史经验的决议》为丰富和拓展高校思政课教学内容提供了深广的理论精粹。有学者指出,要从历史自觉和历史自信的感悟上,深刻把握"两个确立"对新时代党和国家事业的发展、对推进中华民族伟大复兴历史进程具有的决定性意义;要从"三个历史"结合上,深入理解百年奋斗四个时期和马克思主义中国化三次历史性飞跃中体现的党的理论创造和理论创新;要在对重大时代课题探索的升华上,深湛掌握习近平新时代中国特色社会主义思想的核心要义和基本方略;要从党的百年奋斗"历史意义"和"历史经验"的结合上,深透探析 21 世纪马克思主义的思想特征和精神实质。①

关于"四史"教育融入思政课教学。党的十八大以来,以习近平同志为核心的党中央将历史学习提高到前所未有的高度。2020 年 1 月,习近平总书记在"不忘初心、牢记使命"主题教育总结大会上提出要"学习党史、新中国史、改革开放史、社会主义发展史"(以下简称"四史")。2021 年 2 月,习近平总书记在党史学习教育动员大会上提出要在全党开展党史学习教育,学党史、悟思想、办实事、开新局。2021 年,围绕"四史"教育融入高校思政课,学界进行了深入研究。有学者指出,加强"四史"学习教育与高校思想政治理论课教学的深度融合,要紧紧围绕课程标准和特点,着重挖掘"四史"中反映革命先辈追求真理、坚守信仰的初心故事,引导学生树立远大理想和共同理想;着重挖掘"四史"中反映革命先辈不断开辟中国革命道路、开辟马克思主义新境界的创新故事,引导学生牢固树立"四个自信";着重挖掘"四史"中反映革命先辈为实现中华民族伟大复兴而不懈奋斗的创业故事,引导学生树立正确的历史观和党史观;着重挖掘"四史"中反映革命先辈严格自律、艰苦奋斗的美德故事,引导学生既要志存高远又要接受锻炼、磨炼意志。要聚焦教材重难点、社会热点和学生关注点,针对"共产主义渺茫论",实事求是地讲清楚历史发展是前进性与曲折性的统一;针对"唱衰中国论",有理有据地讲清楚马克思主义为什么"行"、中国共产党为什么"能"、中国特色社会主义为什么"好"等重大问题;针对诋毁抹黑英雄人物的言行,理直气壮地讲清楚英雄烈士、模范人物的先进事迹和感人故事。② 还有学者提出,推动"四史"融入高校思想政治理论课需要坚持整体性原则,关键在于从实践逻辑、价值立场、理论创新与世界进步 4 个层面科学把握"四史"的共通性,实现理论与历史相统一、局部与整体相结合。在教学中,实现"四史"教学的整体性必须坚持"大历史观",着重从主流与本质的科学把握、横向与纵向的历史比较、情感与理性的有机结合中构建科学的教学内容。③

除了以上几个集中的研究方面外,学界还对劳动教育、工匠精神、雷锋精神、中华优秀传统文化、红色文化、革命文化、社会主义核心价值观等融入高校思想政治理论课进行了探讨。例如,有学者提出,新时代推动劳动教育与思想政治理论课的融合发展,必须以强化劳动育人的价值引领力、彰显劳动价值的思想阐释力以及提升劳动教育在思想政治理论课课堂上的实用力为基本内容,深刻阐明劳动教育融入高校思想政治理论课的价值内涵、理论逻辑和

---

① 参见顾海良:《理论的创新与创新的理论——十九届六中全会〈决议〉对高校思政课教学内容的拓新》,《思想理论教育导刊》2021 年第 12 期。

② 参见张楠:《"四史"学习教育与高校思想政治理论课教学改革深度融合的探索》,《思想教育研究》2021 年第 3 期。

③ 参见王玉:《高校思想政治理论课"四史"教学的整体性及其实践路径》,《思想教育研究》2021 年第 1 期。

实践要求。① 也有学者指出，中华优秀传统文化不仅有注重教育的优良传统，为我国开展思政课教学提供了丰富的参照和启示，而且中华优秀传统文化中本身就蕴含着丰富的思政课教学的资源，思政课要充分借鉴和吸收中华优秀文化的教育资源，唤醒中华优秀传统文化的"基因"功能，正确对待中华优秀传统文化中的思想精华和糟粕，实现中华优秀传统文化的创造性转化与创新性发展。②

四、关于教学方法研究

讲究方式方法是我国思想政治教育的优良传统，重视教学方法的研究也是思政课研究的长期传统。教学方法、教学模式、教学手段三者相互依存，密不可分。有学者认为，"教学方法有时体现为教师的一种态度，有时体现为一种教学手段，有时则体现为一种教学模式"③。因此，学界将教学模式、教学方法、教学手段归为大的教学方法类进行了探讨。

首先，关于教学模式研究。学者们普遍认为，随着现代信息技术逐渐融入思政课教学，高校思政课教学模式也经历线下教学—线上教学—线上线下混合式教学的转型。因此，混合式教学模式成为学者们的重要关注点。有学者指出，混合式教学具有优质资源共享、教学时空灵活、教学过程可数据化等优点。思政课由线上教学过渡到混合式教学，需要将目前基于个体经验和感性认知的自发行为，提升为基于遵循混合式教学客观要求的自觉实践。④但是，信息传播方式、教育主体间关系、外部环境等方面的复杂性给高校思政课双线混融教学带来了一定的挑战。受简单性思维的影响，高校思政课双线混融教学还存在着线上教学与线下教学相分离、教学主体与信息技术相割裂等问题。⑤ 基于此，有学者进一步提出，要挖掘线上教学的"潜力优势"，为双线教学增效；打通线下教学的"屏障壁垒"，为双线教学助力；促进线上线下的"互融共生"，为双线教学提质，进而推动"双线教学"走向"双线共融"。⑥ 另外，学者们对具体的混合式教学模式进行了专题研究。例如，有学者提出基于慕课的"N+4+3"混合式教学模式，即以 N 个线上理论知识点+4 次专题式教学+3 次翻转课堂为框架，从目标识别、场域定制、多元评估的精准化定制路线实现对教育主体的精准滴灌。⑦还有学者提出基于 SPOC 的混合式教学模式：线上教学包括视频、拓展资源、章节测试、在线讨论及一问众答五个模块；线下教学包括课堂教学与课外实践教学两部分，其中，线下课堂教学由理论教学与翻转课堂——课堂活动教学构成；教学考核采取过程性考评与终结性考评相结合的方式。⑧

其次，关于教学方法研究。教学方法一般分为哲学层面教学方法、一般教学方法和具体

① 参见王东：《劳动教育融入高校思想政治理论课全过程的三重向度》，《思想教育研究》2021 年第 4 期。
② 参见佘双好：《中华优秀传统文化与思想政治理论课教学》，《理论与改革》2021 年第 1 期。
③ 王能东：《高校思想政治理论课教学论》，人民日报出版社 2017 年版，第 94 页。
④ 参见张润枝、梁瑶：《关于推进思想政治理论课混合式教学的若干思考》，《思想理论教育》2021 年第 1 期。
⑤ 参见张玉华、顾春华、马前锋：《高校思政课双线混融教学模式的构建》，《学校党建与思想教育》2021 年第 12 期。
⑥ 参见赵耀、王建新：《新时代高校思想政治理论课"双线教学"的价值意蕴、问题研判与优化策略》，《思想教育研究》2021 年第 1 期。
⑦ 参见王露：《以思政课推进铸牢大学生中华民族共同体意识：思政教学"N+4+3"模式探究》，《民族教育研究》2021 年第 1 期。
⑧ 参见王丽丽：《基于 SPOC 的高校思想政治课教学探索》，《教育理论与实践》2021 年第 15 期。

教学方法三个层面,其中哲学方法是最高层次的方法,一般方法是中间层次的方法,具体方法是最低层次的教学方法。2021年度学界关于教学方法的研究主要集中在具体方法层面,其中最为突出的是专题式教学、案例式教学、问题式教学、情景式教学、分众式教学等,而关于哲学方法和一般方法的研究则相对不足。例如,有学者提出构建"导学+专题+问题"三位一体的教学模式,该模式通过开展导学、凝练专题和精炼问题构建完整教学链,在传授知识的基础上突出价值观塑造的重要地位,在教育目标、教学内容、教育对象等方面具有高度指向性。① 关于案例式教学,有学者指出,案例教学是高校思想政治理论课的重要方法,但该方法的作用是有限的,不宜过分夸大,不能本末倒置。要遵循思想政治理论课的特点与规律,坚持导向性、科学性、贴近性的原则,根据教育教学过程的现实情况与具体要求,把握思想政治理论课案例教学的合理限度,以切实推进教法优化和课程改革。② 关于问题式教学,有学者认为,思想政治理论课教学需要具备鲜明的问题意识,这既是新时代思想政治理论课改革创新的本质要求,更是马克思主义的题中应有之义。思想政治理论课教学需直面学生的思想困惑,不回避现实中的尖锐问题和重大问题,深入研究、深层解答重点难点问题,最后引导学生提升独立提出与解决问题的能力。③ 也有学者进一步分析了问题式教学法的具体步骤:第一步,从问题出发,围绕问题的可理解性、紧密性和针对性,把握问题的度,吸引学生,让学生进入思考;第二步,掌握好"深与浅""真与假""取与舍"的辩证法,形成问题的链,让学生深入思考;第三步,从观点到方法、从知识到信仰、从自在到自为,完成问题的升华,让学生自主思考。④ 关于情景式教学,有学者对人工智能情景教学模式进行了探讨,指出人工智能技术条件下高校思政课形成涵盖热点重塑与教学情景建构、实践模拟与课堂活动设计、智能量化与反馈机制延伸三个环节较为完整的教学闭环。⑤ 还有学者对分众教学模式进行了探索,指出思政课分众教学模式应坚持去中心化、同权异质、智造金课原则,形成教学内容前置、确立分众标准、组内权能适配、课堂主导策略、评估反馈机制五位一体的教学路径。⑥

再次,关于教学手段研究。教学手段主要是指"教学活动借以展开的物质条件,特别是教学的物质技术方面,如黑板、粉笔、多媒体、网络技术等"⑦。如,有学者对主旋律短视频融入思政课教学进行了探讨,指出将主旋律短视频作品有机融入思政课教学中,对丰富课堂教学形式、提高课程亲和力、抵御错误思潮渗透、坚定主流价值引领,提高学生审美品位、引领高尚价值取向,增进大学生对习近平新时代中国特色社会主义思想的政治认同、思想认同、情感认同,提升大学生对思政课的获得感,具有重要的现实意义。主旋律短视频的融入,要牢牢把握教学规律和育人目标,始终坚持短视频作品的真实性、准确性和时效性,充分发挥教师的主导性和学生的主体性,使思政课教学内容真正走进学生的心里。⑧ 也有学者提出把虚拟仿真技术融入思政课教学,认为与传统课堂教学相比,虚拟仿真在增强互动性、复原

①　参见曲宏歌、姜淑兰:《思政课三位一体教学模式的探索》,《学校党建与思想教育》2021年第16期。

②　参见张苗苗:《论思想政治理论课案例教学的原则与限度》,《思想理论教育导刊》2021年第3期。

③　参见刘建军、梁祯婕:《论思想政治理论课的问题意识》,《马克思主义理论学科研究》2021年第1期。

④　参见王静:《高校思政课问题链教学法的运用与思考》,《思想理论教育导刊》2021年第11期。

⑤　参见刘佳:《人工智能技术条件下高校思政课情景教学模式创新研究》,《思想理论教育导刊》2021年第11期。

⑥　参见杨静娴、钟科代、周倩:《教育赋权视域下新时代高校思政课分众教学模式探索》,《郑州大学学报(哲学社会科学版)》2021年第2期。

⑦　王能东:《高校思想政治理论课教学论》,人民日报出版社2017年版,第94页。

⑧　参见潘红涛:《主旋律短视频融入高校思政课教学方式初探》,《思想理论教育导刊》2021年第3期。

历史情景、降低社会实践成本、升华实践教学内容等方面独具优势。① 还有学者提出把语料库技术引入思想政治理论课，针对学生在学习过程中产出的词语、句子、段落、语篇的语言描述与表征，采用计算机技术进行主题词检索、词频计算、搭配习惯、同现模式等概率统计分析与研究，为思想政治理论课教学的学情分析、确定教学目标和内容、教学策略选择以及教学顺序再造提供一种新的思路和方法，有助于在实践中提升思想政治理论课教学质量，深化新时代思想政治理论课改革创新。②

五、关于实践教学研究

实践教学是思政课落实立德树人根本任务的重要环节，是理论知识与实践活动相结合、思政小课堂同社会大课堂相结合的重要纽带。2021 年度，学界围绕思政课实践教学展开了较为深入的研究，相关研究成果主要涉及实践教学的体系化、科学化发展，实践教学形式的创新两个方面。

关于实践教学的体系化、科学化发展。学界普遍认为，伴随着高校思政课的建设和改革，高校思政课实践教学方式趋于多元、教学平台趋向多样、教学内容趋向纵深，高校思政课实践教学的作用日益凸显。但是，高校思政课实践教学仍然面临着一系列现实困境和挑战，实践教学体系化、科学化建设依然任重道远。有学者指出，高校思政课实践教学仍存在教学主体参与性不强、教学方法亲和力不足、教学内容模板化突出、教学平台融合度不高、评价体系结构面单一等问题和困境。破除这些困境，需要耦合理论教学与社会调查，实现知行合一；融汇多方力量与多种平台，聚力协同育人；建设网络资源与实地资源，优化思政环境；创新教学模式与方法路径，打造"翻转课堂"；强化认知评价与情感激励，优化育人实效。③ 有学者认为，提高思政课实践教学质量要从分析思政课实践教学的规律出发，处理好理论教学与实践教学、实践教学的内涵和外延、教师和学生、知识传授和价值引领的关系，克服实际工作中重理论轻实践的现象，实现思政课实践教学的规范化、科学化，从而提高实践教学实效。④ 还有学者指出，推动高校思政课实践教学科学化、创新性发展，应厘清实践教学的内在逻辑关系、把握各种教学关系失和的问题根源、提供协调各种教学关系的思路借鉴。要坚持从教学目标审视供给侧和需求侧的耦合关系，从教学内容思考理论性和实践性的统合关系，从教学过程考察主导性和主体性的联合关系，从教学方法认识规范性和创新性的融合关系，从教学效果反思实效性和长效性的结合关系。⑤

关于实践教学形式的创新。有学者提出充分利用 5G 时代的网络技术传播手段等优势，探索思政课实践教学与 VR 技术深度融合的现实路径：确立思政课 VR 实践教学理念，提升思政课教师 VR 技术能力，创设思政课实践教学 VR 场域，健全思政课 VR 实践教学保障机

---

① 参见刘新刚：《高校思想政治理论课虚拟仿真体验教学改革创新若干问题探讨》，《思想教育研究》2021 年第 12 期。
② 参见李梁：《语料库技术助力新时代思想政治理论课改革创新》，《思想教育研究》2021 年第 8 期。
③ 参见冯刚、陈梦霖：《高校思政课实践教学的内涵、价值及其实现》，《学校党建与思想教育》2021 年第 18 期。
④ 参见王斌：《思政课实践教学应处理好几个关系》，《学校党建与思想教育》2021 年第 8 期。
⑤ 参见蔡文成、张艳艳：《高校思想政治理论课实践教学的逻辑关系辨析》，《思想理论教育》2021 年第 7 期。

制,促进思政课实践教学与 VR 技术深度融合。① 有学者提出以服务立德树人为目标,基于 OBE 教育理念,本着虚实结合、能实不虚、资源共享的原则设计和搭建虚拟实践平台,并从准确把握和遴选适合虚拟实践的教学内容,充分利用互联网+技术来构建软、硬件相结合的一体化平台,充分实行过程考核与结果考核相结合的成绩评价方式,切实加强管理、持续跟踪、不断改进和完善平台建设四个方面提出具体建设方案。② 也有学者提出要构建思政课"虚实融合理实一体"的实践教学模式,即通过创建思政课虚拟仿真体验平台、实体性实践教学平台、第二课堂体验平台及专业化社会实践体验平台,实现"虚拟与现实""理论与实践""课内与课外""学校与社会"四个维度的融合式发展,从而有效打通思政课实践教学的堵点,疏通盲点,提升新时代思政课实践教学的思想性、理论性、亲和力和针对性。③ 还有学者对志愿服务有效融入高校思想政治理论课实践教学进行了探讨,主张优化教学效果的科学评价、围绕学生专业的个性化定制和依托服务基地的弹性化要求,不断激活并提升高校思想政治理论课实践教学的效能。④

六、关于教学话语体系构建研究

在思想政治理论课教学中,教学话语是实现教材体系向教学体系转化的关键。2021 年度,学界围绕思想政治理论课教学话语体系的创新、转换和构建以及教学语言艺术的运用展开了较为深入的研究。

关于思政课教学话语体系的创新、转换和构建。有学者认为,新时代的大学生掌握了更多的信息获取渠道和话语表达主动权,而教师则在教学中处于话语被动的局面,在话语内容、话语方式、话语间性等层面给思想政治理论课教学带来了严峻的挑战。因此,新时代高校思想政治理论课教学话语应当实现由文本话语向生活话语、由独白话语向对话话语、由灌输话语向情感话语、由传统话语向现代话语的转换,让高校思想政治理论课真正"活"起来,切实提高高校思想政治理论课教育教学的实效。⑤ 有学者指出,新时代社会主要矛盾的变化、国际社会"逆全球化"等负面思潮的涌动、网络化与智能化的加快发展等新形势,给高校思政课教学话语体系带来诸多新挑战。新时代高校思政课教学话语体系应增强解答时代问题的能力,提升话语阐释力;推进话语表述的形象化和生活化,增强教学话语感染力;注重学生话语主体地位,发挥师生双方话语的协同力;创新话语传播手段,增强网络空间话语的引领力;打造丰富的教学话语实践体验平台,强化话语实证力。⑥ 也有学者提出实施好思想政治理论课中的党史教学,发挥党史"营养剂"的重要作用,需要思想政治理论课教师建构有效的党史叙事话语。在建构思想政治理论课党史教学叙事话语的过程中,应基于客观事实、基

---

① 参见秦晓华、邱耀立:《论 5G 时代高校思政课实践教学与 VR 技术的融合》,《学校党建与思想教育》2021 年第 15 期。

② 参见杨丽艳:《虚拟实践融入高校思想政治理论课实践教学的研究与探索》,《思想政治教育研究》2021 年第 2 期。

③ 参见查广云:《高职思政课"虚实融合、理实一体"体验式教学模式探析》,《中国职业技术教育》2021 年第 14 期。

④ 参见童前程:《志愿服务融入高校思想政治理论课实践教学:诉求、价值与路向》,《教育理论与实践》2021 年第 3 期。

⑤ 参见腾飞、徐川:《论新时代高校思想政治理论课教学的话语转换》,《思想政治教育研究》2021 年第 5 期。

⑥ 参见李烨红:《新时代高校思想政治理论课教学话语体系构建研究》,《学校党建与思想教育》2021 年第 11 期。

于历史规律、基于价值导向,实现思想政治理论课党史教学的育人功能。① 还有学者认为,资本主义现实批判是高校思想政治理论课坚守社会主义主流意识形态话语权的重要话语武器。当下,高校思想政治理论课应"重拾"马克思资本主义批判话语的基本精神,即坚持批判原则、多重领域"相互协作式"批判、"问题导向"批判和善于"捕捉典型事件"批判的话语精神,在实现由学术话语向日常生活话语转换、由单学科话语向多学科话语转换的基础上,建构以大学生"可领会性"为导向的资本主义批判话语系统。②

关于教学语言艺术的运用。有学者指出,在思想政治理论课中运用好语言艺术是教育者的使命与责任,思想政治理论课教师应不断改进和创新语言艺术,通过丰富的内容、多样的形式、高超的技巧来提升思想政治教育话语的引导力、感染力和认同转化力。③ 也有学者具体分析了阐释式教学、提问式教学和例证式教学中的语言要求,指出在阐释式教学中要准确运用如何激活理论、切入理论、剖析理论的话语方法;在提问式教学中要善于运用如何提出问题、展开分析、深入讨论的话语技巧;在例证式教学中要准确运用如何选择素材、呈现案例、以事析理、提炼思想的话语策略。④

七、关于队伍建设研究

思想政治理论课教师肩负着落实立德树人根本任务的重任,是办好思政课的关键。理直气壮开好思政课,最根本的是建设一支富有积极性、主动性、创造性的思政课教师队伍。2021 年度,学界围绕思政课教师能力素养要求与提升路径、思政课教师的角色定位与职责使命、思政课教师队伍建设的路径、大中小学思政课教师队伍建设一体化问题以及思政课教师与其他思想政治教育工作者的协同育人问题、后备人才队伍的培养问题等方面展开了较为深入的研究。

关于思政课教师能力素养要求与提升路径。有学者从习近平总书记提出的"政治要强""情怀要深""思维要新""视野要广""自律要严""人格要正"中的具体素养出发,深入挖掘其内涵、要求及提升路径。如有学者探讨了"情怀要深"的具体内涵和提升路径,认为高校思政课教师"情怀"的核心包括家国情怀、传道情怀和仁爱情怀三方面,高校思政课教师要厚植家国情怀,坚守爱国主义精神之魂;树立传道情怀,筑牢马克思主义信仰之基;培育仁爱情怀,把稳以学生为中心思想之舵,真正做到以教书育人、立德树人为使命,以培养学生、锻炼学生为己任,以此提升情怀素养。⑤ 有学者利用 Nvivo 12 plus 软件对相关政策文本、学术论文进行文本分析,经过文本三级编码,生成高校思政课教师教学核心能力的五个主要构成要素:政治坚守力、知识活化力、情感感召力、跨域融合力、价值判断力。其中,政治坚守力是思政课教学方向不偏的"定盘星",知识活化力是思政课教学活力涌现的"永动仪",跨域融合力是思政课教学广延拓展的"望远镜",情感感召力是思政课教学情感聚合的"助燃剂",价

① 参见谢迪斌:《高校思想政治理论课党史教学叙事话语的构建》,《思想理论教育导刊》2021 年第 6 期。
② 参见张建东:《论高校思想政治理论课的资本主义批判话语构建》,《思想政治教育研究》2021 年第 3 期。
③ 参见蒋小燕、余心怡:《浅谈高校思想政治理论课语言艺术的运用》,《学校党建与思想教育》2021 年第 24 期。
④ 参见马忠、李园园:《思想政治理论课常见教学话语方法探究》,《思想教育研究》2021 年第 8 期。
⑤ 参见苏玉坡、潘思雨:《高校思想政治理论课教师"情怀要深"的时代内涵及培育路径》,《思想教育研究》2021 年第 5 期。

值判断力是思政课教学价值实现的"校准器"。① 还有学者提出,扎实深厚的科研能力是高校思政课教师的必备素质。其一,应该纠正"思政课教学就是讲政治""思政课教师没有空搞科研""思政课教师都不会搞科研"等片面性认识;其二,高水准科研是提高思政课教学实效的重要一环,它有助于诠释理论的内在逻辑、解读和宣传党的路线方针政策、指导不同层次学生的科学研究;其三,思政课教师科研应以问题为导向,研究教科书中理论的难点问题和实践启示,并探索和创新教学方法;其四,思政课教师要运用科研成果积极开展社会服务,向各级干部和社会大众宣讲党中央精神;其五,思政课教师的科学研究的成果,要服从课程教学大纲的要求,并符合社会主义意识形态的基本主张。②

关于思政课教师的角色定位与职责使命。有学者认为,学界对于高校思政课教师的角色定位过于单一化、简单化,或仅强调思政课教师的政治性角色,或仅强调新技术背景下的教师角色,未能从整体上认识高校思政课教师系统的角色定位及其相互关系。为避免角色冲突以及更好地践行角色内涵,可从师生互动和思想引领两个层次将思想政治理论课教师角色进行明确和划分。前者为思政课教师的核心角色,主要包括学生困难的帮助者,实践机会的提供者,实践过程的辅助者;后者为其本质角色,主要是在立德树人为国育才中扮演主流意识形态的传播者,专业知识的讲授者,理想信念的铸魂者。二者既相互区别又内在紧密联系,共同构成了新时代高校思政课教师的角色内涵。③ 高校思政课青年教师的角色定位问题也引起某些学者的关注。如,有学者指出,高校思政课青年教师是实现高等教育理念的重要生力军与后备力量,在传播主流意识形态、培育时代新人、探索教学改革创新上扮演着重要角色。因为独特的角色视角、性格年龄特点,青年教师在政治理论学习、师生关系协调、教学与科研平衡等方面呈现出角色缺位、角色扮演能力不足、角色定位不准等现象,需要强化角色意识,调适角色冲突,从而推进高校思政课教师队伍建设。④ 还有学者对高校思政课教师队伍后备人才的角色定位进行了探讨,指出从政治素质方面来看,高校思想政治理论课教师队伍后备人才应该成长为政治站位高、政治信念牢、政治纪律严的接班人;从理论功底方面来看,高校思想政治理论课教师队伍后备人才应该成长为学科基础厚、科研潜质足、学术志向大的研究者;从教学素养方面来看,高校思想政治理论课教师队伍后备人才应该成长为乐教情怀深、师德师风正、教学技能强的生力军。⑤

关于思政课教师队伍建设的路径。学者们普遍认为,党的十八大以来,在党和国家的高度重视下,思政课教师队伍规模不断壮大,形成了一支有情怀、有本领、有担当的思政课教师队伍。但是,思政课教师队伍建设仍然存在诸多亟待改进之处,仍有诸多亟待突破的瓶颈。有学者具体剖析了思政课教师队伍建设的难点:师资配比达标压力大存在降低质量门槛的"一刀切"现象;传统教育评价导向惯性大,存在教学与科研之间"顾此失彼"现象;队伍建设进入接棒区,存在中青年骨干教师重点培养中的"揠苗助长"现象。基于此,该学者进一步指出,要立足学校实际,着眼思政课教师核心素养,量质兼顾,内外兼修,配齐建强师资队伍,努

---

① 参见张姝、邓淑予:《高校思政课教师教学核心能力结构模型构建》,《四川师范大学学报(社会科学版)》2021年第6期。

② 参见郑又贤:《扎实深厚的科研能力是高校思政课教师的必备素质》,《思想理论教育导刊》2021年第6期。

③ 参见曹胜亮:《新时代高校思政课教师角色定位再思考》,《湖北社会科学》2021年第5期。

④ 参见王维佳、李祖佑:《高校思想政治理论课青年教师的角色冲突与调适》,《黑龙江高教研究》2021年第5期。

⑤ 参见单文鹏:《高校思政课教师队伍后备人才的角色定位及基本要求》,《学校党建与思想教育》2021年第3期。

力培养一支"可信、可敬、可靠,乐为、敢为、有为"的思政课教师队伍。① 有学者通过梳理新时代思政课教师队伍建设的历程,提出高校教师队伍建设必须构建规范的标准化体系,搭建有利于教师发展的学科建设平台,强化高校教师队伍的师德建设,形成完善的人才培育体系。高校思政课教师队伍建设要坚持党的统一领导,强化政治底色,不断完善教师队伍的保障机制,全面提升高校思政课教师专业素养和职业能力,促进大中小学思政课一体化建设。② 还有学者基于首届全国高校思想政治理论课教学展示活动的公开数据,运用定量分析与扎根理论质性研究方法,对获得特等奖的 51 名教师的相关信息进行研究分析,经过信息编码挖掘出影响高校思想政治理论课教师成长力的五大维度,其中内部维度为道德引领力、教学领导力、科研驱动力和自我发展力,外部维度为组织支持力,构建了高校思想政治理论课教师成长力模型,并认为,为精准有效促进高校思想政治理论课教师成长,应确保思想力量与人格魅力相辅相成、课堂教学与学术研究相得益彰、自我发展与团队成长并驾齐驱、内部建构与外部支持协同并进。③

　　大中小学思政课教师队伍建设一体化问题以及思政课教师与其他思想政治教育工作者的协同育人问题也受到了学界较多关注。有学者提出,应注重思想政治理论课教师队伍素质、配备、培训和互动方面的一体化建设,构筑思想政治理论课教师队伍素质的协同高度、打造教师配备的标准梯度、实现教师培训的同频进度、营造教师互动的共振频度,以大中小学思想政治理论课教师队伍一体化实践路径构建推动思想政治理论课创新发展。④

　　协同育人方面,有学者基于近年来国家出台的关于高校思想政治理论课建设的重要文件、学术界关于高校思想政治理论课建设的权威研究成果,并到部分高校开展实地调研、论证,通过政策研究、理论研究和实证研究的多维视角,从组织领导、管理机制、课程建设、学科建设、队伍建设等五个方面构建了高校不同主体在思想政治理论课建设中的责任指标,以期进一步明晰高校不同主体在思想政治理论课建设中的责任划分,构建"主体有责任、责任有主体、责任有落实、落实有效果"的工作机制,推动高校思想政治理论课建设责任制全面落实,增强高校思想政治理论课建设的协调能力和系统合力,确保高校思想政治理论课建设不断取得实效。⑤

　　同时,后备人才队伍的培养问题也受到了学界一定的关注。有学者指出,思政课教师队伍后备人才在研究生培养阶段、上岗前准备阶段以及入职后发展阶段都面临着现实困境,也反映出培养过程中制度建设的一些短板:学生培养方案重科研而轻教学,教师培训体系重专题而轻体系,教学交流机制重示范而轻讲解,教师评聘制度重考评而轻帮扶。对此,需要深刻认识当前形势下思政课改革创新所处的历史方位,统筹设计后备人才培养和发展的体系化制度方案,激发思政课教师群体创新的内在动力,从而实现思政课教师队伍后备人才培养

---

①　参见冯秀军:《新时代高校思政课教师队伍建设难点及其突破》,《国家教育行政学院学报》2021 年第 1 期。

②　参见甘艳:《新时代高校思政课教师队伍建设的历程、经验与启示》,《湖北社会科学》2021 年第 8 期。

③　参见郑敬斌、吕宁:《高校思想政治理论课教师成长力模型构建研究——基于首届全国高校思想政治理论课教学展示活动特等奖获得者的研究》,《思想理论教育导刊》2021 年第 10 期。

④　参见刘先春、佟玲:《新时代大中小学思想政治理论课教师队伍一体化建设的若干思考》,《马克思主义理论学科研究》2021 年第 3 期。

⑤　参见杨林、杨春华、周家荣:《新时代高校思想政治理论课建设责任指标体系构建研究》,《学校党建与思想教育》2021 年第 17 期。

从高速发展向高质量发展的升级,激活思政课在新阶段的改革创新。①

八、关于课程评价研究

课程评价是思政课建设的重要组成部分。思政课评价不仅关乎对课程本身的认识和评价,而且关乎课程改革和发展的方向,甚至关乎整个高等教育发展的价值导向。2021 年度,思政课评价引起了部分学者的关注,相关研究成果主要涉及思政课课程评价的改革、思政课课程评价体系和评价指标的构建以及大中小学思政课一体化评价。

关于思政课课程评价的改革。有学者认为,思想政治理论课作为以显性方式直接设立的落实立德树人根本任务的关键课程,具有更为明显的意识形态性和价值性、多重教育过程特性、实践指向性、鲜明导向性等特征。我国高校思想政治理论课课程评价有一个发展的过程,目前还存在课程评价范围局限于教学评价、评价目标偏重总结性评价、评价主体相对单一、评价标准相对模糊以及评价方法相对简单等问题。思想政治理论课课程评价改革和发展应坚持"科学有效,改进结果评价,强化过程评价,探索增值评价,健全综合评价"的原则,更新课程评价观念,强化过程评价,突出评价主体作用,倡导多元评价,推进课程评价改革和发展。②

关于思政课课程评价体系和评价指标的构建。有学者提出构建以学生课堂参与为中心的思政课课堂教学评价指标体系,应该坚持定性评价和定量评价有机结合、过程性评价和结果性评价有机结合、自评和他评有机结合的基本原则。思政课课堂教学评价指标体系主要包括知识指标、能力指标、思想指标和过程指标。③ 有学者通过 CIPP 指标体系的构建,将思政课评价指标构建为教学大纲指标、教学进度指标、教师教案指标、课堂教学指标、课程考核指标等。基于思政课堂的实际问题,高校要营造健全、科学、合理的思政课课堂氛围,加强对思政课课堂教学评价重视程度,倡导多样化思政课课堂教学评价方式方法,为思政课的开发与评价奠定重要基础。④ 还有学者借鉴 DNA 双螺旋模型,构建了高校思政课过程性评价双螺旋模型,以期促进教师教学和学生学习(两链)在过程性评价(醋键)的作用下实现非线性的螺旋递进、协同化的提质增效、共生式的融合发展。基于双螺旋模型,有助于协同教师教学子系统和学生学习子系统,聚焦知识传授、思想引导和实践转化,以及课堂教学表现、课外实践表现和自主学习表现等核心要素,并从评价理念、评价主体、评价内容和评价方法探讨其实施过程,最终构建起"一体两翼三维四元"的过程性评价体系。⑤

关于大中小学思政课一体化评价。2021 年度,大中小学思政课一体化建设成为学界研究的热点问题,有学者对大中小学思政课一体化评价进行了专题研究。有学者认为,推进大中小学思政课一体化评价,关键在于准确把握"目标向度"的方向性规约、"功能向度"的规

① 参见李蕉、王博伟:《完善思想政治理论课教师队伍后备人才培养制度的新思考》,《思想理论教育导刊》2021 年第 11 期。

② 参见余双好、张琪如:《高校思想政治理论课课程评价的特点及改革路径》,《思想理论教育》2021 年第 3 期。

③ 参见杨廷强:《思想政治理论课课堂教学评价研究》,《教育理论与实践》2021 年第 27 期。

④ 参见张春萍、孙培军:《基于 CIPP 模式的思政课评价指标构建》,《江苏高教》2021 年第 10 期。

⑤ 参见陆启越:《高校思政课过程性评价模型与体系建构》,《江苏高教》2021 年第 10 期。

范性保障、"原则向度"的前提性遵循、"主体向度"的合作性协同、"内容向度"的贯通性实施,为形成大中小学思政课一体化评价体系,整体性提升大中小学思政课一体化育人效果保驾护航。① 还有学者指出,推进大中小学思政课教学评价一体化,应发挥学生的主体作用和教师的主导作用、促进主体间的协调配合,从而强化教学评价主体的协同性;应遵循科学性和有效性的原则、关注阶段性和差异性的特征、体现导向性和现实性的作用,从而提升教学评价标准的规范性;应将结果评价和过程评价相结合、定性评价和定量评价相结合、动态评价和静态评价相结合,从而增进教学评价方法的适切性。②

九、其他

除了上述几个相对集中的研究方面外,还有学者就高校思想政治理论课的其他相关问题进行了研究。

有学者对中国人民抗日军事政治大学思想政治理论课建设进行了探析,指出中国人民抗日军事政治大学思想政治理论课建设以马克思列宁主义和中国化马克思主义为主要内容,以课堂教学、制度建设和校园文化为基本保障,对激励高校在新时代开展党史学习教育,不忘初心、牢记使命,不断加强党的建设有着深刻的现实价值,即马克思主义理论教育是新时代党史学习教育的基础;培养高素质教师队伍是新时代党史学习教育的关键;承续初心和使命是新时代党史学习教育的方向。③

有学者关注到网络"泛娱乐化"对高校思政课的影响,指出在狂欢特质鲜明的网络"泛娱乐化"浪潮裹挟下,不少青年大学生自缚于"被定制"的"娱乐茧房",追捧"万事皆可娱乐"的解构主义叙事,习惯以"视觉实证"代替理性思考。一些大学生的"泛娱乐化"倾向,使部分高校思想政治理论课教师在坚守课程底色还是迎合学生"娱求"、坚守学理性阐释还是增添解构性分析、坚守内容讲授还是强化"感官"刺激这三个方面产生了摇摆困顿。在新时代,消解网络"泛娱乐化"浪潮对高校思想政治理论课的不良影响,必须坚持以"内容为王"打破网络"娱乐茧房",提升大学生的精神"获得感";以"共情式"话语表达超越"泛娱乐化"叙事,提升高校思想政治理论课的亲和力;以"引导式"内容讲授统合新媒体教学手段,提升高校思想政治理论课实效性。④

有学者对思想政治理论课教材建设问题进行了研讨,认为思想政治理论课教材建设的首要问题是教材观的理论自觉问题。思政课教材既不同于专业课教材,也不同于专著和讲稿,因而具有自身的独特性。目前对教材提出的大部分质疑都是不合理的,是缺少思政课教材观理论自觉的表现。明晰思政课教材的根本性质、科学应对质疑以及明确教材编写的基本原则,是实现思政课教材观理论自觉的基本途径。⑤

还有学者采用问卷抽样调查方法,对涵盖全国 22 省 53 所高校的 5300 名本科生进行了思政课认同调查。结果表明:对课程总体认同度较高,相对而言学习获得感有待提升;对课

---

① 参见徐秦法、张肖:《大中小学思政课一体化评价的五维向度》,《中国高等教育》2021 年第 Z2 期。
② 参见陈大文、姜彦杨:《大中小学思政课教学评价一体化路径初探》,《思想理论教育导刊》2021 年第 12 期。
③ 参见张天浩:《中国人民抗日军事政治大学思想政治理论课建设研究》,《学术探索》2021 年第 5 期。
④ 参见张恂、吕立志:《网络"泛娱乐化"影响下高校思想政治理论课困境审思》,《思想教育研究》2021 年第 8 期。
⑤ 参见吴宏政:《思想政治理论课教材观的理论自觉》,《思想理论教育》2021 年第 6 期。

程内容认同度较高,其中的民族观教育还需要强化;对思政课教师的素质能力普遍认同,但对其教学创新能力充满期待;对思政课教学方法基本认同,但对其效果评价有一定差异;学习收获认同度整体较高,但理论获得感相对较弱。调查显示,课堂教学、社会环境和个人认知水平是影响认同度的主要因素。建议加强大学生思政课教学内容的学理性阐述,提升思政课教师的信息化教学能力和教学创新能力,增强教学方法改革的科学化技术含量,以不断增强大学生运用理论武器整合社会环境与个人认知之间张力的能力和水平,提升思政课学习获得感。①

十、简要评论

2021 年度,学界以习近平总书记关于教育的重要论述为指引,围绕课程建设与改革创新、具体课程教学、教学内容、教学方法、实践教学、教学话语体系、队伍建设、课程评价等八个方面展开了较为深入的研究和探讨。总体而言,2021 年度高校思想政治理论课研究成果丰硕,研究质量不断提升,新的理论增长点和热点不断涌现,为新发展阶段加强和改进高校思政课提供了强有力的学术支撑和理论指导。但是与此同时,我们也看到相关研究成果仍存在低水平重复问题,研究视野还有待进一步拓宽,研究内容有待进一步拓充,研究方法有待进一步丰富。

第一,进一步拓展研究视野。习近平总书记在学校思想政治理论课教师座谈会上提出思政课教师"视野要广",思政课研究同样如此。其一,思政课研究要扩宽学科视野。相关研究不仅要以马克思主义基本理论为指导,而且要借鉴教育学、心理学、管理学、社会学等相关学科知识。例如,关于思政课教学方法的研究需要教育学的相关理论支撑,关于思政课教师队伍建设的研究也会涉及相应的管理学知识,关于思政课评价的研究需要借鉴教育评价相关理论。其二,思政课研究要拓宽国际视野。既要紧跟时代发展步伐,把握时代发展脉搏,着眼于当前思政课面临的新形势、新态势,引导学生正确认识世界发展大势,正确认识中国特色和国际比较,也要加强对其他国家的相关教育教学经验的研究,从而为我国的思政课建设提供有益借鉴。

第二,进一步拓充研究内容。其一,加强对学生的研究。习近平总书记在学校思想政治理论课教师座谈会上强调办好思政课的关键在教师,但与此同时也强调要坚持以学生为中心,加大对学生的认知规律和接受特点的研究。总体而言,目前学界关于教师队伍建设的研究较多,而关于学生状况的研究较少;关于教学规律的研究较多,而关于学生成长发展规律的研究较少。加强对学生状况和学生成长发展规律的研究应引起更多学者关注。其二,要加强教材建设的研究。2021 年度关于思政课教材的研究成果数量较少,与思政课教材的重要地位相比,现有研究显然较为薄弱。除此之外,大中小学思政课教材一体化建设问题、教材体系向教学体系的转化问题等也有待于进一步强化研究。

第三,进一步丰富研究方法。2021 年度,学界采用理论阐释、逻辑推理、问卷调查等多种研究方法对高校思政课进行了探索,产生了一批兼具理论性与实践性的优秀成果。但是,大

---

① 参见戴艳军、赵宇:《大学生思政课认同状况的调查——基于全国 53 所高校的问卷数据》,《科学决策》2021 年第 9 期。

多数研究仍属于理论研究,实证研究、质性研究较少,且理论研究中不少成果属于宣传阐释型和经验总结型,实证研究中大部分成果只是简单的数据罗列,高质量的实证研究成果较少。因此,应进一步强化思政课研究的方法意识,加强对各种研究方法的学习,提高运用各种研究方法的能力,进而增强思政课研究的科学性。

事记与文献

2021年度大学生思想政治教育大事记

1月

1月4日

据"学习强国"学习平台报道，中共中央宣传部、教育部印发《新时代学校思想政治理论课改革创新实施方案》，并发出通知要求各地认真贯彻执行。

1月8日

据新华社报道，1月7日至8日，2021年全国教育工作会议在京召开。会议强调，要坚持和加强党对教育工作的全面领导，全面贯彻党的教育方针，落实立德树人根本任务，坚持发展抓公平、改革抓体制、安全抓责任、整体抓质量、保证抓党建，全面推进依法治教，巩固拓展疫情防控和教育改革发展成果，为建设高质量教育体系立柱架梁，推进教育治理体系和治理能力现代化，为建设教育强国开好局、起好步，以优异成绩庆祝建党100周年。

1月11日

据新华社报道，中共中央总书记、国家主席、中央军委主席习近平出席省部级主要领导干部学习贯彻党的十九届五中全会精神专题研讨班开班式，并发表重要讲话。他强调，深入学习坚决贯彻党的十九届五中全会精神，确保全面建设社会主义现代化国家开好局。

1月21日

据教育部官网报道，教育部印发《普通高等学校本科教育教学审核评估实施方案（2021—2025年）》（教督〔2021〕1号），并发出通知要求各地遵照执行。

△据新华社报道，中共中央党史和文献研究院编辑的《习近平关于网络强国论述摘编》一书，近日由中央文献出版社出版，在全国发行。

1月25日

据教育部官网报道，国务院学位委员会学科评议组、全国专业学位研究生教育指导委员会工作会议以视频形式在京召开，部署学科评议组、专业学位教指委重点工作。会议强调，学位与研究生教育要着眼百年未有之大变局、中华民族伟大复兴战略全局，不忘立德树人初心，牢记为党育人、为国育才使命，增强教育报国担当，为实现中华民族伟大复兴提供更好的人才支撑。

1月27日

据教育部官网报道，教育部、中央组织部、中央宣传部、财政部、人力资源和社会保障部以及住房和城乡建设部等六部门印发了《关于加强新时代高校教师队伍建设改革的指导意见》（教师〔2020〕10号），深入落实中共中央、国务院《关于全面深化新时代教师队伍建设改革的意见》和《深化新时代教育评价改革总体方案》，推进加强新时代高校教师队伍建设改革。

1月31日

据教育部官网报道,教育部发布《关于做好2021年普通高校招生工作的通知》(教学〔2021〕1号),并以附件形式下发《2021年普通高等学校招生工作规定》。

2月

2月18日

据中央广播电视总台报道,由中共中央宣传部、中央广播电视总台联合制作的特别节目《平"语"近人——习近平喜欢的典故》(第二季)于2月18日起在中央广播电视总台央视综合频道每晚八点档播出。央视频、央视新闻客户端、央视网等同步直播。"学习强国"学习平台同步播出。节目共12集,每集45分钟。分别以《我将无我 不负人民》《胜寸心者胜苍穹》《留取丹心照汗青》《为官避事平生耻》《愿得此身长报国》《一言为重百金轻》《自强不息日日新》《万物并育而不相害》《百花齐放春满园》《不畏浮云遮望眼》《敢教日月换新天》《直挂云帆济沧海》为题,聚焦初心、信仰、忠诚、担当、爱国、诚信、创新、绿色、共享、自信、奋斗、梦想等话题,内容涵盖党员领导干部党性修养、社会主义核心价值观、新发展理念、中国梦等四个方面。

2月19日

据新华社报道,中共中央总书记、国家主席、中央军委主席习近平2月18日给上海市新四军历史研究会百岁老战士们回信时强调,多讲讲党的故事、光荣传统和优良作风,引导广大党员不忘初心、牢记使命、坚定信仰、勇敢斗争。

2月20日

据新华社报道,党史学习教育动员大会在北京召开。中共中央总书记、国家主席、中央军委主席习近平出席会议并发表重要讲话。他强调,在全党开展党史学习教育,是党中央立足党的百年历史新起点、统筹中华民族伟大复兴战略全局和世界百年未有之大变局、为动员全党全国满怀信心投身全面建设社会主义现代化国家而作出的重大决策。全党同志要做到学史明理、学史增信、学史崇德、学史力行,学党史、悟思想、办实事、开新局,以昂扬姿态奋力开启全面建设社会主义现代化国家新征程,以优异成绩迎接建党一百周年。

2月21日

据新华社报道,由中共中央党史和文献研究院编辑的习近平同志《论中国共产党历史》一书,近日由中央文献出版社出版,在全国发行。

2月25日

据教育部官网报道,教育部办公厅发布《关于进一步做好第二学士学位教育有关工作的通知》(教高厅函〔2021〕8号)。

2月26日

据新华社报道,中共中央政治局26日召开会议,讨论国务院拟提请第十三届全国人民代表大会第四次会议审查的《中华人民共和国国民经济和社会发展第十四个五年规划和二〇三五年远景目标纲要》(草案稿)和审议的《政府工作报告》稿,审议《中国共产党普通高等学校基层组织工作条例》。

△据新华社报道,中央宣传部组织编写的《习近平新时代中国特色社会主义思想学习问答》一书,已由学习出版社、人民出版社联合出版,即日起在全国发行。

3 月

3 月 1 日

据新华社报道,2021 年春季学期中央党校(国家行政学院)中青年干部培训班在中央党校开班。中共中央总书记、国家主席、中央军委主席习近平在开班式上发表重要讲话强调,立志做党光荣传统和优良作风的忠实传人,在新时代新征程中奋勇争先建功立业。

3 月 6 日

据新华社报道,中共中央总书记、国家主席、中央军委主席习近平在看望参加全国政协十三届四次会议的医药卫生界、教育界委员时指出:"'大思政课'我们要善用之,一定要跟现实结合起来。上思政课不能拿着文件宣读,没有生命、干巴巴的。"这番话为进一步办好思政课、继续深化思政课改革创新指明了方向路径。

3 月 9 日

据教育部官网报道,教育部召开党史学习教育动员大会。会议强调,认真学习贯彻习近平总书记在党史学习教育动员大会上的重要讲话精神,按照党中央统一部署,开展党史学习教育,是教育系统当前一项重要政治任务。要迅速掀起学习教育热潮,以扎扎实实的学习教育成效,为加快推进教育现代化、建设教育强国、办好人民满意的教育作出新的更大贡献,以实际行动和优异成绩庆祝中国共产党成立 100 周年。

3 月 22 日

据教育部官网报道,为纪念习近平总书记在学校思想政治理论课教师座谈会上的重要讲话发表两周年,教育部在京召开习近平新时代中国特色社会主义思想铸魂育人座谈会。会议系统总结两年来用习近平新时代中国特色社会主义思想铸魂育人的工作成效,深入贯彻落实总书记在今年全国政协医药卫生界教育界联组会上关于"'大思政课'我们要善用之"的重要指示要求,结合正在开展的党史学习教育,把铸魂育人工作不断引向深入。

3 月 26 日

据中国社科院马克思主义研究网报道,2021 年《马克思主义研究》编委会会议在京举行。

3 月 28 日

据新华社报道,由中共中央党史和文献研究院编辑的《习近平关于注重家庭家教家风建设论述摘编》一书,近日由中央文献出版社出版,在全国发行。

3 月 29 日

据教育部官网报道,教育部办公厅印发《高等学校法治工作测评指标》。

3 月 30 日

据教育部官网报道,教育部办公厅发布《关于开展习近平新时代中国特色社会主义思想大学习领航计划系列主题活动的通知》。

3 月 31 日

据新华社报道,中央宣传部、中央文明办 31 日在京召开推进学雷锋志愿服务工作电视电话会议。会上公布了 2020 年度学雷锋志愿服务最美志愿者、最佳志愿服务组织、最佳志愿服务项目和最美志愿服务社区"四个 100"先进典型名单。

4 月

4 月 6 日

教育部办公厅发布通知,决定由高校思政课教学指导委员会和有关高校组织开展习近平新时代中国特色社会主义思想大学习领航计划系列主题活动。

△由中国社会科学院马克思主义研究院、厦门大学共同主办的"第八届习近平新时代中国特色社会主义思想论坛"在厦门举行。论坛主题为"人类命运共同体与 21 世纪马克思主义"。

4 月 7 日

据新华社报道,经中央军委主席习近平批准,中央军委印发《关于构建新时代人民军队思想政治教育体系的意见》。

4 月 9 日

据教育部官网报道,教育部发布《关于举办第七届中国国际"互联网+"大学生创新创业大赛的通知》。

4 月 19 日

据新华社报道,习近平总书记 19 日到清华大学考察并发表重要讲话。他强调,百年大计,教育为本。今年是中国共产党成立 100 周年,我国开启了全面建设社会主义现代化国家新征程。党和国家事业发展对高等教育的需要,对科学知识和优秀人才的需要,比以往任何时候都更为迫切。我们要建设的世界一流大学是中国特色社会主义的一流大学,我国社会主义教育就是要培养德智体美劳全面发展的社会主义建设者和接班人。我国高等教育要立足中华民族伟大复兴战略全局和世界百年未有之大变局,心怀"国之大者",把握大势,敢于担当,善于作为,为服务国家富强、民族复兴、人民幸福贡献力量。广大青年要肩负历史使命,坚定前进信心,立大志、明大德、成大才、担大任,努力成为堪当民族复兴重任的时代新人,让青春在为祖国、为民族、为人民、为人类的不懈奋斗中绽放绚丽之花。

△教育部官网公开通报 8 起违反教师职业行为十项准则典型案例。通报同时指出,广大教师要引以为戒,牢固树立底线意识,切实增强遵守教师职业行为十项准则的思想自觉和行动自觉,坚守为党育人、为国育才的初心,不断涵养高尚师德,以德施教、以德育德,做党和人民满意的"四有"好老师。

4 月 20 日

据教育部官网报道,教育部办公厅发布《关于开展第二届全国高校思想政治理论课教学展示暨优秀课程观摩活动的通知》。

4 月 21 日

据教育部官网报道,中共教育部党组发布《关于教育系统深入学习贯彻习近平总书记在清华大学考察时重要讲话精神的通知》。

4 月 22 日

据新华社报道,中共中央印发《中国共产党普通高等学校基层组织工作条例》。

△据教育部官网报道,教育部办公厅发布《关于高等学校做好 2021 年开发科研助理岗位吸纳毕业生就业工作的通知》。

4 月 23 日

据新华社报道,在中宣部指导下,由中国图书评论学会组织专家评选的 2020 年度"中国好书"日前揭晓,共有 33 种图书入选。其中,年度荣誉图书 2 种,主题出版类 6 种,人文社科类 9 种,文学艺术类 10 种,科普生活类 3 种,少儿类 3 种。

4 月 26 日

据内蒙古大学马克思主义学院官网报道,23 日至 25 日,第七届民族(地区)高校马克思主义理论学科研究生论坛在内蒙古大学举行。

4 月 29 日

据新华社报道,第十三届全国人民代表大会常务委员会第二十八次会议决定对《中华人民共和国教育法》作出修改。

4 月 30 日

据教育部官网报道,教育部、国家发展和改革委员会、财政部和国家乡村振兴局等四部门发布《关于实现巩固拓展教育脱贫攻坚成果同乡村振兴有效衔接的意见》。

5 月

5 月 9 日

据中国人民大学官网报道,由教育部高等学校马克思主义理论类专业教学指导委员会指导,中国人民大学马克思主义学院主办的第三届"五四杯"全国高校马克思主义理论类本科生学术论文竞赛优秀论文交流会通过线上会议形式举办。

5 月 19 日

据新华社报道,由国家发改委、教育部、人力资源和社会保障部共同编制的《"十四五"时期教育强国推进工程实施方案》(以下简称《方案》)今天发布。《方案》明确,教育强国推进工程紧紧围绕基础教育、职业教育、高等教育三大板块,聚焦关键领域关键任务,推动带动性好、示范性强、受益面广、影响力大的项目建设,不撒胡椒面,把投资用在"刀刃上"。

5 月 23 日

据复旦大学官网报道,21 日至 23 日,第十六届中国特色社会主义论坛暨"建党百年与中国特色社会主义"理论座谈会在复旦大学召开。全国知名高校、研究机构的十多位著名专家代表作了主题发言,来自全国各地的 40 余名学者参加了该论坛。

5 月 25 日

据教育部官网报道,为深入贯彻落实习近平总书记关于教育的重要论述、深化落实《中共中央 国务院关于全面深化新时代教师队伍建设改革的意见》,弘扬人民教师高尚师德,营造尊师重教良好社会风尚,激励广大教师以优异成绩向建党 100 周年献礼,2021 年度全国教书育人楷模推选工作于近日启动。

5 月 27 日

据新华社报道,中央宣传部、中央网信办、教育部、共青团中央发布"首批高校思政类公众号重点建设名单"。名单包括清华大学、北大青年、中国大学生在线、首都教育等在内的高校公众号、高校共青团公众号、知识服务类机构公众号共 12 个类型、200 个公众号。

△据中联部官网报道,由中共中央对外联络部主办的世界马克思主义政党理论研讨会 27 日以视频会议方式举行。中共中央总书记、国家主席习近平向研讨会致贺信,老挝人民

革命党中央总书记通伦等多国政党领导人通过书面或视频方式致贺。来自 48 个国家和地区的马克思主义政党领导人以及中央和国家机关有关部门及高校负责同志共约 200 人参加。

△据新华社报道,近日,中央教育工作领导小组印发《关于深入学习宣传贯彻党的教育方针的通知》,就做好党的教育方针学习宣传和贯彻落实工作作出部署安排。

5 月 28 日

据新华社报道,中国科学院第二十次院士大会、中国工程院第十五次院士大会、中国科协第十次全国代表大会 28 日上午在京召开。中共中央总书记、国家主席、中央军委主席习近平出席大会并发表重要讲话强调,坚持把科技自立自强作为国家发展的战略支撑,立足新发展阶段、贯彻新发展理念、构建新发展格局、推动高质量发展,面向世界科技前沿、面向经济主战场、面向国家重大需求、面向人民生命健康,深入实施科教兴国战略、人才强国战略、创新驱动发展战略,把握大势、抢占先机,直面问题、迎难而上,完善国家创新体系,加快建设科技强国,实现高水平科技自立自强。

△中共教育部党组发布《关于教育系统深入学习贯彻习近平总书记在两院院士大会、中国科协第十次全国代表大会上重要讲话精神的通知》。

6 月

6 月 6 日

新华社刊发署名“宣言”的文章《社会主义没有辜负中国》。

6 月 10 日

据新华社报道,中央宣传部理论局组织撰写的 2021 年通俗理论读物《新征程面对面》,已由学习出版社、人民出版社联合出版。

△据教育部官网报道,为深入贯彻落实习近平总书记关于加强马克思主义经典著作学习研究的重要论述精神,进一步推进马工程重点教材建设,加强教材编审专家理论武装,指导专家学者做好教材编写、审核、使用工作,根据《全国大中小学教材建设规划(2019—2022年)》要求,经研究,国家教材委员会办公室决定组织编写马克思、恩格斯、列宁关于哲学社会科学及各学科的重要论述摘编,并发布了相关工作的通知。

6 月 18 日

据新华社报道,6 月 18 日,中国共产党历史展览馆正式开馆。中共中央总书记、国家主席、中央军委主席习近平在参观“‘不忘初心、牢记使命’中国共产党历史展览”时强调,铭记奋斗历程担当历史使命,从党的奋斗历史中汲取前进力量。

6 月 19 日

据新华社报道,在庆祝中国共产党成立 100 周年之际,中央宣传部新命名 111 个全国爱国主义教育示范基地。此次命名后,全国爱国主义教育示范基地总数达到 585 个。

6 月 20 日

据光明网报道,20 日晚,第十届“导航杯”(中南联盟)思政课实践教育活动优秀作品展演暨闭幕式在中南民族大学举行。此次“导航杯”系列活动自 3 月启动,共吸引 10 万余名来自武汉八所高校的学生参加,征集作品 4000 余件,评选出优秀作品 120 余件。党史讲演大赛、“我心中的中国共产党”微视频大赛、“党的经典文献”演讲大赛、“百年辉煌”海报设计大赛、征文大赛等获奖优秀团队分别进行了作品展演。据悉,"导航杯"活动于 2012 年由中南民族大学创办。

6 月 25 日

据新华社报道,庆祝中国共产党成立 100 周年主题出版物首发仪式 25 日在北京举行。为庆祝中国共产党成立 100 周年,中央广播电视总台集中打造出《美术经典中的党史》《绝笔》《山河岁月》《中流击水》《敢教日月换新天》等一大批精品力作,部分优秀作品的音像制品由中国国际电视总公司面向社会出版发行。

6 月 26 日

据福建师范大学官网报道,"百年辉煌:中国共产党的建设与马克思主义理论学科发展"学术研讨会暨 2021 年马克思主义理论学科博导论坛在福建师范大学马克思主义学院举办。

6 月 28 日

据新华社报道,在中央党的建设工作领导小组领导下,中共中央党史和文献研究院、中央党的建设工作领导小组秘书组合作编辑的《习近平关于全面从严治党论述摘编(2021 年版)》一书,近日由中央文献出版社出版,在全国发行。

△据中国社会科学网报道,全国高校马克思主义理论学科研究会第 51 次学科论坛、中国共产党百年建设史与党的建设学科研究全国学术研讨会在郑州大学举行。

6 月 29 日

据新华社报道,庆祝中国共产党成立 100 周年"七一勋章"颁授仪式 29 日上午在北京人民大会堂金色大厅隆重举行。中共中央总书记、国家主席、中央军委主席习近平向"七一勋章"获得者颁授勋章并发表重要讲话。习近平强调,一百年来,一代又一代中国共产党人,为赢得民族独立和人民解放、实现国家富强和人民幸福,前仆后继、浴血奋战,艰苦奋斗、无私奉献,谱写了气吞山河的英雄壮歌。在庆祝中国共产党成立一百周年之际,我们在这里隆重举行仪式,将党内最高荣誉授予为党和人民作出杰出贡献的共产党员。

7 月

7 月 1 日

据新华社报道,庆祝中国共产党成立 100 周年大会在天安门广场隆重举行。中共中央总书记、国家主席、中央军委主席习近平出席大会并发表重要讲话。他强调,一百年前,中国共产党的先驱们创建了中国共产党,形成了坚持真理、坚守理想,践行初心、担当使命,不怕牺牲、英勇斗争,对党忠诚、不负人民的伟大建党精神,这是中国共产党的精神之源。一百年来,中国共产党弘扬伟大建党精神,在长期奋斗中构建起中国共产党人的精神谱系,锤炼出鲜明的政治品格。历史川流不息,精神代代相传。我们要继续弘扬光荣传统、赓续红色血脉,永远把伟大建党精神继承下去、发扬光大。

△据求是网官网,第 13 期《求是》杂志发表了中共中央总书记、国家主席、中央军委主席习近平的重要文章《学史明理、学史增信、学史崇德、学史力行》。

7 月 7 日

据教育部官网报道,中共教育部党组发布《关于教育系统认真学习贯彻习近平总书记在庆祝中国共产党成立 100 周年大会上的重要讲话精神的通知》。

7 月 12 日

据新华网报道,中共中央、国务院印发《关于新时代加强和改进思想政治工作的意见》。《意见》指出,要深入开展思想政治教育。坚持用习近平新时代中国特色社会主义思想武装全党、教育人民、健全用党的创新理论武装全党、教育人民工作体系,增进对习近平新时代中国特色社会主义思想的政治认同、思想认同、理论认同、情感认同。推动理想信念教育常态化制度化,广泛开展中国特色社会主义和中国梦宣传教育,弘扬民族精神和时代精神,加强爱国主义、集体主义、社会主义教育,加强马克思主义唯物论和无神论教育。培育和践行社会主义核心价值观,加强教育引导、实践养成、制度保障,推动社会主义核心价值观融入社会发展和百姓生活。加强党史、新中国史、改革开放史、社会主义发展史和形势政策教育,引导党员、干部、群众旗帜鲜明反对历史虚无主义,继往开来走好新时代长征路。加强社会主义法治教育,深入学习宣传习近平法治思想,在全社会普遍开展宪法宣传教育,有针对性地宣传普及法律、法规和法理常识,加大党章党规党纪宣传力度。增强忧患意识、发扬斗争精神,广泛开展防范化解重大风险宣传教育,总结新冠肺炎疫情防控斗争经验,以自觉的斗争实践打开新天地、夺取新胜利。

7 月 16 日

据中国文明网报道,中宣部在京召开学术期刊发展建设座谈会。

△据上海海洋大学官网报道,14 日和 15 日,第十一届全国思想政治教育高端论坛在上海海洋大学举办。来自清华大学、上海交通大学、复旦大学等 150 余所高校和单位的近 300 名思想政治教育和宣传思想领域专家学者出席会议。

7 月 18 日

据中国社会科学网报道,2021 年全国思想政治教育学术研讨会在内蒙古师范大学召开,会议主题为"中国共产党思想政治教育百年回顾与展望"。

7 月 20 日

据新华社报道,学习宣传贯彻习近平新时代中国特色社会主义思想研讨会暨党史学习教育高端论坛在宁夏银川举行。中共中央政治局委员、中宣部部长、党史学习教育领导小组组长黄坤明出席并讲话强调,要深入学习贯彻习近平总书记"七一"重要讲话精神,提高思想自觉,增强历史担当,牢记和践行"社会主义是干出来的",以奋发奋斗、苦干实干走好新的赶考之路。

△据教育部官网报道,国务院教育督导委员会印发《教育督导问责办法》。

8 月

8 月 11 日

据教育部官网报道,教育部办公厅发布《关于公布第二批全国高校"百个研究生样板党支部"和"百名研究生党员标兵"创建名单的通知》。

8 月 15 日

据新华社报道,中共中央党史和文献研究院编辑的习近平同志《论把握新发展阶段、贯彻新发展理念、构建新发展格局》一书,近日由中央文献出版社出版,在全国发行。

8 月 24 日

据教育部官网报道,教育部 24 日召开新闻发布会,介绍统筹谋划重大主题教育进课程教材情况。教育部教材局介绍了研制印发《习近平新时代中国特色社会主义思想进课程教材指南》《中华优秀传统文化进中小学课程教材指南》《革命传统进中小学课程教材指南》《大中小学劳动教育指导纲要(试行)》《大中小学国家安全教育指导纲要》、组织编写大中小学《习近平新时代中国特色社会主义思想学生读本》和《习近平总书记教育重要论述讲义》等重大主题进教材的基本情况,介绍了研制《"党的领导"相关内容进大中小学课程教材指南》《新时代马克思主义理论研究和建设工程重点教材建设规划》《国防教育进中小学课程教材指南》等重点工作的推进情况。

8 月 26 日

据新华社报道,中宣部 26 日发布文献《中国共产党的历史使命与行动价值》。

9 月

9 月 1 日

据新华社报道,2021 年秋季学期中央党校(国家行政学院)中青年干部培训班在中央党校开班。中共中央总书记、国家主席、中央军委主席习近平在开班式上发表重要讲话,强调信念坚定、对党忠诚、实事求是、担当作为,努力成为可堪大用能担重任的栋梁之材。

9 月 8 日

据教育部官网报道,教育部召开新闻发布会,介绍教师队伍建设进展成效、国家支持教师队伍建设有关工作和第 37 个教师节系列宣传庆祝活动安排,并发布 2021 年全国教书育人楷模等名单。

△据中国教育新闻网报道,为推动习近平法治思想进教材进课堂进头脑,由中央宣传部、中国法学会组织编写的马克思主义理论研究和建设工程重点教材《习近平法治思想概论》(以下简称《概论》)一书,已由高等教育出版社出版。

9 月 9 日

据新华社报道,9 月 8 日,在第 37 个教师节来临之际,中共中央总书记、国家主席、中央军委主席习近平给全国高校黄大年式教师团队代表回信,对他们寄予殷切期望,并向全国广大教师致以节日的祝贺和诚挚的祝福。

9 月 16 日

据求是网官网,第 18 期《求是》杂志发表中共中央总书记、国家主席、中央军委主席习近平的重要文章《毫不动摇坚持和加强党的全面领导》。

9 月 21 日

据新华社报道,近日,中共中央办公厅印发了《关于加强新时代马克思主义学院建设的意见》(以下简称《意见》),并发出通知,要求各地区各部门结合实际认真贯彻落实。

9 月 25 日

据中国社会科学网报道,全国高校马克思主义理论学科研究会第 52 次学科论坛暨第九届民族(地区)高校马克思主义理论学科论坛在西南民族大学以线上和线下结合的方式进行,近 40 所高校的 200 余名高校马克思主义理论学科专家学者参会。

9 月 26 日

据教育部官网报道,国家教材委员会发布《关于首届全国教材建设奖奖励的决定》,授予义务教育三科统编教材等 10 种教材"全国优秀教材特等奖",授予《马克思主义哲学(第二版)》等 200 种教材"全国优秀教材一等奖",授予《职业道德与法律(第五版)》等 789 种教材"全国优秀教材二等奖",授予国家教材委员会语文学科专家委员会等 99 个集体"全国教材建设先进集体"称号,授予丁增稳等 200 名同志"全国教材建设先进个人"称号。

△据教育部官网报道,国家教材委员会发布关于印发《"党的领导"相关内容进大中小学课程教材指南》的通知。

△据人民网报道,由中国法学会、人民日报社联合举办的习近平法治思想论坛 26 日上午在京开幕。论坛以"坚定不移走中国特色社会主义法治道路,为全面建成社会主义现代化强国而努力奋斗"为主题。

9 月 26 日

据新华社报道,近日,中央宣传部、中央政法委、全国人大常委会办公厅、司法部印发《关于建立社会主义核心价值观入法入规协调机制的意见(试行)》(以下简称《意见》),并发出通知,要求各地区各部门结合实际认真贯彻落实。

10 月

10 月 1 日

据求是网报道,第 19 期《求是》杂志发表中共中央总书记、国家主席、中央军委主席习近平的重要文章《用好红色资源、赓续红色血脉,努力创造无愧于历史和人民的新业绩》。

10 月 9 日

据新华社报道,9 日上午,纪念辛亥革命 110 周年大会在北京人民大会堂隆重举行。中共中央总书记、国家主席、中央军委主席习近平在会上发表重要讲话强调,今年是辛亥革命 110 周年,是中国共产党成立 100 周年,我们在这里隆重集会,缅怀孙中山先生等革命先驱的历史功勋,就是要学习和弘扬他们为振兴中华而矢志不渝的崇高精神,激励和团结海内外全体中华儿女为实现中华民族伟大复兴而共同奋斗。

△据教育部官网报道,在教育部指导和支持下,由上海市教卫工作党委、上海市教委主办的高校中国共产党伟大建党精神研究中心(以下简称"研究中心")成立仪式暨首届高校中国共产党伟大建党精神学术研讨会在中共一大纪念馆和上海交通大学举行。

10 月 13 日

据教育部官网报道,教育部办公厅印发《全国普通高校毕业生就业创业指导委员会章程》。

10 月 14 日

据教育部官网报道,近日,教育部、市场监管总局、中央网信办、工业和信息化部、公安部等五部门联合印发《关于加强高等学历继续教育广告发布管理的通知》(以下简称《通知》),对高等学历继续教育广告发布、内容、程序等提出规范性要求,并部署开展违法违规广告专项整治行动,推动建立长效监管机制。

△据新华社报道,首届"学术中国"国际高峰论坛以线上线下结合方式在京举行。论坛由中国社科院主办,以"中国式现代化新道路"为主题,来自中国和 20 余个国家的 100 多名学者参加。

10 月 19 日

据教育部官网报道,教育部办公厅印发《普通高等学校宪法学教学重点指南》。

△同日,教育部办公厅下达 2022 年"退役大学生士兵"专项硕士研究生招生计划。

10 月 27 日至 28 日

据中国社会科学网报道,由中国社会科学院马克思主义研究院与吉林大学联合主办,《马克思主义研究》编辑部、吉林大学马克思主义学院和吉林大学中国特色社会主义理论体系研究中心共同承办的"第十一届全国马克思主义青年学者论坛"在吉林长春召开。来自全国 70 余所高校和科研单位、期刊出版单位的 100 余位专家学者参会。

10 月 28 日

据新华社报道,第九次全国法治宣传教育工作会议在京召开。会议强调,要深入学习贯彻习近平法治思想,贯彻落实中央全面依法治国工作会议精神,聚焦全面建设社会主义现代化国家目标要求,扎实有效开展新时代法治宣传教育,切实做好"八五"普法工作,在全社会大力营造尊法学法守法用法的良好氛围。

11 月

11 月 3 日

据中国社会科学网报道,习近平新时代中国特色社会主义思想文库数据库正式上线,上线仪式在中国社会科学院学术报告厅举行。

11 月 4 日

据教育部官网报道,教育部印发《全国教育系统开展法治宣传教育的第八个五年规划(2021—2025 年)》。

11 月 5 日

据新华社报道,第八届全国道德模范颁奖仪式在京举行。68 名全国道德模范和 254 名提名奖获得者被表彰。

全国道德模范每两年评选表彰一次。截至目前,共评出 476 名全国道德模范和 1994 名提名奖获得者。

△据新华社报道,近日,中央宣传部、中国科协、科技部、中国科学院、中国工程院、国防科工局六部门向全社会发布 2021 年"最美科技工作者"的先进事迹。马玙、毛献群、冯益柏、庄文颖、刘家富、李德仁、吴尊友、沙国河、易志坚、赵淳生等 10 人入选。"最美科技工作者"学习宣传活动自 2018 年以来已连续举办 4 届,每年选树 10 位先进个人,在全社会营造了尊重劳动、尊重知识、尊重人才、尊重创造的浓厚氛围。

11 月 8 日

据教育部官网报道,教育部决定成立 2021—2025 年高等学校思想政治理论课教学指导委员会。

11 月 8 日至 11 日

据新华社报道,中国共产党第十九届中央委员会第六次全体会议在北京举行。全会由中央政治局主持。中央委员会总书记习近平作了重要讲话。全会听取和讨论了习近平受中央政治局委托作的工作报告,审议通过了《中共中央关于党的百年奋斗重大成就和历史经验的决议》,审议通过了《关于召开党的第二十次全国代表大会的决议》。习近平就《中共中央关于党的百年奋斗重大成就和历史经验的决议(讨论稿)》向全会作了说明。

11 月 15 日

据教育部官网报道,教育部发布《关于做好 2022 届全国普通高校毕业生就业创业工作的通知》。

11 月 16 日

据求是网官网,第 22 期《求是》杂志发表中共中央总书记、国家主席、中央军委主席习近平的重要文章《坚持用马克思主义及其中国化创新理论武装全党》。

11 月 17 日

据教育部官网报道,国务院学位委员会审议通过并印发《交叉学科设置与管理办法(试行)》。

11 月 19 日

据新华社报道,近日,《深入学习习近平总书记"七一"重要讲话精神》由人民出版社出版发行。

11 月 23 日

据教育部官网报道,教育部办公厅发布《教育部大中小学思政课一体化建设指导委员会章程》的通知。

11 月 30 日

据教育部官网报道,教育部印发《高等学校思想政治理论课建设标准(2021 年本)》。

△据新华社报道,为推进新时代语言文字事业改革发展,国务院办公厅印发了《关于全面加强新时代语言文字工作的意见》。这是新中国成立以来第一次以国办名义下发的全面加强语言文字工作的指导性文件。文件强调,要全面加强新时代语言文字工作,为铸牢中华民族共同体意识、建设社会主义现代化强国贡献力量。

12 月

12 月 3 日

据新华社报道,为推动党的十九届六中全会精神学习宣传贯彻,进一步把党史学习教育引向深入,中央宣传部组织编写的《中国共产党历史学习百问》,目前已由学习出版社出版发行。

12 月 4 日

据中国社会科学网报道,由教育部社科司指导,教育部高校思政课教学指导委员会主办,南开大学马克思主义学院承办的习近平新时代中国特色社会主义思想大学习"领航计划"系列活动之"百年辉煌路·奋斗正当时"——第五届全国高校大学生讲思政课公开课展示活动总结交流会在南开大学举行。

12 月 7 日

据新华社报道,中央宣传部、教育部近日联合发布 2021 年"最美高校辅导员""最美大学生"先进事迹。

马军、刘岩、刘巍、刘国权、齐勋、张海玉、胡波、项淑芳、赵颖虹、薛冰等 10 名高校辅导员被评为 2021 年"最美高校辅导员"。刘宸、刘耀东、杨倩、宋哲、张建、阿卜拉江、周杰、周锦宇、黄君婷、梁荣浩等 10 名在校大学生被评为 2021 年"最美大学生"。

12 月 8 日

据教育部官网报道,教育部办公厅发布《关于做好普通高等学校非学历教育对照检查整改工作的通知》。

12 月 12 日

据中国社会科学网报道,全国马克思主义院长论坛专题研讨会在北京和福州召开。研讨会主题为"中国共产党百年辉煌与中国现代化"。本次论坛由中国社会科学院马克思主义研究院和福建师范大学主办,中国社会科学院大学马克思主义学院、福建师范大学马克思主义学院承办,《马克思主义研究》《世界社会主义研究》《理论与评论》协办,会议采用线上线下相结合的方式举行。

12 月 14 日

据新华社报道,中国文学艺术界联合会第十一次全国代表大会、中国作家协会第十次全国代表大会在北京人民大会堂开幕。中共中央总书记、国家主席、中央军委主席习近平出席大会并发表重要讲话,讲话强调,要增强文化自觉,坚定文化自信,展示中国文艺新气象,铸就中华文化新辉煌。

12 月 16 日

据求是网官网,第 24 期《求是》杂志发表中共中央总书记、国家主席、中央军委主席习近平的重要文章《深入实施新时代人才强国战略 加快建设世界重要人才中心和创新高地》。

12 月 17 日

据新华社报道,中央全面深化改革委员会第二十三次会议在京召开。会议审议通过了《关于深入推进世界一流大学和一流学科建设的若干意见》。会议强调,办好世界一流大学和一流学科,必须扎根中国大地,办出中国特色。要坚持社会主义办学方向,坚持中国特色社会主义教育发展道路,贯彻党的教育方针,落实立德树人根本任务。要牢牢抓住人才培养这个关键,坚持为党育人、为国育才,坚持服务国家战略需求,瞄准科技前沿和关键领域,优化学科专业和人才培养布局,打造高水平师资队伍,深化科教融合育人,为加快建设世界重要人才中心和创新高地提供有力支撑。

12 月 20 日

据中国社会科学网报道,由中国社会科学院、老挝经济社会科学院和越南社会科学翰林院主办的第八届社会主义国际论坛,以视频会议方式在北京、万象与河内同期举行。论坛主题为"新时代社会主义建设中的经济社会协调发展"。来自中国、老挝、越南的百余位专家学者围绕"经济发展和文化发展""经济增长和改善人民生活""经济增长与社会和谐"三个议题进行了深入讨论。

12 月 21 日

据中国社会科学网报道,第十二届世界社会主义论坛在京举行。论坛以"21 世纪马克思主义的守正与创新"为主题。

12 月 24 日

据新华社报道,中共中央总书记、国家主席、中央军委主席习近平作出重要指示指出,在全党开展党史学习教育,是党中央立足百年党史新起点、着眼开创事业发展新局面作出的一项重大战略决策。一年来,各级党组织认真贯彻党中央部署,按照学史明理、学史增信、学史崇德、学史力行的要求,精心组织实施、有力有序推进,整个党史学习教育求实、务实、扎实,广大党员、干部受到了一次全面深刻的政治教育、思想淬炼、精神洗礼,全党历史自觉、历史自信大大增强,党的创造力、凝聚力、战斗力大大提升,达到了学党史、悟思想、办实事、开新局的目的。

24 日,党史学习教育总结会议在北京召开。

12 月 28 日

据新华社报道,27 日至 28 日,中共中央政治局召开党史学习教育专题民主生活会,中共中央总书记习近平主持会议并发表重要讲话。会议强调,要弘扬伟大建党精神,坚持党的百年奋斗历史经验,增加历史自信,增进团结统一,增强斗争精神。

△据新华社报道,中央宣传部向全社会宣传发布海军航空大学某基地舰载机飞行教官群体先进事迹,授予他们"时代楷模"称号。

12 月 31 日

据新华社报道,新年前夕,国家主席习近平通过中央广播电视总台和互联网,发表了2022 年新年贺词。

2021 年

2021 年是党和国家历史上具有里程碑意义的一年。我们隆重庆祝中国共产党成立一百周年,实现第一个百年奋斗目标,开启向第二个百年奋斗目标进军新征程,沉着应对百年变局和世纪疫情,构建新发展格局迈出新步伐,高质量发展取得新成效,实现了"十四五"良好开局。我国经济发展和疫情防控保持全球领先地位,国家战略科技力量加快壮大,产业链韧性得到提升,改革开放向纵深推进,民生保障有力有效,生态文明建设持续推进。这些成绩的取得,是以习近平同志为核心的党中央坚强领导的结果,是全党全国各族人民勠力同心、艰苦奋斗的结果。

△据国家统计局初步核算,2021 年国内生产总值 1143670 亿元,比上年增长 8.1%,两年平均增长 5.1%。其中,第一产业增加值 83086 亿元,比上年增长 7.1%;第二产业增加值450904 亿元,增长 8.2%;第三产业增加值 609680 亿元,增长 8.2%。第一产业增加值占国内生产总值比重为 7.3%,第二产业增加值比重为 39.4%,第三产业增加值比重为 53.3%。全年最终消费支出拉动国内生产总值增长 5.3 个百分点,资本形成总额拉动国内生产总值增长 1.1 个百分点,货物和服务净出口拉动国内生产总值增长 1.7 个百分点。全年人均国内生产总值 80976 元,比上年增长 8.0%。国民总收入 1133518 亿元,比上年增长 7.9%。全员劳动生产率为 146380 元/人,比上年提高 8.7%。年末国家外汇储备 32502 亿美元,比上年末增加 336 亿美元。全年人民币平均汇率为 1 美元兑 6.4515 元人民币,比上年升值 6.9%。

年末全国就业人员 74652 万人,其中城镇就业人员 46773 万人,占全国就业人员比重为62.7%,比上年末上升 1.1 个百分点。全年城镇新增就业 1269 万人,比上年多增 83 万人。全年全国城镇调查失业率平均值为 5.1%。年末全国城镇调查失业率为 5.1%,城镇登记失业率为 3.96%。全国农民工总量 29251 万人,比上年增长 2.4%。其中,外出农民工 17172万人,增长 1.3%;本地农民工 12079 万人,增长 4.1%。全年居民消费价格比上年上涨0.9%。工业生产者出厂价格上涨 8.1%。工业生产者购进价格上涨 11.0%。农产品生产者价格下降 2.2%。12 月份,70 个大中城市中,新建商品住宅销售价格同比上涨的城市个数为53 个,下降的为 17 个;二手住宅销售价格同比上涨的城市个数为 43 个,持平的为 1 个,下降的为 26 个。

新产业新业态新模式加速成长。全年规模以上工业中,高技术制造业增加值比上年增长 18.2%,占规模以上工业增加值的比重为 15.1%;装备制造业增加值增长 12.9%,占规模以上工业增加值的比重为 32.4%。全年规模以上服务业中,战略性新兴服务业企业营业收入比上年增长 16.0%。全年高技术产业投资比上年增长 17.1%。全年新能源汽车产量 367.7 万辆,比上年增长 152.5%;集成电路产量 3594.3 亿块,增长 37.5%。全年网上零售额 130884 亿元,按可比口径计算,比上年增长 14.1%。全年新登记市场主体 2887 万户,日均新登记企业 2.5 万户,年末市场主体总数达 1.5 亿户。

城乡区域协调发展扎实推进。年末全国常住人口城镇化率为 64.72%,比上年末提高 0.83 个百分点。分区域看,全年东部地区生产总值 592202 亿元,比上年增长 8.1%;中部地区生产总值 250132 亿元,增长 8.7%;西部地区生产总值 239710 亿元,增长 7.4%;东北地区生产总值 55699 亿元,增长 6.1%。全年京津冀地区生产总值 96356 亿元,比上年增长 7.3%;长江经济带地区生产总值 530228 亿元,增长 8.7%;长江三角洲地区生产总值 276054 亿元,增长 8.4%。粤港澳大湾区建设、黄河流域生态保护和高质量发展等区域重大战略深入实施。

生态环境保护取得新成效。全年全国万元国内生产总值能耗比上年下降 2.7%。在监测的 339 个地级及以上城市中,全年空气质量达标的城市占 64.3%,未达标的城市占 35.7%;细颗粒物(PM2.5)年平均浓度 30 微克/立方米,比上年下降 9.1%。3641 个国家地表水考核断面中,全年水质优良(Ⅰ~Ⅲ类)断面比例为 84.9%,Ⅳ类断面比例为 11.8%,Ⅴ类断面比例为 2.2%,劣Ⅴ类断面比例为 1.2%。

全年全国居民人均可支配收入 35128 元,比上年增长 9.1%,扣除价格因素,实际增长 8.1%。全国居民人均可支配收入中位数 29975 元,增长 8.8%。按常住地分,城镇居民人均可支配收入 47412 元,比上年增长 8.2%,扣除价格因素,实际增长 7.1%。城镇居民人均可支配收入中位数 43504 元,增长 7.7%。农村居民人均可支配收入 18931 元,比上年增长 10.5%,扣除价格因素,实际增长 9.7%。农村居民人均可支配收入中位数 16902 元,增长 11.2%。城乡居民人均可支配收入比值为 2.50,比上年缩小 0.06。按全国居民五等份收入分组,低收入组人均可支配收入 8333 元,中间偏下收入组人均可支配收入 18445 元,中间收入组人均可支配收入 29053 元,中间偏上收入组人均可支配收入 44949 元,高收入组人均可支配收入 85836 元。全国农民工人均月收入 4432 元,比上年增长 8.8%。全年脱贫县农村居民人均可支配收入 14051 元,比上年增长 11.6%,扣除价格因素,实际增长 10.8%。

全年研究与试验发展(R&D)经费支出 27864 亿元,比上年增长 14.2%,与国内生产总值之比为 2.44%,其中基础研究经费 1696 亿元。国家自然科学基金共资助 4.87 万个项目。截至年末,正在运行的国家重点实验室 533 个,纳入新序列管理的国家工程研究中心 191 个,国家企业技术中心 1636 家,大众创业万众创新示范基地 212 家。国家科技成果转化引导基金累计设立 36 支子基金,资金总规模 624 亿元。国家级科技企业孵化器 1287 家,国家备案众创空间 2551 家。全年授予专利权 460.1 万件,比上年增长 26.4%;PCT 专利申请受理量 7.3 万件。截至年末,有效专利 1542.1 万件,其中境内有效发明专利 270.4 万件。每万人口高价值发明专利拥有量 7.5 件。全年商标注册 773.9 万件,比上年增长 34.3%。全年共签订技术合同 67 万项,技术合同成交金额 37294 亿元,比上年增长 32.0%。

△2020 年,我国成功完成 52 次宇航发射。天问一号探测器成功着陆火星,祝融号火星车驶上火星表面。天和核心舱发射成功,神舟十二号、神舟十三号等任务相继实施,中国人首次进入自己的空间站。羲和号探日卫星成功发射运行。祖冲之二号、九章二号成功研制,我国在超导量子和光量子两种物理体系上实现量子计算优越性。海斗一号全海深无人潜水器打破多项世界纪录。华龙一号自主三代核电机组投入商业运行。

△教育部公布的《2020 年全国教育事业发展统计公报》显示,全年研究生教育招生117.7 万人,在学研究生 333.2 万人,毕业生 77.3 万人。普通、职业本专科招生 1001.3 万人,在校生 3496.1 万人,毕业生 826.5 万人。中等职业教育招生 656.2 万人,在校生 1738.5 万人,毕业生 484.1 万人。普通高中招生 905.0 万人,在校生 2605.0 万人,毕业生 780.2 万人。初中招生 1705.4 万人,在校生 5018.4 万人,毕业生 1587.1 万人。普通小学招生1782.6 万人,在校生 10779.9 万人,毕业生 1718.0 万人。特殊教育招生 14.9 万人,在校生92.0 万人,毕业生 14.6 万人。学前教育在园幼儿 4805.2 万人。九年义务教育巩固率为95.4%,高中阶段毛入学率为 91.4%。

△中国互联网络信息中心(CNNIC)发布的第 49 次《中国互联网络发展状况统计报告》显示,截至 2021 年 12 月,我国网民规模达 10.32 亿,较 2020 年 12 月增长 4296 万,互联网普及率达 73.0%。农村网民规模已达 2.84 亿,农村地区互联网普及率为 57.6%,较 2020 年 12月提升 1.7 个百分点,城乡地区互联网普及率差异较 2020 年 12 月缩小 0.2 个百分点。60岁及以上老年网民规模达 1.19 亿,互联网普及率达 43.2%。老年群体与其他年龄群体共享信息化发展成果,能独立完成出示健康码/行程卡、购买生活用品和查找信息等网络活动的老年网民比例已分别达 69.7%、52.1% 和 46.2%。网民人均每周上网时长达到 28.5 个小时,较 2020 年 12 月提升 2.3 个小时,互联网深度融入人民日常生活。网民使用手机上网的比例达 99.7%,手机仍是上网的最主要设备;网民中使用台式电脑、笔记本电脑、电视和平板电脑上网的比例分别为 35.0%、33.0%、28.1% 和 27.4%。即时通信、网络视频、短视频用户使用率分别为 97.5%、94.5% 和 90.5%,用户规模分别达 10.07 亿、9.75 亿和 9.34 亿。在线办公、在线医疗用户规模分别达 4.69 亿和 2.98 亿,同比分别增长 35.7% 和 38.7%,成为用户规模增长最快的两类应用;网上外卖、网约车的用户规模增长率紧随其后,同比分别增长29.9% 和 23.9%,用户规模分别达 5.44 亿和 4.53 亿。

△据国家统计局公布的数据显示,截至 2021 年末,全国文化和旅游系统共有艺术表演团体 2044 个,博物馆 3671 个。全国共有公共图书馆 3217 个,总流通 72898 万人次;文化馆3317 个。有线电视实际用户 2.01 亿户,其中有线数字电视实际用户 1.95 亿户。年末广播节目综合人口覆盖率为 99.5%,电视节目综合人口覆盖率为 99.7%。全年生产电视剧 194部 6736 集,电视动画片 78372 分钟。全年生产故事影片 565 部,科教、纪录、动画和特种影片 175 部。出版各类报纸 276 亿份,各类期刊 20 亿册,图书 110 亿册(张),人均图书拥有量7.76 册(张)。年末全国共有档案馆 4233 个,已开放各类档案 18931 万卷(件)。全年全国规模以上文化及相关产业企业营业收入 119064 亿元,按可比口径计算,比上年增长 16.0%。

△据国家统计局公布的数据显示,2021 年全年国内游客 32.5 亿人次,比上年增长12.8%。其中,城镇居民游客 23.4 亿人次,增长 13.4%;农村居民游客 9.0 亿人次,增长11.1%。国内旅游收入 29191 亿元,增长 31.0%。其中,城镇居民游客花费 23644 亿元,增长31.6%;农村居民游客花费 5547 亿元,增长 28.4%。

教育部办公厅关于在思政课中加强
以党史教育为重点的 "四史" 教育的通知

教社科厅函〔2021〕8 号

各省、自治区、直辖市教育厅（教委），新疆生产建设兵团教育局，部属各高等学校、部省合建各高等学校：

为深入贯彻落实习近平总书记关于深化思想政治理论课改革创新和加强 "四史" 教育的重要指示批示精神，全面落实习近平总书记在党史学习教育动员大会上的重要讲话精神和《中共中央关于在全党开展党史学习教育的通知》的部署安排，在大中小学思政课中开展以党史教育为重点的 "四史" 教育，以优异成绩庆祝中国共产党成立 100 周年，现将有关工作通知如下。

一、深刻认识开展以党史教育为重点的 "四史" 教育的重大意义

今年是中国共产党成立 100 周年，开展党史教育是以习近平同志为核心的党中央作出的重大决策。习近平总书记在党史学习教育动员大会上的讲话中强调，要在全社会广泛开展党史、新中国史、改革开放史、社会主义发展史宣传教育，要抓好青少年学习教育，厚植爱党、爱国、爱社会主义的情感。《中共中央关于在全党开展党史学习教育的通知》要求，在全社会进行以党史为重点的 "四史" 宣传教育，突出青少年群体，贴近青少年需求，引导他们听党话、跟党走。加强以党史教育为重点的 "四史" 教育，要以习近平新时代中国特色社会主义思想为指导，全面落实立德树人根本任务，教育引导学生弄清楚当今中国所处的历史方位和自己所应担负的历史责任，深刻理解中华民族从站起来、富起来到强起来的历史逻辑、理论逻辑和实践逻辑，增强听党话、跟党走的思想和行动自觉，牢固树立中国特色社会主义的道路自信、理论自信、制度自信、文化自信。各地各校要将在思政课中加强以党史教育为重点的 "四史" 教育作为落实党中央重大决策部署的具体体现，充分发挥思想政治理论课主渠道作用，在以党史教育为重点的 "四史" 教育中有效提升学生的政治认同、思想认同、情感认同，真正做到 "学史明理、学史增信、学史崇德、学史力行"，坚定对马克思主义的信仰、对中国特色社会主义的信念、对中华民族伟大复兴中国梦的信心，以昂扬姿态为全面建设社会主义现代化国家努力奋斗。

二、充分发挥思政课在进行以党史教育为重点的"四史"教育中的主渠道作用

1. 高校思政课必修课要进一步深化以党史教育为重点的"四史"教育。各地各校要按照中办、国办《关于深化新时代学校思想政治理论课改革创新的若干意见》精神,严格开设好思政课各门必修课。持续深化所有思政课必修课中"四史"学习教育相关内容的有机融入,讲清讲透各门必修课中蕴含的"四史"道理学理哲理。

2. 有条件的高校要开设以党史教育为重点的"四史"思政课程。全国重点马克思主义学院根据本校实际情况,至少开设1门"四史"类思政课选择性必修课,所在高校本科生至少修读1门该课程。具有马克思主义理论学科点的高校面向马克思主义理论学科学生开设"四史"类必修课。有条件的高校根据本校实际情况,开设"四史"类思政课选修课,可将"四史"类思政课选修课与人文素质类选修课、专题讲座融合开设。

3. 各地中小学校要积极组织开展"从小学党史 永远跟党走"主题教育活动。围绕"图话百年"宣传教育活动、"学习新思想,做好接班人"阅读活动、百年先锋学习活动、"童心向党"班会活动、"寻访红色足迹"红色教育实践活动等,通过组织学生学习阅读反映党史重大事件、杰出人物的视频、文章,深入开展党史学习教育,坚持学习党史与学习新中国史、改革开放史、社会主义发展史相贯通,将主题教育活动与思政课教育教学、班团队活动、校园文化建设等相结合,引导中小学生坚定不移听党话、跟党走,传承红色基因,延续红色血脉。

4. 用好"读本"读物。用好教育部组织编写的"四史"大学生读本、《习近平新时代中国特色社会主义思想学生读本》、"读懂新时代"丛书——《道路何以自信》《理论何以自信》《制度何以自信》《文化何以自信》等读本读物,作为学校开展"四史"学习教育的辅助读物。

三、注重各学段学习教育重点内容和要求

1. 科学设计教学内容。各地各校要按照习近平总书记在党史学习教育动员大会上的重要讲话中深刻阐明的党史学习教育的重点和工作要求,遵循学生认知规律,设计思政课以党史教育为重点的"四史"教育内容,体现不同学段特点。研究生阶段重在开展探究性学习,本专科阶段重在开展理论性学习,高中阶段重在开展常识性学习,初中阶段重在开展体验性学习,小学阶段重在开展启蒙性学习。

2. 落实各学段学习教育要求。大学阶段重在增强使命担当,引导学生矢志不渝听党话跟党走。高中阶段重在提升政治素养,引导学生衷心拥护党的领导和我国社会主义制度。初中阶段重在打牢思想基础,引导学生把党、祖国、人民装在心中,强化做社会主义建设者和接班人的思想意识。小学阶段重在启蒙道德情感,引导学生形成爱党、爱国、爱社会主义、爱人民、爱集体的情感,具有做社会主义建设者和接班人的美好愿望。

四、改革创新教学方式方法,确保学习效果入脑入心

1. 充分利用媒体资源、创新方式方法,组织上好网络大课。教育部举办"同上'四史'思政大课",邀请优秀思政课教师、权威专家进行教学示范。推动"四史"课通过全国高校思政课教师网络集体备课平台实现优秀教学资源共享。国家中小学网络云平台开设党史学习专栏,遴选上线适合中小学生特点的党史学习教育资源,供广大师生学习使用。采取理论与实践结合、线上与线下结合、教师讲授与学生读原著学原文悟原理结合等方式开展教学,鼓励

各地各校结合实际和学生特点,运用科学、开放、创新的方式方法启智寓情励行。

2. 开展集体备课、研讨交流、专题培训等,提升教师教学能力。通过"周末理论大讲堂"导学习近平总书记重要讲话及关于"四史"的重要论述等,通过"全国高校思政课教师网络集体备课平台"直播,指导高校思政课教师做好集体备课。根据各高校课程建设情况,指导全国重点马克思主义学院所在高校召开教学交流研讨会,深入研讨以党史教育为重点的"四史"教育融入思政课的经验、做法,推动思政课质量提升。

3. 发掘本地本校教育资源优势,确保教育工作取得实效。各地各校要整合全校优质力量,精心设计教学计划,科学安排组织实施。要准确把握以党史学习教育为重点的"四史"教育的思政课教学目标要求、重点内容、课程载体,立足学校、学段、学生实际,把握学生特点,贴近学生需求,着力讲好党的故事、革命的故事、英雄的故事,深挖教育系统红色资源"鲜活教材",增强课程吸引力感染力,切实提高育人成效。

各地各校可将开课安排、课程效果以及意见建议及时报我部(社科司、基教司)。

教育部办公厅

2021 年 4 月 16 日

中共教育部党组关于教育系统深入学习贯彻
习近平总书记在清华大学考察时
重要讲话精神的通知

教党〔2021〕29号

部属各高等学校党委：

2021年4月19日，习近平总书记到清华大学考察并发表重要讲话。深入学习贯彻习近平总书记重要讲话精神，对于切实落实立德树人根本任务，与时俱进建设中国特色世界一流大学和高质量教育体系，着力培养德智体美劳全面发展的社会主义建设者和接班人，具有十分重要的意义。现就有关要求通知如下。

一、深刻领会习近平总书记重要讲话精神的丰富内涵和重大意义

习近平总书记在清华大学考察时的重要讲话是一篇指导新时代高等教育改革发展的纲领性文献，深刻揭示了新时代高等教育的历史使命，科学概括了建设世界一流大学的任务要求，对广大青年学生和教师提出了殷切期望和谆谆教导。今年以来，习近平总书记还在全国政协医药卫生界教育界联组会上、在福建考察时等的重要讲话以及给厦门大学建校100周年的重要贺信中，对办好新时代高等教育提出了一系列新任务新要求。

这些重要论述是一个有机整体，集中体现了习近平总书记对社会主义大学办学规律、教书育人规律、科技创新规律、学生成长规律的深刻把握，是习近平新时代中国特色社会主义思想的重要内容，是习近平总书记关于教育的重要论述的最新发展，具有很强的战略性、政治性、思想性和针对性，为办好新时代中国高等教育提供了根本遵循、指明了前进方向。各地教育部门和各高校要把学习宣传和贯彻落实习近平总书记重要讲话精神和一系列重要论述作为当前和今后一个时期的首要政治任务，锚定习近平总书记指明的目标奋力前行，聚焦习近平总书记划出的重点真抓实干，善用习近平总书记教给的方法开拓进取，遵照习近平总书记明确的提点攻坚克难，推进我国高等教育事业高质量发展。

二、以"单元式"学习为抓手，切实把习近平总书记关于高等教育的新任务新要求落到实处

学习贯彻习近平总书记重要讲话精神和一系列重要论述，必须突出重点、整体推进，围绕有关高等教育发展、改革和高校青年、师德、党建五个单元，不断推动各项工作向纵深发展。

1. 学好"发展"单元：更加坚定信心，全面把握大势，更好善作善成。习近平总书记指出："新中国成立以来，我国高等教育办学规模、培养质量、服务能力实现历史性跃升，特别是党的十八大以来，我国高等教育与祖国共进、与时代同行，创造了举世瞩目的发展成就。"办好新时代高等教育，在目标定位上，习近平总书记强调："高等教育要抓住历史机遇，紧扣时代脉搏，立足新发展阶段、贯彻新发展理念、服务构建新发展格局""想国家之所想、急国家之所急、应国家之所需"。在方法路径上，习近平总书记指出："不求最大、但求最优、但求适应社会需要""把发展科技第一生产力、培养人才第一资源、增强创新第一动力更好结合起

来"。在攻关重点上,习近平总书记强调要培养一流人才方阵,构建一流大学体系,提升原始创新能力,用好学科交叉融合的"催化剂"。要以习近平总书记有关重要要求为指引,聚焦特色、分类发展,大力实施一流学科培优行动,支持有条件的高校创建一流,在不同学科或同一学科不同方向争创一流。要完善大学创新体系,勇于攻克"卡脖子"的关键核心技术,加强产学研深度融合,促进科技成果转化。要瞄准学科前沿和关键领域,持续推进新工科、新医科、新农科、新文科建设。

2. 学好"改革"单元:坚持守正创新,全面迸发活力,做到蹄疾步稳。习近平总书记充分肯定了高校在全面深化教育领域综合改革所取得的成效,强调"把深化改革作为强大动力"。在改革方向上,习近平总书记强调:"全面贯彻党的教育方针,紧扣落实立德树人根本任务深化教育改革,努力构建德智体美劳全面培养的教育体系。"在改革方法上,习近平总书记指出:"增强教育改革的系统性、整体性、协同性。"在改革重点上,习近平总书记强调:"围绕建设高质量教育体系,以教育评价改革为牵引,统筹推进育人方式、办学模式、管理体制、保障机制改革""坚持开放合作"。要以习近平总书记有关重要要求为指引,持续向改革要动力、向开放要活力。要全面贯彻落实《深化新时代教育评价改革总体方案》,尊重教育规律和人才成长规律,坚决破除"五唯"顽瘴痼疾,推动教育理念、教育评价、教育管理等不断完善,推进治理体系和治理能力现代化。要着力打造教育对外开放新高地,深化中外人文交流基础,以更加开放共享的理念构建人类命运共同体,共同迎接挑战,增进人类福祉。

3. 学好"青年"单元:落实立德树人,全面成长成才,勇于担当大任。习近平总书记高度重视青年学生成长发展,在时代定位上,习近平总书记强调:"当代中国青年是与新时代同向同行、共同前进的一代,生逢盛世,肩负重任。"在群体特点上,习近平总书记指出:"当代青年思想活跃、思维敏捷、观念新颖、兴趣广泛,探索未知劲头足,接受新生事物快,主体意识、参与意识强。"在为人为学上,习近平总书记殷切期望"树立为祖国为人民永久奋斗、赤诚奉献的坚定理想""如饥似渴、孜孜不倦学习,既多读有字之书,也多读无字之书,注重学习人生经验和社会知识""坚持德智体美劳全面发展"。要以习近平总书记有关重要要求为指引,深入推进理想信念教育、持续深化爱国主义教育、全面开展党史学习教育,引导学生坚定信仰信念。注重培育高尚品格,教育引导广大青年学生懂得为人先于为学的道理,切实用好开学典礼、毕业典礼等途径深入引导青年自觉树立和践行社会主义核心价值观。大力培养过硬本领,教育引导青年学生注重实学实干,自觉增强严谨求学、勇于创新的精神,努力学习掌握科学知识,面向世界科技前沿、面向经济主战场、面向国家重大需求、面向人民生命健康开展科研攻关,矢志为国攀登科技高峰,奉献更多智慧和力量。不断提升综合素质,重视体育和美育,大力开展劳动教育,促进学生德智体美劳全面发展。

4. 学好"师德"单元:全面做好示范,践行初心使命,更好教书育人。习近平总书记高度重视教师队伍建设,多次强调教师是立教之本、兴教之源,是教育工作的中坚力量,是国家富强、民族振兴、人民幸福的重要基石;谆谆嘱咐广大教师要教书育人,育人重于教书,要成为"大先生",做学生为学、为事、为人的示范。在理想信念上,习近平总书记强调:"教师要始终同党和人民站在一起,自觉做中国特色社会主义的坚定信仰者和忠实实践者。"在道德修为上,习近平总书记指出:教师要"有道德情操""保持家国情怀,心里装着国家和民族"。在素质能力上,习近平总书记强调:教师要"有扎实学识""研究真问题,善于学习新知识、新技术、新理论"。要以习近平总书记有关重要要求为指引,持续深化教师队伍建设。加强师德师风建设,落实好《新时代高校教师职业行为十项准则》,完善教师荣誉表彰制度体系,开展好师德传统教育、师德榜样教育。加强教师政治把关、理论学习、国情教育、实践锻炼、人文关怀等工作,引导广大教师践行育人使命,把"培根铸魂、启智润心"的理念融入教育的各领域、全过程。加快构建高质量教师培养体系,深化教师管理综合改革,实施新时代强师计划,加大对师范院校支持力度,发挥名师名校长领航作用,引导广大教师不断提高科研成果水平和社会服务能力,为国家和区域发展贡献力量。

5. 学好"党建"单元:加强政治建设,落实全面领导,夯实基层党建。习近平总书记多次强调:"必须毫不动摇坚持和加强党对高校的全面领导""以政治建设为统领全面加强高校党建工作"。在加强党对高校的全面领导上,习近平总书记指出:"要坚持党管办学方向、党管改革发展、党管干部、党管人才、党管意识形态,从组织上、制度上、机制上确保高校党组织的领导地位。"在加强高校党的政治建设上,习近平总书记强调:"要以政治建设为统领""切实提高政治判断力、政治领悟力、政治执行力"。在夯实高校基层党建上,习近平总书记指出:"高校党的基层组织建设要适应高校发展趋势,遵循高校特点和规律,创新体制机制,改进工作方式。"要以习近平总书记有关重要要求为指引,不断加强高校党的建设工作,推动构建高质量高校党建工作体系。加强党对高校的领导要在全面上下功夫,充分发挥高校党委把方向、管大局、作决策、抓班子、带队伍、保落实的领导作用,强化院系级单位党组织和师生党支部政治功能,把党的集中统一领导落实到办学治校全过程各方面。加强高校政治建设要在提升政治判断力、政治领悟力、政治执行力上下功夫,把政治标准和政治要求贯穿高校党的建设始终,通过推动高校意识形态工作责任制落实落地,强化干部考核评价指挥棒作用等。提升高校基层党建要在质量水平上下功夫,坚持抓基层强基础,推动基层党建示范创建和质量创优,充分发挥基层党支部的战斗堡垒作用,更好教育管理党员,有效引领带动群众,不断激发师生群众的积极性和创造性,全面增强高校基层党组织生机活力。加强全面从严治党要在强化责任监督上下功夫,纵深推进教育系统全面从严治党,持之以恒正风肃纪,建立巡视整改长效机制,打好作风建设持久战。

三、迅速掀起学习贯彻习近平总书记重要讲话精神热潮

各地教育部门和各高校要以高度的政治责任感,把学习贯彻习近平总书记重要讲话精神作为重大政治任务,加强组织领导,作出专题部署,提出明确要求,落实工作责任,抓紧抓实,确保成效。

1. 及时开展学习研讨。要迅速组织开展学习研讨,做到及时跟进学、原原本本学、联系实际学。要组织开展一次全覆盖式学习贯彻大讨论,将习近平总书记重要讲话作为党委会、中心组学习、干部培训的重要内容,通过座谈会、主题班会、党团日活动等多种形式,引导全体党员干部、青年师生主动开展体系式学习,广泛开展融合式讨论。

2. 融入党史学习教育。要把习近平总书记重要讲话作为党史学习教育的重要内容,纳入党史学习教育的总体安排,以习近平总书记重要讲话精神为指引,增强"干实事""解难事""谋大事""创新事""长本事"的思想自觉和行动自觉。要聚焦"一流大学建设""一流人才培养""一流教师队伍建设"要求,对照习近平总书记在党史学习教育动员大会上重要讲话,对照习近平总书记关于教育的重要论述,对照习近平总书记给高校师生一系列重要贺信回信精神,积极研究发掘百年来党对教育的领导史、党对青年学生的教育培养史、高校党的

建设制度史和思想政治工作史等,切实做到学讲话、感党恩、促发展、见行动。

3. 广泛做好宣传研究。要结合实际情况,不断创新学习方式方法,深入挖掘好的经验做法,用富有时代特色和广大青年师生喜闻乐见的鲜活方式做好宣传,迅速营造良好氛围,掀起学习高潮。教育部党组将在《中国教育报》、中国教育电视台、教育部门户网站和地方教育媒体开设专栏、专版,以综合刊发和分专题报道的形式宣传各地各校学习贯彻情况,并协调人民日报、光明日报等中央主流媒体择优刊发。要组织一批专家学者和书记、校长等就办好中国特色世界一流大学、培养社会主义合格建设者和接班人等重大理论和现实问题撰写系列文章,对习近平总书记重要讲话精神进行全方位、深层次、多角度的研究阐释。

4. 切实加强组织领导。各级党组织要切实担负起领导责任,主要负责同志要承担起第一责任人职责,紧密结合工作实际,紧密联系广大青年师生的思想实际,认真设计方案,系统科学规划,建立任务清单和责任清单,细化分解责任,将责任落细落小落实。要加强日常指导,定期开展督查,建立目标管理机制、督查督办机制和动态反馈机制,形成层层传导压力、级级压实责任、人人挑起重担的工作格局。

各地各校学习贯彻习近平总书记重要讲话精神的有关情况,请及时报告我部。

中共教育部党组
2021 年 4 月 21 日

教育部关于在教育系统开展
师德专题教育的通知

教师函〔2021〕3 号

各省、自治区、直辖市教育厅（教委），新疆生产建设兵团教育局，有关部门（单位）教育司（局），部属各高等学校、部省合建各高等学校：

为全面贯彻习近平总书记关于教育的重要论述和全国教育大会精神，深入落实《中共中央国务院关于全面深化新时代教师队伍建设改革的意见》，推进实施教育部等七部门《关于加强和改进新时代师德师风建设的意见》，面向广大教师组织开展师德专题教育，强化以党史学习教育为重点的"四史"学习教育，引导广大教师坚定理想信念、厚植爱国情怀、涵养高尚师德，以为党育人、为国育才优异成绩庆祝中国共产党百年华诞。现就开展师德专题教育有关事宜通知如下。

一、教育内容

1. 组织深入学习习近平总书记关于师德师风的重要论述。组织各级各类教师深入学习贯彻习近平总书记关于"三个牢固树立""四有"好老师"四个引路人""四个相统一""六要"等重要论述精神，进一步在学懂弄通做实上下功夫，内化于心、外化于行，学做融合养成行动自觉，增强"四个意识"，坚定"四个自信"，做到"两个维护"，弘扬高尚师德，潜心立德树人，以赤诚之心、奉献之心、仁爱之心投身教育事业。

2. 强化教师"四史"学习教育。将"四史"学习作为广大教师思想政治"必修课"，结合建党百年系列庆祝活动，以党史学习教育为主线，强化"四史"学习教育。组织主题党日、"三会一课"、专题组织生活会等，通过丰富多彩的活动形式生动开展党史学习教育，引导广大党员教师、领导干部学史明理、学史增信、学史崇德、学史力行，发扬党的优良传统，积极为师生排忧解难。深入开展党史、新中国史、改革开放史、社会主义发展史教育，组织广大教师认真学习党领导人民进行艰苦卓绝的革命奋斗史、理论创新史和自身建设史，学习党的光荣传统、宝贵经验和伟大成就。用好红色资源开展学习教育，向教师推荐精品学习素材（包括电视纪录片《为了和平》、电视专题片《人民的小康》《百年风华》《红船》、电视剧《跨过鸭绿江》《山海情》及《光荣与梦想》《觉醒年代》《大决战》《功勋》等"献礼中国共产党成立100周年"重点剧目），用好优质培训资源，组织开展青年教师国情教育培训和高层次人才理想信念教育培训，拓展渠道、创新形式，充分激发教师学习内生动力，做到不忘历史、不忘初心，知史爱党、知史爱国。

3. 开展师德优秀典型先进事迹宣传学习。持续选树宣传教师优秀典型。指导各地各校教师深入学习"人民教育家""时代楷模"、教书育人楷模、最美教师、优秀教师、模范教师的先进事迹，深入寻找挖掘并广泛宣传学习教育世家感人事迹。组织受表彰的教师先进典型、在乡村学校工作满30年的教师代表等深入本地本校教师中进行事迹宣讲，作师德专题报告，开展交流座谈等，面向广大教师生动讲好师德故事，用身边的榜样传递师德的力量。同时，通过组织教师观看优秀典型事迹纪录片和以优秀教师为原型创作的影视剧，如《黄大年》《李保国》《一生只为一事来》等，激励广大教师见贤思齐，引导广大教师从"被感动"到

"见行动",在教育系统掀起争做"四有"好老师的热潮。

4. 引导教师学习践行新时代师德规范。组织各级各类教师强化学习《新时代高校教师职业行为十项准则》《新时代中小学教师职业行为十项准则》《新时代幼儿园教师职业行为十项准则》,结合各地各校制定的教师职业行为负面清单和教师师德失范行为处理办法等文件,组织专家学者、中小学校长、高校二级学院(系)主要负责人在教师中开展准则的宣传解读和贯彻落实,帮助广大教师全面理解和准确把握准则内容,做到全员全覆盖、应知应会、必会必做。严格督促各级各类学校将学习准则作为必修内容,全面纳入新教师入职培训和在职教师日常培训,抓实学习督导和效果测评,确保每位教师知准则、守底线。

5. 集中开展师德警示教育。各地各校定期组织教师召开师德警示教育大会,高校可结合实际由各二级学院(系)组织,以教育部网站公开曝光的违反教师职业行为十项准则典型案例为反面教材,分类介绍师德违规问题和处理结果,引导教师以案为鉴;结合师德违规问题对照新时代教师职业行为十项准则强调课堂教学、关爱学生、师生关系、学术研究、社会活动等方面的正面规范和负面清单,引导教师以案明纪;学校、学院(系)出现师德违规问题的,要在会上详细通报师德违规问题及处理结果,组织教师讨论剖析原因、对照查摆自省,做到警钟长鸣。

二、工作安排

师德专题教育贯穿 2021 年全年,突出明师德要求、强"四史"教育、学师德楷模、遵师德规范、守师德底线,注重融入日常、抓在经常、系统组织、分类指导。

1. 动员部署(5 月)。各省级教育行政部门、部属高校、部省合建高校组建师德专题教育领导小组,认真按照通知要求开展动员部署,明确意义和学习内容,统一思想、提高认识,结合实际制定方案,做到广泛动员、积极宣传、深入人心、全员参与。

2. 督促检查(5 月至 11 月)。教育部将结合教育督导、部党组高校巡视教师思想政治和师德师风建设工作专项检查等对各地各校师德专题教育开展情况和成效等进行督促检查。

3. 系统总结(7 月、11 月)。各省级教育行政部门、部属高校、部省合建高校于 7 月 31 日前,总结师德专题教育开展情况和阶段性成效,报送教育部(教师工作司);于 11 月 30 日前,将师德专题教育总结,包括总体情况、开展形式、组织班次、学时要求、工作成效、特色案例、长效机制等,报送教育部教师工作司。

三、组织领导

1. 高度重视统筹推进。提高政治站位,加强顶层设计,高度重视组织,将开展师德专题教育列入 2021 年工作要点,结合实际制定专题教育方案,严格按时推进。注重形式创新,明确具体要求,加强督促检查,及时总结成效,构建长效机制。详细制定"四史"学习教育推进方案,紧抓"党史学习教育"主线,指导各地各校按照"制定方案系统学、党员干部带头学、结合活动重点学、引导学生一起学"总体要求,组织广大教师开展有计划安排、有形式创新、有学时要求、有时间节点、有督促检查、有效果总结的系统化学习。突出工作重点,覆盖全体教师,力戒形式主义。

2. 教育引导协同推进。把师德专题教育与教师思想政治工作有机结合,切实提升广大教师政治素养和师德涵养。广泛组织教师特别是"75 后"等中青年教师、新进教师、海外留学归国教师,在教研组、年级组、系(所)、基层党支部等范围内开展专题座谈研讨,交流体会、深化认识。同时,与学生思想政治工作深度融合,分类做好广大青少年学生和儿童的教育引导,学做融合、知行合一,立足教书育人一线践行弘扬高尚师德,为学生讲"四史"、与学生一起学"四史"、把"四史"内容作为课程思政的重要素材有机融入课堂教学。

3. 强化宣传有力推进。把牢正确的政治方向和舆论导向,通过校报校刊、广播电视、校园网络、橱窗板报、微信公众号、"学习强国"等校内外媒体平台,广泛宣传和及时报道师德专题教育开展情况和实效,充分展现新时代人民教师围绕立德树人强化师德教育,为党育人、为国育才的奋进风貌,营造庆祝建党百年华诞、建功立业谱写新篇的热烈氛围。

教育部教师工作司整理汇总了师德专题教育学习资料(电子版),包括《习近平总书记关于师德师风的重要论述摘编》《"四史"学习教育资料汇编》《师德优秀典型先进事迹》《新时代师德规范》《违反教师职业行为十项准则典型案例》等,供广大教师参考,相关资料可通过教育部门户网站和"中国教育发布"APP学习、下载。同时,在"学习强国"学习平台推荐、教育——教师栏目设置"师德师风教育"专区,整合汇聚学习资源,方便广大教师学习。各地各校可结合实际充分利用各类优质学习资源。

教育部

2021 年 4 月 29 日

中共教育部党组关于学习贯彻习近平总书记给《文史哲》编辑部全体编辑人员重要回信精神的通知

教党〔2021〕37 号

部内各司局、各直属单位,部属各高等学校党委:

2021 年 5 月 9 日,习近平总书记给《文史哲》编辑部全体编辑人员回信,充分肯定几代编辑人员的努力付出,对办好哲学社会科学期刊寄予殷切期望,对哲学社会科学发展提出明确要求,对广大哲学社会科学工作者再次殷殷嘱托。深入学习贯彻习近平总书记重要回信精神,对于办好高品质的学术期刊,掀起新发展阶段高校哲学社会科学高质量发展新高潮,具有十分重要的意义。现就有关要求通知如下。

一、深刻领会习近平总书记重要回信精神的丰富内涵和重大意义

重要回信高度肯定了 70 年来《文史哲》编辑部在党的领导下,几代编辑人员守正创新、薪火相传,在弘扬中华文明、繁荣学术研究等方面作出的努力;提出了深入理解中华文明,从历史和现实、理论和实践相结合的角度深入阐释如何更好坚持中国道路、弘扬中国精神、凝聚中国力量,增强中国人的骨气和底气,让世界更好认识中国、了解中国的新的重大课题;希望广大哲学社会科学工作者共同努力,在新的时代条件下推动中华优秀传统文化创造性转化、创新性发展;希望广大期刊从业人员坚守初心、引领创新,展示高水平研究成果,支持优秀学术人才成长,促进中外学术交流,办高品质的学术期刊。

重要回信立意高远、思想深邃、情真意切、催人奋进,是对哲学社会科学地位作用的再强化、使命任务的再赋能和责任担当的再鼓劲,充分体现了以习近平同志为核心的党中央对建设高品质学术期刊、全面繁荣发展哲学社会科学的高度重视和殷切期望,进一步丰富和发展了习近平总书记关于哲学社会科学工作的重要论述。重要回信正值哲学社会科学工作座谈会召开五周年之际。要将学习贯彻重要回信精神与深入学习贯彻习近平总书记在哲学社会科学工作座谈会上的重要讲话精神结合起来,认真学习、深刻领会,切实增强做好工作的思想自觉、政治自觉、行动自觉。

二、切实推动习近平总书记重要回信精神落到实处

要以学习贯彻重要回信精神为契机,重温习近平总书记关于哲学社会科学工作的重要论述,来一场思想再出发的总动员,打一场高校哲学社会科学高质量发展的总体战,迅速掀起新发展阶段高校哲学社会科学高质量发展的新高潮。

1. 加快构建体系。创新学科设置方式,巩固提升基础学科、优势学科,加快发展新兴学科、交叉学科,重视扶持冷门绝学,加强马克思主义学科建设。聚焦世界学术发展前沿、当代中国重大理论和实践问题,加快构建中国特色哲学社会科学知识体系,推动形成中国特色、世界影响的中国学派。积极创新国际传播体制机制,润物无声传播中国声音,让世界更好认识中国、了解中国。加强各级各类教材的编写审查使用,大力推进马工程重点教材编修推广。

2. 推动理论创新。深入研究马克思主义中国化的历史,增强习近平新时代中国特色社会主义思想研究阐释的学理深度和学术厚度,不断发展当代中国马克思主义、21世纪马克思主义。深入研究中国共产党领导带领全国人民的百年奋斗史,讲清楚中国共产党为什么能、马克思主义为什么行、中国特色社会主义为什么好,为全党正在开展的党史学习教育注入理论滋养。聚焦全面建设社会主义现代化国家新征程上的重大理论和现实问题,讲清楚中国奇迹背后的道理学理哲理,主动服务治国理政。

3. 深化育人育才。深入贯彻落实习近平总书记关于"大思政课"的重要指示精神,旗帜鲜明用习近平新时代中国特色社会主义思想铸魂育人,深化新时代高校思政课改革创新,全面加强实践育人,推动课程思政和思政课程同向同行。大力推进新文科建设,在继承与创新、交叉与融合、协同与共享中,全面提升高校文科人才培养质量与核心竞争力。教育引导广大学生融入时代、把握时代、顺应时代、服务时代,立大志、明大德、成大才、担大任,努力成为堪当民族复兴重任的时代新人。

4. 加强队伍建设。以培育新时代哲学社会科学家为总牵引,布局引领未来人才体系,努力营造鼓励创新、宽容失败,有利于优秀人才脱颖而出、人尽其才的良好环境。引导广大中青年学者站稳国家立场、擦亮初心使命、提升业务能力、弘扬优良学风,做到方向明、主义真、学问高、德行正,淡泊名利,深耕细作,以精品奉献人民,以奋斗书写时代,自觉把个人学术创造融入中华文化全面振兴的历史征程,把个人价值追求融入中华民族伟大复兴的时代洪流,成长为给学生为人为事为学示范的"大先生"。

5. 弘扬中华文明。主动挖掘中华民族丰厚历史资源、文化资源和思想资源,深入研究中华优秀传统文化经典,深入阐发传统文化的现代意义,不断提炼中华民族独特精神标识,在新的时代条件下推动中华优秀传统文化创造性转化、创新性发展。辩证把握中华优秀传统文化、革命文化和社会主义先进文化之间的关系,积极融通马克思主义、中华优秀传统文化和国外哲学社会科学三种资源,着力提出体现中国立场、中国智慧、中国价值的理念、主张、方案,更好坚持中国道路、弘扬中国精神、凝聚中国力量,增强做中国人的志气、骨气和底气。

6. 提高期刊品质。深入落实习近平总书记关于学术期刊"坚守初心、引领创新、提高品质"的重要要求,坚持正确的政治方向、价值取向和办刊导向,把学术质量视为生命线,精心策划和组织主题出版,致力于中国特色哲学社会科学理论体系和话语体系构建和创新,多展示有温度、有深度、有高度的研究成果,多支持怀有中国心、善发中国声的优秀学术人才成长,多促进于我有利、于人有惠、于人类有益的中外学术交流。

三、不断把学习贯彻习近平总书记重要回信精神工作引向深入

要提高政治站位,把学习贯彻重要回信精神作为重大政治任务,加强学习宣传研究阐释力度,做好顶层设计,推进改革创新,全面开创高校哲学社会科学工作高质量发展的新局面。

1. 加强组织领导。各级党组织要切实担负起领导责任,强化党在高校哲学社会科学把方向、守阵地、建队伍、强保障中的领导地位。要将学习贯彻重要回信精神与正在开展的党史学习教育相结合,作为党委会、中心组学习、干部培训的重要内容,进一步明确学习要求、完善计划方案、细化工作安排、定期开展督导。要学以致用,干学界期待的实事,解纲举目张的难事,谋立梁架柱的大事,创引领未来的新事,长善作善成的本事。

2. 营造浓厚氛围。要迅速组织学习研讨,引导广大干部师生认认真真学、原原本本学、反反复复学,转化为清醒的理论自觉、坚定的政治信念、科学的思维方法,做到知行合一。要充分发挥教育系统的人才资源优势,深入开展理论研究阐释,形成一批有深度、有分量、有影响的高质量研究成果。要全方位、立体化、多形式深入宣传解读习近平总书记重要回信精神和学习贯彻情况,迅速营造良好氛围,形成强大学习宣传声势。

3. 抓好开局谋篇。要做好"人、财、物、时、空"全方位保障支撑,以育人育才为中心,以体系构建为主线,以能力提升为重点,以深化改革为动力,谋划好"十四五"时期和面向 2035 年中长期的高校哲学社会科学高质量发展,推动战略转型、强化自主创新、引领迭代升级、深化开放融合,构建主动适应国家需求引领学术发展的学科体系、有效提升国家文化软实力的学术体系、中国特色世界情怀的话语体系。

各单位学习贯彻习近平总书记重要回信精神有关情况,请及时报告我部。

中共教育部党组

2021 年 5 月 24 日

教育部办公厅关于推进习近平法治思想
纳入高校法治理论教学体系的通知

教高厅函〔2021〕17 号

各省、自治区、直辖市教育厅(教委),新疆生产建设兵团教育局,有关部门(单位)教育司(局),部属各高等学校、部省合建各高等学校,2018—2022 年教育部高等学校法学类专业教学指导委员会:

为贯彻落实教育部党组推进习近平法治思想进教材、进课堂、进头脑工作部署,切实将习近平法治思想纳入高校法治理论教学体系,坚持立德树人、德法兼修,推动法学教育高质量发展,培养德才兼备高素质法治人才,现就有关事项通知如下。

一、深刻认识推进习近平法治思想纳入高校法治理论教学体系的重要意义

习近平法治思想系统阐述新时代中国特色社会主义法治思想,深刻回答了新时代为什么实行全面依法治国、怎样实行全面依法治国等一系列重大问题。习近平法治思想是马克思主义法治理论中国化的最新成果,是习近平新时代中国特色社会主义思想的重要组成部分,是全面依法治国的根本遵循和行动指南,为推动法学教育高质量发展、培养德才兼备的高素质法治人才指明了前进方向、提供了根本遵循。

高等学校是法治人才培养的第一阵地,是贯彻习近平法治思想的重要阵地,是习近平法治思想研究阐释的重要力量。各地各高校要提高责任感、使命感,做到全覆盖学习、开展原创性研究、抓好融入式教学、加强针对性服务,将习近平法治思想的核心要义和工作要求贯彻落实到法治人才培养的全过程和各方面。要以习近平法治思想为指导,推动法学教育、法学理论研究及法学学科改革创新,形成更加完善的法学学科体系、教学体系、教材体系、课程体系,切实提升法治人才培养质量。

二、将习近平法治思想贯穿法学类专业课程

各高校要充分发挥课堂主渠道作用,将习近平法治思想进行科学有机的学理转化,将其核心要义、精神实质、丰富内涵、实践要求贯穿于法学类各专业各课程,将社会主义法治建设的成就经验转化为优质教学资源,更新教学内容、完善知识体系、改进教学方法、提高教学水平,帮助学生学深悟透做实,增强政治认同、思想认同、理论认同、情感认同,引导学生进一步坚定中国特色社会主义法治的道路自信、理论自信、制度自信、文化自信。

三、开好"习近平法治思想概论"专门课程

新修订的《法学类专业教学质量国家标准(2021 年版)》(见附件),明确了习近平法治思想的指导地位,将"习近平法治思想概论"纳入法学专业核心必修课。各高校应参照《法学类专业教学质量国家标准(2021 年版)》修订法学专业人才培养方案,于 2021 年秋季学期面向法学专业本科生开设"习近平法治思想概论"课程。鼓励支持有条件的高校开设相关必修、选修课程,打造习近平法治思想专门课程模块。各高校要强化思想引领、提升学术内涵、完善课程设计、创新方法手段、加强师资培训,推动形成完善的课程体系,确保课程的育人

效果。

四、开展面向全体学生的习近平法治思想学习教育

支持有条件的高校面向全体学生开设习近平法治思想相关公共选修课。鼓励支持高校建设一批学生喜闻乐见、具有吸引力和感召力的习近平法治思想、中国特色社会主义法治理论学习资源，不断提升习近平法治思想的传播力、引导力、影响力。

五、加强组织实施和宣传推广

各地各高校要结合资源优势和学科特色，围绕习近平法治思想纳入高校法治理论教学体系这一核心任务，细化工作方案，明确具体举措。要通过多种方式加强对习近平法治思想学习教育工作的宣传和推广，及时总结报送本地或本校的典型经验和做法。

教育部办公厅

2021 年 5 月 19 日

中共教育部党组关于教育系统深入学习贯彻习近平总书记在两院院士大会、中国科协第十次全国代表大会上重要讲话精神的通知

教党〔2021〕43 号

部属各高等学校党委：

2021 年 5 月 28 日，习近平总书记出席中国科学院第二十次院士大会、中国工程院第十五次院士大会、中国科协第十次全国代表大会并发表重要讲话。深入学习贯彻习近平总书记重要讲话精神，对推进高水平研究型大学建设，打造国家战略科技力量，支撑高水平科技自立自强，加快建设教育强国和科技强国，具有十分重要的意义。现就有关要求通知如下。

一、深刻领会习近平总书记重要讲话精神的丰富内涵和重大意义

习近平总书记的重要讲话，站在时代发展前沿，统筹中华民族伟大复兴战略全局和世界百年未有之大变局，科学分析当今世界科技革命和产业变革发展大势，深入总结党领导下我国科技发展的百年历程和辉煌成就，深刻阐明了新发展阶段实现我国科技自立自强的一系列重大问题。近年来，习近平总书记还在科学家座谈会上、在教文卫体领域专家代表座谈会上、在清华大学考察时等的重要讲话中，对高校科技工作作出系列重要指示，为高校科技发展指明了方向、明确了任务和要求，具有很强的政治性、思想性、战略性、指导性，是新阶段高校科技工作的根本遵循和行动指南。各地教育部门和各高校要把学习宣传和贯彻落实习近平总书记重要讲话精神作为当前和今后一个时期的重要政治任务，切实把习近平总书记关于新阶段实现高水平科技自立自强的新要求新部署新任务落到实处，推动高校科技工作高质量发展。

二、切实把习近平总书记重要讲话精神落到实处

学习贯彻习近平总书记重要讲话精神，必须突出重点、全面推进。要深刻认识当今世界的竞争说到底是人才竞争、教育竞争。我国教育是能够培养出大师来的，进一步坚定教育自信。要把发展科技第一生产力、培养人才第一资源、增强创新第一动力更好结合起来，发挥基础研究深厚、学科交叉融合的优势，努力构建高质量科技创新体系。

1. 加强原创性、引领性科技攻关。加强基础研究，既要勇于探索、突出原创，更要应用牵引、突破瓶颈，弄通"卡脖子"技术的基础理论和技术原理，实现原创引领。加快关键核心技术攻关，奔着最紧急、最紧迫的问题发力突破，坚决打赢关键核心技术攻坚战。构建与龙头企业等创新主体相互协同的创新联合体，促进创新链产业链融合，提高科技成果转移转化实效。

2. 打造国家战略科技力量。加快推进高水平研究型大学建设，强化同国家战略目标、战略任务对接，加强基础前沿探索和关键技术突破，充分发挥基础研究主力军和重大科技突破策源地的作用。锚定国家安全和经济社会发展的若干关键领域，以锻造长板、补齐短板为目标，建设一批瞄准国家战略需求、汇聚高水平攻坚团队、承担国家战略任务、作出重要战略

贡献的创新平台,支撑高水平科技自立自强。积极参与国家实验室体系建设,推进国家重点实验室体系重组工作,服务国家创新体系整体效能提升。

3. 深化科技管理改革。转变科技管理职能,按照抓战略、抓改革、抓规划、抓服务的定位,推动科技管理战线转变作风,提升能力,提高高校科技创新治理和制度执行能力。进一步为科技管理改革做"减法",扩大科研相关自主权,让科研人员从烦琐、不必要的体制机制束缚中解放出来。推动建立让科研人员把主要精力放在科研上的保障机制,让科研人员把主要精力投入科技创新和研发活动。

4. 营造良好创新生态。大力弘扬新时代科学家精神,营造求真务实、淡泊名利、潜心研究、水到渠成的创新文化。深化科技评价改革,以贯彻落实破除论文"SCI 至上"和提升高校专利质量两个文件为抓手,树立以创新质量、绩效、贡献为核心的评价导向,全面准确反映成果创新水平、转化应用绩效和对经济社会发展的实际贡献。强化问题导向,引导科研人员从国家急迫需要和长远需求出发,研究真问题、真研究问题,基础研究真有发现、应用研究真有突破、成果转化真有贡献。

5. 推进高水平开放创新。统筹发展和安全,参与全球科技治理,积极融入全球创新网络,聚焦气候变化、人类健康等问题,加强同各国科研人员的联合开发。牵头组织和参与国际大科学计划和大科学工程,推进国际科技合作交流。

6. 加强创新型人才培养。更加重视人才自主培养,更加重视科学精神、创新能力、批判性思维的培养培育,让更多青少年心怀科学梦想、树立创新志向。培养更多高素质技术技能人才、能工巧匠、大国工匠。创新人才培养模式,加大基础学科拔尖人才、高层次紧缺人才培养力度,努力培养更多高水平创新人才。

三、迅速掀起学习贯彻习近平总书记重要讲话精神热潮

各地教育部门和各高校要以高度的政治责任感,把学习贯彻习近平总书记重要讲话精神作为重要政治任务,加强组织领导,作出专题部署,切实落到实处,确保学习成效。

1. 迅速开展专题学习研讨。要做到原原本本学、联系实际学,组织开展新阶段高校科技发展战略大讨论,将习近平总书记重要讲话作为党委会、中心组学习、干部培训的重要内容,引导全体党员干部、高校教师结合岗位职责主动、深入开展系统学习,广泛开展讨论,谈认识、谈体会、谈打算,把学习讲话落实到行动中去。

2. 融入党史学习教育。要把习近平总书记重要讲话作为党史学习教育的重要内容,纳入党史学习教育的总体安排,以习近平总书记重要讲话精神为指引,增强"干实事""解难事""谋大事""创新事""长本事"的思想自觉和行动自觉。引导高校科研人员继承发扬以国家民族命运为己任的爱国主义精神、以爱国主义为底色的科学家精神,赓续"两弹一星"精神、载人航天精神、探月精神等红色精神谱系,在党史学习教育中学讲话、担使命、勇创新。

3. 广泛做好宣传阐释。要结合实际情况,创新方式方法做好宣传,营造良好氛围,掀起学习高潮。组织专家围绕在高校打造国家战略科技力量、推动高校科技工作高质量发展、支撑高水平科技自立自强等撰写专题文章,对习近平总书记重要讲话精神进行全方位、深层次、多角度的研究阐释。

4. 切实加强组织领导。各级党组织要担负起领导责任,紧密结合学校工作实际,对接国家战略目标、战略任务,强化使命担当,系统科学规划,锐意开拓进取,勇于攻坚克难,主动研究落实,制定具体措施,细化分解责任,切实抓出成效。

各地各校学习贯彻习近平总书记重要讲话精神的情况请及时报告我部。

中共教育部党组

2021 年 6 月 8 日

中共教育部党组关于教育系统认真学习贯彻习近平总书记在庆祝中国共产党成立100周年大会上的重要讲话精神的通知

教党〔2021〕50 号

部内各司局、各直属单位、驻部纪检监察组、部属各高等学校党委：

2021 年 7 月 1 日，习近平总书记在庆祝中国共产党成立 100 周年大会上发表了重要讲话。根据中央统一部署，结合教育系统实际，现就学习贯彻讲话精神有关要求通知如下：

一、深入领会习近平总书记"七一"重要讲话的重大意义

习近平总书记"七一"重要讲话，立足中国共产党百年华诞的重大时刻和"两个一百年"历史交汇的关键节点，系统回顾了中国共产党成立一百年来，团结带领全国各族人民开辟的伟大道路、创造的伟大事业、取得的伟大成就；以豪迈的自信、激昂的壮志，庄严宣告实现了第一个百年奋斗目标、全面建成了小康社会，郑重宣示坚持和发展新时代中国特色社会主义、向全面建成社会主义现代化强国的第二个百年奋斗目标迈进的坚定决心，深刻阐述以史为鉴、开创未来的根本要求，向全体党员发出了为党和人民争取更大光荣的伟大号召。

"七一"重要讲话贯通历史、现实、未来，贯通伟大斗争、伟大工程、伟大事业、伟大梦想，高屋建瓴、思想深邃、内涵丰富，把我们党对共产党执政规律、社会主义建设规律、人类社会发展规律的认识提升到了新高度，体现了深远的战略思维、强烈的历史担当、真挚的为民情怀，贯穿辩证唯物主义和历史唯物主义的世界观、方法论，是一篇马克思主义纲领性文献，是新时代中国共产党人不忘初心、牢记使命的政治宣言，是我们党团结带领人民以史为鉴、开创未来的行动指南。教育系统要坚持以习近平新时代中国特色社会主义思想为指导，增强"四个意识"、坚定"四个自信"、做到"两个维护"，把学习贯彻"七一"重要讲话精神作为当前和今后一个时期的首要政治任务，与深入领会习近平总书记在"七一勋章"颁授仪式上的重要讲话相联系、与学习贯彻习近平总书记关于教育的重要论述相结合、与推动"十四五"时期教育高质量发展相贯通，切实把思想和行动统一到讲话精神上来。

二、准确把握习近平总书记"七一"重要讲话的丰富内涵

习近平总书记"七一"重要讲话，具有很强的政治性、思想性、理论性，要在深入领会重大意义的基础上全面准确把握"七一"重要讲话的丰富内涵，从中不断汲取信仰的力量、思想的力量、奋进的力量。

要准确把握、深入领会全面建成小康社会的历史性成就。从历史与现实、理论与实践、国际与国内的比较中，深刻认识全面建成小康社会的伟大成就和历史意义。教育系统要深入总结教育在全面建成小康社会过程中发挥的重要作用，同时更加注重"大思政课"善用之，充满信心地为实现第二个百年奋斗目标而继续努力。

要准确把握、深入领会实现中华民族伟大复兴这个主题。深刻理解我们党团结带领人民浴血奋战、百折不挠，自力更生、发愤图强，解放思想、锐意进取，自信自强、守正创新所创造的伟大成就，更好用党的奋斗历程和伟大成就鼓舞斗志、激发动力。教育系统要不忘立德

树人初心,牢记为党育人、为国育才使命,矢志不渝地为之奋斗。

要准确把握、深入领会伟大建党精神的深刻内涵和时代价值。深刻领会伟大建党精神的重大意义、丰富内涵,深刻领会中国共产党人高尚品质和崇高精神与伟大建党精神之间的内在一致、深层呼应。教育系统要更好弘扬光荣传统、赓续红色血脉,把伟大建党精神继承下去、发扬光大,培养一代又一代拥护中国共产党领导和我国社会主义制度、立志为中国特色社会主义事业奋斗终身的有用人才。

要准确把握、深入领会以史为鉴、开创未来的根本要求。坚持以"九个必须"激励我们在新征程上更加坚定、更加自觉地牢记初心使命、开创美好未来。教育系统要把已经取得的成绩当作事业新的起跑线,毫不动摇坚持党对教育工作的全面领导,不断为人民美好生活而奋斗,坚持马克思主义为指导并助力推进马克思主义中国化、时代化,继续不断推进党的建设新的伟大工程,加快建设教育强国。

要准确把握、深入领会习近平总书记发出的伟大号召。教育系统要团结带领广大党员干部和师生员工,践行党的宗旨,沿着习近平总书记指引的方向坚定前进,努力开创第二个百年教育发展新局面。

三、把习近平总书记"七一"重要讲话精神贯彻落实到高质量教育体系建设的各方面

各地教育部门和各级各类学校要以"七一"重要讲话精神为指引,面向第二个百年伟大征程,加快构建高质量教育体系。

1. 加强和改进党对教育工作的全面领导。习近平总书记指出:"新的征程上,我们必须坚持党的全面领导,不断完善党的领导。"要全面贯彻党的教育方针,坚持正确办学方向。要以政治建设为统领,坚持和完善高校党委领导下的校长负责制,改进中小学领导体制,加强民办学校党的建设,切实提升党员干部政治判断力、政治领悟力、政治执行力。要加快构建高质量党建工作体系,推动党的领导纵到底、横到边、全覆盖,把党对教育全面领导的制度优势更好转化为办学治校的实际效能。要以贯彻落实《中国共产党普通高等学校基层组织工作条例》为抓手,落实落细、做优做强党的基层组织建设。

2. 着力培养堪当民族复兴大任的时代新人。习近平总书记强调:"新时代的中国青年要以实现中华民族伟大复兴为己任,增强做中国人的志气、骨气、底气,不负时代,不负韶华,不负党和人民的殷切期望!"要进一步深化用习近平新时代中国特色社会主义思想铸魂育人,大力加强理想信念教育、爱国主义教育和社会主义核心价值观教育,引导广大学生树立为党为祖国为人民永久奋斗、赤诚奉献的坚定理想,努力在真刀真枪的实干中成就一番事业。要进一步加强和改进学校思想政治工作,把思想政治工作体系贯通于学科体系、教学体系、教材体系、管理体系建设之中,不断建立健全全员全程全方位育人体制机制,持续完善德智体美劳全面培养制度,为党和国家的事业发展提供源源不断的优秀人才。

3. 践行以人民为中心的发展思想。习近平总书记强调:"江山就是人民、人民就是江山,打江山、守江山,守的是人民的心。"要全力推进公平而有质量的教育,着力构建优质均衡的基本公共教育服务体系,加快推进城乡义务教育一体化发展。要着力解决好中央关心、社会关注、群众关切的问题,减轻义务教育阶段学生作业负担和校外培训负担,千方百计做好高校毕业生就业工作,让教育改革发展成果更多更公平惠及全体人民。

4. 有力支撑国家新发展格局。习近平总书记强调:"要立足新发展阶段,完整、准确、全面贯彻新发展理念,构建新发展格局,推动高质量发展。"要加快"双一流"建设,发挥基础研究深厚、学科交叉融合的优势,把发展科技第一生产力、培养人才第一资源、增强创新第一动力更好结合起来,全面提升高校原始创新能力,勇于攻克"卡脖子"关键核心技术。要加快构建高质量科技创新体系,推动产学研用深度融合,促进创新链产业链精准对接,提高科技成果转移转化实效。要布局一批国家急需、支撑产业转型升级和区域发展的学科专业,持续推进新工科、新医科、新农科、新文科建设,加快构建现代职业教育体系,实施乡村教育振兴计划,提升教育服务经济社会发展能力。

5. 助力推动构建人类命运共同体。习近平总书记指出:"推动构建人类命运共同体,推动共建'一带一路'高质量发展,以中国的新发展为世界提供新机遇。"要深入实施共建"一带一路"教育行动,着力打造教育对外开放新高地,深化中外人文交流基础。要在统筹发展和安全的前提下,主动搭建中外教育文化友好交往的合作平台,创新国际交流与合作方式,深入参与全球教育治理,参与相关规则标准制定和重大议题研究。要深化出国留学体制机制改革,推动中外合作办学高质量发展,培养更多具有全球视野和国际竞争力的优秀人才。鼓励引导来华留学生和外籍教师更加深入地了解真实的中国,为促进各国人民民心相通发挥积极作用。

四、迅速兴起学习研究宣传习近平总书记"七一"重要讲话精神的高潮

要把学习"七一"重要讲话精神作为当前理论武装工作的重中之重,作为党史学习教育的核心内容,吃透精神实质,把握核心要义,迅速掀起热潮,做到学习研究宣传全覆盖。

1. 及时传达学习。要第一时间召开会议传达学习,原原本本读原文,认认真真悟原理。领导干部要带头学,创新理论学习中心组学习方式,优化路径、丰富载体,学出质量和水平。基层党组织要全面学,充分利用"三会一课",调动全体党员的积极性主动性创造性,切实提升学习效果。师生员工要跟进学,紧密结合工作实际,深入开展学习研讨,做到学思用贯通、知信行统一。

2. 组织宣讲培训。要主动谋划安排,广泛开展宣讲培训,将"七一"重要讲话精神作为党史学习教育的核心内容,引导广大干部师生学深悟透讲话精神。要组建优秀教师讲师团、大学生骨干宣讲团,结合优秀课程观摩、大学生讲思政课等活动,深入开展校园巡讲、网络巡礼,做到宣讲巡讲广泛覆盖。教育部将会同有关部门对公办高校书记校长进行全员培训,各地各校也要通过多形式、多层次的培训,实现对党政干部、党员、教师的全覆盖,确保教育系统把讲话精神把握准、理解透、落实好。

3. 深化研究阐释。要充分发挥教育系统人才和学科优势,对"七一"重要讲话精神进行体系化研究和理论性阐释,加强对马克思主义中国化百年历程中的理论创新、中国共产党领导人民取得非凡成就背后的学理机理、面向未来发展的战略蓝图等哲学社会科学各领域的研究,形成一批有深度、有影响的研究成果。要紧密围绕"七一"重要讲话的核心内容,设立重大攻关项目,推动集体攻关。要积极开设专栏、编发专刊,组织一批专家学者和书记、校长等对讲话精神进行全方位、深层次、多角度的研究阐释。

4. 融入教育教学。要扎实推动"七一"重要讲话精神进教材、进课堂、进头脑。要结合各学科专业教材内容,修订大中小学不同学段相应教材,充分体现讲话精神。要及时组织开

展高校思政课教师和哲学社会科学骨干教师联学联讲联研活动。切实发挥大中小学思政课一体化建设指导委员会的作用,指导各地各校组织思政课教师分专题、成系列地开展集体备课,将讲话精神融入思政课教学。秋季学期开学时,大中小学"开学第一课"中,要将讲话精神作为重点教学内容进行安排。在整体推进课程思政建设过程中,各地各校要制定有针对性的教学指南,推出一批精品示范课程,将讲话精神全面融入课程教学。

五、切实加强学习宣传贯彻习近平总书记"七一"重要讲话精神的组织领导

各地教育部门和各级各类学校要以高度的政治责任感,精心安排部署,周密组织实施,压实工作责任,突出教育特色,统筹推动落实,确保工作成效。

1. 全面加强统筹谋划。各级党组织要切实负起领导责任,主要负责同志要承担起第一责任人职责,牢牢把握正确导向,紧密联系广大干部师生思想实际,科学制订学习宣传和贯彻落实工作方案,认真细化时间表和任务书。要全面系统规划,精心组织实施,加强对课堂、论坛、讲座、网络等阵地的管理,坚决反对历史虚无主义、"低级红"等错误。

2. 注重突出教育特色。要不折不扣落实好中央关于学习宣传贯彻"七一"重要讲话精神的统一部署,结合教育系统实际,遵循教育事业发展规律,遵循学生成长成才规律,广泛开展内容丰富、特色鲜明、针对性强的学习宣传活动,做到规定动作必到位、自选动作有特色,在学习宣传贯彻中进一步加强学校党建和思政工作,落实立德树人根本任务,用学习成果指导教育改革发展实践,用实践收获检验学习成效,确保教育"十四五"开好局、起好步。

3. 不断创新方式方法。要进一步创新形式载体,探索方法手段,充分运用各种符合教育实际、深受师生喜爱的鲜活方式宣传"七一"重要讲话精神,注重运用身边事例现身说法,切实增强学习宣传教育的吸引力和感染力。要善于运用新媒体新技术,采取富有时代特色、体现实践要求的新途径新方法,推动传统宣传工作优势同信息技术高度融合,努力增强学习宣传教育的时代感和实效性。

4. 精准开展指导督导。各地各校要建立健全领导定点联系机制,精准指导所负责的单位开展阶段式学习、重点化学习和经常性学习,探索推动各群体联动学、各层次贯通学,达到学习成效倍增效果。要加强日常指导,定期开展督导,建立目标管理机制、督查督办机制和动态反馈机制,以指导带学习,以督导促落实,形成良好的学习宣传贯彻工作格局。

各地各校学习宣传和贯彻落实情况,请及时报告我部。

中共教育部党组

2021 年 7 月 7 日

国家教材委员会关于印发《习近平新时代中国特色社会主义思想进课程教材指南》的通知

国教材〔2021〕2 号

各省、自治区、直辖市教育厅（教委），新疆生产建设兵团教育局：

为全面贯彻党的教育方针，落实立德树人根本任务，扎实推进习近平新时代中国特色社会主义思想进课程教材，我委制定了《习近平新时代中国特色社会主义思想进课程教材指南》，现印发给你们，请在课程教材、教育教学等育人环节认真贯彻落实。

国家教材委员会

2021 年 7 月 21 日

习近平新时代中国特色社会主义思想进课程教材指南

为扎实推进习近平新时代中国特色社会主义思想进课程教材，落实立德树人根本任务，培养德智体美劳全面发展的社会主义建设者和接班人，制定本指南。

一、重大意义

党的十九大把习近平新时代中国特色社会主义思想确立为中国共产党必须长期坚持的指导思想并写入党章，十三届全国人大一次会议把这一思想载入宪法，实现了党和国家指导思想的与时俱进。习近平新时代中国特色社会主义思想，是新时代中国共产党的思想旗帜，是国家政治生活和社会生活的根本指针，是当代中国马克思主义、21 世纪马克思主义，为实现中华民族伟大复兴提供了行动指南，为推动构建人类命运共同体贡献了智慧方案。

教育是国之大计、党之大计。"培养什么人、怎样培养人、为谁培养人"是教育的根本问题，事关中国特色社会主义事业兴旺发达、后继有人，事关党和国家长治久安。课程教材集中体现党和国家意志，是育人的载体，直接关系人才培养方向和质量。推动我国教育改革创新发展和培养担当民族复兴大任的时代新人，必须始终坚持以习近平新时代中国特色社会主义思想为指导，将其贯穿于教育教学全过程各环节。全面落实习近平新时代中国特色社会主义思想进课程教材，对引导广大青少年树立马克思主义信仰，坚定中国特色社会主义道路自信、理论自信、制度自信、文化自信，立志听党话、跟党走，形成正确的世界观、人生观、价值观，具有重大意义。

二、基本原则

（一）坚持系统安排

要全面介绍与阐释习近平新时代中国特色社会主义思想的时代背景、核心要义、精神实质、科学内涵、历史地位和实践要求，牢牢把握习近平新时代中国特色社会主义思想的基本立场观点方法，注重系统整体设计、分段分科推进，在不同学段不同学科不同课程中有序铺开，强化大中小学思政课一体化建设。引导学生提高学习理论的自觉性，增强责任感、使命感，将个人追求融入国家富强、民族振兴、人民幸福的伟大梦想之中。

（二）实现全面覆盖

习近平新时代中国特色社会主义思想进课程教材须做到不同学段全过程贯通。要在统筹安排基础上，做到覆盖基础教育、职业教育、高等教育各类型各学段，涵盖国家、地方和校本课程，融入哲学社会科学、自然科学各学科，贯穿思想道德教育、文化知识教育、社会实践教育各环节，体现在德智体美劳各方面目标培养中，确保习近平新时代中国特色社会主义思想在大中小学课程教材中相互衔接、层层递进，实现全覆盖，全面增强课程教材铸魂育人功能。

（三）结合学科特点

习近平新时代中国特色社会主义思想进课程教材要依据不同学科特点，结合各学科独特优势和资源，实现有机融入。哲学社会科学课程教材要突出原文原著进入，注重介绍和阐释与学科专业知识有关的习近平总书记重要讲话、文章内容与思想，引导学生在学习学科专业知识过程中加深对习近平新时代中国特色社会主义思想的理解与认同。自然科学课程教材要把习近平新时代中国特色社会主义思想的基本立场观点方法转化为育人立意和价值导向，引导学生在学习科学知识、培育科学精神、掌握思维方法过程中体悟习近平新时代中国特色社会主义思想的真理力量。

（四）注重适宜实效

要依据学生不同年龄段认知发展规律和教育教学规律，贴近学生生活学习实际，注重讲道理与讲故事相结合，抽象概念与生动案例相结合，显性表述与隐性渗透相结合，确保进课程教材内容可认知、可理解，指导学生将思想认识转化为实际行动。

三、总体目标

习近平新时代中国特色社会主义思想进课程教材的整体布局与分科安排科学有序，学科学段环节全面覆盖，思想内涵充分阐释，学习要求循序渐进、螺旋上升，全面提升课程教材铸魂育人功能，教育引导学生树立共产主义远大理想和中国特色社会主义共同理想，坚定"四个自信"，厚植爱国主义情怀，把爱国情、强国志、报国行自觉融入建设社会主义现代化强国、实现中华民族伟大复兴的奋斗之中。

四、主要内容

（一）习近平新时代中国特色社会主义思想的核心要义

课程教材要充分体现"八个明确""十四个坚持"的核心内容，系统阐述关于新时代坚持和发展中国特色社会主义的总目标、总任务、总体布局、战略布局和发展方向、发展方式、发展动力、战略步骤、外部条件、政治保证等基本观点，全面介绍习近平总书记对经济、政治、法治、科技、文化、教育、民生、民族、宗教、社会、生态文明、国家安全、国防和军队、"一国两制"和祖国统一、统一战线、外交、党的建设等方面作出的理论概括和战略指引。引导学生树立中国特色社会主义共同理想，深刻认识习近平新时代中国特色社会主义思想是实现中华民族伟大复兴的行动指南。

（二）习近平新时代中国特色社会主义思想的理论与实践贡献

课程教材要深入阐释习近平总书记关于新时代坚持和发展什么样的中国特色社会主义、怎样坚持和发展中国特色社会主义论述的重大理论创新和现实意义，讲述这一理论的原创性贡献涵盖马克思主义哲学、政治经济学、科学社会主义三大组成部分,涵盖党和国家事业的方方面面。引导学生充分认识习近平新时代中国特色社会主义思想是当代中国马克思主义、21 世纪马克思主义,增进政治认同、思想认同、理论认同和情感认同。

(三)习近平新时代中国特色社会主义思想的方法论

课程教材要体现习近平新时代中国特色社会主义思想所蕴含的马克思主义思想方法,阐释其辩证唯物主义和历史唯物主义哲学基础,介绍战略思维、辩证思维、历史思维、法治思维、创新思维、底线思维和系统观念的基本内涵。引导学生形成实事求是的科学态度,不断提高科学思维能力,增强分析问题、解决问题的实践本领,依靠学习走向未来。

(四)习近平新时代中国特色社会主义思想的理论品格

课程教材要阐释这一思想所彰显的坚定理想信念、展现的真挚人民情怀、贯穿的高度历史自觉、体现的鲜明问题导向、充满的无畏斗争精神、饱含的深厚天下情怀,阐明习近平新时代中国特色社会主义思想是闪耀着理性光辉和人格魅力的科学理论,集中反映着当代中国共产党人的政治品格、价值追求、精神风范。引导学生树立对马克思主义的信仰、对中国特色社会主义的信念、对中华民族伟大复兴中国梦的信心,在知行合一、学以致用上下功夫,增长知识、锤炼品格。

(五)习近平新时代中国特色社会主义思想的历史地位

课程教材要充分阐明这一思想是从新时代中国特色社会主义实践中产生的理论结晶,是推动新时代党和国家事业不断向前发展的科学指南,是经过实践检验、富有实践伟力的强大思想武器;讲清楚中国发展方位发生的历史性变化需要新时代理论引领,讲清楚我们党执政的社会环境和现实条件发生了深刻变化,迫切需要党的创新理论指导,讲清楚世界正经历百年未有之大变局,全球治理需要中国智慧与中国方案。引导学生理解习近平新时代中国特色社会主义思想与马克思列宁主义、毛泽东思想、邓小平理论、"三个代表"重要思想、科学发展观既一脉相承又与时俱进的关系,以及在马克思主义发展史、中华民族复兴史、人类文明进步史上具有特殊重要地位。

五、学段要求

习近平新时代中国特色社会主义思想进课程教材应结合不同学段学生的特点,遵循学生认知规律,统筹安排,系统有效实施。

(一)小学阶段

小学阶段重在启蒙引导,在幼小心灵里埋下爱党爱国爱社会主义的种子。主要通过讲故事和描述性语言,运用生动具体、形象直观的方式,注重体验教育,通过"看到什么""听到什么",让学生知道中国共产党是为中国人民谋幸福、为中华民族谋复兴的党,知道中国共产党是中国人民和中华民族的主心骨,知道习近平总书记是全党全国人民的领路人,知道中华民族伟大复兴的奋斗目标和新时代"两步走"战略安排,知道只有坚持中国共产党领导才能实现全体人民共同富裕和中华民族伟大复兴的目标,增强国家认同感,从小立志听党话、跟党走。

(二)初中阶段

初中阶段重在感性体验和知识学习相结合,促进形成基本政治判断和政治观点,打牢思想基础。主要以具体事实、鲜活案例、生活体验和基本概念,引导学生进行初步理性思考,通过呈现中国共产党带领全国各族人民取得的历史性成就和创造的"两大奇迹",从"是什么"的角度帮助学生初步理解习近平新时代中国特色社会主义思想的核心要义,增强学生集体荣誉感、社会责任感、民族自豪感,引导学生热爱党、热爱祖国、热爱人民。

（三）高中阶段

高中阶段重在实践体认和理论学习相结合,促进理性认同,提升政治素质。主要运用观察、辨析、反思和实践等形式,引导学生从"怎么做"的角度理解坚持和发展中国特色社会主义的行动纲领,把握习近平新时代中国特色社会主义思想精神实质,帮助学生知其言更知其义,树立共产主义远大理想和中国特色社会主义共同理想,增强"四个自信"。

（四）大学阶段

大学阶段重在形成理论思维,实现从学理认知到信念生成的转化,增强使命担当。主要以系统学习和理论阐释的方式,运用理论与实践、历史与现实相结合的方法,引导学生全面深入地理解习近平新时代中国特色社会主义思想的理论体系、内在逻辑、精神实质和重大意义,理解其蕴含和体现的马克思主义基本立场、观点和方法,增进对其科学性系统性的把握,提高学习和运用的自觉性,增强建设社会主义现代化强国和实现中华民族伟大复兴中国梦的使命感。

（五）研究生阶段

研究生阶段重在深度探究,形成宣传、阐释、研究习近平新时代中国特色社会主义思想的素质和能力,做到融会贯通。主要以专题学习和理论探究的方式,运用学术探索、社会调查和国际比较等方法,引导学生立足当前、着眼未来,以历史发展的眼光,深入思考习近平新时代中国特色社会主义思想的核心要义、价值取向、理论品格和思想方法,真正学深悟透、研机析理,不断提高马克思主义理论水平,自觉运用这一思想武装头脑、指导实践;引导学生自觉运用马克思主义基本立场、观点和方法分析当代中国基本国情和世界形势,学、思、用贯通,坚定信心、强化自觉、提升素质,投身民族复兴的伟大事业。

六、课程安排

习近平新时代中国特色社会主义思想进课程教材要根据不同学科专业特点和学科专业内容,按照系统讲述与分领域分专题阐释相结合的方式,把握总论与分论、理论与现实、宏观与微观、显性与隐性的关系,做到科学编排、有机融入、系统展开。

（一）思政课程

思政课程是落实习近平新时代中国特色社会主义思想进课程教材的主渠道,是落实立德树人根本任务的关键课程,要集中讲述习近平新时代中国特色社会主义思想,循序渐进、螺旋上升。

小学"道德与法治",围绕习近平总书记关于培育和践行社会主义核心价值观、道德养成和法治素养的精辟论述,呈现"习语金句",引导学生做到"记住要求、心有榜样、从小做起、接受帮助",扣好人生第一粒扣子。

初中"道德与法治",重点讲述习近平总书记关于加强党的领导、社会主义文化建设、依法治国、总体国家安全观重要论述,帮助学生理解习近平新时代中国特色社会主义思想是全党全国人民为实现中华民族伟大复兴而奋斗的行动指南,懂得只有中国特色社会主义才能发展中国的道理,引导学生自觉把爱国情、强国志落实到实际行动中。

高中"思想政治",重点讲述习近平总书记关于社会主义政治、经济、文化、社会和生态文明建设重要论述,理解习近平新时代中国特色社会主义思想蕴含的思想方法和理论品格,引导学生成长为有理想、有本领、有担当的时代新人。

大学阶段,"思想道德与法治"基于习近平总书记关于培育和践行社会主义核心价值观、道德建设、法治建设的重要论述,进行思想道德修养和法治素养教育。"马克思主义基本原理"突出习近平新时代中国特色社会主义思想对马克思主义哲学、政治经济学、科学社会主义的原创性贡献,阐明习近平新时代中国特色社会主义思想是当代中国马克思主义、21 世纪马克思主义。"中国近现代史纲要"从历史发展的角度讲述习近平新时代中国特色社会主义思想的时代意义和创新价值,讲清楚中国共产党为什么能、马克思主义为什么行、中国特色社会主义为什么好。"毛泽东思想和中国特色社会主义理论体系概论"系统全面讲授习近平新时代中国特色社会主义思想,体现其既与毛泽东思想、邓小平理论、"三个代表"重要思想、科学发展观一脉相承,又相对独立成体系,引导学生学习领会这一思想的时代背景、理论渊源、实践意义,深刻理解核心要义、精神实质、丰富内涵、基本观点、实践要求。在全国重点马克思主义学院率先开设"习近平新时代中国特色社会主义思想概论"。"形势与政策"基于习近平总书记最新讲话精神,结合当前重大现实问题和热点问题,重点讲授新时代坚持和发展中国特色社会主义的生动实践和理论探索,引导学生正确认识世界和中国发展大势,坚定"四个自信"。

硕士研究生阶段,"新时代中国特色社会主义理论与实践"围绕新时代中国特色社会主义的重大理论和实践创新问题,以专题的形式全方位、多角度地讲授习近平新时代中国特色社会主义思想,引导学生在理论与实践的互动中理解这一思想的时代价值。"自然辩证法概论""马克思主义与社会科学方法论"要充分体现习近平总书记运用马克思主义方法论方面的创新,引导学生更加自觉用这一思想指导解决科学研究中的实际问题。

博士研究生阶段,"中国马克思主义与当代"基于历史和现实,着眼世界格局的变化、面临的问题和当代中国发展等,深刻理解习近平新时代中国特色社会主义思想理论创新的重大价值,更加自觉把握中国特色社会主义事业的历史地位和世界意义,引导学生自觉运用马克思主义基本立场、观点和方法分析当代中国基本国情和世界形势。

(二)哲学社会科学课程

哲学社会科学课程是习近平新时代中国特色社会主义思想进课程教材的重要渠道,要充分发挥主干课程的作用,分专题讲述习近平新时代中国特色社会主义思想。

哲学类课程教材要讲清楚习近平新时代中国特色社会主义思想蕴含的马克思主义世界观和方法论,生动体现了辩证唯物主义和历史唯物主义,深入阐释习近平总书记关于坚持实事求是、提高科学思维能力、保持战略定力、坚持问题导向、重视调查研究、发扬钉钉子精神、依靠学习走向未来等方面的重要论述。使学生认识到习近平总书记科学思想方法和工作方法是一个完整系统的科学方法论体系,具有鲜明的马克思主义理论品质和深邃的精神实质。

经济学类课程教材要阐释习近平新时代中国特色社会主义经济思想,深入讲述新发展阶段、新发展理念、新发展格局和"七个坚持",即坚持加强党对经济工作的集中统一领导,坚持以人民为中心的发展思想,坚持适应把握引领经济发展新常态,坚持市场在资源配置中起决定性作用、更好发挥政府作用,坚持适应我国经济发展主要矛盾变化完善宏观调控,坚持问题导向部署经济发展新战略,坚持正确工作策略和方法。引导学生充分认识到加快构建以国内大循环为主体、国内国际双循环相互促进新发展格局的重要现实意义,使学生认识到习近平新时代中国特色社会主义经济思想是党的十八大以来推动我国经济发展实践的理论结晶,是中国特色社会主义政治经济学的最新成果,开拓了 21 世纪马克思主义政治经济学的新境界。

法学类课程教材主要讲授习近平法治思想,系统阐释习近平总书记关于全面依法治国、中国特色社会主义民主政治发展道路、国际关系和全球治理等方面的重要论述及习近平外交思想。讲清楚全面依法治国新理念、新思想、新战略,即:坚持党对全面依法治国的领导;坚持以人民为中心;坚持中国特色社会主义法治道路;坚持依宪治国、依宪执政;坚持在法治轨道上推进国家治理体系和治理能力现代化;坚持建设中国特色社会主义法治体系;坚持依法治国、依法执政、依法行政共同推进,法治国家、法治政府、法治社会一体建设;坚持全面推进科学立法、严格执法、公正司法、全民守法;坚持统筹推进国内法治和涉外法治;坚持建设德才兼备的高素质法治工作队伍;坚持抓住领导干部这个"关键少数"。使学生理解全面依法治国是中国特色社会主义的本质要求和重要保障,是国家治理的一场深刻革命。

管理学和社会学类课程教材要系统阐释习近平总书记关于社会主义社会建设重要论述。讲清楚社会建设的主线是带领人民创造幸福美好生活;社会建设的重点任务是坚持在发展中保障和改善民生,加强和创新社会治理;社会建设的基本原则是坚持社会公平正义,坚持解决好人民最关心最直接最现实的利益问题,坚持尽力而为与量力而行相结合,坚持守住底线,坚持共建共治共享,坚持完善制度。使学生认识到习近平总书记关于社会主义社会建设重要论述体现了中国共产党对人类社会发展规律、社会主义建设规律的最新认识,具有重大的理论意义、实践意义、时代意义、世界意义。

教育学类课程教材要系统阐释习近平总书记关于教育的重要论述。讲清楚教育改革发展必须坚持的新理念新思想新观点,即坚持党对教育事业的全面领导,坚持把立德树人作为根本任务,坚持优先发展教育事业,坚持社会主义办学方向,坚持扎根中国大地办教育,坚持以人民为中心发展教育,坚持深化教育改革创新,坚持把服务中华民族伟大复兴作为教育的重要使命,坚持把教师队伍建设作为基础工作。使学生认识到习近平总书记关于教育的重要论述开创了马克思主义教育思想新境界,为加快推进教育现代化、建设教育强国、办好人民满意的教育、培养德智体美劳全面发展的社会主义建设者和接班人提供了行动指南。

历史学、文学、艺术学类课程教材要系统阐释习近平总书记关于社会主义文化建设重要论述。讲清楚文化自信是一个国家、一个民族发展中更基本更深层更持久的力量,坚定中国特色社会主义道路自信、理论自信、制度自信,说到底是坚定文化自信;讲好党史、新中国史、改革开放史、社会主义发展史,汲取历史智慧,深刻把握中国特色社会主义道路的历史逻辑;推动社会主义文化繁荣发展必须坚定马克思主义信仰,推动中华优秀传统文化的创造性转化和创新性发展,培育和践行社会主义核心价值观,加快构建中国特色哲学社会科学,繁荣发展社会主义文艺,推动文化事业和文化产业的发展,理解建成文化强国的重要意义;提高国家文化软实力,讲好中国故事,关系我国在世界文化格局中的定位;意识形态决定文化前进方向和道路,必须坚持党对意识形态工作的领导权,巩固马克思主义的指导地位。使学生认识到习近平总书记关于社会主义文化建设重要论述是推动社会主义文化繁荣兴盛的根本遵循,为中华民族文化传承和创新发展指明了方向,为人类文明交流互鉴提供了中国方案。

（三）其他课程

其他各学科专业课程教材应结合自身特点有机融入习近平新时代中国特色社会主义思想的相关内容,实现进课程教材全覆盖。

军事学类课程教材要系统阐释习近平强军思想,讲清楚习近平强军思想的地位作用、核心要义和指导作用。讲清楚新时代国防和军队现代化建设必须毫不动摇坚持党对军队的绝对领导;党在新时代的强军目标,军事战略方针和政治建军、改革强军、科技强军、人才强军、依法治军的战略举措。使学生认识到习近平强军思想是马克思主义军事理论中国化时代化的新飞跃,是党的军事指导理论的重大突破、重大创新、重大发展,是新时代强军事业开创新局面、踏上新征程的行动指南。

农学类课程教材要系统阐释习近平生态文明思想,讲清楚坚持"人与自然和谐共生"的科学自然观,"绿水青山就是金山银山"的绿色发展观,"良好生态环境是最普惠的民生福祉"的生态民生观,"山水林田湖草是生命共同体"的整体系统观,"用最严格制度保护生态环境"的严密法治观,"共谋全球生态文明建设之路"的全球共赢观。使学生认识到习近平生态文明思想为建设美丽中国、实现中华民族永续发展提供了根本遵循和保障,对于促进全球生态治理具有重要意义。

理学、工学、医学类课程教材要结合学科专业特点,阐释人民至上、生命至上思想,培养学生胸怀祖国、服务人民的爱国精神,勇攀高峰、敢为人先的创新精神,追求真理、严谨治学的求实精神,淡泊名利、潜心研究的奉献精神,引导学生认识创新在我国现代化建设全局中的核心地位,理解科技自立自强作为国家发展战略支撑的重大意义,努力把自己的科学追求融入建设社会主义现代化强国的伟大事业之中。

各学科都要结合学科特点,有机融入党史、新中国史、改革开放史、社会主义发展史等内容,阐释习近平总书记关于历史问题、历史思维的重要论述,引导学生在学思践悟中坚定理想信念,在奋发有为中践行初心使命,不断增强历史定力、锤炼历史思维。

全面整理习近平总书记在地方工作的创新理念、重大实践,及时梳理视察地方、学校发表的重要论述,深入挖掘育人价值,有机融入各级各类课程教材和教学实践过程,不断丰富学习内容,引导学生进一步理解习近平新时代中国特色社会主义思想发展脉络和实践要求,使习近平新时代中国特色社会主义思想进教材、进课堂、进学生头脑更加系统全面、生动具体。

七、组织实施

（一）加强专业指导

组建以从事习近平新时代中国特色社会主义思想研究与教育的专家为主的指导组,加强统筹、指导。依托国家教材委员会及地方相关教材审查机构,督促指导在中小学国家、地方、校本课程教材中落实到位。发挥各级各类教学指导委员会、国务院学位委员会学科评议组、全国专业学位研究生教育指导委员会、行业职业教育教学指导委员会等专家组织作用,督促指导在职业院校、普通高校学科专业课程教材中落实到位。

（二）制定落实细则

结合各类课程教材特点,编修团队要制定习近平新时代中国特色社会主义思想进课程教材落实细则,实现中小学国家、地方、校本课程教材和职业院校、普通高校学科专业课程教材应进必进、应落尽落。

（三）严格审查把关

充分发挥国家教材委员会及其专家委员会审查把关作用，加强统编教材、高校马克思主义理论研究与建设工程重点教材落实习近平新时代中国特色社会主义思想情况的审查。地方及高校相关教材审查机构要加强对其他课程教材落实情况的审查把关。

（四）开展专项培训

组织开展课程教材编修团队专题培训，确保习近平新时代中国特色社会主义思想进课程教材的系统性、准确性与适宜性。紧密结合思政课程和课程思政建设工作，将习近平新时代中国特色社会主义思想作为教师培训必修内容。示范开展思想政治骨干教师专题培训。

（五）强化示范推广

要注重抓示范、树标杆。要引导地方和中小学校，借鉴国家课程教材做法，落实习近平新时代中国特色社会主义思想进课程教材要求，做好转化，增强吸引力、感染力。职业院校、普通高校学科专业课程教材要从国家规划教材和一流课程、专业做起，探索形成符合专业教育实际和思政教育目标的落地模式，并逐步扩展到所有学科专业课程教材，促进内容体系、教学体系与课程思政体系的不断完善、整体贯通。要及时总结各个学段、各种类型课程教材落实习近平新时代中国特色社会主义思想典型经验，交流互鉴，引领示范，确保落全落实落好。

教育部关于学习贯彻习近平总书记给全国高校
黄大年式教师团队代表重要回信精神的通知

教师〔2021〕6 号

各省、自治区、直辖市教育厅（教委），新疆生产建设兵团教育局，有关部门（单位）教育司（局），部属各高等学校、部省合建各高等学校：

2021 年 9 月 8 日，在第 37 个教师节来临之际，习近平总书记专门给全国高校黄大年式教师团队代表回信，对团队取得的成绩予以充分肯定，对广大教师提出殷切期望，并向全国广大教师致以节日问候，习近平总书记重要回信具有重要意义。现就学习贯彻习近平总书记重要回信精神有关要求通知如下。

一、深刻领会习近平总书记重要回信精神的内涵意义

习近平总书记的重要回信高度肯定了全国高校黄大年式教师团队以黄大年同志为榜样，立足本职岗位，凝聚团队力量，在教书育人、科研创新等方面取得的可喜成绩，明确提出好老师要做到学为人师、行为世范，殷切希望全国高校黄大年式教师团队同全国高校广大教师一道，立德修身，潜心治学，开拓创新，真正把为学、为事、为人统一起来，当好学生成长的引路人，为培养德智体美劳全面发展的社会主义建设者和接班人、全面建设社会主义现代化国家不断作出新贡献。

回信充分体现了以习近平同志为核心的党中央对广大教师的亲切关怀和特殊厚爱，深刻阐释了教育工作和教师工作的极端重要性，立意高远、内涵丰富、情深意切、催人奋进，是习近平总书记关于教育的重要论述的重要组成内容，为建设高素质专业化创新型教师队伍，推动教育高质量发展、建设教育强国提供了根本遵循。

二、扎实做好习近平总书记重要回信精神的学习贯彻

各地各校要深入学习贯彻习近平总书记重要回信精神，开展学习研讨，集中宣传阐释，突出引领践行，深刻领会习近平总书记重要回信精神与对广大教师提出的"四有"好老师、"四个引路人""大先生"等期望要求一脉相承，切实把广大教师的思想和行动统一到回信精神上来。

（一）学习研讨抓深入。要深入系统学，组织广大教师将学习贯彻习近平总书记重要回信精神与学习习近平总书记"七一"重要讲话精神紧密结合起来，与党史学习教育紧密结合起来，与学习贯彻习近平总书记关于教育的重要论述紧密结合起来，持续推动回信精神入脑入心。要联系实际学，分层分类开展针对性学习，各级各类学校教师党支部组织全体党员教师开展专题学习，高校组织海外留学归国教师召开学习座谈会、组织教师和师范生开展专题研讨，中小学组织教师开展主题教研、座谈交流等活动。各级各类学校通过组织教师观看《黄大年》等优秀教师题材电影、"学习强国"平台教师节主题微视频等，强化教育引领。

（二）宣传阐释抓深入。要组织黄大年式教师团队专家、教育世家代表、优秀教师典型、杰出科研工作者开展巡讲、专题辅导、在线培训等，创新方式方法，深入开展回信精神的宣传阐释。通过在本地本校主流媒体和主要报刊上开设专题专栏，组织知名专家教师刊发心得

体会和学习文章,形成浓厚宣传氛围。各级教师培训要将重要回信相关内容纳入培训必修课程,确保培训效果。各高校要组织马克思主义理论、教育学等学科和师范专业的师生,对回信精神开展系列理论阐释和宣讲。

(三)引领践行抓深入。要持之以恒抓好教师思想政治引领,以喜闻乐见的形式,引导广大教师将贯彻回信精神转化为解决实践问题的举措成效。注重用教师身边可学可做的模范,讲好身边的教育故事和学习回信精神的切身感悟,加强对师生的心灵触动和精神感召,切实让广大教师受启迪、重践行。重点教育引导青年教师坚定理想信念,通过组织集中学习、定期轮训、讲授党课以及思想交流会、主题沙龙等多种寓教于学的方式,传承弘扬黄大年同志崇高精神,把爱党爱教的报国之志、浓厚的家国情怀、强烈的社会责任感和立德树人的职责使命作为价值追求,努力将"学为人师,行为世范"的好老师要求内化于心、外化于行。

三、切实推动习近平总书记重要回信精神落地见效

各地各校要坚持近期、中期和远期相结合,作出系列安排,将回信精神和要求转化为推动教育高质量发展、建设教育强国的强大动力和务实举措,推动回信精神落实落细。

(一)加强组织领导。各地各校要认真做好组织安排,制定工作方案,明确学习计划,细化落实举措,提出具体要求,强化督促指导,以高度的政治自觉、思想自觉和行动自觉,持续将重要回信精神学习贯彻落实引向深入。

(二)推进强师举措。各地各校要深入推进落实《中共中央国务院关于全面深化新时代教师队伍建设改革的意见》,加大惠师强师举措力度,推进实施新时代基础教育强师计划,持续开展全国高校黄大年式教师团队创建,以团队建设优势发挥辐射带动作用。要紧密对接国家战略需求,凝聚高端一流人才,持续加大创新人才培养,加快推动教育高质量发展和高水平科技自立自强。要以教育评价改革为牵引,不断深化教师管理综合改革,大力振兴教师教育,不断提升教师教书育人能力素质。要加大教师关心关爱支持力度,将广大教师急难愁盼问题列入"我为群众办实事"等项目予以重点推动解决。完善教师工资待遇保障机制,推进教师考核评价改革,深化职教"双师型"教师队伍建设改革,努力提升教师的获得感和职业荣誉感,吸引和稳定优秀人才竞相从教。

(三)营造浓厚氛围。各地各校要将贯彻落实回信精神融入教师思想政治建设和师德师风建设,作为师德专题教育的重要学习内容。部属有关高校要与当前巡视整改工作紧密结合,对照回信精神抓好整改提升。各地各校要将学习贯彻回信精神与推进落实当前教育领域重点工作统筹推进,加强宣传引导,增强工作感召力,引导全社会支持教育,营造尊师重教的浓厚氛围,为教育事业"十四五"良好开局奠定坚实基础。

各地各校学习贯彻有关情况请及时报我部。

教育部

2021 年 9 月 12 日

国务院办公厅关于进一步支持大学生创新创业的指导意见

国办发〔2021〕35 号

各省、自治区、直辖市人民政府,国务院各部委、各直属机构:

纵深推进大众创业万众创新是深入实施创新驱动发展战略的重要支撑,大学生是大众创业万众创新的生力军,支持大学生创新创业具有重要意义。近年来,越来越多的大学生投身创新创业实践,但也面临融资难、经验少、服务不到位等问题。为提升大学生创新创业能力、增强创新活力,进一步支持大学生创新创业,经国务院同意,现提出以下意见。

一、总体要求

以习近平新时代中国特色社会主义思想为指导,深入贯彻落实党的十九大和十九届二中、三中、四中、五中全会精神,全面贯彻党的教育方针,落实立德树人根本任务,立足新发展阶段、贯彻新发展理念、构建新发展格局,坚持创新引领创业、创业带动就业,支持在校大学生提升创新创业能力,支持高校毕业生创业就业,提升人力资源素质,促进大学生全面发展,实现大学生更加充分更高质量就业。

二、提升大学生创新创业能力

(一)将创新创业教育贯穿人才培养全过程。深化高校创新创业教育改革,健全课堂教学、自主学习、结合实践、指导帮扶、文化引领融为一体的高校创新创业教育体系,增强大学生的创新精神、创业意识和创新创业能力。建立以创新创业为导向的新型人才培养模式,健全校校、校企、校地、校所协同的创新创业人才培养机制,打造一批创新创业教育特色示范课程。(教育部牵头,人力资源和社会保障部等按职责分工负责)

(二)提升教师创新创业教育教学能力。强化高校教师创新创业教育教学能力和素养培训,改革教学方法和考核方式,推动教师把国际前沿学术发展、最新研究成果和实践经验融入课堂教学。完善高校双创指导教师到行业企业挂职锻炼的保障激励政策。实施高校双创校外导师专项人才计划,探索实施驻校企业家制度,吸引更多各行各业优秀人才担任双创导师。支持建设一批双创导师培训基地,定期开展培训。(教育部牵头,人力资源和社会保障部等按职责分工负责)

(三)加强大学生创新创业培训。打造一批高校创新创业培训活动品牌,创新培训模式,面向大学生开展高质量、有针对性的创新创业培训,提升大学生创新创业能力。组织双创导师深入校园举办创业大讲堂,进行创业政策解读、经验分享、实践指导等。支持各类创新创业大赛对大学生创业者给予倾斜。(人力资源和社会保障部、教育部等按职责分工负责)

三、优化大学生创新创业环境

(四)降低大学生创新创业门槛。持续提升企业开办服务能力,为大学生创业提供高效便捷的登记服务。推动众创空间、孵化器、加速器、产业园全链条发展,鼓励各类孵化器面向大学生创新创业团队开放一定比例的免费孵化空间,并将开放情况纳入国家级科技企业孵化器考核评价,降低大学生创新创业团队入驻条件。政府投资开发的孵化器等创业载体应安排30%左右的场地,免费提供给高校毕业生。有条件的地方可对高校毕业生到孵化器创业给予租金补贴。(科技部、教育部、市场监管总局等和地方各级人民政府按职责分工负责)

(五)便利化服务大学生创新创业。完善科技创新资源开放共享平台,强化对大学生的技术创新服务。各地区、各高校和科研院所的实验室以及科研仪器、设施等科技创新资源可以面向大学生开放共享,提供低价、优质的专业服务,支持大学生创新创业。支持行业企业面向大学生发布企业需求清单,引导大学生精准创新创业。鼓励国有大中型企业面向高校和大学生发布技术创新需求,开展"揭榜挂帅"。(科技部、发展改革委、教育部、国资委等按职责分工负责)

(六)落实大学生创新创业保障政策。落实大学生创业帮扶政策,加大对创业失败大学生的扶持力度,按规定提供就业服务、就业援助和社会救助。加强政府支持引导,发挥市场主渠道作用,鼓励有条件的地方探索建立大学生创业风险救助机制,可采取创业风险补贴、商业险保费补助等方式予以支持,积极研究更加精准、有效的帮扶措施,及时总结经验、适时推广。毕业后创业的大学生可按规定缴纳"五险一金",减少大学生创业的后顾之忧。(人力资源和社会保障部、教育部、财政部、民政部、医保局等和地方各级人民政府按职责分工负责)

四、加强大学生创新创业服务平台建设

(七)建强高校创新创业实践平台。充分发挥大学科技园、大学生创业园、大学生创客空间等校内创新创业实践平台作用,面向在校大学生免费开放,开展专业化孵化服务。结合学校学科专业特色优势,联合有关行业企业建设一批校外大学生双创实践教学基地,深入实施大学生创新创业训练计划。(教育部、科技部、人力资源和社会保障部等按职责分工负责)

(八)提升大众创业万众创新示范基地带动作用。加强双创示范基地建设,深入实施创业就业"校企行"专项行动,推动企业示范基地和高校示范基地结对共建、建立稳定合作关系。指导高校示范基地所在城市主动规划和布局高校周边产业,积极承接大学生创新成果和人才等要素,打造"城校共生"的创新创业生态。推动中央企业、科研院所和相关公共服务机构利用自身技术、人才、场地、资本等优势,为大学生建设集研发、孵化、投资等于一体的创业创新培育中心、互联网双创平台、孵化器和科技产业园区。(发展改革委、教育部、科技部、国资委等按职责分工负责)

五、推动落实大学生创新创业财税扶持政策

(九)继续加大对高校创新创业教育的支持力度。在现有基础上,加大教育部中央彩票公益金大学生创新创业教育发展资金支持力度。加大中央高校教育教学改革专项资金支持力度,将创新创业教育和大学生创新创业情况作为资金分配重要因素。(财政部、教育部等按职责分工负责)

(十)落实落细减税降费政策。高校毕业生在毕业年度内从事个体经营,符合规定条件的,在3年内按一定限额依次扣减其当年实际应缴纳的增值税、城市维护建设税、教育费附加、地方教育附加和个人所得税;对月销售额15万元以下的小规模纳税人免征增值税,对小微企业和个体工商户按规定减免所得税。对创业投资企业、天使投资人投资于未上市的中小高新技术企业以及种子期、初创期科技型企业的投资额,按规定抵扣所得税应纳税所得

额。对国家级、省级科技企业孵化器和大学科技园以及国家备案众创空间按规定免征增值税、房产税、城镇土地使用税。做好纳税服务,建立对接机制,强化精准支持。(财政部、税务总局等按职责分工负责)

六、加强对大学生创新创业的金融政策支持

(十一)落实普惠金融政策。鼓励金融机构按照市场化、商业可持续原则对大学生创业项目提供金融服务,解决大学生创业融资难题。落实创业担保贷款政策及贴息政策,将高校毕业生个人最高贷款额度提高至 20 万元,对 10 万元以下贷款、获得设区的市级以上荣誉的高校毕业生创业者免除反担保要求;对高校毕业生设立的符合条件的小微企业,最高贷款额度提高至 300 万元;降低贷款利率,简化贷款申报审核流程,提高贷款便利性,支持符合条件的高校毕业生创业就业。鼓励和引导金融机构加快产品和服务创新,为符合条件的大学生创业项目提供金融服务。(财政部、人力资源和社会保障部、人民银行、银保监会等按职责分工负责)

(十二)引导社会资本支持大学生创新创业。充分发挥社会资本作用,以市场化机制促进社会资源与大学生创新创业需求更好对接,引导创新创业平台投资基金和社会资本参与大学生创业项目早期投资与投智,助力大学生创新创业项目健康成长。加快发展天使投资,培育一批天使投资人和创业投资机构。发挥财政政策作用,落实税收政策,支持天使投资、创业投资发展,推动大学生创新创业。(发展改革委、财政部、税务总局、证监会等按职责分工负责)

七、促进大学生创新创业成果转化

(十三)完善成果转化机制。研究设立大学生创新创业成果转化服务机构,建立相关成果与行业产业对接长效机制,促进大学生创新创业成果在有关行业企业推广应用。做好大学生创新项目的知识产权确权、保护等工作,强化激励导向,加快落实以增加知识价值为导向的分配政策,落实成果转化奖励和收益分配办法。加强面向大学生的科技成果转化培训课程建设。(科技部、教育部、知识产权局等按职责分工负责)

(十四)强化成果转化服务。推动地方、企业和大学生创新创业团队加强合作对接,拓宽成果转化渠道,为创新成果转化和创业项目落地提供帮助。鼓励国有大中型企业和产教融合型企业利用孵化器、产业园等平台,支持高校科技成果转化,促进高校科技成果和大学生创新创业项目落地发展。汇集政府、企业、高校及社会资源,加强对中国国际"互联网+"大学生创新创业大赛中涌现的优秀创新创业项目的后续跟踪支持,落实科技成果转化相关税收优惠政策,推动一批大赛优秀项目落地,支持获奖项目成果转化,形成大学生创新创业示范效应。(教育部、科技部、发展改革委、财政部、国资委、税务总局等按职责分工负责)

八、办好中国国际"互联网+"大学生创新创业大赛

(十五)完善大赛可持续发展机制。鼓励省级人民政府积极承办大赛,压实主办职责,进一步加强组织领导和综合协调,落实配套支持政策和条件保障。坚持政府引导、公益支持,支持行业企业深化赛事合作,拓宽办赛资金筹措渠道,适当增加大赛冠名赞助经费额度。充分利用市场化方式,研究推动中央企业、社会资本发起成立中国国际"互联网+"大学生创

新创业大赛项目专项发展基金。（教育部、国资委、证监会、建设银行等按职责分工负责）

（十六）打造创新创业大赛品牌。强化大赛创新创业教育实践平台作用，鼓励各学段学生积极参赛。坚持以赛促教、以赛促学、以赛促创，丰富竞赛形式和内容。建立健全中国国际"互联网+"大学生创新创业大赛与各级各类创新创业比赛联动机制，推进大赛国际化进程，搭建全球性创新创业竞赛平台，深化创新创业教育国际交流合作。（教育部等按职责分工负责）

九、加强大学生创新创业信息服务

（十七）建立大学生创新创业信息服务平台。汇集创新创业帮扶政策、产业激励政策和全国创新创业教育优质资源，加强信息资源整合，做好国家和地方的政策发布、解读等工作。及时收集国家、区域、行业需求，为大学生精准推送行业和市场动向等信息。加强对创新创业大学生和项目的跟踪、服务，畅通供需对接渠道，支持各地积极举办大学生创新创业项目需求与投融资对接会。（教育部、发展改革委、人力资源和社会保障部等按职责分工负责）

（十八）加强宣传引导。大力宣传加强高校创新创业教育、促进大学生创新创业的必要性、重要性。及时总结推广各地区、各高校的好经验好做法，选树大学生创新创业成功典型，丰富宣传形式，培育创客文化，营造敢为人先、宽容失败的环境，形成支持大学生创新创业的社会氛围。做好政策宣传宣讲，推动大学生用足用好税费减免、企业登记等支持政策。（教育部、中央宣传部牵头，地方各级人民政府、各有关部门按职责分工负责）

各地区、各有关部门要认真贯彻落实党中央、国务院决策部署，抓好本意见的贯彻落实。教育部要会同有关部门加强协调指导，督促支持大学生创新创业各项政策的落实，加强经验交流和推广。地方各级人民政府要加强组织领导，深入了解情况，优化创新创业环境，积极研究制定和落实支持大学生创新创业的政策措施，及时帮助大学生解决实际问题。

国务院办公厅

2021 年 9 月 22 日

教育部关于成立 2021—2025 年高等学校
思想政治理论课教学指导委员会的通知

教社科函〔2021〕2 号

各省、自治区、直辖市教育厅(教委),新疆生产建设兵团教育局,部属各高等学校、部省合建各高等学校:

为深入贯彻落实习近平总书记在学校思想政治理论课教师座谈会上的重要讲话精神,贯彻落实中办、国办印发的《关于深化新时代学校思想政治理论课改革创新的若干意见》精神,进一步发挥好教育部高等学校思想政治理论课教学指导委员会作用,我部决定成立 2021—2025 年高等学校思想政治理论课教学指导委员会。现将有关事项通知如下:

一、高等学校思想政治理论课教学指导委员会,是在教育部党组领导下,对高校思政课建设发挥咨询、研判、督查、评估、培训、示范、指导、引领等作用的专家组织。

二、高等学校思想政治理论课教学指导委员会委员是在各单位推荐的基础上,根据思想政治素质好、学术水平高、教学工作或实际工作经验丰富、作风正派等标准,结合各高校思政课改革创新、教学科研组织机构建设情况,从高校、中央党校(国家行政学院)、中央党史和文献研究院、中国社会科学院等单位中的专家学者中遴选确定的。

三、本届高等学校思想政治理论课教学指导委员会,设立咨询委员会、教学指导委员会和 11 个分教学指导委员会。咨询委员会设主任委员 3 名,副主任委员 9 名;教学指导委员会设主任委员 5 名,副主任委员 6 名;各分教学指导委员会设主任委员 1 名,副主任委员 3 名。各分教学指导委员会主任委员担任教学指导委员会的主任委员或副主任委员。全部委员由我部颁发聘书,任期 5 年。任期内可根据工作需要作适当调整。教学指导委员会根据章程开展工作。

四、高等学校思想政治理论课教学指导委员会的主要任务是:接受教育部委托,进行加强和改进高校思政课重要决策前期研究,就高校思政课教学方法改革、师资队伍建设和马克思主义理论学科建设等向教育部提出咨询意见建议,组织开展高校思政课教学的理论与实践研究,开展高校思政课教师培养培训、教学成果鉴定和高校思政课教学指导、评价、检查等工作。

五、各地教育部门、各高校和有关单位要积极支持教指委的工作,委员所在的学校和单位要为其开展工作创造条件、提供便利,促其切实履行职责、发挥作用。

教育部
2021 年 11 月 8 日

教育部关于印发《高等学校思想政治理论课建设标准（2021 年本）》的通知

教社科〔2021〕2 号

各省、自治区、直辖市教育厅（教委），新疆生产建设兵团教育局，有关部门（单位）教育司（局），部属各高等学校、部省合建各高等学校：

为进一步加强高校思想政治理论课的宏观指导，规范组织管理、教学管理、队伍管理和学科建设，我部对 2015 年颁布的《高等学校思想政治理论课建设标准（暂行）》（教社科〔2015〕3 号）进行了修订。现将修订后的《高等学校思想政治理论课建设标准（2021 年本）》印发给你们，请遵照执行。原《高等学校思想政治理论课建设标准（暂行）》（教社科〔2015〕3 号）同时废止。

教育部

2021 年 11 月 30 日

高等学校思想政治理论课建设标准
（2021 年本）

一级指标	二级指标	三级指标	指标类型	责任部门
组织管理	领导体制	1. 学校党委直接领导,支持校行政负责实施。分管校领导具体负责,并成立相应的领导机构。坚持把从严管理和科学治理结合起来,增强"四个意识"、坚定"四个自信"、做到"两个维护"	A*	学校党委、行政领导
	工作机制	2. 校党委(常委)会议、校长办公会每学期至少召开一次专题会议研究思想政治理论课建设,解决突出问题,在工作格局、队伍建设、支持保障等方面采取有效措施,会议决议能够及时落实	A	学校党委、行政领导
		3. 建立学校党委书记、校长带头抓思想政治理论课机制。党委书记、校长作为第一责任人,带头听课讲课,带头推动思想政治理论课建设,带头联系思想政治理论课教师,每学年到思想政治理论课教研部门开现场办公会至少 1 次,听取思想政治理论课教学工作汇报,解决实际问题。学校党政主要负责同志每学期至少给学生讲授 4 个课时思想政治理论课。高校领导班子其他成员每学期至少给学生讲授 2 个课时思想政治理论课。党委书记、校长及分管思想政治理论课建设、教学、科研工作的校领导每学期至少听 1 课时思想政治理论课	A*	
		4. 把思想政治理论课建设列入学校事业发展规划,纳入学校党的建设工作考核,办学质量和学科建设评估标准体系,作为学校重点课程建设。有条件的本科院校同时应作为重点学科建设,每年至少进行一次专项督查。思想政治理论课建设情况纳入领导班子考核和政治巡视	A	
		5. 学校宣传、人事、教务、研究生院(处)、财务、科研、学生处、团委等党政部门和思想政治理论课教学科研机构各负其责,相互配合,落实思想政治理论课教育教学、学科建设、人才培养、科研立项、社会实践、经费保障等各方面政策和措施	A	学校党委、行政领导及有关部门

一级指标	二级指标	三级指标	指标类型	责任部门
组织管理	机构建设	6. 独立设置直属学校领导的、与学校其他二级院(系)行政同级的思想政治理论课教学科研组织二级机构,承担全校本、专科学生和研究生思想政治理论课教学任务,统一管理思想政治理论课教师。有马克思主义理论学科点的机构同时应作为马克思主义理论学科点的依托单位,承担马克思主义理论科学研究、学科建设、研究生培养等工作	A*	学校党委、行政领导
		7. 配齐二级机构领导班子,思想政治理论课教学科研机构负责人应当是中共党员,并有长期从事思想政治理论课教学或者马克思主义理论学科研究的经历,不得兼任其他二级院(系)的主要负责人	A*	学校党委、行政领导及有关部门
		8. 与专业院系同等配备办公用房和教学设备、基本图书资料、国内外主要社科期刊、声像资料、教学课件以及办公设备等,满足教学及办公需要	B	
	专项经费	9. 学校在保障思想政治理论课教学科研机构正常运转的各项经费的同时,本科院校按在校本硕博全部在校生总数每生每年不低于40元,专科院校每生每年不低于30元的标准提取专项经费,用于教师学术交流、实践研修等,并随着学校经费的增长逐年增加。专项经费安排使用明确,专款专用	A*	学校党委、行政领导及财务部门
教学管理	管理制度	10. 教学管理制度健全,建立备课、听课制度以及教学内容和教学质量监控制度,认真执行各项管理规章制度,检查、评价制度等。教学档案齐全	B	教务处、思想政治理论课教学科研机构
	课程设置	11. 按照中央确定的最新方案,落实课程和学分及对应的课堂教学学时,无挪用或减少课时的情况	A*	教务处、研究生院(处)
		12. 积极创造条件开设本科生和研究生层次思想政治理论课选修课。要重点围绕习近平新时代中国特色社会主义思想,党史、新中国史、改革开放史、社会主义发展史、宪法法律、中华优秀传统文化等设定课程模块,开设系列选择性必修课程	A*	
	教材使用	13. 使用最新版马克思主义理论研究和建设工程重点教材为思想政治理论课统编教材	A	教务处、研究生院(处)

续表

一级指标	二级指标	三级指标	指标类型	责任部门
教学管理	教材使用	14. "形势与政策"课要根据教育部下发的教学要点组织教学,选用中宣部和教育部组织制作的《时事报告(大学生版)》和《时事》DVD 作为学生学习辅导资料	B	教务处、研究生院(处)
	课堂教学	15. 课堂规模一般不超过 100 人,推行中班教学,倡导中班上课、小班研学讨论的教学模式	A	教务处
		16. 合理安排课堂教学时间	B	
	实践教学	17. 实践教学纳入教学计划,统筹思想政治理论课各门课的实践教学,落实学分(本科 2 学分,专科 1 学分)、教学内容、指导教师和专项经费。实践教学覆盖全体学生,建立相对稳定的校外实践教学基地	B	教务处、财务处、学生处、团委、思想政治理论课教学科研机构
	改革创新	18. 深化思想政治理论课改革创新,坚持政治性和学理性相统一、价值性和知识性相统一、建设性和批判性相统一、理论性和实践性相统一、统一性和多样性相统一、主导性和主体性相统一、灌输性和启发性相统一、显性教育和隐性教育相统一,积极探索教学方法改革、优化教学手段,不断增强思想政治理论课的思想性、理论性和亲和力、针对性	A	思想政治理论课教学科研机构、教务处
		19. 建设"大思政课",调动各种资源用于思想政治理论课建设,把思政小课堂与社会大课堂相结合,突出实践教学,将生动鲜活的实践引入课堂教学,将课堂设在生产劳动和社会实践一线,全面提升育人效果	A	
		20. 改革考试评价方式,建立健全科学全面准确的考试考核评价体系,注重过程考核和教学效果考核	B	
	教学成果	21. 列入校级教学成果类奖系列评选之中,并积极组织推荐参评校级以上教学评选活动	B	教务处
队伍管理	政治方向	22. 建设一支政治强、情怀深、思维新、视野广、自律严、人格正的思想政治理论课教师队伍。思想政治理论课教师应坚持正确的政治方向,有扎实的马克思主义理论基础,在政治立场、政治方向、政治原则、政治道路上同以习近平同志为核心的党中央保持高度一致	A*	人事处、思想政治理论课教学科研机构
	师德师风	23. 思想政治理论课教师具有良好的思想品德、职业道德、责任意识和敬业精神,无学术不端、教学违纪现象	A	人事处、思想政治理论课教学科研机构

一级指标	二级指标	三级指标	指标类型	责任部门
队伍管理	教师选配	24. 学校应建设专职为主、专兼结合、数量充足、素质优良的思想政治理论课教师队伍,严格按照师生比不低于1∶350的比例核定专职思想政治理论课教师岗位,在编制内配足,且不得挪作他用	A	人事处
		25. 兼职教师具有硕士研究生以上学历(专科院校兼职教师具有本科以上学历)和相关专业背景,按学校有关规定考核合格	B	
		26. 新任专职教师原则上应是中共党员,并具备马克思主义理论相关学科背景硕士以上学位	A	
		27. 实行不合格思想政治理论课教师退出机制	B	
	培养培训	28. 统一实行集体备课,集中研讨提问题、集中培训提素质、集中备课提质量。新任专职教师必须参加省级岗前培训;所有专职教师应积极参加省级或中宣部、教育部组织的示范培训或课程培训或骨干研修。学校每年对全体教师至少培训一次	B	人事处、思想政治理论课教学科研机构
		29. 每学年至少安排1/4的专职教师开展学术交流、实践研修或学习考察活动。有条件的学校可以开展国(境)外学术交流和实践研修,但不作为评聘职称硬性要求	B	
		30. 安排专职教师进行脱产或半脱产进修,每人每4年至少一次	B	
		31. 鼓励支持专职教师攻读马克思主义理论相关学科学位。实施好思想政治理论课教师在职攻读马克思主义理论博士学位专项计划	B	
	职务评聘	32. 学校在专业技术职务(职称)评聘工作中,要单独设立马克思主义理论类别,校级专业技术职务(职称)评聘委员会要有同比例的马克思主义理论学科专家。按教师比例核定思想政治理论课教师专业技术职务(职称)各类岗位占比,高级专业技术职务(职称)岗位比例不低于学校平均水平,指标不得挪作他用	A	人事处
		33. 制定实施符合思想政治理论课教师职业特点的(职务)职称评聘标准,提高教学和教学研究占比。要将思想政治理论课教师在中央和地方主要媒体上发表的理论文章纳入学术成果范畴。被有关部门采纳并发挥积极作用的理论文章、调研报告等应作为专业技术(职务)职称评定的依据	B	

续表

一级指标	二级指标	三级指标	指标类型	责任部门
队伍管理	经济待遇	34. 思想政治理论课教师的岗位津贴和课时补助等纳入学校内部分配体系统筹考虑,思想政治理论课教师工作量、课酬计算标准与其他专业课教师一致,教师的实际平均收入不低于本校教师的平均水平,相应核增学校绩效工资总量	A	人事处、教务处
	表彰评优	35. 纳入学校各类教师表彰体系中,并为思想政治理论课教师确定一定比例,进行统一表彰	B	人事处
学科建设	学科点建设	36. 马克思主义理论学科点设在思想政治理论课教学科研机构,首要任务是为思想政治理论课教育教学服务。紧紧围绕马克思主义理论一级学科及其所属二级学科开展科研,从整体上研究马克思主义基本原理和科学体系、深入研究马克思列宁主义、毛泽东思想、邓小平理论、"三个代表"重要思想、科学发展观,深入研究习近平新时代中国特色社会主义思想;深入研究中国特色社会主义重大理论和实践问题;深入研究思想政治理论课教学重点难点问题和教学方法改革创新	A*	人事处、科研处、教务处、研究生院(处)
		37. 除马克思主义理论学科下属的本科专业外,马克思主义理论学科点不办其他本科专业。统筹推进马克思主义理论学科本硕博一体化人才培养,积极承担"高校思想政治理论课教师队伍后备人才培养专项支持计划"任务	A*	
		38. 马克思主义理论学科的学术骨干必须是思想政治理论课的教学骨干。每一位导师至少承担一门思想政治理论课的教学任务	A	
	科研工作	39. 设立思想政治理论课教育教学研究专项课题。创造条件支持思想政治理论课教师申报各级各类课题,参评各种科研成果奖等,鼓励教师围绕教材和教学中的重点、难点问题发表论文、出版专著。在校报、校刊设置思想政治理论课教研科研专栏	B	教务处、科研处、思想政治理论课教学科研机构
特色项目	教学改革特色项目	40. 开展思想政治理论课教学改革与创新,并取得显著成果,其经验在全国或全省得到一定推广	B	宣传部、教务处、思想政治理论课教学科研机构

续表

一级指标	二级指标	三级指标	指标类型	责任部门
特色项目	其他	41. 能够推动思想政治理论课建设工作的其他有特色的项目	B	宣传部、教务处、思想政治理论课教学科研机构

说明：

1. 关于指标类型。建设指标分 A*、A、B 三类，共 41 项，其中 A* 为核心指标(9 项)，A 为重点指标(14 项)，B 为基本指标(18 项)。

2. 关于评价标准。本科院校 A* 指标 9 项、A 类指标 12 项以上、B 类指标 14 项以上达标方可认定合格;专科院校 A* 指标 7 项、A 类指标 10 项以上、B 类指标 13 项以上达标方可认定合格。

3. 关于教师类别。专职教师是指编制在思想政治理论课教学科研机构且从事思想政治理论课教学科研工作的教师;兼职教师是指编制属其他教学机构或管理部门(单位)的教师。

　　《中国大学生思想政治教育发展报告 2022》是教育部高校思想政治工作创新发展中心(武汉大学)推出的年度研究报告。本辑研究报告是在大学生思想政治状况调查研究协作体高校的大力支持下完成的。支持本年度调查的协作体高校包括:中国人民大学、北京交通大学、北京航空航天大学、北京化工大学、中国传媒大学、对外经济贸易大学、中国石油大学(北京)、天津大学、河北师范大学、山西大学、山西师范大学、运城学院、内蒙古大学、内蒙古师范大学、大连理工大学、东北大学、吉林大学、东北师范大学、哈尔滨工业大学、哈尔滨师范大学、同济大学、上海交通大学、华东理工大学、东华大学、中国矿业大学、河海大学、南京农业大学、江苏师范大学、浙江大学、浙江传媒学院、合肥工业大学、安徽农业大学、安徽师范大学、福建师范大学、南昌大学、江西师范大学、山东大学、中国石油大学(华东)、华北水利水电大学、郑州大学、武汉大学、华中科技大学、武汉理工大学、华中农业大学、华中师范大学、湖北大学、中南民族大学、湘潭大学、湖南大学、湖南中医药大学、暨南大学、华南师范大学、桂林电子科技大学、桂林理工大学、广西师范大学、百色学院、海南大学、海南师范大学、重庆大学、西南大学、西南交通大学、四川师范大学、西南财经大学、贵州大学、贵州师范大学、云南师范大学、西北大学、西安电子科技大学、陕西师范大学、兰州大学、西北师范大学、新疆大学、新疆师范大学。(排名顺序根据教育部公布的《全国高等学校名单》)

　　本辑研究报告的撰写工作由来自武汉大学、西南大学、中南民族大学、湖北大学、武汉商学院等校的作者共同完成。《研究报告》部分,概述由刘晓亮撰写,第一章由王绍霞撰写,第二章由肖洋撰写,第三章由陶孝芳撰写,第四章由肖光恩撰写,第五章由刘晓亮、王子璇撰写,第六章由侯凯升、苏嘉烨撰写,第七章由郑书一、洪志劲撰写,第八章由王丹撰写,第九章由胡栩健撰写,第十章由司文超撰写。《研究述评》部分,《2021 年度大学生日常思想政治教育研究进展》由卢丽珠撰写,《2021 年度大学生思想政治理论课程研究进展》由王丹撰写。《事记与文献》部分,《2021 年度大学生思想政治教育大事记》由朱磊整理,《2021 年大学生思想政治教育重要文献选编》由洪志劲整理。沈壮海教授负责本辑研究报告调查、研究与撰写工作的统筹,设计了全书框架并通读定稿。刘晓亮、司文超、郑书一承担了调查研究的大量组织协调工作及相应的编务工作。

　　由于时间与水平所限,书中错讹之处,请学界同仁及各位读者批评指正。

编者

2022 年 6 月 25 日

郑重声明

高等教育出版社依法对本书享有专有出版权。任何未经许可的复制、销售行为均违反《中华人民共和国著作权法》，其行为人将承担相应的民事责任和行政责任；构成犯罪的，将被依法追究刑事责任。为了维护市场秩序，保护读者的合法权益，避免读者误用盗版书造成不良后果，我社将配合行政执法部门和司法机关对违法犯罪的单位和个人进行严厉打击。社会各界人士如发现上述侵权行为，希望及时举报，我社将奖励举报有功人员。

反盗版举报电话　（010）58581999　58582371

反盗版举报邮箱　dd@hep.com.cn

通信地址　北京市西城区德外大街4号

　　　　　　高等教育出版社法律事务部

邮政编码　100120

读者意见反馈

为进一步完善图书编写并做好服务工作，读者可将对本书的意见建议通过如下渠道反馈至我社。

咨询电话　400-810-0598

反馈邮箱　gjdzfwb@pub.hep.cn

通信地址　北京市朝阳区惠新东街4号富盛大厦1座

　　　　　　高等教育出版社总编辑办公室

邮政编码　100029